Chefs d'Etat en guerre

Général Henri Bentégeat

Chefs d'Etat en guerre

PERRIN

12, avenue d'Italie
75013 Paris
Tél. : 01 44 16 09 00
Fax : 01 44 16 09 01

ISBN : 978-2-262-04933-1

Dépôt légal : janvier 2019

Composition : Peter Vogelpoel

AVANT-PROPOS

« La guerre est la mère, la reine, la souveraine de l'Univers », proclamait Héraclite, à l'unisson d'une société vivant sous la pression des armes et où la paix ne pouvait être qu'un état transitoire, une pause précaire entre deux affrontements.

Tel n'est plus le cas de nos jours. Le recours à la force sur la scène internationale a été, sinon banni, du moins encadré par le droit, et la multiplicité de nouveaux acteurs non étatiques en a compliqué l'équation, au point que la frontière entre guerre et paix est souvent devenue insaisissable. Pour autant, la « paix perpétuelle », appelée de ses vœux par Kant, n'en reste pas moins hors d'atteinte. Les conflits entre nations sont certes plus rares, moins meurtriers et moins longs qu'ils ne le furent pendant des siècles, mais rien n'autorise à prédire leur extinction.

Aussi la responsabilité première des chefs d'Etat demeure-t-elle la protection de leurs concitoyens et la défense de leurs intérêts, fût-ce par les armes. A la tentation de l'« économisme », si répandue dans les cercles européens du pouvoir, on ne peut donc qu'opposer l'avertissement de Machiavel : « La guerre, les institutions et les règles qui la concernent sont le seul objet auquel un prince doive donner ses pensées et son application. »

Comment les prédécesseurs de nos actuels responsables suprêmes ont-ils affronté ce fléau tragique, pour le contenir ou l'encourager, pour protéger leurs peuples ou les précipiter dans la tourmente, pour assouvir leur soif de gloire et leurs rêves de grandeur, pour promouvoir, enfin, leurs idéaux ou leurs utopies ? Cet ouvrage n'a pas l'ambition de passer leurs batailles au crible des théories stratégiques ou tactiques des conflits armés, mais d'exposer leurs choix, heureux ou funestes, dans la préparation et la conduite de la guerre.

De 1850 à nos jours, dix chefs d'Etat, dont quatre français, ont été choisis pour illustrer les ressorts de la décision politique dans ce domaine essentiel et paroxystique de leurs responsabilités. Leur tempérament, leur clairvoyance, leur capacité à mobiliser les moyens de la victoire et à s'assurer du soutien de leurs peuples, leur éthique même sont autant d'éléments constitutifs de leurs succès ou de leurs échecs. On ne s'étonnera pas que l'auteur de ces lignes ait privilégié l'analyse des relations entre les dirigeants politiques et leurs chefs militaires. Ce sujet, rarement abordé en France où on le résume hâtivement à la phrase de Cicéron, *« Cedant arma togae »* (« L'épée le cède à la toge »), a été largement étudié aux Etats-Unis et reste controversé. La théorie dominante veut que, dans la conduite de la guerre, le chef de l'Etat fixe les objectifs et ne se mêle pas des opérations militaires. On verra que, comme le disait Clausewitz, la question est plus complexe qu'il n'y paraît, les « buts dans la guerre » ne devant pas se substituer aux buts de guerre.

Les circonstances et les enjeux, trop disparates, n'incitant pas aux comparaisons, on s'est gardé de toute conclusion générale. Le tableau que dessine cette suite de portraits, volontairement simplifiés pour rester lisibles, parle de lui-même. On me pardonnera enfin de m'exprimer à la première personne dans le dernier chapitre, mon expérience ayant été intimement mêlée pendant neuf ans aux engagements du président Chirac. Le temps passé m'aura donné, je l'espère, la nécessaire distanciation pour l'évoquer sans parti pris.

CHAPITRE 1

NAPOLÉON III OU LE VISIONNAIRE CHANCELANT

Quand le prince-président accède au pouvoir suprême, en 1848, la France connaît une des plus longues périodes de paix de son histoire. Depuis 1815, l'ordre imposé par le congrès de Vienne n'a été troublé que par la brève expédition de Cadix – autorisée par la Sainte-Alliance – et la conquête, souvent ignorée, de l'Algérie. Entre deux révolutions, le peuple divisé semble guéri de la nostalgie de sa grandeur passée. Le coup d'Etat du 2 décembre 1851 change la donne : en restaurant l'Empire, il renoue avec la geste napoléonienne. Pendant vingt ans, la France est engagée dans un tourbillon infini de guerres et d'aventures lointaines qui lui redonnent sa fierté et sa place en Europe jusqu'à l'épilogue tragique de 1870. La force de Napoléon III, le nom qu'il porte fièrement, est aussi sa faiblesse. Toute sa vie durant, il est comparé au vainqueur d'Austerlitz, mesuré sans complaisance à l'aune des exploits légendaires de son oncle. Le jugeant, par conviction ou par commodité, indigne de reprendre le flambeau de l'Empire, ses adversaires politiques opposent au charisme et au génie militaire de Napoléon Ier la faiblesse de caractère et l'aventurisme qu'ils attribuent à son « neveu ». Jusqu'au bout, Victor Hugo, qu'il a eu l'imprudence de ne pas nommer ministre en 1848, exhale sa haine et son mépris pour l'usurpateur[1]. Napoléon III n'en

1. A la naissance de son troisième fils – Louis Napoléon –, son père Louis, roi de Hollande, s'interroge publiquement sur la fidélité de son épouse, Hortense de Beauharnais, ce qui nourrit les rumeurs de bâtardise. L'aîné, Napoléon Charles, est mort en bas âge. Le cadet, Napoléon Louis, né en 1804, est élevé par son père et ne retrouve son frère qu'en Italie, en 1830. Quelques années plus tard, Louis Napoléon découvre l'existence de son demi-frère adultérin, Charles de Morny, né d'une liaison d'Hortense avec un fils naturel de Talleyrand.

a cure, il se croit et s'affirme Bonaparte. Tocqueville, qui fut quelques mois son ministre, en témoigne : « Il se fiait à son étoile, il se croyait fermement l'instrument de la destinée et l'homme nécessaire. J'ai toujours cru qu'il était réellement convaincu de son droit, et je doute que Charles X ait jamais été plus entiché de sa légitimité qu'il l'était de la sienne. » Pourtant rien n'y fait et, dans la mémoire collective des Français façonnée par l'historiographie de la IIIe République, il reste « Napoléon le Petit ». Son ambition moderniste pour la France est occultée par sa pratique plébiscitaire du pouvoir, sa grande politique européenne est discréditée par le triomphe de la Prusse et ses succès militaires sont effacés par le désastre de Sedan.

Comment expliquer que Napoléon III, au sommet de sa gloire en 1860 après avoir vaincu la Russie et l'Autriche, se soit fourvoyé au Mexique avant de succomber sous les manœuvres de Bismarck ? Les victoires de l'Alma, de Sébastopol et de Solferino n'auraient-elles été que des hasards heureux, des succès faciles, comme ses conquêtes coloniales ? Ce visionnaire romantique était-il prisonnier de son idéologie européenne des nationalités ? L'âge et la maladie ont-ils eu raison d'un caractère faible et velléitaire ? L'héritier de l'Empereur n'était-il donc qu'un médiocre chef de guerre, imitateur maladroit du conquérant de l'Europe ?

Une ambition romantique

Louis Napoléon, sans conteste, n'a pas le caractère de son oncle, ni même sa formation. Ce qui les rapproche, c'est une ambition dévorante, un même goût pour la gloire des armes et un courage physique sans faille. Ses liens de sang avec le fondateur de la dynastie, il les a intériorisés pendant les Cent-Jours, vécus auprès de lui, aux Tuileries et à l'Elysée, dans une affectueuse proximité. Banni en 1815 du royaume de France, comme tous les Bonaparte, et élevé par sa mère dans l'exil doré d'Arenenberg, sur la rive suisse du lac de Constance, le neveu n'a pas connu la frugalité corse ni les rigueurs des écoles militaires. Enfant aimant, taciturne et passionné, il a été instruit par un précepteur franc-maçon et jacobin, ancien de la Grande Armée, avant d'être interne au collège allemand d'Augsbourg. Mais c'est à Rome, où il rejoint son père et son frère à 15 ans, qu'il découvre les joies du complot et fait ses premières armes. Fréquentant les carbonari, société secrète vouée à la lutte contre l'occupant autrichien et les pouvoirs séculiers du pape, il prend part, les armes à la main, à l'insurrection de Romagne, écrasée en 1831 par les troupes autrichiennes. Echappant de justesse à la captivité avec son frère aîné (qui meurt de la rougeole), il se glorifie de cette première expérience du combat. A 23 ans il croit à sa vocation militaire. Réfugié à Paris quelque temps avec sa mère Hortense, il sollicite vainement de Louis-Philippe l'autorisation de s'engager dans l'armée française comme simple soldat. Ayant suivi un an plus tôt une formation d'officier d'artillerie dans l'armée suisse, il y retourne alors pour obtenir son brevet de capitaine et va jusqu'à rédiger un « manuel d'artillerie » de bonne qualité, discrètement diffusé par ses soins dans les régiments français. Cette passion pour les armes, et singulièrement l'artillerie (l'arme de Bonaparte), ne le quitte pas et il rédige plus tard des *Etudes sur le passé et l'avenir de l'artillerie*, un traité exhaustif qui fera longtemps référence et qu'il tentera même de compléter après Sedan, dans son exil britannique.

Son courage physique, déjà montré en Romagne, il l'affiche encore lors de ses tentatives rocambolesques de coup d'Etat à Strasbourg (1836) et Boulogne (1840). Ces complots dérisoires, où il a cru pouvoir rallier à son nom l'armée française sans préparation ni programme, donnent de lui, dans les milieux politiques comme dans la famille Bonaparte, davantage l'image d'un aventurier écervelé que celle d'un brillant chef militaire. A son procès, en 1840, après l'échec de Boulogne, le procureur ironise sur « l'épée d'Austerlitz trop lourde pour des mains débiles ». Six ans de prison au fort de Ham consacrés à la lecture de traités d'histoire, d'économie et de tactique, une évasion réussie et deux années de contacts fructueux à Londres, où il a trouvé refuge, effacent cette perception négative, lui permettant même d'être élu, à 40 ans, président de la République, à l'issue d'une campagne éclair fondée sur la nostalgie de la grandeur impériale et d'habiles alliances politiques. En 1839, quand le retour des cendres de l'Empereur provoquait un regain de ferveur bonapartiste, il avait d'ailleurs publié une brochure intitulée *Des idées napoléoniennes* où il développait sa vision de la geste impériale : « Ce ne sont pas seulement les cendres, mais les idées de l'Empereur qu'il faut ramener [...]. L'idée napoléonienne n'est pas une idée de guerre, mais une idée sociale, industrielle, commerciale, humanitaire. Si, pour quelques hommes, elle apparaît toujours entourée de la foudre des combats, c'est qu'elle fut, en effet, trop longtemps enveloppée par la fumée du canon et la poussière des batailles. Mais aujourd'hui, les nuages se sont dissipés et on entrevoit, à travers la gloire des armes, une gloire civile plus grande et plus durable. »

Louis Napoléon s'est néanmoins employé avec succès à gagner la confiance des militaires. Car, autant que Napoléon Ier, il a compris l'importance de l'opinion publique, et donc de la propagande, et a su envelopper d'un voile de légende ses pitoyables conspirations de jeune homme. Or, depuis la mort de l'Aiglon en 1832, il est, pour les officiers frustrés de gloire et d'aventures, l'héritier légitime du vainqueur d'Austerlitz. Le coup d'Etat du 2 décembre 1851 révèle une autre facette de son caractère, aux antipodes de celui de son oncle. Napoléon III avait espéré imposer l'Empire sans coups de feu et sans victimes, à l'instar du 18 Brumaire. Or les barricades parisiennes l'ont contraint à engager l'armée, faisant près de 300 morts parmi les insurgés. Le nouvel empereur en est très affecté et regrettera toute sa vie ce massacre inutile, cette tâche originelle dont il se sent personnellement responsable. Quelques années plus tard, les pertes considérables de l'armée française devant Sébastopol, à Solferino et à Sedan lui seront insupportables et pèseront sur ses choix stratégiques. Cette sensibilité, qui le rend humain à une époque où on ne l'est guère, lui aurait valu le mépris de son oncle qui, sans sacrifier inutilement ses troupes, ne les économisait pas s'il jugeait la victoire à ce prix.

Son apparence physique et sa personnalité ne laissent pas indifférent. Ses détracteurs en dressent un portrait cruel. Rémusat, ancien ministre de Louis-Philippe que Louis Napoléon a condamné à l'exil, lui voit « un long visage et des traits lourds, un teint livide et maladif, un grand nez de perroquet [...] des yeux nuls, petits [...] enfin une tête trop longue pour le corps, trop long lui-même pour ses jambes, des gestes lents et apprêtés, une démarche molle [...] une manière de parler froide et monotone. Voilà l'homme physique, il est fort déplaisant ». Victor Hugo n'est pas en reste : « C'est un homme de taille moyenne, froid, pâle, lent, qui a l'air de n'être pas tout à fait réveillé [...] sa parole traîne avec un léger accent allemand [...] il aime la gloriole, le pompon [...] les grands mots, les grands titres [...] toutes les verroteries du pouvoir. En sa qualité de parent de la bataille d'Austerlitz, il s'habille en général [...]. Machiavel a fait des petits. Louis Bonaparte en est un. » Tocqueville, pour sa part, s'il a des indulgences pour l'homme privé dont il reconnaît les « qualités attachantes », le caractère humain et la simplicité, juge sévèrement le chef d'Etat : « Sa conversation était rare et stérile [...] sa dissimulation était profonde et s'aidait singulièrement de l'immobilité de ses traits et de l'insignifiance de son regard. » Il lui concède pourtant « un beau et froid courage dans les jours de crise », mais, ajoute-t-il, « en même temps [...] il était fort vacillant dans ses desseins ».

Pour ses fidèles et ses nombreuses admiratrices, le neveu, qui a la taille de son oncle (1,70 mètre), a surtout le charme et la prestance d'un séducteur romantique qui n'aurait pas fait honte à Barbey d'Aurevilly, avec son visage grave et mélancolique, ses cheveux blonds et bouclés, sa moustache élégante, son regard doux et son sourire lumineux. On le sait cavalier émérite et athlète confirmé et son courage impressionne. Le secret de sa personnalité se trouve dans son flegme et son silence qui déroutent, séduisent ou irritent ses interlocuteurs. Certains y voient du calcul, d'autres de l'incompétence, mais c'est surtout de l'indécision. Napoléon III n'a donc pas la personnalité impérieuse de son oncle, ni son charisme, même s'il est volontiers charmeur. Avant de décider, il aime à s'entourer d'avis nombreux et tend à se rallier au dernier qu'il entend. La décision prise, il la regrette parfois déjà et s'efforce de la reprendre. Son caractère hésitant et secret perturbe les chefs militaires, d'autant que le défaut s'accentue avec l'âge et la maladie. On le dit influençable, même si ce doux obstiné ne perd jamais de vue l'objectif qu'il s'est fixé. Il s'entoure de conseillers avec lesquels il échange sans se livrer, écoutant plus qu'il ne parle. Persigny, le plus ancien et le plus fidèle, n'est pas fiable, mais l'empereur le sait. Morny, son demi-frère adultérin, est brillant et audacieux, doté d'un sens politique aigu, mais il est rarement consulté en matière stratégique. Le prince Napoléon, son cousin, n'est pas avare de conseils ni de remarques désobligeantes, mais ses excès et sa désertion en Crimée[2] le discréditent auprès de tous. Quant aux grands commis qui l'assistent, Achille Fould, Walewski, Rouher, ce sont des hommes avisés mais des conseillers trop prudents.

Les nombreuses maîtresses qu'il entretient, à l'égal de son oncle, n'ont aucune influence sur ses choix politiques, à l'exception de la

2. Surnommé Plon-Plon, le prince Napoléon est un fils de Jérôme, né en 1821. Intelligent et brillant orateur, il professe des idées radicales et prétend incarner le « bonapartisme de gauche ». Jaloux de son cousin, il se lasse vite des hautes fonctions qui lui sont confiées. Nommé général de division en Crimée, il se distingue à l'Alma, mais abandonne son poste et rentre en France sans autorisation quand Napoléon III nomme Canrobert à la tête du corps expéditionnaire. Sa conduite, non sanctionnée, scandalise et le rend très impopulaire.

Castiglione, qui lui sert d'agent de liaison avec Cavour dont elle est la parente. Pourtant, une femme belle, intelligente et courageuse, mais enfermée dans son milieu, ses passions et ses certitudes, aura un poids indéniable sur ses décisions les plus lourdes, de la guerre du Mexique au drame de Sedan. Son épouse, Eugénie, se veut l'ardente interprète du parti catholique et la farouche représentante des intérêts de la dynastie napoléonienne. Dans le choix de ses chefs militaires, Napoléon III n'a pas la main sûre. Il est vrai que le corps des généraux hérité des années de paix des monarchies constitutionnelles est d'une insigne médiocrité. Mais il choisit la loyauté au détriment de la compétence, la bravoure aux dépens de l'intelligence de situation.

Un grand dessein

Pourtant, ce souverain critiqué tire de son exceptionnelle expérience internationale et de ses lectures autodidactes une vision stratégique de la France et de l'Europe étonnamment novatrice et plus réfléchie que celle de Napoléon Ier. Son grand dessein, auquel il se tient jusqu'à Sedan, est conçu à partir de son interprétation du *Mémorial de Sainte-Hélène*. Selon lui, son oncle n'a fait que des guerres défensives pour préserver les acquis de la Révolution ou bien des campagnes de libération des peuples européens asservis. Par la suite, le congrès de Vienne de 1815 et la Sainte-Alliance ont établi un ordre injuste qui fait une place insuffisante à la France et, en bridant les nationalités, risque d'entraîner l'Europe dans le gouffre des révolutions. La France a pour mission sacrée « l'affranchissement des peuples qui doit contribuer à l'établissement d'une paix durable ». « Il faut considérer l'Europe comme une seule nation à l'abri de tout esprit de système, de tout désir de domination. » La voie à suivre réside dans la convocation systématique de congrès internationaux pour résoudre les crises. Dès 1852, il s'emploie d'ailleurs à rassurer les vainqueurs de Waterloo en affirmant publiquement : « L'Empire, c'est la paix. »

Le principe des nationalités ne vaut cependant que lorsque l'histoire, la géographie et une culture commune le justifient. Pour Napoléon III, seuls les peuples italien, allemand et polonais peuvent y prétendre en Europe. La réalisation de ce programme ambitieux passe par l'alliance franco-britannique, fondamentale aux yeux de l'ancien dandy londonien qui a compris que seuls les Anglais n'ont rien à craindre de l'application du principe des nationalités tel qu'il le conçoit et tout à gagner de l'affaiblissement des empires centraux. Cette analyse audacieuse et fondée prend le contre-pied des choix de Napoléon qui faisait de l'Angleterre le rival naturel de la France. Comme Tocqueville, le jeune empereur craint l'émergence de deux colosses, les Etats-Unis, qu'un court séjour à New York lui fait haïr, et la Russie, dont il craint les prétentions en Méditerranée.

Quelles que soient la volonté et l'habileté manœuvrière du prince-président élu en 1848, son grand dessein de politique extérieure ne peut s'incarner sans une liberté d'action suffisante à l'intérieur et des moyens diplomatiques et militaires adaptés à son ambition. En politique intérieure, où il développe résolument un vaste programme de modernisation économique et industrielle, le futur Napoléon III s'appuie sur l'opinion publique contre la majorité conservatrice du Corps législatif par un recours au plébiscite et un puissant effort de propagande. S'il a les mains libres après l'avènement du Second Empire, au moins jusqu'au tournant libéral du régime au début des années 1860, il n'est pourtant jamais totalement maître du budget, donc des crédits et des effectifs militaires, prérogative du Corps législatif qu'il ne cherche pas à contourner, par un étrange souci de légitimité. Heureusement pour lui, il dispose d'un corps diplomatique de qualité, peuplé d'aristocrates ou de grands bourgeois compétents et loyaux. Il n'hésite pas, pour autant, à les manipuler ou à les contourner quand son ministre des Affaires étrangères se montre réticent à ses entreprises. Ainsi organise-t-il, par des voies parallèles, des rencontres secrètes avec des responsables étrangers et entretient-il des correspondances personnelles avec les souverains européens, n'hésitant pas à prendre des positions audacieuses et aventureuses, sans en informer le gouvernement, ni les ambassadeurs concernés.

En revanche, l'armée dont il hérite n'est pas et ne sera jamais, en dépit des soins jaloux qu'il lui prodigue, au niveau requis pour servir son projet ambitieux. Ses effectifs sont trop réduits et son expérience se limite au maintien de l'ordre (1848-1851), à l'exception de l'armée d'Afrique et des troupes coloniales, très aguerries mais pas formées à la manœuvre complexe d'une guerre européenne. Le corps des officiers, boudé jusqu'en 1860 par les fils de famille, est constitué aux deux tiers d'anciens sous-officiers passés par le rang, comme le très emblématique Bazaine. On y cultive le mépris de l'intellect et on s'y tient dans l'ignorance des progrès techniques et des innovations tactiques. La sélection des généraux, fondée pour l'essentiel sur la bravoure au combat, favorise l'individualisme au détriment de la compétence technique et de la maîtrise des tactiques. La question des effectifs obsède l'empereur qui constate que la France ne peut aligner que 450 000 hommes (dont un quart hypothéqué en Algérie et dans les colonies), quand la Prusse, nettement moins peuplée, en aligne 750 000. Car, depuis la loi de 1832[3], le service militaire, loin d'être universel, repose sur un système de dispenses, d'exemptions et de remplacements qui comble les vœux clientélistes des parlementaires. Les députés, pour ne pas déplaire à leur électorat, limitent le contingent annuel d'appelés à 80 000 hommes. Napoléon III, dès 1855, substitue l'exonération payante au remplacement, qu'il juge scandaleux, mais cette mesure ne règle pas la question des effectifs, même si elle facilite le recrutement de soldats de métier.

En dépit de la nature autoritaire du régime et de son usage abusif du plébiscite, les parlementaires sont un frein permanent à la mise en œuvre du grand dessein impérial. Sans doute, le Corps législatif vote-t-il sans barguigner les crédits de guerre demandés par l'empereur au début de chaque campagne, mais le budget militaire d'équipement des forces et les effectifs sont chichement mesurés, année après année. Le haut commandement n'est pas en reste. A l'exception de quelques esprits éclairés, comme Adolphe Niel ou Charles Frossard, les maréchaux et généraux s'opposent à tout changement, récusant de concert le service militaire universel et les réformes de structure, et se montrent réticents à toute évolution des armements. C'est d'ailleurs Napoléon III lui-même qui impose le chassepot, le fusil d'infanterie le plus rapide de l'époque, et la mitrailleuse. Il échoue pourtant à moderniser l'artillerie, le financement en étant refusé par la Chambre. Le seul projet qu'il mène à son terme est la reconstruction d'une grande marine, la meilleure depuis celle de Louis XVI, avec l'adoption de la vapeur et du blindage. En 1870, la flotte comprend plus de trois cents bâtiments, dont dix-huit cuirassés et quatre-vingt-trois croiseurs. Elle assure la protection du commerce, en constant développement, et joue un rôle clé dans l'expansion coloniale.

3. La conscription a été instaurée en France par la loi Jourdan de 1798, réformée par la loi Gouvion-Saint-Cyr de 1818, qui introduit le tirage au sort et le remplacement, puis la loi Soult de 1832 qui confie au Parlement la détermination annuelle du volume des effectifs incorporés.

La faiblesse de l'armée ne se limite pas à ses effectifs et à son encadrement médiocre. La discipline passive et l'entraînement sclérosé, sur la base de règlements dépassés, se conjuguent avec l'absence de vision stratégique pour privilégier les coups d'éclat individuels qui, seuls, procurent gloire et avancement. Mal structurée, cette armée ignore le renseignement, pièce maîtresse pourtant des succès de Napoléon Ier. L'intendance, lourde et centralisée, ne suit pas. Les transmissions sont balbutiantes (le télégraphe est sous-utilisé) et la cartographie inexistante. Napoléon III, clairvoyant et isolé quand il s'agit d'effectifs ou d'armement, n'a pas su se doter, contrairement aux Prussiens ou aux Autrichiens, d'un état-major général permanent. A dire vrai, il se méfie de la planification militaire qui pourrait, par des fuites, limiter sa liberté d'action et il préfère s'en remettre au dernier moment à ses intuitions, s'appuyant sur des travaux secrets et sommaires demandés à ses aides de camp. Il ne perçoit pas le rôle fondamental d'un état-major central dans l'organisation de la mobilisation et du déploiement initial des forces. C'est pourtant cette armée datée, commandée par des chefs médiocres, qui lui permet de réaliser une part importante de son programme. La première des raisons en est que les autres armées européennes souffrent de défauts comparables. Aucune n'a su s'adapter à l'évolution des armements, sauf l'armée prussienne qui, seule, a exploité les leçons des campagnes napoléoniennes. Car, comme l'écrivait Philippe Séguin, cette armée qui n'est « pas très bonne » est néanmoins « très belle », car elle compense en partie ses faiblesses structurelles par un dévouement et un courage inouïs. Ces militaires, Napoléon III, qui les aime et qui les respecte, les achète et les cultive. Prince-président de 1848 à 1851, il fait distribuer aux soldats des victuailles, du vin et de l'argent les soirs de manœuvre ou de revue, aux officiers des cigares et du champagne. Il invite à des banquets arrosés, dans les jardins de l'Elysée, des groupes d'officiers et de sous-officiers. Empereur, il multiplie les grandes revues, au retour des campagnes et à l'occasion du 15 août qui prend des allures de fête nationale (la Saint-Napoléon !). Tous les ans, en tenue de général de division, il préside aux grandes manœuvres du camp de Châlons qu'il a fait aménager pour l'armée. Il veille par ailleurs à récompenser les généraux qui se distinguent au combat en les nommant maréchaux et en leur faisant attribuer des titres et des rentes. Il s'attache enfin et surtout à glorifier l'Empire et ses soldats victorieux, dans l'opinion publique, en développant une propagande efficace à travers la presse et l'imagerie d'Epinal.

Cette action soutenue lui vaut la reconnaissance et l'attachement des militaires et contribue à rendre à l'armée le prestige qu'elle avait perdu dans le peuple depuis la fin des campagnes napoléoniennes. L'empereur est leur commandant en chef, mais il n'a ni le sens tactique de son oncle, ni la sagesse prudente d'un Guillaume Ier qui délègue à Moltke, chef du Grand Etat-Major général de l'armée prussienne, la conduite des opérations. Quand vient l'heure du combat, la préparation superficielle, les directives trop vagues, les ordres tardifs, parfois repris aussitôt que donnés, et l'habitude du « chacun pour soi » contribuent au désordre furieux qui est la marque principale des guerres du Second Empire.

Premières armes en Italie

Arborant publiquement l'uniforme de général en chef de la garde nationale, le prince-président, qui siège à l'Elysée, est flanqué d'un gouvernement conservateur, dirigé par Odilon Barrot[4], qui lui est globalement hostile. Louis Napoléon a la confiance des militaires, mais, à Paris, le général Changarnier, commandant de la garde nationale, après l'avoir soutenu, est passé au camp monarchiste et défend, contre lui, les prérogatives de l'Assemblée, notamment le droit de requérir la force armée. « Il faut mettre ce con-là à Vincennes », dit-il en 1850 à Thiers qui commence à s'inquiéter des initiatives du « crétin qu'on mènera », comme il l'avait cru et annoncé deux ans plus tôt. Le président parviendra à évincer Changarnier avant le coup d'Etat du 2 décembre 1851, mais, quand débute la crise italienne en 1849, sa liberté d'action est réduite. Le 5 février 1849, à Rome, Mazzini et Garibaldi proclament la République sur un territoire devant regrouper la Toscane et les Etats pontificaux. Le pape Pie IX, réfugié dans le royaume des Deux-Siciles, fait appel aux puissances catholiques pour défendre ses possessions. L'Autriche répond favorablement et décide une intervention militaire. En France, l'opinion publique est partagée, déchirée entre sa sympathie pour le peuple

4. Chef de la gauche dynastique et avocat de Louis Napoléon, Odilon Barrot est un des rares hommes politiques connus du prince-président qui le choisit, en 1848, comme chef du gouvernement, après que Thiers a décliné son offre. Modéré et libéral, il dirige un cabinet qui ne comprend aucun ministre bonapartiste. Il doit composer avec le président, mais aussi avec l'Assemblée à majorité républicaine.

italien qui vit depuis 1815 sous la botte autrichienne et sa loyauté à l'égard du chef de l'Eglise catholique. Louis Napoléon lui-même, bien qu'acquis à la cause italienne, cherche à ménager le parti catholique qui a largement contribué à son élection. Il s'ensuit à Paris une cafouilleuse gestion à trois de la crise transalpine. Le président accepte l'envoi d'un corps expéditionnaire, commandé par le général Oudinot, mais sa mission ne sera pas de défendre le pape contre les brigades garibaldiennes, mais de « s'interposer » entre le corps expéditionnaire autrichien et les volontaires républicains. L'Assemblée vote, sans rechigner, les crédits de guerre (1,2 million de francs). Le prétexte de cette mission ambiguë est de ne pas laisser aux Autrichiens la gloire et le privilège d'avoir rétabli le pape dans ses droits séculiers. Oudinot, sans instructions précises et persuadé d'être accueilli à bras ouverts par la population romaine, débarque le 26 avril 1849 à Civitavecchia avec 5 800 hommes mais, le 30 avril, échoue dans sa tentative d'entrer en force dans Rome, subissant de lourdes pertes (80 morts, 250 prisonniers). En parallèle, l'Assemblée a décidé l'envoi d'un médiateur diplomatique, Ferdinand de Lesseps, chargé de négocier avec Mazzini un traité déterminant l'avenir de Rome et les conditions du maintien d'une présence militaire française.

Louis Napoléon ne s'oppose pas à la mission Lesseps mais, dès qu'il apprend l'échec d'Oudinot devant Rome, décide de le renforcer et, sans consulter le gouvernement, lui donne l'ordre directement de rétablir de force l'autorité du pape. Cette décision, rendue publique, provoque un tollé dans les rangs républicains. Oudinot, qui dispose, fin mai, de 20 000 hommes, est désormais en conflit ouvert avec Lesseps parvenu de son côté à un accord avec Mazzini. Entre-temps, les élections législatives en France (13-14 mai) ont été remportées par le parti de l'Ordre, regroupant les conservateurs, qu'ils soient légitimistes, orléanistes, républicains ou même bonapartistes. Lesseps en fait les frais. Accusé d'avoir outrepassé son mandat, il est rappelé et blâmé. Du 3 juin au 3 juillet, Oudinot fait le siège de Rome, évacuée *in fine* par Mazzini et Garibaldi après des combats meurtriers. Rétabli dans ses prérogatives séculières, le pape remercie l'« armée catholique » et restaure brutalement son autorité sur les Etats libérés. Louis Napoléon, irrité de s'être fait involontairement complice de cette atteinte aux libertés, critique violemment cette attitude dans une lettre lue, le 18 août, en Conseil des ministres et publiée par la presse, ce qui lui vaut un nouveau conflit avec l'Assemblée et provoque la chute du gouvernement Barrot.

Cette première entreprise militaire du futur empereur est, à plusieurs égards, éclairante pour la suite. Certes, la Constitution de 1848 contraint la liberté d'action du chef de l'Etat, mais déjà Louis Napoléon oscille entre impétueuses décisions unilatérales et respect des prérogatives de la Chambre. Sa politique étrangère, fondée sur des convictions européennes et le principe de la liberté des peuples, sait aussi s'accommoder de considérations de politique intérieure. S'agissant de l'Italie, pourtant chère à son cœur, il avance en crabe, soutenant l'unité perdue en 1815, sans céder sur le pouvoir temporel du pape. Enfin, soucieux de la gloire et du prestige de l'armée française, il n'accepte pas l'échec déshonorant. Ulcéré par la retraite d'Oudinot devant Rome le 30 avril, il a voulu le relever sur-le-champ et le remplacer par Vaillant, un de ses proches, qui était désigné pour le renforcer. Mais ce dernier, vieux soldat loyal et discipliné, a refusé, qualifiant de « sottise » cette marque de confiance du prince-président. « On ne relève pas un chef au milieu de la bataille. » Quant à la décision cruciale de modifier la mission d'Oudinot et de prendre le parti du pape, elle doit beaucoup au sentiment qu'a le président de l'honneur national bafoué par les républicains italiens. En définitive, le désordre et le résultat ambigu de cette expédition (qui conforte le pouvoir autrichien en Italie) témoignent du manque de rigueur de la préparation politique et militaire de l'opération. Cet amateurisme, appelé à se reproduire, est aux antipodes de la pratique du vainqueur d'Austerlitz.

Un pari audacieux réussi

Le Second Empire souffle sa première bougie et Napoléon III vient, à 45 ans, d'épouser la belle Eugénie quand resurgit la querelle des Lieux saints. Dans son grand bureau du rez-de-chaussée des Tuileries, fumant cigarette sur cigarette, l'empereur consulte son cabinet particulier, reçoit en tête à tête les ministres concernés, écoute, intervient brièvement et tranche courtoisement. Il a enfin les mains libres, le Sénat lui étant acquis et le Corps législatif ne se réunissant que trois mois par an pour voter le budget et le contingent militaire annuel. L'affaire des Lieux saints sert de prétexte au tsar Nicolas Ier pour tenter de démanteler l'Empire ottoman, « l'homme malade de l'Europe » selon lui, placer les Slaves des Balkans sous protectorat russe et s'emparer des Détroits. N'ayant pu s'entendre avec les Anglais qui veulent garder le contrôle de la Méditerranée et de la route des Indes, il somme, en février 1853, le sultan Abdülmecid de placer sous la protection de la Russie tous les sujets ottomans de religion orthodoxe. Cette demande exorbitante va bien au-delà des traditionnelles prétentions orthodoxes sur la garde des Lieux saints pour laquelle Napoléon III est prêt à négocier, dans la tradition de tous les gouvernements français qui, depuis 1536, garantissent les droits des catholiques en Terre sainte. Il envoie donc Castelbajac, un héros de la Grande Armée qu'il nomme envoyé spécial et ministre plénipotentiaire, à Saint-Pétersbourg, mais le tsar se montre inflexible.

Le sultan ayant rejeté les prétentions russes, Nicolas Ier lui adresse un ultimatum le 31 mai, le menaçant de se saisir des provinces roumaines ottomanes. La Sublime Porte refusant de céder, Napoléon III se concerte avec les Britanniques et, le 2 juin, décide avec lord Aberdeen, le Premier ministre de Sa Majesté, l'envoi de deux escadres dans les Dardanelles. L'armée du tsar est alors la plus grande du monde (1250000 hommes sans les réservistes), mais son encadrement est médiocre, sa troupe mal nourrie et conduite au fouet, son armement obsolète et son intendance inexistante. Elle n'en est pas moins un adversaire impressionnant pour les Turcs et même les Européens. En juillet, les troupes russes envahissent les principautés roumaines vassales d'Istanbul, mais le tsar, prudemment, demande simultanément une médiation de la France et de l'Autriche. Napoléon III, fidèle à ses principes, propose la tenue d'une conférence internationale sur la base des quatre points définis le 8 août entre la France, l'Angleterre et l'Autriche : abandon des prétentions russes sur les provinces danubiennes, liberté de navigation sur le Danube, neutralisation de la mer Noire et retrait du protectorat russe sur les sujets orthodoxes de l'Empire ottoman. Mais le sultan, conforté par la présence des escadres française et britannique à Istanbul, refuse tout compromis.

Le 8 octobre, Abdülmecid donne quinze jours aux Russes pour évacuer la Roumanie. Devant leur refus, il engage les hostilités sur le Danube. En réponse, la marine russe anéantit l'essentiel de la flotte turque dans la baie de Sinope. Français et Britanniques décident alors d'envoyer leurs escadres en mer Noire. En janvier 1854, après trois mois de tergiversations, Napoléon III écrit au tsar pour exprimer son indignation devant l'agression russe. Nicolas Ier, surnommé le « rocher de l'ordre » pour avoir brisé les tentatives révolutionnaires de 1848, le prend de haut : « La Russie, j'en suis garant, saura se montrer en 1854 ce qu'elle fut en 1812. » Un mois plus tard, Paris et Londres envoient un ultimatum à Saint-Pétersbourg et, le 2 mars, Napoléon III déclare à la Chambre : « Afin d'éviter cette lutte, j'ai été aussi loin que le permettait l'honneur. L'Europe sait maintenant, à n'en plus douter, que, si la France tire l'épée, c'est qu'elle y aura été contrainte. » Le 27 mars France et Angleterre déclarent la guerre à la Russie. Pour la première fois depuis le Premier Empire, la France entre en conflit avec une puissance européenne. Elle s'y engage avec l'Angleterre, son ennemie jurée depuis la guerre de Cent Ans. Comment en est-on arrivé là ? L'engrenage habituel, sans doute, de promesses et de provocations, mais surtout la ferme volonté de Napoléon III de promouvoir l'alliance franco-britannique et l'occasion pour lui de remettre en cause l'ordre inique de 1815. Contrairement à ce qu'on a dit, Napoléon III n'a pas été le « caniche » des Anglais. Il a laissé sa chance à la diplomatie, mais a aussi vaincu les réticences d'Aberdeen, le Premier ministre britannique, et imposé ses vues à ses propres ministres, hostiles à la guerre. Dès mars 1853, il a fait appareiller l'escadre française vers Salamine quand les Anglais hésitaient encore. Il faut dire que l'armée britannique n'est plus que l'ombre de celle de Wellington : à peine 150 000 volontaires dont les deux tiers immobilisés dans les colonies. Leur armement est médiocre (ils adoptent le fusil français pendant la guerre de Crimée), l'indiscipline et l'alcoolisme fréquents. Les officiers n'ont pas de contact avec les soldats, alors que la campagne d'Algérie a donné à l'encadrement français aisance et proximité dans le commandement. Leur marine, en revanche, est bien la première du monde et l'instrument principal de la puissance britannique.

Dans cette aventure, Napoléon III se présente habilement comme le défenseur de l'ordre international bafoué par le tsar. Le problème est que ni les Français ni les Britanniques ne sont préparés à mener une campagne contre un adversaire européen à des milliers de kilomètres de leurs bases. Leurs forces navales disponibles sont à peine suffisantes, les effectifs terrestres mobilisés sont trop limités, l'intendance est dépassée et les communications très insuffisantes. Ainsi l'amiral Hamelin, commandant l'escadre française, n'est-il informé que le 14 avril de la déclaration de guerre du 22 mars... Enfin, le service de santé n'est pas en mesure de faire face aux pertes massives du combat moderne et se montre inconscient des risques d'épidémies dans cette région du monde. Napoléon III et Aberdeen s'entendent sur un plan général d'opérations. L'action principale sera conduite initialement en Roumanie avec les forces conjointes du maréchal de Saint-Arnaud, prépositionné à Gallipoli avec deux divisions, et de lord Raglan, qui a regroupé 25 000 hommes à Malte. Elle sera complétée par des actions des deux escadres contre les ports russes de la mer Noire. Une action secondaire sera conduite en mer Baltique par une escadre franco-britannique embarquant 20 000 hommes aux ordres du général Baraguey d'Hilliers. Cette tentative d'ouverture d'un second front n'aura pas l'effet escompté, les ports russes, notamment Cronstadt, étant trop bien défendus. Seule la forteresse de Bomarsund, dans le golfe de Finlande, sera détruite.

Napoléon III décide de ne pas prendre personnellement le commandement des troupes. L'éloignement du théâtre d'opérations et la parité initiale avec les Britanniques l'en dissuadent. Il nomme donc Saint-Arnaud, son ministre de la Guerre, commandant en chef. C'est un brillant officier, ancien protégé de Bugeaud, un baroudeur toujours à court d'argent, qui a été un des principaux artisans du coup d'Etat du 2 décembre. Il lui donne pour directives le 12 avril 1854, de planifier trois options à partir de la base stratégique de Gallipoli : marcher à la rencontre des Russes s'ils progressent vers Istanbul, sinon débarquer en Crimée et s'emparer de Sébastopol, ou bien débarquer à Odessa et lancer une offensive dans les plaines de l'Ukraine. « J'ai pleine confiance en vous, maréchal », conclut-il.

Quand débute l'opération, les Ottomans sont en situation difficile à Silistrie, assiégée par les Russes, et le corps expéditionnaire est contraint de leur prêter main-forte. Saint-Arnaud et Raglan débarquent le 2 juin à Varna avec 50 000 hommes, provoquant le retrait sans combat des Russes au nord du Danube. En mer Noire, la flotte alliée détruit le port d'Odessa et s'efforce de bloquer l'accès à celui de Sébastopol. Saint-Arnaud ne cherche pas la confrontation avec les Russes qui disposent de 50 000 hommes. Sa mission se limitant à interdire la route d'Istanbul, il se contente d'envoyer la division Canrobert en reconnaissance, mais celle-ci est décimée par une épidémie de choléra. A Paris comme à Londres, on tergiverse car on espère toujours le ralliement de l'Autriche à la coalition. C'est seulement le 18 juillet que les Britanniques acceptent le plan de Napoléon III qui consiste à s'emparer de la Crimée, bastion russe avancé en mer Noire et siège de leur flotte. L'ordre parvient à Saint-Arnaud et Raglan, commandant en chef côté britannique, à la mi-août et, le 26, le maréchal français expose son plan d'opérations, accepté avec réticence par son homologue britannique.

Le transfert des troupes françaises (28 000 hommes, 1 430 chevaux et 68 canons) s'effectue à bord de 15 vaisseaux (dont 5 vapeurs), 11 frégates, 14 corvettes à vapeur et 50 voiliers du commerce. Ils débarquent le 14 septembre à Eupatoria, à 45 kilomètres au nord de Sébastopol, avec une faible logistique. Les collines de l'Alma, occupées par les Russes, leur barrent la route de Sébastopol. Le général Menchikov y déploie 35 000 hommes et 100 canons. Exaspéré par le retard des Anglais, Saint-Arnaud doit attendre le 19 septembre pour lancer l'assaut. Les zouaves, cette troupe d'élite créée avec les Kabyles pour la conquête de l'Algérie, mais dont le recrutement depuis 1842 est exclusivement européen, percent le dispositif russe, contraignant Menchikov à la retraite. L'Alma est la première victoire française contre une puissance européenne depuis 1815, victoire d'ailleurs inexploitée, faute d'une cavalerie suffisante. Les Russes peuvent se replier en bon ordre et organiser la défense de Sébastopol. La ville compte alors 40 000 habitants et une garnison de 20 000 hommes, parmi lesquels Tolstoï qui décrira l'horreur de ce siège interminable. Frappé à son tour par le choléra, Saint-Arnaud doit être évacué et meurt le 29 septembre sur le chemin du retour. Napoléon III nomme alors commandant en chef Canrobert, son adjoint, aussi brillant que Saint-Arnaud mais au caractère moins affirmé. C'est alors que, refusant cette subordination, le prince Napoléon, comme nous l'avons dit, déserte sans prévenir son cousin, à la manière de Condé avec Louis XIV ou de son père, Jérôme, avec Napoléon en 1812, sans être sanctionné à la hauteur du scandale que sa conduite provoque.

En octobre 1854, débute donc le siège de Sébastopol. Il durera près d'un an. Raglan ayant refusé de passer sous les ordres de Canrobert, la coordination entre les alliés est souvent défaillante, comme on le voit lors des contre-attaques russes d'octobre et novembre à la Balaklava et Inkerman. Les Anglais y sacrifient leur cavalerie lors de la célèbre charge de la brigade légère, mais la percée russe n'est évitée que par l'héroïsme des zouaves. L'artillerie est insuffisante malgré le renfort des canons de marine débarqués, car faute de blindage les vaisseaux ne peuvent s'approcher de la rade. De part et d'autre, on s'enterre et on creuse des tranchées. Impatient, Napoléon III décide de renforcer massivement le contingent français, espérant un déblocage de la situation avant l'arrivée du « général Hiver » qui a eu raison de la Grande Armée en 1812. Les Autrichiens ne s'engageant pas en raison des manœuvres de Bismarck[5], il accepte l'entrée dans la coalition du royaume de Piémont-Sardaigne où Cavour vient d'être nommé Premier ministre. A la fin de l'hiver, les coalisés alignent 140 000 hommes, durement éprouvés par le froid, les tornades et les épidémies de choléra et de typhus.

L'opinion publique chancelle en Angleterre, où la presse est libre, et fait chuter le cabinet. En France, où la presse est censurée, le soutien populaire se maintient, comme le prouve le succès de l'emprunt lancé par l'empereur pour pallier l'insuffisance des crédits militaires. Certes, les cercueils et les lettres de soldats provoquent dans les campagnes une certaine nervosité, connue de la police, mais l'orgueil national prend le dessus et le patriotisme du peuple, sevré depuis Waterloo, se réveille. On exige une victoire rapide mais on exclut le renoncement. Cependant, Napoléon III s'exaspère de l'impuissance de ses troupes et bombarde Canrobert d'ordres parfois contradictoires, aggravant son irrésolution. L'empereur dépêche alors son aide de camp, le général Niel, auprès du commandant en chef pour qu'il l'informe directement et contrôle l'application de ses directives. Canrobert ne peut qu'en prendre ombrage. Au printemps 1855, le souverain envisage de prendre lui-même sur place la direction des opérations. Ses ministres tentent de l'en dissuader, craignant que son absence ne provoque une nouvelle « conspiration Malet[6] » et s'effrayant d'une possible régence du prince Napoléon. Mais c'est l'opposition anglaise qui l'y fait renoncer. Palmerston, le nouveau Premier ministre, craint une « victoire du Neveu » coiffant des troupes britanniques, symbole inacceptable d'une revanche posthume de « l'Ogre ». Aussi, en compensation, la reine Victoria organise-t-elle pour Napoléon et Eugénie, en avril, une visite triomphale à Londres. Elle effectue en retour, au mois d'août, un voyage officiel

---

5. Bismarck est alors délégué de la Prusse à la Diète de Francfort, siège de la Confédération germanique. Il multiplie les intrigues pour évincer l'Autriche qui préside la Confédération, unifier les Etats du nord de l'Allemagne et rallier à la Prusse les Etats du Sud. Une alliance tripartite, liant l'Autriche à la France et à l'Angleterre, renforcerait la main de François-Joseph. Bismarck soutient donc l'opposition à la guerre à Vienne et Budapest tandis qu'il encourage le Piémont, rival de Vienne en Italie, à s'engager en Crimée.

6. Pendant la campagne de Russie, en 1812, le général républicain Malet, placé en résidence surveillée, annonça la mort de Napoléon et tenta de prendre le pouvoir. Vite arrêté par les troupes loyalistes, il se rendit célèbre à son procès par sa réponse au président du tribunal qui lui demandait le nom de ses complices : « La France entière, Monsieur le Président, et vous aussi, si j'avais réussi. »

en France. Dans la capitale, acclamée par 800 000 Parisiens, la reine s'incline devant le tombeau de Napoléon aux Invalides. C'est la première visite en France d'un souverain anglais depuis quatre siècles.

Entre-temps, le 16 mai, Canrobert a démissionné, écartelé entre les directives de Napoléon III qu'il désapprouve (débloquer la situation par une attaque dans la plaine) et la mauvaise volonté systématique de Raglan. Le souverain le remplace par Aimable Pélissier, un soudard têtu et grossier, mais un bon meneur d'hommes et habile tacticien comme il l'a montré en Algérie. Surtout, le vieux soldat compte beaucoup d'appuis dans l'entourage de l'empereur. Il le convainc assez vite que Sébastopol est la clé et qu'une offensive dans la plaine conduirait à l'enlisement. Sa première offensive, le 18 juin, dans un labyrinthe de tranchées, est pourtant un échec sanglant (6 000 morts français) et l'empereur, ulcéré, décide de le remplacer par Niel. Mais Vaillant, fidèle à sa conception du commandement, retarde la transmission de l'ordre jusqu'à ce que son entourage fasse revenir Napoléon III sur cette décision. C'est l'affaire de quelques jours... La mort de lord Raglan, le 29 juin, victime du choléra à son tour, affermit l'autorité de Pélissier sur l'ensemble des troupes (100 000 Français, 45 000 Britanniques, 15 000 Sardes et 7 000 Ottomans) et, un mois plus tard, une contre-attaque russe massive à la Tchernaïa est repoussée. Enfin, le 8 septembre, après une préparation d'artillerie de trois jours (150 000 obus), le général de Mac-Mahon parvient à s'emparer du fort de Malakoff qui domine la ville. Les Russes évacuent Sébastopol après l'avoir incendiée.

Alexandre II, qui a succédé à Nicolas Ier, mort le 2 mars 1855, n'est pas prêt à céder. Les Anglais, pour leur part, souhaitent la poursuite de la guerre et suggèrent à Napoléon III de marcher sur Saint-Pétersbourg. Mais l'empereur, effaré par l'ampleur des pertes françaises (95 000 morts) et soucieux de préserver l'avenir avec les Russes, propose la paix sous conditions. Les quatre points définis en début de campagne avec les Britanniques et les Autrichiens doivent être acceptés par le tsar. Cependant, le refus d'Alexandre II provoque la colère de Napoléon III qui menace de reconstituer la Pologne au détriment de la Russie. Mais il faut encore que l'Autriche agite le spectre de son entrée en guerre pour que l'autocrate cède, comme le lui suggère de son côté Bismarck. Napoléon III convoque alors une conférence de paix, en février 1855, dans les locaux tout neufs du Quai d'Orsay. Le congrès est présidé par Walewski, son ministre des Affaires étrangères, qui est un fils naturel de Napoléon.

Le Royaume-Uni obtient ce qu'il voulait, l'intégrité de l'Empire ottoman, la fermeture des Détroits, la neutralisation de la mer Noire. L'Autriche, par l'habileté de ses diplomates, arrache la liberté de navigation sur les bouches du Danube. La France n'obtient rien, si ce n'est le prestige d'une grande victoire. Mais elle a effacé le congrès de Vienne et provoqué la rupture du front des puissances impériales unies depuis 1815. Ulcérée par l'attitude autrichienne, la Russie se rapproche d'ailleurs très vite de la France et ne bougera pas lors du conflit italien. Enfin, la question des nationalités a été mise sur la table. L'Italie n'a pas été discutée en raison du veto de François-Joseph, mais Cavour néanmoins a pu s'exprimer et présenter le point de vue du Piémont. La Roumanie engage sa marche vers l'unité consacrée en 1866. La France a payé cher son engagement, mais elle se retrouve au centre du jeu européen. L'ambassadeur de France à Vienne qui a participé au congrès de Paris écrit à un collègue : « Elle est grande, elle est belle cette paix que nous venons de signer. Durera-t-elle quarante ans comme l'autre ? Quant à l'acteur principal, il n'a jamais eu plus de sang-froid et de calme. L'Europe s'en va, enivrée de lui. » Bismarck relève, pour sa part, que « pour l'instant, tous les cabinets, grands et petits, s'évertuent à briguer l'amitié de la France ».

Le 29 décembre 1855, l'armée d'Orient défile sous les vivats, de la Bastille à la place Vendôme. L'Alma, Sébastopol, Malakoff donnent leur nom aux nouveaux sites du Paris haussmannien. La victoire alliée est avant tout une victoire française, celle du courage et de l'exceptionnelle endurance des troupes, servies il est vrai par un armement supérieur. Mais c'est d'abord la victoire d'un homme, Napoléon III, celle de l'audace au service d'un grand dessein, de l'habileté et de la ténacité dans la gestion diplomatique et militaire d'une entreprise complexe et risquée. De l'audace, il en fallait pour jeter par la mer en deux ans à plus de 3 000 kilomètres près de 200 000 hommes, 40 000 chevaux, une masse considérable d'équipements et de vivres, du jamais vu dans l'histoire. De l'audace, il en fallait encore pour s'attaquer à la Russie, tombeau de la Grande Armée. Mais aussi quelle clairvoyance dans le choix de l'alliance britannique, en dépit des haines passées et des insuffisances connues de l'armée du Royaume-Uni ! Quelle habileté dans la prise de contrôle de la direction multinationale des opérations ! Quelle souplesse enfin dans la gestion diplomatique, laissant à chaque étape une porte ouverte à la paix, gardant l'Autriche dans le jeu, tout en invitant la question italienne dans le concert des nations européennes ! « Victoire inutile et coûteuse », ont dit certains. Le bilan humain est certes lourd, très lourd, 95 000 morts (dont 75 000 de maladie ou de froid), contre 22 000 pour les Britanniques, et entre 100 000 et 200 000 pour les Russes comme pour les Ottomans. Mais l'« arrière » a tenu, comme les troupes au front. Comme son oncle, Napoléon III a exploité habilement le succès des armes françaises pour exalter les vertus de l'Empire. Le coût financier est certes considérable (plus de 500 millions de francs) mais supportable pour une économie française en pleine expansion. Comment, par ailleurs, qualifier d'« inutile » une guerre qui a donné un coup d'arrêt aux ambitions russes démesurées en Méditerranée et qui a rendu à la France son prestige et sa place dans le monde ?

Tout n'a pourtant pas été parfait, loin de là, dans la gestion militaire des opérations. Napoléon III a eu la sagesse de ne pas prendre le commandement direct des troupes, maîtrisant, grâce aux Anglais, son impatience légitime lors de l'enlisement devant Sébastopol. Son choix des chefs militaires a été judicieux, s'agissant de Saint-Arnaud, logique mais moins heureux quant à Canrobert, acceptable pour Pélissier. L'impatience et la lenteur des communications, le télégraphe ayant été déployé trop tardivement, l'ont conduit à des erreurs avec Canrobert, mais la personnalité de lord Raglan compliquait singulièrement l'exercice du commandement. La France a joué le rôle de « nation leader », comme on dirait aujourd'hui, mais sans commandement intégré, sauf dans les dernières semaines, et sans direction politique unifiée dans les capitales. L'expédition en mer Baltique, en revanche, a été une erreur, privant inutilement Saint-Arnaud des 20 000 hommes de Baraguey. Le succès final ne doit pas masquer les faiblesses de l'armée française. Le caractère statique de la bataille de Crimée a jeté un voile pudique sur son incapacité à manœuvrer, faute d'ordres précis, d'entraînement, de communications et de lignes logistiques mobiles. Par ailleurs, l'insuffisance de la préparation de l'opération est déjà criante. Aucune planification avant Varna, des plans vagues par la suite, faute de cartes sans doute, des études logistiques superficielles, des moyens de génie, d'artillerie et même de cavalerie inadaptés. En débarquant tardivement, on a sous-estimé les rigueurs de l'hiver. On a enfin mal apprécié les défenses russes et ignoré le risque épidémique.

La Crimée est une des premières guerres modernes de l'histoire, avec un commandement multinational, la projection de forces à longue distance, une guerre de tranchées, une puissance de feu meurtrière. Napoléon III en tire quelques leçons pour l'équipement des forces (le canon rayé, les cuirassés, la vapeur), mais ne perçoit pas la nécessité d'une refonte du commandement qui, il est vrai, n'est nullement souhaitée par ses généraux ; pas plus que ces derniers, il ne s'interroge sur les conséquences tactiques de la mise en service d'armes plus précises et plus puissantes.

Une dernière victoire arrachée

Deux ans de répit, à peine, avant que la France ne soit engagée dans une nouvelle guerre contre une puissance européenne, l'Autriche de François-Joseph, cette fois. L'enjeu en est l'unité italienne, chère au cœur de Napoléon III depuis son séjour à Rome et sa participation à la révolte de Romagne en 1831. Depuis, il y a eu l'intervention d'Oudinot en 1849 pour rétablir le pape dans ses Etats, tuant le projet d'établissement d'une République romaine au centre de la péninsule. Mais l'arrivée de Cavour a changé la donne. L'habile Premier ministre du seul royaume libre d'Italie[7] est un interlocuteur acceptable pour les Anglais comme pour les conservateurs français, contrairement à Mazzini, Garibaldi et autres « révolutionnaires ». Il a saisi l'occasion de la guerre de Crimée pour s'associer à l'alliance franco-britannique et a pu s'exprimer au congrès de Paris de 1855. Au mois de décembre précédent, il a rencontré à Compiègne Napoléon III qui l'a encouragé : « Ecrivez confidentiellement à Walewski ce que vous croyez que je puisse faire pour le Piémont et l'Italie. » Cavour maintient le contact avec l'empereur volage par l'intermédiaire d'une de ses maîtresses, la comtesse de Castiglione. Mais Walewski et Eugénie sont opposés à toute intervention militaire.

Paradoxalement, c'est un attentat meurtrier visant le couple impérial, le 14 janvier 1858 à l'entrée de l'Opéra, qui décide Napoléon III à agir. Orsini, membre d'une société secrète mazzinienne, arrêté après avoir lancé une bombe qui a fait 8 morts et 156 blessés, écrit, à

7. Le congrès de Vienne de 1815 a défait l'unité italienne réalisée par Napoléon Ier sous son autorité, rétablissant une mosaïque d'Etats dont la plupart sont sous contrôle direct ou indirect de l'Autriche. Le royaume de Lombardie-Vénétie est occupé militairement. Le grand-duché de Toscane et les duchés de Parme et Modène sont gouvernés par des Habsbourg. Les Etats pontificaux, très étendus, échappent à une règle italienne. Le royaume des Deux-Siciles est placé sous surveillance par les Anglais et les Autrichiens après les excès répressifs du Bourbon Ferdinand Ier. Seul le royaume de Piémont-Sardaigne, dirigé par la maison de Savoie, échappe au contrôle étranger.

l'instigation du préfet de police, une lettre à l'empereur, le suppliant d'appuyer l'indépendance italienne. Ce dernier, sorti indemne de l'attentat auquel sa femme et lui ont réagi avec une grande dignité, convoque Cavour pour une entrevue secrète à Plombières en juillet. La rencontre est vite ébruitée, mais l'empereur n'informe pas le gouvernement de l'accord conclu avec Cavour, en dépit de sa portée considérable et de ses conséquences potentielles. Sans doute ne se sent-il pas totalement lié par ses promesses ? L'accord prévoit une alliance militaire franco-sarde contre l'Autriche dans le but de créer une confédération italienne présidée par le pape (en compensation de la perte par ce dernier d'une partie de ses Etats, limités à l'avenir à Rome et au Latium). La confédération regrouperait un royaume de Haute-Italie (le Piémont-Sardaigne enrichi de la Lombardie, de la Vénétie autrichienne et des duchés de Parme et Modène), un royaume d'Italie centrale (regroupant Toscane, Marches et Ombrie), le royaume de Naples et les Etats de l'Eglise. La France, pour son aide, recevrait le comté de Nice et la Savoie. Les deux comploteurs sont allés loin dans le détail des opérations militaires. « Pour forcer l'Autriche à renoncer à l'Italie, deux ou trois batailles gagnées dans les vallées du Pô et du Tagliamento ne seront pas suffisantes, il faudra nécessairement pénétrer dans les confins de l'Empire et, l'épée sur le cœur, c'est-à-dire à Vienne même, la contraindre à signer la paix sur les bases arrêtées d'avance », écrit Cavour dans le compte rendu de l'entretien qu'il adresse à Victor-Emmanuel, son roi. Pour cela, Napoléon III estime que 300 000 hommes (dont 200 000 Français) seront nécessaires. Il propose aux Sardes de leur vendre des armes et de faciliter un emprunt…

Pour lier la France au Piémont (et à la Savoie), on organise le mariage du prince Napoléon avec Marie-Clotilde de Savoie, fille du roi du Piémont. Dans les mois qui suivent cette entrevue cardinale, Napoléon III s'efforce d'obtenir la neutralité bienveillante des cours européennes. Les Britanniques sont favorables à l'unité italienne, et le tsar garde rancune à l'Autriche de son attitude au congrès de Paris en 1856. Il signera un traité avec la France en mars 1859. La Prusse, qui a des visées sur l'Allemagne du Sud, se déclare neutre, si la France ne revient pas sur la rive gauche du Rhin. Le 1er janvier 1859, Napoléon III, en recevant le corps diplomatique aux Tuileries, sème le trouble dans les chancelleries : « Je regrette, dit-il à l'ambassadeur d'Autriche, que nos rapports ne soient pas aussi bons que je désirerais. » Et quelques jours plus tard, sur son ordre, le prince Napoléon signe un traité d'alliance franco-sarde, « dans le cas où, par suite d'un acte agressif de l'Autriche, la guerre viendrait à éclater[8] ». Quelques jours plus tard, Napoléon III fait diffuser à 10 000 exemplaires un livre rédigé sur son instruction par La Guéronnière, *Napoléon III et l'Italie*, qui expose le schéma d'ensemble des accords de Plombières. Cette publication provoque un tollé général. En France, le Corps législatif et le Sénat s'indignent, les milieux catholiques et industriels, auxquels s'associe Morny, dénoncent l'aventurisme de l'entreprise. Dans l'armée quelques généraux se déclarent hostiles à cette nouvelle guerre. A l'étranger, la reine Victoria réagit vigoureusement : « Le Royaume-Uni ne pourra vous suivre sur la voie où vous vous êtes imprudemment engagé. » Effrayé par ces réactions, Napoléon III fait machine arrière, suspend tous les mouvements de troupes engagés depuis plusieurs mois vers la Suisse et Toulon et demande au tsar de s'entremettre pour la réunion d'un congrès international. Alexandre II accepte. La Prusse et l'Angleterre donnent leur accord, mais l'Autriche émet deux conditions : aucun remaniement territorial ne doit être envisagé et le Piémont doit désarmer. C'est une fin de non-recevoir.

D'ailleurs, quelques jours plus tard, c'est Vienne qui déclenche la guerre. François-Joseph, ne pouvant maintenir trop longtemps son armée en campagne et croyant que les princes d'Allemagne du Sud le suivront, adresse le 23 avril un ultimatum au Piémont, lui donnant trois jours pour démobiliser. Cette initiative suffit à retourner l'opinion. En France, « l'instinct gaulois s'étant réveillé », comme l'écrit Mérimée qui est du parti de l'impératrice, on acclame les régiments en partance pour l'Italie. Le Piémont ayant rejeté l'ultimatum, une armée autrichienne forte de 120 000 hommes et 450 canons, aux ordres du général Gyulai, franchit le Tessin et envahit le royaume de Victor-Emmanuel. Napoléon III fait accélérer la concentration des troupes françaises dans le Sud-Est, mais le ministre de la Guerre, Vaillant, et l'Etat-Major général, constitué au dernier moment à partir du Dépôt de la guerre, sont vite débordés. L'armée dispose de 420 000 hommes, dont 100 000 en Algérie, et les bâtiments de la marine, maintenant largement dotés de vapeurs, ont une capacité de projection de 40 000 hommes.

---

8. Le traité d'alliance franco-sarde reprend l'essentiel des dispositions envisagées à Plombières et s'adjoint une convention militaire aux termes de laquelle la France s'engage à envoyer 200 000 hommes en appui de l'armée sarde de 100 000 hommes.

Napoléon III s'interroge depuis près d'un an sur la stratégie à adopter. Il consulte Niel et Frossard, ses deux meilleurs généraux, mais ne leur demande pas d'études précises. Il veut garder les mains libres au-delà de la première phase des opérations, comme son oncle dont il n'a pourtant ni l'expérience ni le génie tactique. Il consulte en secret Jomini, un officier suisse qui fut chef d'état-major de Ney et s'est mis au service du tsar. Ce dernier, souvent considéré comme l'égal de Clausewitz, a notamment publié en 1836 un remarqué *Précis de l'art de la guerre*. Contrairement à l'Autriche, la France ne dispose pas de moyens de renseignement efficaces. Aussi envoie-t-il Niel en mission au Piémont pour discuter d'un plan d'action général. Ce dernier, conscient de la vulnérabilité du dispositif sarde, trop linéaire, qui déploie 60 000 hommes sur les villes et les fortins de la plaine du Pô, propose comme objectif initial la défense de Turin, capitale du royaume, que l'on atteindra en deux colonnes partant de Suse et de Gênes. L'empereur tergiverse, consulte discrètement Frossard, l'adjoint de Niel, et approuve le plan au dernier moment, mais sans en informer les généraux engagés dans l'opération qui partent avec des ordres limités au mouvement initial. D'entrée de jeu, le grand projet d'offensive sur Vienne, évoqué à Plombières, semble compromis. Napoléon a décidé de prendre lui-même le commandement de l'expédition, en dépit des réserves de ses proches. Fleury, son inamovible secrétaire aux affaires militaires, tente de l'en dissuader : « La tâche est bien lourde pour un souverain qui commence la guerre à cinquante ans. » L'empereur s'obstine et choisit comme chef d'état-major Vaillant qu'il remplace par Randon au ministère de la Guerre – choix peu judicieux car Vaillant n'est pas Berthier, le bras droit inventif et précis de Napoléon Ier qui préparait ses ordres et interprétait ses directives, et Randon débarque d'Algérie, ignorant tout des projets de l'empereur. Prudent à l'excès, mais vénéré par les anciens de la Grande Armée, Vaillant ne peut que compliquer la tâche du commandant en chef.

Le corps expéditionnaire, acclamé par des foules nombreuses dans sa descente vers la Méditerranée, réunit 104 000 hommes et s'articule en deux éléments. Le groupe Nord, composé des corps d'armée Canrobert et Niel, franchit le Mont-Cenis le 28 avril et renforce rapidement les défenses sardes de la région de Turin. Le groupe Sud, qui comprend la garde impériale et les corps d'armée Mac-Mahon et Baraguey d'Hilliers, embarque à Toulon et se rassemble à Gênes en quelques jours, grâce aux vapeurs de la marine. Une opération de diversion est confiée au prince Napoléon en Toscane pour encourager les mouvements irrédentistes. Moins de trois semaines après le début de l'embarquement, les corps d'armée des deux groupes font leur jonction à l'est de Turin. Le 14 mai, Napoléon III prend le commandement des forces dans son QG d'Alexandrie et diffuse un ordre du jour : « Je n'ai pas besoin de stimuler votre ardeur. Chaque étape vous rappellera une victoire [...]. En passant par Mondovi, Marengo, Lodi, Castiglione, Arcole, Rivoli, vous marchez dans une autre voie sacrée, au milieu de ces glorieux souvenirs [...]. Conserver la stricte discipline fait la fierté de l'armée [...]. Dans la bataille, rester groupé et ne pas abandonner les rangs pour courir en avant. Eviter un trop grand élan, voilà la seule chose que je crains [...]. Les nouvelles armes de précision ne sont dangereuses que de loin, elles n'empêchent pas la baïonnette d'être, comme auparavant, le bras terrible de l'infanterie française. » Au-delà de l'inévitable référence aux campagnes glorieuses de Bonaparte, cet ordre du jour est une affirmation de l'autorité militaire du commandant en chef en prenant la forme de directives tactiques pour la campagne. L'empereur appelle à la discipline pour contenir la propension fâcheuse de ses troupes à l'exploit individuel, mais il les incite à la recherche du corps à corps, ce qui ne sera pas sans conséquences sur le déroulement des opérations. Victor-Emmanuel le rejoint dans son quartier général et se met à ses ordres.

En face, l'armée autrichienne aligne 135 000 hommes. Le plan adopté par le haut état-major permanent du maréchal Hess consiste à battre les Sardes et prendre Turin avant l'arrivée des Français. François-Joseph a délégué au général Gyulai le commandement des troupes. Mais la lenteur de sa progression, aggravée par les hésitations du haut état-major et la rapidité du déploiement français, qui a massivement emprunté la voie ferrée, l'empêche d'atteindre son objectif. Faute de pouvoir prendre Turin, Gyulai s'installe en défensive sur le Pô et la Sesia où il dispose d'ouvrages fortifiés et bénéficie d'une nette supériorité numérique.

Sans idée de manœuvre, Napoléon III hésite. Victor-Emmanuel s'en plaint auprès de Cavour. « Ce n'est plus vous qui me tourmentez, c'est le très digne empereur qui me fait marcher à la baguette. Il change, rechange ses projets et veut des choses impossibles. » Le souverain français prend même le temps de visiter Marengo où il se fait lire le récit de la bataille rédigé par Thiers. C'est un combat de rencontre à Montebello, où les charges furieuses du général Forey emportent la décision, qui lui donne l'idée de déborder les Autrichiens par le nord. Montebello a en effet conforté Gyulai dans l'idée que les

Français attaqueraient au sud du Pô où sont concentrées ses défenses. Or, la Sesia et le Tessin sont moins protégés. Fin mai et début juin, après des victoires difficiles à Palestro et Robecchetto où s'illustrent zouaves et turcos (tirailleurs algériens), une bataille décisive s'engage à Magenta. Napoléon III, qui a transféré son QG à Novare, au plus près de l'action, lance une offensive en tenaille, Mac-Mahon sur la rive gauche du Tessin, la garde, Niel et Canrobert sur la rive droite. Sous une pluie battante et dans un contexte inattendu de bocage qui favorise les défenseurs, Mac-Mahon prend du retard et il s'en faut de peu que la garde impériale ne succombe sous les coups de l'artillerie autrichienne après le franchissement du Tessin. L'empereur, rongé d'anxiété, en oublie de fumer ses cigarettes. *In extremis*, marchant au bruit du canon, car les communications sont inexistantes entre les corps d'armée progressant de part et d'autre du Pô, Mac-Mahon rétablit la situation. Il y gagnera son bâton de maréchal et le titre de duc de Magenta. Les pertes sont lourdes, côté français, où on compte plus de 4 000 morts. Les Autrichiens en ont perdu le double. Mais l'empereur ne sait pas exploiter la victoire et laisse Gyulai se replier en bon ordre, préférant goûter les joies d'une entrée triomphale à Milan. Acclamé par une foule en liesse, il assiste à un *Te Deum* au Duomo et à une soirée de gala à la Scala. La Lombardie est libérée du joug autrichien et l'Italie centrale se soulève.

François-Joseph, pour défendre la Vénétie, prend personnellement le commandement en chef des forces autrichiennes, renforcées jusqu'à 250 000 hommes. Surprenant les Français, il interrompt la retraite ordonnée de ses troupes sur le Mincio et occupe les collines de Solferino, au sud du lac de Garde. Le 24 juin, débute un affrontement, bloc contre bloc, indécis pendant plusieurs jours, un carnage sans manœuvres de part et d'autre. Napoléon III, apprenant que Niel est en difficulté, se porte en hâte sur le mont Fenile d'où il peut observer l'ensemble du champ de bataille et prend le commandement direct des opérations. A cheval, ignorant le danger, il se montre directif, tour à tour enthousiaste ou défait. Sans idée tactique, il en vient à encourager les unités qui défilent devant lui pour un nouvel assaut : « Allons, mes voltigeurs, à la baïonnette culbutez-moi tout ça. » Les Autrichiens cèdent enfin, sur un mouvement de contournement de la garde impériale suggéré par Frossard. La bataille a fait 40 000 morts, dont 17 500 Français. La supériorité de l'artillerie française a fait l'essentiel de la différence.

Napoléon III, bouleversé par l'ampleur des pertes, propose à François-Joseph un armistice, signé le 8 juillet à Villafranca. Cavour presse l'empereur de reprendre le combat et de marcher sur Vienne, mais les réactions en France et à l'étranger l'en dissuadent. A Paris, les conservateurs et Eugénie s'inquiètent des révolutions qui éclatent un peu partout en Italie et le pressent d'en finir. L'empereur n'ignore pas non plus que les Autrichiens, battus mais non vaincus, se sont retranchés dans leurs places fortes de Vérone, Mantoue et Legnano. Enfin les Prussiens, inquiets des succès français, mobilisent plusieurs corps d'armée sur le Rhin où l'armée française n'a plus qu'un dispositif symbolique. Il se résout donc à la paix. Le traité de Zurich du 11 novembre 1859 est un semi-échec. L'Autriche cède la Lombardie à la France qui la rétrocède au Piémont, mais la Vénétie reste autrichienne et les souverains d'Italie centrale, comme le pape, sont restaurés dans leurs Etats. « J'ai arrêté la guerre, dit Napoléon III à l'ambassadeur d'Autriche, parce que j'ai peur des sacrifices de sang qu'elle me coûterait encore, et parce qu'il me répugnait d'avoir la révolution à mes trousses [...]. Enfin, je prévoyais tôt ou tard une guerre générale. » Les événements qui suivent lui donnent raison. Les princes d'Italie centrale ne retrouvent pas leurs trônes et les nouveaux gouvernements manifestent leur souhait de s'unir au Piémont. Dès le mois de décembre 1859, Napoléon III a fait diffuser un nouveau libelle de La Guéronnière invitant le pape à renoncer à l'essentiel de ses Etats. Cavour jubile et y voit un feu vert à l'unité italienne. Un plébiscite en Italie centrale, au printemps 1860, la rattache au Piémont qui remercie l'empereur en donnant à la France le comté de Nice et la Savoie. Puis, les Piémontais envahissent les Marches et l'Ombrie en dissuadant Napoléon III de faire intervenir le contingent français qui protège le pape à Rome depuis 1849. L'empereur proteste officiellement, mais convainc le tsar et les Prussiens de ne pas soutenir l'Autriche qui menace d'intervenir. Le 23 mars 1861, Victor-Emmanuel est proclamé roi d'Italie.

La guerre d'Italie contre l'Autriche se solde en définitive par un succès flatteur pour Napoléon III. L'Italie est libérée, sauf la Vénétie. La révolution est évitée et le territoire français s'est agrandi. Le rattachement de Nice et de la Savoie est confirmé après un vote massivement favorable (dans des conditions, il est vrai, contestées) des populations concernées. Pourtant, les criantes faiblesses militaires françaises et autrichiennes n'ont pas échappé aux observateurs prussiens. L'absence de planification, la faiblesse du renseignement, la médiocrité de beaucoup de généraux et l'improvisation totale sur le champ de bataille qui caractérisaient le corps expéditionnaire auraient dû valoir une victoire facile aux troupes disciplinées et courageuses de l'Autriche. Mais celles-ci, trop liées aux plans de l'état-major et incapables d'initiatives, en partie en raison de leur cosmopolitisme[9], ne purent résister à la supériorité de l'armement et à la bravoure des régiments français emportés par leur rêve de gloire. Hésitant et mal entouré, Napoléon III sut tout de même se tirer des situations difficiles où ses imprudences diplomatiques l'avaient conduit.

Chef de guerre médiocre, il ne put s'astreindre à une planification rigoureuse et faillit compromettre définitivement ses chances de succès en n'exploitant pas la victoire de Magenta. Plus grave encore, et sans doute volontaire, fut le contresens tactique de ses directives initiales. En insistant sur l'attaque à la baïonnette et en minimisant l'impact meurtrier des armes modernes, il confortait ses troupes dans des pratiques de progression groupée déjà obsolètes à la fin de l'Empire et terriblement coûteuses en pertes humaines. Cet amoureux des armes et singulièrement de l'artillerie ne pouvait l'ignorer, mais il avait si peu confiance dans leur capacité de manœuvre qu'il a pu choisir de parier sur leur courage et leur soif de gloire. Le carnage de Solferino, qui inspira à Henry Dunant la création de la Croix-Rouge, fut une conséquence directe de cette option tactique. On ne peut ignorer, à l'inverse, que le succès final dut beaucoup à la projection très rapide de 100 000 hommes au-delà de Turin qu'il avait voulue et organisée, notamment par l'usage massif de la voie ferrée, une première dans l'histoire militaire, et à sa décision clairvoyante d'attaquer Gyulai par le nord. Le 14 août 1859, 100 000 hommes défilent devant la colonne Vendôme à Paris, dans leurs tenues de campagne déteintes et usées et derrière leurs drapeaux troués par la mitraille. On ovationne les zouaves, devenus les héros mythiques de l'armée impériale. Napoléon III, à cheval, en uniforme de général, savoure le triomphe de ses armes. Le régime impérial est à son apogée.

---

9. L'armée commandée par Gyulai compte à peine 20 % d'Autrichiens. Les troupes sont en majorité slaves. Or, depuis la répression de la révolte hongroise en 1849, l'irrédentisme se répand dans les provinces du sud de l'empire. La faible combativité des soldats s'aggrave de la barrière de la langue qui complique le commandement et la coordination des unités.

L'aventure coloniale

La politique coloniale n'entrait pas dans les grands desseins du prince-président élu en 1848. Son souci des nationalités et son humanisme affirmé s'accordaient mal avec un projet de conquête et même l'Algérie ne l'intéressait pas. Le Second Empire fut pourtant une période exceptionnelle d'expansion coloniale. Trois facteurs expliquent le revirement de Napoléon III à partir de 1854 : son souci de donner aux armées l'aventure, la gloire et les promotions auxquelles elles aspiraient, les pressions du parti catholique soutenant les missions essaimées en milieu hostile et l'expansionnisme britannique encouragé par la reine Victoria. En 1854, il crée le « comité consultatif des colonies » qui devient en 1858 le « ministère de l'Algérie et des Colonies » et prend toute sa dimension avec l'attribution en 1859 du « ministère de la Marine et des Colonies » à Prosper de Chasseloup-Laubat[10]. Ce dernier, maintenu dans ses fonctions pendant huit ans, est la cheville ouvrière de la renaissance de la marine impériale et l'habile exécutant des entreprises de l'empereur. Au service de cette nouvelle ambition, la France se dote de la deuxième marine du monde, flanquée d'un corps prestigieux d'infanterie de marine et d'une armée d'Afrique (zouaves, chasseurs d'Afrique, tirailleurs algériens) qui, avec la Légion étrangère, se couvre de gloire en Crimée et en Italie.

En Algérie, Napoléon III laisse Randon gérer avec brutalité la crise de Grande Kabylie en 1851-1852. C'est seulement après une visite triomphale en 1860 qu'il affiche une volonté politique rompant avec les pratiques antérieures, en prônant l'égalité entre indigènes et Européens. Son rêve, qui eût pu changer le cours de l'Histoire, butte sur l'insurrection de 1864 durement réprimée et surtout sur l'hostilité des colons, soutenus à la Chambre par les républicains. A Mac-Mahon, gouverneur militaire, il écrit encore

10. L'Algérie, jusqu'en 1858, est placée sous statut militaire, ce que contestent les colons. Après la soumission de la Kabylie, Napoléon III décide de la doter d'une administration civile et crée le ministère de l'Algérie et des Colonies qu'il confie au prince Napoléon. L'inertie de ce dernier le conduit à le remplacer, un an plus tard, par Chasseloup-Laubat, un esprit éclairé et libéral, qui développe l'économie locale, mais s'épuise à arbitrer les dissensions entre administrateurs civils et chefs militaires. En 1860, l'empereur rétablit donc le statut militaire en Algérie et confie à Chasseloup-Laubat la Marine.

en 1865 : « Ce pays est à la fois un royaume arabe, une colonie européenne et un camp français. » La découverte de l'Algérie et la résurgence de la « question d'Orient » lui inspirent le projet d'une zone d'influence française « de la Tunisie à l'Euphrate ». C'est ainsi qu'en 1860, il décide, malgré les réticences des Britanniques qui voient d'un mauvais œil une implantation française sur la route de l'Egypte aux Indes, d'intervenir au Liban. Le massacre des maronites chrétiens par les Druzes a ému l'opinion publique française. Après moult négociations et un mandat limité initialement à six mois, il envoie un corps expéditionnaire de 6 000 hommes, aux ordres du général Beaufort d'Hautpoul, qui obtient du sultan la nomination d'un gouverneur chrétien. Dans le même temps, dans la perspective de l'ouverture du canal de Suez dont il soutient le projet, il acquiert le territoire d'Obock (Djibouti) et obtient de Madagascar la cession de Diego-Suarez. En Afrique de l'Ouest, il encourage la conquête du Sénégal par Faidherbe, nommé gouverneur en 1854. A son départ, dix ans plus tard, le Sénégal constitue la base de ce qui sera l'Afrique-Occidentale française.

En Extrême-Orient, en revanche, ce sont des raisons économiques et des considérations diplomatiques qui le poussent à intervenir. La révolte des Taiping en 1857[11] provoque une guerre civile en Chine et favorise les agressions contre les missionnaires et les commerçants européens. L'assassinat du père Chapdelaine et l'arrestation de l'équipage d'un navire de commerce britannique donnent prétexte à intervenir. Soucieux de renforcer l'alliance avec ses voisins d'outre-Manche et de conforter la présence commerciale en Chine, Napoléon III accepte l'envoi d'une escadre commune qui bombarde Canton, puis remonte vers Pékin. Le gouvernement chinois s'incline, mais c'est seulement deux ans plus tard, après la prise de Pékin, sa capitale, par un corps expéditionnaire franco-britannique, qu'il accepte d'ouvrir largement l'empire du Milieu au commerce international. Cette campagne a renforcé l'alliance et évité le monopole du commerce britannique en Chine. Mais elle n'est pas exploitée par les Français, les Anglais parvenant à s'insinuer dans l'administration impériale. Elle convainc pourtant Napoléon III de l'intérêt de la

11. Né d'une révolte paysanne contre la dynastie impériale des Qing, le mouvement Taiping parvient à se constituer un royaume indépendant autour de Nankin, entre 1850 et 1857. La guerre qui l'oppose au pouvoir impérial provoque de nombreux débordements et nourrit dans les deux camps la xénophobie.

région. Il encourage les explorations de la marine dans la péninsule indochinoise et prend prétexte d'un massacre de missionnaires pour conquérir la Cochinchine (1862-1866), avant d'imposer un protectorat au Cambodge (1863). Enfin, la Nouvelle-Calédonie, conquise en 1853, devient colonie en 1860. Sous Napoléon III, le domaine colonial français a triplé de volume, regroupant un million de kilomètres carrés et 5 millions d'habitants. L'empereur, servi par l'initiative de quelques militaires, missionnaires ou explorateurs, a fait preuve d'un volontarisme affirmé, se donnant les moyens de ces conquêtes. On lui a souvent reproché son « impérialisme », en voulant ignorer que cette politique sera reprise et amplifiée par la IIIe République avec moins de scrupules et d'humanisme, notamment en Algérie. L'expédition désastreuse du Mexique est d'une autre nature.

Premier faux pas

En 1860, fort de ses succès en Crimée, en Italie et dans les colonies, Napoléon III apparaît comme le champion incontesté d'un nouvel ordre européen. A l'intérieur, il fait vibrer la fibre patriotique, ravivant la nostalgie de la Grande Nation. Mais, poussé par Morny, il engage la libéralisation de la vie politique qui facilite la montée en puissance de l'opposition républicaine, peu favorable à ses entreprises guerrières, au moment même où elles prennent un caractère plus aventureux. L'empereur, quand il conçoit son ambitieux projet mexicain, sans doute grisé par ses victoires européennes, s'illusionne à la fois sur les réalités américaines et sur les capacités de son armée. Quand, à l'été 1861, Benito Juárez, président du Mexique depuis son coup d'Etat réussi du mois de décembre précédent[12] décide de refuser d'honorer les dettes de son pays, ses trois créanciers, la France l'Angleterre et l'Espagne, décident l'envoi d'une flotte commune à Veracruz pour faire pression sur lui. Affaire simple et de routine pour ses opposants : ce n'est pas la première fois que le Mexique rechigne à payer ses dettes. Mais l'empereur, pour sa part, nourrit un grand projet, dont il ne s'ouvre pas publiquement, mais qui est connu des

12. Homme politique progressiste et autoritaire, Benito Juárez est élu président de la République en 1858, mais ses lois anticléricales déclenchent une guerre civile. Triomphant par les armes du parti conservateur, il reprend le pouvoir en décembre 1860 et impose des réformes laïques et modernistes dans son pays.

Anglais et des Espagnols et qui les inquiète. Napoléon III n'aime pas les Etats-Unis où il a passé quelques mois d'exil en 1837. La société américaine lui est apparue guidée par « l'obsession du gain : d'immenses forces matérielles sans force morale ». Il est conforté dans son analyse par l'ambition dévorante de la jeune république qui a annexé, après la guerre de 1847, les deux tiers du territoire mexicain et applique, depuis 1823, la doctrine de Monroe qui interdit à tout Etat extérieur d'intervenir sur le continent américain. Or la guerre de Sécession fait rage, neutralisant provisoirement sa puissance ascendante. Napoléon III a même envisagé d'aider militairement les Etats du Sud sécessionnistes, mais y a renoncé sous la pression britannique.

L'affaire des dettes pourrait servir de prétexte à la création d'un Etat latin, catholique et, pense-t-il, de tradition monarchiste, pour endiguer l'expansion des Etats-Unis en Amérique. Des considérations économiques renforcent cette analyse politique. Disciple du saint-simonisme, Napoléon III croit aux fortes capacités de développement d'un pays qu'il pense pourvu d'immenses richesses naturelles. Depuis le coup d'Etat de Juárez, l'empereur est sous l'influence d'un groupe d'exilés réfugiés en France qu'Eugénie lui a présentés et qui nourrissent sa vision erronée de l'Eldorado mexicain. Ce sont eux qui ont suggéré le rétablissement de la monarchie et avancé le nom de Maximilien, frère cadet de François-Joseph, pour occuper ce trône. Napoléon III se rallie à ce choix qui lui permet de rétablir des liens avec l'Autriche et qui plaira aux conservateurs. Mais l'archiduc Maximilien, qui n'a rien demandé, hésite. Ce poète romantique n'est pas un homme d'action et veut des garanties militaires et diplomatiques. Huit jours après avoir signé la convention de Londres qui décide d'une intervention commune de la France, du Royaume-Uni et de l'Espagne, Napoléon III s'entretient avec lui sans lever toutes ses réticences et informe indirectement Londres et Vienne de la tenue de cet échange. En réalité, l'empereur n'a qu'une vague idée de ce qu'il veut faire. Il confie le commandement de cette opération à l'amiral Jurien de La Gravière[13], mais il le coiffe d'un représentant

13. Edmond Jurien de La Gravière est alors le plus brillant des jeunes amiraux. Il a joué un rôle important pendant la guerre de Crimée, comme chef d'état-major du commandant de l'escadre. Napoléon III ne lui tiendra pas rigueur de son faux pas au Mexique et le prendra plus tard comme aide de camp. Il connaîtra ensuite une certaine notoriété en publiant de nombreux ouvrages sur la guerre navale et l'épopée d'Alexandre le Grand.

du gouvernement, l'ambassadeur Dubois de Saligny, et y adjoint son « délégué au Mexique », le général mexicain monarchiste émigré Juan Almonte. Ses directives sont vagues et parfois contradictoires. L'amiral a pour instruction de marcher sur Mexico, « avec ou sans les Espagnols », et de convoquer une « Constituante » avec l'appui du « parti monarchiste ». Il doit garder le silence sur ce projet jusqu'au débarquement sur la côte mexicaine. Le maréchal Randon, ministre de la Guerre, n'a pas été consulté.

L'escadre de La Gravière embarque 2 500 hommes. Les Anglais en ont 900 et les Espagnols 6 500, venus de Cuba et commandés par le maréchal Prim qui a de grandes ambitions personnelles. Le corps expéditionnaire débarque à Veracruz en janvier 1862, mais la ville est encerclée par l'armée mexicaine et la fièvre jaune sévit sur la côte. Anglais et Espagnols engagent aussitôt des pourparlers avec les Mexicains qui acceptent de négocier sur la dette. C'est la convention de la Soledad que Jurien de La Gravière signe, à son tour, à contrecœur, déçu de l'accueil hostile de la population et inquiet de l'épidémie qui commence à décimer ses troupes. La France revendique 135 millions (en y incluant des bons douteux d'origine suisse, les bons Jecker où Morny a des intérêts), le Royaume-Uni 80 millions et l'Espagne 40 millions. Or, en signant la convention, Jurien a reconnu *de facto* le gouvernement mexicain... Napoléon III, qui l'a fait renforcer dès le mois de février par les 4 500 hommes du général Lorencez, l'apprend avec un mois de retard, compte tenu de la lenteur des communications, et décide sur-le-champ de le relever de son commandement. C'est seulement le 21 avril que Lorencez reçoit la lettre de l'empereur le nommant chef du corps expéditionnaire. Entre-temps, Anglais et Espagnols ont signé un accord avec les Mexicains et ont rompu, le 9 avril, avec les Français, en rembarquant leurs contingents.

Cette rupture d'alliance est vécue à Paris avec légèreté. Eugénie confie à son amie Pauline de Metternich : « Dieu merci, nous voici sans alliés ! » Suivant ses instructions, Lorencez se lance alors à l'assaut du Mexique avec 7 000 hommes, 10 pièces d'artillerie, une logistique sommaire et une longue ligne de communications et d'approvisionnement à préserver avec la côte. Le pari est insensé et il échoue le 4 mai devant Puebla, une ville de 75 000 habitants, fortifiée et défendue par 12 000 hommes. L'échec de Puebla provoque la surprise en France. Randon, enfin consulté, propose de renforcer Lorencez, de frapper un grand coup à Mexico puis de rembarquer l'ensemble des troupes. Il se fonde sur l'avis du commandant du corps expéditionnaire selon lequel il n'y a aucun soutien populaire au Mexique pour le projet français. Mais Napoléon III, qui a confiance en Saligny, habile courtisan, plus qu'en Lorencez, n'entend que la première partie du conseil de Randon. A l'été 1862, il envoie 23 000 hommes aux ordres du général Forey qui prend le commandement du corps expéditionnaire. Forey est une « culotte de peau », lent, lourd et hautain, mais il s'est illustré à Montebello et a participé au coup d'Etat du 2 décembre. Il reçoit de l'empereur des directives vagues, « détruire le gouvernement mexicain », « établir un gouvernement stable et régulier légitimé par une consultation populaire ». Napoléon III est resté flou sur l'hypothèse Maximilien, ce dernier hésitant toujours.

Forey prend son temps pour s'organiser et s'équiper. Il doit affronter l'armée mexicaine du général Ortega et les guérilleros qui menacent ses lignes arrière. C'est seulement en mars, cinq mois après son débarquement, qu'il lance l'offensive vers Puebla où il affronte 20 000 hommes et 300 canons. Les combats de rue sont meurtriers, les actes d'héroïsme se multiplient, Camerone le 30 avril où s'immortalise la Légion étrangère, San Lorenzo le 8 mai où Bazaine, à la tête de ses troupes, met en déroute l'armée mexicaine. Un mois plus tard, Forey entre dans Mexico, déserté par Juárez qui s'est réfugié près de la frontière des Etats-Unis. Sans nouvelles instructions de Napoléon III, il laisse la main à Saligny et Almonte et accepte la création d'une junte et d'une assemblée nationale peuplée de notables conservateurs qui n'ont aucun soutien populaire. L'assemblée vote une Constitution monarchique et offre le trône à Maximilien. Napoléon III, qui a fini par prendre conscience de la réalité politique du Mexique, apprend la nouvelle avec un mois de retard, alors qu'il vient d'envoyer des directives de prudence à Forey et Saligny, les incitant à rechercher un gouvernement acceptable par tous... Contraint par le fait accompli, il nomme Forey maréchal et le rappelle en France ainsi que Saligny. Il nomme Bazaine commandant en chef et lui ordonne d'organiser une « consultation populaire ». Sorti du rang, courageux et proche de ses hommes, Bazaine a commandé la Légion étrangère, négocié le ralliement d'Abd el-Kader en Algérie, et son rôle dans la prise de Puebla vient de lui valoir son bâton de maréchal.

Muni de tous les pouvoirs, politiques et militaires, le nouveau commandant en chef se trouve, *de facto*, à la tête du Mexique pendant près d'un an. En peine de mettre sur pied une consultation populaire, faute de structures administratives, il fait signer par tous les chefs de village des « procès-verbaux » d'adhésion à Maximilien et s'efforce de créer une « armée impériale » autochtone. Le corps expéditionnaire est désormais fort de 50 000 hommes, dont un contingent belge (l'épouse de Maximilien, Charlotte, est la fille du roi des Belges) et des Mexicains ralliés. Ne pouvant éliminer Juárez qui bénéficie de l'aide des Etats-Unis, il réprime brutalement les actes d'insurrection. C'est seulement le 28 mai 1864 que Maximilien débarque au Mexique. Il a signé avec Napoléon III la convention de Miramar qui le contraint au remboursement de 270 millions à la France, prévoit le maintien de 25 000 militaires français jusqu'en 1867 et le transfert au Mexique de la Légion étrangère.

Les relations entre Maximilien et Bazaine deviennent très vite exécrables. Le nouvel empereur se montre autoritaire et versatile et se met à dos les conservateurs et le clergé sans rallier les républicains. Au printemps 1865, dès la fin de la guerre de Sécession, le gouvernement américain, qui n'a pas reconnu Maximilien, somme Napoléon III de retirer ses troupes. Ce dernier, ne voulant pas de guerre avec les Etats-Unis, conseille à Maximilien d'abdiquer et décide le rapatriement échelonné des troupes françaises sur une période de deux ans. Maximilien, ruiné par la dette française et en proie à l'hostilité générale, refuse cependant de se démettre et envoie sa femme Charlotte, en juillet 1866, faire la tournée des cours européennes pour chercher de l'aide. Ses supplications pathétiques restent sans réponse, car la Prusse vient d'écraser l'Autriche à Sadowa, et la malheureuse en perd la raison. L'empereur s'est montré intransigeant avec Charlotte, ce qui ne l'a pas empêché, après son départ, de fondre en larmes avec Eugénie. Les menaces américaines et la colère de l'opinion ont eu raison de sa pitié, mais la honte et un vague sentiment de culpabilité l'habiteront longtemps.

Le dernier soldat français quitte le Mexique en février 1867, sans l'« empereur » Maximilien qui a refusé de partir. Fait prisonnier le 15 mai par les troupes de Juárez, il est fusillé le 19 juin. Napoléon III et Eugénie sont bouleversés en recevant la nouvelle. Le bilan est accablant pour la France : 6 500 morts, dont 5 000 de maladies, 340 millions de francs engloutis. Mais ces pertes humaines et financières seraient « supportables » par le Second Empire, s'il n'y avait un formidable sentiment de gâchis. « La plus grande pensée du siècle », selon le ministre d'Etat Rouher, pourtant prudent et raisonnable, s'est achevée en retraite pitoyable. Le « principe des nationalités » a été dévoyé en impérialisme brutal, imposant par la force un régime non souhaité et impuissant à gouverner. L'alliance franco-britannique a été malmenée pour un rêve utopique. L'Autriche et la Belgique ne pardonnent pas à la France l'abandon de Maximilien. Napoléon III et l'armée française subissent une sérieuse perte de prestige au moment où la Prusse se fait menaçante. La faute en incombe principalement à l'empereur. Le flou du projet, l'inadaptation des moyens qui lui sont consacrés, l'organisation désastreuse de la chaîne de commandement politico-militaire jusqu'à la nomination de Bazaine donnent à cette aventure un parfum d'amateurisme qui surprend après les expériences de Crimée et d'Italie. La maladie de Napoléon III, qui se révèle en 1863[14], n'est pas une explication suffisante.

Influencé par son épouse et ses amis hispanophones, très mal informé de la réalité mexicaine et aveuglé par son antiaméricanisme, l'empereur n'a pas préparé cette campagne militaire. Les armées ne sont pas en cause. Jurien de La Gravière a été inconséquent, mais l'absence de communication avec Paris le mettait dans une situation impossible. Lorencez a été lucide et ses troupes ont bien manœuvré, avec des moyens très insuffisants. Forey a pris Mexico après une préparation méthodique et a, certes, manqué de sens politique en acceptant les projets de Saligny. Mais ce dernier avait la responsabilité politique de l'opération. Quant à Bazaine, à qui Napoléon III ne pardonne pas l'échec final de la mission, il n'a guère démérité, compte tenu des circonstances et de la personnalité de Maximilien. Globalement, les troupes françaises se sont bien comportées, appliquant les techniques de contre-guérilla apprises en Algérie. L'échec est d'abord politique, celui d'un projet flou et chimérique, mal conçu, doté de moyens insuffisants et conduit de loin, sans lien avec la réalité. Or, aucune leçon n'en est tirée dans l'organisation et l'équipement des armées.

---

14. Comme Montaigne, Michel-Ange ou Darwin, l'empereur souffre de « la maladie de la pierre », ou lithiase urinaire (calculs dans la vessie). Les crises s'accompagnent de douleurs violentes et les médecins ne veulent pas prendre le risque d'une opération. Vieilli prématurément, Napoléon III multiplie les cures thermales, sans succès. Ses excès amoureux n'arrangent rien et il connaît des périodes de prostration qui se multiplient avec le temps.

Attentisme à contretemps

L'empereur est malade. La rumeur court, à l'automne 1863, après un malaise cardiaque dans les bras d'une maîtresse, mais c'est seulement deux ans plus tard que le corps médical diagnostique la maladie de la pierre. Ce calcul dans la vessie provoque des accès de fièvre et des douleurs aiguës. On ne peut opérer sans risque sérieux. Napoléon III se tasse, prend de l'embonpoint, a des accès de faiblesse qui se multiplient avec le temps qui passe. L'affaire mexicaine le ronge. Eugénie s'inquiète et se prépare à assumer le rôle de régente. Elle se tient informée et participe de plus en plus souvent aux réunions de cabinet. Par deux fois en trois ans, l'empereur affaibli et privé d'une partie de ses moyens militaires engagés outre-Atlantique renonce à intervenir dans les crises européennes qui se multiplient.

C'est d'abord la question polonaise qui resurgit. Dépecé par la Russie, la Prusse et l'Autriche, l'ancien royaume aspire à la liberté. Au congrès de Paris en 1856, Napoléon III a renoncé à l'évoquer pour ne pas s'aliéner définitivement le tsar. Une première insurrection, en avril 1861, est brutalement réprimée par Alexandre II. Mais le 22 janvier 1863, c'est l'insurrection générale. L'opinion publique française est très favorable aux Polonais, les catholiques par communion religieuse, les républicains au nom de la liberté. Mais elle ne souhaite pas pour autant un nouveau conflit avec la Russie. Thiers, Mérimée et Proudhon font campagne contre la guerre. Napoléon III consulte les capitales européennes. L'Angleterre craint une guerre généralisée en Europe. La Prusse soutient le tsar et lui fournit une aide militaire. L'empereur propose alors à l'Autriche un plan grandiose et insensé consistant à remanier complètement la carte de l'Europe érigée... à Vienne en 1815. François-Joseph refuse, naturellement, et l'Angleterre, agacée, s'oppose à tout projet qui pourrait ramener la France sur la rive gauche du Rhin. On se contente donc d'envoyer séparément au tsar des notes l'invitant à des réformes en Pologne. Enfin, devant l'ampleur de la répression exercée par les 340 000 soldats de l'armée russe sur les 40 000 insurgés, Napoléon III propose la convocation d'un congrès à Paris pour « assurer la pacification de l'Europe » et créer un tribunal européen de règlement des différends. Il n'est pas suivi. Le bilan est lourd. L'entente franco-russe est brisée, le rapprochement avec Vienne a échoué et les suspicions britanniques sont réveillées.

Cependant, l'abstention de la France dans le conflit qui oppose la Prusse à l'Autriche a des conséquences autrement plus préoccupantes. Guillaume Ier et Bismarck, nommé chancelier en 1862, ont un objectif prioritaire, évincer l'Autriche de l'Allemagne. Leur projet exige la neutralité de la Russie et de la France qui n'y a aucun intérêt. L'affaire polonaise leur acquiert la bienveillance du tsar. Il reste Napoléon III qui est favorable à une confédération des Etats du Nord de l'Allemagne autour de la Prusse, mais pas davantage. L'empereur reçoit Bismarck à Biarritz en octobre 1865. Il le juge intelligent comme Cavour, mais « moins habile ». Le chancelier, pour sa part, décèle chez son interlocuteur « une grande incapacité méconnue ». Napoléon III accepte le principe d'une neutralité française si l'Autriche cède la Vénétie à l'Italie. Il suggère même d'offrir le trône de Roumanie à un prince prussien (qui est aussi son cousin, il est vrai, par les Beauharnais). Et il pousse l'Italie à faire alliance avec la Prusse. La nouvelle filtre et Thiers dénonce à la Chambre le « jeu dangereux de l'empereur », l'accusant de « travailler pour le roi de Prusse ». L'Autriche, inquiète, propose, le 12 juin, un accord secret à la France[15] : trop tard, car la guerre qu'on attendait longue et acharnée s'achève en quinze jours, par une victoire décisive de la Prusse à Sadowa, le 3 juillet 1866.

L'empereur, atteint d'une crise aiguë de la maladie de la pierre, est sous le choc, totalement prostré. Se ressaisissant, il convoque le 5 juillet le Conseil des ministres et le conseil privé. La séance est houleuse, opposant les partisans de la fermeté, Randon, Drouyn de Lhuis, ministre des Affaires étrangères, et Eugénie, à ceux de la prudence, Rouher et La Valette[16]. Napoléon III, informé de la fragilité militaire temporaire de la Prusse sur le Rhin, choisit la fermeté : note comminatoire à Berlin, convocation des assemblées pour le vote des crédits militaires et envoi de 50 000 hommes à la frontière.

15. Un accord accepté par Napoléon prévoit, en échange de la neutralité de la France dans un conflit germano-autrichien, la création d'un Etat indépendant sur le Rhin, détaché de la Prusse, et la cession de la Vénétie à Paris qui pourrait la rétrocéder à l'Italie.

16. La Valette est à la fois un ami intime de Rouher et un proche de l'empereur. Diplomate, sénateur, ministre de l'Intérieur (1865-1867), puis des Affaires étrangères (1868-1869), il se fait connaître par la « circulaire La Valette » qui, après Sadowa, tente de justifier la neutralité française et de rassurer l'opinion. Ambassadeur à Londres en 1870, il reste très influent auprès de Napoléon III et n'ignore rien des réticences britanniques et des faiblesses militaires françaises qu'il a soulignées à plusieurs reprises.

Mais, dans la soirée, Rouher, La Valette et le prince Napoléon le retournent : des engagements ont été pris avec la Prusse et l'armée n'est pas prête. Le dernier argument porte. L'empereur connaît la faiblesse de ses effectifs. Il annule donc ses directives. L'apprenant, le maréchal Randon commente : « C'est nous qui avons été battus à Sadowa. » Quand la Prusse et la Russie refusent la tenue d'un congrès à Paris, Napoléon III est convaincu de s'être trompé. Pour donner le change, il organise la fête du 15 août autour du thème de la paix... Il essaie néanmoins d'obtenir des compensations, réclame la Sarre ou le Palatinat. Bismarck lui répond publiquement : « Pas un pouce du territoire allemand », ce qui pousse les Etats du sud de l'Allemagne à signer un accord militaire avec la Prusse. L'empereur va jusqu'à réclamer par lettre la cession de la Belgique à la France. Le « chancelier de fer » rendra plus tard cette note publique, provoquant la colère des Belges et l'irritation des Anglais. Et quand Napoléon III se propose d'acheter le grand-duché de Luxembourg, que le roi de Hollande possède à titre personnel et veut vendre, Bismarck s'y oppose publiquement, car le Luxembourg fait partie de la Confédération d'Allemagne du Nord qui vient d'être rattachée à la Prusse et celle-ci y tient garnison. On est au bord de la guerre. L'opinion publique française est largement germanophobe, tandis que, dans toute l'Allemagne, on s'indigne des prétentions de la France. Mais Napoléon III s'incline, conscient des insuffisances de son armée, aggravées par l'absence des 50 000 hommes engagés au Mexique. Victoria, exaspérée par l'attitude française mais voulant calmer les esprits, convoque une conférence à Londres : Paris renonce au Luxembourg, mais le grand-duché est neutralisé. Napoléon III n'a rien obtenu et passe pour le dupe du nouvel homme fort de l'Europe. Thiers raille : « Il n'y a plus une faute à commettre. »

L'empereur a enfin les yeux dessillés sur Bismarck, mais sa diplomatie personnelle maladroite et ses hésitations laissent la France isolée. Comme le dira plus tard Eugénie, sa passion du principe des nationalités l'a aveuglé. Pour que l'Italie reçoive la Vénétie, il a rompu avec le réalisme qui lui faisait privilégier d'abord les intérêts nationaux. Face aux ambitions prussiennes, l'alliance avec l'Autriche s'imposait, mais sa volonté d'en finir avec l'« ordre inique » du congrès de Vienne lui a fait perdre le sens des réalités. L'armée, certes, n'était pas prête à affronter la puissance militaire prussienne avec de bonnes chances de succès, n'en déplaise à Randon. Mais Napoléon III règne depuis près de quinze ans et il est responsable de cet état de fait, comme de la malheureuse aventure mexicaine qui entrave sa main. Pour couronner le tout, on se brouille avec les Italiens. Les troupes françaises ont quitté Rome et la protection du pape, comme prévu en 1866, quand, en flagrant déni des accords franco-italiens, Garibaldi lance une expédition sur la Ville éternelle. Napoléon III réagit en faisant intervenir le général de Failly, avec 22 000 hommes. Garibaldi est écrasé à Montana et Failly télégraphie : « Les chassepots ont fait merveille. » Niel, contre l'avis de l'empereur, rend public le télégramme « pour donner confiance à l'opinion publique française ». Naturellement, les Italiens sont ulcérés : « Montana efface Solferino. »

Désastre final

Après Sadowa, le conflit franco-prussien paraît inévitable. Guillaume Ier et Bismarck sont obsédés par l'unité allemande et le chef d'état-major, Moltke, est convaincu de la supériorité de l'armée prussienne. La victoire sera facile, à condition que les Français restent isolés et n'aient pas le temps de reconstituer leurs capacités militaires. Napoléon III est bien conscient de ces faiblesses et semble décidé à y remédier. Mais François-Joseph refuse ses avances, craignant, en cas d'accord avec la France, une rupture définitive avec les Etats allemands du Sud[17] et l'émergence possible d'une alliance regroupant la Prusse, la Russie et l'Italie. Les Italiens, ulcérés par Montana, comme on vient de le voir, soutiennent l'unité allemande et veulent Rome pour capitale. Enfin, entre Londres et Paris la confiance a disparu et Bismarck fait tout pour attiser les suspicions britanniques. Lucidement, Napoléon III tente de restaurer les capacités militaires de la France. Il veut instaurer le service universel obligatoire, mais se heurte à une opinion publique très réticente et

---

17. En 1815, la Confédération germanique, présidée par l'Autriche, compte alors une trentaine de principautés et de villes libres. Le traité de Berlin, signé après Sadowa en 1866, la remplace par une Confédération de l'Allemagne du Nord regroupant, autour de la Prusse, les Etats situés au nord du Main. La Prusse annexe les provinces autrichiennes du Schleswig-Holstein. Elle signe aussitôt des traités d'alliance avec les quatre Etats d'Allemagne du Sud : Wurtemberg, Bade, Bavière et Hesse rhénane. L'Autriche-Hongrie est pratiquement évincée d'Allemagne. Elle honore pourtant l'accord signé avec la France en cédant la Vénétie, malgré les défaites infligées aux Italiens à Custoza et Lissa.

aux responsables de tous les partis politiques. Les conservateurs soutiennent les chefs d'entreprise qui craignent de perdre leur main-d'œuvre et les paysans encore marqués par le souvenir des hécatombes de la Grande Armée. Les républicains, tel Gambetta, dénoncent l'« armée permanente » et le bellicisme du souverain. Mais Napoléon III doit aussi surmonter les réticences des chefs militaires qui, comme Randon ou Vaillant, des proches pourtant, préfèrent « une armée réduite, mais expérimentée », à des effectifs nombreux moins bien préparés.

Un projet est élaboré en décembre 1866 par une haute commission militaire de 23 membres, associant au prince Napoléon et à trois ministres les maréchaux et quelques généraux désignés par l'empereur. Il prévoit un service universel de neuf ans alimentant l'armée d'active, les réserves et une garde nationale devenue mobile. L'effectif total est fixé à 1 232 000 hommes. Porté par le maréchal Niel, principal auteur du projet et nommé ministre de la Guerre à la place de Randon, le texte est rogné par le Conseil d'Etat avant d'être taillé en pièces par le Corps législatif qui s'appuie sur des campagnes de pétitions. La loi votée le 28 janvier 1868 maintient bien le service de neuf ans et le principe des trois composantes, mais donne la priorité des effectifs à la garde nationale dont l'entraînement est limité à quinze jours par an et l'équipement inexistant. L'hostilité de l'opinion publique et l'opposition du Corps législatif font céder l'empereur. La maladie et la mort de Niel, atteint lui aussi de la maladie de la pierre, condamnent le projet que son successeur se montre incapable de mettre en œuvre, même dans cette version dénaturée et édulcorée. Le maréchal Le Bœuf, choisi par le souverain, n'est qu'une vieille baderne, un belliciste irresponsable sans aucune expérience d'état-major. Napoléon III, très affaibli, ne cherche pas, contrairement à Guillaume Ier, à imposer sa volonté à la Chambre alors que la guerre paraît inévitable. Le contingent annuel reste déterminé par le Corps législatif qui n'hésite pas à voter à une majorité écrasante, le 30 juin 1870, en pleine crise franco-prussienne, la baisse des crédits militaires et une réduction des effectifs de l'armée de 18 000 hommes.

Bismarck est convaincu que seule une victoire militaire sur la France lui permettra de rallier les Etats du Sud, hésitants et timorés, à l'unité allemande sous l'autorité de l'empereur de Prusse. Il faut aller vite pour éviter une alliance militaire franco-autrichienne qui compromettrait le succès de l'entreprise. Le *casus belli*, qu'il impose à un Guillaume réticent à la guerre, porte sur le trône d'Espagne.

Le maréchal Prim, qui a chassé du pouvoir Isabelle II, cherche un nouveau souverain. Le chancelier propose d'abord un fils de Louis-Philippe, ce que ne peut accepter Napoléon III qui reçoit le soutien de Londres. Il suggère alors Léopold de Hohenzollern, prince allemand et colonel de l'armée prussienne. La presse parisienne se déchaîne, accusant l'empereur de s'être laissé berner et de laisser se reconstituer l'empire de Charles Quint. Les journaux impérialistes appellent aux armes, tandis que la presse royaliste et républicaine fustige le souverain en condamnant sa politique de « casse-cou ». Le 2 juillet 1870, Napoléon réunit ses ministres : si la candidature Hohenzollern n'est pas retirée, ce sera la guerre. Guillaume Ier, incité à la prudence par Victoria, le tsar et le roi des Belges, annonce publiquement le 12 juillet le retrait de la candidature Hohenzollern. La France, soulagée, croit à la paix. Guizot s'exclame : « C'est la plus belle victoire diplomatique que j'aie jamais vue. » Mais Napoléon III, poussé par Eugénie et Gramont, son ministre des Affaires étrangères, exige des garanties supplémentaires, espérant ainsi se venger de la gifle reçue en 1866 en bousculant le souverain prussien. Sans prévenir Ollivier, son chef de gouvernement[18], il envoie l'ambassadeur français à Ems, où séjourne Guillaume Ier. L'ambassadeur Benedetti est reçu courtoisement et Guillaume réitère son opposition à la candidature Hohenzollern, tout en refusant de s'engager pour l'avenir. Benedetti essaie vainement d'obtenir un second entretien. L'aide de camp du souverain prussien envoie une dépêche à Bismarck pour l'informer de l'entrevue. Ce dernier décide alors de rendre publique une synthèse tronquée et déformée de la dépêche qui transforme le refus poli en gifle diplomatique. « Sa Majesté a refusé de recevoir encore l'ambassadeur français et lui a fait dire par l'aide de camp de service que Sa Majesté n'avait plus rien à lui communiquer. » C'est l'insulte irréparable. Napoléon III, très affaibli par son calcul à la vessie, multiplie les réunions du Conseil des ministres. Il envisage d'abord le seul rappel des réservistes et la convocation d'un congrès européen, mais il cède le 15 juillet à la pression d'Eugénie qui mène le « parti de la guerre » et espère de cette grande confrontation un retour au régime autoritaire. Ollivier, converti malgré lui, déclare à la Chambre : « Nous l'acceptons d'un

18. Emile Ollivier, avocat, député républicain soutenant la politique libérale de l'empereur, est nommé chef du gouvernement en avril 1869. Favorable à la paix, il se laisse déborder par Gramont, son ministre belliciste des Affaires étrangères.

cœur léger... » Cette parole inconséquente le poursuivra jusqu'à la fin de sa vie qu'il consacrera à se justifier.

Les parlementaires, siégeant sous la pression de 20 000 manifestants bellicistes, votent à la quasi-unanimité (245 contre 10) les crédits demandés. Le 19 juillet, la France déclare donc la guerre à la Prusse. Elle est partout blâmée en Europe, nul n'acceptant la thèse de la provocation prussienne, Guillaume Ier ayant retiré la candidature Hohenzollern. Les responsables militaires français sont confiants. Le Bœuf déclare à la commission militaire du Corps législatif : « L'armée française est prête. J'entends par là que si la guerre devait durer un an, nous n'aurions pas besoin d'ajouter un bouton de guêtre. » Le général Bourbaki, qui connaît bien la Prusse, a même dit à Napoléon III que la France avait « huit chances sur dix de vaincre ». Dans les faits, la mise en ordre de bataille des troupes se passe de manière catastrophique. L'intendance, le génie et le service de santé ont les stocks nécessaires, mais leur gestion est trop centralisée, et la distribution se fait dans la plus grande pagaille. Les régiments incomplets se mettent en route sans chevaux, ni munitions ni vivres. Début août, la moitié seulement des réservistes ont rejoint leur unité et leur état d'esprit inquiète. Canrobert est hué le 31 juillet en passant les troupes en revue. Le désordre est aggravé par un changement de plan décidé le 11 juillet par Napoléon III. Au lieu de trois armées centrées autour de Strasbourg, Metz et Châlons, on s'organise autour d'une armée unique. Les feuilles de route doivent être modifiées dans l'urgence. En dépit de la dégradation de sa santé, l'empereur a décidé de prendre personnellement le commandement en chef des armées. Il sait qu'il doit vaincre ou périr. Annulant le plan défensif, préparé à sa demande par Frossard en 1867, il y substitue une offensive audacieuse au centre de l'Allemagne pour couper la Prusse des Etats d'Allemagne du Sud, en espérant une intervention de l'Autriche. Il a choisi Le Bœuf pour diriger les opérations sous son autorité. Avant de rejoindre son QG de campagne à Metz, le 28 juillet, il confie pourtant lucidement à Randon : « Je suis bien vieux pour une pareille campagne et je ne suis pas valide du tout. »

Les Français alignent huit corps d'armée, 280 000 hommes, articulés en deux groupes, Alsace aux ordres de Mac-Mahon et Lorraine aux ordres de Bazaine, et une réserve (Canrobert et Bourbaki). La flotte, très supérieure à son homologue prussienne, doit bloquer Wilhemshaven et entrer dans la Baltique. Mais elle ne peut appareiller rapidement car elle doit regrouper et embarquer les troupes de marine.

En face, Guillaume Ier a également le titre de commandant en chef, mais il délègue totalement la conduite des opérations à Moltke. Ce dernier, âgé de 70 ans, n'est pas un grand stratège mais un chef méthodique et précis. S'appuyant sur un état-major général de grande qualité et une administration efficace, il n'a pas de plans détaillés mais une idée de manœuvre : concentration des troupes en avant du Rhin, appuyées sur sa ligne de fortifications, puis bataille décisive sur le Rhin, ou au nord de la Lorraine, et enfin, marche sur Paris. Il dispose, début août, de 500 000 hommes, quinze corps d'armée regroupés en trois armées, sous le commandement respectif de Steinmetz, Frédéric-Charles et Frédéric de Prusse (le Kronprinz) [19]. Le 8 août, Guillaume Ier, Moltke et Bismarck rejoignent le QG de Mayence. L'opinion publique allemande est unanime, y compris dans les Etats du Sud. La Prusse est dans son droit et nul ne veut voir revenir les envahisseurs du Premier Empire. Karl Marx, peu suspect de nationalisme, confie même à Engels : « Les Français ont besoin d'une raclée. »

En tenant son premier conseil de guerre à Metz, Napoléon découvre l'ampleur de l'impréparation des armées. « Tout n'est que désordre, incohérence, retards, dispute et confusion », écrit-il à sa femme. Il décide alors de renoncer à son projet d'offensive. Mais « pour répondre à l'impatience de l'armée et de la nation », il donne l'ordre à Frossard de s'emparer des hauteurs de Sarrebruck, opération facile, exécutée le 2 août, sans coup férir. Le prince impérial, âgé de 14 ans, entend siffler les balles, « admirable de sang-froid ». La lettre de Napoléon III à Eugénie, rapportant ce fait d'armes, est publiée par Ollivier, provoquant les railleries des Parisiens. Frossard, sans ordres, n'exploite pas le succès localisé et omet même de détruire les ponts, le télégraphe et les voies ferrées. Les premières victoires allemandes en Alsace et en Lorraine interviennent dès le 6 août. En Alsace, Mac-Mahon a des effectifs insuffisants, et il est prévu qu'en cas d'attaque prussienne il soit renforcé par le corps d'armée de Failly qui dépend de Bazaine. Mais quand débute l'offensive ennemie, à quatre contre un, Bazaine tergiverse. Battu à Wissembourg et Frœschwiller, malgré la charge de cavalerie de Reichshoffen, Mac-Mahon doit abandonner

19. Les deux princes, Frédéric-Charles et Frédéric de Prusse, ont à peine 40 ans, mais une vraie expérience du combat acquise au Danemark (1864) et contre l'Autriche (1866). Moltke leur a attribué des chefs d'état-major de confiance. Steinmetz, en revanche, est un vieux briscard de 73 ans, très têtu, et dont les relations avec l'état-major général sont vite tendues.

l'Alsace et se replier, en ordre, vers Châlons. En Lorraine, Frossard est bousculé à Forbach, renforcé trop tardivement par Bazaine qui ne l'aime pas et le tient pour un concurrent. L'armée se replie vers Metz. Ces deux victoires prussiennes n'ont pas été conçues par Moltke, ni même par le Kronprinz ou Steinmetz. Elles sont le fruit d'initiatives audacieuses de commandants de division manœuvrant habilement pour exploiter des opportunités.

Napoléon III, souffrant beaucoup au point de ne plus pouvoir monter à cheval, accueille les mauvaises nouvelles en gémissant. L'incontinence provoquée par la maladie le couvre de honte et le contraint à des stratagèmes pitoyables. Le Bœuf, incapable de réagir, veut démissionner mais l'empereur le confirme dans ses fonctions. Tenant un conseil de guerre le 7 août, il envisage un repli général et un regroupement des forces autour de Châlons pour barrer la route de Paris. Les généraux l'en dissuadent : une telle retraite serait honteuse ! Napoléon III cède à contrecœur et décide de rentrer à Paris. Il ne veut plus assumer personnellement la responsabilité de tous les revers de l'armée. Mais, dans la capitale, Eugénie, qui assure la régence, s'oppose à son retour, craignant qu'il ne soit perçu comme une lâcheté, une fuite. « Laissez-le, dit-elle, se faire tuer. » Elle tient son propre conseil de guerre et, sur la suggestion du général Trochu, un héros populaire de Crimée et d'Italie mis à l'écart pour avoir dénoncé en 1867 l'impréparation de l'armée française, elle décrète l'état de siège et convoque le Corps législatif, au grand dam d'Ollivier (« L'heure est aux soldats et point aux parleurs »). L'opinion publique est dévastée par l'annonce des premières défaites, et les manifestations hostiles au gouvernement se multiplient. Le 9 août, le gouvernement est renversé par la Chambre, à la quasi-unanimité.

Eugénie nomme alors Palikao[20] chef du gouvernement et ministre de la Guerre. Le jour même, en conseil de défense, ce dernier décrète des mesures d'urgence : nouvel appel de réservistes, rétablissement de la garde nationale sédentaire, préparation de Paris au siège et relève de Le Bœuf par Bazaine. Pendant trois jours l'empereur refuse la nomination de ce dernier : « Ce n'est pas au milieu de la tempête qu'on change de pilote et d'équipage. » Mais Palikao le presse de

20. Le général Cousin-Montauban a gagné en Chine le titre de comte de Palikao, éponyme du lieu où il a écrasé la cavalerie tatare, en 1860, à la tête du corps expéditionnaire français. Sénateur, il a 74 ans quand Eugénie lui confie ces deux postes. Son expérience très limitée et l'inquiétude ambiante le mettent d'emblée en difficulté.

signer, menaçant de le contourner s'il refuse. Se résignant enfin, Napoléon III déclare à Le Bœuf : « Nous sommes destitués tous les deux. » Il n'a pas tort. Désormais, les décisions majeures sont prises à Paris, entre Eugénie et Palikao. Il ne lui reste qu'un pouvoir d'ingérence ponctuel, pour le meilleur et pour le pire. Bazaine, le « petit maréchal », est attendu dans les armées comme un sauveur, à cause de son courage et de son sens de la troupe. Il a un fort soutien à la Chambre où on reproche à Napoléon III de lui avoir fait porter la responsabilité de l'échec du Mexique. Quelques généraux qui le connaissent bien sont pourtant consternés. Paul de Ladmirault, qui sera gouverneur militaire de Paris en 1871, s'exclame : « Nous sommes perdus ! » De fait, Bazaine manque de recul, se noie dans les détails, complique tout. Pour faire bonne mesure, Napoléon III lui impose comme chef d'état-major le général Jarras qui n'est qu'un courtisan médiocre. L'empereur lui donne l'ordre de replier l'armée du Rhin sur Verdun et le camp de Châlons pour protéger les approches de Paris. La retraite, mal planifiée, est retardée par des accrochages et la pression allemande devient intenable lorsque Canrobert doit abandonner Saint-Privat, le 18 août, après des combats meurtriers. L'encerclement dans Metz ne peut plus être évité. Bazaine n'a plus de liaison avec Paris. En trois semaines de combat, on a perdu 40 000 hommes de chaque côté, mais l'armée française est presque deux fois moins nombreuse. Moltke triomphe, bien que son seul mérite soit d'avoir bien organisé, bien entraîné son armée et de l'avoir dotée d'une artillerie et de transmissions plus modernes et plus efficaces que celles de son adversaire.

Napoléon III a rejoint le camp de Châlons le 13 août. Il y retrouve Mac-Mahon et ses troupes démoralisées et indisciplinées. Il a voulu son arrivée discrète, sans honneurs, mais il est reconnu et conspué. Au conseil de guerre qu'il préside le 17 août, il cède aux pressions du prince Napoléon qui lui demande de rentrer à Paris et d'y nommer le général Trochu gouverneur. L'empereur se défie de Trochu qui n'est pas bonapartiste et qui critique ouvertement les chefs militaires, mais son état de faiblesse est tel qu'il ne résiste pas. Il annonce son retour à Eugénie qui lui enjoint à nouveau d'y renoncer, « si vous ne voulez pas déchaîner une épouvantable révolution ». Les larmes aux yeux, Napoléon III confie au prince Napoléon : « La vérité est qu'on me chasse. On ne veut pas de moi à l'armée, on n'en veut pas à Paris. » Le 19 août, Palikao demande à Mac-Mahon d'intervenir pour dégager Bazaine. Mac-Mahon refuse, car l'empereur l'a convaincu que la priorité est à la défense de Paris. Mais, trois jours plus tard, il reçoit un télégramme de Bazaine qui l'induit en erreur et décide, conformément aux ordres de Palikao, de se porter sur Metz, après s'être ravitaillé à Rethel.

Guillaume Ier, Moltke et Bismarck, depuis leur QG de Bar-le-Duc, sont troublés par cette manœuvre inattendue, et Moltke décide de surseoir à la marche sur Paris et de lui barrer la route avec deux armées. Mac-Mahon réalise très vite qu'il doit affronter des forces deux fois supérieures aux siennes et que Bazaine est encerclé. Il propose de se replier sur Mézières où Vinoy dispose de 17 000 hommes. Mais Palikao refuse. A Napoléon III qui plaide pour le repli, il écrit : « Si vous abandonnez Bazaine, la révolution est dans Paris. » Mac-Mahon choisit d'obéir à Palikao et l'empereur s'incline une nouvelle fois. « On veut que nous allions nous faire casser les reins, allons-y ! » Le 30 août, les Allemands commencent à encercler Sedan. Ils disposent de 180 000 hommes opposés aux 100 000 (50 000 en ligne) de Mac-Mahon. Pendant quarante-huit heures, la division bleue[21] se bat avec héroïsme autour de Bazeilles. Deux jours plus tard, Mac-Mahon, blessé, doit être évacué et désigne Ducrot, son adjoint, pour le remplacer. Ce dernier décide aussitôt la retraite vers Mézières. C'est alors que débarque à Sedan le général Wimpffen, nommé par Palikao. Ducrot, sans soutien de Napoléon III, s'efface et Wimpffen annule l'ordre de retraite, aggravant la confusion.

L'empereur n'a plus qu'une idée en tête, mourir sur le champ de bataille et il erre aux avant-postes, entouré seulement de son aide de camp, son écuyer et un officier d'ordonnance. Il adresse des mots de réconfort aux combattants qu'il croise, mais ne donne plus aucun ordre. Les obus pleuvent autour de lui et ses trois accompagnateurs sont tués ou grièvement blessés, mais il reste indemne. Au contraire de son oncle à Waterloo, il n'envisage pas de quitter le champ de bataille, mais, affolé par l'ampleur des pertes françaises et apprenant que l'encerclement est achevé, il donne l'ordre de hisser le drapeau blanc sur la citadelle de Sedan. Wimpffen, furieux, le fait baisser aussitôt. Mais Moltke, qui a vu le drapeau blanc, envoie à l'empereur un

21. Unité des troupes de marine commandée par le général de Vassoigne. Sa défense héroïque de Bazeilles, aux portes de Sedan, permet de retarder pendant deux jours l'encerclement. Un tableau d'Alphonse de Neuville illustre « la maison des dernières cartouches » où les « diables bleus » se sont battus jusqu'à l'épuisement de leurs munitions.

de ses officiers d'état-major. Napoléon III lui remet une lettre pour Guillaume Ier : « Monsieur mon frère, n'ayant pas eu le bonheur d'être tué à la tête de mes troupes, il ne me reste qu'à remettre mon épée à Votre Majesté. » Moltke exige la capitulation de l'armée encerclée, faute de quoi, il reprend les bombardements. Wimpffen s'insurge et offre sa démission, mais Napoléon III la refuse et le contraint à la capitulation. Présidant son dernier conseil de guerre, le 2 septembre, il déclare que la reprise des combats entraînerait inévitablement un carnage qu'il refuse. Il écrira plus tard : « J'aurais préféré la mort à une capitulation si désastreuse, et cependant, dans les circonstances présentes, c'était la seule manière d'éviter une boucherie de 100 000 personnes. »

En tenue de général, l'empereur se constitue prisonnier au château de Bellevue et s'entretient avec Bismarck, qui le presse d'engager des pourparlers de paix. Il s'y refuse, acceptant sciemment de sacrifier les chances de la dynastie Bonaparte pour sauvegarder les chances d'une victoire militaire française. La nouvelle de la capitulation se répand en France les 2 et 3 septembre. La révolution éclate à Bordeaux, Lyon et Marseille. Eugénie accepte sous la contrainte le transfert du pouvoir exécutif au Corps législatif et s'enfuit quand Jules Favre proclame la République. Le siège de Paris commence le 19 septembre. Bazaine capitule à Metz, un mois plus tard. Le 18 janvier 1871, l'Empire allemand est proclamé à Versailles. Le gouvernement français accepte la perte de l'Alsace et de la Lorraine et le paiement d'une indemnité de guerre de 3 milliards.

Sedan, une des capitulations les plus massives de l'Histoire, a changé le cours de la guerre. La perte d'une armée de 100 000 hommes, face à un adversaire déjà deux fois plus puissant, est difficilement surmontable. Le choc psychologique, dans la population comme dans la troupe, est considérable. Il eût fallu un chef d'une autre trempe que Bazaine pour rompre l'encerclement et redonner ses chances à la défense de Paris. Les tentatives courageuses de Gambetta et l'héroïsme du peuple parisien ne font que retarder l'échéance. Détenu pendant six mois au château de Wilhelmshöhe, l'empereur déchu cherche à se justifier et prophétise que, dans vingt ou trente ans, surviendra une guerre de revanche où l'Allemagne sera vaincue, démontrant ainsi les méfaits de la politique de Bismarck. Pour lui, cette guerre a été voulue et planifiée par le chancelier et les conditions imposées à la France défaite sont trop lourdes pour être acceptables. La Grande Armée reconstituée aura un jour sa revanche…

Les causes de ce désastre militaire sont évidentes aux yeux de tous. Longtemps, l'historiographie officielle, soucieuse de conforter la République et les yeux fixés sur l'Alsace-Lorraine, n'a retenu que deux coupables, Napoléon III et Bazaine. Ce dernier fut d'ailleurs jugé et condamné à mort, avant d'être partiellement gracié. Au-delà de Bazaine, qui avait largement dépassé son seuil de compétence mais n'était guère que le reflet de la médiocrité du corps des généraux, les insuffisances de l'armée sont bien connues. Défauts d'organisation, d'abord : absence d'état-major permanent, inexistence du renseignement, transmissions défaillantes, logistique lourde et trop centralisée. Médiocrité de l'entraînement, ensuite : règlements de manœuvre archaïques, discipline sclérosée, instruction bâclée des réservistes. Conduite incohérente des opérations, pour finir : planification inconsistante, absence de manœuvre, recherche exclusive de coups d'éclat individuels. Certes le recrutement s'est amélioré depuis le début du Second Empire, grâce au prestige retrouvé du métier des armes, mais les chefs militaires, à l'image de Bazaine, Mac-Mahon, Canrobert, Frossard, sont trop prudents et incapables d'initiative. Le courage physique est leur viatique : seize généraux sont tués entre le 4 août et le 2 septembre, mais ils sont incapables de s'affranchir des ordres reçus quand la situation l'exige, contrairement à leurs homologues prussiens. Il ne faut pourtant pas oublier que cette armée dispose d'une artillerie moins efficace que celle des Allemands et, surtout, d'effectifs nettement inférieurs. Mais on a vu que les chefs militaires n'attachent guère d'importance à ces facteurs déterminants du succès.

Les responsabilités politiques de la défaite sont au moins aussi lourdes et Napoléon III ne peut en être exonéré. Certes, il a voulu réformer l'armée et en a été empêché par le Corps législatif qui s'est opposé avec constance à ses demandes. Mais l'empereur n'a pas eu la détermination nécessaire pour l'imposer alors qu'il savait la guerre inévitable avec la Prusse. Il a bien modernisé la marine, imposé à l'armée le chassepot et la mitrailleuse, mais lui, l'artilleur, n'a pas su arracher à la Chambre les crédits indispensables pour l'acquisition de nouveaux canons. Sans doute était-il gravement malade, mais il a choisi de commander en chef au lieu de laisser la main à un général de confiance. On l'a dit, le vivier des généraux n'était pas brillant, mais il a choisi pour l'assister un des plus médiocres, Le Bœuf, comme il avait choisi Vaillant en Italie. Napoléon Ier ne planifiait pas, lui non plus, au-delà du premier mouvement, se fiant à son intuition pour la suite. Mais l'expérience de la guerre d'Italie aurait dû inciter son neveu à plus de modestie et de réalisme.

La gestion politico-militaire de la guerre a été consternante : changement des plans de mobilisation et de concentration des troupes le 11 juillet, à huit jours du conflit, abandon de l'idée de manœuvre offensive le 28 juillet sans lui substituer un plan défensif raisonné, inertie totale lors des premiers revers sur la frontière, incohérence plusieurs fois répétée entre les ordres du gouvernement et ceux de l'empereur, soumission en définitive aux directives irréalistes d'Eugénie et de Palikao. A la décharge de l'empereur, comment ne pas relever qu'il a souvent vu juste dans la conduite des opérations : coup de main sur Sarrebruck, concentration au camp de Châlons, retraite de Bazaine vers Verdun, défense de Paris plutôt que soutien à Bazaine ? Mais, une nouvelle fois, il a été incapable d'imposer ses vues.

C'est d'abord en amont que Napoléon III a perdu la guerre. L'isolement dans lequel la France s'est trouvée doit beaucoup à ses erreurs diplomatiques. L'habileté de Bismarck, acharné à exploiter ses bévues, l'a acculé dans une impasse. L'ambassadeur du Royaume-Uni en France l'observait lucidement : « Dans cette affaire, le gouvernement français n'était pas à la tête de la nation, il la suivait [...]. Contrairement à la guerre d'Italie de 1859, le gouvernement français n'a pas prémédité le conflit, il s'est engagé par une succession de décisions au terme desquelles il ne pouvait plus reculer. » Reçu par Guillaume Ier le 2 septembre, Napoléon III lui confie : « Je n'ai pas voulu cette guerre mais l'opinion publique m'y a forcé. » Quel aveu de faiblesse pour celui qui avait conçu et réussi la restauration de l'Empire sur d'habiles manœuvres de propagande et la manipulation de l'information ! Quelle erreur de jugement, aussi, d'avoir cru jusqu'à la mi-août que l'Autriche et l'Italie viendraient à son secours ! Ollivier, pour se venger, écrira plus tard que ce qui caractérise l'empereur, c'est « l'entêtement dans l'indécision ». De 1854 à 1870, les armées françaises ont été en campagne, affrontant successivement en Europe la Russie, l'Autriche et la Prusse, et sur tous les continents, des forces africaines, asiatiques ou américaines, qui n'étaient pas toujours des adversaires faciles. Héritier en cela du Premier Empire, Napoléon III, qui se voulait apôtre d'une paix durable, y a gagné l'image d'un souverain belliqueux, sans la gloire qui s'attache à l'épopée du vainqueur d'Austerlitz. C'est sans doute que les troupes de Le Bœuf, Bazaine et Mac-Mahon ont peu en commun avec la Grande Armée, si ce n'est l'héroïsme qui masque longtemps les faiblesses exposées plus tard à Sedan et à Metz. Mais c'est aussi parce que Napoléon III n'est pas Napoléon Ier. Homme de réflexion et d'action comme son oncle, plus libéral que lui, mais sachant faire preuve d'autorité, il est aussi plus humain, donc plus hésitant, et le romantisme de ses jeunes années, dont il ne se départ pas, combat en lui le réalisme de l'homme d'Etat.

Beauharnais ou Bonaparte ? Ni l'un ni l'autre, mais un chef d'Etat à la personnalité complexe, visionnaire et doté d'un sens aigu de l'Etat et de ses responsabilités, vaincu par l'âge, la maladie et l'usure du pouvoir, mais aussi par son indécision et son manque de jugement. En termes comptables, le bilan de ses guerres n'est pas flatteur. Il a gagné à la France le comté de Nice et la Savoie, mais porte la responsabilité de la perte de l'Alsace-Lorraine. Ses campagnes ont été coûteuses en hommes et en deniers. L'ombre de l'Allemagne pèse désormais sur le destin de la France. Le legs est pourtant plus positif qu'il y paraît. L'ordre inique de 1815, imposé aux vaincus de Waterloo, a été bousculé. L'alliance franco-britannique annonce l'Entente cordiale, l'empire colonial a triplé de volume. La France affaiblie de 1871 est un pays riche et peuplé qui pèse dans le concert des nations, plus qu'il ne comptait en 1848.

Chef de guerre assez médiocre, en dépit d'une vision audacieuse, Napoléon III n'a pas su forger l'armée dont il avait besoin, ni même exploiter les atouts d'une marine qui lui devait tout. Voyant juste souvent, mieux que ses ministres et ses généraux, il a négligé la préparation rigoureuse de ses campagnes et cédé aux influences contradictoires de son entourage. Mal traité par l'Histoire et ignoré des Français, l'empereur reste pourtant un des plus grands responsables politiques du XIXe siècle. Les Anglais, les premiers, ont rendu hommage à l'empereur déchu, exilé sur leurs terres. A sa mort, le 13 janvier 1873, la reine Victoria décrète douze jours de deuil et le *Times* fait son éloge : « Il a vécu un long règne qui laissera une grande place dans l'histoire. » En France, en revanche, *Le Journal des débats* tranche impitoyablement : « Napoléon est mort. Ce n'est pas un malheur pour la France [...]. Il a été, cet homme, la grande illusion de notre pays que les illusions ont perdu. » La polémique perdure jusqu'à nos jours, nourrie par les passions politiques qui n'épargnent pas non plus les historiens. Ironie du sort, Sedan résonne dans les mémoires comme un écho funeste à Waterloo, unissant dans un même opprobre l'oncle et le neveu, au Panthéon des grands vaincus de l'Histoire.

CHAPITRE 2

ABRAHAM LINCOLN OU L'IDÉALISTE RÉALISTE

Icône indépassable du récit national américain, Abraham Lincoln s'est vu consacrer en 1922, au cœur de Washington, un imposant mausolée néoclassique au fronton duquel on peut lire : « Dans ce temple, comme dans le cœur du peuple pour qui il sauva l'Union, la mémoire d'Abraham Lincoln est préservée à jamais. » Derrière les colonnes, une statue monumentale le montre assis en majesté, le regard pensif tourné vers le Capitole. Au fond, trois peintures murales célèbrent respectivement la libération des esclaves, l'unité entre le Nord et le Sud et l'« ange de la Vérité ». Cet ancien pionnier du Grand Ouest devenu président des Etats-Unis est aujourd'hui paré de toutes les vertus. On vante son humanisme, son audace et son habileté politique, mais aussi son génie militaire et ses qualités de chef de guerre. De fait, la présidence Lincoln (1861-1865) n'aura pas connu une semaine de paix, ébranlée dès le premier jour par le fracas des armes, éprouvée par le sang versé à profusion sur les champs de bataille, sacralisée enfin par le parricide, l'assassinat du chef de l'Etat. La guerre de Sécession, ou *Civil War*, a opposé pendant quatre ans, dans une lutte sans merci, les Etats du Sud rejetant l'Union au gouvernement fédéral campé dans les Etats du Nord, faisant plus de victimes américaines que tous les autres conflits dans lesquels le pays a été impliqué[1]. Pour gagner cette guerre civile, dont le sort est resté

1. La guerre de Sécession a été le conflit le plus sanglant du XIXe siècle, entraînant la mort de 620000 combattants et faisant au moins autant de victimes civiles. Les Etats-Unis y ont subi davantage de pertes humaines, en total cumulé, que dans tous les autres conflits armés auxquels le pays a participé. La guerre du Mexique (1846-1848) a coûté 13000 morts aux Etats-Unis, la Première Guerre mondiale

longtemps indécis, il fallait un chef politique déterminé, capable de conduire ses armées à la victoire dans un espace immense, hanté par des haines fratricides, sans jamais perdre de vue le but ultime, l'unité retrouvée de la nation. Comment ce président tout juste élu, sans expérience du pouvoir, ignorant tout de la chose militaire et des relations internationales, a-t-il pu endosser l'uniforme de chef de guerre ? Fut-il le stratège que l'on acclame aujourd'hui ? Pourquoi le rapport de forces si favorable aux unionistes mit-il si longtemps à produire ses effets ? La suppression de l'esclavage fut-elle le vrai moteur de la détermination de Lincoln ? Comment, enfin, l'écrasement final de la rébellion sudiste a-t-il influencé l'avenir des Etats-Unis ?

Un « amateur » aux commandes

C'est peu de dire que Lincoln n'est en rien préparé aux épreuves qu'il va affronter. Cet élu local n'a jamais exercé de responsabilités politiques, sa connaissance des allées du pouvoir est superficielle et sa formation militaire dérisoire. De là vient que ses adversaires (et ses généraux) le sous-estiment constamment, le plus souvent à leurs dépens. Car sa personnalité complexe masque, sous une apparence fruste et affable, une formidable détermination qui est le fruit d'une jeunesse rude et d'un goût inné pour la compétition. Cet humaniste convaincu, mais non sectaire, est aussi un habile politique, capable de compromis, mais fidèle à sa vision de l'intérêt général. Son enfance spartiate dans l'Indiana et l'Illinois lui donne une étonnante capacité à encaisser les coups du destin. Petit-fils de quakers[2] aspirés par le mirage du Far West, élevé dans une cabane en rondins par un père pionnier peu aimant et ayant perdu sa mère très jeune, Abraham Lincoln apprend à surmonter la solitude, les rigueurs du climat et les épidémies. Son physique de géant, ses cheveux hirsutes et son visage taillé à la serpe ne le rendent pas très populaire, d'autant qu'il exprime peu ses sentiments et ne cède jamais à l'émotion. On admire pourtant sa force et son goût de la compétition. Considéré comme le

---

118 000, la Seconde Guerre mondiale 418 000, le Vietnam 58 000, la guerre du Golfe 150, la guerre d'Irak (2003-2014) 4 500, l'Afghanistan (2001-2014) 2 400.

2. Les quakers, issus d'un mouvement dissident de l'Eglise anglicane au XVIIe siècle qui essaime aux Etats-Unis, se revendiquent plus ou moins du christianisme, mais sans rites ni théologie. Ils se réfèrent à trois principes que n'aurait pas désavoués Lincoln, simplicité, égalité et intégrité.

meilleur bûcheron de son village, il remporte tous les concours de lutte ou d'athlétisme. N'ayant fréquenté l'école qu'épisodiquement, il se forme lui-même, apprend le droit et devient avocat en 1836 et, en parallèle, il se lance dans la vie politique locale. A 30 ans, il connaît enfin l'aisance financière, ses talents oratoires lui valant de nombreux succès dans les prétoires.

Sa personnalité multiple et contradictoire déroute parfois ses amis peu nombreux mais fidèles. Taciturne, parfois d'humeur morose, ne buvant pas une goutte d'alcool, mal à l'aise avec les femmes, il peut être aussi un joyeux compagnon, inlassable conteur d'histoires drôles et salaces. Plus tard, à la Maison-Blanche, il régalera son raffiné secrétaire d'Etat, William Seward, de ses blagues de potache. Toujours maître de lui et de tempérament égal, il peut être sujet à des crises de mélancolie qui le laissent abattu pendant plusieurs jours. Cette dépression latente, qui ne le quittera pas, s'exprime aussi dans son goût pour la poésie morbide de William Knox qu'il aime à déclamer devant ses proches. Pourtant, ce juriste rigoureux, profondément pacifique, déteste la violence qui règne dans l'Ouest et plaide pour « la raison, la raison froide, calculatrice et mesurée ». Elu à la Chambre des représentants en 1847, sous l'étiquette whig[3], il siège deux ans à Washington avant de se présenter au Sénat. Il est battu par le sénateur sortant, Stephen Douglas, mais acquiert une notoriété nationale en s'opposant à lui sur la question de l'esclavage. Ce problème est devenu central aux Etats-Unis en 1860. Or, Lincoln l'aborde avec des convictions humanistes et religieuses, mais avec la modération qui s'impose dans le contexte politique de l'époque. Les Pères fondateurs, auxquels il se réfère toujours, ont interdit la traite des Noirs dès 1807, mais ils se sont tus sur l'esclavage. Sans

---

3. Le parti whig, créé en 1833 et auquel adhère Lincoln l'année suivante, connaît un succès rapide dans les Etats de l'Ouest. Moraliste et puritain, il se veut conservateur et modernisateur. Protectionniste, il revendique l'aide de l'Etat pour le développement des nouveaux territoires. Opposé à la guerre du Mexique en 1846, il se déchire ensuite sur la question de l'esclavage. Le Parti républicain est fondé en 1854 par des dissidents whigs opposés à l'extension de l'esclavage dans les nouveaux Etats. Il est rallié dans les deux années qui suivent par les principaux ténors nordistes du parti whig, dont Abraham Lincoln. Le Parti démocrate, plus libéral et affairiste et moins puritain, soutient la guerre du Mexique au nom de « la destinée manifeste » du peuple américain, mais se divise à son tour sur la question de l'esclavage. A l'élection présidentielle de 1860, la rupture est consommée entre les démocrates du Nord, représentés par Stephen Douglas, et les démocrates du Sud soutenant le vice-président John Breckinridge.

doute pensaient-ils que l'abolition s'imposerait avec l'évolution des esprits, par un simple vote du Congrès. Mais l'extension du territoire vers l'ouest, accélérée par la guerre du Mexique[4], pose la question du statut des nouveaux Etats (avec ou sans esclaves). Les sudistes y voient la possibilité de renforcer leurs positions et leurs pratiques et de conforter la majorité qu'ils détiennent au Sénat. Le compromis de 1820, qui fixait des limites géographiques à la pratique de l'esclavage, a été abrogé en 1854 et même déclaré anticonstitutionnel[5]. Lincoln est scandalisé par ces décisions qui ouvrent la voie à la perpétuation de ce fléau. Sa position est cependant nuancée. Certes, proclame-t-il, « il n'y a pas le moindre droit moral à l'asservissement d'un homme par un autre », mais les abolitionnistes (l'aile gauche du Parti républicain) sont condamnables car ils ne respectent pas la Constitution qui ne l'interdit pas et ils poussent le Sud à la Sécession. Le député de l'Illinois se montre prudent dans son expression publique, n'ignorant pas que les Etats de l'Ouest, bien qu'antiesclavagistes, sont

---

4. Ancienne colonie espagnole, le Mexique englobe, en 1846, outre sa superficie actuelle, les territoires de la Californie, de l'Utah, du Nouveau-Mexique, et une partie de l'Arizona et du Wyoming. Le Texas lui a arraché son indépendance un an plus tôt pour rejoindre les Etats-Unis. Le président Polk offre alors en vain au gouvernement mexicain d'acheter ses territoires du nord, où se sont implantés de nombreux colons américains, pour une somme de 25 millions de dollars. Au nom de « la destinée manifeste » des Etats-Unis qui doivent peupler l'Amérique du Nord, *« coast to coast »*, il décide donc, en février 1846, de déployer un corps expéditionnaire, aux ordres du général Taylor, sur la frontière controversée du Rio Grande. Un incident local lui sert de *casus belli*, et la guerre est votée par le Congrès, malgré l'opposition whig emmenée par Lincoln. L'offensive américaine se développe rapidement en Californie, où Los Angeles tombe en janvier 1847, et au nord du Mexique, où Taylor s'impose difficilement à Buena Vista (février 1847). L'attaque décisive est conduite par le général Scott qui débarque à Veracruz, s'empare de la ville et marche sur Mexico. Le Mexique capitule en septembre 1847 et signe quatre mois plus tard le traité de Guadeloupe Hidalgo par lequel il cède aux Etats-Unis la moitié de son territoire contre 15 millions de dollars.

5. Votée après des débats houleux au Congrès, la loi Kansas-Nebraska (1854), rédigée par le sénateur démocrate Douglas pour apaiser la querelle opposant le Nord et le Sud, autorise les nouveaux territoires (futurs Etats de l'Union) à décider par eux-mêmes de l'introduction ou non de l'esclavage dans leur législation. Ce texte abroge le « compromis du Missouri » de 1820 qui fixait une limite nord (latitude 36°30') au régime esclavagiste. Au Kansas où les colons sont divisés sur le statut de leurs plantations, les violences se multiplient entre 1854 et 1861. En 1857, l'arrêt Dred Scott de la Cour suprême déclare inconstitutionnel le « compromis du Missouri » et affirme qu'un Noir, même libre, ne peut être citoyen des Etats-Unis. Le président de la Cour, le juge Taney, dénoncera par la suite les mesures « liberticides » prises par Lincoln pour rétablir l'ordre dans les Etats du Haut Sud.

profondément racistes[6]. Contrairement à la caricature que donnent de lui les sudistes, il est tout sauf sectaire. Croyant sans paroisse, buveur d'eau sans prosélytisme, il calcule froidement, moins pour satisfaire son ambition que pour ce qu'il croit être l'intérêt national. Plus tard, à la Maison-Blanche, la mort d'un fils chéri, les imprudences de son épouse et même les incertitudes de sa réélection en 1864 ne le détourneront jamais de son but ultime, sauver l'Union.

De la guerre, il n'a qu'une vague idée. Son unique expérience des combats date de 1832. Les Indiens du Nord-Illinois ayant repris le sentier de la guerre, la ville de New Salem où il réside lève une compagnie de volontaires qui l'élit comme son capitaine. Se joignant à l'armée fédérale, elle ne rencontre jamais l'ennemi. Comme Lincoln le rapporte avec un brin d'autodérision dans ses tournées électorales, il avait « survécu aux assauts sanglants des moustiques et conduit des charges impétueuses contre des carrés d'oignons sauvages ». En réalité, il est assez fier de cette campagne et heureux de cette expérience de commandement ; un bagage léger cependant pour affronter les responsabilités de commandant en chef des armées des Etats-Unis à l'aune d'une guerre civile. En matière internationale, il est totalement ignorant mais convaincu de la supériorité morale de son pays. Pour lui, les Etats-Unis doivent éclairer le monde en démontrant les mérites de la démocratie à la face des vieilles autocraties prédatrices qui dominent l'Europe et une partie du monde. De l'administration fédérale, il ne connaît rien non plus, contrairement à son adversaire, le président de la Confédération des Etats du Sud, Jefferson Davis, qui a été ministre fédéral de la Guerre. Or, la mobilisation des hommes, de l'industrie et des finances repose sur cette colonne vertébrale de l'Etat. Son programme électoral, centré sur le développement du Grand Ouest, ne prévoit pas l'émancipation des Noirs, une mesure aussi radicale pouvant pousser les Etats du Haut Sud, limitrophes

---

6. Bien que partisan convaincu de l'égalité des droits entre Noirs et Blancs, Lincoln n'échappe pas totalement aux préjugés raciaux de son époque. « Il y a une différence physique entre les deux races qui, à ce que je crois, les empêchera toujours de vivre ensemble sur un pied d'égalité sociale et politique », déclare-t-il en 1858. Comme nombre de républicains, il préconise leur émigration vers des pays d'Amérique centrale et il le propose, en 1862, à des leaders noirs qu'il reçoit à la Maison-Blanche. En dépit de leur réaction très négative, il tente d'établir l'année suivante une colonie de 453 volontaires noirs dans une île proche d'Haïti. Décimés par la faim et la maladie, ils doivent être rapatriés en 1864. Entre-temps, Lincoln a choisi l'émancipation sans conditions.

des Etats esclavagistes, dans les bras de ces derniers. Il est pourtant déjà conscient que les Etats-Unis ne pourront conserver longtemps un système de régimes antagonistes : « Une maison divisée contre elle-même ne saurait rester debout. Je suis convaincu que le présent gouvernement ne pourra durer éternellement semi-esclavagiste et semi-libre », dit-il dans un discours prononcé le 16 juin 1858, alors qu'il faisait campagne pour être élu au Sénat de l'Etat de l'Illinois sous la bannière du Parti républicain.

Elu avec les seules voix du Nord[7], il est honni par les sudistes qui l'assimilent à tort aux abolitionnistes et qu'ils croient animé par l'idéologie et le seul appât du gain, l'identifiant ainsi au peuple yankee dont ils opposent « la grossièreté et l'individualisme » au « raffinement » de la vieille société traditionnelle qu'ils défendent.

Il est aussi sous-estimé dans le Nord, « ce bon vieil Abe » n'ayant pour lui ni la notoriété ni les réseaux des vieux politiciens. Les abolitionnistes se défient de lui et ses électeurs, comme lui-même, ne croient pas vraiment à la Sécession, persuadés que la majorité des sudistes n'en veulent pas. Le nouvel élu, qu'on croit influençable parce qu'il est modéré, a un autre handicap, son épouse Mary dont le caractère cyclothymique, les détestations personnelles et les dépenses inconsidérées compliqueront la tâche du président. Elle n'a en réalité aucune influence sur ses décisions[8]. A de nombreux égards, pour ses concitoyens, c'est donc un inconnu qui prend la barre au pire moment de l'histoire des Etats-Unis.

---

7. Résultats de l'élection présidentielle de 1860 : A. Lincoln, Parti républicain : 39,8 % des suffrages exprimés ; S. Douglas, Parti démocrate : 29,5 % ; J. Breckinridge, démocrate du sud : 18,1 % ; J. Bell, Parti constitutionnel de l'Union : 12,6 %.

8. Née à Lexington (Kentucky), dans une famille aisée, Mary Todd épouse en 1842 le brillant avocat de Springfield, Abraham Lincoln, dont elle a quatre fils, dont deux meurent jeunes de maladies. Intelligente et cultivée, elle soutient passionnément la carrière politique de son mari, mais sa nature bipolaire et sa jalousie agressive lui valent beaucoup d'ennemis. Très impopulaire à Washington, elle est suspectée, en dépit de ses convictions antiesclavagistes, d'espionnage au profit des rebelles, car ses frères combattent dans les rangs de la Confédération. Très désireuse de « tenir son rang », elle se livre à des dépenses excessives pour les réceptions de la Maison-Blanche qui choquent en temps de guerre et contraignent son mari à prendre en main directement le budget de la résidence présidentielle. La mort de son fils Willie, en 1862, la plonge dans les chimères de l'occultisme. Mme Grant, qui ne la supporte pas, convainc son mari de refuser l'invitation des Lincoln à les accompagner au théâtre Ford le soir de l'assassinat du président.

Une guerre non préparée

Quand bien même Lincoln aurait-il eu l'expérience du pouvoir et la maîtrise de l'administration fédérale que les circonstances appelaient, sa liberté d'action politique et militaire serait restée limitée. Pourtant, avant même sa prise de fonctions, son habileté politique le met en mesure d'assumer ses responsabilités.

En 1861, le président des Etats-Unis, commandant en chef des forces armées, dispose à ce titre de pouvoirs étendus dans la conduite de la guerre, mais ceux-ci sont sujets à controverse. L'autorité fédérale est limitée, même dans le domaine militaire où Washington dépend de la bonne volonté des gouverneurs d'Etat qui lèvent les troupes. Le Congrès, pour sa part, cherche à garder le contrôle des opérations et s'inquiète des possibles empiètements de l'exécutif sur ses prérogatives. Certes, les parlementaires des Etats du Sud ne siègent plus à Washington, mais les démocrates du Nord sont hostiles à une politique d'affrontement et s'efforcent de limiter l'ampleur des opérations en appelant constamment à une paix négociée. Les abolitionnistes, quant à eux, pressent le président de hâter l'émancipation des esclaves. Or, la politique du gouvernement et sa conduite de la guerre sont sanctionnées, année après année, par des élections fédérales ou locales que Lincoln doit impérativement remporter pour garder la main. Il ne peut compter sur la presse qu'il répugne à censurer tant qu'elle ne soutient pas ouvertement les rebelles. Triomphaliste dans la victoire et défaitiste dans les revers, elle relaye inlassablement les rumeurs, amplifiant les états d'âme de la population. Longtemps, elle colportera les pires ragots sur lui, le présentant comme un rustaud indécis, incapable de se faire obéir. Enfin, la liberté d'action du président est limitée par l'incertitude qui demeure sur le ralliement à l'Union des Etats du Haut Sud. Le Tennessee, le Kentucky, le Missouri, le Maryland et, au début, la Virginie oscillent entre les deux camps. Il faut les ménager, notamment sur la question noire, pour éviter qu'ils ne basculent dans la sécession. A l'extérieur, la menace de la reconnaissance par l'Angleterre et la France de la Confédération des Etats du Sud pèse sur la stratégie de l'Union, d'autant que le Sud possède un fort capital de sympathie dans les cercles londoniens du pouvoir et dans la personne même de Napoléon III.

Après l'élection de Lincoln et avant son investiture, le président sortant, le sudiste Buchanan, rejette la sécession proclamée par

7 Etats, mais, n'envisageant pas la guerre, ne prend aucune mesure pour renforcer l'armée fédérale. Elle ne compte que 16 000 hommes dispersés dans 79 garnisons, en majorité sur les frontières de l'Ouest. Equipée sommairement de matériels anciens, elle n'a pour expérience que la guerre du Mexique qui l'a confrontée à un adversaire peu armé et mal entraîné. Les officiers sont issus de West Point, une école réputée davantage pour son niveau scientifique que pour la formation tactique qu'elle délivre, souvent limitée à un « drill » dans la cour du quartier. Dès la sécession, la plupart des officiers originaires du Sud, soit près du tiers, démissionnent pour rejoindre l'armée de la Confédération. Or, ce sont souvent les meilleurs en raison de la tradition militaire du Sud rural, aussi la petite armée de l'Union en est-elle largement désorganisée. La plupart des généraux de haut rang sont des camarades de promotion de West Point qui vont s'affronter pendant quatre ans. Des deux côtés, pourtant, ils côtoient des généraux « politiques » nommés par Lincoln ou Jefferson Davis, le président des Etats confédérés, pour satisfaire des demandes des gouverneurs ou récompenser des services rendus. Jefferson Davis a sur Lincoln l'avantage de connaître parfaitement la communauté militaire et de savoir s'en faire obéir. Sorti de West Point, ayant combattu au Mexique, il s'impose sans effort. Le nouveau président, pour sa part, doit asseoir sur cette caste respectée l'autorité d'un civil qui ignore les règles et les traditions qui la régissent. Néanmoins, si l'armée de l'Union est tout juste capable de tenir quelques forts et de réprimer des révoltes localisées d'Indiens, le Nord dispose de ressources considérablement supérieures à celles du Sud. L'Union compte en effet 22 millions d'habitants contre 9 millions pour la Confédération (dont 4 millions de Noirs). On y fabrique, en 1860, 97 % des armes à feu et 94 % des textiles. La quasi-totalité des chantiers navals s'y trouve et la marine marchande rallie massivement le gouvernement dès les premiers jours. L'agriculture riche et diversifiée du Nord permet de nourrir aisément les armées en campagne, ce qui est loin d'être le cas dans la Confédération où la culture du coton a supplanté la production vivrière. Très industrialisée et dotée d'un solide réseau bancaire, l'Union est donc riche et peut financer un puissant effort de guerre. Encore faut-il savoir mobiliser ces ressources, ce qui n'a rien d'évident pour un président novice et une administration désorganisée par la sécession.

Lincoln prépare néanmoins habilement son investiture en formant un gouvernement de coalition et en multipliant les contacts au Congrès et dans la presse. Selon la règle alors en vigueur, il doit attendre quatre mois avant d'entrer en fonction. Il choisit ses ministres parmi ses anciens adversaires politiques, républicains et démocrates du Nord. Il nomme Seward secrétaire d'Etat, un pari risqué car ce dernier ne cache pas son ambition de diriger le gouvernement. L'homme est bavard et content de lui, mais il est aussi brillant, enthousiaste et se révélera totalement loyal, après un nécessaire rappel à l'ordre. Toutefois, Lincoln, qui n'accorde à personne sa totale confiance, s'adjoindra discrètement un conseiller pour les affaires étrangères, le sénateur Sumner. Au Trésor, il nomme Salmon Chase, dont la compétence est indiscutable. Très vite néanmoins, son ambition dévorante et sa rivalité avec William Seward le pousseront à des manœuvres politiques de bas étage, contraignant le président à intervenir. Welles, à la marine, n'est pas un mauvais choix. Ce misanthrope calme et organisé se montre fiable et efficace, mais lui non plus ne supporte pas Seward. Lincoln, en revanche, fait un choix malheureux pour le poste le plus sensible, celui de secrétaire de la Guerre. Il y nomme Simon Cameron, après une valse-hésitation qui fait mauvais effet. L'homme a la réputation d'être corrompu, ce que le président élu ne veut pas croire. Son activisme affairiste et son inefficacité le contraindront assez vite à s'en séparer. Hormis cette erreur, fruit de son inexpérience, le gouvernement qu'il a formé est solide et peut obtenir le soutien du Congrès avec lequel il multiplie les contacts. Une fois à la Maison-Blanche, Lincoln continuera à recevoir régulièrement les parlementaires, mais aussi les journalistes devant lesquels il s'exprimera sans fard et sans cacher ses déceptions. Sur le sujet très sensible de l'émancipation, en revanche, ses propos sont toujours soigneusement calibrés et il contrôle étroitement l'expression publique de ses ministres. Le président, bien qu'il n'anticipe pas l'ampleur de la crise à laquelle il va être confronté, se met en ordre de marche. Conscient de son inexpérience, il consulte beaucoup et découvre que ses ministres sont rarement d'accord entre eux, lui laissant la charge de trancher. En réalité, il n'est guère influençable, trop rationnel et calculateur pour être séduit par les flatteurs et trop cuirassé pour être affecté durablement par des insultes ou des critiques.

Chef des armées

En prenant ses fonctions, Lincoln est décidé à ne pas déclencher les hostilités. Son discours d'investiture se veut apaisant, mais ferme. Une seule ligne rouge est fixée : les deux forts fédéraux qui sont encore tenus par l'armée de l'Union, Fort Sumter dans la baie de Charleston (Caroline du Sud) et Fort Pickens en Floride, ne doivent pas être investis par les rebelles. Or, le lendemain de sa prise de fonctions, le 5 mars 1861, il apprend que Fort Sumter n'a plus que quelques semaines de vivres et que sa garnison est trop faible pour soutenir un siège... Son premier mois à la tête du gouvernement est consacré à cet épineux problème. Comment faire respecter l'autorité fédérale sans déclencher la guerre ? Lincoln y fait l'apprentissage de sa fonction de commandant en chef, s'imposant *in fine* à son gouvernement divisé et à son interlocuteur militaire. Son sens politique lui permet d'éviter les pièges tendus par Jefferson Davis et son analyse stratégique est déjà pertinente, mais sa prudence excessive retarde la mise en ordre de bataille des forces de l'Union.

Son élection, le 6 novembre 1860, a déclenché le processus latent de sécession. La Caroline du Sud a donné le signal le 20 décembre, en dénonçant la « racaille du Nord », bientôt suivie par six autres Etats[9]. On danse dans les rues de Charleston et Savannah. Personne ne croit à la guerre : « Si elle s'impose, un dé à coudre suffira à contenir tout le sang versé », écrit un éditorialiste local. Lincoln, qui a rongé son frein pendant quatre mois, exaspéré par l'inertie de Buchanan, a fait échouer une tentative de compromis avec le Sud qui aurait laissé la porte ouverte à l'extension de l'esclavage dans les nouveaux Etats[10]. Il reste néanmoins convaincu que les sécessionnistes reviendront à la

9. La Caroline du Sud se sépare de l'Union le 20 décembre 1860, suivie par le Mississippi, la Floride, l'Alabama, la Géorgie et la Louisiane dans le courant du mois de janvier, et par le Texas, le 1er février. Le 4 février 1861, les sept Etats esclavagistes forment les « Etats confédérés d'Amérique » et choisissent Jefferson Davis comme président. Ils sont rejoints, le 17 avril par la Virginie, le 6 mai par l'Arkansas, le 7 mai par le Tennessee et, le 20 mai par la Caroline du Nord.

10. Le sénateur John Crittenden, du Kentucky, créateur du Parti constitutionnel de l'Union qui prétend éviter la sécession en s'appuyant sur les modérés du Nord et du Sud, propose, aussitôt après l'élection présidentielle, un « compromis ». Son projet, qui requiert six amendements constitutionnels, consiste à étendre, de façon irréversible, les dispositions du « compromis du Missouri » de 1820 jusqu'à la côte du Pacifique. Le Congrès s'interdirait de bannir l'esclavage au sud du parallèle 36°30.

raison si le gouvernement démontre à la fois sa fermeté et sa volonté de ne pas abolir l'esclavage là où il est déjà toléré. C'est tout l'enjeu de l'affaire de Fort Sumter. Récente et bien armée, la forteresse, qui contrôle l'entrée du port de Charleston, est occupée par le major Anderson et 80 hommes. Buchanan a essayé en vain de renforcer ses effectifs, sous le feu des canons de la milice locale. Depuis, sur ordre de Davis, elle est assiégée par 2 000 confédérés. Le 5 mars, le président apprend qu'Anderson est à court de vivres et de munitions. Trois options sont possibles : ravitailler le fort et renforcer la garnison, mais ce serait déclencher la guerre, au risque de faire basculer vers le Sud les Etats hésitants ; retirer la garnison et céder la place, mais le gouvernement y perdrait sa crédibilité nationale et internationale ; gagner du temps et négocier, mais Anderson n'a plus que six semaines d'autonomie. Pendant plus d'un mois, Lincoln hésite et le gouvernement faseye. Le président ne dort plus et a de terribles migraines. Ses ministres sont divisés. Seward, sans en informer Lincoln, contacte l'entourage de Davis pour chercher un compromis et se déclare publiquement favorable à la cession de Fort Sumter. Seul Blair, le secrétaire à la Poste, proche du président, est partisan de la fermeté. Cameron, le secrétaire à la Guerre, se réfugie derrière l'avis du général en chef.

Ce dernier, Winfield Scott, est une légende vivante. Vainqueur de la guerre du Mexique, candidat malheureux à l'élection présidentielle de 1852, il a 75 ans. Son état de santé ne lui permet plus de monter à cheval, mais son aura est intacte. D'entrée de jeu, il avoue à Lincoln qu'il s'estime trop vieux pour commander une armée en campagne et lui suggère de le remplacer par Robert Lee, originaire, comme lui, de Virginie et tenu en haute estime dans les armées. Le président fait recevoir ce dernier par Blair (et non Cameron), mais Lee refuse le poste et, quelques jours plus tard, prend la tête des forces confédérées de la Virginie qui vient de rallier la rébellion. Lincoln vit l'incident comme une véritable trahison et sa méfiance à l'égard des généraux en est renforcée. Il se résout donc à maintenir Scott en fonctions. La prudence et les réticences du vieux sudiste, pourtant d'une loyauté sans faille, lui pèsent vite, mais il hésite à le remplacer, ne sachant qui choisir. Scott prétend avoir besoin de 20 000 hommes et d'une flotte robuste pour ravitailler et renforcer Anderson, moyens dont

---

Le texte est rejeté par les républicains, convaincus par Lincoln qu'il assurerait la perpétuation de l'esclavage et renforcerait la mainmise des Etats du Sud sur le Sénat.

il ne dispose pas. Lincoln, torturé, envoie discrètement un homme de confiance à Charleston. A son retour, le 27 mars, ce dernier est catégorique : la Caroline du Sud est totalement hostile ; tout renfort fédéral à Fort Sumter sera attaqué ; si on cède à Charleston, Fort Pickens tombera aussi. Un faux pas de Scott, qui prône l'évacuation des deux forts « pour apaiser les huit Etats esclavagistes », permet au président de reprendre l'ascendant sur ses ministres. « Son argumentation politique, leur déclare-t-il, jette le doute sur ses analyses militaires. » Il instruit donc Cameron et Welles de préparer une opération de renforcement des deux forts. Seward, suggérant pour temporiser des remontrances diplomatiques à la France et à l'Espagne[11], est courtoisement et définitivement remis à sa place : « C'est à moi d'agir », déclare Lincoln.

Dans le dos de Scott, ce dernier supervise la préparation de l'expédition qu'il a confiée à Fox, un adjoint de Welles (cinq navires de guerre, un stock de vivres et 200 hommes en renfort pour Sumter). Simultanément, il envoie au gouverneur de Caroline du Sud un message soigneusement calibré : « Une tentative pour fournir au fort de Sumter uniquement des provisions de bouche va être faite. Si elle ne rencontre aucune résistance, rien ne sera fait pour expédier des renforts en hommes ou munitions sans vous en aviser préalablement, sauf en cas d'attaque contre le fort. » En réponse, Jefferson Davis, convaincu que la guerre est le seul moyen de rallier les Etats hésitants, donne l'ordre de s'emparer du fort avant l'arrivée de la flotte fédérale. Soumis à trente-six heures de bombardement, Anderson capitule le 13 avril 1861. Deux jours plus tard, Lincoln annonce la mobilisation de 75 000 miliciens pour une période de trois mois afin de mater « une rébellion trop puissante pour être réprimée par la voie ordinaire des procédures judiciaires ». Le Nord est en liesse, mais la consternation règne dans les Etats du Haut Sud. La Virginie fait sécession le 17 avril et ses milices s'emparent de l'arsenal d'Harpers Ferry et de la base navale de Gosport. Sa capitale, Richmond, devient le siège de la Confédération. L'Arkansas, la Caroline du Nord et le

11. L'Espagne annexe, le 18 mars 1861, à la demande de son gouvernement débordé par la crise économique, la République dominicaine, son ex-colonie indépendante depuis dix-sept ans. Mais, à partir de 1863, elle doit affronter une rébellion basée en Haïti et annule l'annexion en 1865. La France, pour sa part, s'engage en avril 1862 dans la conquête du Mexique. Fidèle à la doctrine de Monroe (1823), le gouvernement du président Lincoln ne tolère pas les interventions armées des pays européens sur le continent américain.

Tennessee suivent. Le Maryland et le Kentucky proclament leur neutralité. Le Missouri sombre dans la guerre civile. Le bilan de sa première grande affaire est mitigé pour le jeune président. Ses tergiversations des premières semaines, dues à la désunion de son cabinet et à l'opposition de son chef d'état-major, lui ont appris que la responsabilité ne se partage pas. Il a imposé une solution habile, lui permettant d'afficher sa fermeté sans prendre l'initiative du déclenchement des hostilités. Pour autant, il n'a pu sauver Fort Sumter, ni empêcher le ralliement à la Sécession de quatre nouveaux Etats. Sa méfiance naturelle et l'attitude ambiguë de Scott le poussent à vouloir contrôler directement le déroulement des opérations. Aussi fait-il équiper son bureau, aménagé dans une grande pièce du premier étage de la Maison-Blanche, de cartes d'état-major renseignées sur les positions des troupes amies et ennemies. Son « atelier », comme il l'appelle, sera le siège d'innombrables réunions avec son cabinet et ses généraux. Il exige de Scott un compte rendu journalier sur la situation militaire et les opérations en cours et prend l'habitude de consulter des généraux subalternes ou retraités, en particulier l'intendant général Meigs[12] qui a sa confiance, pour s'assurer de la pertinence des propositions du général en chef. Cette pratique, vite connue, ne facilite pas le fonctionnement harmonieux de la chaîne de commandement, mais l'incurie des chefs militaires dont il s'entoure ne lui laisse guère de choix.

Avant même la chute de Fort Sumter, Lincoln s'interroge sur la stratégie à adopter pour vaincre militairement la rébellion. Scott lui propose alors la mise en place d'un blocus sur les côtes de l'Atlantique et du golfe du Mexique, à compléter à l'ouest par le contrôle du Mississippi. Le président en accepte le principe mais perçoit que le conflit peut s'éterniser et que les pays européens n'accepteront pas nécessairement un blocus qui gêne leur commerce et pourraient même reconnaître la Confédération. Il sait aussi que l'opinion nordiste ne tolérera pas l'immobilisme. Contrairement à son chef

12. Sorti dans les premiers de West Point, Montgomery Meigs choisit l'arme du génie et sert un an sous les ordres de Lee pour consolider les défenses du Mississippi. Il lui voue une admiration jamais démentie. Ses compétences d'ingénieur lui valent plus tard de superviser la construction du nouveau dôme du Capitole et le lancement de l'aqueduc du Potomac. Nommé intendant général de l'armée fédérale en mai 1861, il est responsable de la moitié de l'effort de guerre. Honnête, rigoureux et efficace, il est fréquemment consulté par Lincoln et peut être considéré comme un des principaux artisans de la victoire.

d'état-major, il est donc décidé à porter le fer en territoire rebelle. Son analyse est irréprochable, mais il ne prend pas les moyens de l'imposer. Il donne carte blanche à Cameron pour organiser la mobilisation et le transport des troupes. Ce dernier, incapable de négocier avec les gouverneurs et sous-traitant l'équipement des forces avec des entreprises véreuses, est vite débordé. Les retards se généralisent et les Etats multiplient le nombre de régiments squelettiques pour distribuer des brevets d'officiers. Lincoln s'en impatiente, mais tarde à démettre Cameron. Il ne s'y résout qu'à la fin de l'année 1861 quand son ministre est convaincu de malversations.

La décision du président de convoquer les miliciens pour une période de trois mois se révèle également désastreuse : trop courte pour former une armée et déstabilisatrice pour les unités, la plupart des miliciens ne rengageant pas. Or, de son côté, Davis a mobilisé 100 000 hommes pour douze mois. En juillet, Lincoln doit arracher au Congrès la convocation d'un million d'hommes pour trois ans qui lui permettra de mettre sur pied sa force principale, l'armée du Potomac. A la fin de l'année 1861, la mobilisation est loin d'être achevée de part et d'autre, Davis ayant commis ses propres erreurs et se heurtant à la même inertie des autorités locales. L'Union dispose alors de 700 000 hommes, soit près du double des effectifs confédérés. La presse nordiste s'indigne de ces retards et fustige l'incurie et l'immobilisme du gouvernement. Il faut dire que, jusqu'au mois de juin, Washington n'est pas défendue et Lincoln, des fenêtres de la Maison-Blanche, voit le drapeau confédéré flotter sur la ville d'Alexandria, de l'autre côté du Potomac… C'est donc un chef d'Etat encore hésitant sur les moyens et les procédures, peu assuré dans le choix des hommes, mais profondément déterminé et fort de ses convictions et de son habileté politique qui endosse l'habit de chef de guerre.

Une guerre de trois mois

Dans l'esprit de Lincoln, comme dans celui de Jefferson Davis, la guerre sera brève, une simple formalité. Le président est convaincu que la supériorité numérique et la puissance industrielle du Nord auront vite raison de la poignée d'excités qui ont entraîné le Sud dans une aventure sans issue. Les confédérés, pour leur part, se considèrent comme des preux chevaliers opposés à une bande de boutiquiers et d'« ouvriers crasseux » dont ils ne feront qu'une bouchée. Mais, après Fort Sumter, les choses s'emballent dans un chaos confus de mobilisation mal maîtrisée à l'est et de violences fratricides à l'ouest. Pour le président, l'enjeu est double : contraindre au ralliement les Etats du Haut Sud et vaincre l'armée confédérée en Virginie. Pour reprendre le contrôle du Haut Sud, il n'hésite pas à prendre des mesures extrêmes, à la limite de ses droits constitutionnels. En Virginie, son impatience et sa sous-estimation de l'adversaire lui valent un échec retentissant aux conséquences lourdes pour la suite de la guerre. Dans les Etats du Haut Sud, la course au ralliement s'engage dès le 16 avril. Pour les deux parties, le succès est déterminant en termes de ressources mobilisables. Après la perte de la Virginie, Lincoln donne la priorité au Maryland, crucial pour la sécurité de Washington, et au Kentucky, l'Etat de son épouse, parce qu'il permet de contrôler le bassin de l'Ohio, porte d'entrée sur le Mississippi.

Avec le Maryland, il a des comptes à régler. Sa tournée présidentielle, un mois avant l'investiture, y a été perturbée par des troubles fomentés par le maire de Baltimore. L'Etat a proclamé sa neutralité, mais le président y envoie une force aux ordres du général Butler, fait arrêter les agents recruteurs du Sud et suspend l'*habeas corpus*. Butler réprime brutalement une émeute à Baltimore et Lincoln l'autorise à emprisonner les parlementaires sécessionnistes. Le président de la Cour suprême des Etats-Unis, un esclavagiste notoire il est vrai, dénonce ces excès de pouvoir. Cette politique musclée et « liberticide » a raison définitivement des velléités d'indépendance du Maryland. Au Kentucky, dont le président avait accepté la proclamation de neutralité, les confédérés ouvrent les hostilités en s'emparant de Colombus. Le commandant des milices unionistes, le général Grant, réagit en prenant le contrôle de l'est du territoire. L'Etat, divisé, s'enfonce dans la guerre civile. Au Tennessee, Lincoln tente d'obtenir la sécession de l'est de l'Etat, favorable à l'Union, mais le général Thomas, faute de renforts que Scott lui refuse, ne parvient pas à prendre la main sur les confédérés. En Virginie, outrepassant ses droits constitutionnels, le président organise la sécession de la partie occidentale de l'Etat. La création de la Virginie-Occidentale permet à l'Union de contrôler l'Ohio et un important nœud ferroviaire. Elle sert aussi de base à l'opération qui permet aux généraux

McClellan et Rosecrans de reprendre l'arsenal d'Harpers Ferry[13]. Enfin, au Missouri, Lincoln, en s'appuyant sur des officiers excessifs et peu fiables, provoque une tempête politique, sans pouvoir pour autant maîtriser une guérilla solidement implantée. Il confie d'abord au capitaine Lyon la défense de l'arsenal de Saint Louis. Ce dernier prend l'initiative de lever des milices, fait arrêter 7000 sécessionnistes et rétablit l'ordre dans la ville sans ménagement. Quand il est tué, en août, en tentant de s'opposer à l'offensive des confédérés, le président nomme John Frémont à sa place, un officier vaniteux et naïf, à la réputation usurpée. Celui-ci fait alors une proclamation qui déchaîne les passions dans tout le Nord. Il instaure la loi martiale, donne l'ordre d'exécuter tous les francs-tireurs capturés, confisque les biens des activistes sudistes et émancipe leurs esclaves. Lincoln, qui craint des réactions violentes au Kentucky, lui demande de renoncer à l'émancipation des esclaves et de ne pas faire exécuter les francs-tireurs sans son accord. Frémont refuse d'obéir et envoie sa femme à Washington pour convaincre le président. Après un entretien orageux avec cette dernière, Lincoln donne l'ordre publiquement à Frémont de s'exécuter. Celui-ci s'incline enfin, mais il devient la coqueluche des abolitionnistes qui condamnent l'attitude présidentielle et contraindront Lincoln à lui donner un nouveau commandement après qu'il eut été démis pour malversations.

Le président donne pourtant quelques gages à la gauche républicaine en autorisant Benjamin Butler, dans le Maryland, à ne pas rendre à leurs propriétaires les esclaves fugitifs, ce qu'impose la loi. Ainsi, la guerre civile s'installe-t-elle dans tout le Haut Sud, seul le

13. McClellan et Rosecrans appartiennent au groupe restreint des anciens de West Point qui, brillant sous l'uniforme, démissionnent pour se lancer avec succès dans le monde des affaires. Issu d'une famille aisée de Pennsylvanie, deuxième à West Point, officier du génie remarqué pour sa bravoure au Mexique, observateur pendant la guerre de Crimée, McClellan démissionne en 1857 et devient, trois ans plus tard, président de l'Ohio and Mississippi Railroad. Dès avril 1861, il prend la tête de la milice de l'Ohio et réintègre l'armée fédérale. Protégé du ministre des Finances, Chase, il est nommé, un mois plus tard, à 34 ans, général de division. Antisécessionniste, mais aussi antiabolitionniste, il s'illustre dans l'occupation de la Virginie-Occidentale qui assure sa renommée dans le Nord. Son sens de l'organisation n'a d'égal que son incurable vanité. Rosecrans, né dans une famille de fermiers de l'Ohio, cinquième à West Point, également officier du génie, démissionne en 1854 pour devenir un des premiers grands exploitants pétroliers. Aide de camp de McClellan qu'il a rejoint dans la milice de l'Ohio, il est nommé général en mai 1861, pour son rôle décisif dans la victoire de Rich Mountain. Confit en dévotion, mais bon vivant et grand buveur, il est populaire dans la troupe. Courageux et méthodique, il est aussi lent et peu réactif.

Maryland pouvant être considéré comme définitivement rallié à l'Union. Très vite, Lincoln est obsédé par le « feu de l'arrière », les espions et maquisards prosudistes dont il craint les menées partout, même à Washington. Il confie à Seward, puis à Edwin Stanton[14], le successeur de Cameron au secrétariat à la Guerre qui a sa confiance, la mission de les traquer. La loi martiale est progressivement étendue à toutes les zones de trouble et l'*habeas corpus* n'est plus qu'un souvenir. Au sein de l'armée fédérale, des propos favorables aux confédérés valent une exclusion immédiate. Le sort des Etats limitrophes est un enjeu politique et militaire, mais c'est en Virginie que le président entend écraser la rébellion. Dès la fin mai, l'armée de l'Union a franchi le Potomac, s'est emparée des hauteurs d'Arlington et a installé son quartier général dans la plantation de Lee, le général félon. Cependant, la presse s'impatiente, réclame l'assaut sur Richmond et dénigre le blocus.

Le 29 juin, Lincoln convoque un Conseil des ministres où sont présents Scott, les généraux Meigs et McDowell, ce dernier commandant de l'armée de Washington. C'est un officier intelligent et énergique, au jugement sûr, mais sans expérience du combat. Scott juge une attaque risquée et suggère de s'en tenir à « Anaconda ». Il est contredit par Meigs qui ne croit pas à son efficacité à court et moyen terme. McDowell expose alors son plan d'offensive. Avec ses 35 000 hommes, il prendrait de flanc le camp retranché de Manassas (occupé par 20 000 hommes), à 40 kilomètres au sud-ouest de Washington, en se gardant face à la Shenandoah occupée par les sudistes[15]. Jugeant ses troupes « insuffisamment entraînées », il

14. Avocat dans l'Ohio, démocrate favorable à la guerre, Edwin Stanton a été ministre de la Justice de Buchanan. Ce bourreau de travail, brutal et incorruptible, avait une piètre opinion de Lincoln avant de devenir son secrétaire à la Guerre. Révisant vite son jugement, il devient son plus fidèle et son plus efficace soutien.

15. La vallée de la Shenandoah, saignée nord-sud de près de 200 kilomètres dans le massif des Appalaches, à l'ouest de la Virginie, joue un rôle important dans la guerre de Sécession. Bordée à l'est par les Blue Ridge Mountains et à l'ouest par le plateau d'Alleghany, elle constitue un centre agricole essentiel pour le ravitaillement en vivres des rebelles. Siège disputé de l'arsenal d'Harpers Ferry, elle est aussi un couloir naturel d'infiltration vers la Pennsylvanie et Washington, à moins de 100 kilomètres à l'est, ou à l'opposé vers Richmond. Le général sudiste Jackson s'y illustre au printemps 1862, pour soulager la pression exercée par l'armée du Potomac sur la capitale confédérée. Lee l'emprunte en septembre 1862 pour envahir la Pennsylvanie. Early s'y joue de Hunter en juin 1864 et pousse jusqu'à Washington, mais Sheridan, deux mois plus tard, lui inflige une cuisante défaite et, sur ordre de Grant, dévaste systématiquement la vallée. La population de la vallée est largement

demande cependant quelques mois avant de lancer l'assaut. « Ceux d'en face ne le sont pas davantage », lui réplique le président qui ordonne le déclenchement de l'opération. Celle-ci débute le 21 juillet dans une ambiance de kermesse. Les journalistes, les parlementaires et leurs épouses prennent place sur les collines entourant Manassas pour assister au triomphe des armées de l'Union. Mais rien ne se passe comme prévu. Le général Beauregard qui commande les confédérés connaît le plan McDowell, recueilli par une belle espionne sudiste, et il a pu se faire renforcer par les 10 000 hommes du général Johnston avant que la flanc-garde fédérale ne se mette en place. Après un bref succès initial, McDowell est mis en déroute par la contre-attaque de Beauregard. Cet échec humiliant est amplifié par les spectateurs horrifiés et craignant pour leur vie. Le Sud triomphe mais ne sait pas exploiter sa victoire, faute de logistique.

Lincoln, effondré mais combatif, s'enferme pendant deux jours avec Scott pour rédiger un « mémorandum sur la stratégie de l'Union » qui se résume en quatre points : accroître l'efficacité du blocus, tenir fermement le Maryland, relancer les attaques sur le front de l'Ouest en faisant effort sur le Missouri et renforcer et entraîner les troupes de l'Union en Virginie en vue d'une prochaine offensive. La décision est prise de créer la grande armée du Potomac, avec les effectifs mobilisés par le Congrès. Elle sera placée sous les ordres du major général McClellan, McDowell étant écarté (mais le président le consultera souvent par la suite). Le choix de McClellan est unanimement salué. L'homme est brillant et connu pour être un excellent organisateur. On le crédite de la reprise de l'arsenal d'Harpers Ferry et on vante ses succès de chef d'entreprise. On le sait imbu de sa personne, mais il intimide les parlementaires. Lincoln lui-même lui parle avec révérence. Le président a donc repris la main sans tarder et réorganisé le commandement, mais la défaite de Manassas ne sera pas sans conséquences.

On a beaucoup glosé sur la pusillanimité des généraux nordistes. Elle s'explique d'abord par les succès initiaux des rebelles. Les chefs militaires de l'Union tendent dès lors à surestimer systématiquement les capacités de leurs adversaires. Il est pourtant un autre facteur que Lincoln ne perçoit pas et ne peut accepter : la motivation des

---

acquise aux rebelles et harcèle l'armée fédérale quand elle y stationne. En réponse, les troupes de Pope, Hunter ou Sheridan se montrent impitoyables et multiplient les exactions.

combattants est inégale. Les sudistes se battent sur leur sol pour défendre leur mode de vie et leur indépendance, une réalité charnelle, alors que les unionistes combattent pour des grands principes, la bannière étoilée et l'unité du pays. De part et d'autre, on évite en effet de mettre en avant l'esclavage et les droits des Noirs, sujet clivant à l'intérieur de chaque camp. D'ailleurs, l'adhésion incertaine de beaucoup d'officiers de l'Union à la politique antiesclavagiste de leur président les incite à ménager un adversaire qu'ils excusent sans l'approuver. La bataille de Manassas tétanise pour longtemps les forces de l'Union en Virginie, mais elle donne aux sudistes une confiance excessive dans leur supériorité au combat.

La presse du Nord fustige l'incompétence du président. Certains lui reprochent de ne pas oser l'émancipation, tandis que d'autres imputent à ses audaces les violences armées dans l'Ouest. On lui fait grief d'abuser de ses droits constitutionnels, mais on dénonce sa pusillanimité en Virginie. En réalité, Lincoln se bat sur tous les fronts, mais il ne maîtrise pas l'appareil militaire. Scott le gêne mais il n'ose s'en défaire. Frémont est une catastrophe, mais il peine à s'en faire obéir. McDowell voit juste, mais il lui refuse le sursis qu'il demande. Soumis aux pressions de l'opinion publique, le président veut en finir au plus vite avec cette rébellion dont il a mal jugé l'ampleur et les capacités. Ainsi s'évanouit l'espoir d'une campagne rapide et joyeuse. Trois mois après le début des hostilités, l'Union a réussi à mettre en place un blocus qui se consolide progressivement, mais la marine fédérale ne peut arrêter qu'un dixième des forceurs de blocus confédérés. Les Etats du Haut Sud, divisés, n'ont pas rejoint la Sécession mais la guerre civile y fait rage. La principale armée fédérale a subi un cuisant échec à quelques kilomètres de Washington. McClellan sera-t-il l'homme providentiel que le Nord espère ?

Général en chef ?

L'année suivante, d'août 1861 à juillet 1862, se résume, pour l'essentiel, à un face-à-face de plus en plus tendu entre le président et son premier responsable militaire, au point que Lincoln en vient à prendre directement le commandement des opérations. Encouragé par des succès à l'Ouest, il croit, à tort, pouvoir forcer la décision en Virginie en contrôlant personnellement McClellan dont il n'ose se défaire, en dépit de son évidente incapacité et de son attitude insultante. Confronté à une guerre de plus en plus dure et meurtrière, il est contraint d'imposer la conscription à une jeunesse rétive, quitte à restreindre à nouveau les libertés civiles. Son omniprésence sur tous les fronts lui permet de tenir, au prix de quelques erreurs, sans pour autant prendre l'ascendant sur un adversaire déjà affaibli.

Avec McClellan, tout a pourtant bien commencé. Ce général de division de 35 ans promu à la tête d'une armée de plus de 100 000 hommes fait l'objet de toutes les attentions. « Je me trouve dans une étrange situation, écrit-il à sa femme, le président, le cabinet, le général Scott et tous les autres s'inclinent devant moi. » Quand il visite les troupes, il est acclamé comme un héros. Il y perd le sens commun et sa suffisance finit par affecter son jugement. Très vite, la supervision de Scott lui est insupportable. Lincoln, il est vrai, l'encourage dans cette voie en le convoquant au Conseil des ministres sans y convier le chef d'état-major ou en le recevant en tête à tête. Le 1er novembre, enfin, Lincoln cède à sa demande (appuyée par les parlementaires) et le nomme général en chef à la place de Scott, poussé à la retraite. McClellan s'emploie alors efficacement à former, équiper et entraîner l'armée du Potomac. Il ne conçoit pas, cependant, de l'engager contre les confédérés sans une confortable supériorité numérique. Or, il crédite Beauregard, son adversaire en Virginie, de plus de 150 000 hommes, alors que ce dernier en rassemble péniblement 45 000. S'engage alors un étrange ballet entre le président qui demande qu'on prenne l'offensive et son chef d'état-major qui repousse l'échéance en demandant toujours plus de moyens. Le 21 octobre, une attaque sudiste à Leesburg, à 60 kilomètres en amont de Washington, le contraint à agir, mais la ville ne peut être reprise et la colonne commandée par le général Stone est mise en déroute. Lincoln, pour apaiser la colère des parlementaires, fait arrêter ce dernier, injustement accusé de trahison. Il crée aussi une « commission interparlementaire sur la conduite de la guerre » qui s'emploiera à débusquer les généraux félons ou incompétents. En l'occurrence, c'est le lampiste qui paye, McClellan étant intouchable en raison de sa popularité.

Pour gagner du temps, le général en chef explique au président qu'il a besoin de 273 000 hommes pour lancer l'offensive. Lincoln, qui n'a pas oublié l'échec de Manassas, ne discute pas : « Vous ne devez pas combattre avant d'être prêt. » Faute de pouvoir l'engager en Virginie, le chef de l'Etat le pousse à relancer l'action à l'Ouest. Le commandement est réorganisé autour de deux armées : Henry

Halleck reçoit pour mission de s'engager vers le Mississippi à partir de l'Etat du Missouri et Carlos Buell reçoit l'ordre de prendre le contrôle de l'Etat du Tennessee[16]. Lincoln a en effet acquis la conviction que, pour exploiter la supériorité numérique des armées de l'Union, il faut « attaquer différents points en même temps » afin d'empêcher les sudistes de basculer leurs forces d'un secteur à l'autre. L'offensive tarde à prendre forme, Halleck et Buell étant aussi timorés que McClellan. Une initiative de Grant, un subordonné de Halleck, permet, en février 1862, de débloquer la situation. Ignorant les procédures complexes entre les ministères de la Guerre et de la Marine, il monte directement avec l'amiral Foote, commandant l'escadre de canonnières, des opérations combinées qui aboutissent à la saisie des forts confédérés sur le Tennessee, en coulant une dizaine de canonnières sudistes. Lincoln exulte et nomme Grant sur-le-champ général de division.

Il n'en est que plus irrité par l'inertie de McClellan. Quand, en décembre, ce dernier, victime de la fièvre typhoïde, a dû s'aliter pendant trois semaines, la commission interparlementaire a pressé le président d'assumer lui-même le commandement des forces. Il a refusé – « C'est son métier » – mais l'idée a fait son chemin. Il s'est plongé dans la bibliothèque du Congrès, dévorant des traités de stratégie, Clausewitz et Jomini bien sûr, mais aussi des études techniques sur les armes et leur emploi. Il s'est fait présenter le nouveau fusil Springfield et l'a testé lui-même au champ de tir. Encore hésitant à franchir le pas, il s'est tourné, le 10 janvier, vers l'intendant général Meigs : « Général, que dois-je faire ? La population est impatiente, Chase n'a pas d'argent, le général en chef a la typhoïde. Tout va de mal en pis. Que puis-je faire ? » La réponse de Meigs l'a séduit : « Exigez de McClellan qu'il vous présente son plan. »

---

16. Ces deux généraux de bonne réputation sont issus de West Point, ayant démissionné après quelques années sous l'uniforme pour réussir dans le monde des affaires, avant de rejoindre l'armée de l'Union au début de la guerre. Halleck, surnommé « Old brains » pour avoir publié deux ouvrages de stratégie qui n'étaient guère que des compilations de Jomini, est, comme McClellan, un remarquable organisateur mais n'a aucun goût pour le combat et se montre vite jaloux des succès de son subordonné, Grant, dont il sait toutefois tirer profit. Buell est considéré comme un héros de la guerre du Mexique où il a été décoré trois fois pour actes de bravoure. Succédant à Sherman à la tête de l'armée du Cumberland en novembre 1861, il se montre peu actif pour prendre le contrôle du Tennessee oriental. Intelligent et intègre, il n'est pas populaire, car jugé trop processionnel et timoré. Lui aussi vit mal la compétition avec Grant.

Quelques jours plus tard, le président le somme d'abattre ses cartes en plein Conseil des ministres. Indigné de cet affront public, le chef d'état-major part en claquant la porte : « Ce n'est ni le lieu, ni le moment. » Le 29 janvier, Lincoln, désabusé, note, en marge d'un rapport sur la situation dans l'Ouest : « Tout ceci est extrêmement décourageant. Comme partout ailleurs, on ne peut rien faire. » Se reprenant, deux jours plus tard, sans consulter ses ministres, il signe un ordre général d'offensive sur tous les fronts. Acculé, McClellan consent enfin à dévoiler son plan. L'armée du Potomac sera transportée par voie fluviale, puis par la baie de la Chesapeake jusqu'à l'embouchure de la rivière Rappahannock (à 50 kilomètres à l'est de Richmond) où elle sera débarquée. A partir de là, soit elle investira la capitale des confédérés, soit elle livrera bataille à l'armée Johnston si celle-ci tente de renforcer Richmond à partir de Manassas où elle est actuellement retranchée. Ce plan déplaît au président. D'une part, il ne considère pas la prise de Richmond comme une priorité, privilégiant la destruction des forces ennemies. D'autre part et surtout, il craint que Washington ne soit laissée à la merci de l'armée de Manassas.

Dans les jours qui suivent, la crédibilité de McClellan est ébranlée quand on découvre qu'il a fortement surévalué les capacités des rebelles à Manassas. En effet, Johnston, informé des projets de l'Union, a quitté le camp retranché pour se replier au sud de la Rappahannock. En investissant la place forte abandonnée, les unionistes ont découvert que les sudistes y étaient quatre fois moins nombreux que ne le prétendait le chef d'état-major. C'en est trop pour Lincoln qui retire à McClellan le commandement général des opérations, ne lui laissant que l'armée du Potomac. « On ne peut combattre à l'est et donner des ordres à l'ouest. » Le raisonnement est imparable, mais le président ne nommant pas un nouveau général en chef, il assume *de facto*, cependant sans le dire, la fonction. Les commandants d'armée, précise-t-il seulement, feront désormais rapport directement à Edwin Stanton, le secrétaire à la Guerre. Ainsi, après moins d'un an d'exercice du pouvoir, Lincoln prend-il le risque de conduire personnellement les opérations, à l'instar des souverains traditionnels. La médiocrité de ses généraux l'y contraint, pense-t-il, sans qu'il mesure bien les conséquences de ce choix.

L'attitude arrogante et déloyale de McClellan appelait pourtant depuis longtemps sa mise à l'écart. En tolérant sa désobéissance et ses écarts de conduite, le président n'a pu que le conforter dans sa suffisance et son inertie. En lui laissant le commandement de l'armée du Potomac, il compromettait sa propre liberté d'action. Démocrate unioniste mais raciste, McClellan méprisait ouvertement Lincoln. « Le président est un crétin [...] un pauvre babouin plein de bonnes intentions », écrivait-il à sa femme. Un soir de novembre où Lincoln lui rendait visite à l'improviste, il était rentré chez lui quelques minutes plus tard, au retour d'une soirée, et avait ignoré le président et sa suite pour monter directement se coucher. A son secrétaire particulier qui s'indignait de cette muflerie, Lincoln avait répondu : « Je veux bien tenir le cheval de McClellan pourvu qu'il nous apporte le succès. » Le 17 mars 1862, alors que l'armée du Potomac s'ébranle enfin vers son objectif, la suffisance et la pusillanimité de son chef n'ont pas été affectées par sa rétrogradation. Il a certes perdu la confiance du président, mais il s'en moque. Après le débarquement, début avril, il piétine devant Yorktown et Norfolk, tandis que Johnston consolide ses défenses. Dans ses nouveaux habits de général en chef, Lincoln commet alors, en Virginie, une série d'erreurs qui contribuent à aggraver une situation que l'incurie du chef de l'armée du Potomac rendait déjà difficile. Il décide d'abord de conserver à Washington, qu'il croit menacée, le corps d'armée de McDowell qui devait renforcer McClellan. Ce dernier proclame alors à tout-va que le président « veut empêcher un général démocrate de remporter la victoire ». Lincoln, lui rendant visite peu après, s'étonne que la ville de Norfolk où est amarré le seul cuirassé sudiste ne soit pas encore prise et va reconnaître lui-même les abords de la cité assiégée en l'incitant à agir. Néanmoins, après une discussion serrée, il accepte de lui renvoyer McDowell. Cette promesse ne sera pas tenue en raison de la situation critique dans la Shenandoah. De fait, en privant McClellan de son meilleur corps d'armée, il a renforcé sa pusillanimité et réduit ses capacités dans les combats indécis du mois de juin (bataille de Seven Pines et bataille des Sept Jours[17]).

17. L'armée du Potomac, qui tente d'investir Richmond, se trouve coupée en deux par la rivière Chickahominy en crue. Le 31 mai, Johnston, général en chef des confédérés, lance une offensive pour tenter de détruire les troupes de McClellan isolées au sud de la rivière. Bien que disposant d'une nette supériorité numérique, les rebelles sont contenus puis repoussés par les fédéraux. « Menée avec une incompétence phénoménale » par les généraux Johnston et Longstreet, selon un officier sudiste, cette bataille coûte son poste au premier. Il est remplacé par Robert Lee le 1er juin.

Bien que maître du terrain, le chef de l'armée du Potomac a choisi de faire retraite vers la James River, en arguant des pertes élevées subies et, comme à l'habitude, en surestimant considérablement les forces de son nouvel adversaire, le général Lee, qui a relevé Johnston. Il s'était pourtant publiquement réjoui, quinze jours plus tôt, de la nomination de Lee, le jugeant « timoré et irrésolu dans l'action » ! Le président, désabusé, le rencontre à nouveau à son quartier général et lui suggère le rapatriement de l'armée du Potomac. McClellan refuse avec hauteur et Lincoln cède, non sans avoir pris l'avis de ses grands subordonnés qui soutiennent majoritairement leur chef. A son départ, le commandant de l'armée du Potomac lui remet une note inacceptable, tant sur la forme que sur le fond. En substance : « La guerre doit rester limitée et être dirigée uniquement contre le gouvernement et les troupes rebelles. L'émancipation des esclaves doit être exclue. Le président doit nommer un commandant en chef, car ce n'est pas aux civils de commander les opérations. » Lincoln remercie et ne fait pas de commentaires. Il n'est pas encore décidé à se débarrasser de son arrogant et médiocre général. L'autre erreur qu'il a commise a été de confier à Frémont, dont il avait pu apprécier les limites quelques mois plus tôt, la responsabilité de la Virginie-Occidentale. Or Lee, pour éviter le renforcement de McClellan par McDowell, a infiltré une division dans la Shenandoah pour menacer le camp de Manassas, à portée de Washington. Frémont étant battu, Lincoln a pris directement le commandement des opérations, en montant une manœuvre avec McDowell, mais le chef de l'unité confédérée, le brillant tacticien général Jackson, est parvenu à s'exfiltrer sans dommage.

Aussi, en dépit des succès éclatants obtenus à l'Ouest[18], Lincoln s'est-il convaincu de la nécessité de nommer un général en chef. Il continuera d'assumer la conduite générale de la guerre, comme il se

18. Remportée par le général Rosecrans en janvier 1863, la bataille de la Stones River est une des plus meurtrières de la guerre, près du tiers des combattants des deux bords y trouvant la mort. La victoire intervient à un moment crucial et met un terme provisoire à la campagne des démocrates en faveur des négociations avec le Sud. Lincoln lui télégraphie : « Que Dieu vous bénisse et tous ceux qui sont à vos côtés ! » Il ajoute quelques jours plus tard : « Jamais je n'oublierai [...] que vous nous avez donné une victoire durement gagnée à laquelle, eût-elle été une défaite, la nation n'aurait pu survivre. » Rosecrans est pourtant relevé de son commandement à la demande de Grant, quelques mois plus tard, après la défaite de Chickamauga (septembre 1863).

doit, mais ne s'impliquera plus directement dans les opérations. Il le comprend d'autant mieux qu'il a dû régler par ailleurs un fâcheux incident diplomatique avec l'Angleterre, après que Seward a fait arrêter, à bord d'un navire britannique, des « ambassadeurs » de la Confédération qui se rendaient officiellement à Londres.

Les victoires significatives remportées par le général Halleck sur le front occidental l'incitent naturellement à le choisir pour succéder à Scott et McClellan. La reprise par Grant des forts de la Tennessee a été exploitée pour s'emparer des villes de Colombus et Nashville, en direction de Corinth, nœud ferroviaire crucial de l'Etat du Mississippi. La ville est défendue par Beauregard, avec 40 000 confédérés. Le combat s'engage à Shiloh où Grant a été renforcé par Buell. L'affrontement, frontal et sans merci, dure quarante-huit heures. Beauregard est battu, mais l'opinion publique est effrayée par le carnage : 20 000 morts et blessés, plus que la somme des victimes de tous les combats antérieurs. Une cabale est alors déclenchée contre Grant, le Nord puritain l'accusant d'avoir commandé en état d'ivresse. Lincoln y met fin en déclarant sèchement : « Je ne peux pas me passer de cet homme. Il se bat. » Le 6 juin, Memphis, étape cruciale sur le Mississippi, tombe à son tour. Dans le même temps, la flotte de l'Union, aux ordres de l'amiral Farragut, s'empare de La Nouvelle-Orléans et de Baton Rouge. Les sudistes ne tiennent plus que 300 kilomètres sur le grand fleuve, entre Vicksburg et Port Hudson.

Au Nord comme au Sud, la presse et l'opinion négligent ces succès, se concentrant avec angoisse sur les combats de Virginie. Dans les Etats confédérés, la situation économique se détériore sérieusement. L'embargo sur les exportations de coton, décidé par Jefferson Davis pour inciter les Etats européens à exiger la levée du blocus, se retourne contre le Sud, à court d'argent. L'inflation devient galopante. L'armée en guenilles en vient à imaginer des raids dans le Nord pour mettre la main sur des ressources alimentaires. A l'inverse, l'armée de l'Union est, comme le dit Meigs, « la mieux nourrie et la mieux approvisionnée du monde ». Lincoln doit pourtant affronter lui aussi une situation difficile. Faute de victoire décisive en Virginie, le sort de l'Union peut se jouer aux législatives suivantes, car les démocrates exploitent le défaitisme de l'opinion publique. Il faut donc lever des effectifs supplémentaires. Le Congrès choisit d'imposer la conscription, déjà adoptée par les sudistes. Dans les régions peuplées de catholiques démocrates, la réaction est violente. Des émeutes éclatent et Lincoln fait appliquer la loi martiale et suspendre à nouveau l'*habeas corpus*. Des milliers d'insoumis sont arrêtés, ainsi que des parlementaires et des journalistes qui refusent la « guerre totale contre le Sud ».

Sur le terrain, déjà, le conflit a changé de nature. Le « culte de l'offensive », cher à Napoléon et enseigné à West Point, est remis en cause par l'évolution des armes. La progression de colonnes compactes où l'artillerie se mêle à l'infanterie, validée au Mexique, est progressivement abandonnée. La mise en service du fusil Springfield, qui équipe l'armée de l'Union en 1862, et les confédérés un an plus tard, change la donne. Le tir à répétition et le canon rayé donnent à l'infanterie une nouvelle puissance de feu qui provoque des pertes considérables dans une troupe concentrée et non protégée. Comme en Crimée, et pour les mêmes raisons, on se résout à une guerre de tranchées. Les raids de cavalerie perdent de leur efficacité. Opposés en Virginie, McClellan et Lee n'en tirent pas les mêmes conséquences. Le premier s'enterre à la première occasion et évite de se découvrir ; le second choisit la mobilité et la vitesse. Tous deux sont populaires dans la troupe, McClellan parce qu'il préserve ses hommes et Lee parce qu'il est victorieux. Le sang qui coule à profusion et la conscription qui implique toutes les familles annoncent cette guerre à outrance que les démocrates ont toujours refusée. Il reste un pas à franchir pour que la rupture soit consacrée, l'émancipation des esclaves. Lincoln est maintenant décidé à la proclamer quand les circonstances politiques s'y prêteront. C'est devenu une nécessité militaire. On ne peut laisser le Sud maintenir son effort de guerre en exploitant le travail forcé des Noirs. Recevant à la Maison-Blanche Harriet Beecher-Stowe, auteur de *La Case de l'oncle Tom*, le livre le plus diffusé après la Bible depuis sa parution dix ans plus tôt, le président s'exclame : « Voilà le petit bout de femme qui a écrit le livre auquel nous devons cette grande guerre. »

Grant enfin ?

Pendant un an (juillet 1862-juillet 1863), succès et revers s'enchaînent dans un conflit qui semble interminable et de plus en plus sanglant. A l'Ouest, la situation se stabilise, mais en Virginie, en dépit d'une victoire mal exploitée, les échecs se multiplient. Lincoln, désespérant de ses généraux, se décide enfin à les relever quand ils ont failli. Il abat par ailleurs sa carte maîtresse, l'émancipation des esclaves, coupant les ponts définitivement avec le Sud et les démocrates du Nord. La guerre est pourtant loin d'être gagnée quand il trouve enfin, dans la personne de Grant, le chef militaire capable de conduire les armées de l'Union à la victoire.

Henry Halleck a pris ses fonctions, précédé d'une réputation flatteuse. Diplômé Phi Beta Kappa[19] d'Union College et de West Point, encyclopédie militaire vivante, ce bon vivant à la panse rebondie est considéré comme un cerveau. Ses exploits dans l'Ouest sont largement l'œuvre de Grant, mais il a su habilement se les faire attribuer. Ses premières mesures consistent à faire appliquer les lois tout justes votées par le congrès : conscription, enrôlement autorisé des Noirs, confiscation des biens des traîtres et des sympathisants des rebelles. Grant applique les consignes sans états d'âme et sans excès. Le général Pope se lance en Virginie dans une répression sauvage. McClellan, pour sa part, s'indigne de ces directives qu'il se refuse à mettre en œuvre.

Sur le front de l'Ouest, Stanton et Grant sont d'avis qu'il faut prendre Vicksburg en priorité, sur le Mississippi. Mais Halleck veut d'abord contrôler le Tennessee oriental, organiser les forces d'occupation et remettre en état le réseau ferroviaire. Le contrôle du Tennessee ne va pas de soi. Buell est harcelé par les francs-tireurs et par la cavalerie sudiste. Fin juillet il subit une offensive de l'armée sudiste du Mississippi qui progresse sur près de 300 kilomètres et anéantit une de ses divisions. Talonné par Lincoln qui veut la peau de Buell, Halleck le menace de la guillotine s'il ne réagit pas ! Le 7 octobre, l'intéressé réussit enfin à stopper la progression sudiste dans le nord du Kentucky, mais il n'exploite pas son succès, arguant de difficultés logistiques. Furieux, Lincoln le relève et le remplace par Rosecrans qui l'a séduit quelques mois plus tôt en empêchant les confédérés de prendre pied dans le Tennessee occidental. Grant, plus au sud, réussit à contrer une attaque sur Corinth qui aurait pu menacer Memphis, mais ne parvient pas à se saisir de Vicksburg, le dernier verrou sudiste sur le Mississippi.

Sur le front oriental, Lincoln a imaginé une offensive combinant les 100 000 hommes de McClellan retranchés dans la péninsule

19. Expression signalant l'appartenance à une confrérie prestigieuse regroupant depuis le XVIIIe siècle les étudiants les plus brillants des universités américaines (à peine 1 %).

de la James River et les 50 000 hommes de Pope dans le nord de la Virginie. Alors que l'armée du Potomac s'ébranle vers Gordonsville, à 200 kilomètres au sud de Washington, pour faire la jonction avec l'armée de Virginie, Lee la devance en lançant le général Jackson sur le flanc de Pope. Celui-ci résiste bien à Cedar Mountain, mais l'habile sudiste, en le contournant, s'empare de son dépôt de vivres sur ses arrières à Manassas. Le commandant de l'armée de Virginie doit se résoudre à prendre d'assaut le camp retranché des rebelles, mais ne recevant pas l'appui escompté de McClellan, ne parvient pas à déloger Jackson. Le lendemain, pris de flanc par une colonne infiltrée par l'ouest, il doit se replier en catastrophe sur Washington, poursuivi par les confédérés. En moins d'une semaine, le combat s'est déporté de Richmond aux rives du Potomac.

Le désespoir s'empare de l'Union, la presse dénonce Pope et McDowell qui, à leur tour, mettent en cause McClellan. Lincoln confie : « McClellan s'est conduit de façon impardonnable. Il voulait voir Pope échouer. » Stanton veut le révoquer mais Lincoln s'y refuse : « Il a l'armée avec lui [...] s'il est incapable de se battre, il excelle à préparer les autres au combat. » Concrètement, McClellan a bien reçu l'ordre de secourir Pope et lui a même envoyé de maigres renforts, mais avant d'engager le gros de ses troupes, il a exigé de savoir qui commanderait la manœuvre d'ensemble, Pope ou lui ? Halleck n'a pas voulu trancher... Après la défaite de Pope, les restes de son armée sont intégrés à l'armée du Potomac, par décision présidentielle.

Les sudistes ne peuvent menacer Washington, très défendue, mais Lee propose à Jefferson Davis une offensive audacieuse dans le Maryland, avec un objectif clairement politique : pousser les démocrates à demander la paix et faciliter la reconnaissance de la Confédération par les Européens. Le 5 septembre 1862, une armée confédérée de 50 000 hommes franchit le Potomac, et deux jours plus tard occupe Frederick, à 70 kilomètres au nord de Washington. Lincoln ordonne alors à McClellan qui dispose de 80 000 hommes de détruire l'armée de Lee. L'armée du Potomac se met en branle lentement. Le sudiste aurait le temps de se replier sur la Shenandoah où Jackson vient de prendre l'arsenal de Harpers Ferry, mais un retour au sud du Potomac après une vaine promenade en Maryland serait un aveu d'échec. Il décide donc de livrer bataille à Sharpsburg, sur les rives de l'Antietam, à 70 kilomètres au nord-ouest de Washington. McClellan définit un plan brillant qui aurait été fatal aux confédérés s'il avait été correctement exécuté et si le chef de l'armée du Potomac avait engagé à temps ses réserves. Les combats sont d'une férocité inouïe, les Yankees ayant à cœur de prouver leur courage après les retraites honteuses des derniers mois, tandis que les sudistes, loqueteux et affamés, se battent avec l'énergie du désespoir. En quarante-huit heures, on compte 6 000 morts et 17 000 blessés, trois fois plus de victimes que le débarquement du 6 juin 1944 sur les plages de Normandie. Lee, ayant perdu la moitié de ses effectifs, est contraint de se replier sur la Shenandoah, et McClellan, effaré par l'ampleur des pertes, ne l'empêche pas de franchir le Potomac. Critiqué pour n'avoir pas détruit l'armée de Lee, alors qu'il en avait la possibilité et les moyens, le chef de l'armée du Potomac revendique pourtant sa victoire et exige dans la foulée le renvoi du général Halleck dont il convoite la fonction.

Quelques jours plus tard, le 22 septembre, Lincoln, saisissant l'occasion offerte par la victoire d'Antietam, lance une proclamation : si les Etats rebelles ne réintègrent pas l'Union avant le 1er janvier 1863, « leurs esclaves seront désormais et à tout jamais libres ». Le président est bien conscient de la radicalité de son ultimatum : « Le vieux Sud, confie-t-il à Seward, devra être détruit et remplacé par de nouvelles propositions et de nouvelles idées. » Les réactions dans l'armée unioniste sont favorables. C'est une nécessité si on veut gagner. Seul McClellan se dit scandalisé, mais il choisit de s'incliner, en rappelant dans un ordre du jour que l'armée est aux ordres du pouvoir civil, tout en suggérant que les élections peuvent changer la donne. Le Parti démocrate s'indigne mais ne parvient pas à remporter les législatives, sauf dans les Etats du Haut Sud. La majorité républicaine, malgré un recul sensible, est reconduite au Congrès. Antietam est perçu, à Paris et à Londres, comme une défaite significative des sudistes. Dans les capitales européennes, on ne croit plus dès lors à une victoire possible des sécessionnistes.

Le président et Halleck pressent alors McClellan de reprendre l'offensive pour couper Lee de Richmond, mais il tergiverse comme d'habitude. « Je vous ai déjà parlé, vous vous en souvenez sûrement, de ce que j'appelais votre prudence excessive, lui écrit Lincoln, vous vous croyez d'emblée incapable de faire ce que l'ennemi réussit constamment. » Il franchit enfin le Potomac le 26 octobre, mais Lee a eu le temps d'interposer le corps d'armée de Longstreet, tandis que Jackson, dans la Shenandoah, menace son flanc. Le 7 novembre, exaspéré, Lincoln le démet enfin et le remplace par le général Burnside, un de ses subordonnés qui a remporté d'importants succès devant Richmond. Mais le malheureux élu, consterné par cette promotion, dit ouvertement qu'il ne se sent pas à la hauteur.

Il débute bien pourtant, à la tête de 110 000 hommes, et progresse rapidement jusqu'à la Rappahannock où il reste bloqué pendant une semaine, faute de pontons qu'Halleck a trop tardé à lui envoyer. Lee a eu le temps de regrouper 75 000 hommes, au sud de la rivière. La bataille s'engage le 11 décembre à Fredericksburg que les unionistes parviennent à prendre et qu'ils saccagent avant d'être refoulés au nord de la rivière. Les fédéraux ont perdu 13 000 hommes contre 5 000 du côté des sudistes. Lincoln est effondré. « S'il y a pire que l'enfer, je m'y trouve en ce moment. » Il est saisi d'un profond découragement et songe à démissionner. Mais il se ressaisit au bout de quarante-huit heures. « Notre peuple et nos généraux ne se sont pas encore rendu compte que nous sommes engagés dans une guerre horrible. Nos officiers semblent croire que la guerre peut être gagnée à coups de plans et de stratégie. Ce n'est pas vrai, on ne parviendra à l'emporter qu'en se battant durement et violemment », déclare-t-il à une délégation de femmes qu'il reçoit à la Maison-Blanche. Devant les sénateurs républicains qu'il convoque, il déclare assumer personnellement tous les aléas de la conduite de la guerre.

L'armée du Potomac ne se remet pas de l'échec de Fredericksburg. Burnside soumet à Halleck un nouveau plan consistant à marcher sur Richmond en contournant Lee. Lincoln et Halleck sont d'autant plus réservés que les adjoints de Burnside critiquent ouvertement son idée de manœuvre. Lincoln laisse Halleck trancher. « Votre savoir militaire m'est inutile si vous ne le faites pas. » Halleck donne son feu vert à contrecœur. Le 22 janvier 1863, après l'échec de sa tentative de contournement, Burnside va voir Lincoln et lui demande de relever deux de ses subordonnés, Hooker et Franklin, qui l'ont publiquement mis en cause ou bien d'accepter sa démission. Le président choisit de le prendre au mot et nomme Hooker à sa place. Ce dernier, « Joe le battant », est un personnage douteux, à la moralité élastique, qui passe son temps à dénoncer ses chefs. Son PC tient de l'estaminet et du lupanar, mais la troupe l'adore. Sa lettre de commandement, signée Lincoln, est éclairante. « Sous certains rapports, je ne suis pas content de vous. En critiquant Burnside, vous avez écouté votre propre ambition [...]. Vous avez déclaré que l'armée et le gouvernement avaient besoin tous deux d'un dictateur. Ce n'est évidemment pas pour cela, mais malgré cela, que je vous ai donné ce commandement. Seuls les généraux qui remportent des victoires peuvent établir des dictatures. Ce que je vous demande à présent, ce sont des succès militaires, et pour cela, je veux bien risquer la dictature. » Deux mois plus tard, lui faisant visiter l'armée du Potomac, Hooker déclare : « C'est la plus belle armée de la planète. » Lincoln lui répond que « la poule est l'animal le plus sage de la création parce qu'elle ne caquette qu'une fois qu'elle a pondu son œuf ».

Le plan qu'il lui présente séduit pourtant le président : couper Lee, retranché derrière la Rappahannock, de ses axes de ravitaillement par un raid de cavalerie, faire diversion au centre face à Fredericksburg et attaquer sur son flanc gauche. Sauf qu'il ne se décide pas à lancer l'offensive (peut-être parce qu'il a cessé de boire depuis sa prise de fonctions !). C'est donc Lee qui prend l'initiative et le contraint au recul. Hooker réagit en s'emparant brièvement de Fredericksburg, mais il est à nouveau refoulé au nord de la rivière. Lincoln, qui a suivi comme à son habitude le déroulement de la bataille dans le bureau du télégraphe du ministère de la Guerre, s'exclame : « Mon Dieu ! Mon Dieu ! Que va dire le pays ? » Le moral de l'Union s'effondre à nouveau, d'autant que Vicksburg résiste toujours sur le Mississippi et qu'une tentative de reprise de Fort Sumter a échoué. Les confédérés croient pouvoir en tirer avantage pour éloigner la menace de Richmond et renforcer le courant pacifiste au Nord. Lee fait donc mouvement, avec 75 000 hommes, pour s'infiltrer par la Shenandoah et franchir le Potomac. Hooker propose alors à Lincoln de profiter du départ de l'armée sudiste pour s'emparer de Richmond. Le président réagit sèchement : « Il me semble que c'est l'armée de Lee, et non Richmond, qui est votre véritable objectif [...]. Suivez-le sur son flanc et combattez-le à la première occasion. » Hooker se met en route trop tard pour empêcher le franchissement du Potomac, aussi, le 28 juin, Lincoln lui retire-t-il son commandement pour le confier à Meade, un officier du génie solide et expérimenté, mais sans relief.

Les déboires du président avec ses généraux ne sont pas terminés. Halleck le déçoit. Ce théoricien imbu de lui-même est incapable de trancher entre ses subordonnés, entre McClellan et Pope, entre Burnside et Hooker, alors que le chef de l'Etat souhaite rester en dehors de ces querelles de chefs militaires (bien qu'il ne soit pas lui-même exempt de tout reproche[20]). Subjugué par l'autorité impérieuse de Lincoln et étroitement surveillé par Stanton, le général en chef se garde de toute initiative, voire de tout conseil. Le président n'a par ailleurs qu'une confiance limitée dans Rosecrans et Meade qu'il a nommés par défaut, sans les connaître. Le seul chef militaire qui le séduise est Grant, mais ce dernier est décrié par la presse et les parlementaires républicains des puissantes ligues de tempérance.

Ulysses S. Grant, né dans une famille modeste de l'Ohio, appartient à la même promotion de West point que McClellan, Sherman et Longstreet, mais il est sorti moins bien classé qu'eux. Choisi par l'infanterie alors qu'il espérait la cavalerie, il est marqué par son éducation démocrate et a réprouvé l'expédition du Mexique, « une guerre injuste contre une nation plus faible », mais il a fait son devoir et s'est distingué lors de la prise de Mexico. Mal noté pour ses excès de boisson, il a démissionné en 1854. Il est vrai que ce gros fumeur de cigares cède facilement à l'alcool quand son épouse qu'il vénère est absente. Rendu à la vie civile, il a échoué dans toutes ses entreprises, comme fermier, collecteur de dettes ou même employé de son père. Ses amis le disent inadapté à l'âpreté au gain qui domine dans les nouveaux territoires. Le lendemain de la prise de Fort Sumter, il s'est engagé et a reçu le commandement d'un régiment. De sa formation à West Point, il n'a rien retenu ou presque. Il s'en tient à des principes tactiques où le bon sens tempère l'audace : ne jamais reculer, se passer de bases fixes permanentes, imposer une discipline et un entraînement sévères, planifier rigoureusement sur des renseignements précis, diffuser des ordres clairs et complets... Il exploite systématiquement les nouvelles techniques disponibles : télégraphe, armement, blindage, cartographie, voie ferrée ou voie fluviale. Comme Lee, il privilégie le risque calculé, fût-ce au détriment du coût humain. Sa grande modestie lui vaut l'estime des responsables politiques envers lesquels il est d'une loyauté absolue. Bref, c'est un chef militaire moderne, sorte d'antihéros, courageux mais ne s'exposant au feu que si c'est indispensable, simple et direct avec

20. En décembre 1862, l'offensive de Grant sur le Mississippi est contrariée par une initiative de Lincoln dont il n'a pas été informé. Le président a donné à un général « politique », McClernand, le commandement des troupes rassemblées à Memphis qui devait lui revenir. Protestant auprès de Halleck, il obtient de celui-ci que McClernand lui soit subordonné. Ce dernier réclame alors l'arbitrage du président : « C'est un complot des West Pointers ! » Lincoln, entérinant la décision de Halleck, lui répond : « Obéissez aux ordres et faites la guerre. »

la troupe. Il est traité par ses hommes avec une révérence familière. La confiance qu'ils lui témoignent n'est pas de celles qu'on accorde à un chef charismatique ou à un père bienveillant et protecteur, mais ils croient en lui.

Il reste qu'il boit. La rumeur veut que Lincoln, interrogé sur ses penchants alcooliques, ait répondu : « Donnez-moi sa marque de whisky que j'en fasse porter quelques tonneaux à mes autres généraux ! » En mars 1863, le président cède pourtant à Stanton et envoie une commission d'enquête au QG de l'armée du Tennessee. Le rapport de la mission est éloquent : « Ce n'est pas un grand homme, sinon moralement. Il n'est pas original ni brillant mais sincère, réfléchi, profond et doué d'un courage qui ne se dément jamais [...]. Ses soldats le vénèrent. » En avril, Grant, par une manœuvre fluviale risquée, réussit à déployer deux corps d'armée au sud de Vicksburg. Avec le concours de Sherman qui prend Jackson, la capitale du Mississippi, puis en multipliant les raids de cavalerie, il contraint son adversaire à s'enfermer dans Vicksburg. Fin mai, la ville est encerclée et assiégée. Lincoln songe déjà à lui confier le commandement des armées de l'Ouest et davantage si Halleck ne s'amende pas...

La guerre totale décidée par Lincoln se met en place progressivement, suscitant dans les Etats du Haut Sud, mais aussi à New York, des réactions violentes. Certains généraux de l'Union interprètent extensivement la loi autorisant la confiscation des biens des sympathisants des rebelles. Hooker laisse ses troupes saccager Fredericksburg et Sherman incendie Jackson. L'efficacité de ces destructions systématiques n'est pas démontrée car elle renforce la haine et la détermination des confédérés et alimente les rangs de la guérilla. Le président ne croit plus « aux plans et aux stratégies », ce en quoi il se trompe, car Lee, Jackson et Longstreet y excellent, mais plus que jamais il se fie à son instinct : il ne sert à rien de conquérir des espaces, il faut détruire les forces de l'ennemi. C'est parce que Grant l'a bien compris que Lincoln le défend et le protège. La situation militaire n'est pas brillante pour le Nord en ce mois de juin 1863. Figée à l'ouest, elle est menaçante sur le Potomac. Pourtant, les effets du blocus deviennent manifestes dans les Etats du Sud qui peinent de plus en plus à financer la guerre et à ravitailler leurs troupes. La supériorité des forces de l'Union en effectifs et en armements devient écrasante. Encore faut-il pouvoir l'exploiter.

Le tournant

En quelques semaines, à l'été 1863, l'Union remporte sur tous les fronts des victoires qui, sans être décisives, changent le cours de la guerre. Lincoln en est le premier artisan, houspillant ses généraux, réorganisant les commandements, appelant enfin Grant à la tête des armées. Jamais il ne perd de vue son objectif, le renforcement de l'Union, et il se préoccupe déjà de la reconstruction du Sud. Le nouveau chef de l'armée du Potomac, le général Meade, est aussi un ancien de West Point, connu pour son caractère irritable. Il a de bons états de service mais n'est pas connu dans l'armée, ce qui n'est plus un handicap avec une troupe aguerrie.

Le combat avec l'armée de Lee s'engage par hasard à Gettysburg, à 125 kilomètres au nord de Washington, alors que les confédérés n'ont pas eu le temps de regrouper leurs forces. Affaibli par la dysenterie et trop sûr de lui, le général sudiste lance frontalement Longstreet sur les défenses de Meade. Le 2 juillet, en une journée, chacune des deux armées a perdu plus de 10 000 hommes. La seconde attaque sudiste, le lendemain, est un échec sanglant. Lee est obligé de sonner la retraite. Meade, ébahi d'avoir battu le légendaire rebelle, en oublie d'exploiter sa victoire. Lincoln le presse, car Lee, coincé par les crues du Potomac qui ont emporté les pontons préparés, est vulnérable sur la rive nord. Mais Meade tergiverse pendant une semaine. Lincoln s'en indigne : « Ils seront prêts à livrer une bataille magnifique quand il n'y aura plus d'ennemis à combattre. » Quand il s'ébranle le 14 juillet, Lee a déjà réussi à franchir le Potomac.

Lincoln explose de rage en Conseil des ministres : « Qu'est-ce que ça veut dire ? Il y a de la traîtrise là-dedans. Notre armée tenait l'issue de la guerre dans le creux de sa main et elle n'a pas voulu la refermer. » Le président est d'autant plus exaspéré que Meade s'est félicité publiquement d'avoir « chassé les envahisseurs de notre territoire ». Le président y voit un manque de loyauté, le territoire de l'Union ne se limitant pas aux Etats du Nord. Apprenant la colère de Lincoln, Meade présente sa démission que ce dernier refuse sur intervention d'Halleck. Il ne peut se permettre de congédier le vainqueur de Gettysburg acclamé dans tout le Nord[21]. Le président se trompe

21. La victoire de Gettysburg galvanise le Nord. Le *Philadelphia Inquirer* titre à la une : « VICTOIRE, VICTOIRE ! WATERLOO ÉCLIPSÉ ! » Le 7 juillet, après l'annonce

pourtant en croyant que Meade pouvait en finir aisément avec Lee. Les pertes avaient été considérables de part et d'autre (un quart à un tiers des effectifs) et les confédérés s'étaient enterrés au bord du Potomac en attendant de nouveaux pontons. La machine de guerre de l'Union est lancée et remporte des succès déterminants sur le front occidental. Tandis que Grant obtient enfin la reddition de Vicksburg, Banks, gouverneur militaire de la Louisiane, réussit à s'emparer de Fort Hudson sur le Mississippi. Le fleuve est désormais entièrement contrôlé par l'Union. Le plan « Anaconda » du vieux Scott est désormais en place, le blocus des vieux Etats du Sud est total.

Cependant, Lincoln s'inquiète encore et toujours de la situation au Tennessee. Rosecrans a pourtant bien manœuvré, à la fin juin, repoussant les confédérés jusqu'à à la frontière de la Caroline du Sud et de la Géorgie. Mais son exploit, sans effusion de sang, est passé inaperçu. Le président exige la prise immédiate de Chattanooga et Knoxville, deux nœuds ferroviaires ouvrant la voie à un raid en Géorgie. Appuyé par Burnside, qui commande l'armée de l'Ohio, Rosecrans parvient à contrôler les deux villes en septembre, mais il est mis en difficulté par les contre-attaques sudistes. Stanton arrache alors à Lincoln la décision de renforcer Rosecrans en prélevant 20 000 hommes sur l'armée du Potomac : « De toute façon, Meade ne fera rien. » Hooker, nommé chef du corps expéditionnaire, est remis en selle par Lincoln et réussit l'exploit, en dix jours, de transporter par voie ferrée sur 2 000 kilomètres ses 20 000 hommes avec leur artillerie et leurs chevaux. Le président décide alors de réorganiser le commandement sur le front occidental. Il envoie en inspection un assistant de Stanton, Dana[22], et, sur son rapport, nomme Grant à la tête de l'armée de l'Ouest. En un mois, ce dernier débloque la

---

de la prise de Vicksburg, Lincoln s'adresse à la foule surexcitée rassemblée au pied du balcon de la Maison-Blanche : « Cette gigantesque rébellion, dont le but était de rejeter le principe selon lequel tous les hommes sont nés égaux, a reçu un coup fatal. »

22. Ancien rédacteur en chef du *New York Tribune*, Dana est nommé par Lincoln assistant de Stanton, le ministre de la Guerre. En mai 1863, le président le charge d'enquêter sur le commandement du général Grant, accusé par la presse puritaine d'alcoolisme. Séduit par ce dernier, Dana adresse à Washington un rapport très élogieux. Lorsque Grant est nommé général en chef, Lincoln affecte l'ancien journaliste à son QG en l'instruisant de lui rendre compte quotidiennement et directement des projets et des actions du nouveau responsable des armées. Dana s'en acquitte avec diligence pour le plus grand bénéfice de Grant qui le sait et en use pour renforcer le lien de confiance qui l'unit au président.

situation. Après avoir remplacé Rosecrans par Thomas[23], il rompt l'encerclement de Chattanooga et remporte, le 24 novembre, une victoire éclatante à la frontière de la Géorgie (Missionary Ridge), après une charge héroïque qui paralyse les sudistes et impressionne Grant lui-même.

A Washington, on explose de joie. Les démocrates pacifistes sont en déroute, quand ils ne sont pas derrière les barreaux. Le comportement glorieux des régiments noirs (commandés par des officiers blancs) permet à Lincoln de faire la leçon aux antiabolitionnistes. Il n'aura aucune peine à faire triompher les républicains aux législatives de fin 1863. Sur le front international, les nuages se dissipent. Lincoln a refusé de reconnaître le gouvernement provisoire installé par les Français au Mexique et a même déployé des troupes à la frontière du Texas pour soutenir Juárez. Napoléon III, qui ne veut pas de guerre avec l'Union, annule la livraison de six cuirassés promis à la Confédération. Les Britanniques, quant à eux, sont confortés dans leur choix de neutralité bienveillante envers le gouvernement fédéral. Le secrétaire particulier du président, Hay, écrit dans son journal : « Le patron est dans une grande forme. Il dirige cette guerre, le service militaire, les relations extérieures et prépare une reconstruction de l'Union – tout cela à la fois. Je ne m'étais jamais rendu compte auparavant de l'autorité tyrannique avec laquelle il mène le cabinet. Il décide des affaires importantes, et sans discussion. »

L'autoritarisme de Lincoln ne lui vaut pas que des amis au sein du parti républicain. Dès le début de 1864, on pense à l'élection présidentielle de novembre, et des élus pressentent Grant qui refuse sèchement : « Ce pays a besoin de Lincoln. » De fait, le président se préoccupe déjà de la reconstruction du Sud, préalable à la réconciliation indispensable des Etats-Unis. Dès le 8 décembre 1863, il promet pardon et amnistie à tous les rebelles qui se rallieraient à l'Union (à l'exception des chefs et des fonctionnaires[24]). Il nomme des gouver-

23. Virginien et loyaliste, comme le général Scott, Thomas est un artilleur, bien sorti de West Point. Sa compétence et surtout son exceptionnel sang-froid dans les moments critiques lui valent le respect de ses subordonnés. Le comportement héroïque de son unité à Chattanooga (novembre 1863) décide Grant à le nommer à la place de Rosecrans.

24. Présentée par deux sénateurs républicains radicaux, la loi Wade-Davis, votée en juillet 1864, stipule que chaque Etat confédéré devra, pour être admis à rejoindre l'Union, abolir à la majorité absolue l'esclavage sur son territoire. Elle précise également que seront exclus des instances législatives les hommes ayant participé à la

neurs militaires dans les Etats libérés et fait tenir des élections dès que 10 % de la population est en mesure de s'exprimer. La question la plus délicate, et non tranchée, est celle du vote des Noirs. Lincoln doit aussi contrer les manœuvres de Chase qui brigue ouvertement l'investiture pour l'élection présidentielle de fin d'année. Il affiche une sérénité qu'il ne ressent pas : « C'est de la progression de nos armes que dépend principalement tout le reste. »

Lassé de l'inertie de Meade et de l'inconstance de Halleck, le président promeut, le 8 mars, Grant au grade de lieutenant-général et le nomme général en chef. Halleck, rétrogradé, devient son chef d'état-major. Aussitôt, Grant désigne William Sherman comme commandant des armées de l'Ouest et Philip Sheridan au poste de commandant de la cavalerie de l'Est[25]. Il maintient Meade à la tête de l'armée du Potomac, mais décide de le coiffer directement. Les

---

rébellion ou l'ayant soutenue. Ces dispositions rendent *de facto* impossible le lancement de la reconstruction avant la victoire militaire complète du Nord. Or, Lincoln a déjà enclenché le processus en Louisiane et dans l'Arkansas et entend le poursuivre dans les Etats libérés, en profitant de la dynamique ainsi créée. Il oppose donc son veto à la loi votée par le Congrès, en s'appuyant sur des arguments juridiques : ce texte légitimerait la sécession en reconnaissant que les Etats du Sud ne font plus partie de l'Union. Or, leur tentative de sécession a été déclarée nulle car contraire à la Constitution. Par ailleurs, il n'appartient pas aux Etats d'abolir l'esclavage. Seul le vote du 13e amendement permettrait de le faire. Le veto de Lincoln, en dressant contre lui la majorité des élus républicains, affecte inévitablement ses chances d'être réélu.

25. Ces deux généraux atypiques, promus à l'instigation de Grant qui apprécie leur combativité, sont les principaux artisans de la guerre totale voulue par Lincoln. William Sherman, né dans l'Ohio dans une famille très influente, choisit l'artillerie en sortant bien classé de West Point. Ses premières garnisons le conduisent en Géorgie et en Caroline du Sud où il fraye avec la gentry. Il quitte très vite l'armée pour s'essayer sans succès à la banque et au droit. Dès le début de la guerre, il reprend du service et reçoit le commandement de l'armée du Kentucky. Ses échecs le mettent à l'écart et il sombre dans une dépression nerveuse. Rengagé à un niveau subalterne, il s'illustre à la bataille de Shiloh (avril 1862), où il est blessé. Grant le remarque alors et le prend sous son aile. Ame tourmentée, chef de guerre impitoyable, piètre tacticien mais bon stratège car il a une claire vision des enjeux, il est considéré par Liddell Hart comme « le premier général moderne ». Philip Sheridan vient d'une famille de pauvres immigrants irlandais implantés dans l'Ohio. Sorti mal classé de West Point, il est versé dans l'infanterie. En mai 1862, il reçoit le commandement du régiment de cavalerie du Michigan auquel rien ne l'a préparé, mais, très vite, il y excelle. Il brille à Stones River (décembre 1862) et à Chattanooga (novembre 1863) où Grant le remarque et le cite en exemple. Nommé à la tête de la cavalerie de l'armée du Potomac, il n'impressionne pas, ni par sa discipline ni par ses succès. Il se rachète en écrasant le général confédéré Early, en septembre 1864, et ravage sur ordre la Shenandoah. Caricature d'Irlandais, alcoolique et querelleur, il est aussi un chef audacieux et accrocheur.

trois meilleurs généraux de l'Union sont en charge. L'Union a des effectifs plus de deux fois supérieurs à ceux des confédérés accablés par la disette. Mais ces derniers sont plus aguerris, se battent sur leur territoire et savent que seul un succès militaire peut empêcher la réélection de Lincoln. Comme l'écrit Lee au printemps 1864 : « Si nous sommes victorieux, nous avons tout à espérer de l'avenir. Vaincus, nous n'aurons plus aucune raison de vivre. »

Les victoires de l'été 1863 marquent donc un tournant dans la conduite de la guerre qui paraît décisif. Le blocus a été complété par le contrôle du Mississippi et l'Union dispose d'une cinquantaine de cuirassés, quand la Confédération en aligne moins de vingt. L'économie de celle-ci s'effondre. Lincoln est enfin dégagé du soutien quotidien des opérations et des sempiternelles bisbilles entre chefs militaires. S'appuyant sur Stanton et Grant, il peut se consacrer librement à son rôle de chef d'Etat en guerre : indiquer la direction et préparer l'avenir en consolidant le terrain politique. Il prend néanmoins la précaution d'affecter Dana auprès de Grant, avec pour mission de l'informer quotidiennement sur les activités du général en chef. Dans le Parti républicain, le président est le seul à percevoir très tôt l'enjeu de la reconstruction du Sud. Il ne suffit en effet pas de vouloir détruire l'ordre ancien, il faut aussi bâtir une nouvelle société sur la base des valeurs du Nord. Encore convient-il d'avancer avec autant de prudence que de détermination pour éviter un rejet de la greffe. A la contre-révolution de Jefferson Davis, Lincoln oppose la « seconde » révolution des Pères fondateurs. Mais la guerre n'est pas encore gagnée…

Dernier sursaut sudiste

Un an après le tournant de 1863, et alors que le Sud exsangue semblait incapable de s'opposer au rouleau compresseur des forces de l'Union, la force du désespoir lui permet de donner un coup d'arrêt inattendu à la progression des fédéraux. Le doute s'insinue à nouveau dans les esprits, au point que Lincoln prend l'initiative de contacts avec son homologue confédéré. Cependant, sans céder à la panique ambiante et en dépit de ses échecs qui sont exploités par une presse hostile, le président maintient sa confiance à Grant.

Début avril, celui-ci expose son plan à Lincoln qui l'approuve sans réserve. Deux offensives principales seront conduites simultanément par Meade et Sherman pour détruire les armées de Lee et de Johnston. Au préalable, trois opérations de diversion et de consolidation seront lancées par autant de généraux nordistes : Banks, à partir de la Louisiane, pour empêcher les rebelles de l'Alabama de renforcer Johnston ; Butler, de l'embouchure de la James vers Petersburg pour couper la voie ferrée au sud de Richmond ; Sigel, dans la Shenandoah, pour immobiliser une partie des troupes de Lee.

Cependant, les opérations de diversion et de consolidation échouent très vite. Banks, arrêté dès le 8 avril, renonce à prendre Mobile. A la demande de Grant, Lincoln le relève de son commandement mais le maintient à son poste de gouverneur militaire de la Louisiane où il se montre habile. Butler est arrêté à 12 kilomètres de Richmond par Beauregard. Sigel, refoulé dans la Shenandoah, est également démis sur l'insistance de Grant. Sans l'assurance qu'il escomptait, Grant lance alors, le 5 mai, Meade à l'assaut de Lee dans la forêt de Wilderness. On se bat à deux contre un, mais les contre-attaques sudistes font flancher Meade. Grant s'énerve : « J'en ai par-dessus la tête d'entendre raconter ce que Lee va faire [...]. Regagnez votre commandement et essayez de penser à ce que nous allons faire nous-mêmes plutôt qu'à ce que Lee est en train de tenter. » Les journées des 5 et 6 mai sont meurtrières pour l'armée du Potomac : 17 000 hommes hors de combat, soit deux fois plus de pertes que les sudistes. Mais Grant a promis à Lincoln qu'il n'y aurait plus de reculades. Il attaque à nouveau le 10 mai, en faisant contourner le dispositif sudiste par la cavalerie de Sheridan pour lui couper son ravitaillement. Dans les tranchées de Spotsylvania, la bataille de l'« angle sanglant » tourne au carnage dans la pluie et le brouillard. Les survivants évoqueront des corps à corps furieux, des centaines de cadavres empilés, la boue inondée du sang des blessés. Quoique acculé à 15 kilomètres au nord de Richmond, Lee ne cède pas. Grant télégraphie : « Je me propose de vider la querelle le long de cette ligne, même si cela doit prendre tout l'été. »

L'opinion s'enthousiasme de cette fermeté nouvelle d'un chef d'état-major, mais on compte bientôt les morts et les blessés. Meade a perdu 32 000 hommes, les confédérés 18 000. La presse du Nord, qui ne l'a jamais aimé, surnomme Grant « le Boucher ».

S'engage alors une guerre d'usure, imposée par Lee, alors que Grant cherche l'affrontement décisif. Il croit tenir l'occasion à Cold Harbor, à 10 kilomètres à l'est de Richmond, où les sudistes se sont provisoirement retranchés. « L'armée de Lee est vraiment battue, écrit-il à Halleck, notre moral est meilleur que le leur. » Grave erreur d'appréciation ! Le 3 juin, Grant lance trois corps d'armée à l'assaut des tranchées confédérées. C'est un échec sanglant qui lui coûte 7000 hommes en une seule journée. Il dira plus tard : « Cet assaut, je le regrette plus que tous ceux que j'ai ordonnés dans ma vie. » Ne parvenant pas à détruire les forces rebelles trop mobiles et manœuvrières, le général en chef modifie ses plans pour tenter de s'emparer de Petersburg, au sud de Richmond. Il espère ainsi couper l'axe principal de ravitaillement de Lee, mais ses deux tentatives échouent. La première, conduite par Hunter à partir de la Shenandoah, est refoulée brutalement; la seconde, confiée à Meade, avorte, en raison des effectifs décimés de l'armée du Potomac. Grant est à nouveau pris à partie par la presse nordiste qui a cru trop tôt à la victoire finale, mais Lincoln le défend fermement.

A l'ouest, Sherman pousse inexorablement vers Atlanta un adversaire qui se dérobe à l'affrontement. Le 9 juillet 1864, il parvient à s'infiltrer et se trouve aux portes de la capitale de la Géorgie, un nœud ferroviaire crucial et une voie ouverte vers Charleston. Il engage alors le siège de la ville qu'il fait bombarder lourdement, faisant de nombreuses victimes civiles. « La guerre c'est la guerre, pas un concours de popularité », déclare-t-il à ses détracteurs. Mais son adversaire, Hood, se retranche et ne cède pas. Figées aux portes d'Atlanta, les forces de l'Union s'enlisent au début de l'été au sud de la Virginie. Supervisé par Grant, le siège de Petersburg devient une nouvelle bataille de tranchées. C'est alors que le 6 juillet, l'armée sudiste du général Early (15000 hommes) quitte la Shenandoah, franchit le Potomac et marche sur Washington. Grant est contraint en catastrophe de renvoyer vers la capitale un des meilleurs corps d'armée de Meade. Early progresse jusqu'à 8 kilomètres de la capitale et, le 12 juillet, Lincoln se rend au Fort Stevens pour observer les combats. Comme il monte sur le parapet, une pluie de balles salue son apparition. Un capitaine qui ne l'a pas reconnu lui ordonne brutalement : « Baissez-vous donc, espèce d'abruti, si vous ne voulez pas être blessé ! » Amusé, Lincoln obéit. Conscient de l'insuffisance de ses moyens pour prendre la capitale, Early n'insiste pas et se replie sans être inquiété. Sur injonction de Lincoln, Grant décide alors de créer une armée de la Shenandoah, aux ordres de Sheridan, avec une mission unique : traquer et détruire les forces d'Early. Quelques jours plus tard, il lance à nouveau Meade à l'assaut de Petersburg, sans succès.

En juillet-août 1864, le moral des nordistes est à nouveau au plus bas. Les pacifistes, surnommés par les républicains « copperheads », du nom du serpent venimeux « à tête de cuivre », font à nouveau campagne. Les confédérés vont jusqu'à lancer des raids sur des bases navales du Nord, à partir du Canada. C'est dans ce contexte que, le 18 juillet, Lincoln autorise à Niagara Falls une rencontre discrète avec les confédérés pour « des pourparlers de paix ». Mais il fixe comme condition préalable à toute négociation « le rétablissement de l'Union et l'abandon de l'esclavage ». L'échec est immédiat. Le président envoie alors des émissaires à Jefferson Davis, qui se montre intransigeant sur l'indépendance du Sud. Le premier ne peut annoncer au Congrès que : « Davis ne cherche pas à nous tromper [...]. Il ne saurait de nouveau accepter l'Union [...]. C'est une question qui ne peut être réglée que par la guerre et tranchée par la victoire ». Pressé une nouvelle fois par les démocrates de revenir sur l'émancipation des esclaves comme préalable aux négociations de paix, Lincoln résiste après quelques hésitations. « Tant que je suis président, cette guerre est et sera livrée dans l'unique but de rétablir l'Union. Mais nul pouvoir au monde ne saurait mater cette rébellion sans avoir recours, comme je l'ai fait, à l'émancipation. »

A la fin du mois d'août, il est persuadé qu'il ne sera pas réélu, et que McClellan, présenté par les démocrates sur un programme de paix avec le Sud, l'emportera aisément. En écho inversé à celui de 1863 qui laissait espérer des succès décisifs à brève échéance, l'été 1864 a été pour l'Union celui de tous les doutes. Le plus surprenant, le plus impressionnant peut-être, est la confiance de Lincoln dans le général Grant. Après tout, son grand plan du mois d'avril a été mis en échec partout. Il s'est trompé sur la qualité de plusieurs généraux (Hunter, Banks, Sigel), il a surestimé les vertus de l'offensive face à un adversaire prompt à s'enterrer et il a eu des pertes considérables. Il a, en bref, sous-estimé son adversaire, l'inventivité du général Lee et la combativité des confédérés. Mais Lincoln est confiant. L'homme lui plaît, c'est un battant, sans frime et sans états d'âme, et sa loyauté politique est totale. C'est sur ce lien très fort entre le président et son chef militaire que se forge la victoire.

Implacable victoire

Le sursaut sudiste n'aura été qu'un baroud d'honneur. Dès le mois de septembre 1864, la percée se fait à l'ouest et Lee, enfermé à Petersburg, est contraint d'abandonner Richmond avant de capituler. La Géorgie, la Caroline du Sud et la Shenandoah sont dévastées par les armées de l'Union, ivres de revanche.

C'est à l'ouest que se produit la première percée décisive. Sherman réussit le 26 août à contrôler la dernière liaison ferroviaire qui ravitaille Atlanta et résiste à la contre-attaque de Hood. Le 2 septembre, il entre dans la ville abandonnée par les confédérés. Sherman refoule son adversaire et ses 40 000 hommes jusqu'en Alabama et propose à Grant un plan aventureux : ignorer Hood et marcher vers la côte atlantique à travers la Géorgie pour couper en deux la Confédération. Lincoln et Grant refusent d'abord, craignant que Hood ne vienne menacer le Tennessee. Sherman modifie alors son plan : il laissera Thomas en arrière avec 40 000 hommes et marchera vers la mer avec les 62 000 hommes qui lui restent. Grant convainc le président d'accepter. Adepte de la « guerre totale », comme on le sait, Sherman quitte Atlanta le 15 novembre après avoir fait expulser ses habitants. L'armée nordiste pille et détruit tout sur son passage, met la Géorgie à feu et à sang et, à la mi-décembre, s'empare sans combat de Savannah. Dans le Tennessee, Thomas, après avoir tergiversé au point que Grant a demandé sans succès sa tête à Lincoln, écrase Hood à Nashville le 15 décembre.

En Virginie, Meade est toujours enlisé devant Petersburg, pendant que Sheridan procède au « nettoyage » de la Shenandoah, appliquant rigoureusement la directive de Grant : « Transformer la vallée de la Shenandoah en un désert aride [...] en sorte que les corbeaux qui la survoleront soient obligés d'apporter leur provende. » La région est en effet un réservoir de vivres pour les confédérés. Le 20 septembre, il bouscule Early et entreprend son œuvre de destruction en faisant exécuter des civils en réponse aux attaques de partisans. Un mois plus tard, il met en déroute l'armée sudiste. La campagne pour l'élection présidentielle bat alors son plein. Conscient de sa popularité dans les armées, Lincoln autorise le vote des militaires. L'élection lui donne une claire victoire sur McClellan, avec plus de 500 000 voix d'avance, et le Parti républicain obtient une écrasante majorité au Congrès. Le Nord et le Haut Sud se sont massivement ralliés à la politique du président en fonctions et plébiscitent sa conduite de la guerre. Le 6 décembre, Lincoln réélu s'adresse au Congrès : « Notre force s'accroît, et nous pouvons, s'il le faut, poursuivre indéfiniment la lutte. »

Le Sud, par contraste, devient un désert économique. Un quart des hommes blancs ont été tués ou blessés, les troupeaux sont décimés, les voies ferrées détruites. Les désertions se multiplient dans les rangs des confédérés. Lee s'efforce en vain d'obtenir du parlement de la Confédération l'autorisation d'enrôler des Noirs dans son armée. Le 31 janvier 1865, le Congrès fédéral vote le 13e amendement qui abolit l'esclavage sur le territoire des Etats-Unis. Jefferson Davis envoie alors des émissaires à Grant pour de nouvelles négociations de paix. Ce dernier doit insister auprès de Lincoln pour qu'il accepte une rencontre. Elle a lieu le 3 février sur un vapeur de l'Union. Le président se montre inflexible : « Pas d'armistice, la capitulation. » En revanche, il promet un traitement généreux aux rebelles. Davis refuse « la honte d'une reddition ». Sherman fait alors entériner par Grant son nouveau plan : détruire la Caroline du Sud pour supprimer les ravitaillements de Lee, puis le prendre en tenaille, avec l'armée de Meade, au sud de Richmond. Son idée est bien de punir l'Etat à l'origine de la rébellion, comme Sherman l'écrit à Halleck : « La vérité, c'est que l'armée tout entière brûle d'un désir insatiable de se venger de la Caroline du Sud. Le sort qui l'attend me ferait presque trembler si je n'avais le sentiment qu'elle mérite tous les maux qui semblent prêts à s'abattre sur elle. » De fait, sur 600 kilomètres, de Savannah à Goldsboro, les « colonnes infernales » de Sherman pillent et incendient, semant la terreur. Les forces résiduelles confédérées regroupées autour de Johnston sont balayées le 19 mars. Menacé désormais sur son flanc sud, Lee essaye vainement de sortir de l'étau. Sans attendre l'arrivée de Sherman, Grant lance Sheridan sur les arrières du chef rebelle et l'armée du Potomac passe à l'assaut le 2 avril. Lee bat en retraite et abandonne Richmond.

Lincoln a rejoint le PC de Grant la veille de l'offensive et il entre deux jours plus tard dans l'ex-capitale de la Confédération, abandonnée par une partie de sa population et par les fonctionnaires confédérés et livrée aux flammes par les extrémistes sudistes. Il est acclamé par une foule compacte de Noirs. « Ne vous agenouillez pas devant moi. Il ne faut pas. C'est devant Dieu seul qu'il faut vous agenouiller pour le remercier de la liberté dont vous allez désormais jouir », leur lance-t-il. Il a confié, la veille, à son entourage : « Je remercie Dieu d'avoir vécu assez longtemps pour voir cela. Il me semble que j'ai fait un rêve horrible depuis quatre ans et qu'à présent le cauchemar est fini. »

Grant, pour sa part, est reparti à la poursuite de Lee. Celui-ci, harcelé par la cavalerie de Sheridan, lui propose de discuter du « rétablissement de la paix ». Informé par Stanton, Lincoln réagit vivement : « C'est à moi de régler les questions politiques et de négocier la paix. Votre rôle est de vous battre. » Enfin, le 9 avril 1865, Lee choisit de capituler plutôt que de disperser ses dernières troupes dans le maquis, voulant épargner à la Virginie le sort de la Caroline du Sud. La rencontre entre les deux généraux illustre leurs différences, Lee élégant, en uniforme de parade, Grant, sans complexes, en tenue de campagne boueuse. Le général en chef de l'Union se montre généreux en autorisant les officiers et les hommes de Lee à rentrer chez eux sans être inquiétés s'ils respectent la loi de l'Union. Il leur fait distribuer des vivres et leur fait rendre les honneurs par ses troupes. Grant dira plus tard qu'à cet instant, il s'est senti « triste et abattu par la chute d'un ennemi qui avait lutté si longtemps et si vaillamment et qui avait tant souffert pour sa cause, même si celle-ci était, je le crois sincèrement, l'une des pires pour laquelle un peuple se fût jamais battu ». Dans tout le Nord, le peuple est en liesse. Des foules immenses acclament Lincoln et la paix.

Le 14 avril, le président et son épouse passent la soirée au théâtre Ford, à Washington, pour assister à une comédie. Un acteur sudiste fanatique, J.W. Booth, se glisse dans la loge présidentielle et tue Lincoln d'une balle dans la tête. Quelques jours plus tard, son cercueil défile dans la capitale précédé d'un détachement de soldats noirs. Sept millions d'Américains en deuil se pressent le long de la voie ferrée qui relie Washington à Springfield pour un dernier hommage à leur président assassiné. Il se dit que le général Grant, l'autre vainqueur de la guerre de Sécession, a fondu en larmes devant le corps inerte de son commandant en chef.

Un grand stratège ?

Quand meurt Lincoln, la victoire de l'Union est totale. Le Sud est ravagé, en partie sous l'effet de la guerre totale imposée par Grant et ses généraux, pour l'essentiel en raison de l'effondrement économique et financier imputable au blocus et à l'effort de guerre. L'ordre social traditionnel est bouleversé par l'émancipation des esclaves.

Le triomphe des Yankees a des conséquences considérables pour l'avenir des Etats-Unis. Une nouvelle nation est née, indissoluble. Le pouvoir fédéral sur les Etats de l'Union est largement renforcé. Le centre de gravité du pouvoir politique bascule du Sud vers le Nord. Le capitalisme égalitaire a éradiqué la société rurale d'Ancien Régime. La victoire militaire a été disputée jusqu'au bout mais elle est indiscutable. A qui doit-on l'attribuer? La légende populaire a désigné Lincoln, davantage, semble-t-il, parce qu'il a imposé l'émancipation des esclaves que pour ses talents de chef de guerre. Nombre d'experts militaires insistent au contraire sur le rôle clé de Grant.

Peut-on affirmer aujourd'hui qu'Abraham Lincoln fut un stratège hors pair, le plus grand chef de guerre de l'histoire des Etats-Unis? A certains égards, le fait est indéniable. Le président élu en 1860 a une claire vision des enjeux, sans sectarisme ni passion. Son but politique est parfaitement défini. Il fait peser sur l'adversaire la responsabilité du déclenchement des hostilités. Il endosse immédiatement le plan « Anaconda » du blocus et empêche les Etats limitrophes du Sud de verser dans la sécession. Il éteint l'incendie propagé par les confédérés dans les Etats du Nord, fût-ce en sacrifiant des libertés civiles. Ses directives générales pour la conduite de la guerre, à savoir détruire l'armée confédérée par des offensives concertées et simultanées dans tout l'espace entourant le Sud (pour profiter de la supériorité numérique de l'Union), sont totalement pertinentes, même si elles ne peuvent être appliquées réellement qu'à partir de 1864. A son actif, il faut ajouter sa compréhension rapide de la « révolution dans les affaires militaires » que provoquent trois innovations technologiques récentes (apparues pendant la guerre de Crimée) : le fusil à canon rayé et à répétition qui bouleverse la technique traditionnelle et qu'il expérimente lui-même avant d'en presser l'adoption dans les armées de l'Union; la voie ferrée qui permet le transfert rapide de troupes sur de longues distances et les approvisionnements massifs qu'il fera judicieusement déployer en urgence pour la bataille de Gettysburg; enfin, le télégraphe militaire qu'il place sous l'autorité directe de Stanton et qui lui permet de contrôler et de diriger ses chefs militaires.

De facto, la mobilisation massive, l'industrialisation de la guerre et l'usage du télégraphe ont considérablement renforcé le rôle de l'autorité centrale dans la conduite de la guerre, en pratique celui de Lincoln s'appuyant sur Stanton. Il contraint ses généraux à se battre quand ils sont paralysés par la crainte respectueuse de leurs adversaires et il les guide fermement à partir de la fin 1862. Sa détermination ne fléchit pas quand ses armées subissent des revers qui démoralisent l'opinion publique. Il ne cède jamais aux sirènes lancinantes des pourparlers de paix réclamés par ses adversaires politiques. Son autorité sur son gouvernement et sur le Congrès s'affirme aussi très vite. Le plus remarquable est sans doute sa capacité à évoluer et à s'adapter aux situations mouvantes nées des hasards de la guerre. Dès qu'il a perçu que le conflit ne peut être gagné sans une révolution radicale, il modifie ses buts de guerre en y adjoignant l'émancipation des esclaves pour priver les confédérés du soutien massif d'une main-d'œuvre forcée. Enfin, avec Grant, il restructure le commandement des armées et endosse la guerre totale qui prive Jefferson Davis et Lee de leurs dernières ressources.

Faut-il pour autant faire de Lincoln l'égal d'Alexandre le Grand, de Napoléon, voire de Frédéric II ? La comparaison ne tient pas, car, contrairement aux grands conquérants de l'Histoire, il est un chef d'Etat civil qui ne passe guère, en quatre ans, plus d'un mois sur le front et n'exerce le commandement direct des armées que pour une courte période. Son inexpérience des débuts l'a conduit à quelques erreurs, une impatience préjudiciable due à sa sous-estimation de l'adversaire et des maladresses de politique étrangère qui auraient pu coûter cher à l'Union. Mais ses faiblesses se manifestent surtout dans ses rapports avec ses chefs militaires. Il est d'usage de souligner leur médiocrité : Scott était presque sénile, McClellan infatué et couard, Halleck pontifiant et hésitant, Meade lent et processionnel. Mais il y a beaucoup de médiocres aussi dans l'armée confédérée. Lincoln parvient difficilement à imposer sa volonté à ses généraux jusqu'à la nomination, tardive, de Grant. Il a pourtant deux atouts importants à la charnière politico-militaire, Stanton, remarquable secrétaire à la Guerre, et l'intendant général Meigs, cheville ouvrière de la logistique. Pendant près d'un an, il choisit d'assumer lui-même le commandement des armées, à la manière des monarques européens. Le résultat, on l'a vu, est loin d'être concluant. Comment ne pas souligner aussi des ingérences imprudentes dans la conduite des opérations, quand il force la main à McDowell ou quand il retire à McClellan une partie de ses forces avant l'engagement vers Richmond. Lincoln est un grand politique, mais un chef militaire incertain.

On doit enfin s'interroger sur le concept même de guerre totale, non pas dans l'acception théorique qu'en donne Clausewitz, mais dans ses modalités concrètes et ses conséquences pratiques. Les destructions systématiques auxquelles se sont livrés Sherman, Sheridan, Hunter et quelques autres en Géorgie et Caroline du Sud, dans la Shenandoah et ailleurs s'apparentent aux « ravages du Palatinat », aux colonnes infernales de Vendée, ou au comportement des Allemands en 1914 dans les zones occupées. En se défiant de tout anachronisme, on ne peut qu'être frappé par l'ambiguïté des motivations qu'on devine derrière ces campagnes. La volonté de punir les populations du Sud est aussi forte que le désir d'épuiser les ressources de l'adversaire. En pratique, la guerre totale n'a pas été décisive pour hâter la victoire, suscitant parfois un regain de haine et d'activisme qui perdure bien au-delà d'avril 1865. On est loin, en tout cas, du principe de proportionnalité, un critère majeur de la « guerre juste » défendue récemment par le président Obama devant les jurés incrédules du prix Nobel de la paix. On peut s'étonner que des hommes aussi religieux que Lincoln et Grant aient adopté un tel mode d'action, mais ce serait oublier qu'ils étaient engagés dans une guerre civile dont le propre est de susciter des haines inexpiables.

Surtout, comment décerner à Lincoln ou à Grant les lauriers de stratège incomparable, quand on sait l'avantage considérable dont disposait le Nord : une population trois fois plus nombreuse, une puissance industrielle et des ressources agricoles dix fois supérieures. Le plus surprenant, en définitive, est qu'il ait fallu à l'Union quatre ans de guerre acharnée pour venir à bout de cet adversaire modeste. Sans compter qu'à trois reprises, les armées fédérales se sont trouvées en grave difficulté. Abraham Lincoln n'est peut-être pas un des grands stratèges de l'histoire batailleuse de l'humanité, mais c'est un admirable homme d'Etat. Dans des circonstances exceptionnelles, il a su diriger d'une main sûre le gouvernement des Etats-Unis, faisant preuve d'un sens politique hors du commun. Contraint par la résistance des rebelles à des choix sociaux majeurs, il a accouché au forceps les Etats-Unis du XXe siècle. Son intelligence froide, son caractère impitoyable et roué, sa rude formation de pionnier et sa fin tragique lui donnent des allures de héros de Shakespeare, le poète dramaturge qu'il révérait par-dessus tout. « Ma politique est de n'avoir pas de politique », répétait-il volontiers, trompant ses interlocuteurs qui le croyaient indécis et peu déterminé. Il a conduit et gagné cette guerre et a mis fin au scandale de l'esclavage. Dans cette rude affaire, Grant, à qui la victoire vaudra d'être élu quatre ans plus tard président des Etats-Unis d'Amérique, n'a été que son bras droit talentueux dans l'ultime phase du combat.

CHAPITRE 3

GEORGES CLEMENCEAU OU LA VICTOIRE ARRACHÉE

« Ni cortège ni cérémonie d'aucune sorte » : le 25 novembre 1929, la République accompagne humblement, sans tambour ni trompette, le plus illustre de ses fils jusqu'à sa dernière demeure, en Vendée. Quel contraste avec les funérailles grandioses allouées au maréchal Foch quelques mois plus tôt, et conduites par les plus hautes autorités de l'Etat en présence de princes étrangers, au milieu d'une foule immense ! Clemenceau l'a voulu ainsi, non par une humilité qui lui était étrangère, mais par dédain de la pompe officielle, et sans doute aussi pour se démarquer de celui qui avait été son bras droit dans l'ultime combat de la Grande Guerre, avant de devenir son premier censeur et critique dans les négociations de paix. « Le Tigre » a pris sa revanche. L'historiographie officielle lui attribue tout le mérite de la victoire de 1918, allant jusqu'à gommer le rôle des généraux dans la phase décisive des combats. L'ombre de Vichy pèse, il est vrai, sur les mémoires, et faute de pouvoir ignorer la contribution de Pétain au succès final, on minimise celle de Foch et de quelques autres au profit d'un tandem bien rodé, Clemenceau et les poilus. Comme si on cherchait à valider *a posteriori* sa fameuse boutade : « la guerre, une chose trop grave pour être confiée à des militaires ». L'homme vaut mieux que ces raccourcis, et son rôle ne peut que sortir grandi d'une confrontation avec les faits. Ce vieux ténor inclassable de la IIIe République, craint et détesté au Parlement, a su, quand les armées fléchissaient et quand le doute s'insinuait, mobiliser les forces vives de la nation et créer les conditions de la victoire. Pourtant, dix ans après sa mort, vingt ans après la signature du traité de Versailles, la fureur des batailles saisissait à nouveau l'Europe et l'humiliante défaite française ternissait à jamais la gloire des vainqueurs de « la Der des Ders ». Clemenceau aurait-il donc perdu la paix ?

Un aboutissement

Il a 76 ans quand le président de la République, Raymond Poincaré, l'appelle à contrecœur à la présidence du Conseil, le 16 novembre 1917. L'homme n'est pas un novice, tant s'en faut, ayant déjà occupé ces fonctions de 1906 à 1909, mais il faut que la situation soit sérieuse pour que Poincaré qui le déteste – et c'est réciproque – fasse appel à lui. Une inimitié personnelle, cultivée dans leurs longues carrières politiques, les oppose, davantage qu'une réelle divergence de vues.

La politique, pour le Tigre, est une passion de toujours. Né à Mouilleron-en-Pareds, en 1841, dans une famille de notables républicains de Vendée, il a vécu, enfant, les croisades de son père, médecin et propriétaire terrien, contre Louis-Philippe et Napoléon III. La vie est confortable dans le manoir familial, mais on y cultive depuis des générations la fibre révolutionnaire, antimonarchique et anticléricale. Son père, Benjamin, a été emprisonné à plusieurs reprises, après le coup d'Etat de 1851 et après l'attentat d'Orsini en 1858. Auprès de lui, Georges Clemenceau forge ses convictions, tout en s'initiant à la chasse, à l'équitation et à l'escrime. Pendant ses études de médecine, à Nantes puis à Paris, il crée un journal, *Le Travail*, qui lui vaut trois mois d'emprisonnement pour avoir appelé à commémorer la révolution de 1848. A l'été 1865, il part pour quatre ans aux Etats-Unis, comme enseignant et correspondant du journal *Le Temps*. Il y gagne un parfait bilinguisme qui facilitera ses rapports avec les Alliés. De retour en France, il participe au mouvement qui proclame la République, après la défaite de Sedan. Nommé maire de Montmartre, puis élu député de Paris, il se fait connaître comme le « médecin des pauvres » du XVIIIe arrondissement.

Un événement le marque profondément, l'assassinat par une foule de communards déchaînés des généraux Thomas et Lecomte qui tentent, sur ordre de Thiers, de récupérer des canons soustraits aux Allemands. Haranguant la foule pour tenter de sauver les militaires encerclés, il fait preuve d'un courage admirable. « Si vous aviez vu, raconte un témoin, comment il a insulté les meurtriers, vous n'auriez pu imaginer qu'il réussisse à en sortir vivant. » Clemenceau en garde un dégoût profond pour les manifestations de masse. Il croit en une république sociale, mais il rejette le désordre de la rue. Cela ne l'empêche pas de condamner sévèrement la répression sanglante de la Commune dans laquelle se sont engagés beaucoup de ses amis.

Sa carrière politique commence véritablement avec son élection à la Chambre des députés, en 1876, où il siège à l'extrême gauche. Ses talents oratoires et son goût de la polémique le font remarquer. Contrairement aux grands tribuns de l'époque, il parle simple, dur et vrai. Ses mots d'esprit cruels vont droit au but et lui valent de nombreux ennemis. Sa longue vie parlementaire, à la Chambre puis au Sénat à partir de 1902, connaît quelques vicissitudes : l'affaire Boulanger d'abord, le scandale de Panama, quelques mois plus tard[1]. Mais c'est l'affaire Dreyfus qui lui donne enfin une stature nationale. Pratiquant moins la médecine, Clemenceau se consacre de plus en plus au journalisme, sa vraie passion. Directeur de *La Justice*, qu'il a créée, il collabore à toute la presse de gauche et, en particulier, à *L'Aurore* dont il est l'éditorialiste. Trois ans après la condamnation d'Alfred Dreyfus, il acquiert la conviction de son innocence et de la culpabilité d'Esterhazy. C'est lui qui fait publier le célèbre *J'accuse*, de Zola. Il se bat sans relâche jusqu'à la réhabilitation du capitaine en 1906.

Sénateur du Var à partir de 1902, il consolide sa réputation de « tombeur de ministères » inclassable, tapant à droite comme à gauche. Sa fibre sociale le conduit à soutenir l'impôt sur le revenu et

---

1. Le général Boulanger, héros de la guerre de 1870 et plus jeune général de division de l'armée, est nommé ministre de la Guerre en 1886. Républicain, patriote, anticlérical et anticolonialiste, il séduit la gauche radicale et socialiste en réformant l'armée, en imposant le service militaire aux ecclésiastiques (« les curés sac au dos ») et en excluant les membres des anciennes familles régnantes. Paradoxalement, son caractère autoritaire et son populisme lui valent aussi de nombreux appuis dans la droite monarchiste ou la droite bonapartiste qui y voient un tremplin possible vers une restauration. Clemenceau le soutient en 1886 dans l'espoir de contrer les « opportunistes » de Jules Ferry qu'il exècre. Mais, dès 1888, quand s'affirment les ambitions présidentielles de Boulanger, il s'oppose à lui et contribue à sa mise en accusation pour complot contre l'Etat qui provoque sa fuite en Belgique, bientôt suivie de son suicide sur la tombe de sa maîtresse. Le scandale de Panama éclate en 1892 quand il est avéré qu'une centaine de parlementaires ont touché des pots-de-vin pour défendre le projet enlisé de Ferdinand de Lesseps. Clemenceau n'en fait pas partie, mais l'enquête révèle que son journal, *La Justice*, était financé par Hertz, un des protagonistes de l'affaire. Bien qu'il soit prouvé qu'il ignorait tout des agissements de son financier, Clemenceau est mis en accusation par ses adversaires politiques et battu aux élections législatives de 1893. Il provoque en duel Paul Deschanel, futur et éphémère président de la République, son principal accusateur. Le combat singulier s'achève sans blessé.

à condamner la répression des mouvements ouvriers, mais il dénonce le syndicalisme révolutionnaire. Son anticléricalisme le dresse contre la politique de ralliement des catholiques, mais il fustige les excès du laïcisme d'Etat. Son patriotisme intransigeant l'amène à s'opposer à l'aventurisme colonial (qu'il condamne aussi pour des raisons morales), mais il n'est pas prêt pour autant à défendre les positions de l'état-major quand elles sont injustifiées et intolérables (affaire Dreyfus). Personnage complexe, dandy et séducteur (il sera marié quatre fois et on lui attribue des centaines de maîtresses), colérique et impitoyable, chaleureux et attentif aux plus faibles, il est la bête noire de ses collègues du Parlement et la coqueluche des salons. « J'avais une femme, elle m'a abandonné. J'avais des enfants, ils se sont retournés contre moi. J'avais des amis, ils m'ont trahi. Je n'ai plus que mes griffes et je m'en sers », déclare-t-il en 1903, ce qui lui vaut d'être surnommé « le Tigre ».

Ce n'est qu'en 1906, à 65 ans, qu'il accède au gouvernement. Ministre de l'Intérieur du gouvernement Sarrien (un radical modéré qu'il surnomme « ça… rien ») de mars à octobre 1906, il calme le jeu sur les inventaires des biens du clergé, fruit de la tumultueuse séparation de l'Eglise et de l'Etat, mais doit affronter des grèves massives dans les bassins houillers. Après avoir promis de ne pas engager la troupe pour réprimer le mouvement, il est contraint par le durcissement de la grève d'envoyer 20 000 soldats. Les manifestations s'étendant jusqu'à Paris, il regroupe 45 000 hommes pour contrôler le défilé du 1er mai. La rupture est totale avec Jaurès et les socialistes. « Vous n'êtes pas le socialisme à vous tout seul, vous n'êtes pas le bon Dieu », l'interpelle-t-il à la Chambre. « Et vous n'êtes même pas le diable », lui répond Jaurès. « Qu'en savez-vous ? », lui réplique-t-il.

Nommé président du Conseil le 25 octobre 1906, il choisit le général Picquart, le héros dreyfusard, comme ministre de la Guerre, Stephen Pichon au Quai d'Orsay, mais prend aussi Joseph Caillaux et Aristide Briand qu'il n'aime pas. Ce gouvernement, qu'il voulait social, est marqué par son affrontement avec la CGT. Les grèves insurrectionnelles se multiplient, postiers, vignerons du Midi, ouvriers de Draveil. Clemenceau, le « briseur de grèves », fait donner la troupe. Il y a des morts et de nombreux blessés. Mais il ne faiblit pas, humilie les préfets, achète les opposants… et modernise la police en créant les fameuses « brigades du Tigre ». Son gouvernement tient près de trois ans, un exploit sous la IIIe République.

Rendu à son mandat de sénateur, il bataille contre l'élection de Poincaré à la présidence de la République et crée un nouveau journal, *L'Homme libre*, qui défend l'Union sacrée lorsque la guerre éclate. Il reproche à Louis Malvy, le ministre de l'Intérieur, de ne pas emprisonner les pacifistes connus. Ce dernier fait saisir son journal qui reparaît sous le titre *L'Homme enchaîné* et subit lourdement la censure. Trois ans plus tard, quand Poincaré le rappelle à la tête du gouvernement, le vieux briscard, en parfaite santé, peut faire état d'une exceptionnelle maîtrise du monde politique et de ses rouages, et d'une connaissance intime de la presse et de l'opinion publique. Ses adversaires politiques sont innombrables, la droite le vomit, la gauche le rejette. Mais il a dans le peuple une réputation inaliénable de fermeté et de patriotisme intransigeant.

Une relation ambiguë avec l'armée

Les armées de novembre 1917 ne sont pas celles de 1914. Trois années d'épreuves dramatiques ont changé les hommes, bouleversé les doctrines et les armements, brisé les chefs les plus médiocres et promu des généraux parfois inattendus mais ayant fait leurs preuves au combat. Ces étoiles arrachées sur le champ de bataille sanctionnent des succès ou des coups d'éclat, mais les surprises et les déceptions restent fréquentes. Des circonstances nouvelles, une posture différente, offensive ou défensive, une manœuvre adverse non détectée ou mal appréciée peuvent avoir raison des qualités de jugement et de commandement des chefs militaires réputés les plus fiables. Nombreux sont ceux qui connaissent des périodes de disgrâce, comme Foch, Mangin ou Franchet d'Espèrey. Le cas exemplaire est celui de Nivelle qui a pris une part importante à la victoire de Verdun, mais, nommé généralissime (« commandant des armées du Nord-Est »), s'est enferré dans la malheureuse offensive d'avril 1917, dont l'échec a provoqué sa destitution.

Au sommet de la hiérarchie militaire, la division règne et les critiques abondent sur les principaux responsables. L'habitude prise par les politiques de solliciter les grands subordonnés du généralissime, y compris en son absence, que ce soit au Comité de guerre ou lors des visites des parlementaires sur le front, a contribué à répandre ce poison qui ruine la cohésion de l'armée – parfois jusqu'à la désobéissance – et favorise les jeux d'ambition personnelle. Les tensions entre généraux ne peuvent, par ailleurs, qu'être renforcées par la dualité des fonctions au sommet, le ministre de la Guerre disposant d'un chef d'état-major général, conseiller militaire sans responsabilité opérationnelle, dont le rôle se limite à la critique des propositions et des décisions des principaux chefs militaires.

Au-delà des querelles de personnes, les divergences de doctrine sont manifestes. Déjà, à l'Ecole de guerre, avant 1910, les tenants de l'offensive, fidèles à l'école napoléonienne et rassemblés autour de Foch, pourfendaient les partisans de la défensive qui, avec Pétain, privilégiaient l'organisation méthodique du terrain (« le feu tue »). Les trois années de guerre ont modéré l'expression de ces divergences, mais la tendance générale demeure et les affiliations des uns et des autres témoignent autant d'une différence de tempérament chez les principaux généraux que d'un attachement personnel à Foch ou à Pétain.

Quand Clemenceau prend la tête du gouvernement et s'attribue le portefeuille de la Guerre en novembre 1917, il connaît bien ses deux principaux interlocuteurs et il n'ignore rien de l'état de l'armée française. Il n'a pas de sympathie pour Pétain, un homme froid, réservé et sans humour, au tempérament pessimiste. Mais il lui sait gré d'avoir résolu avec courage la grave crise de moral du printemps 1917. Il apprécie l'attention extrême que le commandant des armées du Nord-Est porte à ses hommes, à leur survie et à leur condition matérielle. Il n'ignore pas l'immense popularité du « vainqueur de Verdun » parmi les poilus et goûte sa discrétion à l'égard de la presse. Né en 1856 dans une famille de paysans du Nord, Pétain, saint-cyrien sans connexion familiale, a eu une carrière lente, marquée surtout par son opposition à la doctrine Foch quand il était professeur à l'Ecole de guerre (ce qui n'a pas empêché ce dernier de lui attribuer des notes élogieuses). Colonel en 1914, à 58 ans, il connaît dès le début de la guerre une promotion très rapide, remarqué pour sa bravoure, son organisation minutieuse et son attention aux pertes humaines. Commandant une brigade en août 1914, une division en septembre, un corps d'armée en octobre, il prend la tête d'une armée en 1915, puis du groupe d'armées Centre en 1916, à Verdun. Il est nommé généralissime en avril 1917, à l'initiative de Painlevé, le président du Conseil, avec lequel il a une grande complicité, et prend le commandement des armées du Nord-Est où il doit affronter les mutineries au sein d'une troupe démoralisée par les assauts sanglants et inutiles ordonnés par Nivelle. Il a au moins un point commun avec

Clemenceau : on lui prête d'innombrables maîtresses ! En dépit de leur rivalité, il partage avec Foch une grande méfiance à l'égard des responsables politiques.

Pour le reste, tout sépare les deux chefs, leur origine sociale et leur formation comme leur tempérament. Né en 1851 à Tarbes dans une famille aisée, Foch effectue sa scolarité dans des collèges de jésuites et s'engage en janvier 1871 pour les trois derniers mois de la guerre franco-prussienne. Reçu à Polytechnique et sorti dans les premiers, il connaît un avancement rapide jusqu'à son affectation comme professeur à l'Ecole de guerre. Se passionnant pour Clausewitz, Napoléon et Moltke, il s'attire l'inimitié du commandement de l'Ecole qui dénonce « la fragilité de ses convictions républicaines ». Dans le contexte de l'affaire des fiches[2], son catholicisme revendiqué nuit à sa carrière. Chef de corps du 35e régiment d'artillerie, Foch publie alors deux ouvrages qui le font connaître du monde politique, *Principes de la guerre* en 1903 et *Conduite de la guerre* l'année suivante. Nommé général de brigade en 1907, il est convoqué par Clemenceau, président du Conseil, sur la recommandation de Picquart, ministre de la Guerre. Le chef du gouvernement s'inquiète de la désaffection des élites pour le métier des armes, car le nombre de candidats aux écoles militaires s'effondre depuis 1895. Clemenceau lui propose le commandement prestigieux de l'Ecole de guerre. « J'ai un frère jésuite », lui répond Foch, stupéfait. « Je m'en fous », conclut le vieux pourfendeur du cléricalisme.

A la tête de l'Ecole, le jeune brigadier polyglotte multiplie les contacts internationaux et se lie d'amitié avec son homologue britannique Wilson, futur chef d'état-major. Apprécié par Joffre, Foch reçoit le commandement d'une division et se trouve en 1914 à la tête du 20e corps d'armée. Un mois plus tard, il commande la 9e armée et s'illustre à la bataille de la Marne. Un mois plus tard, il est à la tête du groupe d'armées Nord, mais l'échec de la bataille de la Somme

---

2. Le général André, ministre de la Guerre de 1900 à 1904, fait procéder par le Grand Orient de France au fichage politique et religieux des officiers pour écarter des postes de responsabilité les éléments jugés « antirépublicains ». Cette pratique, dévoilée en 1904, provoque une vive émotion dans l'opinion publique et contribue à la chute du gouvernement Combes. Clemenceau s'indigne publiquement de ces méthodes. L'impact du fichage sur l'encadrement des armées à la veille de la guerre reste controversé. Joffre, républicain et anticlérical, a pu en bénéficier. L'avancement de Foch et Pétain n'en a pas été facilité. Ce sont sans doute les nombreuses démissions provoquées par le refus d'expulser *manu militari* les congrégations religieuses qui ont le plus affecté la physionomie du corps des officiers et privé l'armée de réels talents.

en 1916 (et des problèmes de santé passagers qui donnent prétexte à son éloignement) le met à l'écart quand Joffre est remplacé par Nivelle. C'est seulement en mai 1917 qu'il prend les fonctions de chef d'état-major général et effectue à ce titre une longue mission en Italie pour réorganiser l'armée transalpine éprouvée par la défaite de Caporetto. Sa compétence, sa force de caractère et son optimisme incurable séduisent Clemenceau qui reconnaît en lui son propre tempérament de battant. Le nouveau président du Conseil va donc devoir gérer l'antinomie entre deux chefs militaires prestigieux et d'égale compétence qui ont des visions opposées sur la conduite de la guerre.

Le Tigre n'entre pas désarmé dans l'arène. Il connaît bien l'armée depuis longtemps. Les chefs militaires sont sensibles à son patriotisme intransigeant et reconnaissent le soutien indéfectible qu'il a apporté aux armées en faveur de l'allongement du service militaire à trois ans. Depuis le début de la guerre, à la commission des Affaires étrangères et à la commission de l'Armée du Sénat qu'il préside, il a défendu Pétain contre Malvy, le ministre de l'Intérieur, et pourfendu sans relâche les « défaitistes ». On n'ignore pas son courage physique, prouvé à l'excès dans les duels au pistolet et à l'épée qu'il affectionne. Il a aussi montré, pendant les crises du Maroc[3], que son anticolonialisme ne l'empêchait pas de recourir à la force dans les bras de fer opposant la France à l'Allemagne. Il reste qu'il a été le plus farouche opposant des antidreyfusards, nombreux parmi les chefs militaires, et qu'il a toujours défendu les prérogatives de contrôle des parlementaires dans la conduite de la guerre. En fait, sa conception des

3. Le 31 mars 1905, Guillaume II dénonce publiquement à Tanger « la colonisation française rampante » au Maroc. Théophile Delcassé, ministre des Affaires étrangères depuis 1898, est contraint de démissionner sous la pression des Allemands qui lui reprochent une politique d'expansion coloniale agressive et de multiples provocations. Le contentieux franco-allemand est réglé à la conférence internationale d'Algésiras, en 1906. Appuyés par la Grande-Bretagne, les Français obtiennent le droit de s'investir dans plusieurs secteurs économiques du royaume chérifien contre la cession de territoires coloniaux au Cameroun et au Gabon. Clemenceau, isolé, dénonce « la soumission de la France à un tribunal international ». En 1911, la France, sollicitée par le sultan pour l'aider à combattre une révolte tribale, engage des troupes au Maroc. Guillaume II s'indigne et envoie une canonnière devant Agadir. La crise provoque une forte tension entre les deux pays, mais un accord bilatéral est trouvé, laissant les mains libres à la France au Maroc contre le rattachement d'une province du Congo au Cameroun allemand. Clemenceau, à nouveau isolé, refuse de le ratifier, arguant de « l'humiliation de la France ». Cette posture d'opposant ne doit pas faire oublier qu'en tant que président du Conseil, de 1905 à 1909, il a conduit une politique extérieure très modérée, évitant tout affrontement avec Berlin.

rapports entre l'autorité politique et les chefs militaires a été marquée très tôt par les entretiens qu'il a eus, en 1865, avec le général Grant, le vainqueur de la guerre de Sécession. Comme l'a souligné l'historien Jean-Baptiste Duroselle, son mot d'ordre est : « Vive l'armée, bien sûr, mais soumise au pouvoir civil ! »

Une liberté d'action contrainte

En novembre 1917, la France est exsangue, démoralisée et l'Union sacrée n'est plus qu'un souvenir. Les scandales politiques se multiplient, le dernier, l'affaire Bolo Pacha[4] ayant fait chuter le gouvernement Painlevé. Les grèves révolutionnaires dans l'industrie d'armement menacent de paralyser l'effort de guerre. On compte déjà plus de 1 million de morts et 2 millions de blessés, soit 10 % de la population. Les Allemands occupent le nord et l'est du territoire, la plupart des mines de charbon et de fer. Ils sont à portée de Paris qu'ils bombardent régulièrement. La Russie propose à l'Allemagne, le 30 novembre, une paix séparée et les négociations s'engagent. La désactivation du front de l'Est va libérer 42 divisions allemandes qui pourront renforcer leur dispositif face aux Alliés. Les Britanniques viennent de subir un échec tragique à Passchendaele, perdant plus de 250 000 hommes[5]. Les Etats-Unis, entrés en guerre

4. Riche aventurier, proche de Joseph Caillaux et des pacifistes, Bolo devient en 1914 conseiller financier du khédive d'Egypte. Ce dernier, rallié aux Allemands, est démis par les Anglais en octobre et se réfugie en Suisse. Bolo Pacha se fait alors son intermédiaire pour financer des journaux pacifistes français, *Le Journal* et *Le Bonnet rouge*. En janvier 1917, Briand, poussé par Clemenceau, lance une enquête sur ses activités. La police ayant déterminé qu'il a reçu 11 millions de marks émis par la Banque centrale allemande, Bolo est arrêté en septembre 1917. Condamné à mort le 4 février par le Conseil de guerre, il est exécuté le 17 avril 1918, Poincaré ayant refusé de le gracier.

5. Décidée par le général Haig, chef du corps expéditionnaire britannique, dans l'espoir de s'emparer du port de Bruges où stationnent des U-Boote menaçant la flotte alliée, l'offensive débute le 31 juillet 1917. Elle met en ligne des troupes anglaises, canadiennes et australiennes et deux divisions françaises. Les assauts successifs du 31 juillet, du 6 août, du 20 septembre et du 6 novembre s'enlisent dans la boue, sous une pluie persistante et dans les nuages de « gaz moutarde » utilisés pour la première fois par les Allemands. Le terrain conquis se limite aux hauteurs de Passchendaele dominant la ville d'Ypres. En quatre mois, les Britanniques ont progressé de 8 kilomètres et perdu près de 300 000 hommes. L'opinion publique est horrifiée outre-Manche, mais l'offensive a permis de soulager le front français, à Verdun notamment.

depuis avril, commencent à peine à déployer des troupes en France (50 000 hommes fin 1917). Les Italiens ont été étrillés à Caporetto[6] et l'Empire ottoman résiste sur le front de Salonique.

Dans ce contexte apocalyptique, il revient à Clemenceau de rétablir la confiance et de trouver les voies et moyens qui permettront aux Alliés de triompher des forces de la Triplice. Sa marge de manœuvre est limitée, en France, par le président de la République, Raymond Poincaré, qui entend exercer son rôle de président du Comité de guerre, chargé de la conduite du conflit, et par le Parlement, dont les présidents de Chambre et les membres des commissions veulent exercer leur pouvoir de contrôle de l'exécutif. Clemenceau sait aussi qu'il devra affronter l'hostilité de Briand et Caillaux, ses rivaux naturels, qui le considèrent comme un belliciste inconséquent. Il doit enfin compter avec les syndicats révolutionnaires, partisans de négociations de paix avec l'Allemagne et l'Autriche et soutenus à la Chambre par le groupe socialiste. Avec les Alliés la situation n'est guère plus simple. Les Britanniques accordent la priorité à la guerre navale à cause des ravages que font les sous-marins allemands dans leur flotte marchande, et à la protection de leur empire colonial. Le démantèlement de l'Empire ottoman est plus important à leurs yeux que les batailles du front français où ils ont subi des pertes considérables et ne jouent qu'un rôle d'appoint. En France, leur premier souci est d'empêcher que les Allemands ne s'emparent des ports de la mer du Nord, et Lloyd George, Premier ministre, n'est pas prêt à accepter que le général Haig, à qui il compte chichement ses effectifs, soit placé sous l'autorité du commandant en chef français.

Les Américains sont attendus comme le Messie. Clemenceau a repris à son compte l'antienne de Pétain : « J'attends les Américains et les chars. » Mais leur mobilisation, leur formation (par des instructeurs français) et leur déploiement sont très lents. Arriveront-ils

6. Au cours de l'été 1917, les Italiens parviennent à s'infiltrer le long de la rivière Isonzo, dans la province slovène de l'Empire austro-hongrois. Irrités par la faible combativité de leurs alliés et soucieux de mettre un terme aux velléités de négociations de l'empereur Charles Ier, les Allemands proposent aux Austro-Hongrois un appui militaire et mettent sur pied une armée commune (sept divisions allemandes et six divisions austro-hongroises). Celle-ci, commandée par le général allemand von Below, perce le front italien au lance-flammes et au gaz moutarde, le 24 octobre. Trois jours plus tard, l'armée italienne a reculé de 100 kilomètres, avant de se rétablir sur la ligne fortifiée du Piave où elle peut stopper l'avance germanique avec l'aide de six divisions françaises, britanniques et américaines.

à temps pour contrer les offensives allemandes attendues après la fermeture du front russe ? Et, en arrière-plan, l'attitude du président Wilson inquiète. Ses « quatorze points » formulés en janvier 1917, généreux et idéalistes, séduisent des socialistes français, mais Poincaré et Clemenceau les jugent irréalistes et craignent que le retour à la France de l'Alsace-Lorraine ne soit contesté par le tenant du « droit des peuples à disposer d'eux-mêmes ». En novembre 1917, il n'existe aucune coordination stratégique entre les Alliés, chaque théâtre d'opérations étant traité séparément avec des priorités différentes et, sur le front français qui reste le plus décisif et le plus menacé, pas de commandement unifié des opérations.

La méthode Clemenceau

Elle est d'entrée de jeu parfaitement rodée, comme l'a relevé l'historien américain Eliot A. Cohen. A 76 ans, le Tigre est en pleine forme physique. Levé tous les matins à 4 heures et couché à 21 heures, il s'impose une discipline rigoureuse, refusant les dîners en ville. Irascible et le sachant, il laisse passer vingt-quatre heures avant de prendre une décision. Son dispositif repose sur deux hommes clés, Henri Mordacq et Georges Mandel. Mordacq est un général intelligent et réfléchi qui a écrit plusieurs livres, dont un sur la politique et la stratégie en démocratie. Clemenceau a été séduit par lui lors d'une visite à la 24e division qu'il commandait. Considéré comme un penseur militaire, il est avant tout dévoué à son chef dont il partage la vision politique de la guerre : en adepte de Clausewitz, il croit à la continuité stratégique de la responsabilité politique dans la conduite des opérations. C'est aussi un intermédiaire habile entre le Tigre et les divers clans de généraux. En tant que chef de cabinet militaire, il assure la liaison avec les armées, informe le président du Conseil, relaye ses directives et il donne son avis sur les propositions de l'état-major quand Clemenceau le sollicite. Mandel est un journaliste de 32 ans qui appartenait déjà au cabinet du Tigre lors de sa première expérience de chef de gouvernement. C'est un homme froid, discret, totalement maître de lui. En novembre 1917, il prend la direction du cabinet et assume la responsabilité de la politique intérieure du gouvernement au jour le jour, contrôlant les ministres, surveillant le Parlement, donnant des directives aux préfets et menant la

« chasse aux traîtres ». Son omniprésence lui vaut de solides inimitiés mais sa loyauté à l'égard de Clemenceau est totale.

Pourtant, le trait de génie du nouveau président du Conseil n'est pas tant dans le contrôle étroit qu'il instaure sur les responsables politiques, administratifs et militaires, que dans la mise en scène de son action. S'attribuant le portefeuille de la Guerre, il installe son bureau au siège du ministère, rue Saint-Dominique, et consacre le quart de son temps à des visites au front. Vêtu d'une capote militaire et coiffé d'un bonnet de police, il visite les états-majors mais s'attarde surtout dans les tranchées, en première ligne, n'hésitant pas à s'exposer physiquement. Il rencontre ainsi les généraux dans leurs QG, leur évitant le voyage à Paris mais les évaluant impitoyablement. Ceux qu'il juge trop vieux ou usés par la bataille sont relevés, car il contrôle toutes les nominations jusqu'au niveau des divisions. Il s'assure également que les directives du haut commandement sont appliquées et applicables. C'est aussi un moyen pour lui de limiter les ingérences parlementaires, en associant à ses visites des membres des commissions. Car, depuis l'éviction de Joffre, les intrusions du Parlement dans la conduite de la guerre se sont multipliées. Enfin et surtout, ces visites spectaculaires visent à remonter le moral des troupes et de la population. Son expérience de médecin et de journaliste lui a appris à la fois l'importance des détails de la vie courante (tabac, nourriture, santé) et celle de l'image qu'il faut savoir donner du chef responsable. Son courage physique, sa proximité avec le front l'unissent ainsi à l'armée et à la population. Son discours est en phase : « Je fais la guerre ; politique intérieure, je fais la guerre ; politique étrangère, je fais la guerre » (8 mars 1918). Son immense popularité lui permet de tenir tête au président de la République et au Parlement, la seule menace de sa démission suffisant à lever les obstacles.

Prise en main

Dès sa nomination le 15 novembre 1917, le Tigre sait qu'il faut aller vite et s'imposer sans délai. La situation militaire, l'épuisement et le doute qui accablent les Français appellent une direction énergique et une prise en main de l'appareil de l'Etat. Il lui faut donc, estime-t-il, neutraliser le président de la République, contrôler le Parlement, maîtriser la presse, asseoir son autorité sur les chefs militaires, convaincre les Alliés et éliminer l'opposition à la guerre sur le territoire national. Avec Raymond Poincaré, les choses se font simplement. « Clemenceau me déteste, écrit ce dernier, mais avec ses énormes défauts d'orgueil et de jalousie, de rancune et de haine, il a une qualité dont Caillaux est dépourvu : il a, au plus haut degré, la fibre nationale et il est patriote comme les Jacobins de 1793. » De son côté, Clemenceau, qui partage largement ses vues et ses idées, le tient toujours en piètre estime, jugeant que « le caractère, surtout lui fait défaut ». Poincaré l'a nommé parce qu'il a la poigne nécessaire pour gagner la guerre, envoyer « les traîtres devant la justice, tenir le Parlement, éliminer les généraux incapables et briser les grèves des ouvriers de l'armement ».

D'entrée de jeu, Clemenceau limite les réunions présidées par le chef de l'Etat et fait entrer ses proches au Comité de guerre, officiellement en charge de la conduite du conflit. Il se chargera lui-même d'informer le président de la République : « Je viendrai souvent causer avec vous. » De fait, il rencontre fréquemment Poincaré dans des conversations à bâtons rompus qui n'ont rien d'un compte rendu précis et complet. Il critique volontiers devant lui les chefs militaires, minimise l'action de ses ministres, lui demande de signer des lettres qu'il a fait préparer, mais ne l'informe pas des correspondances directes qu'il a avec les Alliés. Aussi Poincaré se plaint-il d'être mis sur la touche, mais il admire l'énergie de son président du Conseil et lui concède la réalité du pouvoir.

Son gouvernement est une machine de combat. Tous les ministres sont du parti radical et le Tigre a placé ses fidèles aux postes clés : Louis-Lucien Klotz aux Finances, Pichon aux Affaires étrangères, Jules Pams à l'Intérieur et Louis Nail à la Justice. Quelques-uns, reconduits pour leur compétence, sont des proches de Poincaré, Georges Leygues à la Marine, Albert Lebrun au Blocus, Louis Loucheur à l'Armement. Mais il interdit à ce dernier de traiter directement avec le quartier général. Il leur fixe deux règles : discrétion et rapidité. Le téléphone est préféré aux notes écrites, les décisions doivent être prises en moins de soixante-douze heures, les Conseils des ministres, de quotidiens deviennent hebdomadaires. Tout passe par Mandel, assisté par Jules Jeanneney pour la coordination civilo-militaire.

Au Parlement, son discours d'investiture, le 20 novembre 1917, est simple et très général : « Nous nous présentons devant vous avec l'unique pensée de faire la guerre. » Caillaux et Malvy, ses adversaires « pacifistes », s'abstiennent et les deux tiers des socialistes votent contre lui, mais son investiture est confirmée à une large majorité.

Le Tigre élude les questions sur les projets de paix, le programme du président Wilson. Dans l'immédiat, la seule chose qui compte, martèle-t-il, est de gagner la guerre. Connaissant de l'intérieur le pouvoir d'investigation et, partant, de nuisance des commissions, il décide de s'y rendre le moins possible et refuse les « comités secrets » auxquels il avait toujours participé. Début décembre, il doit affronter les présidents des Chambres, Dubost au Sénat et Deschanel à l'Assemblée. Dubost a rencontré le général Micheler, un subordonné de Pétain, qui l'a convaincu que le commandant en chef faisait fausse route dans sa vision défensive. Clemenceau méprise Micheler qu'il tient pour un politicien intriguant et Deschanel est un ennemi personnel. Le 13 décembre, il reçoit donc les deux présidents avec Poincaré, Pétain et Foch étant présents. Dubost critique vertement la directive de Pétain qui, en réponse, propose de se démettre. Clemenceau, Poincaré et Foch le défendent et renvoient les présidents les mains vides.

Très vite, le président du Conseil est contraint de s'impliquer dans la conduite des opérations. La situation militaire est en effet plus que préoccupante. Sur le front Ouest, auquel Clemenceau donne la priorité absolue, les ressources limitées des Alliés ne permettent pas d'envisager une reprise de l'initiative avant que les Allemands ne se soient renforcés. La bataille du saillant d'Ypres (juillet à novembre) s'achève sans résultat notoire. L'attaque conduite par les Britanniques a, certes, soulagé le secteur de Verdun, mais le général Haig, on l'a dit, a subi des pertes considérables autour de Passchendaele. Les deux offensives lancées par Pétain en août et octobre (La Malmaison) ont été des succès, grâce aux chars Renault[7]. Mais leur portée était

---

7. Les premiers chars de combat (nom de code : « tanks ») sont britanniques. Le projet, poussé par Churchill à l'Amirauté, vise à s'affranchir des tranchées au moyen de véhicules blindés à chenilles. Pendant la bataille de la Somme, en septembre 1916, 60 chars Mark 1, lourds et peu manœuvriers, sont engagés en ordre dispersé sans résultat probant. Le projet est donc mis en veilleuse. En France, le général Estienne conçoit alors deux modèles, le Schneider CA1 et le Saint-Chamond qui sont engagés, en avril 1917, dans l'offensive du Chemin des Dames (Berry-au-Bac) avec, une nouvelle fois, un succès mitigé. Un modèle révolutionnaire, le Renault FT, est présenté à l'état-major le 9 avril 1917 : premier char léger et manœuvrable, il est surtout équipé d'une tourelle pivotante. Le ministère en commande sur-le-champ 1 000 exemplaires (et 3 000 supplémentaires en décembre 1917). Les Renault FT sont engagés pour la première fois en mai 1918, dans la seconde bataille de la Marne, où ils jouent un rôle décisif. Le corps expéditionnaire américain s'en équipe et, le 11 novembre, 3 700 exemplaires ont été livrés aux Alliés. Curieusement, les

volontairement très limitée. Le généralissime veut gagner du temps et s'est inspiré des méthodes allemandes sur le front de l'Est pour élaborer sa directive n° 4 sur la « défensive active ». Il estime que la nouvelle pratique allemande du feu roulant précédant et accompagnant les troupes d'assaut impose une réorganisation du front et il veut adopter un dispositif en profondeur. En cas d'attaque, ne pas s'accrocher à la première ligne et se replier sur une deuxième ligne fortifiée, avant de contre-attaquer en s'appuyant sur des môles de résistance aménagés dans l'intervalle.

Cette directive est mal accueillie par de nombreux généraux, en particulier Foch et Micheler, qui critiquent l'abandon de la première ligne, désastreux pour le moral et la combativité, pensent-ils, et d'un effet déplorable dans l'opinion publique. Céder du terrain si près de Paris leur paraît dangereux et inacceptable. Le point faible de cette directive est surtout qu'elle implique des aménagements du terrain qui mobilisent des effectifs importants. Devant les critiques de Foch, Clemenceau décide de s'impliquer dans cette querelle tactique, malgré l'avis de Poincaré. Il désigne le général Roques, ancien ministre de la Guerre, pour lui faire un rapport. En attendant, Pétain réclame d'urgence 70 000 hommes supplémentaires pour éviter de devoir dissoudre des divisions. Clemenceau autorise l'appel anticipé de la classe 1918. Le commandant du front demande également des terrassiers pour sa défense mobile, et le chef du gouvernement décide de faire appel aux réformés, à des ouvriers venant des colonies et même à des Italiens que Rome serait disposé à envoyer en échange d'une coopération militaire renforcée. Enfin, l'accélération des livraisons de chars et d'avions que réclame Pétain ne peut être obtenue sans un arrêt des grèves dans les usines d'armement.

Le Tigre ne cherche pas à modifier l'organisation du commandement et maintient à leurs postes les « généraux de la Jésuitière[8] », Franchet

---

Allemands se montrent très réticents à l'égard des chars et ne développent aucun projet conduit à son terme. La supériorité française dans ce domaine, comme dans celui de l'aéronautique, est donc flagrante.

8. En 1899, alors que la procédure de révision du procès du capitaine Dreyfus vient d'être lancée, Jaurès s'exclame : « Nous venons de gagner contre les généraux de la Jésuitière et de coup d'Etat une grande bataille. » Les antidreyfusards recrutent alors souvent dans les milieux catholiques monarchistes. Clemenceau n'est pas en reste et, en septembre 1914, quand Poincaré se plaint de n'avoir pas de nouvelles du front, il lui répond : « Vous êtes victime des généraux de la Jésuitière. C'est ce Castelnau qui est cause des défaites lorraines. Il faut en finir. » Totalement infondée, cette accusation résume la cabale dont est victime Castelnau, un des généraux les

d'Espèrey, à la tête du groupe d'armées du Nord, et Castelnau, à la tête du groupe d'armées Est. Son refus des choix partisans est confirmé un mois plus tard quand il relève Sarrail du front de Salonique. Or ce dernier est connu pour son « républicanisme » et sa proximité avec le parti radical. Au « camp de Salonique », les forces franco-britanniques opposées aux armées bulgare et turque ne progressent plus depuis plusieurs mois. Clemenceau a toujours été hostile à cette expédition qui détourne des moyens du front occidental. Il raillait les « jardiniers de Salonique », contraints de cultiver des légumes pour lutter contre les épidémies de scorbut. A la tête de l'armée d'Orient, Sarrail lui déplaît. Son caractère rigide crée des tensions avec les Britanniques et on lui reproche de mener une vie de satrape. Clemenceau le limoge donc en décembre 1917 et le remplace par Guillaume, au motif que « ses comptes rendus sont insuffisants ».

La guerre navale n'est pas davantage une priorité pour le chef du gouvernement. Il ne méconnaît pas les ravages de la guerre sous-marine à outrance conduite par les Allemands depuis un an et qui a provoqué l'entrée en guerre des Etats-Unis. Il n'ignore pas non plus l'importance de la sécurisation des côtes françaises de l'Atlantique pour permettre l'acheminement des troupes américaines, mais il se concentre sur le front occidental et fait confiance à Georges Leygues pour gérer les opérations navales avec le chef d'état-major de la Marine.

Avec les Alliés, un jeu plus complexe

Les Américains ont une position que le Tigre juge ambiguë. Partenaires de la coalition sans être officiellement alliés, ils s'engagent résolument dans la guerre (39 divisions d'infanterie sont en formation aux Etats-Unis), mais leur position politique inquiète. La « paix sans victoire » suggérée par les « quatorze points de Wilson »

---

plus brillants de 1914 (au point que Joffre, l'anticlérical qui ne l'aime pas, lui confiera les plus lourdes responsabilités en 1915). Celui que Clemenceau surnomme « le capucin botté », à cause de ses convictions religieuses affichées, est un adversaire connu de l'offensive à outrance. Il est placé en non-activité en décembre 1916, quand Nivelle remplace Joffre, mais rappelé par Pétain en mai 1917 pour prendre le commandement d'un groupe d'armées. Clemenceau, président du Conseil et ministre de la Guerre en novembre 1917, le confirme dans son commandement, preuve que le militant a laissé place à l'homme d'Etat.

n'est pas acceptable par la France ravagée par la guerre, et leur soutien à la revendication française du retour de l'Alsace-Lorraine n'est pas acquis. Mais, dans l'immédiat, il faut régler le conflit entre Pétain et Pershing, le chef du corps expéditionnaire américain en France. Ce dernier refuse en effet absolument l'amalgame de ses troupes dans les unités françaises que réclame Pétain en raison de l'inexpérience des états-majors et des unités récemment déployées en France. Clemenceau soutient Pétain et fait signer une lettre de Poincaré à Wilson dans ce sens. Le vrai problème est de parvenir à un accord concret avec les Britanniques et avec les Italiens avant les offensives allemandes attendues au printemps.

Un « Conseil supérieur de guerre interallié » a été créé le 5 novembre à la conférence de Rapallo avec des représentants des Quatre (France, Royaume-Uni, Italie, Etats-Unis) et des conseillers militaires (Weygand pour la France). Mais les débats y sont stériles. Pétain prêche pour un commandement unique du front occidental qu'il se verrait bien attribuer. Foch s'est placé, dès le 19 novembre, en candidat potentiel, en remettant une note à Clemenceau suggérant une coordination des trois fronts (France, Italie et Salonique), avec un jeu de réserves. La première réunion du Conseil de guerre interallié se tient à Versailles le 1er décembre. Y participent, outre Clemenceau, Lloyd George, le président du Conseil italien Orlando et le colonel House, représentant Wilson[9]. Français et Britanniques s'opposent sur la stratégie générale. Lloyd George estime qu'il faut détacher l'Autriche-Hongrie et la Turquie de l'Allemagne : la première par la négociation (des pourparlers sont en cours avec

9. Politicien texan, House fait campagne pour Wilson à l'élection présidentielle de novembre 1912. Très proche du nouveau président, il devient son principal conseiller pour les affaires étrangères. Il passe une grande partie des années 1915 et 1916 en Europe et s'efforce vainement de convaincre Wilson d'engager les Etats-Unis dans la guerre aux côtés des Alliés de la Triple-Entente. Le revirement américain en avril 1917, conséquence de la guerre sous-marine à outrance et des menées germaniques en Amérique centrale, lui confère un rôle central dans la coopération avec la France et la Grande-Bretagne. Il participe à la rédaction des quatorze points affichés par Wilson en janvier 1918. Nommé au grade de colonel par son président, il siège alors au Conseil supérieur interallié, où il représente les Etats-Unis face à Clemenceau et Lloyd George. Adjoint de Wilson à la Conférence de la paix, il s'efforce de lui faire prendre conscience des réalités européennes, mais, exalté par son rôle de « leader mondial de la paix », le président américain s'isole dans ses rhétoriques et écarte systématiquement ses conseillers. Avec House, la brouille devient totale et définitive quand ce dernier défend certaines revendications françaises. De retour à Washington, l'ancien conseiller fait en vain campagne pour que le Sénat ratifie le traité de Versailles.

l'empereur Charles Ier), la seconde par une offensive au Proche-Orient. Clemenceau refuse les négociations (avec l'appui des Italiens) et rappelle que la priorité absolue doit être donnée au front occidental. Les Allemands seront en mesure, fin février, d'aligner 110 divisions et 1 200 batteries lourdes, soit près du double des effectifs actuels. Les Russes ont cessé le combat et les Roumains abandonnent[10]. Lloyd George accepte à contrecœur d'exiger du général Haig qu'il étire son front, comme le demande Pétain, alors même que ses effectifs squelettiques n'ont pas été reconstitués. En revanche, aucune décision n'est prise sur le commandement unique du front occidental, ni même sur la réorganisation du commandement italien.

La prise en main de la conduite de la guerre par le Tigre a été rapide et brutale et a provoqué une onde de choc positive dans l'opinion publique. Mais la droite monarchiste, qui le vilipendait, reste hostile, et les socialistes, qui avaient dénoncé la « dictature militaire » de Joffre, voient en lui un dangereux autocrate belliciste. Les grèves révolutionnaires dans l'armement se poursuivent. Le président de la République et les parlementaires sont subjugués, mais Caillaux et Malvy n'ont pas dit leur dernier mot. La situation militaire est stabilisée, mais Clemenceau n'y est pour rien et les armées allemandes se renforcent dramatiquement sur le front occidental. Le haut commandement français est consolidé, mais la mésentente entre Pétain et Foch, d'une part, Pétain et Haig, d'autre part, menace l'unité d'action des Alliés dans la bataille qui s'annonce. Enfin, les buts de guerre des pays de la coalition restent, à l'évidence, différents, sinon divergents.

---

10. Ayant proclamé sa neutralité en août 1914, la Roumanie, à l'initiative de son nouveau souverain, Ferdinand Ier, à qui les Alliés ont promis une Grande Roumanie par l'annexion de terres hongroises, déclare la guerre à l'Allemagne et à l'Autriche-Hongrie le 27 août 1916. Après quelques succès, son armée est mise en déroute par les forces germaniques appuyées par les troupes bulgares. Repliée au nord, dans la province de Moldavie, l'armée roumaine, conseillée par des missions alliées (général Berthelot pour la France), reçoit surtout une aide considérable de l'armée du tsar. Elle reprend l'offensive en juillet 1917 et progresse de plus de 50 kilomètres. Trois mois plus tard, la révolution russe la prive de son principal soutien et suscite des troubles au sein de ses unités. Le roi Ferdinand Ier doit se résoudre à former un gouvernement proallemand qui signe l'armistice le 9 décembre 1917.

Une active veillée d'armes

La priorité absolue pour le Tigre est de faire taire les « défaitistes » pour restaurer le moral de la nation. La SFIO a quitté le gouvernement en septembre 1917 et a voté contre l'investiture de Clemenceau. La majorité des socialistes ont voté les crédits de guerre mais, séduits par le discours de Wilson (une paix sans vaincus), ils souhaitent des négociations et accusent le gouvernement de « jusqu'au-boutisme ». Seule une petite minorité, les Zimmerwaldiens[11], soutient les grèves révolutionnaires pour arrêter la guerre. Mais c'est surtout l'aile gauche du parti radical qui préoccupe le président du Conseil. Autour de Caillaux, son vieil adversaire, s'est créé un courant favorable aux négociations secrètes. Malvy, ancien ministre de l'Intérieur, a dû démissionner en août 1917, quand il fut avéré qu'un journal pacifiste subventionné par son ministère avait reçu des fonds allemands. Louis Turmel, un député, est accusé d'avoir vendu aux Allemands des plans militaires français. Emprisonné, il mourra un an plus tard, sans que sa culpabilité ait été prouvée. Charles Humbert, un sénateur, a dirigé un journal ayant également bénéficié de financements allemands. Caillaux lui-même est soupçonné de contacts avec des politiciens italiens germanophiles. Un document secret allemand intercepté suggérait, en 1914, qu'il soit traité « avec égards mais sans ostentation ». Le Tigre décide de faire de son ancien ministre un exemple.

Il épure la police de ses éléments pro-Malvy et nomme procureur général Théodore Lescouvé, ouvertement hostile à Caillaux. Il fait instruire par la justice militaire les poursuites qu'il lance contre eux

11. Une conférence internationale socialiste se réunit à Zimmerwald, en Suisse, du 5 au 8 septembre 1915. Elle est réservée aux militants fidèles à l'internationalisme et décidés à lutter contre la guerre. La SFIO et le SPD qui ont voté l'Union sacrée en France et en Allemagne ne sont pas invités. Les socialistes français sont représentés par deux syndicalistes, Albert Bourderon et Alphonse Merrheim, qui signent avec leurs homologues allemands une déclaration appelant à « l'union des travailleurs dans la lutte contre la guerre ». La conférence a révélé une scission entre les « modérés » et le courant animé par Lénine qui prône la guerre civile pour donner le pouvoir au prolétariat. En janvier 1916, Merrheim crée un Comité pour la reprise des relations internationales qui réclame des négociations de paix immédiates. Les Zimmerwaldiens pèsent peu dans le mouvement socialiste français en raison de leurs excès et de leurs divisions. La révolution russe provoque par la suite de nouvelles dissensions. Le principal soutien du mouvement syndicaliste révolutionnaire est le journal *Le Populaire*, animé par Raoul Verfeuil.

et décide de les renvoyer devant la Haute Cour. En décembre, l'immunité de Caillaux est levée, et le 14 janvier 1918, il est incarcéré à la Santé. Malvy suivra, peu après. En février, Clemenceau coiffe les services de renseignements civils et militaires d'un « commissariat général à la Sûreté nationale ». Les procès Caillaux et Malvy se présentent mal, car si les soupçons sont nombreux, les preuves sont rares. Mais le Tigre n'en a cure. L'important pour lui est que le message soit passé dans l'opinion publique : le défaitisme ne sera pas toléré.

Sa seconde priorité est le renforcement des capacités militaires sur le front occidental. L'appel anticipé de la classe 1918 se révélant insuffisant, il lance une campagne de recrutement dans les troupes coloniales (« la force noire »). Il rappelle aussi Mangin qu'il nomme à la tête du 9ᵉ corps d'armée malgré l'opposition de Pétain. L'inimitié entre les deux hommes est légendaire, Mangin ayant été démis du commandement de la 6ᵉ armée à la demande de Pétain qui lui a fait porter une partie de la responsabilité des mutineries. Le Tigre, qui le juge « dangereux » car indiscipliné, apprécie pourtant son audace et son allant et le sait proche de Foch. Pour ménager Pétain, il se limite néanmoins à lui donner le commandement d'un corps d'armée. Il reste enfin à trancher la querelle entre les généraux sur la « défense mobile ». Les rapports successifs du général Roques épousant les vues de Foch, le président du Conseil ordonne à Pétain de livrer bataille en première ligne. Ce dernier refuse catégoriquement et le convainc sur le terrain de la justesse de son approche. Clemenceau cède, sans illusions sur la capacité du généralissime à déployer son dispositif sur l'ensemble du front, notamment dans le secteur britannique qui ne lui est pas subordonné. En attendant, le gouvernement renforce l'économie de guerre en réorganisant le secrétariat d'Etat à l'aéronautique et en réglementant la production et la circulation des denrées alimentaires. Son ultime priorité concerne la coordination avec les Anglais. La deuxième réunion du Conseil supérieur de guerre interallié se tient à cet effet le 2 février 1918.

Fidèles à leurs objectifs, les Britanniques réclament un renforcement français de leurs troupes en Palestine. Clemenceau refuse : « Nous ne pouvons pas aller chercher la victoire sur l'Euphrate ! », s'exclame-t-il. A l'inverse, Lloyd George et le général Haig s'opposent à la nouvelle extension de leur ligne de front que réclame Pétain. En revanche, le premier doit céder à la demande pressante de Clemenceau, soutenu par Foch et Haig, et s'engage à compléter les effectifs décimés par les batailles de l'été 1917. Quant aux Américains, ils font preuve de bonne volonté, mais n'alignent que deux divisions, au lieu des six promises par Pershing. Surtout ils refusent toujours l'amalgame de leurs troupes au sein des unités françaises. On s'accorde néanmoins sur un premier pas vers l'unification du commandement. Foch propose la création d'une « réserve générale interalliée » couvrant l'ensemble des fronts. Elle sera placée sous l'autorité d'un « Comité militaire exécutif » qui déterminera ses mouvements et dirigera son emploi. Foch est nommé à la tête de ce comité. Cet arrangement convient à Lloyd George qui y voit un progrès vers la coordination sans nomination d'un généralissime.

Le Comité militaire exécutif, réuni dès le 3 février, oppose Foch à Pétain et Haig qui ne veulent pas se voir dépossédés de leurs réserves. L'accord suscite également de vives réactions chez les parlementaires britanniques et le chef d'état-major de Sa Majesté, le général Robertson, connu pour son hostilité aux Français, démissionne. Il est remplacé par Henry Wilson, ami de longue date de Foch. Dans les jours qui suivent, Pétain n'ose pas s'opposer à Clemenceau qui soutient Foch, mais Haig menace de démissionner si on lui prélève des troupes. La réserve générale interalliée est mort-née. Ainsi, à la veille des grandes offensives allemandes, le président du Conseil doit-il se contenter d'un bilan en demi-teinte. Toutefois, la nation reprend confiance. Ses visites au front, la reprise en main de la police, de la justice et de l'administration, ainsi que l'incarcération des « défaitistes » ont provoqué un choc salutaire. Si le front ne cède pas au premier assaut, la victoire est à nouveau un objectif crédible.

L'unité dans la douleur

Le généralissime allemand, Ludendorff, a une claire vision de la situation. Il sait qu'il dispose d'un créneau de temps limité pour imposer la supériorité numérique acquise par la fermeture du front de l'Est. Il doit arracher la victoire avant la montée en puissance du contingent américain, d'autant que le moral de ses troupes est défaillant après les grandes saignées de 1917. Le maillon faible du dispositif allié est le front britannique, dont les effectifs ne sont pas reconstitués, et la charnière franco-britannique est fragile, faute de commandement unique. Ses choix tactiques sont ceux adoptés avec succès par von Hutier à Riga[12] : mise en place discrète, préparation d'artillerie brève et brutale suivie d'une progression renforcée par des moyens d'artillerie mobiles et des frappes dans la profondeur. Des objectifs éloignés précis, une large initiative dans l'exécution et l'engagement des réserves sur les îlots de résistance doivent permettre de désorganiser les rangs adverses et ouvrir des brèches décisives.

La supériorité allemande n'est globalement pas considérable. Ludendorff aligne 192 divisions contre 180 divisions alliées. Grâce à Clemenceau, Pétain a pu se renforcer de près de 600 000 hommes. Mais les Britanniques ont des unités fantomatiques et des réserves dérisoires. L'armement est d'un niveau comparable dans les deux camps. Les Alliés s'attendent à l'offensive allemande, mais Pétain la prévoit en Champagne, et la défense mobile dans la profondeur qui aurait permis de contrer la tactique offensive allemande ne peut être mise en œuvre par les Britanniques, ni même par la 6e armée du général Duchêne qui a choisi de se battre en première ligne pour ne pas abandonner les hauteurs du Chemin des Dames. Or, c'est Duchêne qui assure la liaison avec Haig.

L'offensive débute le 21 mars, les trois armées de von Bülow, von der Marwitz et von Hutier convergeant vers Amiens. L'effort principal allemand porte sur l'armée britannique du général Gough, acculée à une retraite rapide. Haig réclame d'urgence à Pétain le renfort de la 3e armée (Humbert) qu'il s'était engagé à lui fournir en cas d'attaque. Ce dernier tergiverse, croyant encore à une attaque en Champagne, et le renforce de trois divisions seulement. Mais la débâcle anglaise le contraint au bout de quarante-huit heures à donner l'ordre à Humbert de regrouper les troupes alliées en retraite

12. Général et théoricien allemand, Oskar von Hutier s'illustre à la prise de Riga en septembre 1917. Il a en effet conçu un nouveau schéma tactique rompant avec la pratique du « grignotage » dans laquelle s'enlise la guerre de tranchées. Selon lui, le succès d'une offensive repose sur l'enchaînement de quatre phases : un bombardement court d'artillerie incluant des obus d'ypérite, l'infiltration de troupes de choc appuyées par un feu roulant d'artillerie, la destruction des môles de résistance à la mitrailleuse et au lance-flammes et enfin l'occupation du terrain par l'infanterie régulière. Adopté par Ludendorff en 1918, ce procédé tactique explique le succès des offensives allemandes sur le front Ouest. C'est pour le contrer que Pétain a conçu la défense mobile en profondeur. Von Hutier est engagé sur le front français en mai 1918 et contribue à la percée allemande arrêtée *in extremis* sur la Marne. Après la guerre, héros national, il est un des principaux propagateurs du mythe du « coup de poignard dans le dos », l'armée allemande n'ayant jamais été vaincue (selon lui et d'autres).

et d'organiser une ligne de défense entre l'Oise et le canal Crozat. Mais l'avance allemande est trop rapide. L'ennemi s'empare de Péronne le 24 et atteint Noyon le 25. Le front cède, car Gough dans sa retraite a dévié vers Amiens, ouvrant une large brèche entre Français et Britanniques. Pétain rappelle alors Fayolle qui appuyait les Italiens dans la réorganisation de leur dispositif et lui confie le commandement d'un groupe d'armées de réserve réunissant les rescapés britanniques, la 3e armée de Humbert et la 1re armée de Debeney qu'il prélève sur le front de Lorraine (mais il lui faudra quatre jours pour rejoindre).

L'inquiétude est manifeste à Paris, d'autant que la capitale subit des bombardements importants, par avion et par l'artillerie lourde allemande d'une portée supérieure à 100 kilomètres. Le 24 mars, Foch adresse à Clemenceau une note alarmante : les Allemands pourraient s'emparer du bassin houiller de Bruay. Les Alliés risquent de devoir « livrer une bataille à conséquences graves, insuffisamment préparée, insuffisamment montée, insuffisamment conduite ». Il faut engager toutes les réserves françaises plus à l'ouest pour rétablir la liaison avec les Britanniques qui, pour leur part, doivent se regrouper pour une offensive nord-sud. Le commandement unique doit être décidé sans délai.

Clemenceau et Poincaré sont séduits par ces propositions mais, visitant Pétain le jour même, le Tigre ne lui en dit rien. Le 24 au soir, une rencontre entre Haig et Pétain à Dury tourne au dialogue de sourds. Ils ne sont d'accord ni sur l'analyse de la menace ni sur les priorités stratégiques. Haig est convaincu, comme Foch, que l'effort allemand porte sur le nord de la Somme, alors que Pétain craint une offensive au sud. Ayant reçu l'ordre de Clemenceau l'après-midi même de « couvrir Paris à tout prix », ce dernier veut réorganiser sa défense sur l'Oise en conservant seulement une ligne d'arrêt à l'est d'Amiens. Haig ne peut accepter sans l'accord de son gouvernement car il prendrait le risque de se couper des ports de la Manche. Pétain maintient ses directives : « Il s'agit avant tout de maintenir solide l'armature de l'ensemble des armées françaises et en particulier de ne pas laisser couper le groupe d'armées de réserve (Fayolle) du reste de nos forces. Ensuite, si possible, conserver la liaison avec les forces britanniques. » Le « si possible » indigne Foch qui craint la désintégration du front et un désengagement britannique.

Le 25 mars, une journée cruciale

En Conseil des ministres, Clemenceau affiche un double objectif : assurer la défense de Paris et éviter la rupture avec les Britanniques. Il dénonce les tergiversations de Pétain et son obsession pour la Champagne, mais approuve son plan de défense sur l'Oise. Il écarte sans le dire les propositions de Foch de renforcement des Britanniques à Arras. La menace de rupture du front demeure car Haig a prévenu qu'il se préparait à battre en retraite vers les ports du Pas-de-Calais. Le 25 après-midi, Clemenceau rencontre lord Milner, ministre britannique de la Guerre, et lui fait valoir l'urgence de la création d'un commandement unique. Milner n'y est pas hostile par principe, d'autant qu'il ne peut s'engager à renforcer Haig. L'entretien décisif intervient le lendemain à Doullens. Le Tigre s'est fait accompagner par Poincaré auquel il exprime ses doléances : « Pétain est agaçant à force de pessimisme. Imaginez-vous qu'il m'a dit une chose que je ne voudrais confier à aucun autre qu'à vous. C'est cette phrase : "Les Allemands battront les Anglais en rase campagne, après quoi ils nous battront aussi." Un général devrait-il parler et même penser ainsi ? »

Milner est accompagné de Wilson, son nouveau chef d'état-major, et de Haig. Foch est présent, ainsi que Pétain. Ce dernier évoque les dispositions qu'il a prises pour renforcer la charnière franco-britannique, en y consacrant 33 divisions supplémentaires. Milner et Wilson lui en donnent acte, mais proposent que Foch, en qui ils ont confiance, soit « chargé de coordonner l'action des armées alliées sur le front Ouest. Il s'entendra, à cet effet, avec les généraux en chef qui sont invités à lui fournir tous les renseignements nécessaires ». Haig insiste pour que la mission de Foch ne se limite pas à la bataille d'Amiens, tandis que Pétain n'émet pas d'objections, considérant que son autorité sur les troupes françaises n'est pas affectée. Pershing, qui s'entend mal avec Pétain, salue cet accord et, dès le 28 mars, déclare à Foch : « Je viens avec toutes mes troupes me mettre à votre disposition. » L'accord de Doullens est salué par toute la presse alliée et reçoit un accueil très favorable à Paris. Le *Times* relève qu'à la nouvelle de la nomination de Foch, « on applaudit de la frontière suisse à la mer du Nord ».

Dans la nuit du 25 au 26 mars, Ludendorff relance l'offensive au sud de la Somme mais se heurte à Fayolle. Avec son humour acide,

Clemenceau fait remarquer à Poincaré que Foch est désormais « un peu moins catégorique sur la facilité du succès ». Les jours suivants, se développe autour de Poincaré une offensive pour relever Pétain. Joffre déclare qu'« il va perdre Amiens parce qu'il manque de caractère ». Dubost, agité par Micheler, lui reproche de « manquer d'idées ». Foch révèle que Pétain aurait suggéré d'entamer des pourparlers de paix et qu'il lui aurait répondu que c'était de la folie. Clemenceau lui-même, le 27 mars en Conseil des ministres, l'accuse d'« avoir donné des ordres bizarres ». Le simple fait d'avoir transféré son QG de Compiègne à Provins le rend suspect. Mais quand Poincaré l'accuse, le 29, de céder au défaitisme de Pétain parce qu'il lui a dit en privé qu'au pire, « mieux vaudrait abandonner les Flandres et même Calais que découvrir Paris », le Tigre s'agace et l'ignore. Le 31 mars, sous la direction de Foch, l'offensive allemande est arrêtée.

Clemenceau maintient la pression sur le gouvernement britannique et obtient, le 3 avril, que Foch reçoive la « direction stratégique des opérations militaires », avant d'être nommé, le 14 avril, « commandant en chef des armées alliées ». L'accord tripartite prévoit néanmoins que Pétain, Haig et Pershing peuvent à tout moment faire appel de ses décisions auprès de leurs gouvernements.

Le premier assaut allemand a été contenu, mais on a frôlé la catastrophe. Bien renseigné, Ludendorff a porté le fer sur la portion du front la plus fragile. La rupture entre les dispositifs français et britanniques aurait pu provoquer un désengagement de ces derniers, qui n'ont jamais accordé la priorité au front français et ont subi des pertes énormes, mal acceptées dans l'opinion publique. La détermination de Clemenceau, aiguillonné par Foch, et le remplacement du général Robertson par Wilson ont permis de sortir de la crise par le haut. Le commandement interallié n'est pas une panacée et ne résout pas tout. D'une part, Foch est dépendant des trois commandants nationaux pour le renseignement et le suivi de la situation, car il ne dispose pas d'un état-major intégré. Son QG est français, avec des officiers de liaison britanniques et américains qui ne peuvent participer directement à la planification. D'autre part, il sait que ses ordres peuvent être contestés par les gouvernements. Il doit donc s'imposer par la persuasion et le succès. Il possède pour ce faire un atout majeur : il connaît et comprend ses interlocuteurs étrangers. S'exprimant dans leur langue, il a séduit dans les Flandres en 1914, sur la Somme en 1916, et en Italie en 1917. Brillant et optimiste quand il s'adresse à eux, il respecte leur culture et leurs traditions militaires. Il lui reste à prouver qu'en acceptant leurs contraintes, il peut en obtenir l'effort nécessaire le moment venu.

Tout en poussant Foch vers le commandement suprême, Clemenceau s'est gardé de limoger Pétain. Certes, ce dernier l'exaspère par son pessimisme constant, mais sa prudence organisée et méthodique le rassure. Après tout, sa défense mobile était une réponse adaptée aux nouvelles formes d'offensive allemande. On peut lui reprocher d'avoir tardé à soutenir massivement Haig, mais il a fourni bien plus qu'il n'annonçait, et le succès de Fayolle lui est largement imputable (même si ce dernier, qui ne l'aime pas, se plaint de directives insuffisantes). Sur le fond, Clemenceau était en plein accord avec lui pour donner la priorité à la couverture de Paris. D'ailleurs, quand Foch exige le remplacement du général Anthoine, major général de Pétain qu'il accuse d'obstruction, et que Pétain refuse, menaçant de démissionner, Clemenceau lui donne raison et maintient Anthoine. Au moment où s'annonce la deuxième grande offensive allemande, le Tigre sait qu'il va devoir gérer un conflit permanent entre ses deux principaux généraux.

Vagues allemandes et troubles internes

Accompagné de son chef de cabinet militaire, Clemenceau arpente les tranchées inlassablement, consacrant près du tiers de son temps à des visites au front. Sa silhouette, croquée dans toute la presse, est devenue légendaire. Son chapeau (il refuse de porter un casque), son long manteau, sa canne, ses gants et son écharpe de laine incarnent désormais la solidarité du peuple français avec ses poilus. Il ne manque jamais de visiter les postes de commandement des généraux, source précieuse d'informations sur la réalité des combats et de l'exécution des plans, moyen aussi d'évaluer l'aptitude et la combativité des chefs militaires, mais il consacre l'essentiel de son temps aux tranchées. Mordacq rapporte qu'il lui est arrivé de ramper sur plusieurs centaines de mètres, sous le feu ennemi, pour rejoindre un poste isolé. Un officier du 57ᵉ régiment d'infanterie garde de sa visite un souvenir ému : « le Vieux », comme le surnomment les poilus, a commencé par les féliciter « pour la magnifique tenue des boyaux ». Puis il a remis à un soldat « désigné par ses camarades comme s'étant particulièrement distingué », une montre-bracelet. Aux autres, il a distribué des cigares et des pipes… « Les hommes sont ravis d'avoir vu le président du Conseil qui leur a fait l'honneur de les visiter dans leurs tranchées de première ligne et ils se répètent la conversation qu'il a eue avec le gardien d'un des chiens sentinelles. » Son courage et son énergie subjuguent. En mars, il a reçu Churchill, ministre des Munitions de Lloyd George, et a insisté pour visiter avec lui le front britannique. La visite a duré dix-sept heures, sous le feu des canons allemands. Ecrivant à sa femme, le ministre anglais épuisé a conclu : « J'ai fini par convaincre le vieux tigre de s'éloigner de ce qu'il appelait "un moment délicieux". » Comme le dit Carlo d'Este, son biographe : « Ce fut l'une des rares fois où quelqu'un surpassa Winston Churchill sur le champ de bataille. » Cette présence régulière du président du Conseil au contact des lignes ennemies rassure les poilus et leurs familles. Elle maintient aussi le moral de Clemenceau qui y puise un regain d'énergie et elle conforte son ascendant sur les chefs militaires. Le risque partagé avec les combattants, semaine après semaine, lui confère une légitimité que nul ne conteste.

Les armées alliées se préparent à la reprise de l'offensive allemande. Ludendorff a pu transférer la plupart des unités du front de l'Est. Il aligne maintenant 207 divisions, dont 59 en réserve (quand Pétain n'en a plus que 11). Le recrutement colonial ne donnera ses effets qu'à l'été. Le 9 avril, la nouvelle attaque allemande se concentre sur les Britanniques et les Belges. Haig, submergé, recule partout et subit des pertes importantes. Les tensions sont manifestes entre les chefs militaires des trois pays engagés dans la bataille. Foch parvient néanmoins à colmater les brèches et à stabiliser le front avant la fin du mois d'avril. Les dissensions entre Alliés sont débattues à la conférence d'Abbeville, les 1er et 2 mai. Clemenceau exige que le débat soit tranché entre Français et Britanniques sur l'objectif prioritaire à défendre : les ports de la Manche ou les approches de Paris. A la satisfaction de Pétain, on décide unanimement qu'en cas de force majeure, on se repliera sur la Somme. Clemenceau est soulagé, car au Parlement et dans les usines, il doit faire face à une résurgence du « parti de la paix ». Il y a d'abord l'affaire Czernin, du nom du ministre autrichien des Affaires étrangères. Début avril, ce dernier déclare publiquement que Clemenceau lui fait des offres de pourparlers de paix. Le Tigre proteste aussitôt : « Le comte Czernin a menti. » En réalité, le président du Conseil a autorisé le 2e Bureau à poursuivre des contacts avec un diplomate autrichien en Suisse, mais il n'est pas question de négociations de paix. Pour couper court aux insinuations, Clemenceau rend publique une lettre de 1917 de l'empereur d'Autriche à son cousin Bourbon-Parme dans laquelle il s'engage à appuyer auprès des Allemands les « justes revendications françaises sur l'Alsace-Lorraine ». Ce faisant, il s'aliène le souverain, plus pacifiste que son gouvernement, et embarrasse la couronne belge qui a servi d'intermédiaire. L'affaire provoque un tollé au Parlement, les socialistes lui reprochant d'avoir sabordé une possibilité de paix. Pour marquer sa détermination dans la lutte contre les défaitistes, Clemenceau obtient de Poincaré qu'il n'use pas de son droit de grâce en faveur de Bolo, condamné pour trahison.

Au cours d'un débat houleux à la Chambre, le Tigre proclame que les Allemands n'accepteront jamais de rendre l'Alsace-Lorraine. Un mois plus tard, les faits lui donnent raison, l'Autriche-Hongrie signant avec l'Allemagne une nouvelle alliance militaire qui intègre leurs deux armées. Dès le début du mois de mai, les « grèves pour la paix » sont relancées dans la métallurgie et les usines d'armement, d'abord en région parisienne, puis dans la Loire. Le mouvement prend de l'ampleur après le vote par le Parlement de la mobilisation de la classe 19, c'est-à-dire l'incorporation des jeunes hommes atteignant l'âge de 20 ans dans l'année 1919. Pendant quinze jours, Clemenceau s'emploie à briser les grèves, censurant la presse pacifiste, faisant arrêter pour trahison les protagonistes, achetant les leaders syndicaux sur les fonds secrets, et menant une campagne publique contre les pacifistes qu'il assimile aux bolcheviks. Le 18 mai, le travail reprend en région parisienne. Le président du Conseil engage alors l'armée dans une opération de répression en Haute-Loire et fait arrêter les principaux meneurs. Le mouvement est brisé mais un nouveau retard a été pris dans la modernisation des équipements de l'armée.

La troisième offensive allemande ne porte plus sur le front britannique. Le 27 mai, la crête du Chemin des Dames est enlevée, Soissons est occupé et Franchet d'Espèrey contraint d'évacuer Reims. Duchêne n'a pas tenu et Pétain regrette de lui avoir cédé quand il a exigé de se battre en première ligne. Il est vrai que les Allemands ont consenti un formidable effort d'artillerie et concentré plus de 20 divisions face à lui. La percée allemande est une surprise totale, et Pétain conseille au gouvernement de quitter Paris. Clemenceau l'envisage, mais se rallie au point de vue de Poincaré qui y est résolument hostile. Foch demande à Pétain dès le 27 de renforcer les défenses de Paris avec 13 divisions prélevées sur le front Nord. Ce dernier s'exécute mais réclame des réserves stratégiques que le commandement interallié maintient dans les Flandres. Foch refuse, en faisant valoir le 28 auprès de Clemenceau qu'il « ne croit pas à une attaque allemande de grande envergure, étant entendu qu'elle ne peut donner des résultats stratégiques importants ». Mais deux jours plus tard, quand les Allemands atteignent Villers-Cotterêts, il engage une armée de sa réserve stratégique et consent à Pétain un effort massif d'aviation. Le 31 mai, devant Clemenceau, Foch ordonne à Pétain de défendre coûte que coûte sans céder de terrain, et lui promet de nouveaux renforts. De fait, il engage Pershing dans un secteur calme du front de l'Est pour soulager la pression allemande et finit par obtenir de Haig qu'il renforce les Français devant Paris. Pendant dix jours, la bataille fait rage et l'offensive allemande s'enlise dans les méandres de la défense mobile du front français. La situation est stabilisée le 10 juin et, le lendemain, Foch peut lancer Mangin dans une contre-attaque de portée limitée mais qui surprend et trouble le commandement allemand. C'est la « deuxième victoire de la Marne ».

Le Parlement, qui a cru à la catastrophe, exige un débat sur l'incurie supposée des généraux français. Clemenceau refuse la mise en cause des chefs militaires, mais prend des mesures dès que la situation est rétablie. Il limoge les généraux Duchêne et Maistre et remplace le major général de l'armée, Anthoine, par Edmond Buat qui plaît à Foch mais n'a pas de proximité avec Pétain. Il n'envisage pas pour autant de relever ce dernier, malgré sa mésentente avec Foch, car, comme il l'a dit quelques jours plus tôt à Poincaré : « Pétain complète Foch. »

Les Allemands lancent une nouvelle offensive en Champagne, le 15 juillet. Le général Gouraud résiste, mais les généraux Berthelot et Degoutte reculent. La Marne est franchie. Foch demande à Pétain de tenir en première ligne et de libérer l'armée Mangin pour lancer une contre-offensive à partir du 18. Quand Degoutte bat en retraite, Pétain annule la contre-attaque, mais Foch estimant que la défense de Gouraud suffit à déséquilibrer l'offensive allemande, rapporte le contre-ordre de Pétain. Et, pour marquer son autorité, il lui reproche sèchement de ne pas le mettre en copie des ordres donnés aux divisions. Pétain s'incline. La dernière offensive allemande a échoué. Les Américains et les chars arrivent en masse, et Ludendorff ne peut plus compter sur la supériorité de ses effectifs et de son armement. Clemenceau est un artisan majeur de ce succès. Sa ténacité et son habileté politique ont payé. Il a brisé le mouvement pacifiste et a joué prudemment et efficacement de la rivalité Foch-Pétain. L'échec des attaques allemandes est largement le fait de Pétain, de son organisation minutieuse et de sa gestion parcimonieuse des effectifs. Même son pessimisme trouve des échos dans l'âme expérimentée du vieux renard vendéen. Mais la victoire ne peut venir que de Foch, un vrai battant comme lui, et le seul à être capable de mobiliser les énergies et les moyens des Alliés. Son audace et son optimisme sont indispensables si on veut une victoire rapide. Pour autant, il ne lui donne pas toujours raison dans les conflits qui l'opposent à Pétain. Tant que les Allemands bénéficient d'une supériorité numérique, le Tigre joue la prudence.

Il reste un domaine que ni le président du Conseil ni le haut commandement ne parviennent à maîtriser, c'est celui du renseignement. Les deux offensives majeures de mars et mai ont pris par surprise Foch, Haig et Pétain, en dépit de moyens aériens plus nombreux que ceux de l'ennemi. La faiblesse du renseignement allié trahit le faible investissement des légendaires services britanniques sur le front français, mais consacre surtout l'habileté des Allemands à déplacer discrètement leurs unités et à concevoir des opérations de désinformation avant chaque offensive majeure. De fait, le renseignement militaire français souffre à la fois d'un défaut d'organisation et de moyens dédiés insuffisants. Laminé par l'affaire Dreyfus, il a été réactivé en 1914 à partir du 2e Bureau de l'état-major, concurrencé jusqu'en 1917 par un 5e Bureau rattaché au ministre. Mais le renseignement opérationnel dépend exclusivement du Grand Quartier général. Cette dualité s'aggrave, en dépit des efforts de Clemenceau, d'une faible coordination avec la Sureté générale qui se concentre sur le contre-espionnage et la sécurité intérieure. L'aviation, où les Français sont en position de force, est très tôt utilisée pour les besoins d'information tactique, mais elle est vulnérable et étroitement dépendante de la météo. Le renseignement humain, très prisé des Allemands, est quasiment inexistant en France du fait de préjugés culturels persistants, l'espionnage y étant considéré comme une activité dégradante. Il faut attendre la fin du printemps 1918 pour que des informations importantes et précises parviennent au QG de Foch, grâce notamment au déploiement d'équipes de renseignement, dotées de postes radio Marconi d'une portée de 50 kilomètres, derrière les lignes ennemies et à la mise en service du Breguet 14, un avion de reconnaissance manœuvrier et disposant de bonnes capacités photographiques.

Quelle victoire pour quelle paix ?

La contre-attaque Mangin du 18 juillet a surpris les Allemands qui se replient en bon ordre sur la Vesle et sur l'Aisne. Dès lors, Foch est en mesure de lancer la grande offensive, conçue depuis plusieurs semaines. Le 24 juillet, il remet aux commandants d'armée réunis un mémoire de planification qui définit trois objectifs majeurs : la libération des mines de Bruay, la réduction de la poche occupée par l'ennemi entre Soissons, Reims et Château-Thierry, et le contrôle de la voie ferrée Paris-Amiens-Arras. A cet effet, l'offensive alliée s'engagera en direction de la Belgique, par coups de boutoir successifs, en exploitant les défaillances adverses sans souci d'alignement immédiat. Le 6 août, avant même le lancement de l'offensive, Clemenceau et Poincaré nomment Foch maréchal de France. Son autorité sur Pétain en est renforcée.

Sur le flanc gauche, la première attaque, lancée par Haig le 8 août dans la région d'Amiens, avec les Belges et le renfort de 15 divisions françaises, est un succès total, contraignant l'ennemi à se replier sur les lignes renforcées du Cambrésis. Au centre, Pétain perce entre Roye et Soissons et occupe, le 20 août, les rives de l'Oise qui lui ouvrent les portes de la plaine de Laon. Le haut commandement allemand, traumatisé, s'efforce de rétablir son dispositif sur la ligne Hindenburg, position semi-fortifiée entre Ostende et Verdun, s'appuyant sur les défenses de Lens, Laon et Reims. Contre l'avis de Clemenceau et de Pétain, Foch confie alors à Pershing la réduction du saillant de Saint-Mihiel qui, au sud-est de Verdun, menace le flanc droit de l'offensive alliée. L'attaque, lancée le 10 septembre, atteint ses objectifs en quelques jours. Le commandant interallié s'estime alors en mesure de lancer l'offensive générale. L'attaque majeure doit s'exercer sur un axe sud-nord à partir de la région de Mézières. L'effort principal est confié à nouveau à Pershing, flanqué de Gouraud sur sa gauche. Lancée le 26 septembre, l'opération s'enlise rapidement, les Américains ne parvenant pas à percer, alors que Gouraud progresse rapidement. Clemenceau réagit violemment et tance Foch : « Ces défaillances américaines n'engagent pas moins la responsabilité du commandant en chef des forces alliées que celle du ministre de la Guerre [...]. Il n'est personne qui ne vous rende hommage mais ça ne change rien à vos devoirs. En ce moment, la patrie commande que vous commandiez. » De fait, comme le serinait Pétain, l'état-major américain inexpérimenté ne maîtrise pas la conduite des opérations. Clemenceau réclame à nouveau l'amalgame des unités américaines dans les forces françaises. Pershing ayant rejeté la demande transmise par Foch, le Tigre enjoint à celui-ci d'intervenir auprès du président Wilson, curieuse inversion des rôles. La question est en partie résolue par la progression franco-britannique au nord. Haig force la ligne Hindenburg et atteint Cambrai. Les 1re et 4e armées françaises seront bientôt sur la Sambre.

Ludendorff est contraint à un repli général sur la ligne Hermann, constituée en catastrophe de Gand à Guise, Rethel et Verdun. Faute d'avoir pu percer à Mézières, Foch, en désaccord avec Pétain, décide d'exploiter les succès au nord et d'entrer en Belgique. Mais l'armée allemande est encore puissante et, contrairement aux forces autrichiennes, ne montre aucun signe de débandade. Aussi, le commandement interallié, sur proposition de Pétain, envisage-t-il une offensive limitée en Lorraine pour soulager le front nord et marquer le retour dans les départements perdus. L'attaque est planifiée pour le 14 novembre… Les relations entre Clemenceau et ses généraux se sont tendues. Avec Foch, il y a eu l'affaire des Américains, mais aussi un désaccord sur le front italien. Clemenceau est hostile à toute aide supplémentaire aux alliés transalpins, car il juge leurs revendications territoriales dans les Balkans très excessives. Globalement, Clemenceau reproche à Foch de trop temporiser avec les Alliés et de ne pas assez commander. Les succès obtenus par les Britanniques le conduisent pourtant à tempérer son jugement. Quant à Pétain, il est sur son dos en permanence. Ce dernier a essayé de s'opposer à la création d'une commission d'enquête sur le désastre du Chemin des Dames du 27 mai. Il n'aime pas Duchêne et le tient pour responsable, mais craint, s'il est jugé et condamné, un effet d'inhibition chez les chefs militaires. Clemenceau tient bon et fait présider la commission par le général Guillaumat. Par ailleurs, sur proposition de Foch, il lui retire Franchet d'Espèrey, dont il est proche, pour lui confier le front de Salonique, comme il lui a imposé le départ d'Anthoine, son major général. A la mi-août, il évoque même devant Poincaré le remplacement de Pétain par le général Guillaumat. Le président, qui n'a pourtant guère d'affinités avec le généralissime, remarque sèchement : « Le remplacement de Pétain ne serait compris de personne et provoquerait une grosse émotion. » Quelques jours plus tard, le 23 août, Clemenceau lui fait attribuer la médaille militaire, réservée aux généraux ayant commandé en chef victorieusement devant l'ennemi. Ce revirement ne surprend pas Poincaré qui connaît les emballements du président du Conseil. Il y voit un geste à la fois sincère et habile, la reconnaissance attendue par l'opinion publique des mérites du vainqueur de Verdun et l'occasion d'agacer Foch avec lequel ses relations se détériorent.

Ces tensions s'expliquent notamment par le déferlement de propositions de paix qui précèdent et accompagnent la victoire. Clemenceau et Poincaré ne veulent pas d'une paix trop rapide qui priverait la France des réparations financières qu'elle compte bien obtenir de l'Allemagne. L'Autriche veut négocier dès la mi-septembre, mais la France refuse. Le Tigre juge inévitable l'explosion de l'Empire austro-hongrois où les mouvements irrédentistes se multiplient. Il ne veut pas non plus négocier trop vite avec la Turquie. Le front de Salonique a cédé sous la pression exercée par Franchet d'Espèrey, et les Britanniques veulent discuter de la Mésopotamie et de la Syrie. Mais c'est surtout en Allemagne que les choses évoluent. Hindenburg et Ludendorff ont imposé à Guillaume II un nouveau chancelier, Max de Bade. Les chefs militaires pensent pouvoir sauver leur armée en négociant avec Wilson sur la base des « quatorze points ». Il faut donc que l'ordre militaire s'efface, au moins en apparence, derrière un masque démocratique. Dès le 4 octobre, Max de Bade a demandé un armistice au président américain et, au grand dam des Français et des Britanniques, le dialogue s'est engagé entre Berlin et Washington, sans que Wilson consulte ses alliés. Sous la pression américaine, Ludendorff a été démis le 25 octobre. Dans ce contexte, Clemenceau demande à Foch de définir les conditions militaires de l'armistice. Après avoir réuni les commandants en chef, celui-ci présente le 24 octobre un projet au président du Conseil.

Les divergences sont profondes entre les trois chefs militaires. Pershing pousse à la poursuite de la guerre jusqu'à la capitulation allemande, car Wilson veut en finir avec le régime militaire de Berlin. Haig souhaite l'ouverture de négociations et, sur instructions de Londres, plaide pour un désarmement naval allemand, mais aussi pour le maintien des forces terrestres afin de contrer le risque d'un coup d'Etat révolutionnaire. Les Britanniques ne veulent pas d'une occupation alliée de la rive gauche du Rhin. Pétain, pour sa part, soutient l'ouverture de négociations mais demande un désarmement allemand complet, l'occupation de la Rhénanie et le contrôle du Rhin. Foch, après des négociations serrées, obtient leur accord sur un plan en quatre points : évacuation immédiate par les Allemands de la France, de l'Alsace-Lorraine, de la Belgique et du Luxembourg ; occupation par les Alliés de la rive gauche du Rhin et de trois têtes de pont, avec constitution sur la rive droite d'une zone démilitarisée de 40 kilomètres ; livraison de 5 000 locomotives, 150 000 wagons et 150 sous-marins ; occupation par les flottes alliées de deux ports de guerre allemands et maintien du blocus. Clemenceau approuve le plan et le fait adopter (difficilement) par les Alliés. Il arrache aux Américains l'ajout d'un codicille évoquant les dommages de guerre.

Le 8 novembre, Foch reçoit les émissaires allemands à Rethondes et leur donne soixante-douze heures pour répondre positivement. Le lendemain, une révolution chasse le Kaiser et promeut le socialiste Ebert qui décide d'accepter sans discussion les conditions des Alliés et donne ses instructions aux négociateurs militaires. L'armistice est signé le 11 novembre 1918, à 5 heures du matin, dans un wagon posé dans une clairière de la forêt de Compiègne. A 11 heures, les cloches sonnent dans Paris et, l'après-midi, Clemenceau est acclamé au Palais-Bourbon : « Au nom du peuple français, au nom de la République française, j'envoie le salut de la France unie et indivisible à l'Alsace et à la Lorraine retrouvées. » Avec une admiration teintée d'une pointe d'envie, Poincaré note dans ses carnets : « Le nom de Clemenceau est sur toutes les lèvres : le "Père la Victoire". » Trois jours plus tard, les Britanniques signent l'armistice avec les Turcs, à Moudros. L'Autriche-Hongrie, dont l'armée a été balayée par les Italiens à Vittorio Veneto, a pour sa part signé à Villa Giusti un accord qui ne satisfait personne car il renvoie aux négociations de paix le règlement des différends italo-serbes.

L'euphorie de la victoire qui vaut à Pétain son bâton de maréchal et à Clemenceau un accueil triomphal en Alsace-Lorraine ne dure pas pour le chef du gouvernement français. Il sait que les traités de paix conditionneront la sécurité future de la France et que les négociations entre Alliés s'annoncent difficiles. Dans la phase finale de la guerre, il s'est appuyé largement sur Foch, à qui il a laissé les rênes longues, faute de pouvoir lui contester son autorité sur les Britanniques et les Américains. Mais dans la négociation politique qui s'engage, il ne veut pas le voir interférer. La situation intérieure allemande le préoccupe, d'autant que Washington et Londres en tirent argument pour ménager Berlin. Le risque révolutionnaire subsiste et, surtout, le peuple qui n'a pas subi la guerre sur son territoire n'accepte pas le « diktat allié ». Faut-il en conclure, comme on l'a fait plus tard, que l'armistice a été signé prématurément ? Certes Poincaré souhaitait la poursuite de la guerre et l'occupation de l'Allemagne, mais Clemenceau, Foch et Pétain voulaient l'armistice. Les chefs militaires étaient conscients de la puissance résiduelle de l'armée allemande et le Tigre connaissait l'état d'épuisement qui prévalait en France. Les pertes tragiques accumulées et les finances publiques exsangues ne permettaient pas de repousser encore de quelques mois la perspective de la victoire. Ce sentiment était d'ailleurs partagé par les Anglais.

Clemenceau s'inquiète aussi de la révolution bolchevique en Russie. Toute son énergie a été consacrée jusqu'ici au front occidental, au point qu'il a souvent négligé les menées britanniques au Proche et au Moyen-Orient et le front de Salonique. Mais le coup d'Etat de Lénine est, à ses yeux, inacceptable, d'autant qu'il trouve des échos en Allemagne et pourrait relancer le mouvement révolutionnaire en France. Dès le 2 mai, le Conseil supérieur de guerre interallié a décidé une intervention militaire pour empêcher les stocks d'armes, constitués en Russie par les Alliés pour aider l'armée du tsar, de tomber entre les mains des bolcheviks. L'objectif est en réalité d'aider les armées blanches à prendre le pouvoir. Clemenceau renforce les Anglais à Mourmansk et Vladivostok et décide en novembre un débarquement en Crimée supervisé par Franchet d'Espèrey. L'expédition connaît des succès jusqu'en janvier 1919 où elle doit affronter l'Armée rouge remise à niveau par Trotski. La lassitude des troupes éprouvées par quatre années de guerre, les rudes conditions hivernales et les exactions commises par les armées blanches ont vite raison de la détermination du contingent. Des mutineries éclatent et convainquent Clemenceau de l'inanité des efforts entrepris. Les Français rembarquent sans gloire, le 20 avril, bientôt suivis des autres contingents[13]. L'échec français en Crimée justifie *a posteriori*

13. Avant même l'armistice, Clemenceau envisage une expédition alliée ambitieuse au sud de la Russie pour soutenir les armées blanches. Il ne peut obtenir l'accord de Lloyd George et de Wilson, davantage préoccupés par le sort de l'arsenal allié stocké à Mourmansk et vite soucieux de normaliser leurs relations avec l'URSS. Une vague coordination des actions alliées en Russie est alors confiée à Foch mais reste lettre morte. Le Tigre se résout donc à une opération nationale en Crimée, avec la participation de troupes grecques et roumaines. La faible disponibilité des unités, qui viennent de Salonique, et le manque de moyens de transport conduisent à limiter le corps expéditionnaire à deux divisions, au lieu des six prévues à l'origine. Le détachement débarque à Odessa et Sébastopol entre le 18 et le 26 décembre 1918 et se déploie vers les mines du Donetz en Ukraine. L'opération, aux ordres du général Berthelot, est supervisée par Franchet d'Espèrey. L'hostilité de la population ukrainienne et le comportement détestable des armées blanches du général Denikine

la décision de Clemenceau d'accepter l'armistice du 11 novembre. L'armée française n'était pas en état de conduire une campagne d'occupation du territoire allemand.

Il reste à affronter Wilson dont les idées généreuses l'inquiètent et séduisent une partie de l'opinion française. Le Tigre provoque un tollé au Parlement en saluant ironiquement la « noble candeur » du président américain. La seconde menace vient de l'intérieur, car Foch, soutenu par Poincaré, réclame une paix intransigeante pour les vaincus que Clemenceau sait irréaliste. Or, les chefs militaires victorieux sont adulés par le peuple et peuvent s'appuyer sur la presse pour compliquer sa tâche.

« Paix carthaginoise » ou « paix trop douce pour ce qu'elle a de dur » ?

Le traité de Versailles est à peine signé, le 18 juin 1919, que les critiques abondent, dans l'Allemagne défaite bien sûr, mais aussi dans les nations victorieuses. Deux grandes voix prédisent des lendemains apocalyptiques. John Maynard Keynes, le brillant économiste anglais, dénonce une « paix carthaginoise », contraire à la tradition de l'équilibre européen et susceptible d'étrangler l'économie allemande, menaçant à court terme la stabilité du continent. *A contrario*, Jacques Bainville, historien et chroniqueur à *L'Action française*, déplore « une paix trop douce pour ce qu'elle a de dur », offrant à une Allemagne frustrée et rognée, mais toujours unie sous le joug prussien, la tentation de bousculer la mosaïque des Etats multiethniques éclos sur le cadavre des Empires européens. L'un et l'autre s'accordent pour condamner les choix du négociateur français. « M. Clemenceau n'était pas préparé à la paix », assène Bainville. « Les conseillers dont

sèment vite le trouble dans le contingent français. L'Armée rouge reconstituée par Trotski attaque en mars 1918 et refoule en un mois les Alliés jusqu'en Crimée. Alerté par Foch et Franchet d'Espèrey qui jugent impossible une coopération avec Denikine, Clemenceau ordonne, le 1er avril, le rembarquement du contingent français replié à Odessa. Quelques jours plus tard, Sébastopol, tenue par les dernières unités françaises, est assiégée par l'Armée rouge. Des mutineries éclatent alors à bord de plusieurs bâtiments de la flotte de la mer Noire et compliquent le rembarquement des troupes qui s'effectue pourtant sans dommages les 28 et 29 avril 1919. Les mutins, qui ont fait des émules à Toulon, sont sanctionnés sévèrement, mais seront amnistiés en 1922.

s'entoura M. Clemenceau, assure Keynes, trahirent les intérêts de la France. » Les événements de l'entre-deux-guerres donnent du poids au jugement de ces Cassandres, mais, avec le recul du temps, deux interrogations demeurent. Le Tigre a-t-il failli dans ces négociations ardues qui l'ont opposé tour à tour à Wilson et Lloyd George ? Les traités étaient-ils si mauvais qu'ils n'ouvraient d'autre perspective que la guerre ?

Quand s'engagent les négociations entre Alliés, Clemenceau affiche un objectif clair : « Ecarter pour toujours la menace de l'appareil militaire et industriel allemand. » Sa réalisation suppose que les frontières du nord et de l'est de la France puissent être aisément défendues. La Sarre doit être annexée, la Rhénanie occupée par les Alliés et, si possible, détachée de l'Allemagne. Des têtes de pont sur le Rhin compléteraient la zone tampon ainsi créée. Le retour à l'équilibre économique et la « justice » exigent par ailleurs des « réparations » à la hauteur des dommages considérables subis par la France et de la lourde dette contractée auprès des Alliés pour l'effort de guerre. L'avenir de l'Autriche-Hongrie et la question polonaise n'intéressent guère le président du Conseil, sauf par le biais de la contagion bolchevique. La droite catholique lui reproche d'accepter le démembrement de l'empire des Habsbourg, mais il est favorable au « droit des peuples à disposer d'eux-mêmes » promulgué par Wilson et l'empire se délite tout seul à vive allure. Dès octobre, les Américains ont annoncé qu'ils reconnaîtraient la Tchécoslovaquie et la Yougoslavie. Des « conseils nationaux » surgissent dans les provinces austro-hongroises avant la fin de 1917. L'empereur Charles abdique le 13 novembre et la république est proclamée en Hongrie, puis en Autriche. Le dépeçage du géant est acquis, mais, pas davantage que Wilson ou Lloyd George, Clemenceau ne voit surgir dans la multiplication de petits Etats aux peuples mélangés et aux frontières incertaines la peste des « minorités » que dénonce Bainville et qu'exploitera Hitler. La renaissance de la Pologne pose des problèmes délicats avec la Russie et l'Allemagne. La résistance au tracé des nouvelles frontières se traduit par l'action des corps-francs allemands en haute Silésie et une occupation par l'Armée rouge des territoires orientaux[14]. La neutralisation de Dantzig et la création d'un « corridor »

14. Le traité de Versailles rétablit la Pologne mais ne fixe pas définitivement sa frontière orientale, tant les contentieux sont nombreux. Le général Piłsudski, qui a pris le pouvoir en novembre 1918, doit d'abord affronter les corps-francs

mobilisent peu les Français, et Clemenceau ne cherche pas à contrer les schémas théoriques dessinés par les Américains. Les activités des corps-francs allemands l'inquiètent davantage et le conduisent à maintenir des effectifs importants sous les drapeaux, alors que les Alliés se hâtent de démobiliser.

La question centrale pour le chef du gouvernement français reste donc l'Allemagne, dans son acception étroite, c'est-à-dire les frontières et les réparations. Le démantèlement de l'Empire ottoman est secondaire, même si on bataillera avec les Anglais pour obtenir un mandat sur la Syrie, comme au Liban, conformément aux accords Sykes-Picot que cherche à torpiller le colonel Lawrence[15]. Dès la fin

---

allemands et les partisans ukrainiens. Pour l'aider, Clemenceau envoie à Varsovie, en février 1919, une mission militaire de 600 officiers (dont le capitaine de Gaulle) aux ordres du général Henrys. En parallèle, les 65 000 combattants volontaires polonais du front occidental, renforcés de 6 000 Français, sont constitués en armée et rejoignent Varsovie en avril 1919. Profitant du retrait des troupes allemandes de l'Ukraine et de Pologne orientale, l'armée soviétique a occupé, dans les premiers mois de 1919, les territoires évacués. En novembre, l'armée polonaise parvient à les refouler en Biélorussie, et Piłsudski tente d'exploiter son avantage en conquérant l'Ukraine et la Lituanie. Vilnius est occupée en avril 1920 et Kiev le 7 mai. Un mois plus tard, l'Armée rouge contre-attaque et contraint les Polonais à un retrait précipité jusqu'aux portes de Varsovie. Début juillet, Piłsudski aux abois demande l'aide de la France et de la Grande-Bretagne. Surmontant les réticences de Lloyd George, le Tigre obtient la mise en place d'une mission diplomatique interalliée dont le volet militaire est confié au général Weygand, le brillant chef d'état-major de Foch. A pied d'œuvre le 21 juillet 1920, ce dernier, en dépit de relations tumultueuses avec Piłsudski, conseille utilement l'armée polonaise et contribue à la victoire sur Toukhatchevski devant Varsovie (6-7 août), puis au succès de la contre-attaque lancée le 13 août et qui s'achève sur le Niémen à la fin septembre. La conférence de Riga, le 5 octobre 1920, accorde à la Pologne un large territoire, bien au-delà des limites suggérées par lord Curzon en décembre 1919 à la conférence interalliée. En revanche, l'Ukraine devient une république soviétique socialiste.

15. Le 16 mars 1916, la France et la Grande-Bretagne signent des accords secrets, avalisés par les gouvernements russe et italien, organisant le partage des territoires ottomans du Moyen-Orient à l'issue de la guerre. Ces accords sont connus sous le nom des deux diplomates signataires, Sykes et Picot. Ils donnent à la France l'administration directe du Liban et de la Cilicie et lui concèdent une zone d'influence en Syrie et dans la province de Mossoul. Les Britanniques administreront le Koweït et la Mésopotamie et contrôleront le Sud syrien et la Jordanie. La Palestine sera placée sous mandat international. Au printemps 1918, les bolcheviks rendent publics ces accords, provoquant une vive effervescence dans l'Empire ottoman et à Washington. Pendant la Conférence de la paix, Français et Anglais se heurtent à la volonté de Wilson d'organiser des référendums d'autodétermination. Sur le terrain, les kémalistes, qui ont pris le pouvoir à Istanbul, et les Arabes du roi Hussein et de son fils Fayçal (encouragés par Lawrence d'Arabie qui a témoigné à la conférence) contestent violemment la légitimité des accords.

décembre, le Tigre expose sa méthode pour la conduite des négociations. Elles seront menées par lui avec une équipe restreinte (André Tardieu étant son principal négociateur) et resteront secrètes. Ni le président de la République, ni le Parlement, ni, *a fortiori*, la presse ne seront tenus informés. Les militaires seront seulement consultés en tant que de besoin. La censure est maintenue, officiellement à cause de la menace bolchevique (en réalité pour que les divergences entre Foch et les responsables politiques ne soient pas rendues publiques). Devant le tollé provoqué par cette annonce, Clemenceau menace de démissionner, ce qui serait inacceptable pour l'opinion publique fin 1918. D'ailleurs, quand il est victime d'un attentat anarchiste le 19 février 1919, l'émotion est immense. Blessé sans gravité, il est sur pied en moins d'une semaine et peut affronter Wilson[16]. Celui-ci a reçu un accueil triomphal à Brest en débarquant en France, la SFIO et l'aile gauche du parti radical saluant en lui l'adversaire du « jusqu'au-boutisme » du gouvernement. « Quand le président Wilson quitta Washington, écrit Keynes, il jouissait à travers le monde d'un prestige et d'une autorité morale encore inconnus dans l'histoire [...]. Les peuples ennemis avaient confiance en lui pour l'exécution du contrat qu'il avait passé avec eux ; les peuples alliés ne le reconnaissaient pas seulement comme un vainqueur, mais presque comme un prophète. » Ni Clemenceau ni Lloyd George ne sont dupes pourtant : ils le savent

---

Londres et Paris profitent de la conférence de San Remo (avril 1920), au cours de laquelle les trois Alliés examinent l'exécution du traité de Versailles, pour faire avaliser les accords Sykes-Picot modifiés discrètement en décembre 1918 par Lloyd George et Clemenceau. La France reçoit mandat de la SDN sur le Liban et la Syrie et la Grande-Bretagne sur l'Irak et la Palestine. Les Etats-Unis, qui n'ont pas ratifié le traité, ne sont pas représentés à cette réunion décisive pour l'avenir du Moyen-Orient.

16. Alors que le Tigre se rend en voiture de son domicile, rue Franklin, à la Conférence de la paix, il est agressé par un individu qui, profitant d'un embouteillage au petit carrefour de Passy, tire dix coups de pistolet automatique sur son véhicule. Clemenceau est blessé de trois balles dont une perfore une omoplate et un poumon. Opéré sur-le-champ et bien que la balle n'ait pu être extraite, le chef du gouvernement se remet au travail dès le lendemain, se faisant porter les dossiers sur son lit d'hôpital. A la fin du mois de février, il est de retour aux affaires. L'attentat provoque une grande émotion en France et à l'étranger, et Clemenceau peut prendre la mesure de son immense popularité. L'auteur de l'attentat, Emile Cottin, est un ouvrier anarchiste qui lui reproche la répression des grèves révolutionnaires. Condamné à mort par le conseil de guerre, il est gracié par Poincaré à la demande de Clemenceau et sa peine est commuée en dix ans de réclusion. Il sera tué pendant la guerre d'Espagne, comme l'assassin de Jaurès qui, lui, avait été acquitté.

mal informé des réalités européennes et craignent ses ardeurs de « pasteur théologien ».

La Conférence de la paix s'ouvre début janvier avec la participation de tous les Alliés[17], mais sans les Allemands dont la présence a été exclue en raison des divergences connues entre les vainqueurs qu'ils auraient pu exploiter. A partir du 24 mars, les négociations se limitent au cercle restreint du Conseil des Quatre (France, Etats-Unis, Royaume-Uni et Italie). Selon Keynes, qui appartenait à la délégation britannique avant d'en démissionner avec fracas quand ses vues ne furent pas prises en compte, « Clemenceau était, de beaucoup, le membre le plus éminent du Conseil des Quatre, et il avait pris la mesure de ses collègues. Lui seul avait une idée et en avait pesé toutes les conséquences [...]. Il n'apportait ni papiers ni serviette et n'était aidé par aucun secrétaire particulier [...]. Il avait l'aspect d'un très vieil homme qui réserve ses forces pour les occasions importantes [...]. Il parlait rarement et laissait à ses ministres ou à ses fonctionnaires le soin d'exposer la position initiale de la France. Il fermait souvent les yeux et se renversait dans son fauteuil, avec un visage impassible de parchemin, joignant devant lui ses mains gantées de gris. Une phrase brève, décisive ou cynique, lui suffisait en général, ou bien une question. Il pouvait abandonner sans vergogne ses ministres, sans même sauver les apparences, ou faire montre d'un entêtement renforcé par quelques paroles piquantes prononcées en anglais. Mais, en cas de besoin, les discours et l'ardeur ne lui faisaient pas défaut [...]. Clemenceau trônait, ganté de gris sur son fauteuil de brocart, l'âme sèche et vide d'espérances, très vieux et très

17. La première conférence, consacrée à l'Allemagne et à la création de la SDN, se tient au Quai d'Orsay du 18 janvier au 18 juin 1919. Y participent les représentants des 24 pays ayant soutenu la Triple Entente (France, Grande-Bretagne, Italie) et ceux des dominions britanniques (qui ont largement participé à l'effort de guerre). Les négociations sont conduites dans 52 commissions spéciales, le pouvoir décisionnel revenant au Conseil des Dix (chefs d'Etat ou de gouvernement et ministres des Affaires étrangères des Etats-Unis, de la France, de la Grande-Bretagne, de l'Italie et du Japon). A partir du 14 mars, le Japon n'étant pas partie prenante aux questions européennes, le Conseil des Quatre prend le relais (Wilson, Lloyd George, Orlando et Clemenceau), leurs ministres n'apparaissant plus officiellement dans l'organigramme. Le sort de l'Autriche est examiné à Saint-Germain-en-Laye, de mai à septembre 1919. Celui de la Hongrie est tranché à Trianon, de décembre 1919 à janvier 1920. La question bulgare est traitée à Neuilly en novembre 1919. Enfin, le démembrement de l'Empire ottoman est organisé à Sèvres, de mars à août 1920.

fatigué, mais contemplant le spectacle d'un air cynique et presque malicieux[18] ».

Le premier conflit porte sur la participation russe aux discussions. Poussé par l'opinion publique, le chef de la délégation française s'y oppose. Lénine décline alors une proposition américaine de rencontre à Prinkipo. Le Tigre arrache ensuite à Wilson un délai avant que l'Allemagne ne soit autorisée à rejoindre la Société des Nations, censée devenir le gendarme de la paix universelle. Quelques semaines plus tard, il réussit à extorquer au président des Etats-Unis une entorse au principe du droit des peuples à disposer d'eux-mêmes : l'Autriche ne pourra s'unir à l'Allemagne sans l'accord de la SDN. Enfin, Clemenceau obtient de ses partenaires le principe d'un droit de la France à des réparations financières. C'est le début d'une longue et difficile négociation portant sur le montant financier et les modalités de recouvrement. Pour surmonter les réticences américaines, il faudra s'allier avec les Britanniques et donc leur faire quelques concessions. Or, il reste deux dossiers lourds, le désarmement allemand et les garanties de sécurité, qui vont dresser Foch contre lui.

Il n'y a pourtant aucun désaccord sur le fond entre les deux hommes, mais Clemenceau n'accepte pas l'intransigeance et la forme des remarques de Foch. Le maréchal est ulcéré de n'être pas partie prenante aux négociations et ne mesure pas l'opposition des Américains et des Britanniques aux mesures qu'il propose. Plus largement, le Tigre supporte mal l'arrogance des généraux victorieux. Il s'agace des tendances proconsulaires des hauts gradés participant à l'occupation de la rive gauche du Rhin, Mangin en particulier, qui s'ingénie à susciter des mouvements indépendantistes en Rhénanie. Il s'irrite aussi des nombreuses candidatures militaires aux législatives qui se profilent (Castelnau, Fayolle, Weygand, Roques...). Le premier désaccord intervient sur le désarmement allemand. Foch prône une armée de conscription de 200 000 hommes. Mais, pour obtenir son appui sur les réparations, Clemenceau soutient Lloyd George qui propose une armée de métier de 100 000 hommes. Le maréchal, qui y voit l'outil potentiel d'une résurgence du militarisme prussien, ne parvient pas à mobiliser l'opinion.

Le deuxième point de discorde porte donc sur les garanties de sécurité. Foch ne croit pas à une alliance militaire durable avec l'Angleterre et les Etats-Unis et réclame l'annexion de la Sarre,

18. John Maynard Keynes, *The Economic Consequences of the Peace*, Londres, 1919.

l'occupation de la Rhénanie par les Alliés et la neutralisation de la rive droite du Rhin. Clemenceau n'a rien contre ce programme, mais a pu apprécier les résistances de ses partenaires et il adopte les revendications de Foch comme une simple base de départ pour les négociations, quand le maréchal y voit un minimum irréductible. Comme souvent, le chef militaire exprime « ce que l'on doit faire » et le responsable politique choisit « ce que l'on peut faire ». Mais l'inverse est parfois vrai, comme on le sait de Lincoln avec ses généraux. Or, Lloyd George, fidèle à la tradition britannique, ne veut pas de Français sur le Rhin et Wilson refuse l'annexion de la Sarre. Les négociations s'enlisent pendant plusieurs mois. Clemenceau va même jusqu'à demander l'audition de Foch qui irrite les Alliés en évoquant la notion de « frontière stratégique ». Le Tigre finit par obtenir un mandat de la SDN sur la Sarre et l'exploitation par la France des mines de charbon, puis une occupation alliée temporaire de la Rhénanie. En échange de cette limitation des prétentions de la France, Wilson et Lloyd George promettent de garantir sa sécurité. Foch, qui s'est répandu dans la presse britannique (sans succès), demande aux parlementaires de voter une résolution exigeant l'inclusion dans le traité de paix « des garanties militaires qui seront indiquées par le commandement des armées alliées ». Clemenceau répond que cette demande est inacceptable et contraire à la Constitution « puisqu'elle subordonne les discussions du traité de paix aux désirs du commandement militaire ». Le 24 avril, ayant reçu une lettre comminatoire du maréchal, le Tigre la montre à Poincaré et lui exprime son indignation, partagée, selon lui, par les responsables alliés. De fait, Lloyd George lui a dit que l'attitude de Foch était intolérable et aurait été sanctionnée dans son pays. Poincaré convoque donc Foch qui lui dit qu'il n'accepte pas le projet de traité, mais le président de la République ne veut pas d'affrontement avec Clemenceau et refuse de prendre son parti.

Le Conseil des Quatre entend Foch, le 6 mai. Le maréchal, évoquant la faiblesse des garanties militaires, demande que les dispositions arrêtées soient examinées par les experts militaires « qui n'ont pas été consultés ». Ses propositions agacent et sont rejetées à l'unanimité. L'Allemagne, consultée *in fine* sur le projet de traité, tergiverse pendant quelques semaines, et Clemenceau obtient qu'un ultimatum lui soit adressé : cinq jours pour signer, sans quoi les Alliés marcheront sur Berlin. La dernière suggestion de Foch, une occupation des provinces du sud de l'Allemagne qui signeraient des traités de paix séparés, provoque un ultime agacement de Clemenceau (« Il ne faudrait pas mêler la politique avec la stratégie »). Enfin, le 28 juin 1919, le traité est signé dans la galerie des Glaces de Versailles. Le 2 octobre suivant, il est massivement ratifié par le Parlement. A la grande déception du Tigre, la Chambre bleu horizon, élue le 30 novembre, donne une majorité écrasante à la droite. Fort de son prestige national, il se porte cependant candidat à la présidence de la République. Mais, au vote préparatoire, il est battu par l'obscur Paul Deschanel, soutenu par ses adversaires de droite et de gauche, et se retire avec superbe de la vie politique.

Après un voyage triomphal aux Etats-Unis en 1922 et la publication d'un livre, *Grandeurs et misères d'une victoire*, où il règle ses comptes avec Foch, les Anglo-Saxons et Aristide Briand[19], il meurt le 24 novembre 1929. Il est enterré le lendemain dans sa Vendée natale. Sur son cercueil, à sa demande, sont posés les deux bouquets de fleurs desséchées qu'il a reçus des mains de soldats, en Champagne, en juillet 1918.

Le « Père la Victoire »

« La cause principale de la défaite allemande ? Clemenceau. » Ainsi conclut Guillaume II dans ses Mémoires. Certes, on n'attendait pas du Kaiser, dominé par ses généraux, qu'il rendît un hommage aux chefs militaires français, mais le fait est là, indiscutable pour tous. Le principal artisan de la victoire alliée de 1918 fut bien l'irascible président du Conseil français. Appelé à la tête du gouvernement

19. Publié en avril 1930, après la mort de son auteur, ce livre défend, contre les critiques de Poincaré et de Foch, la politique qu'il a conduite de 1917 à 1919. Il dénonce également les conséquences de la non-ratification du traité de Versailles par les Etats-Unis qui, en supprimant les garanties militaires promises à la France, ouvre la voie au réarmement allemand. Il s'indigne de l'intransigeance des Anglo-Saxons sur le remboursement des dettes de guerre françaises, alors que l'Allemagne rechigne à payer les réparations. Il critique enfin la politique « d'apaisement » de Briand qu'il tient pour une capitulation devant les revanchards allemands. Ses pages les plus sévères sont pour Foch qu'il décrit comme un ambitieux sans scrupules et sans cervelle. Il a été choqué par la parution en 1929, un mois après la mort de l'ancien généralissime, d'un livre de Raymond Recouly intitulé *Mémorial de Foch*, recueil d'entretiens au cours desquels le maréchal dénonce en termes virulents les choix du Tigre à la Conférence de la paix. « Il se prend pour Napoléon [...] il y a du César dans cet homme-là, un César qui aurait fait l'Ecole de guerre », relève Clemenceau. La réponse posthume de Foch interviendra en 1931, avec la publication de *Mémoires pour servir à l'histoire de la guerre 1914-1918*.

dans une période dramatique où la France exsangue ne croyait plus à la victoire, Clemenceau a dû s'imposer à un président brillant et hostile, Poincaré, à des généraux expérimentés au caractère marqué, Foch et Pétain, et à des Alliés coriaces poursuivant leurs propres objectifs, Wilson et Lloyd George. A ces derniers, il a arraché, pas à pas, le commandement unique interallié. De Poincaré, il a obtenu une neutralité plus ou moins bienveillante, précieuse dans sa lutte contre les « défaitistes ». Avec ses chefs militaires, il s'est montré d'un pragmatisme total. Se démarquant de la théorie classique des relations politico-militaires, il n'a jamais fixé d'objectif stratégique à atteindre, se contentant d'un but général, la victoire sur le front occidental. Il ne s'est pas non plus interdit d'interférer dans la conduite des opérations, n'hésitant pas à soutenir ou à critiquer les options ou les directives des commandants en chef. Il ne s'est pas privé, enfin, de contrôler l'exécution des ordres donnés jusqu'au niveau des corps d'armée. En pratique, sans jamais s'immiscer dans la chaîne de commandement opérationnel, il a su jouer des choix tactiques divergents des chefs militaires pour accroître son emprise sur la conduite de la guerre, déjà assurée par le prestige considérable que lui donnaient ses visites au front. Ainsi a-t-il fait sien l'objectif de Pétain, « tenir jusqu'à l'arrivée des Américains et des chars », et l'a-t-il soutenu contre Foch sur la défense mobile en profondeur. Ainsi, *a contrario*, a-t-il donné raison à Foch contre Pétain sur les réserves stratégiques et l'offensive des Flandres. Il a su défendre et attaquer quand il le fallait. En parallèle, il a relancé l'effort de guerre, brisant les grèves révolutionnaires, arrachant des effectifs supplémentaires au Parlement et dans l'Empire, et organisant l'approvisionnement des armées. Par-dessus tout, il a restauré le moral et la confiance de la Nation, en gouvernant avec une main de fer, poursuivant les défaitistes, contrôlant la presse et incarnant le peuple en armes, tout en lui redonnant l'espoir par sa foi dans la victoire.

Dans la négociation des traités de paix, il a fait ce qu'il a pu, obtenant sans doute le maximum possible en termes de garanties. Il a tenu Foch à l'écart, se brouillant définitivement avec ce chef très populaire, mais il a réussi à empêcher que leurs différends ne s'affichent sur la place publique. Il était sans illusion sur le traité de Versailles mais, contrairement à Foch, il savait que s'il s'était obstiné à exiger pour la France une « frontière stratégique », la rupture avec les Alliés était inévitable, entraînant des conditions encore plus défavorables. Pourtant, dès la signature du traité, les Américains et les Britanniques dénoncèrent publiquement la sévérité excessive de ses dispositions à l'égard de l'Allemagne et l'imputèrent à l'intransigeance du Tigre. Quelques mois plus tard, en refusant de ratifier le traité, le Sénat américain lui porta un coup fatal, ruinant ses efforts pour obtenir une garantie militaire des Alliés contre la résurgence du militarisme allemand. En humiliant l'Allemagne déclarée seule responsable de la guerre, en la contraignant à des réparations lourdes et des contrôles tatillons sans affecter son poids politique, on créait les conditions d'une contestation permanente que la crise économique allait cristalliser. La Société des Nations, dépourvue de tout pouvoir de contrainte, ne serait d'aucun secours. Compromis laborieux entre les principes généreux et idéalistes de la nouvelle puissance américaine et la vieille tradition européenne annexionniste, les traités de Versailles, Trianon (pour la Hongrie) et Sèvres (pour l'Empire ottoman) ne pouvaient que générer de nouvelles flambées nationalistes.

En janvier 1920, alors que le Parlement lui préfère Deschanel pour incarner la France, le Tigre sait qu'il n'a pas gagné la paix, n'ayant pu obtenir ni la « frontière stratégique », ni la destruction du cœur industriel de la Ruhr, ni même les garanties de sécurité promises par Wilson et Lloyd George en échange de ces concessions. Fut-il trop intransigeant ou trop faible ? Trop focalisé sans doute sur le front occidental, peu mobilisé par les dossiers polonais, ottoman et par le démembrement de l'Empire austro-hongrois. Mais, s'agissant de l'Allemagne et du Rhin, on ne peut lui donner tort quand on regarde la suite de l'histoire. Le 28 juin 1918, en entrant dans la galerie des Glaces, ignorant les délégations signataires, le vieil homme se dirige droit vers un groupe de poilus, des « gueules cassées » qu'il a fait venir là, avec leurs pansements et leurs béquilles : « Vous avez souffert, leur dit-il, mais voici votre récompense. » Il tend alors la main vers le traité.

Après deux guerres dévastatrices, humainement et financièrement saignée à blanc, la France ne pouvait que chercher des garanties concrètes. Celles qu'avait obtenues Clemenceau auraient pu, tant bien que mal, servir de rempart, si ses successeurs avaient montré le même courage et la même détermination. Dans l'oraison funèbre qu'il prononça en 431 av. J.-C. pour rendre hommage aux morts de la guerre du Péloponnèse, Démosthène, auquel Clemenceau consacra une biographie élogieuse, eut ces mots : « Seul l'amour de la gloire résiste à la vieillesse, et il n'est pas vrai que, dans la stérilité de l'âge, le gain représente, comme certains le disent, l'agrément principal ; c'est plutôt l'honneur. »

Descendant les Champs-Elysées à la Libération, de Gaulle prétend qu'en passant devant la statue du Tigre, il eut l'impression que celui-ci avait jailli de son socle pour marcher à ses côtés.

CHAPITRE 4

WINSTON CHURCHILL OU UN CAPITAINE COURAGEUX

La ferveur populaire pour celui qui incarna pendant de longues années la résistance du monde libre au cauchemar nazi ne s'est jamais démentie. Son éloquence exaltée, sa silhouette massive et rassurante, ses excentricités d'aristocrate aventurier et son humour ravageur continuent de faire recette, bien au-delà des rivages de Sa Majesté. Le portrait convenu qu'on dresse de Winston Churchill dans nos démocraties occidentales – Premier Ministre visionnaire et stratège héroïque – doit beaucoup à ses admirables Mémoires et à la pieuse légende entretenue par un peuple fier qui l'associe aux derniers feux de la puissance britannique. Or, le bilan de son action est aujourd'hui largement contesté dans les milieux universitaires. Sa vision rétrograde du monde, son despotisme et ses erreurs de jugement l'auraient, selon certains, conduit à des décisions préjudiciables aux intérêts de son pays. Le Royaume-Uni n'est-il pas sorti ruiné de la Seconde Guerre mondiale, son influence laminée et son empire disloqué ? Churchill fut-il donc le grand chef de guerre auquel les nations unanimes rendaient hommage, le 30 janvier 1965, autour de son cercueil ? Ou ne fut-il, comme l'écrivit son chef d'état-major, le général Brooke, qu'un « colosse aux pieds d'argile » servi par les circonstances ?

Un aventurier entre en politique

« Guerrier parmi les politiques », selon la formule de François Kersaudy, Churchill fut aussi bien autre chose, un journaliste renommé, un écrivain célébré, un peintre délicat de la nature, et, en toile de fond, un aristocrate victorien original et égoïste. Maniant avec la même aisance la plume, le sabre ou le pinceau, il fit le choix de la carrière politique qui le vit dix fois ministre et deux fois Premier Ministre. Son éducation et ses goûts le prédisposaient à une carrière militaire, mais son ambition dévorante ne pouvait s'en contenter.

Enfant mal aimé d'un couple d'aristocrates mondains, il voit le jour le 30 novembre 1874 au château de Blenheim, héritier d'une double tradition, guerrière par son ancêtre, le duc de Marlborough, au firmament des gloires militaires de l'Angleterre, et politique par son père, parlementaire estimé et prometteur jusqu'à ce que la maladie et un caractère obstiné l'aient conduit à la démission. Confié à une gouvernante, puis mis en pension à l'âge de 7 ans, le jeune Winston est un enfant difficile et manipulateur, un camarade impopulaire, agressif et vantard, un « petit rouquin odieux » selon sa grand-mère. On ne lui connaît que deux passions, les soldats de plomb qu'il aligne pendant des heures dans des batailles virtuelles et les livres d'aventure qu'il dévore sans retenue. Ses résultats scolaires médiocres, en dépit d'une mémoire prodigieuse, contribuent au mépris que lui manifeste son père qu'il admire pourtant éperdument. Sa mère, Jenny, une belle Américaine volage, ne lui accorde qu'une attention distraite jusqu'au jour où Winston entreprend d'exploiter à son profit l'extraordinaire réseau de relations que lui valent ses aventures amoureuses (jusqu'au prince de Galles et au Premier Ministre). Les succès sportifs du jeune aristocrate, champion d'escrime et de natation et cavalier hors pair, et son goût jamais démenti pour les jeux de guerre l'orientent naturellement vers l'académie militaire de Sandhurst. Son père y consent d'autant plus volontiers qu'il le juge incapable de réussir dans le barreau à quoi il le destinait. Reçu à la troisième tentative, Churchill rejoint le corps des officiers de l'armée de terre de Sa Majesté, moins prestigieux que la Royal Navy, et, sorti bien classé, choisit la cavalerie et le 4e régiment de hussards.

La carrière militaire avortée du lieutenant Churchill est éclairante à plus d'un titre, tant sur le caractère et les méthodes du futur Premier Ministre que sur sa vision de la guerre et ses relations avec les chefs militaires. Dès la sortie de Sandhurst, il sait que son ambition ne pourra se suffire de l'avancement processionnel qui régit l'armée impériale. Le corps des officiers, issu comme lui de la haute société britannique, l'irrite par son esprit étroit et routinier. Son amour du sport, du cérémonial et des jeux de guerre y trouve certes son compte, mais il se cherche déjà d'autres horizons. « Mieux je connais la vie de soldat, écrit-il à sa mère, plus elle me plaît. Mais je suis convaincu que ce n'est pas mon métier. Enfin, nous verrons bien. » Pendant ces six années passées sous l'uniforme, Winston Churchill poursuit une quête systématique d'aventure et de gloire, dont l'objet ultime est d'obtenir la plus prestigieuse des décorations, la Victoria Cross, sésame indispensable, pense-t-il, pour lancer la carrière politique dont il rêve déjà. Pour obtenir sa mutation dans les zones de combat, peu nombreuses à cette époque dans l'Empire britannique, il exerce une pression constante sur sa mère afin qu'elle intervienne auprès de ses précieuses relations. Ces jeux d'influence irritent le commandement et lui aliènent ses camarades qui voient en lui à juste titre un aventurier chasseur de médailles. Ainsi, quand le 4e régiment de hussards est désigné pour les Indes en 1896, il tente en vain d'être affecté en Afrique du Sud où la rébellion s'installe. Puis, après quelques mois à Bangalore, dans le sud de la péninsule, où il trompe son ennui dans les tournois de polo où il excelle et dans la lecture fiévreuse de traités d'économie, d'histoire et de philosophie (Darwin, Smith, Malthus, Platon, Schopenhauer), complément autodidacte à des études survolées, il obtient, toujours par l'entremise de Jenny, d'être détaché dans le nord des Indes où les musulmans Pathans se sont révoltés.

Commandant au feu une compagnie de Sikhs, il se fait déjà remarquer par sa bravoure et son audace. Quelques mois plus tard, il obtient encore de sa mère son détachement à Peshawar, à l'entrée du corridor afghan, où les combats sporadiques ne lui donnent pas l'occasion de s'illustrer. En 1898, apprenant que le général Kitchener prépare une campagne punitive au Soudan contre l'armée rebelle du Mahdi, il n'hésite pas à payer les dettes de sa mère pour la convaincre d'intervenir auprès du Premier Ministre afin d'arracher son affectation au corps expéditionnaire, contre l'avis même de Kitchener. C'est au Soudan qu'il connaît sa première grande expérience du combat dont il garde, sa vie durant, la marque indélébile. Le calife Abdullah, héritier du Mahdi, s'est retranché dans la forteresse d'Omdurman avec 52 000 hommes. La bataille s'engage dans la plaine ouverte aux abords de la ville, par une chevauchée fantastique, la dernière charge de cavalerie de l'histoire militaire britannique. Le lieutenant Churchill, à la tête de son peloton, perce les rangs clairsemés des Soudanais armés de lances et de fusils de traite, écrasés par les tirs de mitrailleuse et les obus des canonnières qui ont ouvert la voie. Puis il est engagé dans les corps à corps furieux qui se poursuivent de case en case, pendant plusieurs heures, dans l'enceinte fortifiée. Trois fois il frôle la mort, mais il en sort indemne, le cœur troublé, partagé entre l'horreur que lui inspirent les carnages et les représailles atroces ordonnées par Kitchener et l'exaltation des combats, la bravoure et la solidarité de ses hommes.

Il sait désormais qu'il aime la guerre, pour le défi qu'elle présente, pour l'intensité des émotions qu'elle procure, mais il pleure ses victimes et condamne ses excès. Il ne sera jamais belliciste. Son expérience militaire est complétée par la suite en deux occasions qui renforcent son ambivalence à l'égard de la guerre et son jugement négatif à l'égard des chefs militaires. En Afrique du Sud, en 1900, alors qu'il n'appartient plus à l'armée d'active, il reçoit le commandement d'une compagnie pendant quelques mois et s'y illustre à nouveau dans les combats contre les Boers[1]. Quelques années plus tard, en 1915-1916, en disgrâce politique après l'échec de l'offensive des Dardanelles qui lui a valu d'être écarté de la conduite de la guerre, il reprend du service et fait l'expérience des tranchées, dans le saillant d'Ypres, à la tête d'un bataillon d'infanterie pendant cinq mois[2]. Mal accueilli par ses hommes qui ne voient en lui qu'un politicien déchu, il s'impose par son charisme, son courage et son sens de l'organisation. A sa femme Clementine épousée en 1908 (voir plus bas) et qui s'inquiète, il répond par une description apocalyptique du champ de bataille et conclut : « Au milieu de ce décor, aidé par l'humidité, le froid et toutes sortes d'inconforts mineurs, j'ai trouvé un bonheur et un contentement que je n'avais pas connus depuis des mois. » Il devient le seul homme politique britannique à pouvoir se prévaloir d'une authentique expérience personnelle de la guerre. Sa carrière militaire a pris fin avec sa démission en 1899, après la campagne du Soudan. Churchill n'a pas atteint son objectif. La Victoria Cross, plusieurs fois méritée, lui a été refusée

1. La république d'Afrique du Sud (Transvaal), dirigée par les Boers, descendants de colons hollandais, est périodiquement en conflit avec les colonies anglaises du Cap et du Natal, mais a obtenu son indépendance en 1881. Les colons britanniques travaillant dans les mines d'or du Transvaal tentent en vain un coup d'Etat en 1895 (Cecil Rhodes) et appellent à une intervention de Londres pour les protéger. Le 9e régiment de lanciers est envoyé en renfort au Cap et Churchill cherche à s'y faire affecter.

2. Le général French, commandant les troupes britanniques sur le front français, propose de confier une brigade à Churchill avec le rang de général, ce qui sied à l'intéressé. Mais cette initiative scandalise les parlementaires conservateurs, pour la plupart hostiles à l'ancien ministre, qui y voient un favoritisme inacceptable pour un commandant de réserve. Churchill doit se résigner à prendre le commandement du 6e bataillon du Royal Scots Fusiliers (5 janvier au 6 mai 1915).

en raison des critiques sévères du commandement auxquelles il s'est livré dans la presse. Le dépit n'est pas la cause de son départ. Il veut désormais se consacrer à la vie politique pour égaler et dépasser son père dont l'ombre dédaigneuse pèse sur son âme ambitieuse. La mort prématurée de lord Randolph Churchill, en 1894, lui laisse le champ libre. La nostalgie du métier des armes ne le quittera jamais tout à fait, comme il le montrera en toute occasion où son autorité sur les opérations militaires peut s'exercer. « C'était une merveilleuse école de la vie. On y apprenait la discipline et la camaraderie, un trésor aussi précieux peut être que tout le savoir universitaire[3]. »

Pour le lancer dans la vie politique, sa plume acérée le sert pourtant davantage que ses exploits militaires. Dès 1895, jeune lieutenant d'un régiment du Sussex, il s'essaye aux fonctions de correspondant de guerre à Cuba en profitant d'une permission. Il réitère aux Indes, à deux reprises, puis, anonymement, au Soudan en 1898, avant d'être rendu à la vie civile. Enfin, ayant échoué aux élections législatives, il repart la même année en Afrique du Sud où il couvre la guerre des Boers pour le *Morning Post*. Ses articles et les livres qu'il écrit sur les campagnes vécues de l'armée impériale lui valent la renommée qu'il cherchait vainement dans les combats. Son expérience de journaliste, les contacts qu'elle lui permet au plus haut niveau du commandement de terrain et le recul critique qu'elle favorise façonnent autant, sinon davantage, que sa participation aux combats son analyse de la guerre et sa perception des chefs militaires.

A Cuba en 1895, il suit pour le *Daily Geographic* la répression d'une révolte par les occupants espagnols. Ses articles sont remarqués pour leur style élégant et leurs analyses originales de la contre-guérilla. Il en garde surtout deux habitudes inexpugnables, la sieste et les cigares cubains[4]. C'est également comme correspondant de guerre qu'il a pu se faire détacher auprès du corps expéditionnaire luttant contre la révolte des Pathans. Ses articles et le livre qu'il en tire critiquent sévèrement le manque de moyens et d'autonomie du contingent britannique. Au Soudan, en 1898, il a un contrat

3. Winston Churchill, *My Early Life, 1874-1904*, New York, 1930.

4. Jouant des relations familiales, le lieutenant Churchill, accompagné du lieutenant Barnes, un camarade de régiment, est accueilli par les autorités espagnoles et autorisé à suivre les troupes engagées dans la répression d'une révolte populaire. Notre correspondant de guerre est aussi mandaté par les services de renseignements militaires. Ses articles, aussi critiques pour les Espagnols que pour les rebelles, lui valent une notoriété ambiguë, irritant à la fois Madrid, Washington et le Foreign Office.

secret avec le *Morning Post*. Ses articles sont des hymnes à la gloire de l'Empire britannique, mais se montrent très critiques à l'égard de Kitchener à qui leur auteur reproche ses nombreuses exactions[5]. Ils valent au commandant du corps expéditionnaire une réprimande de Londres, mais le War Office interdit désormais aux officiers d'exercer la fonction de correspondant de presse... Un an plus tard, Churchill rapporte le déroulement de la campagne dans un très beau livre, *The River War*, qui fait à Londres et dans les armées une forte impression. En Afrique du Sud, ses aventures rocambolesques, de la défense héroïque d'un train assailli par les Boers, à la prison dorée de Pretoria, puis son évasion audacieuse et ses tribulations en territoire ennemi, lui valent un immense succès. Cependant, ses critiques féroces à l'encontre des généraux britanniques (qui l'ont pourtant choyé) et la dénonciation de leur incapacité à s'adapter à la tactique des Boers dressent contre lui le haut commandement. C'est certainement de la guerre des Boers que le futur Premier Ministre tient l'opinion très défavorable qu'il a du corps des officiers généraux. De fait, l'extrême médiocrité du commandement de l'armée impériale en 1900 est encore aujourd'hui un sujet d'étude et un facteur d'étonnement dans les écoles militaires britanniques. La frivolité et l'incompétence tactique et technique des chefs militaires, déjà remarquées en Crimée, se sont aggravées dans la torpeur de l'empire pacifié. Churchill perçoit à peine que Kitchener, le boucher d'Omdurman, est un des seuls à avoir compris les possibilités ouvertes par l'évolution des armes[6].

---

5. Kitchener, sirdar de l'armée anglo-égyptienne, est en campagne depuis 1895 pour « venger » la mort du colonel Gordon vaincu et tué à Khartoum par le Mahdi qui est parvenu à expulser les Egyptiens du Soudan. Après la victoire d'Omdurman, Kitchener fait achever les blessés, exécuter des prisonniers et laisse profaner la tombe du Mahdi, dont le crâne est transformé en cendrier. Churchill dénonce ces exactions en appelant au respect des vaincus, condition d'une paix durable. Ses articles sont anonymes mais nul n'en ignore l'auteur.

6. La seconde guerre des Boers (1899-1902) débute par l'invasion des colonies du Cap et du Natal par les armées du Transvaal et de l'Etat libre d'Orange. Les troupes britanniques enchaînent revers et défaites jusqu'à l'arrivée des renforts en 1900. En quelques mois, elles reprennent l'avantage et s'emparent des capitales des Etats boers, mais elles doivent affronter une guérilla féroce. Le général Kitchener en vient à bout par une répression brutale, des déportations massives et la destruction de nombreux villages. Churchill (et après lui les historiens militaires) critiqua l'incapacité des officiers britanniques à manœuvrer et à s'adapter à la guerre de mouvement imposée par les Boers qui maîtrisaient l'art de l'utilisation du terrain. Le conflit fit 75 000 morts dont 22 000 Britanniques et 48 000 civils.

Sa carrière politique est enfin lancée par l'élégance et la férocité de sa plume. Il ne la lâchera plus et elle lui permettra de maintenir un style de vie extravagant, bien au-delà de ce qu'auraient permis ses indemnités de parlementaire, après son élection, en 1900, à la Chambre des communes, point de départ de sa longue vie politique. Son style brillant et imagé et son humour cinglant servent fidèlement l'autopromotion, les justifications, les condamnations et le fervent patriotisme qui en constituent le fonds de commerce. La mauvaise foi et l'indifférence absolue aux sentiments des autres y font bon ménage avec un enthousiasme débordant et une émotion admirablement maîtrisée. N'ayant écrit très tôt qu'un seul roman, il est surpris, en 1953, de recevoir le prix Nobel de littérature, alors qu'il attendait celui de la paix.

Pourtant sa vraie carrière n'est pas plus littéraire que militaire. En Afrique du Sud, il a confié à un hôte de passage : « Je serai un jour Premier Ministre. » Ses camarades et ses chefs militaires en sont convaincus, bien qu'ils ne l'aiment pas, lui reconnaissant une trempe et une hauteur de vues rares dans leur univers corseté et codifié[7]. Député à 26 ans, mandaté par le parti conservateur dans la circonscription d'Oldham, une cité industrielle du grand Manchester, il sera réélu jusqu'à la fin de sa vie, sauf pendant un court intermède, de 1922 à 1924. En politique, comme dans l'armée, il gagne vite une réputation de trublion opportuniste, n'hésitant pas à critiquer les siens et à changer de parti pour accélérer sa carrière. Il obtient en 1908 son premier poste de ministre, en charge du Commerce dans le gouvernement libéral de son ami Lloyd George, et épouse Clementine, une femme intelligente et mondaine, qui sera toute sa vie son principal soutien et lui donnera cinq enfants[8]. Bien qu'occupé par les manœuvres politiques qu'il conduit avec son rival et complice Lloyd George[9], Churchill ne perd jamais de vue les questions

7. En 1900, au cours d'une tournée de promotion de ses livres aux Etats-Unis, Mark Twain le présente à son auditoire américain comme étant « le héros de cinq guerres et le futur Premier Ministre de l'Angleterre ».

8. Churchill fut un mari fidèle et, à sa manière, aimant, mais un compagnon insupportable, égocentré et cyclothymique. Clementine le conseilla avec sagesse et bon sens mais, au fil des ans, s'éloigna un peu de son illustre et épuisant mentor.

9. Lloyd George, de dix ans plus âgé que Churchill, fut pour lui, jusqu'à sa mort en 1945, à la fois un proche compagnon et un adversaire coriace. D'un milieu modeste, député libéral en 1890 (opposé à la guerre des Boers), il devient chancelier de l'Echiquier en 1908. Pacifiste en 1914, il se rallie à la guerre en septembre, est nommé ministre de la Guerre en 1915, puis Premier Ministre en 1916. Il joue un

militaires. Etonnamment, de 1901 à 1909, il se bat pour la réduction des crédits militaires, convaincu qu'après la guerre des Boers rien ne menace plus l'Empire britannique. Mais la crise d'Agadir, en 1911, lui ouvre les yeux sur la menace allemande[10].

C'est une autre facette de cette personnalité brillante et complexe qui s'exprime à l'approche de la tourmente, une rare capacité à appréhender globalement et lucidement une situation internationale incertaine et menaçante. Invité en 1906 et en 1909 par Guillaume II aux grandes manœuvres de l'armée allemande, il adresse des rapports précis au Premier Ministre, soulignant la puissance des forces germaniques, leur discipline, leur organisation et leurs progrès tactiques. En 1911, il rédige pour Herbert Asquith, le Premier Ministre, un mémoire prophétique, anticipant en quelques lignes les événements du second semestre 1914[11]. Impressionné, ce dernier le nomme Premier lord de l'Amirauté, c'est-à-dire ministre de la Marine. Winston Churchill y fera ses premières armes de responsable politique investi dans la préparation et la conduite de la guerre. Son prestige de héros populaire, non usurpé mais bien mis en scène, et son expérience des combats sont des atouts précieux, mais sa connaissance de la guerre se borne aux aventures coloniales vécues à des postes subalternes. Du moins est-il sans illusions sur les capacités militaires de son pays à trois ans d'un conflit européen majeur.

---

rôle important en acceptant la désignation de Foch comme commandant interallié. A la Conférence de la paix, il manœuvre habilement entre Wilson et Clemenceau. En 1936, il fait publiquement l'éloge d'Hitler après l'avoir rencontré. En 1940, il choisit pourtant Churchill contre Halifax, mais soutient ce dernier après la défaite française quand il pousse à une paix séparée.

10. Pour donner un coup d'arrêt à l'expansion de la présence française au Maroc, Guillaume II envoie une canonnière, le *Panther*, dans la baie d'Agadir. Au nom de l'Entente cordiale et du partage agréé des zones d'influence, l'Angleterre soutient les prétentions françaises et dénonce l'« agression » allemande. La guerre paraît inévitable mais un accord est finalement trouvé à Berlin en novembre 1911. A cette occasion, l'opinion prend conscience, à Londres comme à Paris, de l'ampleur du réarmement allemand.

11. Selon lui, l'armée française n'est pas assez forte pour envahir l'Allemagne. « Sa seule chance est de vaincre les Allemands sur le sol français. » L'offensive germanique peut briser les défenses de la Meuse à J+20. L'armée française, renforcée par 107 000 Britanniques (et 100 000 à venir) engagera la bataille décisive devant Paris et l'emportera à J+40. Ce mémoire fut vivement critiqué par l'état-major.

Déjà Napoléon perçait sous Bonaparte

A la tête de la Royal Navy, la première marine du monde, vénérée dans tout l'Empire et symbole de la puissance britannique depuis Francis Drake et l'amiral Nelson, Winston Churchill déploie pendant quatre ans des talents exceptionnels mais commet aussi des erreurs lourdes de conséquences. Son implication dans la Grande Guerre, à la tête de l'Amirauté puis comme ministre de l'Armement après l'intermède des tranchées, est révélatrice des forces et des faiblesses du futur Premier Ministre de Sa Majesté.

A 37 ans il est le plus connu des ministres, un des plus craints et des plus admirés. Il inquiète au point que George V tente de s'opposer à sa nomination. On lui reproche son ambition et son opportunisme. Son égoïsme impitoyable lui vaut plus d'ennemis que de fidèles dans la classe politique, et si son romantisme passéiste ne choque pas au pays de Kipling, sa lucidité tranchante en politique étrangère et son goût de l'innovation technique dérangent le conformisme et la prudence des milieux dirigeants. En tout cas, sa nomination le comble : « C'est une grande chose, la plus grande qui me soit jamais arrivée », confie-t-il à sa femme. La Royal Navy, pour sa part, accueille mal cette désignation, craignant son iconoclasme et se souvenant qu'il a combattu son budget et cherché à s'opposer à l'acquisition de six cuirassés modernes Dreadnoughts. En vérité, pour prestigieuse qu'elle soit, la marine n'échappe pas aux faiblesses et aux médiocrités que le jeune Winston dénonçait dans l'armée de terre. Népotisme, confort routinier et faste inutile s'accommodent de retards préoccupants dans les domaines tactique et technique. Le Premier lord de l'Amirauté en prend très vite la mesure, met son ministère et la Navy en ordre de bataille et, le moment venu, s'impose au sein du cabinet de guerre.

Sa détermination féroce, son sens de l'organisation et son goût pour les techniques nouvelles lui permettent d'imposer des réformes profondes. Sa vision large de la guerre et des relations internationales, stimulée par son ambition personnelle, lui confère un rôle éminent au sein d'un gouvernement mal armé pour des situations de crise. *A contrario*, son goût excessif pour l'action, sa gestion discutable des chefs militaires et son excessive focalisation sur des opérations secondaires au détriment de l'ensemble témoignent d'un sens stratégique et tactique défaillant. « S'imposer en bousculant », telle est la méthode Churchill, à l'opposé de la devise des princes d'Orange : « Je maintiendrai. »

Le lendemain de sa prise de fonctions, le ministre impose un système permanent d'alerte et décide la création d'un état-major opérationnel, à l'image de celui dont vient de se doter l'armée de terre. Il écarte l'amiral Wilson, le chef d'état-major de la marine qui s'oppose à lui et refuse toute coopération interarmées et le remplace par Francis Bridgeman, nommé First Sea Lord (« Premier seigneur de la mer »). Ce dernier, accusé de faire de l'opposition larvée aux réformes lancées, sera débarqué à son tour un an plus tard et remplacé par Louis Mountbatten, prince de Battenberg, un amiral compétent et respecté. Churchill s'adjoint comme conseiller personnel l'amiral Fisher[12], un ancien chef d'état-major dont l'intelligence et l'intransigeance le séduisent. Dès la première semaine, la tornade s'abat sur le ministère. L'état-major et la chaîne de commandement sont mis sous tension par des questionnaires inquisiteurs quotidiens et des ordres écrits à exécution immédiate. Des plans et des programmes précis sont exigés dans des délais très courts. Les réunions s'enchaînent autour du ministre de 9 heures à 2 heures du matin, interrompues seulement par les repas et la sieste d'une heure que le Premier lord s'octroie après le déjeuner. Les permissions et les week-ends se font rares. Ses visites fréquentes aux bâtiments de l'Atlantique et de la Méditerranée lui permettent de s'informer de l'état réel de la flotte et contribuent à la légende de Churchill. Sa silhouette au long manteau, son chapeau melon et son cigare s'impriment dans les mémoires. Ses excentricités au cours des visites (chasse au lézard ou pêche à la grenade) confortent sa légende de grand seigneur original.

Les réformes se succèdent, le Premier lord ayant obtenu une forte augmentation de son budget, en arguant, à juste titre, du réarmement

---

12. Bridgeman, officier de marine classique, compétent mais sans imagination, se heurte à Churchill qu'il accuse de bouleverser les traditions et de manquer d'égards vis-à-vis des amiraux. Il est relevé « pour raison de santé », après une opération de l'appendicite. Battenberg, fils d'un prince autrichien, engagé à 14 ans dans la Navy, est connu comme un « paresseux intelligent », admirateur et soutien de John Fisher. La campagne ignominieuse conduite dans la presse sur ses origines germaniques l'abat profondément, d'autant que Churchill, qui veut le remplacer par Fisher, ne le défend pas. Ce dernier, personnalité impérieuse au caractère intransigeant, est un théoricien et un technicien de la guerre en mer (auteur d'un traité de tactiques navales). A la tête de la Navy de 1904 à 1910, il a jeté les bases d'une marine moderne, sans parvenir toutefois à modifier l'état d'esprit routinier et conventionnel de ses subordonnés.

naval engagé par Guillaume II à partir de 1912[13]. Un programme de cuirassés lourds est lancé, suivi par la construction de sous-marins (initialement refusée par Churchill qui les considérait comme des armes « déloyales »). Passionné d'aviation au point d'obtenir un brevet de pilote, le ministre impose le développement de l'aéronavale dont il obtient qu'elle prenne en charge la défense aérienne de l'Angleterre. Il crée aussi une division de fusiliers marins, « sa petite armée de terre privée ». Dès le début du conflit, il réclame la conscription pour faire face à la pénurie d'effectifs, mais il doit attendre 1916 pour qu'elle devienne effective. Enfin, en 1915, horrifié par les hécatombes de la guerre des tranchées, il fait étudier par les services de la Navy la construction d'un char à chenilles, projet qu'il fera concrétiser, avec l'accord de Kitchener, dans les ateliers d'armements terrestres.

Ces réformes lui permettent de moderniser la marine prête à assumer ses missions à la déclaration de guerre. Grâce à lui, elle peut transporter sans dommage les troupes de l'Empire vers les fronts français et turc, elle contrôle les approches de la Manche et organise le blocus de la mer du Nord. Ses talents d'organisateur font encore merveille en 1917 quand Lloyd George le rappellera au gouvernement, un an après son éviction de l'Amirauté, pour prendre la responsabilité du ministère de l'Armement. Après l'avoir entièrement restructuré, il parvient à briser la grève des ouvriers de l'armement en menaçant les meneurs de les envoyer sur le front. Le plus remarquable est sans doute sa vision globale des relations internationales et son dynamisme dans la préparation et la conduite du conflit. Le Premier Ministre, Asquith, est un conservateur intelligent mais faible et son gouvernement est divisé entre « interventionnistes », partisans de l'alliance avec la France (Churchill, Grey, ministre des Affaires étrangères, et Haldane, secrétaire d'Etat à la Guerre), et « neutralistes », regroupés autour de Lloyd George.

Après l'attentat de Sarajevo, Churchill, qui a prédit l'affrontement dès 1911, est tenté par ce qu'il appelle la « hideuse séduction de la guerre », mais s'efforce loyalement de préserver la paix en multipliant les propositions de négociations. Dès la déclaration de guerre,

13. En 1897, le tonnage de la flotte de guerre allemande représente 10 % de celui de la Navy. Guillaume II confie alors à l'amiral Tirpitz la mission de rattraper ce retard. En dépit d'un effort soutenu et en raison du réarmement britannique, la marine allemande, en 1913, a des capacités de moitié inférieures à celles de son homologue britannique. Elle dispose néanmoins de cuirassés modernes et d'une flotte importante de sous-marins.

Asquith est tout prêt à abandonner la conduite des opérations aux généraux et amiraux qui n'ont pourtant aucune vision stratégique et ne coopèrent pas entre eux. Churchill et le nouveau secrétaire d'Etat à la Guerre, son ancien ennemi lord Kitchener avec lequel il s'est réconcilié dans l'objectif partagé du soutien à la France, s'interposent et obtiennent en novembre la création d'un cabinet de guerre associant les chefs d'état-major aux ministres concernés. Ce cabinet fonctionne mal, dans la confusion bouillonnante de comités et de sous-comités, Asquith ne décidant qu'*in extremis*, sous la pression. Comme Churchill l'écrit en 1933 : « Il n'y avait d'autorité suprême ni à Londres ni à Berlin. » En pratique, le Premier Ministre en est réduit à arbitrer entre les initiatives et suggestions du Premier lord de l'Amirauté qui l'inonde de propositions, débordant largement de son domaine maritime, et les réticences de Kitchener, moins imaginatif mais plus réaliste. La passion de l'offensive et l'horreur de l'immobilisme le conduisent à élaborer des projets séduisants mais souvent irréalistes qu'il n'abandonne qu'à regret : ainsi d'un débarquement à Dantzig pour soulager les Russes et marcher sur Berlin qui ne reçoit pas l'aval de Saint-Pétersbourg, ou de l'invasion du Schleswig-Holstein à partir de l'île allemande de Borkum qui est réfuté par Kitchener faute de troupes disponibles. L'imagination débordante du Premier lord compense sans doute la prudence excessive des chefs militaires qui n'ont pas d'autre objectif affiché que de subir moins de pertes que les Allemands. Mais Churchill les choisit mal et les traite mal, ce qui n'arrange rien.

Ainsi sacrifie-t-il Battenberg dont il fait le bouc émissaire à la suite d'une défaite navale en mer du Nord. L'amiral est, il est vrai, victime d'une cabale populaire en raison de ses origines germaniques, mais il n'a pas démérité. Le roi George V refusant son éviction, Winston menace de démissionner pour lui forcer la main et obtient gain de cause. Puis il fait preuve d'un étonnant manque de jugement en nommant Fisher à sa place. Ce dernier est connu, craint et admiré dans la Navy. Le Premier lord de l'Amirauté le sait violent et obstiné mais n'a pas perçu que son ego et son assurance le rendent incommandable. L'affrontement entre eux est inévitable et atteindra son point culminant dans la gestion des Dardanelles. Fisher, pas plus que ses prédécesseurs, ne supporte le harcèlement auquel le soumet son ministre et, à la moindre occasion, brandit sa démission.

Dans ses Mémoires sur la Grande Guerre, *The World Crisis*, parus en 1933, Churchill écrit qu'il faut « empêcher les généraux et les amiraux de tout prendre en main sans contrôle du Cabinet », en déplorant leur manque d'audace et leur incapacité à trouver des solutions techniques adaptées aux nouvelles formes de combat. Déjà en février 1918, il avait affirmé à Lloyd George que les généraux britanniques étaient inférieurs à leurs homologues allemands. Justifié ou non, ce mépris affiché à l'égard des chefs militaires ne facilite pas la conduite des opérations, d'autant que Churchill n'hésite pas à se défausser sur eux de la responsabilité des échecs, même quand il en est le principal instigateur. Il est intimement convaincu qu'il en sait plus qu'eux sur la conduite de la guerre (comme, plus tard, Staline et Hitler) et n'hésite pas à s'ingérer dans la chaîne de commandement.

A Anvers, en octobre 1914, il cède même à la tentation de prendre personnellement la direction des opérations, oubliant, dans l'ivresse du combat, les lourdes responsabilités qu'il a en charge à Londres. Au début du mois, il a obtenu l'accord du cabinet pour déployer dans la ville assiégée sa division de fusiliers marins en renfort des Belges qui appellent au secours. Se rendant sur place, il se prend au jeu, se voyant en général investi d'une mission prioritaire, et il demande à Asquith de lui confier la défense de la garnison menacée. Sa requête provoque l'hilarité générale au sein du cabinet, et le Premier Ministre lui ordonne sèchement de rentrer sur-le-champ. De retour à Londres, le Premier lord refuse de replier « sa » division, comme le demande le général Rawlinson[14] qui estime la situation désespérée. Trois jours plus tard, Anvers tombe et la division des fusiliers marins est largement décimée. Comme Churchill l'écrit plus tard : « Ceux qui sont chargés de la direction suprême des affaires publiques doivent se tenir sur les cimes du pouvoir ; il leur convient de ne jamais descendre dans les vallées où s'accomplit l'action directe, individuelle ou personnelle[15]. » Vœu pieux en ce qui le concerne...

L'aveuglement dont Churchill est capable quand son esprit se fixe de manière obsessionnelle sur un projet peut le conduire à des erreurs graves, comme c'est le cas dans la célèbre affaire des Dardanelles, en 1915. Comme on l'a vu, le Premier lord de l'Amirauté ne supporte pas l'immobilisme, aussi, dès novembre 1914, propose-t-il à Asquith

14. Henry Rawlinson commandait la 4e division britannique, à l'aile gauche du dispositif allié. Il rejoignit Anvers le 6 octobre 1914 et se déclara prêt à assumer le commandement de la place. La présence de Churchill ne se justifiait plus.

15. Winston Churchill, *Amid these Storms. Thoughts and Adventures*, New York, 1932.

une opération visant à aider les Russes en difficulté et à préserver les puits de pétrole du Caucase d'une agression allemande. Pour ce faire, il suffit de rétablir le libre accès à la mer Noire en contrôlant les détroits tenus par les Ottomans. Le Premier Ministre, préoccupé par le front français, refuse. En janvier, Churchill fait étudier par l'amiral Carden, commandant la flotte en Méditerranée, une opération navale visant à s'emparer des Détroits[16]. Carden répond que l'objectif ne peut être atteint par une action exclusivement navale, mais il n'exclut pas la possibilité de détruire un par un les forts ottomans qui jalonnent les rives. Le Premier lord propose alors au cabinet de guerre une opération de quelques semaines visant à la neutralisation des fortifications turques à partir de la mer. Fisher ne l'accepte qu'à condition qu'elle soit accompagnée d'un débarquement terrestre sur la presqu'île de Gallipoli et qu'elle soit engagée sans délai, avant que les Turcs ne se renforcent.

La faiblesse du « leadership » d'Asquith, les fluctuations de Kitchener et l'aventurisme obstiné de Churchill conduisent à la catastrophe. Kitchener, obsédé par les pertes britanniques dans les Flandres, retarde le débarquement et n'accorde que 50 000 hommes au lieu des 200 000 réclamés par Fisher. Churchill, impatient, force la main de son chef d'état-major et engage, avec l'accord d'Asquith, une première opération navale le 19 février. Les premiers forts sont détruits, mais l'attaque révèle que les goulets des Détroits sont fortement minés et que le dragage est difficile et risqué sous le feu des batteries côtières. Carden s'opposant à une nouvelle tentative avant le débarquement de Gallipoli est relevé et remplacé par son adjoint John de Robeck. Churchill impose à ce dernier de lancer une nouvelle attaque, le 18 mars, qui s'achève dans la débâcle, le tiers des 16 bâtiments engagés étant coulés et près de 600 marins tués. Le Premier lord ordonne un nouvel assaut, mais Asquith, s'appuyant sur Fisher et Robeck, refuse[17]. Le débarquement de Gallipoli, engagé le 25 avril, tourne à la catastrophe. Les Turcs l'ont anticipé et clouent sur les plages les contingents français et britannique, deux fois moins nombreux. Le 13 mai, alors que les têtes de pont ne sont pas encore consolidées,

16. L'amiral Carden était peu expérimenté et ne résista pas à la pression exercée par Churchill et Fisher. Victime d'une profonde crise de nerfs, il demanda lui-même à être relevé.

17. L'amiral de Robeck s'était illustré dans les premiers affrontements de la guerre. Calme et compétent, il se montra très ferme quand il jugea la mission impossible.

Churchill, passant outre l'avis de Fisher, relance Robeck à l'assaut des fortins du goulet sud des Détroits. Le HMS *Goliath*, orgueil de la flotte, est coulé avec ses 600 marins. Fisher démissionne bruyamment en accusant Churchill d'irresponsabilité. L'émotion est grande dans le pays, et le gouvernement chute, contraint de céder la place à un cabinet de coalition.

Churchill doit quitter l'Amirauté et se voit attribuer un ministère de pacotille. La commission parlementaire désignée pour enquêter sur les responsabilités évite pourtant de le charger et dénonce surtout les faiblesses d'Asquith et les tergiversations de Kitchener, opportunément décédé entre-temps. Mais les conservateurs et une partie de l'opinion publique le tiennent pour responsable et il ne s'en remettra jamais tout à fait. Le roi George V se réjouit de sa mise à l'écart : « C'est un véritable danger public », dit-il de Churchill. L'intéressé pour sa part ne reconnaît pas ses torts et accable Fisher. Il réitère quelques années plus tard dans son livre de Mémoires qui est d'abord un plaidoyer en forme d'autojustification. Churchill n'est certes pas le seul responsable, mais le projet est bel et bien le sien, et son acharnement obsessionnel à vouloir attaquer contre l'avis de ses chefs militaires a largement contribué à l'échec sanglant d'une opération peu utile, mal préparée et mal exécutée. Le bilan final est désastreux, car plus de 150 000 hommes sont morts pour rien à Gallipoli avant le rembarquement décidé en décembre 1915. L'ex-ministre de la Marine connaît alors son premier épisode dépressif sérieux. Son « chien noir », comme il l'appelle, le terrasse pendant plusieurs mois[18]. « Je suis fini », dit-il à Clementine. C'est la pratique de la peinture qui le sauve, avant qu'un séjour de quelques mois dans les tranchées ne lui ramène la ferveur populaire et ne lui redonne la confiance dans son destin, source de sa formidable énergie. Il n'aura de cesse d'effacer l'ombre des Dardanelles.

Rien oublié et rien appris

A la fin de la guerre et pendant les onze années qui précèdent son accession à la fonction de Premier Ministre, Winston Churchill

18. Churchill connaissait des périodes de profonde dépression qui le privaient, comme Lincoln, de l'essentiel de ses moyens pendant plusieurs semaines, comme ce fut le cas en 1915, après les Dardanelles, et en 1945, après son échec aux élections.

s'emploie à gommer les stigmates de ses erreurs passées et parvient à s'imposer comme l'homme du dernier recours, celui vers lequel on se tourne dans les situations désespérées. Le plus étonnant est qu'il y parvienne sans rien changer de ses convictions, de son comportement ou de son caractère. Comme on l'a dit des émigrés français après 1815, il n'a rien appris ni rien oublié. Son ambition est intacte et s'appuie sur le même opportunisme que celui qui lui avait valu tant d'ennemis au Parlement avant guerre. Sa passion pour les affaires militaires ne se dément pas, mais les convictions qu'il se forge sont, comme en 1914-1915, entachées de visions passéistes ou exaltées par le goût de l'innovation technique. Son patriotisme intransigeant et lucide rallie les chefs militaires et, quand vient l'épreuve, la majorité de la population. Rappelé à l'Amirauté en 1939, il impose la méthode rodée entre 1911 et 1915, obtient les mêmes succès et commet les mêmes erreurs.

Son opportunisme se manifeste en 1925, quand il quitte le parti libéral pour rejoindre les conservateurs. Son image guerrière l'a desservi auprès d'une opinion largement pacifiste. Ministre de la Guerre et de l'Air dans le cabinet Lloyd George, il a certes bien géré les démobilisations, mais ses pressions pour engager davantage l'armée britannique épuisée dans la guerre civile russe ont inquiété. En accord avec Lloyd George, il a pourtant fait adopter la « loi des dix ans » qui engage inconsidérément le désarmement britannique, en imposant une réduction rapide des dépenses militaires limitant drastiquement le volume des avions et des chars équipant les armées[19]. De 1922 à 1924, il échoue à se faire réélire à la Chambre des communes et n'y parvient qu'avec l'aide des conservateurs. Contre le poste de chancelier de l'Echiquier que lui offre le Premier Ministre Stanley Baldwin, il joue donc pour la deuxième fois les transfuges. Dans les fonctions exposées de ministre des Finances, il est très controversé, condamné par Keynes pour avoir rétabli l'étalon-or, source de déflation dans l'économie fragile d'après-guerre, et par les syndicats dont il brise, par une campagne de presse, la grève générale. Totalement investi dans la fonction du moment, il n'hésite pas à imposer une nouvelle réduction des budgets militaires pour préserver l'équilibre des finances

19. Le principe en est maintenu par Churchill en 1928. Le budget de la défense passe ainsi de 766 millions de livres en 1919 à 189 millions en 1921 et 102 millions en 1932. La loi est abrogée en 1932, sans que les crédits militaires soient augmentés pour autant.

publiques... Certes, en 1926, l'Allemagne de Weimar n'inquiète pas à Londres, mais les armées britanniques entrent dans une spirale de désintégration dont elles auront peine à se relever.

Son intérêt pour la chose militaire lui revient à partir de 1929, quand la victoire des travaillistes de Ramsay MacDonald le renvoie dans l'opposition. Les cris d'alarme des chefs d'état-major, puis l'arrivée au pouvoir d'Hitler le lancent dans une croisade pour le réarmement et la modernisation des armées qui s'exerce au Parlement et par voie de presse contre le Premier Ministre, d'abord, puis contre les gouvernements conservateurs de Baldwin et de Neville Chamberlain où il n'a plus sa place.

Le député d'Epping a acquis, contre l'avis de Clementine, le manoir de Chartwell, dans le Kent, où il vit en gentilhomme campagnard. Il en a transformé le parc en y ajoutant un bassin avec rocailles et cascades, une bambouseraie et une grande piscine circulaire. Il y construit de ses mains une maison de jeux, un atelier et un pavillon pour domestiques et le peuple d'animaux, poissons, canards, cygnes, poneys, agneaux, chats et chiens innombrables. Une vingtaine de personnes y travaillent au service des Churchill. Pour soulager les dettes qui s'accumulent, il multiplie les articles de presse sur tous les sujets et écrit des livres sur son enfance ou son ancêtre Marlborough. C'est dans ce cadre idyllique qu'il reçoit de nombreux visiteurs britanniques ou étrangers, des députés, des diplomates, des militaires, des industriels... Les conversations tournent au monologue du maître de maison. « Ses pièces montées étaient si brillantes que peu d'auditeurs s'avisaient de l'interrompre », rapporte l'une de ses invitées.

Parmi les plus assidus, on compte Brendan Bracken, Archibald Sinclair, le major Morton, T.E. Lawrence, Frederick Lindemann, lord Beaverbrook, le général Ironside[20], une équipe dont il s'entourera

20. Les assidus de Chartwell constituent « The Other Club ». Brendan Bracken est un proche, le confident des jours sombres. Editeur de Churchill, patron de presse (fondateur du *Financial Times*), il devient député conservateur, puis ministre de l'Information de 1941 à 1945. Lié à Hopkins, il facilite ses rapports avec le Premier Ministre. Archibald Sinclair, second du lieutenant-colonel Churchill dans les Flandres, devient son secrétaire personnel au ministère de la Guerre puis aux Colonies. Député libéral, il est brièvement ministre de MacDonald. Ministre de l'Air en 1940, il s'opposera à Churchill sur les bombardements stratégiques qu'il juge excessifs. Le major Morton a été chef du service de renseignements du Foreign Office (SIS), puis membre du Comité de défense impérial. Ayant accès aux informations les plus confidentielles sur le réarmement allemand, il en fait bénéficier Churchill avec l'accord explicite du gouvernement. Conseiller du Premier Ministre pendant la guerre, il dirige et

quand il reviendra aux affaires. Le gouvernement qui le craint et le sait intouchable en raison de ses liens avec la famille royale et de sa popularité lui laisse tout accès à l'information diplomatique et militaire la plus confidentielle. Winston appartient en effet à la plus ancienne aristocratie et a toujours fréquenté la famille royale. Il est d'ailleurs un cousin éloigné de l'épouse de George VI. Très vite Churchill en sait plus sur la situation nationale et internationale que le Premier Ministre, peu intéressé (quel qu'il soit) par ces questions, uniquement préoccupé par la crise économique et disposé à faire confiance à Hitler. C'est à partir de ces entretiens de Chartwell que le député mène une campagne argumentée contre la politique étrangère et de défense des gouvernements qui se succèdent jusqu'en 1939. C'est là aussi que se forgent ses convictions, parfois discutables, sur l'organisation et l'emploi des armées. Déjà en 1920, en tant que secrétaire d'Etat à la Guerre, il a eu des choix qui témoignent d'une surprenante incapacité à penser les conflits futurs, alors même que son imagination débordante et son goût pour l'innovation technique ont su bousculer le conformisme des états-majors. Il ne conçoit l'avenir que sous la forme de nouvelles guerres de tranchées et démantèle sans hésiter le corps blindé. Passionné d'aviation, il néglige la défense aérienne et l'appui rapproché des troupes au profit du bombardement stratégique, son nouveau hobby inspiré des théories du général Trenchard[21].

---

coordonne l'action des services de renseignements. T.E. Lawrence, dit Lawrence d'Arabie, l'auteur des *Sept Piliers de la sagesse*, lieutenant-colonel en 1918, s'est rengagé comme simple soldat en 1922. Fidèle à la gloire de l'Empire et passionné de nouvelles techniques, il séduit Churchill. Il meurt dans un accident de moto en 1935. Frederick Lindemann, physicien de renom, conseiller scientifique du gouvernement et proche de Churchill. Lord Beaverbrook, de son vrai nom Max Aitken, est un patron de presse millionnaire qui possède le *London Evening Standard* et le *Sunday Express*. Ministre de la Production aéronautique en 1940, il démissionne en 1941, son caractère irascible le brouillant avec tous ses partenaires, mais Churchill lui confie épisodiquement des missions. Le général Ironside, artilleur ayant commandé les forces alliées dans le nord de la Russie en 1919, est écarté des postes de responsabilité en 1938 et nommé à Gibraltar. Son manque de sens politique, ses emportements, sa francophobie et son inimitié avec le maréchal John Gort le disqualifiaient pour la fonction de chef d'état-major impérial à laquelle, d'ailleurs, il ne postulait pas. Mais l'amitié de Churchill l'y promut pour un temps.

21. Le général Trenchard fut le premier chef d'état-major de l'armée de l'air en 1918. Il posa en principe que le bombardement stratégique était « au cœur des missions de la RAF », même si l'appui des troupes au sol demeurait le *« day to day bread and butter »*. La défense aérienne était le parent pauvre de cette stratégie. Pendant la guerre, il soutint le maréchal Portal dans la campagne de bombardements sur l'Allemagne.

A Chartwell, dans ses articles et ses discours, Churchill sous-estime tout autant la vulnérabilité de la Navy aux attaques aériennes et aux torpilles des U-Boote[22]. Il néglige aussi l'importance des forces terrestres, jugeant improbable un nouvel engagement sur le continent, car il est convaincu de l'invincibilité de l'armée française. L'« inventeur » du char britannique ne croit pas en l'avenir des unités blindées, trop vulnérables pense-t-il aux armes antichars. On ne saurait pourtant lui reprocher de n'avoir pas anticipé le triomphe du binôme char-avion et de l'emploi groupé des unités blindées, car dans les armées de Sa Majesté on chercherait en vain des penseurs militaires du niveau de Guderian ou de Charles de Gaulle. Liddell Hart a alors peu d'audience et moins de prescience qu'il ne l'affirmera après guerre, et T. E. Lawrence lui-même est plus préoccupé de réparer les « injustices » des traités que de théoriser la guerre du désert. Il arrive d'ailleurs que l'ancien secrétaire d'Etat à la Guerre voie juste, contre l'avis des généraux qui l'entourent : l'action militaire doit être interarmées et la coordination tactique ne suffit pas. Les trois ministères de la Marine, de la Guerre et de l'Air doivent être coiffés par un ministère de la Défense.

Il perçoit enfin, plus que tous les responsables politiques, l'importance cruciale du renseignement. Il bénéficie, il est vrai, presque quotidiennement, des informations que lui prodigue le major Morton et que le gouvernement veut ignorer. En dépit des coupes qu'il a imposées dans les budgets militaires et malgré ses idées préconçues sur l'emploi des armes, Winston Churchill acquiert dans les armées un prestige considérable et il y est perçu comme l'homme de la dernière chance. Son patriotisme exigeant et sa lucidité devant la montée du péril nazi convainquent même ceux qui n'ont pas oublié les Dardanelles. Dans sa dénonciation du pacifisme béat de MacDonald, puis de la politique d'« apaisement » de Chamberlain[23], le député

22. Les sous-marins allemands (900 U-Boote seront mis en service pendant la guerre) sont commandés par l'amiral Dönitz et interviennent groupés, par « meutes de loups gris », essentiellement à partir de cinq bases sur la côte française. Ils dominent la bataille de l'Atlantique jusqu'en février 1942. La pratique des convois escortés, le déchiffrage du code Enigma et les progrès des radars et sonars inversent alors la tendance.

23. Le pacifisme de MacDonald, qui traduit son profond désintérêt pour les Affaires étrangères et la Défense, s'exprime en 1933 quand il propose à la conférence de Genève de réduire les effectifs de l'armée française de 500 000 à 200 000 hommes et de doubler ceux de l'armée allemande pour qu'elle soit à parité, alors qu'elle réarme

d'Epping reste cependant très isolé. L'opinion publique, tous partis confondus, réclame la paix à tout prix. En 1933, l'assemblée générale des étudiants d'Oxford vote à une large majorité la résolution de « ne se battre ni pour la patrie ni pour le roi, en aucune circonstance ». Perçu comme un guerrier d'une autre époque, il agace mais ne parvient pas à se faire entendre. L'entrée des Allemands dans Prague le 15 mars 1939 ébranle enfin l'opinion, et la presse commence à réclamer son retour au gouvernement. Chamberlain, qui six mois plus tôt, de retour de Munich, avait annoncé triomphalement « la paix pour notre époque », porte désormais comme une croix la terrible accusation de Churchill : « Vous aviez le choix entre la guerre et le déshonneur. Vous avez choisi le déshonneur et vous aurez la guerre. »

Quand l'Allemagne envahit la Pologne le 1er septembre 1939, Chamberlain se sent obligé d'appeler à son cabinet « le seul Anglais que craigne Hitler », selon le ministre des Finances allemand, et lui confie le poste de Premier lord de l'Amirauté. *« Winston is back »*, télégraphie l'état-major de la Navy, avec allégresse et un soupçon d'inquiétude. L'histoire se répète, et pendant huit mois, la drôle de méthode Churchill embrase l'Amirauté avec les mêmes foucades que dans la phase initiale de la Grande Guerre. La tornade s'abat sur le ministère et les étiquettes rouges (« à traiter immédiatement ») sont si nombreuses que le courrier prend une teinte écarlate. On court jour et nuit pour répondre à ses demandes précises, techniques et tactiques, argumenter les suites données à ses suggestions et planifier les décisions adoptées. En apparence, rien n'a changé depuis le funeste mois de mai 1915, les bureaux sont les mêmes, Winston a retrouvé sa secrétaire particulière, et le rythme infernal des réunions, des visites et des séances de nuit a repris son cours. Mais le climat est différent, car les interlocuteurs du « Vieux Lion » ne sont plus de simples exécutants ballottés dans la tourmente. Le Premier lord de la mer, l'amiral Pound, aussi compétent que Battenberg, est plus subtil et fin politique ; moins visionnaire que Fisher, il est aussi plus réaliste et plus loyal[24]. Très vite se noue entre le ministre et son chef

---

en secret depuis des années ! La France, l'Italie et le Royaume-Uni s'engageraient par ailleurs à réduire drastiquement leurs capacités aériennes et leur artillerie lourde.

24. L'amiral Pound est noté comme étant un officier « lent, mais plein de bon sens ». Habile et diplomate, il ne fait pas l'unanimité chez ses subordonnés. Spécialiste des torpilles, il s'est illustré dans la bataille du Jutland. Affaibli par une maladie de la hanche, il somnole parfois pendant les réunions. Il meurt d'une tumeur au cerveau en 1943.

d'état-major une relation de confiance qui dure jusqu'à la mort de Pound. « J'aime le vieil homme » (plus jeune que lui), avoue Churchill en souriant. Pound est un animal à sang froid qui sait s'opposer aux initiatives incongrues ou trop risquées du Vieux Lion sans s'énerver, restant impavide sous l'avalanche de remarques désagréables et résistant calmement au harcèlement qu'il subit. « Il ne craint ni Dieu, ni l'homme, ni Churchill », dit-on de lui. Le Premier lord a pourtant des comportements de diva qui font trembler les amiraux. S'il accepte les propositions bien argumentées, il se livre à d'étonnantes pantomimes quand il trouve une faille dans les raisonnements qu'on lui oppose. Ses interlocuteurs sont submergés sous un flot d'insultes et de railleries, et le vieux comédien conclut parfois dans des crises de larmes insupportables. Dès qu'une opération se profile, il se rue dans la salle des cartes qu'il a fait aménager dans la bibliothèque de l'Amirauté et prodigue ses avis sur les mesures à prendre et les moyens à engager. Pound laisse dire et monte discrètement l'opération dans le secret de son état-major. Tout n'est pas toujours si simple, car Churchill s'est adjoint un conseiller scientifique, « son Raspoutine » selon l'état-major, qu'il consulte fréquemment et écoute beaucoup. Frederick Lindemann est un Alsacien végétarien et abstinent qui fréquente Chartwell depuis dix ans et fascine le ministre par son imagination débridée. Véritable « boîte à idées » du Premier lord, « le Prof » est craint et détesté car on le sait influent. Il est à l'origine de nombreux projets, certains ineptes comme les lanceurs de mines antiaériennes, d'autres utiles comme les bateaux-leurres. L'un d'entre eux, la constitution d'un réseau radar de surveillance aérienne, jouera un rôle crucial dans la bataille d'Angleterre.

Parmi les succès de la méthode Churchill, il faut compter, « comme en 14 », le transport rapide et efficace du corps expéditionnaire britannique (400 000 hommes) vers la France. Par ailleurs, comme à son habitude, le fougueux ministre pratique un entrisme permanent dans la conduite de la guerre au plus haut niveau, bousculant Chamberlain qui la mène à contrecœur. « Je hais cette guerre, je l'abhorre », dit-il. Une visite au général Georges, second du général Gamelin en août 1939, a ouvert les yeux de Churchill sur les faiblesses de l'armée française, aussi réclame-t-il une augmentation du volume du corps expéditionnaire britannique qu'il obtient en partie[25]. S'exaspérant de l'inertie des Alliés pendant la « drôle de guerre », il s'efforce en vain d'obtenir le bombardement de la Ruhr et la destruction des ponts sur le Rhin. Des confidences de généraux allemands en 1945, il ressort clairement que de telles attaques auraient été déstabilisantes pour le IIIe Reich. Le Premier lord de l'Amirauté commet pourtant quelques erreurs qui rappellent étrangement ses fautes de jugement lors de la Grande Guerre. Erreur sur les hommes, quand il impose William Ironside au poste de chef d'état-major impérial. Le général est un de ses fidèles mais il n'a ni la vision interarmées ni le caractère convenant à ces fonctions. Il commet une erreur tactique lourde de conséquences, quand il refuse, contre l'avis de Pound, l'escorte des convois de la marine marchande, impose la dispersion des navires de commerce et la constitution de groupes de bâtiments chasseurs de sous-marins. Le résultat est catastrophique : dès la fin de l'année 1939, 158 navires marchands et 17 bâtiments de guerre ont été torpillés par les U-Boote. C'est seulement en 1942, après des pertes considérables, que Churchill se résigne à former des convois escortés. Erreur stratégique et tactique enfin, de même nature que les Dardanelles, lorsqu'il arrache à Chamberlain le lancement de l'opération en Norvège.

L'idée lui en vient dès septembre 1939 : secourir la Finlande envahie par l'Union soviétique, alliée de circonstance de l'Allemagne, et faire coup double en contrôlant les mines de fer suédoises qui exportent par le port norvégien de Narvik[26]. Pound tergiverse en raison des risques élevés et des problèmes logistiques et Churchill y renonce. Mais en février 1940, un incident relance le projet. Un pétrolier allemand transportant 200 prisonniers britanniques se dirige vers la côte allemande en empruntant les eaux territoriales norvégiennes. Donnant directement des ordres au commandant d'un destroyer britannique, le Premier lord fait intercepter le pétrolier et libérer les marins détenus, après un abordage épique. Leur retour à Londres est mis en scène par l'ancien journaliste sous la forme d'une

25. A cette occasion, le général Georges lui confirme que l'armée française ne portera pas le fer en Allemagne et lui exprime son inquiétude sur la vulnérabilité des Ardennes, faute d'accord avec les Belges. Cette rencontre ébranle les certitudes du Vieux Lion sur la supériorité de l'armée française et le pousse à demander un renforcement du corps expéditionnaire britannique.

26. Narvik, port libre de glaces du nord de la Norvège, a été créé en 1887 pour permettre l'exportation du minerai de fer suédois de la région de Kiruna (Suède) à laquelle il est relié par une voie ferrée de 150 kilomètres.

parade triomphale qui fait oublier un instant que la vraie guerre est à venir.

Dans ce contexte, avec l'appui de Paul Reynaud[27], Churchill obtient la planification en catastrophe d'une opération franco-britannique visant à couper la « route du fer ». Après moult tergiversations et alors que la Finlande a capitulé, l'offensive débute le 8 avril 1940 par le minage des eaux territoriales norvégiennes. Mais, dès le lendemain, la situation tactique est bouleversée par une offensive allemande de grande envergure. Alerté par l'incident du pétrolier, Hitler a fait hâter la préparation de l'occupation du Danemark et de la Scandinavie. Le 9 avril, Copenhague, Oslo et les principaux ports de la côte norvégienne sont pris par des parachutistes ou des contingents débarqués. Les plans alliés sont bouleversés, mais Churchill déclare avec assurance aux Communes : « Hitler a commis une grave erreur stratégique en s'emparant des ports qu'il lui faudra garder. »

L'opération, sous commandement britannique, se déroule alors dans la plus grande confusion. Paul Reynaud pousse au débarquement à Narvik (contre l'avis de son ministre de la Défense Daladier), Chamberlain se mêle brusquement de stratégie et contredit ses ministres, les chefs d'état-major s'opposent les uns aux autres et Churchill, s'ingérant partout, change d'avis plusieurs fois. On débarque finalement au nord et au sud de Trondheim (500 kilomètres au sud de Narvik) pour rembarquer quinze jours plus tard sous le feu de la Luftwaffe. De même, Narvik est péniblement prise pour être abandonnée quelques semaines plus tard quand les Allemands envahissent la France. Comme l'écrit Ironside : « Trop de maudits stratèges ont trempé là-dedans, tous des amateurs qui changent d'humeur d'un instant à l'autre [...]. Chaque plan est mis à mal par une flopée d'amateurs en civil [...]. Comment un état-major peut-il fonctionner dans ces conditions ? » Le fervent partisan de Churchill est déçu : « L'une

27. Paul Reynaud succède à Edouard Daladier le 21 mars 1940 comme président du Conseil. Optimiste, il proclame : « Nous vaincrons parce que nous sommes les plus forts. » Anglophile, il signe une convention avec la Grande-Bretagne stipulant qu'aucun des deux pays ne signera une paix séparée et adhère avec enthousiasme au projet d'intervention en Scandinavie. Face à la débâcle, il relève Maurice Gamelin le 18 mai et le remplace par Maxime Weygand, alors stationné au Levant. A partir du 11 juin, il s'oppose à Philippe Pétain, son vice-président, et à Weygand qui veulent demander l'armistice. Il démissionne le 16 juin 1940 au profit de Pétain.

des illusions de Winston est que l'on peut mener un conflit de manière improvisée en se réunissant tous les jours à 17 heures. »

Outre la gestion erratique de la direction politique et militaire de l'opération, la principale cause de l'échec est l'insuffisance de sa couverture aérienne. Le revers stratégique est indiscutable, mais le bilan est cependant beaucoup moins lourd que dans le fiasco des Dardanelles. D'abord, les pertes allemandes sont élevées : 5 000 hommes, 200 avions et la moitié de leur flotte de destroyers. Ensuite, les Britanniques y ont acquis l'expérience du rembarquement en catastrophe qui leur sera précieuse par la suite. Enfin, Hitler, convaincu à juste titre que Churchill cherchera à revenir en Norvège, se voit contraint d'immobiliser en Scandinavie 500 000 hommes et une partie de sa flotte. Surtout, Churchill sort politiquement indemne de l'aventure. La responsabilité de l'échec est attribuée à Chamberlain, contraint à la démission. Les parlementaires savent que le Premier lord a voulu cette opération et qu'il a été à la manœuvre, mais il est absous parce que la nation en danger a besoin de lui.

Le 10 mai, quand la France est envahie, deux noms sont sur toutes les lèvres : Churchill et Edward Halifax, les seuls à posséder suffisamment d'expérience pour affronter la tempête. Halifax, l'ex-champion de l'*appeasement*, alors secrétaire d'Etat aux Affaires étrangères après avoir été vice-roi et gouverneur général des Indes, se défausse et l'opinion publique acclame le vieux guerrier. Ironside note dans son journal : « Le seul homme capable de réussir, c'est Wilson, et il est trop instable, bien qu'il ait le génie nécessaire pour mener cette guerre à son terme. »

Des choix décisifs

A 65 ans le Vieux Lion est en pleine forme. « Enfin je maîtrisais tout et je pouvais donner des ordres. Ma vie passée tout entière me semblait n'avoir servi qu'à me préparer à ce moment et à cette épreuve [...]. Personne ne pouvait me reprocher d'être responsable de la guerre. Personne ne pouvait me blâmer de ne pas l'avoir prévue à temps. Je croyais m'y connaître particulièrement bien dans ce domaine et j'étais certain de ne pas faillir[28]. » La ferveur populaire

28. Winston Churchill, *The Second World War*, t. 1, *The Gathering Storm*, Londres, 1948.

lui a valu d'accéder à la fonction suprême, mais il souffre d'un double handicap, la versatilité de l'opinion publique et la fragilité de sa position parlementaire. Le peuple britannique, au-delà de son chauvinisme épidermique, est resté profondément pacifiste et ne s'engage dans l'épreuve qu'à contrecœur. Churchill, par ailleurs, n'est pas le chef de la majorité et compte beaucoup d'ennemis parmi les conservateurs. Il doit donc ménager les tenants d'une paix séparée, Chamberlain, qui meurt en novembre 1941, et Halifax, qu'il maintient aux Affaires étrangères.

Habilement, il opte donc pour un gouvernement d'union nationale. Clement Attlee, chef du parti travailliste, est nommé lord du Sceau privé et il en fera plus tard son vice-Premier Ministre. « Moitié génie, moitié imbécile », selon Winston, il sera présent partout mais jamais consulté. Cependant, les postes clés pour la défense sont attribués aux fidèles de Chartwell. Anthony Eden, qui a rompu avec Chamberlain après Munich, devient secrétaire d'Etat à la Guerre, tandis qu'Archibald Sinclair, qui fut le second du lieutenant-colonel Churchill dans les tranchées, prend le ministère de l'Air. L'Amirauté est confiée à Albert Alexander, un travailliste loyal qui reçoit pour consigne de laisser agir l'amiral Pound.

Le nouveau Premier Ministre s'entoure d'un groupe de conseillers, dont l'inévitable Frederick Lindemann, Brendan Bracken, son éditeur qui sait l'apaiser et l'encourager quand le « chien noir » se profile, Duncan Sandys, son gendre, à qui il confie la Défense intérieure, et le major Morton, le visiteur de Chartwell, qui coiffe les services secrets. Une onde de choc ébranle la haute administration civile et militaire. Dès le premier jour, la pression exercée par Churchill sape les fondements de la vie routinière et confortable qui prévalait au sommet de l'Etat. Les notes urgentes « à faire immédiatement » déferlent dans les bureaux. Les congés et les week-ends sont supprimés. Les exigences et les colères du Vieux Lion terrorisent les plus faibles qui subissent ses remarques insultantes et craignent leur renvoi. Le cabinet de guerre se réunit quotidiennement, ou, à défaut, le comité de défense (qui comprend Attlee, les trois ministres des armées et les chefs d'état-major). Les ministres doivent y participer seuls, sans conseillers, et doivent connaître les dossiers.

Churchill, pour mieux contrôler la conduite de la guerre, a créé la fonction de ministre de la Défense, coiffant les ministères des trois armées, et il en assume personnellement la charge. A la tête de son cabinet militaire, il a nommé le général Ismay, un officier brillant, courageux, simple et humain, qui assure la liaison avec les chefs d'état-major et, à ce titre, jouera un rôle majeur dans la conduite de la guerre[29]. Les relations du ministre de la Défense avec ses chefs militaires deviennent vite houleuses. Il leur impose un train d'enfer et les reçoit tous les soirs à 21 h 30, les gardant jusqu'à 1 ou 2 heures du matin. L'emploi du temps du nouveau Premier Ministre, réglé sur ses habitudes de l'Amirauté, est constamment perturbé par des visites, décidées au dernier moment, en France ou dans les unités des trois armées.

Winston Churchill est craint, voué aux gémonies par beaucoup, mais il instille dans tout l'appareil d'Etat une formidable énergie. Comme Clemenceau, qui lui sert de modèle, il se méfie de son impulsivité et donne pour consigne générale que ses instructions ne sont valides que lorsqu'elles sont écrites... La prise en main de l'appareil d'Etat est complétée par la relève des généraux. Ironside, le chef d'état-major impérial, lui est trop dévoué pour qu'il le sacrifie d'emblée, mais sa pusillanimité lui vaut d'être bientôt remplacé par John Dill, un grand soldat compétent et courageux[30]. En revanche, Cyril Newall, le chef d'état-major de l'armée de l'air, doit céder la place à Charles Portal, un partisan convaincu du bombardement stratégique, qui restera en poste jusqu'à la fin de la guerre, en dépit de son manque d'envergure. L'emprise de Churchill sur les chefs militaires se traduit très vite par la marginalisation des ministres des Armées car, dans son esprit, le ministre de la Défense n'est rien d'autre que le généralissime, le commandant suprême des armées, et il n'a pas besoin d'intermédiaires.

Dans cette phase de la guerre, et jusqu'à l'armistice franco-allemand du 22 juin, les succès allemands en France sont tellement foudroyants que le Premier Ministre est contraint à ne décider qu'en réaction aux événements, sans plans et sans anticipation. Les trois décisions

---

29. Surnommé Pug (« nez écrasé »), Ismay est un officier de l'armée des Indes qui s'est illustré dans la répression d'une rébellion au Somaliland. En 1938, il est secrétaire du Comité de défense impérial (organisation interministérielle). Brillant officier d'état-major, il a servi sous les ordres des généraux Auchinleck et Dill. Son tact, sa patience et son art du compromis lui valent l'estime et l'amitié des chefs d'état-major.

30. John Dill a commandé brillamment une brigade sur le front français en 1917-1918. Il est nommé vice-chef d'état-major d'Ironside en avril 1940. Intelligent et compétent, il a une hauteur de vues incontestée mais se révèle très (trop ?) prudent. Churchill lui reproche ses « obstructions » et surtout son manque d'imagination. En réalité, de santé fragile, il est épuisé par le rythme de vie et les pressions incessantes que lui impose le Premier Ministre.

majeures qu'il prend dans cette période témoignent cependant d'une vision stratégique claire : quel que soit le sort politique et militaire de la France, la Grande-Bretagne poursuivra le combat contre Hitler. Ce choix cardinal s'exprime sans équivoque dans la décision prise par le cabinet de guerre, le 27 mai, de refuser l'ouverture de négociations de paix avec Hitler. La débâcle française a en effet incité Halifax, soutenu par Lloyd George et le camp des pacifistes, à proposer des tractations secrètes avec le IIIe Reich par l'entremise des Suédois. Au cours de trois réunions du cabinet, la possibilité d'échanger des colonies avec l'Allemagne en gage de paix est discutée avec passion.

Avec l'appui de Chamberlain et d'Attlee, Churchill prend l'avantage sur Halifax, et l'idée d'une paix séparée est définitivement abandonnée. Eût-elle été retenue que le sort de la guerre et du monde en eût été transformé. Arrachée par Churchill contre le sentiment profond de la population britannique, cette décision est la plus marquante de son mandat et témoigne en faveur de l'idée qu'il a toujours défendue que ce sont les hommes et non les structures et les circonstances qui écrivent l'Histoire. On a beaucoup glosé, après guerre, sur les motivations de ce choix du Premier Ministre. La perspective d'un duel à mort avec Hitler ne pouvait que séduire le vieil aventurier qui y voyait l'occasion unique d'inscrire son nom dans l'histoire des grands faits d'armes, ultime expression de sa soif éperdue de gloire. Il serait pourtant injuste et insultant d'ignorer sa profonde répulsion pour le régime nazi et son opposition farouche à la domination allemande en Europe. En définitive, il accepta sans états d'âme les risques et le fardeau du conflit : « Ceux qui prétendent que rien n'a jamais été réglé par la guerre disent des âneries. En fait, rien dans l'histoire n'a jamais été réglé autrement que par la guerre », écrit-il. Les décisions militaires qu'il prit, en amont et en aval de son refus de paix séparée, furent inspirées directement par ce choix. Elles sont d'autant plus remarquables qu'elles furent adoptées par Churchill à contrecœur, sous la pression de ses chefs militaires, car elles s'opposaient à deux principes auxquels il était particulièrement attaché : la solidarité avec l'allié français et l'abnégation totale au combat, jusqu'au dernier souffle.

La première de ces décisions, dont le Vieux Lion dit par la suite qu'elle fut la plus importante qu'il ait jamais prise, consiste à refuser le renfort aérien réclamé par le gouvernement français. Paul Raynaud l'appelle le 15 mai : « Nous sommes battus » et il lui réclame un appui aérien immédiat. Sinclair et son chef d'état-major font aussitôt barrage et convoquent Hugh Dowding[31] qui commande la défense aérienne de Grande-Bretagne. Ce dernier suggère au Premier Ministre de refuser, en proposant en lieu et place des bombardements de la Ruhr. Churchill se range à leur avis et repousse la demande de Raynaud mais, le lendemain, Gamelin l'appelle à son tour en insistant sur la situation désespérée des troupes alliées. Le Premier Ministre se rend à Paris où il découvre avec effroi l'absence de toute réserve stratégique. Il rentre à Londres, décidé à accorder les dix escadrilles demandées, mais se heurte à nouveau à l'opposition des trois chefs d'état-major. Dowding lui présente un mémorandum estimant les besoins de la défense aérienne à 52 escadrilles alors que 36 seulement sont disponibles. Churchill revient alors sur sa décision et n'accorde au front français qu'une escadrille en renfort. La déception à Paris est grande, mais bien moins qu'elle ne le sera dans l'affaire de Dunkerque. Le rembarquement du corps expéditionnaire britannique est en effet décidé sous la pression des généraux engagés sur le front. Quand l'offensive de von Bock menace les ports de la Manche, le Premier Ministre refuse dans un premier temps de se désolidariser du plan Weygand[32]. L'occupation de Boulogne par la Wehrmacht et la désintégration du corps expéditionnaire du général Gort[33] le conduisent cependant à suivre les recommandations de Dill qu'il a envoyé sur place.

31. Officier de l'air reconnu pour sa compétence technique et tactique, Hugh Dowding est un homme modeste et droit, imperméable à l'humour. Commandant d'escadrille pendant la Première Guerre, il est à la tête de la chasse en 1936. A l'origine du réseau de radars qui équipe la défense aérienne pendant la bataille d'Angleterre, il conduit les opérations avec brio et peut être considéré comme l'acteur principal de la victoire britannique. Cela n'empêche pas qu'il soit démis de ses fonctions par Churchill après les premiers succès du Blitz allemand.

32. Weygand arrive en France le 19 mai et gèle les plans de contre-offensive préparés par Gamelin, pour se donner le temps d'apprécier la situation. Le 21 mai, il réunit à Ypres les commandants d'armée et leur donne ses ordres. Son plan reprend celui de Gamelin : couper les divisions blindées allemandes des unités d'infanterie qui peinent à les suivre en contre-attaquant par le nord et le sud (entre Arras et Amiens). Le général Billotte, chargé de l'action principale avec les Britanniques, se tue le lendemain dans un accident de voiture et Gort, qui n'a pu se rendre à Ypres, conteste les ordres reçus. Le plan est pourtant entériné, le 22 mai, par Churchill et Reynaud.

33. Lord Gort, un aristocrate intelligent mais manquant de caractère (mais pas de courage : il est surnommé « le Tigre »), a obtenu la Victoria Cross pendant la Première Guerre mondiale. Chef d'état-major impérial en 1937, il prend la tête du corps expéditionnaire britannique en France en 1939. Après Dunkerque, il est envoyé à Gibraltar, puis Malte. Comme Mountbatten, il fait partie de ces aristocrates doués, élégants et courageux sans être efficaces que Churchill affectionne.

Il ordonne l'évacuation et charge l'amiral Ramsay de l'opération « Dynamo[34] ». Il s'attend à des combats épiques à Dunkerque, mais Hitler lui accorde un répit inespéré en gelant pendant quarante-huit heures l'offensive de von Bock. Les raisons de ce « cadeau » ne sont pas claires : confiance excessive dans les rodomontades de Goering qui se fait fort de détruire l'Angleterre avec la Luftwaffe, ou simple pause avant une réorientation de l'offensive vers le sud ? Le plus probable est qu'Hitler a voulu ménager les Britanniques avec lesquels il souhaite négocier un accord de paix avant de s'en prendre à l'Union soviétique. Le rembarquement du corps expéditionnaire s'effectue en deux temps. Du 27 mai au 4 juin, 400 000 hommes, dont 100 000 Français, sont évacués de Dunkerque sur 860 bateaux. Churchill confie le commandement des 150 000 hommes encore présents sur le sol français au général Brooke qu'il a remarqué à Dunkerque. Le Vieux Lion veut qu'ils se battent jusqu'au bout pour effacer la « honte » du rembarquement. Mais Brooke, convaincu que « l'armée française est déjà morte », lui arrache la décision d'évacuation de ses troupes à l'issue d'une longue discussion serrée au téléphone. Le rembarquement a lieu à Saint-Valery-en-Caux, sans autre perte que le HMS *Lancastria*, coulé avec ses 3 000 marins[35].

Cette double évacuation réussie est présentée à l'opinion anglaise comme une grande victoire. A ce titre, elle est précieuse pour Churchill, lui permettant de poursuivre son grand dessein qu'une hécatombe aurait sans doute enterré. La propagande habilement gérée fait l'impasse sur les 65 000 véhicules abandonnés, les six destroyers et le croiseur coulés, les troupes indisciplinées et désarmées. On magnifie l'exploit de la Royal Navy et les succès de la RAF. Toutefois, Churchill n'est pas dupe : « Nous devons bien nous garder de considérer cette délivrance comme une victoire », s'exclame-t-il. L'ancien lieutenant d'Omdurman qui n'aime rien tant que la

34. L'amiral Ramsay est rappelé de la réserve en 1939 par Churchill qui lui confie la zone maritime de la Manche (secteur de Douvres). Sa gestion brillante de l'opération « Dynamo » lui vaudra d'être désigné pour commander la flotte alliée du débarquement de juin 1944.

35. Le *Lancastria* est un paquebot réquisitionné par la Navy pour le rembarquement du corps expéditionnaire. Il est coulé par la Luftwaffe le 17 juin 1940, au large de Saint-Nazaire. A bord, se trouvent 4 000 à 5 000 passagers, militaires ou civils britanniques, dont 2 400 sont sauvés. Churchill ordonne que le naufrage reste secret pour ne pas démoraliser l'opinion publique, et les familles des victimes sont prévenues individuellement, sans mention des circonstances.

bravoure déplore en secret que le corps expéditionnaire ne se soit pas battu. Les Britanniques déplorent 3 500 morts quand l'armée Weygand en compte plus de 80 000. Mais son objectif est atteint car ses armées ont gardé un potentiel suffisant pour défendre leur territoire et poursuivre le combat. Après Saint-Valery-en-Caux, il ne lui reste plus qu'à tenir la main du gouvernement français à l'agonie. Il le fait avec maestria, ferme dans son refus de nouveaux renforts, compatissant à l'égard des projets farfelus du « réduit breton » ou « d'union des deux peuples ». L'élection de Pétain, avec lequel il n'a pas d'affinité, le libère, et deux jours plus tard, il autorise le général de Gaulle à prendre la parole à la BBC.

Avant même l'armistice du 22 juin, il annonce l'étape suivante : « Je m'attends maintenant à ce que commence la bataille d'Angleterre [...]. Si nous échouons, le monde entier, y compris les Etats-Unis, s'enfoncera dans les abysses d'un nouvel âge sombre[36]. » Pour entraîner et tenir debout le peuple britannique, son atout principal est le verbe. Son discours du 13 mai 1940 au Parlement, inspiré de ses lectures de Garibaldi et de Clemenceau, est un classique indépassable : « Je n'ai rien d'autre à offrir que du sang, de la peine, de la sueur et des larmes [...]. Vous me demandez ce qu'est notre politique ? Je vous dirai que c'est de faire la guerre [...]. Vous me demandez ce qu'est notre but ? Je vous répondrai d'un mot, la victoire[37]. » Sortant sous les acclamations, il se tourne vers son assistant : « Je les ai bien eus ces enfoirés ! »

L'année Churchill

Du 22 juin 1940 au 22 juin 1941, l'Angleterre affronte seule les puissances de l'Axe. Les six mois qui suivent ne lui apportent guère de répit, tant les Soviétiques peinent à juguler l'invasion allemande. C'est seulement à partir de l'entrée en guerre des Etats-Unis en décembre 1941 que la donne change, le rapport de forces s'équilibrant avant de s'inverser définitivement. Pendant ces dix-huit mois, Churchill est à la manœuvre, aux commandes de l'Empire

36. Winston Churchill, discours du 18 juin 1940 devant le Parlement, Archives nationales, Cabinet Papers.

37. Winston Churchill, discours du 13 mai 1940 devant le Parlement, Archives nationales, Cabinet Papers.

britannique. Son génie et ses faiblesses s'y expriment sans frein. Frôlant parfois l'écueil, le navire de Sa Majesté tient la mer, ouvrant la voie à l'allié américain, tant sollicité et tant attendu. « Est-il heureux (chanceux) ? » demandait Napoléon quand on lui présentait un officier. Dans cette phase de combat solitaire, Winston est servi par le dieu de la guerre, bénéficiant des hésitations ou des erreurs d'Hitler, concentré sur l'opération « Barbarossa ». Mais il n'y a pas de chance qui tienne si on ne la saisit pas.

Son génie de l'organisation fait merveille dans la montée en puissance défensive de la Grande-Bretagne contre une prévisible tentative d'invasion. En quelques semaines, les îles Britanniques se transforment en camp retranché. Tous les hommes de moins de 65 ans sont mobilisés dans la Home Guard, 250 000 soldats recrutés dans l'armée d'active, les sites industriels camouflés, les réseaux radars modernisés. La production d'avions, de chars, de bateaux est relancée et Lindemann présente chaque semaine au Premier Ministre les statistiques détaillées des chaînes de montage. L'inventivité du duo se déploie aussi dans des projets sans lendemain, comme la création d'îles artificielles en mer du Nord devant servir de bases de débarquement, ou la réinvention du feu grégeois pour investir les ports allemands... La montée en puissance demande du temps, or Hitler en donne à Churchill. L'opération « Otarie » d'invasion de l'Angleterre se prépare mollement entre Ostende et Le Havre, sous les bombardements de la RAF. Le chef du IIIe Reich espère encore un accord de paix avec cet ennemi qu'il respecte.

C'est seulement à partir du 20 juillet que s'engage vraiment la bataille d'Angleterre. Entre la Luftwaffe et la RAF, les duels aériens font rage pendant un mois. Les avions allemands prennent pour cible les ports britanniques du sud de la Manche et les sites industriels. Le bombardement, par erreur, le 24 août, de la banlieue sud de Londres fait basculer la campagne aérienne dans une stratégie de terreur. La réplique de Churchill est immédiate : pendant cinq jours, la RAF bombarde Berlin. Les dégâts causés sont minimes et les pertes aériennes considérables, mais le Vieux Lion a vu juste. L'impact psychologique de ce raid insensé est énorme à Berlin, à Washington et surtout en Grande-Bretagne. Hitler, en fureur, ordonne le bombardement systématique des grandes villes anglaises. Le 7 septembre, un raid de mille avions transforme Londres en brasier. C'est le début du Blitz, qui durera plusieurs mois et sera périodiquement relancé. Mais le Führer, conscient de l'insuffisance de ses moyens navals et aériens, a renoncé à l'opération « Otarie ».

Les alertes aériennes fréquentes conduisent Churchill, après quelques brefs séjours dans le métro londonien, à installer son quartier général dans la Central War Room. En 1938, un complexe souterrain de 150 pièces, pouvant accueillir 270 personnes, a été aménagé sous Whitehall. Dès le début du Blitz, une chambre y est réservée pour le Premier Ministre et sa femme qui y dorment pendant les raids aériens. La Central War Room est une salle de conférences exiguë et mal éclairée. Une grande table couverte d'un feutre noir en occupe l'espace, sous d'épaisses poutres peintes en rouge. Autour de la table, vingt-quatre chaises recouvertes de cuir vert accueillent les ministres et les chefs d'état-major. Le Premier Ministre préside dans un fauteuil de bois foncé aux bras arrondis. Devant lui sont posés deux bougeoirs rouges, une valise, rouge elle aussi, des documents classifiés et le paquet d'étiquettes « à faire ». A côté du fauteuil, un seau accueille les restes des cigares fumés à la chaîne par le maître des lieux. Les réunions se tiennent dans un brouillard odorant et étouffant entretenu par la pipe d'Attlee, les cigares de Churchill et les cigarettes de quelques autres. Au mur, à l'entrée, un voyant lumineux indique le début et la fin des raids aériens.

Dans la pièce voisine, une salle des cartes est aménagée où se tient un officier en liaison téléphonique permanente avec les centres opérationnels des trois armées. A partir de décembre 1941, on y ajoute une liaison chiffrée directe avec Roosevelt que Churchill répugne à utiliser à cause du son nasillard qu'elle produit (« la voix de Donald » dans le film de Walt Disney, lui dit le président américain). Winston n'aime pas rester enfermé pendant les bombardements allemands et il circule dans la ville dévastée, pistolet au côté, accompagné de son garde du corps. Ce dernier, Thompson, a toute sa confiance et n'hésite pas à le bousculer quand une bombe explose à proximité. Dans ces sorties nocturnes, Churchill rencontre le peuple de Londres, discute, encourage, compatit, créant sa légende comme Clemenceau a bâti la sienne sur le front. « Quand est-ce qu'on bombarde Berlin ?
– Laissez-moi faire, je m'en occupe. »

Son talent d'organisateur ne s'arrête pas à la défense de la Grande-Bretagne et il veut se doter des moyens de reprendre l'initiative. Il crée donc deux commandements interarmées directement subordonnés au ministre de la Défense, la direction des opérations combinées et la direction des opérations spéciales. Les opérations combinées, aux ordres de l'amiral Keyes, puis de Mountbatten[38], se consacrent à la planification et l'exécution de coups de main en territoire ennemi. Ce commandement est très mal vu par les chefs d'état-major, car il leur prélève des moyens sans préavis pour des opérations qu'ils ne maîtrisent pas. Churchill ne cède pas à leurs récriminations et impose même Mountbatten aux réunions des chefs d'état-major. La direction des opérations spéciales, confiée à Hugh Dalton[39], a pour consigne de « mettre le feu à l'Europe » en aidant les mouvements de résistance dans les pays occupés et en organisant sabotages, subversion, etc. La création de ces deux entités répond à une intuition remarquable, une anticipation pertinente des besoins futurs des Alliés, mais les résultats seront décevants, tant en raison de l'obstruction des chefs d'état-major, que de l'insuffisance des moyens qui leur sont alloués.

Le Premier Ministre est plus heureux dans ses efforts pour développer les moyens de renseignement. Il constitue une Task Force pour le décryptage des messages allemands, et la machine Enigma livre progressivement ses secrets[40]. S'il ne parvient pas à unifier les

---

38. Keyes est un amiral flamboyant mais controversé. Il s'est illustré en Chine (révolte des Boxers) et a été le chef d'état-major de Carden et Robeck dans les Dardanelles. Député conservateur, il conseille Churchill pendant la campagne de Norvège. Nommé chef des opérations combinées en mai 1940, il est relevé en octobre 1941 en raison de l'hostilité unanime des chefs d'état-major. Mountbatten est un fils de l'amiral de Battenberg, lié à la famille royale. Contre-amiral en 1941, il est connu pour son dynamisme et sa passion des techniques nouvelles (retenues par Churchill et mises en œuvre en 1944 : port artificiel, oléoduc sous-marin, chars amphibies). Succédant à Keyes, il organise un raid sur la base navale de Saint-Nazaire, puis le débarquement de Dieppe (19 août 1942). En août 1943, il est nommé commandant interallié en Asie du Sud-Est.

39. Hugh Dalton est un député travailliste opposé à la politique d'apaisement. Irascible, mauvais administrateur et peu perspicace, il a su séduire Churchill par sa sincérité. Ce dernier le nomme ministre de l'Economie de guerre et responsable des opérations spéciales : « Et maintenant, allez mettre le feu à l'Europe », lui lance-t-il. Il envoie 470 agents en France de 1940 à 1944, dont 118 ne reviennent pas. En 1945, ses services regroupent 13 000 personnes. Il sera après la guerre le chancelier de l'Echiquier du Welfare State.

40. Enigma est une machine allemande de chiffrement des messages, fonctionnant sur la base de rotors électromagnétiques. Elle est décodée pour la première fois par des mathématiciens polonais en 1933, mais perfectionnée par les Allemands en 1939. Un centre de décodage, la station X, est créé en 1939 à Bletchley Park, au nord-ouest de Londres. Ce centre regroupera jusqu'à 10 000 agents. Les messages de la Luftwaffe sont déchiffrés dès l'été 1940, ceux de la Kriegsmarine à l'été 1941 et ceux de la Wehrmacht en 1942. Churchill reçoit tous les jours une boîte, baptisée ULTRA, contenant les derniers messages interceptés qui lui sont adressés par le chef du MI6, Stewart Menzies. Il en possède l'unique clé.

services de renseignements des trois armées, il donne un nouvel essor au MI6 dont il assure la liaison avec l'OSS américain dès juin 1940. Enfin, son esprit inventif s'épanouit dans « le magasin de jouets » exploité par Lindemann. A côté des projets rocambolesques, comme le char de 130 tonnes construit par la Navy, des dispositifs utiles sont élaborés, telles les unités fantômes déployées pour tromper les Allemands sur les intentions alliées, et quelques inventions techniques mises au point se révèlent déterminantes, en particulier les contre-manœuvres appliquées au guidage des bombardiers ennemis.

La compassion affichée par Churchill à l'égard du peuple anglais écrasé par les bombes (20 000 morts en six mois) ne peut que renforcer son impitoyable détermination. Il en donne la preuve dans les premiers jours de sa guerre solitaire, avant même le début du Blitz, à Mers el-Kébir. Dès le 16 juin, à Tours, il avait exigé que « la Royale » rallie les ports anglais en cas de défaite française. Reynaud puis Pétain avaient refusé et elle s'était partagée, pour l'essentiel, entre Toulon et Mers el-Kébir, mais Darlan s'était engagé à ce qu'elle ne soit jamais livrée aux Allemands. Après l'armistice, l'amiral Gensoul, commandant la flotte française en Afrique du Nord, ayant refusé de faire appareiller ses bâtiments vers l'Angleterre, Churchill décide le 1er juillet le bombardement de Mers el-Kébir. Il convoque l'amiral Somerville : « Nous vous chargeons de l'une des tâches les plus difficiles et les plus abominables auxquelles un amiral britannique ait été confronté, mais nous avons toute confiance en vous et nous comptons sur vous pour la mener jusqu'au bout impeccablement[41]. » Deux jours plus tard la flotte française de Mers el-Kébir est écrasée sous les bombes et 1 300 marins français y trouvent la mort. Le Premier Ministre, en larmes, est acclamé aux Communes.

Ce massacre infligé à l'ancien allié vaincu et à terre n'est ni nécessaire ni efficace, mais il sert l'image du chef de guerre résolu et implacable que Winston veut donner de lui-même. La destruction de la flotte française ne s'imposait pas car Hitler n'avait pas les moyens de s'en emparer, et le sabordage de Toulon, deux ans plus tard, prouvera que Darlan ne mentait pas. Qui plus est, l'impact de ce geste spectaculaire et meurtrier sur la conduite de la guerre est pour le moins discutable. Certes, la détermination de Churchill a impressionné Roosevelt, mais il n'est pas convaincu pour autant de rompre avec Vichy. Hitler a réagi avec sa véhémence habituelle,

41. Carlo d'Este, *Churchill, seigneur de guerre*, Paris, Perrin, 2008.

mais il croit encore à une paix négociée et fait une offre dans ce sens le 19 juillet, aussitôt rejetée. Le résultat concret est la rupture avec Pétain, moindre mal, et un coup de frein brutal au ralliement français à de Gaulle. Il le paiera à Dakar et en Syrie où les troupes de Vichy combattront les Forces françaises libres et le contingent britannique.

Le bénéfice qu'en retire le Premier Ministre est d'une autre nature. Sa stature de leader implacable est confortée en Grande-Bretagne, où d'ailleurs le sentiment francophobe est largement répandu. Et, concrètement, il a imposé son autorité à ses chefs d'état-major, tous réticents à une action qu'ils ne jugeaient ni indispensable ni loyale. Les confrontations entre Churchill et ses chefs militaires ne s'arrêtent pas là pour autant et se poursuivront jusqu'à la fin de la guerre. L'homme de Chartwell a bien compris, comme Dill, son chef d'état-major, que le seul moyen de gagner contre Hitler est d'obtenir le plus vite possible l'entrée en guerre des Etats-Unis. Mais alors que ses généraux prônent une défensive prudente, le Premier Ministre veut reprendre l'initiative. Son but ultime est la sauvegarde de l'Empire britannique qu'il croit immortel et indispensable à la civilisation, comme beaucoup de conservateurs de sa génération. Pas davantage que ses chefs militaires, il n'anticipe l'alliance objective entre l'idéalisme américain et l'idéologie soviétique contre l'héritage colonial européen du siècle précédent.

Pendant l'été 1940, aucun plan stratégique n'est établi pour la conduite de la guerre. Le Premier Ministre se fie à son intuition pour décider des opérations au coup par coup. En revanche, il entreprend, avec une persistance et une efficacité remarquables, la conquête de Roosevelt : « Jamais aucune femme n'a été courtisée comme j'ai courtisé cet homme pour l'Angleterre. » L'entreprise n'est pas facile car leur première rencontre, en 1918, n'a pas impressionné Roosevelt qui tient son homologue pour « un sale type ». De plus Churchill a la réputation d'être un buveur, ce qui choque le peuple puritain des Etats-Unis. De son côté, Winston est impressionné par la volonté et le courage de son interlocuteur parvenu à la fonction suprême en surmontant le lourd handicap de la poliomyélite. Tout est bon pour renforcer les liens avec les Etats-Unis. Churchill organise un lobby intellectuel à Washington autour de Graham Greene, Hitchcock et le philosophe Isaiah Berlin. Surtout il écrit régulièrement au président des Etats-Unis des lettres admirables qui ont un effet profond sur lui. Par exemple, le 7 décembre 1940 : « Soyez assuré que nous sommes prêts aux souffrances et aux sacrifices ultimes dans l'intérêt de la cause et que nous nous faisons gloire d'en être les champions. Pour le reste, nous nous reposons avec confiance sur vous et votre peuple, assurés que l'on pourra trouver des moyens propres à susciter l'approbation et l'admiration des générations futures de part et d'autre de l'Atlantique. Si, comme je le pense, vous êtes convaincu, Monsieur le Président, que la défaite de la tyrannie nazie et fasciste est une affaire suprêmement importante pour les Etats-Unis et l'hémisphère occidental, vous voudrez bien considérer cette lettre, non comme un appel à l'aide, mais comme l'énoncé des mesures minimales nécessaires à l'accomplissement de notre tâche commune[42]. »

Leurs relations sont entravées par le Congrès, majoritairement hostile à l'entrée en guerre des Etats-Unis, et par les manœuvres de l'ambassadeur américain à Londres, Joseph Kennedy, un antisémite pronazi et anglophobe. Roosevelt l'écarte en novembre 1940, le remplaçant par William Harriman, tout acquis à Churchill, et Harry Hopkins, un de ses proches conseillers, pour assurer une liaison personnelle avec le Premier Ministre[43]. « Je suis venu ici en catalyseur entre deux divas », annonce ce dernier lors de sa première visite à Londres. Reçu à Whitehall avec beaucoup d'égards, il est aussitôt séduit par Churchill qu'il décrit à son président comme n'étant « pas seulement Premier Ministre, mais aussi force motrice qui mène, pour l'essentiel, la stratégie et la conduite générale de la guerre ». Roosevelt, qui se veut « amical et méfiant », autorise dès août 1940, en violation de la loi sur la neutralité, la livraison de 50 destroyers à l'Angleterre. Puis un pas majeur est franchi en mars 1941 avec le vote de la loi du prêt-bail qui autorise le président à vendre, céder, louer, échanger ou prêter des armes, « si c'est utile pour la défense

42. Winston Churchill, lettre du 7 décembre 1940, *in* François Kersaudy, *Churchill*, Paris, Perrin, 2009.

43. Joseph Kennedy, père de John, est un homme d'affaires qui a financé la campagne de Roosevelt et en a été récompensé par sa nomination à l'ambassade de Londres. Il soutient la politique d'apaisement de Chamberlain et déteste Churchill. William Harriman est également un homme d'affaires, qui représente de nombreux intérêts allemands aux Etats-Unis, gelés par le gouvernement pendant la guerre. Son soutien au New Deal lui vaut d'être nommé représentant spécial de Roosevelt auprès de Churchill. Il sera ensuite nommé à Moscou de 1943 à 1946. Il épousera Pamela Churchill, la belle-fille du Premier Ministre, en 1971. Harry Hopkins est un proche de F. D. Roosevelt. Architecte du New Deal, il devient son conseiller diplomatique et vit à la Maison-Blanche. Artisan de la loi du prêt-bail, il joue efficacement le rôle d'intermédiaire entre le président américain et le Premier ministre britannique. Par la suite, il est au cœur des négociations entre Staline et Roosevelt et s'efforce d'apaiser l'amertume de Churchill qui se voit contourné.

de la nation américaine ». Six mois plus tard, 6 milliards de dollars d'armement ont été alloués à la Grande-Bretagne sans exigence de remboursement. Dans l'esprit de Roosevelt, ces aides ne doivent pas conforter la puissance impériale britannique, elles ne sont qu'un moyen de contenir l'expansion nazie.

La première rencontre entre les deux hommes a lieu en août 1941 à Terre-Neuve. Winston en tremble d'émotion : « J'espère que le président va m'aimer », confie-t-il à Harriman. Il se présente en tenue d'officier de marine, clin d'œil aux fonctions de secrétaire à la Marine exercées par Roosevelt en 1918. Le contact entre les deux hommes est agréable mais le président américain reste sur la réserve. Quatre jours de débats aboutissent à une déclaration de principe, la charte de l'Atlantique, qui a un large retentissement, mais les échanges entre états-majors tournent au dialogue de sourds, et Roosevelt se refuse à tout engagement sur l'entrée en guerre des Etats-Unis. Il en sort pourtant convaincu de l'implication inéluctable de son pays dans le conflit. Très vite, il fait escorter par des navires de guerre les convois destinés à l'Angleterre. Puis il rétablit la conscription et décide la destruction de tout bâtiment de l'Axe surpris dans les eaux territoriales américaines.

Rencontrant Churchill trois mois plus tard, Eleanor Roosevelt, la femme du président, a pour sa part un jugement très négatif sur le Premier Ministre. « Il aime trop la guerre et entraîne mon mari dans ses jeux de petit garçon. » C'est en définitive le Japon qui décide de l'entrée en guerre des Etats-Unis en bombardant Pearl Harbor le 7 décembre 1941. Berlin et Rome lui emboîtent le pas quatre jours plus tard. Qu'importe ! Churchill a joué son rôle en convainquant son interlocuteur des risques que prenaient les Etats-Unis en laissant Hitler élargir son emprise sur l'Europe et ses pourtours. L'offensive allemande foudroyante en Russie et les succès des U-Boote en Atlantique confortent son argumentaire. Entre les deux responsables, un courant de sympathie sans amitié réelle s'est établi. A Washington, Halifax, dont Churchill s'est débarrassé en l'envoyant auprès de Roosevelt, et le général Dill, qui l'a rejoint après avoir été relevé des fonctions de chef d'état-major, contribuent efficacement au renforcement des liens entre les Alliés[44].

44. John Dill se lie d'amitié avec George Marshall, le chef d'état-major américain, et se fait apprécier par Roosevelt qui loue son intelligence et sa courtoisie. Il meurt de maladie en novembre 1944 et a droit à des funérailles solennelles à Washington, avant

L'objectif premier de Winston Churchill est donc atteint à la fin de l'année 1941. Entre-temps, il a hérité d'un allié inattendu, l'Union soviétique, envahie le 22 juin par les troupes allemandes. Ecartant ses fortes préventions à l'encontre des bolcheviks, le Premier Ministre tend la main à Staline et pousse les Américains à lui ouvrir le champ de la loi du prêt-bail. En septembre 1941, une mission commune conduite par Harriman et lord Beaverbrook recueille les demandes soviétiques et tombe sous le charme du dictateur. Staline se garde pourtant d'accepter des rencontres d'état-major et, au grand soulagement des chefs militaires britanniques, s'oppose au déploiement d'un contingent anglais dans le Caucase proposé par Churchill. Il réclame déjà l'ouverture d'un second front en Europe.

L'habileté diplomatique du Premier Ministre a été déterminante dans cette période d'isolement de la Grande-Bretagne. En revanche, son obsession offensive et son ingérence brouillonne dans la conduite des opérations l'ont poussé à des erreurs stratégiques ou tactiques qui auraient pu avoir des conséquences sérieuses si Hitler n'avait été entièrement absorbé par sa conquête de l'Est. On ne reviendra pas sur sa décision funeste de refuser le principe de l'escorte des convois de navires marchands. Elle contribua largement aux succès allemands dans la bataille de l'Atlantique tout au long de l'année 1941. C'est surtout dans le Bassin méditerranéen que les emballements et l'autorité tyrannique du Premier Ministre furent à l'origine de sérieux revers. A l'été 1940, l'Italie menace l'Egypte et le canal de Suez, lien indispensable avec l'Inde, à partir de ses colonies de Libye, d'Ethiopie et de Somalie. Chypre, la Palestine et Gibraltar sont des cibles possibles. Or, le rapport de forces est très défavorable aux Britanniques, qui alignent 100 000 hommes mal équipés et des moyens aériens obsolètes et insuffisants face aux 500 000 Italiens. Dans la bataille qui s'annonce pour la défense de l'Empire, Churchill dispose d'un atout important, le général Wavell, commandant les forces britanniques au Proche et au Moyen-Orient, officier remarquable, connaissant parfaitement le milieu dans lequel il opère. Borgne depuis la guerre des Boers, admiré de ses hommes, ce grand soldat taciturne, poète à ses heures, est un excellent tacticien, brillant et offensif. Or, le Premier Ministre, l'ayant pris en grippe dès le premier contact,

---

d'être enterré au cimetière national d'Arlington, une première pour un étranger. Il a même droit à une statue équestre.

s'ingère constamment dans ses opérations et le pousse inexorablement à l'erreur.

Le premier accroc intervient quand Wavell refuse en juin 1940 le retrait de huit bataillons de Palestine pour renforcer la défense de l'Angleterre. Churchill le convoque et ne supporte pas l'impassibilité et le détachement affichés par ce soldat peu diplomate. Il ne cesse dès lors de l'accabler de directives précises et détaillées et prend systématiquement le contre-pied de ses propositions. Wavell laisse passer les premiers orages et choisit les directives qui lui conviennent. Le Premier Ministre n'a rien compris à la guerre du désert, ignore la règle de base de la supériorité aérienne et va jusqu'à suggérer l'empoisonnement des puits (sacrilège dans ces terres assoiffées). Sur place, discrètement, Wavell déploie le dispositif qui gagera les succès futurs, bases logistiques, ligne de communication, patrouilles profondes... L'invasion du Somaliland par les Italiens, le 4 août 1940[45], provoque un nouvel affrontement. A un contre cinq, Wavell estime la résistance impossible et fait procéder à l'évacuation, alors que Churchill, indigné des faibles pertes britanniques, veut imposer la résistance à outrance. Wavell lui répond que « le nombre des victimes n'est pas le bon critère ». Le romantisme de l'ancien combattant d'Omdurman a parfois raison de ses analyses rationnelles, Winston ayant déclaré quinze jours plus tôt que le Somaliland n'avait aucune valeur stratégique.

Après l'offensive italienne du maréchal Graziani qui, le 13 septembre, parvient à s'emparer de Sidi Barrani[46], le Premier Ministre presse Wavell de contre-attaquer et l'inonde de directives opérationnelles inapplicables. Celui-ci résiste et lance à son heure l'opération « Compass », qui lui permet, à un contre trois, de culbuter l'armée italienne et de reprendre Sidi Barrani. En janvier 1941, les Britanniques sont aux portes de Tripoli, mais ils lâchent la proie pour l'ombre en volant au secours de la Grèce. Anthony Eden, John Dill et

45. Le Somaliland est un protectorat anglais depuis 1888, contrôlé depuis Aden. La rébellion des derviches en 1913 est écrasée par un corps expéditionnaire. Les Italiens l'occupent en août 1940, à partir de leur colonie somalienne voisine. Ils en sont chassés en 1941. En accédant à l'indépendance en 1960, le Somaliland s'unit à la Somalie italienne, mais s'en sépare en 1991.

46. Sidi Barrani dispose d'un port en eau profonde. Situé en Egypte à 95 kilomètres de la frontière libyenne et à 240 kilomètres de Tobrouk, il occupe une position stratégique. Occupé par les Italiens le 19 septembre 1940, il est repris par la Western Desert Force de O'Connor le 11 décembre.

le général Wavell tentent de s'y opposer quand Churchill l'envisage en décembre, mais, soumis à sa pression incessante, ils finissent par s'y rallier. Pour faire bonne mesure, Wavell, dont le jugement s'est obscurci dans l'euphorie de la victoire et sous l'avalanche des ordres du Premier Ministre, retire une division à O'Connor qui commande en Libye, pour l'envoyer au Soudan. Tripoli ne peut être pris et reste tenu par les Italiens qui pourront y accueillir les renforts de Rommel[47].

Churchill, hanté depuis toujours par les Balkans et la Turquie, s'inquiète de la situation dans la péninsule hellénique. Certes l'armée grecque est parvenue à enrayer l'offensive italienne déclenchée en octobre 1940 après la conquête de l'Albanie. Mais les Allemands concentrent des troupes au nord de la Yougoslavie. Le Premier Ministre fait donc pression sur les Grecs pour qu'ils accueillent un renfort britannique. Athènes, qui craint que ce déploiement n'incite les Allemands à envahir la Grèce, résiste mais finit par céder. Après une ultime hésitation, Winston décide le lancement de l'opération « Lustre ». Le général Wilson, à la tête de 60 000 Britanniques, Australiens et Néo-Zélandais, occupe la ligne Aliákmon, aux côtés de l'armée grecque, à hauteur du mont Olympe. Le terrain montagneux se prête à la défensive, mais les troupes alliées sont mal préparées, la couverture aérienne est très insuffisante et la manœuvre allemande magistralement orchestrée.

Le 6 avril, la Wehrmacht envahit la Yougoslavie qu'elle conquiert en quelques jours. Dans le même temps, la Bulgarie annonce son ralliement aux forces de l'Axe et entre en Macédoine. Dix jours plus tard, quand les blindés allemands et italiens déferlent à partir de la Yougoslavie, la ligne Aliákmon est dégarnie, les Grecs s'étant portés à la rencontre des Bulgares en Macédoine. Pilonnés par la Luftwaffe maîtresse du ciel, les Britanniques, trop étirés, cèdent aussitôt et se replient sur la côte. Du 25 au 30 avril, un nouveau Dunkerque est organisé sur les plages du Péloponnèse par l'amiral Cunningham.

47. En janvier 1941, Hitler, agacé par les revers italiens, crée l'Afrika Korps qu'il place sous les ordres de Rommel pour soutenir ses alliés en difficulté. Ce dernier est un officier moderne et charismatique qui n'appartient pas à l'establishment militaire. Proche d'Hitler, il a commandé brillamment une division de panzers en 1940 sur la Meuse. Il arrive à Tripoli le 14 février 1941 avec un régiment de chars, renforcé en mai par deux divisions. Il est nommé maréchal en juin 1942 après la prise de Tobrouk, mais perd la confiance du Führer quand il se replie en Tunisie. Il quitte l'Afrique du Nord le 9 mars 1943, défait et sérieusement malade.

Cinquante mille hommes sont évacués et rapatriés vers l'Egypte et la Crête.

La Grande-Bretagne a perdu 10000 hommes dans cette aventure inutile et mal conçue avec des effectifs et des moyens insuffisants. Elle a aussi laissé passer sa chance de consolider ses positions en Afrique du Nord. Ainsi Wavell, qui s'est dégarni pour la Grèce, se trouve-t-il incapable de résister aux premières offensives de Rommel en mars 1941. Ce dernier s'empare de Benghazi et Gazala, encercle la forteresse de Tobrouk, tenue par 30000 Australiens, et s'installe sur la frontière égyptienne[48]. Les échecs en Grèce et en Libye inquiètent les parlementaires, et Lloyd George émet publiquement le vœu que le Premier Ministre sache s'entourer de gens capables de lui dire non...

Les erreurs stratégiques et tactiques s'enchaînent. C'est maintenant la Crête dont Churchill entreprend d'organiser personnellement la défense. Dill doit tempêter pour qu'il laisse la main au général Freyberg qui commande sur place. Ce dernier, sans défense aérienne, est paralysé par la manœuvre audacieuse des Allemands. On les attendait par la mer, mais avec 8000 parachutistes transportés par des planeurs, ils s'emparent des aérodromes et lancent un pont aérien qui leur donne vite l'avantage sur les 42000 Britanniques contraints de se réfugier dans les montagnes. Churchill tarde à ordonner l'évacuation, le rembarquement s'effectue sous le feu et les pertes sont lourdes, près de 15000 hommes et une dizaine de bâtiments. Mis en accusation, Freyberg proteste en rappelant qu'il avait demandé, en vain, des renforts aériens et l'établissement d'une base navale[49]. La saisie de la Crête par les Allemands met en tout cas Le Caire à portée de raids aériens.

48. Tobrouk est le seul bon port en eau profonde entre l'Egypte et la Tunisie. La ville est fortifiée avec des défenses sur une profondeur de 50 kilomètres. Rommel l'assiège à partir du 9 avril 1941. La ville est défendue par la 9e division d'infanterie australienne, relevée en septembre (par la mer) par une division britannique renforcée d'une brigade polonaise. Le siège est levé le 22 novembre *via* l'opération « Crusader » commandée par le général Auchinleck.

49. Freyberg est un combattant néo-zélandais légendaire de la Première Guerre mondiale. Officier le plus décoré de l'Empire, il est réformé pour raison de santé en 1937, mais prend le commandement de la 2e division néo-zélandaise en 1940. Churchill l'admire et le surnomme « la Salamandre ». Bien que jugeant la Crête indéfendable, il accepte le commandement des forces britanniques qui en assument la mission. Surpris par l'attaque allemande qu'il n'a pas anticipée, il réagit trop tardivement. Après l'évacuation, il servira sous les ordres du général Montgomery qui l'apprécie.

Nul n'a mieux décrit le double visage de Churchill, chef de guerre, dans cette première phase de l'engagement solitaire de la Grande-Bretagne, que Robert Menzies, Premier ministre australien et membre du cabinet de guerre : d'un côté le leader tenace et admirable, de l'autre, le seigneur despotique, au sens stratégique et tactique discutable car il ne comprend pas la guerre moderne. Sa détermination et son esprit offensif lui valent pourtant des succès qui compensent partiellement les graves échecs de Grèce, de Crête et de Libye. Ainsi fait-il reprendre en mai le contrôle de l'Irak où une junte militaire pro-allemande a pris le pouvoir et occuper en juillet la Syrie et le Liban restés fidèles au gouvernement de Vichy[50].

Impatient, bouillant et impitoyable, le Premier Ministre masque ses échecs à l'opinion publique et dénonce « le négativisme » de ses généraux. « La difficulté, réplique-t-il à Lloyd George, n'est pas de rajouter des freins sur les roues, c'est de trouver de quoi leur donner de l'élan, de la vitesse. » En regard, il est fasciné par Rommel dont il vante en public les qualités. Aussi, après avoir usé Dill, Wavell et leurs subordonnés, Churchill réclame-t-il des têtes et prépare-t-il leur relève. Wavell lui en donne l'occasion en échouant le 15 juin à lever le siège de Tobrouk. Son premier choix est malheureux : contre l'avis de

50. L'Irak est indépendant depuis 1932, mais sous tutelle britannique. En avril 1941, Rachid al-Gaylani, Premier ministre partisan de l'Axe, s'empare du pouvoir et interrompt les livraisons de pétrole à la Palestine. Churchill fait intervenir la 10e division d'infanterie de l'armée des Indes, aux ordres du général Quinan, pour rétablir le souverain déchu. Débarquant à Bassorah, la division atteint Bagdad en moins de quinze jours, malgré les interventions de la Luftwaffe (à partir de la Syrie). Le gouvernement s'enfuit et la monarchie est restaurée. L'Irak sert alors de base aux Britanniques pour intervenir en Iran, conjointement avec les Soviétiques. L'Iran affiche sa neutralité et refuse aux Alliés l'usage de sa voie ferrée. La Grande-Bretagne et l'URSS, craignant que son pétrole ne tombe aux mains des Allemands, décident de l'occuper. L'opération est réalisée les 30 et 31 août 1941. Le shah est banni et remplacé par son fils, plus docile. Les Britanniques se retirent en octobre, mais les Soviétiques occupent le nord du pays jusqu'en 1946, en tentant d'y créer une république fantoche. En Syrie et au Liban, Churchill, stimulé par de Gaulle, veut éviter que la Luftwaffe ne déploie des bases permanentes. Les Etats du Levant, sous mandat français depuis vingt ans, sont restés fidèles à Vichy. Le 8 juin 1941, un corps expéditionnaire aux ordres du général Wilson, fort de 34 000 hommes dont 5 000 Français des Forces françaises libres (général Legentilhomme), envahit la Syrie et se heurte aux 35 000 hommes du général Dentz. Le « baroud d'honneur » des forces vichyssoises dure un mois et coûte 6 000 morts et blessés. Mers el-Kébir et Dakar ont empêché le ralliement et justifié ces combats fratricides. Après d'âpres négociations, le chef de la France libre, le général de Gaulle, obtient de prendre le contrôle du Levant.

Dill, il choisit Auchinleck pour le remplacer. Il se fonde sur la réputation qu'il a acquise aux Indes où il a fait l'essentiel de sa carrière, et il l'a apprécié à Narvik. Mais ce dernier ne connaît rien à la guerre du désert, choisit mal ses subordonnés et se révèle incapable de s'adapter à la personnalité de Churchill. Ismay l'a pourtant prévenu : « Le Premier Ministre est une femme, il faut lui faire la cour... » En novembre, Auchinleck parvient néanmoins à surprendre Rommel et à faire lever le siège de Tobrouk dont Winston a fait le symbole de la bravoure et de la résistance de l'Empire britannique.

Le même mois, Churchill démet son chef d'état-major impérial, Dill, épuisé par dix-huit mois de guerre et devenu un souffre-douleur qu'il dénigre sans arrêt. Il l'envoie diriger la mission militaire britannique aux Etats-Unis. Pour le remplacer à ce poste majeur, le Premier Ministre choisit le général Brooke qu'il a vu à l'œuvre en France et dans la défense de l'Angleterre. Il a hésité à nommer Gort, l'homme de Dunkerque, qui aurait été incapable de lui résister, mais il a vu juste en désignant le seul homme qui pouvait l'aider à gagner cette guerre. Brooke est l'opposé de ce qu'aime habituellement Churchill, il n'est ni élégant ni beau parleur et n'a aucun sens de l'humour. C'est un chef militaire abrupt, craint et respecté. Le Premier Ministre l'a choisi pour sa compétence et son efficacité et pour sa capacité à lui résister sans états d'âme. La décision de Churchill est d'autant plus remarquable que les deux hommes ont eu un accrochage violent le 4 octobre, quand Brooke, soutenu par Dill, s'est opposé fermement à une opération visant à s'emparer de Trondheim, en Norvège, et dont Churchill avait exigé la planification. Le premier éclat avec son nouveau chef d'état-major intervient dès le 4 décembre quand le Premier Ministre annonce son intention d'envoyer à Staline dix escadrilles dont il pense pouvoir se défaire après la victoire d'Auchinleck en Libye. Brooke et les chefs d'état-major font bloc contre lui et il cède en claquant la porte.

Quelques semaines plus tard, Winston confie à Ismay : « Il faut nous débarrasser de lui. Il me hait, je le sais. Je vois la haine dans son regard. » Ismay en parle à Brooke qui lui répond : « Je ne le hais pas, je l'admire beaucoup au contraire. Mais le jour où je lui dirai que je suis d'accord avec lui alors que ce n'est pas vrai, ce jour-là, le moment sera venu de se débarrasser de moi. » Ces propos sont rapportés à Churchill qui conclut avec émotion : « Ce cher Brooke ! » Le chef d'état-major a un jugement très nuancé sur son Premier Ministre : « Il a du génie, mais manque de vision. Son défaut majeur est son incapacité à appréhender d'un coup la totalité de la situation, avec la manie de se fixer sur un point de la toile. Mais c'est un chef résolu, courageux et confiant. On ne peut espérer mieux. »

Après quinze mois de guerre, l'Empire britannique est intact et le doit largement à la détermination de Churchill. Ses erreurs elles-mêmes n'ont pas eu que des conséquences négatives. Les insuccès de la bataille de l'Atlantique ont poussé les Américains à s'engager, et les combats de Grèce ont retardé l'opération « Barbarossa », réduisant les chances allemandes d'une victoire sur les Soviétiques avant l'hiver. Comme il l'affirme avec un superbe culot, « il ne faut jamais oublier que lorsqu'on commet une grave erreur, elle peut fort bien s'avérer plus bénéfique que la décision la plus avisée ».

A la barre avec les Américains

Entre deux voyages à Washington ou à Moscou et des virées sur les fronts d'Afrique du Nord, Winston Churchill ne faiblit pas et continue d'imposer un rythme d'enfer à son entourage. En semaine à Whitehall et les week-ends aux Chequers, la résidence officielle du Premier Ministre, il reçoit, consulte, ordonne et vitupère, couvrant tous les sujets avec la même impatience brûlante. Les chefs d'état-major, les ministres du cabinet de guerre et les hôtes de passage sont systématiquement conviés à dîner. A table, on évite les sujets sensibles et le maître de maison déploie sa verve truculente dans de longs monologues émaillés de références culturelles, de saillies parfois cruelles et de vagues émotionnelles qui surprennent et touchent parfois ses interlocuteurs médusés. Après le dîner, le Premier Ministre impose à ses hôtes la projection d'un film. Puis, il s'isole avec les chefs d'état-major qui serrent les rangs autour de Brooke et, jusqu'à 2 heures du matin, on argumente inlassablement sur ses dernières suggestions tactiques ou techniques, les plans élaborés ou envisagés, les opérations en cours ou les équipements. Les projets les plus chimériques sont écartés, mais les chefs militaires restent sensibles à sa rhétorique politique dont ils ne peuvent toujours apprécier la pertinence. Ainsi Brooke lui-même finit-il parfois par endosser des projets risqués et stratégiquement discutables comme l'opération « Accolade » en mer Egée, en novembre 1943. Cette tentative d'occupation de Rhodes, désavouée par les Américains, est un échec sanglant. L'effacement des ministres des trois armées, voulu par le

Premier Ministre, a pour conséquence la marginalisation du cabinet de guerre et donc l'absence d'un dialogue politique qui eût constitué un utile garde-fou.

Toute la famille Churchill est enrôlée, sa femme Clementine à la protection civile, ses filles Diane et Marie dans les services de la marine ou de la défense aérienne, son fils Randolph, qui a avec lui des relations exécrables, sert dans les commandos en Libye. Quant à sa bru, la belle Pamela, elle entretient une liaison avec Harriman, l'ambassadeur américain, ce qui fait dire à son beau-père qu'elle vénère : « Après tout, c'est la guerre ! »

La participation des Etats-Unis au conflit bouleverse les rapports de forces entre les belligérants, mais l'Angleterre ne peut plus décider seule de la stratégie à adopter dans la conduite de la guerre. L'enjeu pour Churchill est de garder le contrôle de la manœuvre pour faire prévaloir sa vision et les intérêts de l'Empire britannique. La partie est d'autant plus difficile à jouer que Roosevelt ne fait pas mystère de son anticolonialisme et que ses chefs d'état-major, peu au fait des subtilités ou arrière-pensées du vieux continent, privilégient l'affrontement direct et rapide avec les Allemands sur le théâtre européen. Dans le même temps, en Orient, la déferlante japonaise fait peser une menace préoccupante sur l'Empire et mobilise une partie des moyens américains disponibles en Chine et aux Philippines.

Pourtant, de décembre 1941 à l'automne 1943, Churchill impose ses vues et organise avec brio la manœuvre qui conduit les Alliés de l'Afrique du Nord à l'Italie, plantant les banderilles qui préparent la mise à mort du monstre nazi. Son emprise sur les Américains surprend d'autant plus que les forces britanniques accumulent les échecs et les revers jusqu'en août 1942. Hong Kong tombe en 1941, la Malaisie et Singapour sont emportés deux mois plus tard. Les Britanniques déplorent 9 000 morts et 130 000 prisonniers et déjà la Birmanie, porte des Indes, est menacée : Rangoon est prise le 7 mars[51]. En Afrique du Nord, la situation n'est pas meilleure. Le 31 mai 1942, préemptant l'attaque planifiée par Auchinleck, Rommel

51. La déroute britannique est totale, les garnisons ayant été dégarnies pour renforcer le front égyptien. Dans le même mouvement, les Japonais occupent l'Indonésie (mars 1942), puis expulsent les Américains des Philippines (d'où MacArthur lance son fameux : « Je reviendrai ! »). A partir de Hong Kong et de la Mandchourie, ils se déploient en Chine. Leurs premiers revers surviennent en mai 1942, dans la bataille de la mer de Corail, mais la reconquête américaine ne débute vraiment qu'à l'été 1943.

contourne la ligne défensive de Gazala et assiège la forteresse de Tobrouk qui capitule avec ses 33 000 hommes. Pour Churchill qui apprend la nouvelle à Washington, c'est la défaite et le déshonneur. Le « chien noir » le guette à nouveau. L'opinion publique faseye et il doit affronter une motion de censure au Parlement. Comme le note Brooke dans ses Mémoires, « c'était une lutte désespérée pour tenter de boucher les trous ».

Dans le même temps les pertes s'accumulent dans l'Atlantique Nord, les Allemands ayant modifié les codes d'Enigma. Il faudra dix-huit mois aux Britanniques pour parvenir à déchiffrer à nouveau les messages des U-Boote. Enfin, la malheureuse tentative de débarquement à Dieppe, le 19 août 1942, complète la longue litanie des échecs britanniques, de la Norvège à la Libye, en passant par la France, la Grèce, la Crête, Hong Kong, Singapour et la Birmanie. Planifié par Mountbatten pour satisfaire le goût du Premier Ministre pour les opérations commando, le raid anglo-canadien visait à « collecter des renseignements et tester les défenses allemandes ». Plus de 200 bâtiments, 74 escadrilles et 6 000 hommes, en majorité canadiens, sont taillés en pièces en quelques jours. On compte 50 % de pertes, 3 000 Canadiens, une centaine d'avions. Mountbatten a multiplié les erreurs, renseignement insuffisant, manque d'appui aérien et naval, choix de troupes inexpérimentées. Contrairement à son habitude, le Premier Ministre ne s'est pas investi dans l'opération, mais il s'entend à camoufler l'échec en prétendant qu'elle a permis l'acquisition de renseignements cruciaux et qu'elle est riche d'enseignements pour le jour J. Il ne sanctionne même pas Mountbatten et refuse de l'exclure du comité des chefs d'état-major comme le réclame Brooke. Paradoxalement, ce revers sanglant a le mérite de calmer les ardeurs de Staline et des chefs militaires américains qui réclamaient l'ouverture rapide d'un second front en Europe.

C'est donc en dépit de ses échecs que Churchill parvient à imposer sa vision stratégique à Roosevelt. Invité à Washington quelques jours après Pearl Harbor, il y reste trois semaines. Les discussions sont longues et difficiles. Le président américain n'a pas de cabinet militaire et prend les décisions seul après une consultation rapide de son chef d'état-major, George Marshall. D'entrée de jeu, il affirme à Churchill que le sort de l'Empire britannique l'indiffère et que cette guerre doit contribuer à l'émancipation des peuples colonisés... Il n'a pas de plan mais fait sienne l'approche de ses généraux : la première priorité est de vaincre l'Allemagne, tout en contenant l'offensive japonaise. Les Britanniques partagent cette dernière analyse mais réfutent l'idée de manœuvre de l'état-major américain. Les vrais débats se tiennent donc au Conseil suprême interallié qui réunit les chefs d'état-major des deux pays. Contrairement à Roosevelt, Churchill y participe et prend une part active aux discussions, en phase avec Brooke.

Le général Marshall veut affronter les Allemands en Europe le plus vite possible pour éviter une défaite de l'Armée rouge. Le plan américain prévoit un débarquement dans le Cotentin à l'été 1942 pour créer une tête de pont à partir de laquelle l'offensive majeure sera lancée au printemps 1943. Les Britanniques s'y opposent en faisant valoir les risques d'échec. Un débarquement en France doit rester l'objectif, mais il n'est pas envisageable à court terme sans dégarnir le Moyen-Orient, où Hitler pourrait s'emparer des champs de pétrole, et l'Asie du Sud menacée par les Japonais. Brooke explique que pour conquérir et tenir le Cotentin, il faut une flotte de débarquement, qui n'existe pas, et au minimum douze divisions. Il est donc préférable de contourner l'Allemagne en prenant dans un premier temps le contrôle de l'Afrique du Nord. Marshall résiste, craignant l'enlisement en Méditerranée, mais il n'ignore pas que les Etats-Unis ne sont pas préparés pour un affrontement majeur. Leurs plans sont d'autant plus sommaires qu'ils ne disposent pas encore d'un quartier général et que leur armée de terre est squelettique.

Churchill n'a donc guère de peine à convaincre Roosevelt que le « ventre mou » des puissances de l'Axe se situe en Méditerranée, en Afrique du Nord et en Italie. Cédant à ses vieux démons, il en profite pour « vendre » au président américain son projet d'offensive en Norvège, à la grande fureur de Brooke qui fait barrage auprès de Marshall. On convient également d'accélérer l'aide en équipements accordée à Staline, et Wavell est désigné pour prendre le commandement des forces alliées en Extrême-Orient. Le Premier Ministre est donc parvenu à imposer l'opération « Torch », débarquement en Afrique du Nord française, contre les généraux américains qui s'efforceront vainement jusqu'en juin de faire revenir Roosevelt sur sa décision. Son choix stratégique est pourtant judicieux. Le contrôle de la Méditerranée est un atout important pour la suite de la guerre. C'est aussi un élément clé pour la survie de l'Empire britannique. Encore faut-il, pour que le débarquement soit possible, que les Allemands soient battus en Libye. Or, l'offensive de Rommel en juin 1942 le met à moins de 200 kilomètres du Caire. La ligne El-Alamein, tenue par la 8e armée, résiste à ses coups de boutoir, mais le moral des troupes chute et les désertions se multiplient. Le 2 août, Churchill se rend sur place, avec Brooke, et réorganise le commandement.

Le général Auchinleck est cantonné au Moyen-Orient et cède la place à Alexander. Brooke arrache au Premier Ministre la nomination du général Montgomery au commandement de la 8e armée. Le choix d'Alexander n'est pas celui de Brooke qui ne le juge pas au niveau, trop superficiel, incapable d'empoigner l'événement. Mais il séduit Churchill par son courage et son élégance et parce qu'il est aimé de ses hommes. Le Vieux Lion l'admire sans réserve et lui manifeste un respect parfois excessif. En revanche, il n'aime pas Montgomery qui ne cherche pas à le séduire et qu'il trouve trop brutal, mais il cède à Brooke. Paradoxalement, le tandem Alexander-Montgomery se révèle idéal, le premier donnant des ordres vagues et laissant l'initiative à ses subordonnés tout en garantissant leur soutien logistique, le second imposant et conduisant sa manœuvre sans entraves.

Le 17 août, avant que ne s'engage la bataille d'El-Alamein, Churchill visite la 8e armée et s'agace de la désinvolture de Montgomery qui refuse de dîner avec lui et part se coucher à 22 heures. Mais il est impressionné par la compétence, l'audace et l'énergie de cet étonnant guerrier sans allure, vêtu d'un uniforme de fantaisie. Sous l'influence de Brooke, le Premier Ministre choisit désormais ses généraux davantage pour leur compétence que pour leur pouvoir de séduction. A son rythme, soutenu par Alexander qui résiste aux pressions de Churchill, Montgomery reprend méthodiquement l'offensive et, le 4 novembre, contraint Rommel à la retraite générale. Le Premier Ministre fait sonner les cloches dans toutes les églises de Londres.

L'emprise de Churchill sur la conduite des opérations alliées se confirme à Casablanca en janvier 1943. Le débarquement au Maroc et en Algérie a été un succès, malgré quelques escarmouches, et Montgomery a pris Tripoli et contraint Rommel à se barricader en Tunisie. Roosevelt, Churchill et leurs chefs d'état-major tiennent conférence sur la colline d'Anfa, dans des hôtels luxueux et des villas réquisitionnées surplombant la mer. Un paquebot de 6 000 tonnes a été aménagé par les Britanniques en quartier général. L'ambiance est festive et Roosevelt se conduit comme un « écolier en vacances ». Les débats sont pourtant tendus, Marshall exigeant un débarquement en France en 1943, comme le réclame Staline, et les Britanniques privilégiant l'approche indirecte. Churchill, habilement, laisse Brooke à la manœuvre et entraîne Roosevelt dans de longues promenades. Le chef d'état-major britannique, s'appuyant sur des analyses rigoureuses de rapport de forces, obtient gain de cause, Marshall se révélant incapable de lui opposer des plans structurés et crédibles. Roosevelt entérine les décisions : après la conquête de la Tunisie, les Alliés occuperont la Sicile, prélude à une intervention en Italie. Le débarquement en France est repoussé à 1944. En contrepartie les Américains décident le renforcement de leur corps expéditionnaire stationné en Angleterre pour préparer l'invasion de la France. Il est commandé par le général Eisenhower qui coiffe également les opérations en Méditerranée.

Avec son pouvoir de séduction et sa détermination habituels, Churchill a su se lier avec ce général intelligent et charmeur. Le conviant à déjeuner une à deux fois par semaine et parfois à des soirées interminables aux Chequers, il lui manifeste des égards bien au-delà de son rang. Leur passion commune, l'histoire militaire, les rapproche et Eisenhower, aidé par Ismay avec lequel il s'est lié d'amitié, apprend petit à petit le mode d'emploi du vieil aristocrate. Agacé par son outrecuidance, il n'en admire pas moins son énergie furieuse et son patriotisme ardent. L'estime et la confiance réciproque acquises dans les premiers mois sur le sol britannique se révéleront cruciales pour le tandem anglo-américain.

Le 22 janvier 1943, lors d'une escale au Caire, Churchill invite Eisenhower à un petit déjeuner. Le futur président des Etats-Unis, effaré, le voit avaler deux verres de whisky avant de passer au vin blanc, en tirant inlassablement sur son cigare et sans cesser de discourir. « C'était un maître du débat et de l'argumentation, il maniait le comique et le tragique avec une égale aisance et, pour étayer ses arguments, il jouait sur une vaste gamme, allant de l'argot au cliché, avec des citations prises à toutes les sources imaginables, depuis les Grecs anciens jusqu'à Donald Duck[52] », rapporte le chef du corps expéditionnaire américain.

Dans les mois qui suivent, le Premier Ministre n'hésite pas à faire pression directement sur Eisenhower pour hâter le débarquement en Sicile, au grand dam de Marshall. Au commandant des forces alliées qui lui écrit que l'opération échouera s'il y a plus de deux divisions allemandes en Sicile, il répond que Staline tient face à 185 divisions… Cependant les Américains gagnent en assurance au rythme de

52. Dwight D. Eisenhower, *Crusade in Europe*, Londres, 1948.

la montée en puissance de leur imposante machine de guerre, et Churchill doit se battre pour garder la main. A Washington, en juin, il est contraint d'accepter la date du 1er mai 1944 pour l'opération « Overlord », rudement négociée par Brooke avec Marshall. Mais, première humiliation, Roosevelt décide d'interrompre la coopération avec ses alliés sur le projet de bombe atomique.

A Québec, en août, la conférence se tient au château Frontenac dominant le Saint-Laurent. Roosevelt écarte sèchement le projet présenté par Churchill d'une offensive dans les Balkans. Il y voit une tentative déguisée d'effacer l'ombre des Dardanelles, ce qui est sans doute vrai, mais elle témoigne aussi de la crainte légitime du Premier Ministre de voir l'URSS y étendre sa zone d'influence. Néanmoins, le président américain accepte la poursuite de l'offensive en Italie (contre l'avis de Marshall), mais avec des moyens réduits (sept divisions étant retirées pour renforcer le corps expéditionnaire en Angleterre) et des objectifs limités. La date du 1er mai 1944 est confirmée pour « Overlord », et Roosevelt annonce que l'opération sera précédée par un débarquement en Provence, à la grande irritation de Churchill. A Québec comme à Washington, le Premier Ministre a dû composer mais a réussi à maintenir sa ligne de conduite : le chemin de Berlin passe par Rome. Les Américains commencent à s'en agacer. A raison, ils soupçonnent Churchill de vouloir retarder indéfiniment le débarquement en France tant la crainte d'un échec le paralyse. Et ils s'irritent de ses multiples projets d'offensive, de la Norvège aux Balkans, en passant par Sumatra, qu'ils prennent pour des tentatives de diversion alors qu'elles ne sont que le produit d'une imagination exubérante que ses chefs d'état-major peinent à canaliser. « Winston a cent idées par jour, dont trois ou quatre sont bonnes. Le malheur, c'est qu'il ne sait pas lesquelles », aurait dit Roosevelt.

Impuissance et emballement : la mouche du coche ?

A partir de l'automne 1943, le rapport des forces entre Alliés s'inverse. Les troupes américaines sont désormais plus nombreuses et mieux équipées que les forces britanniques. Les campagnes de Tunisie et de Sicile les ont aguerries, et Eisenhower dispose d'un état-major compétent servi par une organisation logistique remarquable. Dans ce contexte nouveau, les Britanniques ne peuvent plus prétendre au rôle « d'architecte militaire » de la conduite de la guerre. Churchill, désemparé, n'a d'autre choix que de se déclarer « le fidèle second de Roosevelt » en essayant d'influencer ses choix, mais ses emballements irréfléchis et ses erreurs stratégiques le marginalisent, même quand il voit plus juste que ses « cousins » américains. A de Gaulle qu'il a provisoirement lâché à Casablanca pour satisfaire le président américain qui ne voit en lui qu'un « militaire félon », il explique sa manœuvre en ces termes : « J'ai noué avec Roosevelt des relations personnelles étroites. Avec lui je procède par suggestions afin de diriger les choses dans le sens voulu. Pour la Russie, c'est un gros animal qui a eu faim très longtemps, je m'efforce de modérer Staline[53]. » La relation avec le maître du Kremlin prend en effet une dimension nouvelle dans cette nouvelle phase de la guerre et Winston sait qu'il a une carte à jouer, d'autant que Washington fait preuve d'une grande naïveté à l'égard des ambitions soviétiques. Ses réserves et ses avertissements restent malheureusement sans effet sur Roosevelt qui, agacé, multiplie les entretiens bilatéraux avec son homologue soviétique auquel il accorde une confiance sans limites.

La candeur du président américain est certainement la première raison de l'échec de Churchill dans sa tentative de « modération » des ambitions de l'URSS, mais il se montre lui-même fluctuant et crédule dans ses rapports avec le Kremlin. Après avoir accepté de « s'allier avec le diable » contre Hitler en dépit de son antibolchevisme militant, il a programmé avec Washington un considérable effort industriel et militaire en faveur de l'Armée rouge. A la mi-août 1942, il a visité Staline à Moscou où ce dernier l'a soumis au régime de la « douche écossaise », le menaçant et l'insultant avant de l'embrasser et le couvrir d'égards et de promesses. Il en est revenu passablement exaspéré mais admiratif. En avril 1943, il a ignoré la découverte du massacre de Katyń (« ce n'est pas le moment de provoquer des querelles ou de lancer des accusations », a-t-il dit[54]). Mais, à la conférence

53. Charles de Gaulle, *Mémoires de guerre, Le Salut, 1944-1946*, Paris, Plon, 1959.

54. En mars et avril 1940, le NKVD soviétique exécute sur ordre de Staline 4 500 prisonniers de guerre polonais dans la forêt de Katyń, près de Smolensk. Le charnier est découvert par les Allemands en août 1941, pendant l'opération « Barbarossa ». Au printemps 1943, le Reich fait exhumer les corps et rend publique sa découverte. La Croix-Rouge enquête et adresse un rapport secret au gouvernement britannique qui confirme la responsabilité soviétique. En parallèle, une mission américaine aboutit aux mêmes conclusions et en informe Roosevelt qui décide le black-out sur ce massacre, ne souhaitant pas plus que Churchill embarrasser « Uncle Joe », ce cher Staline.

de Téhéran, en décembre 1943, s'il obtient le report du débarquement en Provence et parvient à éviter l'anticipation calendaire de l'opération « Overlord », Churchill ne peut empêcher les fréquents apartés entre Staline et Roosevelt sur des sujets aussi sensibles que le traitement du Reich après la victoire alliée, l'avenir des organisations internationales ou le destin des empires coloniaux. Comme l'écrit Ismay : « Le Premier Ministre est consterné par sa propre impuissance. »

La lucidité de Winston Churchill à l'égard de l'allié soviétique connaît, hélas, une éclipse pendant l'année 1944. En janvier il se répand sur ce cher « Uncle Joe », *« a great and a good man »*, et en octobre, il se rend à Moscou pour trouver un accord avec lui. L'hôte du Kremlin se prête complaisamment à un exercice de répartition entre les Alliés des zones d'influence en Europe[55]. Quelques mois suffisent au Vieux Lion pour comprendre à quel point il a été berné. Il était pourtant rentré confiant à Londres : « Staline n'a qu'une parole... » Chamberlain avait commis la même erreur avec Hitler ! Il y croit encore en décembre quand un soulèvement communiste menace le gouvernement grec. En dépit de l'opposition américaine, le Premier Ministre envoie des troupes pour refouler les insurgés et occuper l'Attique. Staline ne bouge pas. La Grèce n'était-elle pas incluse dans la zone d'influence britannique selon les termes de l'agrément d'octobre ? Quelques jours plus tard, à la conférence de Yalta, Churchill se bat pied à pied pour limiter les concessions aux Soviétiques. Mais Roosevelt, déjà malade, cède tout à Staline pour obtenir l'entrée en guerre de l'URSS contre le Japon. En mars 1945, consterné par les menées soviétiques en Europe orientale, Churchill prend conscience d'avoir été dupé par « l'homme de fer »[56]. Il écrit à Roosevelt : « Nous nous trouvons en présence d'un immense échec, d'un écroulement complet de tout ce qui avait été prévu à Yalta. » Il

---

55. L'accord conclu entre Staline et Churchill détermine le partage des zones d'influence dans les territoires libérés du joug nazi : Roumanie : URSS 90 %, autres 10 % ; Grèce : Royaume-Uni 90 %, URSS 10 % ; Yougoslavie : URSS 50 %, autres 50 % ; Hongrie : URSS 50 %, autres 50 % ; Bulgarie : URSS 75 %, autres 25 % ; Pologne : gouvernement de coalition.

56. Enver Hodja a pris le pouvoir en Albanie en octobre 1944, tandis que Tito s'installe à Belgrade en mars 1945, à la tête d'un gouvernement en majorité communiste. En Bulgarie et en Roumanie occupées par l'Armée rouge, les gouvernements de coalition sont également dominés par les séides de Staline. Les forces soviétiques occupent la Pologne et entrent en Autriche le 30 mars. Vienne tombe le 13 avril.

s'efforce en vain d'obtenir des Américains une offensive alliée sur Vienne pour sauver ce qui peut l'être. Le coup de grâce survient le 28 mars quand Eisenhower arrête sa progression sur l'Elbe, sans prévenir les Britanniques, pour laisser l'Armée rouge s'emparer de Berlin, comme prévu à Yalta.

La résistance de Churchill aux ambitions soviétiques aura donc été sans effet et aura affaibli sa position auprès du président américain. Il faut dire que ses obsessions méditerranéennes et ses embardées guerrières ne l'ont pas servi auprès du grand allié. Paralysé par la crainte d'un échec sanglant en France, le Premier Ministre s'est convaincu que la victoire sur Hitler passe par l'Italie. Roosevelt et Marshall n'y voient qu'une tentative de diversion, mais les difficultés rencontrées par Alexander qui commande les forces alliées débarquées à Salerne le 9 septembre 1943 et l'obstination de Churchill contraignent les Américains à s'y impliquer. Hitler en effet n'entend pas céder l'Italie et a renforcé les troupes allemandes de Kesselring[57] qui tient les hauteurs du mont Cassin (Monte Cassino), verrouillant l'accès à Rome. Le front s'enlise et les combats sont meurtriers.

C'est dans ce contexte que le Premier Ministre conçoit l'opération « Accolade ». Le plan initial consiste à s'emparer de Rhodes, occupée par les Italiens, pour entraîner le ralliement des Turcs et embraser les Balkans. Eisenhower, soutenu par Roosevelt, s'y oppose formellement car les Allemands tiennent toute la mer Egée et il ne veut pas détourner pour cette opération des forces nécessaires en Italie et pour la préparation d'« Overlord ». Brooke, bien que convaincu par Churchill, freine les préparatifs après le veto américain, mais le Premier Ministre ne cède pas. Les Allemands ayant occupé Rhodes par surprise le 8 septembre, il envoie Wilson avec 4000 hommes occuper Samos et sept îles de la mer Egée. Les Allemands contre-attaquent à la mi-novembre et l'opération « Accolade » s'achève en désastre. Les Britanniques y laissent 12000 hommes, tués, blessés ou

57. Le maréchal Kesselring est très populaire dans les armées allemandes et respecté par les Alliés, qui le surnomment « Albert le souriant » (il sera néanmoins condamné à mort par le tribunal de Nuremberg pour les exactions commises par ses troupes en Italie). Aviateur, chef d'état-major de la Luftwaffe de 1936 à 1938, il commande les forces aériennes engagées dans les campagnes de Pologne et de France, puis dans la bataille d'Angleterre et l'opération « Barbarossa ». En décembre 1941, Hitler lui donne le commandement des armées allemandes en Europe du Sud. A partir de 1943, il assume directement, sur ordre du Führer, la responsabilité des opérations en Italie.

prisonniers, six destroyers et deux sous-marins. Montgomery écrit à Brooke : « Je n'arrive pas à comprendre pourquoi nous avons besoin de déconner dans le Dodécanèse. La fête a fini de la seule manière possible, par un fiasco complet. » A Téhéran, Roosevelt et Staline condamnent cette aventure malheureuse, tandis que Brooke, pour sa part, déplore l'absence de vision globale de Churchill, « cette façon d'examiner la guerre sous l'angle des théâtres et sans aucune perspective, sans une claire appréciation de l'influence de l'un sur l'autre ». Le Premier Ministre encaisse mal ce nouvel échec et en fait porter la responsabilité aux Américains qui ont refusé de le suivre et de l'aider.

Quelques jours après l'humiliation subie à Téhéran, son corps, soumis à un rythme insensé depuis le début de la guerre, le lâche soudain à Tunis où il est en visite. Condamné à un mois de repos par un infarctus doublé d'une pneumonie, il s'installe à Marrakech. Moins d'une semaine plus tard, il a transformé en quartier général la villa mauresque où il réside pour prendre en main personnellement l'opération « Shingle » planifiée par Eisenhower et Alexander dans le but de débloquer la situation figée sur le front italien. Le plan prévoit un débarquement à Anzio et Nettuno, à 50 kilomètres de Rome. Une soixantaine de chalands de débarquement sont nécessaires, et Churchill arrache à Roosevelt le prélèvement de 56 péniches de débarquement sur le contingent prévu pour « Overlord ». Il convoque Alexander à Marrakech et lui donne ses ordres sans tenir compte de ses objections. Eisenhower a désigné le général américain Lucas pour commander l'expédition[58], mais Churchill exige une importante participation britannique, en dépit des problèmes d'interopérabilité. L'ancien combattant d'Omdurman a pris en main la planification de l'opération, au grand dam de Lucas. « Tout dans cette affaire rappelait Gallipoli et, apparemment, c'était toujours le même amateur qui se trouvait sur le banc des entraîneurs[59] », écrit-il.

Le 22 janvier 1944, le débarquement se passe bien, mais Kesselring tient très vite les hauteurs dominant la plaine d'Anzio. Les Alliés sont contraints de renforcer précipitamment les 60 000 hommes de Lucas pour éviter de devoir rembarquer. Le front s'enlise, comme sur le

58. Le général Lucas, grièvement blessé pendant la Première Guerre mondiale, commande le 6e corps américain en septembre 1943. L'enlisement de ses forces dans la plaine d'Anzio, après le débarquement, lui vaudra d'être relevé de son commandement par Eisenhower qui veut ménager Churchill.

59. Carlo d'Este, *Churchill, seigneur de guerre*, *op. cit.*

mont Cassin. L'opération n'est pas un échec total puisqu'elle mobilise une partie des moyens de Kesselring, mais il faudra attendre le mois de juin pour qu'Alexander réussisse la percée sur les deux fronts, contraignant les Allemands à se replier dans les Apennins. A Anzio, les Alliés ont perdu 45 000 hommes pour un résultat contestable. Une nouvelle fois, la dernière, Churchill a fait sa guerre personnelle, inspirée par ses rêves de gloire militaire et se voyant déjà en libérateur de Rome. Profitant de l'absence de Brooke, rentré à Londres, il a conçu l'opération en refusant de prendre l'avis des chefs d'état-major alliés et du cabinet de guerre. Il a négligé les observations d'Alexander et Lucas et voulu ignorer les difficultés de Clark, incapable de percer la ligne Gustav pour faire jonction avec Anzio. Premier Ministre d'un pays en guerre depuis trois ans et demi, il s'est focalisé sur une opération secondaire au risque de perdre la vision d'ensemble du conflit et de se discréditer auprès de Roosevelt. Ses emballements ne se limitent pas à des opérations ponctuelles. Pour d'obscures raisons, il se prend d'amitié pour Tito, le chef des partisans communistes en Yougoslavie, et lui apporte son soutien politique et matériel, en écartant le roi Pierre pourtant réfugié à Londres.

Enfin, sous l'influence de Lindemann, il entraîne les Américains dans une stratégie de terreur visant la population allemande qui s'apparente furieusement à celle pratiquée par Hitler contre les nations adverses. A Casablanca en 1943, les objectifs des bombardements stratégiques ont été définis en commun : affaiblir la Luftwaffe avant « Overlord » en détruisant la chasse allemande, les aéroports et les sites industriels. Mais avec l'accord du cabinet de guerre, le général Harris[60], proche de Churchill, a lancé depuis plusieurs mois une campagne de terreur visant les quartiers des grandes villes allemandes. Il convainc sans peine son homologue américain, Carl Spaatz[61], d'étendre le registre des cibles, approuvé à Casablanca, à la population

60. Le général Harris commandait un escadron de chasse pendant la Grande Guerre. Sa compétence, son ambition et son adhésion aux théories de Hugh Trenchard sur la supériorité du bombardement stratégique lui valent d'être nommé à la tête du commandement du Bomber Command en février 1942.

61. Le général Spaatz a également servi dans l'aviation en 1918. Observateur désigné par le gouvernement américain pendant la bataille d'Angleterre, il s'enthousiasme lui aussi pour les théories de Trenchard. En mai 1942, il commande la 8e USAAF au Royaume-Uni et les forces aériennes du front européen. A partir de janvier 1944, il commande les forces stratégiques américaines. Pour gagner en précision, il impose les bombardements de jour, alors que les Britanniques s'étaient limités aux raids nocturnes pour limiter les pertes. Nommé dans le Pacifique, il planifie et commande

urbaine. En juillet 1943, on compte 50 000 morts à Hambourg. Il faut attendre le bombardement de Dresde (300 000 morts selon les chiffres de l'époque, mais plutôt 30 000 d'après les estimations les plus récentes) pour que l'opinion publique s'émeuve sur les deux rives de l'Atlantique. Churchill prend alors ses distances avec Harris, surnommé « le boucher ». Mais c'est la fin de la guerre et il dira plus tard : « Nous ne devrions jamais nous laisser aller à nous excuser pour ce que nous avons fait à l'Allemagne. » Le résultat de cette campagne est pour le moins discutable. Elle n'a pas fait fléchir Hitler et a très peu affaibli la Luftwaffe.

Alors que la situation se débloque en Italie, la préparation du débarquement en France mobilise toutes les énergies. Les Britanniques sont étroitement associés aux préparatifs, mais Churchill en est réduit à jouer la mouche du coche. De janvier 1944 à mai 1945, il s'ingénie à compliquer la tâche d'Eisenhower et de Brooke sans parvenir à peser sur les décisions de Roosevelt. En janvier, à peine rentré de Marrakech, il reprend ses activités frénétiques. Il relance l'opération « Jupiter » en Norvège mais se heurte à l'opposition farouche des chefs d'état-major qui menacent de démissionner en bloc avec l'appui d'Ismay. Il suggère un débarquement à Bordeaux, en lieu et place de l'opération « Anvil », en Provence, mais Eisenhower refuse sèchement. Après la chute de Rome, il propose de poursuivre sur Vienne, pari osé compte tenu du franchissement des Alpes, mais stratégiquement judicieux. Or, Marshall refuse et retire sept divisions à Alexander. Il s'oppose au plan de bombardements alliés en France pour la préparation du Débarquement, arguant du risque de pertes civiles importantes, mais de Gaulle l'entérine et Eisenhower, pour l'amadouer, confie l'opération au général britannique Tedder. Enfin, à la veille du jour J, le Vieux Lion provoque l'exaspération des Américains en suggérant de transférer le débarquement au Portugal.

En réalité, Churchill est épuisé et obsédé par le risque d'échec. Ses discours à la Chambre ont perdu leur mordant et ses relations avec les chefs d'état-major sont de plus en plus difficiles. Il veut embarquer sur un croiseur britannique pour assister au Débarquement mais Ike s'y oppose en raison des risques et George VI le lui interdit. Il s'installe donc à Portsmouth dans son train blindé, à côté du PC d'Eisenhower. Pendant la campagne de France et d'Allemagne, il se tient à l'écart

---

le bombardement d'Hiroshima et Nagasaki, non sans avoir demandé et obtenu un ordre écrit du président Truman.

des débats tactiques qui opposent Eisenhower à Montgomery, son commandant des forces terrestres. Il aurait préféré Alexander pour ce poste, mais Brooke, qui ne l'estime guère et sait que les Américains ne lui font pas confiance, lui a arraché la nomination du vainqueur d'El-Alamein. Après l'échec d'Arnhem (17 septembre 1944), Churchill propose de démettre Montgomery, mais Ike refuse[62]. Les Britanniques sont marginalisés dans le commandement, cependant Churchill ne soutient pas Brooke quand il s'oppose à la stratégie américaine du rouleau compresseur pour privilégier la concentration des forces sur des objectifs ciblés, comme le réclame Montgomery. Il n'a plus la force ni le désir de contrarier Roosevelt. Son ultime plaisir dans cette guerre sera de s'exposer dans les combats de mars 1945 autour du Rhin et de pisser sur la ligne Siegfried, une forme de bras d'honneur adressé à Hitler qu'il combat depuis près de cinq ans. La fin de la partie approche, mais il n'a plus de prise sur les événements.

Roosevelt meurt le 12 avril 1945 et Winston, en larmes, proclame : « Je viens de perdre un grand ami. » Le 7 mai 1945, le général Jodl signe l'acte de capitulation de l'Allemagne nazie au QG d'Eisenhower

62. L'opération « Market Garden » est l'ultime et malheureux épisode du conflit qui oppose Montgomery à Eisenhower sur la stratégie de reconquête de l'espace européen. Le commandant en chef américain privilégie le rouleau compresseur en ligne, une méthode sûre mais lente, quand son adjoint britannique préconise des attaques ciblées et des manœuvres de débordement audacieuses. Monty a perdu une partie de son crédit devant Caen, n'ayant pu tenir le calendrier qu'il avait annoncé. En septembre 1944, contre l'avis de Patton et Bradley, il obtient l'accord d'Eisenhower pour lancer une offensive majeure à travers les Pays-Bas dans le but de s'emparer de la Ruhr. Le succès est conditionné par la saisie des ponts tenus par les Allemands. A cet effet, une considérable opération aéroportée est lancée le 17 septembre. La 101e division US Airborne doit s'emparer des ponts au nord d'Eindhoven, la 82e US Airborne a pour objectif les ponts du sud de Nimègue et la 1re UK Airborne ceux situés au nord-ouest d'Arnhem. La mission confiée aux parachutistes consiste à tenir les ponts jusqu'à l'arrivée de la 2e armée britannique (4 jours au maximum). L'opération échoue pour trois raisons : le refus d'accréditer les renseignements qui indiquaient la présence de deux divisions SS dans le secteur d'Arnhem, la mauvaise météo qui limitait l'appui aérien et l'analyse insuffisante du terrain. La division aéroportée britannique se trouva isolée à la suite d'une contre-attaque allemande qui bloqua la progression du 30e corps US chargé de la jonction. Abandonnant les ponts, les parachutistes durent s'infiltrer dans les lignes allemandes pour tenter de rejoindre le dispositif allié. Le bilan fut sévère (17 000 hommes hors de combat, deux fois plus que les Allemands), mais Montgomery se déclara satisfait : « C'est une victoire à 90 %. » En réalité, cette opération conçue à la hâte eut pour effet de retarder le contrôle d'Anvers et de l'Escaut qui présentait un intérêt majeur pour le soutien logistique et le renforcement des unités engagées.

à Reims. Le lendemain, Churchill passe la matinée au lit pour rédiger son allocution à la BBC : « La guerre allemande est terminée [...] en avant la Grande-Bretagne, longue vie à la cause de la liberté. » Acclamé dans les rues de Londres et à la Chambre des communes, il s'adresse à la foule : « Nous avons été les premiers dans notre vieille île à dégainer contre la tyrannie [...]. Dieu vous bénisse tous, cette victoire est la vôtre. » La réponse des Londoniens est unanime et assourdissante : « Non, la vôtre ! » Deux mois plus tard, les Britanniques votent massivement pour son opposant travailliste, Clement Attlee, et chassent du pouvoir celui qui les a conduits à la victoire. Comme les Français en 1919, ils sont fatigués de la guerre, de l'héroïsme et des sacrifices et aspirent à une paix calme et tranquille[63].

Le 27 juillet, le Premier Ministre partant réunit pour la dernière fois ses chefs d'état-major. La rencontre est raide et formelle, sans toasts ni remerciements, dans la pure tradition britannique où toute expression d'émotion est bannie. Trois jours plus tard, Churchill écrit à Brooke : « Je vous suis profondément reconnaissant pour tout ce que vous avez fait pour moi et pour le pays. » Dans les abondants Mémoires qu'il consacre à la Seconde Guerre mondiale, en revanche, il se garde de tout commentaire élogieux à l'égard de ses chefs d'état-major, s'attribuant tous les succès britanniques. En réponse, Brooke publie en 1957 son *Journal de guerre*, très critique, au jour le jour, de l'action du Premier Ministre, mais clair dans ses conclusions : « Je rends grâce à Dieu de m'avoir donné l'opportunité de travailler aux côtés d'un homme de cette trempe, et de prendre conscience que de temps en temps des surhommes comme lui existent parmi nous sur cette terre. »

Le plus grand ?

Quand il meurt à 90 ans en 1965, Churchill a droit – fait sans précédent pour un Britannique n'appartenant pas à la famille royale – à des funérailles nationales. Plus d'une centaine d'Etats

63. Les élections législatives de juillet 1945 sont les premières depuis 1935, le processus ayant été suspendu pour la durée de la guerre. Churchill n'a pas fait campagne, se contentant d'affirmer que le programme social d'Attlee ne pourrait être mis en œuvre sans « une forme de Gestapo ». Le décompte des voix donne 47,7 % des suffrages au parti travailliste qui obtient 393 sièges, 36,2 % des voix au parti conservateur crédité de 197 sièges et 9 % des voix aux libéraux qui totalisent 12 sièges.

sont représentés au plus haut niveau et 300 000 personnes défilent devant son cercueil. Winston Churchill a acquis le statut d'une icône mondiale du XXe siècle. Ses Mémoires, façonnés à sa gloire, et les entreprises de son clan et de son parti y ont largement contribué. Pourtant, le vieil homme, cinq ans avant sa mort, a eu ce cri du cœur désespéré : « J'ai tant accompli, pour n'avoir RIEN accompli au bout du compte. » L'Empire britannique est démantelé, l'Europe orientale est sous la coupe des bolcheviks et le grand allié américain a infligé à Suez aux Britanniques et aux Français une humiliation intolérable. La guerre contre Hitler a été gagnée, certes, mais les révélations de Brooke ont terni sa gloire qu'il voulait sans partage. Avec cinquante ans de recul, comment apprécier le rôle parfois controversé de Churchill dans la conduite de la Seconde Guerre mondiale ? Nul ne met en doute les qualités exceptionnelles de l'homme qui a présidé aux destinées de la Grande-Bretagne dans des circonstances dramatiques. Le futur prix Nobel de littérature est un magicien du verbe et un orateur brillant. Son exceptionnelle capacité de travail lui a valu d'être un journaliste reconnu, un militaire respecté, puis un homme politique de haut niveau avant de conduire à un rythme d'enfer « le char de l'Etat ». Il est aussi un remarquable organisateur qui a bouleversé le fonctionnement des institutions pour les mettre au service de la victoire. Sa riche expérience militaire, des Indes au Soudan et de l'Afrique du Sud aux tranchées, lui donne un ascendant naturel sur les chefs d'état-major, mais elle le dessert également en l'enfermant dans ses schémas du passé et en lui donnant l'illusion d'être plus compétent que ses généraux.

Ses éminentes qualités ont été mises au service d'une vision stratégique fluctuante, souvent affectée par un goût immodéré de l'offensive et « une étrange myopie qui lui fait ignorer la hiérarchie des faits ». Ses grandes intuitions furent néanmoins justes, parfois prophétiques, et contribuèrent largement à la victoire finale. Son opposition à la politique d'apaisement de 1937 à 1939 et sa dénonciation des accords de Munich témoignent de sa clairvoyance à l'égard des projets nazis. Quand la défaite française lui parut inéluctable, il fit le choix de poursuivre seul le combat contre Hitler. Cette décision, d'une portée capitale pour l'avenir du monde, fut prise contre les sentiments pacifistes de ses concitoyens.

La construction habile et systématique de l'alliance avec les Etats-Unis, entreprise dès septembre 1940, a été essentielle pour la survie de la Grande-Bretagne. Il a, par la suite, remarquablement géré la grande coalition jusqu'à l'automne 1943, en dépit des échecs répétés des troupes britanniques. Et, malgré quelques fléchissements, il a mieux perçu que Roosevelt la duplicité de Staline et a tenté jusqu'au bout de combattre ses projets en Europe orientale. Il a enfin préservé l'avenir avec la France, en maintenant les liens, bon an mal an, avec l'insupportable interlocuteur, honni par Roosevelt, qu'était le général de Gaulle.

Dans la conduite des opérations, en revanche, il s'est souvent trompé et a poussé son état-major à des erreurs parfois sanglantes qui auraient pu avoir des conséquences dramatiques, s'il n'avait eu la chance des grands vainqueurs et l'art politique du camouflage. On ne reviendra pas sur la longue litanie de ses échecs, souvent hélas de portée stratégique. Mais du moins eut-il une claire vision de la manœuvre périphérique qui s'imposait tant que la montée en puissance des forces américaines n'était pas achevée. Le débarquement en Afrique du Nord, puis la Sicile et l'Italie portent sa marque. A l'inverse, ses tentatives pour retarder indéfiniment le débarquement en Normandie et s'opposer à l'opération projetée en Provence témoignent de son incompréhension de la guerre de mouvement. En dépit du Blitzkrieg de juin 1940 et des grandes chevauchées de la campagne de Russie, il était obsédé par la guerre des tranchées et hanté par le souvenir des millions de morts de la Première Guerre mondiale. Ignorant la capacité de rupture des divisions blindées et le rôle essentiel de l'appui aérien, il négligeait la logistique et multipliait les erreurs en s'ingérant à contretemps dans la conduite des opérations. Son approche de la guerre reposait sur deux axiomes : l'incertitude des combats, d'une part, qui rendait inutile une planification poussée et donnait l'avantage au plus créatif ; la méfiance à l'égard des généraux, d'autre part, qu'il accusait d'inhibition, voire de couardise.

Le premier axiome le conduisit à négliger les rapports de forces et à multiplier les projets d'offensive. « C'est, disait ironiquement Ismay, le plus grand génie militaire de l'Histoire, il peut utiliser une division sur trois fronts à la fois. » Le second axiome le poussait à un contrôle étroit de ses chefs d'état-major qu'il harcelait en permanence, les épuisant et les contraignant à argumenter férocement pour contrer ses initiatives malheureuses. Le choix de ses chefs militaires fut souvent hasardeux, mais il eut la main sûre en nommant Brooke chef d'état-major impérial et en le gardant jusqu'au bout malgré leurs fréquents affrontements. Le tandem chaotique mais soudé qu'il forma avec lui fut à l'origine de tous les succès britanniques. En définitive, la terrible pression qu'il exerça sur l'administration civile et militaire eut le double mérite de mobiliser l'appareil d'Etat dans un sentiment d'urgence permanent et d'affirmer clairement l'autorité du Premier Ministre.

Pourtant, son principal mérite n'est sans doute pas d'avoir vu juste et d'avoir conduit la guerre, bon an mal an, vers la victoire alliée, mais surtout d'avoir mobilisé le peuple britannique tout entier pendant cinq ans autour d'un gouvernement d'union nationale. Son leadership et ses talents d'orateur lui ont permis de transformer ce peuple démoralisé en modèle universel de courage et de détermination. L'ancien journaliste fut un des pionniers de l'usage politique des médias, entretenant des liens étroits avec le magnat de la presse, lord Beaverbrook, et intervenant 56 fois à la BBC, dans des discours d'anthologie qui frappaient au cœur les citoyens anglais : *« We shall never surrender ! »* (« Nous ne nous rendrons jamais ! ») Bien au-delà de la guerre, Winston a tracé un chemin pour le Royaume-Uni dans des termes prémonitoires. En juin 1944, recevant de Gaulle qui se plaignait de ne pas être associé aux préparatifs du Débarquement, il lui répondit : « Sachez-le, chaque fois qu'il nous faudra choisir entre l'Europe et le grand large, nous serons pour le grand large. » Et en 1946, à l'université de Fulton, premier à dénoncer « le rideau de fer » qui déchirait l'Europe, c'est d'ailleurs lui qui inventa la formule, il appela au renforcement de l'alliance entre les Etats-Unis et le Commonwealth.

De Gaulle gardait un souvenir affreux des soirées des Chequers, où on servait du champagne Pol Roger pour arroser homards, caviar et foie gras, dans le nuage odorant des cigares cubains. L'aristocrate y discourait inlassablement sur l'histoire militaire, le polo ou le croquet, vêtu de son « costume de sirène », un survêtement de velours, couleur rubis, qu'il avait conçu lui-même pour l'enfiler lors des alertes aériennes. Ce luxe provocateur et désinvolte heurtait son austérité hautaine, et l'humour du vieil aventurier blessait aisément sa susceptibilité. Mais le Général l'admirait pour son indomptable énergie et son immense patriotisme. Quand il mourut, il confia à la reine Elisabeth : « Dans le grand drame, il fut le plus grand. »

Le mot de la fin revient à celui qui incarne à jamais la puissance de la volonté dans l'exercice du pouvoir : « Je me range sans hésiter parmi ceux qui considèrent que l'histoire du monde est, avant tout, le fait d'êtres exceptionnels dont les pensées, les actions, les qualités, les vertus, les triomphes, les faiblesses et les crimes ont présidé au destin de l'espèce. »

CHAPITRE 5

STALINE OU LA STRATÉGIE DE LA TERREUR

« Iossif, qui es-tu maintenant au juste ? » Staline hésite à peine : « Tu te souviens du tsar ? Je suis un peu le tsar. » « Tu aurais mieux fait d'être prêtre ! », lui réplique sa mère, la forte et pieuse paysanne géorgienne. Nous sommes en 1936, au début de la Grande Terreur, qui va consacrer le pouvoir absolu du maître du Kremlin, dont la religion est faite depuis longtemps : le bolchevisme est son credo et Lénine son prophète. Vingt ans plus tard, orchestrée par son successeur Nikita Khrouchtchev, la révélation de ses crimes monstrueux va ternir durablement son image, éclipsant en partie son rôle, pourtant éminent, dans la victoire de 1945 sur l'Allemagne nazie. L'Occident, confronté, il est vrai, à la guerre froide qui l'oppose au régime soviétique, a choisi ses héros. Churchill, Roosevelt et, en France, de Gaulle y sont célébrés comme les grands vainqueurs de la Seconde Guerre mondiale. L'Armée rouge a pourtant été l'instrument majeur de la défaite d'Hitler, affrontant plus des deux tiers des forces allemandes, lui infligeant ses plus lourdes pertes et conquérant la capitale du Reich. Et Staline, davantage que ses homologues de l'Ouest, a assuré personnellement et directement la conduite de la guerre, s'impliquant au jour le jour dans les opérations militaires. Comment ce chef d'Etat, civil sans expérience véritable de la guerre, est-il parvenu à terrasser « la meilleure armée que le monde ait connue » ? Etait-il meilleur stratège qu'Hitler ou disposait-il d'atouts insoupçonnés qui ont fait défaut à son adversaire ? Entre les deux leaders des grands régimes totalitaires du XXe siècle, ce match singulier a tourné à l'avantage de Staline. A quel prix et avec quels résultats ?

D'une foi à l'autre

En 1941, quand débute l'opération « Barbarossa », Joseph Djougachvili, dit Staline, a 63 ans. Petit et râblé, il laisse à ses visiteurs une impression de grâce et de force, accentuée par le regard impénétrable de ses yeux de félin. Sa modestie et son flegme apparent de grand fumeur de pipe séduisent autant que ses colères bouillantes inquiètent et déroutent. Sa vaste intelligence, appuyée sur une formidable mémoire, lui permet de saisir dans l'instant tous les aspects des questions qu'on lui soumet. Sociable, aimant la bonne chère et la boisson, il a l'humour vache et grossier. Mais sa paranoïa fait le vide autour de lui. Energique et impitoyable, il aime le pouvoir et se montre prêt à tout pour l'obtenir et le conserver. Mais contrairement à Beria et autres opportunistes, il ne veut pas le pouvoir à son seul profit, mais aussi et peut être surtout, pour le triomphe du bolchevisme. Car ce politique sans foi ni loi est un marxiste fanatique et messianiste. « Le bolchevisme, dit-il, est une sorte d'ordre militaro-religieux. »

Comme Alexandre, Napoléon et Hitler, Staline est né aux marges d'un empire. Il voit le jour en 1878, à Gori, en Géorgie. Le pays a été annexé par la Russie au début du siècle et survit dans l'illettrisme et la misère. Son père, cordonnier, est un ivrogne qui bat sa femme et son fils avant de les abandonner. Sa mère, très pieuse, travailleuse et ambitieuse, est domestique dans des familles aisées. Rêvant de faire de Joseph un évêque, elle le fait entrer par relation au petit séminaire où il se montre si bon élève qu'il obtient une bourse pour le grand séminaire de Tiflis. C'est là, au milieu de condisciples bourgeois, qu'il perd la foi et apprend de maîtres corrompus et médiocres la dissimulation, la délation et l'intrigue. Avant d'être expulsé, il a pu acquérir une solide instruction de base et maîtriser la langue russe qu'il parlera toujours avec un léger accent géorgien.

Sous le pseudonyme de Koba, sorte de Robin des bois géorgien en lutte contre les Cosaques dans un roman localement célèbre de Kazbegui, il entre dans la clandestinité après un bref passage au service météorologique. L'époque s'y prête. La révolution industrielle s'engage, mal maîtrisée, et le Caucase est un champ clos de corruption, de haines claniques et de poussées nationalistes où surgissent les premières influences marxistes. A 20 ans, Staline rejoint les cercles sociaux-démocrates et, en compagnie du représentant local de Lénine, organise les premières grèves des cheminots à Tiflis. Contraint de s'exiler à Batoum, sur la mer Noire, sous la menace de la police, il est arrêté en 1902 après une manifestation. Sa fiche signalétique mentionne qu'il a le visage grêlé par la varicelle et le bras gauche estropié par un accident. Après dix-huit mois en prison, il réussit à s'évader.

En 1905, la défaite russe devant les Japonais fait naître des troubles dans tout l'empire. Les Soviets se multiplient, et Koba représente la Géorgie à la conférence du Parti social-démocrate en Finlande[1]. Pendant six ans, à la tête d'un maquis et entre deux arrestations suivies d'évasions, il va se livrer au grand banditisme (pillage, extorsions, vols à main armée) pour renflouer les caisses du parti et faire tourner une imprimerie clandestine. Il se marie, a un fils, Yakov, mais son épouse meurt très vite de maladie. En 1912, il rejoint Saint-Pétersbourg pour créer la *Pravda*, puis passe quelques mois avec Lénine à Cracovie et à Vienne. Il signe son premier grand article du pseudonyme de Staline, l'« homme d'acier ». Arrêté à nouveau en 1913, il est déporté en Sibérie jusqu'en 1917. De retour à Petrograd, il entre au Comité central et participe à la révolution d'Octobre aux côtés de Lénine. Dans le premier gouvernement soviétique, il est nommé « commissaire du peuple (ministre) aux Nationalités ». Cette promotion n'est pas celle dont rêvait Staline, mais le chef du gouvernement entend exploiter ses origines caucasiennes et s'inquiète de l'irrédentisme des provinces périphériques. Il se fie à la loyauté de son « merveilleux Géorgien », mais lui manifeste, plus ou moins consciemment, la condescendance de l'intellectuel pour l'homme d'action. Staline, pour sa part, l'admire sans réserve, mais souffre de

---

1. Le Parti ouvrier social-démocrate russe, créé en 1898, clandestin jusqu'à la révolution de 1905, prend l'habitude d'organiser ses assemblées plénières à l'étranger. En 1903, à la conférence de Bruxelles, le parti se déchire entre bolcheviks (majoritaires), animés par Lénine, et mencheviks (minoritaires), fidèles à la ligne modérée de Martov. La révolution de 1905 provoque un débat au sein du groupe bolchevique qui se réunit en Finlande. Lénine, opposé au boycott des élections de la Douma, y est mis en minorité. Certains de ses disciples, dont Staline, votent contre sa motion. La conférence de Stockholm, en 1906, voit la réunification du parti et la victoire des mencheviks qui imposent le boycott et condamnent les « expropriations » (pillage des banques et extorsions) prônées par les bolcheviks pour constituer un trésor de guerre. Lénine n'en donne pas moins des instructions à Staline pour poursuivre et amplifier ces entreprises dans le Caucase. Les bolcheviks redeviennent majoritaires à Londres en 1907 et prennent le contrôle du parti en 1912 à Prague. Staline, alors déporté en Sibérie, est coopté au Comité central.

ne pas voir son intelligence reconnue. Lénine met fin rapidement à la guerre contre l'Allemagne, mais se trouve confronté, au début de 1918, à des menaces multiples : fractions révolutionnaires à l'Est, indépendance proclamée des Etats du Caucase, armée blanche dans le Kouban, Allemands en Ukraine et, surtout, débarquement allié à Mourmansk et en Crimée et japonais à Vladivostok. C'est dans ce contexte que Staline va forger son expérience des opérations militaires.

Une drôle de guerre

Trotski, commissaire à la Guerre, crée l'Armée rouge, à partir d'un amalgame de militants fanatisés, d'officiers tsaristes et de déserteurs surveillés par des commissaires politiques. La situation reste indécise pendant quelques mois, et Lénine nomme Staline, en mai 1918, « commissaire à l'Approvisionnement », avec pour mission de rétablir celui de Moscou, la nouvelle capitale, qui souffre d'une pénurie de vivres et de pétrole du fait du verrou mis en place par les armées blanches à 800 kilomètres au sud.

Staline prend ses quartiers à Tsaritsyne, siège de la 10e armée commandée par Snessarev, un ancien officier tsariste compétent et loyal. L'ancien maquisard vomit la caste des officiers du tsar et déteste Trotski, cet intellectuel brillant qui le méprise ouvertement. Dès le mois de juillet, il obtient de Lénine un droit de regard sur les opérations militaires du front Sud. Arborant un uniforme de fantaisie et flanqué d'un « conseil militaire », il instaure un régime de terreur mis en œuvre par la Tcheka (police politique), fait limoger le commandant du front Sud et incarcérer Snessarev avec tout son état-major ; il ordonne des noyades collectives d'officiers tsaristes et fait raser des villages « suspects ». Sa stratégie militaire, faite de coups de main et d'offensives frontales meurtrières, n'a aucun effet sur les blancs (Krasnov et ses Cosaques[2]) qui s'emparent de Tsaritsyne en

2. Né dans une famille de Cosaques du Don, Piotr Krasnov devient officier de la garde impériale et s'illustre à la tête d'une unité de cavalerie contre les Allemands. En 1917, il fait allégeance au gouvernement Kerenski mais, après la révolution d'Octobre, crée une armée blanche qui passe sous l'autorité de Denikine en février 1918. Contraint à l'exil en 1920, il publie un an plus tard *De l'aigle bicéphale au drapeau rouge*, un panorama de la société russe qui connaît un grand succès dans la communauté blanche exilée. En 1941, il constitue une unité de Cosaques antisoviétiques

septembre 1918. Lénine, inquiet, envoie en inspection un commissaire qui s'indigne des méthodes de Staline dont Trotski obtient le rappel à Moscou en octobre. Mais le chef du gouvernement garde sa confiance au Géorgien, son précieux homme de main (qui courtise et épouse sa secrétaire, Nadejda Alliloueïeva).

Pendant toute l'année 1919, Staline, officiellement « commissaire au Contrôle d'Etat », est son envoyé spécial, passant d'un front à l'autre, pour « rétablir l'ordre, épurer et châtier ». Partout, il trouve des complots, fait arrêter et fusiller les chefs militaires et leurs familles et prend des initiatives militaires. Pourtant, sous la férule de Trotski, l'Armée rouge multiplie les succès sous le commandement de Toukhatchevski, Blücher et Boudienny, talentueux rescapés de l'armée du tsar ralliés à la révolution dès 1917. Les Alliés et les Japonais rembarquent début 1920. Nommé commissaire politique du front Sud-Ouest commandé par Egorov, un général compétent, très discipliné mais peu imaginatif, Staline va commettre sa première erreur grave en termes de stratégie militaire.

Au nord, sur le front Ouest, Toukhatchevski bouscule les Polonais qui occupaient Kiev depuis le 7 mai et, sur ordre de Lénine, fonce sur Varsovie. Egorov et Staline doivent le renforcer d'une armée et d'une division de cavalerie pour forcer le verrou des partisans qui bloquent l'accès à la capitale polonaise. Jaloux des succès de Toukhatchevski et avide de la gloire que lui donnerait la prise de Lvov, Staline refuse de renforcer le front Ouest et infléchit vers le sud le mouvement des armées d'Egorov. Les Polonais contre-attaquent en août dans l'espace laissé inoccupé entre les deux fronts et contraignent Toukhatchevski à la retraite.

Convoqué à Moscou, le Géorgien charge les chefs militaires, invoquant à juste titre les réserves qu'il avait émises sur l'aventure polonaise. Lénine n'insiste pas, d'autant que Staline organise efficacement des soulèvements dans les Etats du Caucase, suivis d'une occupation par l'Armée rouge qui permet la création de trois nouvelles républiques soviétiques, l'Azerbaïdjan, l'Arménie et la Géorgie. Cette première expérience de la guerre est déterminante pour le futur « commandant suprême » de l'Armée rouge. Outre la haine tenace qu'il voue désormais à Trotski et Toukhatchevski qui ont fustigé sa désobéissance criminelle en Pologne, Staline en retient des principes

---

incorporée à la Wehrmacht. Livré par les Britanniques à Moscou en 1945, il est condamné et exécuté en 1947.

d'action auxquels il ne dérogera pas. Pour lui, seul un régime de terreur peut tenir l'armée et ses chefs, surtout quand ils ont servi le tsar. Pour cela, le contrôle politique doit s'exercer à travers des envoyés spéciaux du parti chargés d'activer la police spécialisée (Tcheka, puis GPU, puis NKVD). Les armées doivent être soviétisées.

Staline a créé autour de lui un cercle d'officiers totalement dévoués, fascinés par son intelligence et sa brutalité, le groupe de Tsaritsyne. Vorochilov, Koulik, Boudienny et Timochenko resteront longtemps, à des degrés divers, ses hommes de confiance dans la sphère militaire[3]. Son ascension vers le pouvoir suprême est facilitée par la rivalité qui oppose Lénine à Trotski. Sur la signature du traité de Rapallo, en 1922, avec les Allemands, comme sur le lancement de la NEP, qui rétablit provisoirement l'économie capitaliste pour restaurer l'agriculture et l'industrie dévastées par la guerre, il soutient clairement Lénine, faisant alliance avec ses anciens compagnons de la révolution, Zinoviev et Kamenev, contre Trotski, auréolé par sa victoire dans la guerre civile, mais isolé au sein du parti où il passe pour arrogant et autoritaire.

Le système Staline

A la mort de Lénine en janvier 1924, Staline est secrétaire général du Comité central et exerce déjà la réalité du pouvoir depuis l'attaque cérébrale qui a frappé deux ans plus tôt le fondateur du bolchevisme. Il s'impose comme son successeur, en dépit du testament de son mentor dont il interdit la diffusion : « Staline, en devenant secrétaire

3. Le groupe de Tsaritsyne constitue dès 1919 un clan d'allégeances personnelles à Staline qui jouera un rôle important dans la prise et la conservation du pouvoir par le Vojd. En majorité d'origine rurale, ces officiers ont en commun, outre leur absolu dévouement au Géorgien, une formation militaire médiocre et un goût affirmé pour la répression policière. Vorochilov, un ancien ouvrier du Donetz, a rejoint les bolcheviks en 1903. S'engageant en 1918, il est très vite propulsé à la tête de la 5e armée. Bruyant et hargneux, sachant à peine lire et écrire, c'est un alcoolique couard, à l'aise dans les complots. Boudienny, ancien sous-officier promu pour son courage dans la guerre contre les Allemands, prend le commandement d'un corps de cavalerie après la révolution d'Octobre. Grand buveur et grand sabreur, naïf et jovial, il est populaire mais dépasse très vite son seuil d'incompétence. Koulik est un artilleur incapable, fourbe, bouffon et brutal qui ne croit ni aux chars ni aux Katiouchas, définitivement rebelle à toute modernité. Timochenko est le meilleur d'entre eux. Subordonné de Boudienny à Tsaritsyne, il s'impose par son courage et sa modération.

général, a concentré entre ses mains un pouvoir illimité dont je ne suis pas sûr qu'il saura toujours user avec circonspection [...]. Staline est trop grossier [...]. Je propose donc aux camarades de le destituer et de nommer quelqu'un à sa place qui s'en distingue uniquement en se montrant plus tolérant, plus loyal, plus poli, plus attentif et moins capricieux à l'égard de ses camarades[4]. » Sa proximité avec le chef de la GPU, Dzerjinski, lui permet d'éliminer rapidement Trotski des instances du parti, avant de se retourner contre Zinoviev et Kamenev. Puis il lance la collectivisation forcée (5 millions de morts et déportés) qui ne peut réussir sans un formidable effort de propagande, soutenu dans le monde entier par des intellectuels manipulés par le Kominterm. A l'intérieur, Staline, féru d'histoire et de littérature, peut aussi s'appuyer sur des écrivains qu'il flatte, soigne, manipule ou menace, comme Gorki, Cholokhov, Mandelstam ou Ehrenbourg.

Personne ne peut se vanter d'exercer sur lui une influence durable et déterminante. Son ami Kirov est assassiné dans des conditions douteuses. Sergo Ordjonikidze, son Géorgien de la GPU, le fournit en complots mais finit en disgrâce. Son protégé, le Caucasien Beria, un aventurier brillant, pervers et habile courtisan, n'aura jamais sa totale confiance. Vorochilov et Koulik sont trop stupides pour peser sur son jugement. Staline a pourtant un amour sincère et profond pour sa femme, Nadejda, Géorgienne comme lui, épousée en 1919, bien qu'il la trompe à l'occasion avec la coiffeuse du Kremlin. Or, Nadejda, intelligente mais psychologiquement fragile, l'admire trop pour contester durablement ses choix. C'est elle qui lui présente Khrouchtchev, son jeune et ambitieux protégé dont le tsar rouge s'entiche.

Le suicide de sa femme en 1932[5] ébranle profondément le maître du Kremlin et renforce sa paranoïa, qui le pousse à éliminer tous

---

4. Simon Sebag Montefiore, *Staline. La cour du tsar rouge*, 2 tomes, Perrin, coll. « Tempus », 2010.

5. Nadejda Allilouïeva, fille d'un ancien compagnon de Staline dans le Caucase, l'épouse à 18 ans, en 1919. Elle lui donne deux enfants, Vassili, futur général alcoolique et cyclothymique de l'armée de l'air, et Svetlana, fille chérie et manipulée d'un père tyrannique. Intelligente et sensible, Nadejda soutient l'ascension politique de son mari qu'elle admire. A partir de 1929, s'ennuyant au Kremlin, elle reprend des études à l'université et découvre, bouleversée, la crainte que son mari inspire et les méfaits dont on l'accuse. Ouvertement critique à son égard, elle supporte de plus en plus mal ses infidélités et sa brutalité. Le 8 novembre 1932, à l'issue du banquet du 15e anniversaire de la révolution d'Octobre, elle se suicide d'un coup de pistolet, laissant une lettre récapitulant ses griefs à l'encontre de Staline. Ce dernier, qui n'a jamais cessé de l'aimer, est dévasté. « Elle est partie comme une ennemie ! »,

ceux qui l'ont accompagné dans sa marche vers le pouvoir. Il ne s'agit plus, comme en 1929, de mettre au pas les agriculteurs enrichis (koulaks) pour imposer la collectivisation des terres, mais bien de purifier l'Etat soviétique de tout élément potentiellement hostile. La situation économique s'est pourtant considérablement améliorée, et le moral de la population est à la hausse en raison des succès industriels des premiers plans quinquennaux. En août 1936, s'engage le premier des grands procès de Moscou, animés par le NKVD sur un schéma vite rodé : dénonciation de complots, arrestations, aveux (sous la torture) et exécutions. Les familles des suspects sont prises en otage. On exécute même les enfants âgés de plus de 12 ans. La purge s'exerce surtout au sein du parti et dans les services de l'Etat. Les dignitaires du régime, fascinés et terrorisés par ce tournant de la révolution, contribuent bon gré mal gré à la légitimation de cette funèbre mascarade, superbement illustrée par Arthur Koestler dans *Le Zéro et l'Infini*. De 1936 à 1939, la Grande Terreur fait le vide : sur 1,5 million de personnes arrêtées, 700 000 sont fusillées. La « tsarisation » du pouvoir est en marche : le culte de Staline se développe sans même qu'il l'encourage, tandis que le parti se curialise, à l'image de la nomenklatura dotée de privilèges qui jurent dans la mère patrie du communisme.

Dans le domaine de la politique extérieure, Staline, d'abord uniquement préoccupé de l'action du Kominterm[6], se rallie, après une série d'échecs dans les pays Baltes, en Bulgarie et en Allemagne, à la Realpolitik. La crainte du réarmement japonais et allemand le persuade de faire entrer l'URSS à la SDN, de rétablir des relations diplomatiques avec les Etats-Unis et de signer avec la France un pacte d'assistance mutuelle (1935). En 1936, l'insurrection militaire contre la république espagnole le surprend. Il adhère officiellement à la politique de non-intervention des Occidentaux mais décide d'aider en sous-main les républicains en leur fournissant de l'armement et

---

s'exclame-t-il. Le communiqué officiel précise qu'elle est morte d'une crise d'appendicite. Son protégé, Khrouchtchev, sera l'homme de la déstalinisation. Son grand ami, Kirov, devenu rival politique, sera assassiné sur ordre du Kremlin.

6. Egalement connu sous le nom de IIIe Internationale, le Komintern est une organisation semi-secrète créée le 2 mars 1919 par Lénine. Son siège est à Berlin, puis Paris à partir de 1933, mais ses directives sont élaborées à Moscou. Le Komintern forme de nombreux futurs dirigeants communistes, comme Togliatti, Duclos, Marty, Tito ou Artur London. Il coordonne l'action des partis communistes occidentaux au service des intérêts de l'URSS.

en créant et encadrant des Brigades internationales. Aux ordres du général Berzine[7], 2000 conseillers soviétiques s'efforcent d'assurer le triomphe du clan marxiste en participant à la lutte jusqu'au printemps 1938, quand la victoire de Franco, soutenu par Hitler, devient inéluctable. A leur retour en URSS, ces conseillers disparaissent sans laisser de traces, pour éviter toute implication ultérieure des Soviétiques dans ce qui apparaîtrait comme une défaite.

Pourtant, en 1938, quand la tension monte en Europe occidentale, Staline n'a pas tranché entre son projet messianique d'expansion du communisme, servi par le Kominterm, et les garanties de sécurité qu'il recherche pour son pays. L'attitude de la France et du Royaume-Uni face à l'impérialisme de l'Allemagne nazie sera déterminante à ses yeux, sans oublier la menace japonaise qui complique encore l'équation. Pour avoir beaucoup lu et médité l'Histoire, le maître du Kremlin se prend pour un expert en relations internationales. Citant volontiers Bismarck et Talleyrand, il est persuadé que, dans la partie de poker européenne, les dictateurs seront plus forts que les démocrates. Et plus il se « tsarise », plus sa vision du monde conjugue l'expansion du bolchevisme et le traditionnel impérialisme russe.

L'armée décapitée et ruinée

Une politique étrangère ambitieuse ne se conçoit pas sans des armées fortes. Staline l'a compris, et les premiers plans quinquennaux ont considérablement renforcé l'Armée rouge qui compte 1,5 million d'hommes, 96 divisions, une aviation et une artillerie modernes et plus de 10000 chars. Aux grandes manœuvres de 1935, les observateurs étrangers ont été impressionnés par les capacités tactiques des unités engagées (65000 hommes et 1200 chars). Cette armée a une doctrine, élaborée par des théoriciens brillants, Triandafillov et Isserson,

7. Bolchevique de la première heure, tchékiste puis espion de haute volée, le général Berzine dirige de 1924 à 1935 le GRU, service du renseignement militaire. Il y forme les meilleurs agents de l'Union soviétique, dont Richard Sorge. En juillet 1936, sous le pseudonyme de « général Grishin », il devient conseiller du gouvernement républicain espagnol menacé par l'insurrection franquiste et coiffe les 2000 « conseillers » dépêchés à Madrid par Staline. Il est rappelé en 1937 pour avoir accusé le NKVD de saper son action par ses pratiques terroristes. Arrêté trois mois plus tard, il est exécuté en juillet 1938.

enseignée à l'Académie Frounzé et imposée par Toukhatchevski[8]. Inspirée par les offensives de Foch en 1918, elle est résolument tournée vers l'attaque et repose sur l'action combinée de l'aviation, des chars et de l'artillerie, accompagnée d'opérations d'envergure aéroportées, pour paralyser l'adversaire et percer dans la profondeur. L'« art opératif » soviétique se distingue de la doctrine allemande en ce qu'il ne cherche pas l'encerclement du gros des forces adverses, mais vise, par des actions séquencées et imprévisibles, à le déstabiliser, le désorganiser et le ronger de l'intérieur avant l'attaque décisive dans la profondeur. Sa mise en œuvre suppose des cadres rodés à la manœuvre collective interarmées, des moyens de renseignement performants et une grande maîtrise de l'art de la déception (désinformation, camouflage, leurres et diversions). Signe de confiance ou caprice du tsar, Staline rétablit en 1935 la dignité de maréchal, attribuée à Vorochilov et Boudienny, ses vieux complices, mais aussi à Toukhatchevski, vice-commissaire à la Guerre, et à Egorov, le chef d'état-major.

L'Armée rouge mérite d'autant plus son attention que le Japon poursuit une politique agressive en Mandchourie et qu'Hitler signe, en 1936, avec Tokyo et Rome, un pacte anti-Kominterm. Mais la paranoïa du Vojd (« le chef », comme le surnomme son entourage) l'emporte sur toute autre considération, et la Grande Terreur inaugurée en 1936 n'épargne pas longtemps les armées. Il est vrai que Vorochilov, commissaire à la Guerre, multiplie les rapports sur des complots imaginaires et que les chefs militaires de haut rang sont souvent d'anciens officiers du tsar. Qui plus est, les rapports avec les armées allemandes sont fréquents (accord secret de Rapallo de 1933)

8. Créée en 1918, l'Académie des travailleurs et paysans tient le rôle d'une Ecole de guerre pour les cadres supérieurs de l'Armée rouge. Elle prend en 1926 l'appellation d'Académie Frounzé, du nom du général qui l'a dirigée pendant trois ans avant de succéder à Trotski au poste de commissaire à la Guerre. Frounzé et Toukhatchevski, chef d'état-major général, en font le creuset de la réforme technique et tactique de l'Armée rouge. Ils s'appuient sur l'enseignement et les travaux de deux professeurs de stratégie qui établissent les fondements de l'« art opératif » : désorganisation du dispositif adverse par des frappes profondes visant le ravitaillement et les communications, attaques simultanées sur le front et sur les arrières et désinformation systématique pour miner la cohérence des réponses de l'ennemi. Le premier concepteur de cette stratégie offensive est le général Triandafillov, mort dans un accident aérien en 1931, auteur en 1926 de *L'Echelle des opérations dans les armées modernes* et, en 1929, des *Caractéristiques des opérations dans les armées modernes*. Son disciple, Gueorgui Isserson, professeur à l'Académie Frounzé presque sans interruption de 1929 à 1939, publie en 1933 *Fondements des opérations dans la profondeur* et, en 1936, *Evolution de l'art opératif*.

et les risques de « contamination » ne peuvent être exclus. Surtout Staline, on l'a dit, n'a pas pardonné à Toukhatchevski de l'avoir rendu responsable de son échec devant Varsovie et il ne supporte pas le prestige dont il jouit au sein des armées, y voyant les prémices d'un bonapartisme dangereux pour le régime.

En mai 1937, il fait arrêter dix des principaux chefs militaires, dont Toukhatchevski, le directeur de l'Académie militaire, et les principaux commandants de district. Tous avouent sous la torture avoir participé à un complot, sont jugés à huis clos et exécutés le 11 juin. Dans la foulée, mille officiers supérieurs sont arrêtés et l'épuration se poursuit jusqu'à fin 1938. Selon Vorochilov, 40 000 officiers auraient été éliminés, trois maréchaux sur cinq, quinze généraux d'armée sur seize, soixante généraux de corps d'armée sur soixante-sept, les deux tiers des brigadiers, au total 90 % des généraux et 80 % des colonels. Toutes les armées y passent, puis l'industrie d'armement et même le contre-espionnage.

L'Armée rouge est brutalement privée de tous ses cadres expérimentés et cette incroyable saignée qu'aucune guerre n'aurait permise la place dans un état d'extrême vulnérabilité à l'approche de la guerre. Dans ces conditions, sur qui Staline peut-il compter ? Vorochilov est un cavalier courageux, mais stupide, vaniteux, irascible et cruel. Koulik, directeur de l'artillerie, est un imbécile ignorant et rétrograde qui ne croit ni aux chars ni aux Katiouchas (« orgues de Staline »), continuant à prôner l'emploi de l'artillerie hippotractée. Timochenko est intelligent et compétent, courageux sur le terrain, mais alcoolique et terrorisé par Staline qu'il n'ose approcher et contredire. Boudienny est une culotte de peau qui a dépassé son seuil d'incompétence. Il faudra donc chercher ailleurs, parmi les officiers tsaristes épargnés par la purge (Chapochnikov) ou parmi les « purgés » (Meretskov, Rokossovski), sans oublier bien sûr les jeunes loups qui doivent leur promotion éclair au vide laissé au sommet de la hiérarchie[9].

---

9. Chapochnikov, diplômé de l'Académie impériale de Saint-Pétersbourg, colonel en 1917, s'est rallié à la révolution en 1918. Il échappe aux purges en raison de sa rivalité avec Toukhatchevski qui le fait nommer par Staline au conseil de guerre, où il vote la mort de son principal concurrent. Intelligent et courtois, il est traité par Staline avec des égards particuliers mais ose rarement s'opposer à lui. Les « purgés » réhabilités à sa demande se comptent par milliers. Deux d'entre eux sont appelés à un rôle important pendant la guerre. Rokossovski, d'origine polonaise, nommé officier au feu en 1917, s'est lui aussi rallié très tôt à la révolution. En 1937, alors qu'il commande un corps de cavalerie (Joukov sert sous ses ordres), il est arrêté

Bascule stratégique et préliminaires

Staline ayant parié au début des années 1930 sur les Alliés de la Grande Guerre observe avec inquiétude leur immobilisme et leur pusillanimité face à la montée en puissance de l'Allemagne nazie. L'occupation de la Rhénanie, le réarmement et l'Anschluss les laissent sans réaction, tandis que les Etats-Unis, écrasés par la crise économique après le krach de 1929, semblent se détourner de l'Europe. L'affaire des Sudètes et la capitulation franco-britannique à Munich, où il n'est pas invité, convainquent le Vojd de la nécessité d'une réévaluation de ses alliances. Il propose encore à Londres et Paris, en avril 1939, un accord d'assistance mutuelle et de soutien aux Etats d'Europe de l'Est, doublé de conventions militaires, mais les deux alliés traînent les pieds, d'autant que la Pologne et la Roumanie refusent le passage des troupes russes sur leur sol. Aussi, dès le mois de mai, alors que la France et le Royaume-Uni affichent leur volonté de défendre la Pologne en cas d'agression allemande, Staline envisage la politique du pire. Il limoge Litvinov, son commissaire aux Affaires étrangères, identifié à la politique d'apaisement, et le remplace par Molotov, un compagnon de la première heure qu'il n'aime pas mais respecte. Des contacts discrets sont pris avec Hitler et, le 23 août 1939, Ribbentrop se rend à Moscou pour signer un pacte

---

et longuement torturé. Libéré en mars 1940, il s'impose par son battant et son audace. Orgueilleux et buté, il n'est pas aimé. Meretskov n'a pas une formation aussi complète, mais il a gagné ses étoiles sur le champ de bataille, contre la Pologne et pendant la guerre d'Espagne. S'étant illustré en Finlande lors de la prise de la ligne Mannerheim, il est nommé chef d'état-major général au printemps 1940, mais démis en janvier 1941, arrêté et torturé en juillet, puis libéré en septembre pour prendre le commandement du front de Leningrad. Courageux et compétent, il ne pèse pas lourd devant le Vojd. Enfin, les jeunes loups ne manquent pas. Trois d'entre eux joueront un rôle clé dans la victoire. Joukov, qui a une formation d'état-major sommaire, n'est pas passé par l'Académie Frounzé. Mais il a été remarqué et protégé par Boudienny et Timochenko, les « cavaliers de Tsaritsyne ». Modeste adjoint du commandant de district de Biélorussie, il est convoqué directement en juin 1939 par Vorochilov pour une mission à la frontière mongole menacée par les Japonais... Koniev, un ancien bûcheron qui a rejoint l'Armée rouge en 1919, sert en Extrême-Orient pendant la guerre civile sous les ordres de Vorochilov qui ne l'oubliera pas. Brillamment diplômé de l'Académie Frounzé, il commande un corps en 1938 et la 19e armée à Vitebsk en 1941. Vassilevski enfin, est un protégé de Chapochnikov. Calme, réservé et pondéré à l'image de son mentor, il est un parfait officier d'état-major. Son intelligence et son habileté séduisent jusqu'à Staline.

de non-agression pour dix ans. Une clause secrète définit le partage de l'Europe septentrionale et centrale entre les signataires, « en cas de réorganisation territoriale et politique ». La « zone d'influence soviétique » couvrirait la Finlande, l'Estonie, la Lettonie, la Bessarabie et la partie orientale de la Pologne. Le soir, dans sa datcha de Kountsëvo, Staline confie à ses proches : « Je sais ce qu'Hitler manigance. Il croit m'avoir roulé, mais c'est moi qui l'ai roulé. Nous éviterons la guerre pour un certain temps. »

Conscient de la faiblesse de l'Armée rouge, il ne sous-estime pas la menace japonaise à l'est. En proie à une dérive nationaliste, Tokyo, depuis 1937, multiplie les incidents de frontière sur le fleuve Amour et en Mongolie-Extérieure, état dictatorial allié à l'URSS. En mai 1929, les forces de Hiro-Hito occupent une portion du territoire mongol, au-delà de la rivière Khalkhin Gol. Le 1er juin, Vorochilov convoque à Moscou le général Joukov, obscur adjoint du commandant du district de Biélorussie, et l'envoie inspecter le dispositif soviétique face aux Japonais. Joukov est un protégé de Boudienny qui lui a permis de passer à travers les purges. Habile, brutal et ambitieux, le jeune général, appuyé par le NKVD, obtient de prendre le commandement de l'opération en évinçant le chef local médiocre et se fait octroyer des renforts. Et le 23 août, après une préparation minutieuse, il lance une attaque audacieuse inspirée des principes de l'art opératif (actions séquencées, manœuvres de déception, désorganisation du dispositif japonais) qui se conclut par l'encerclement total de la 6e armée japonaise et la capture de 62 000 hommes. La victoire de Khalkhin Gol est largement exploitée par la propagande du parti et propulse Joukov au premier plan. Elle a surtout pour mérite de calmer les ardeurs guerrières du Japon.

Quelques jours plus tard, la Wehrmacht et la Luftwaffe fondent sur la Pologne. Le succès du Blitzkrieg est foudroyant, mais Staline attend jusqu'au 17 septembre pour engager ses forces car, peu désireux d'affronter les Britanniques qui ont promis leur soutien aux Polonais, il s'assure d'abord de leur absence sur le théâtre d'opérations. L'attaque soviétique est conduite par Timochenko, supervisée par Koulik et contrôlée par Khrouchtchev, le commissaire politique. Face à une armée polonaise déstabilisée par l'offensive allemande, la victoire est facile, mais l'Armée rouge y perd tout de même 5 000 hommes et 150 chars. Dans la zone qu'elle occupe, les pillages sont nombreux et Khrouchtchev fait arrêter et déporter près de 10 % de la population.

Les Allemands, édifiés, relèvent l'équipement insuffisant des Soviétiques, la faiblesse de leur soutien logistique et le manque d'initiative des commandants des formations. Le 27 septembre Hitler concède à Staline la totalité des Etats baltes et la Finlande. Le Vojd décide alors de consolider sa « zone d'influence », en construisant une ligne de fortifications en Pologne, en occupant les pays Baltes et en exigeant de la Finlande une partie de la Carélie. Il réclame la cession à bail de la presqu'île de Hanko, proche de Leningrad, en échange d'une bande de terrain inexploitable au nord du lac Ladoga. A sa surprise, la Finlande refuse et Staline, contre l'avis de son chef d'état-major, Chapochnikov, trop timide et obséquieux pour faire valoir ses vues, décide d'envahir son voisin du nord. Il confie à Koulik le commandement de cinq armées, 90 000 hommes, 6 000 chars et 400 avions. L'offensive débute le 30 novembre 1939 sur un front de 1 300 kilomètres. En face, l'armée finlandaise, moins nombreuse et faiblement équipée, est commandée par le vieux maréchal Mannerheim[10]. L'attaque s'enlise dès les premiers jours. En Carélie, elle échoue devant la ligne fortifiée qui porte le nom du maréchal qui l'a conçue. En Finlande centrale, bloquées par la neige au cœur de la forêt, les troupes blindées soviétiques sont harcelées et décimées par des petits groupes de skieurs très mobiles. A Suomussalmi, sur les lacs gelés du centre oriental finnois, la 5e armée est taillée en pièces.

Staline, hors de lui, envoie Lev Mekhlis, le « sinistre démon » du NKVD[11], châtier les coupables. Des centaines d'officiers sont

---

10. Né dans une famille aristocratique du grand-duché rattaché à la Russie depuis 1809, Carl Mannerheim effectue une brillante carrière dans l'armée impériale. En 1917, il commande un corps d'armée face aux forces austro-hongroises quand il est démis par Kerenski qui doute de sa loyauté. Quand la Finlande proclame son indépendance, en décembre 1917, il prend la tête de sa jeune armée. En décembre 1918, il est nommé régent pour mettre un terme aux violences de la guerre civile. Battu à l'élection présidentielle de 1919, il se retire de la vie politique, mais accepte en 1931 la présidence du Conseil national de la défense, avec le titre de maréchal. En novembre 1939, après l'attaque soviétique, il est nommé commandant en chef. Officier brillant mais ne sachant pas déléguer, il interfère constamment dans le déroulement des opérations avec un bonheur inégal. En août 1944, il est élu président de la République, dénonce l'alliance avec l'Allemagne et signe avec l'URSS une paix qui préserve l'essentiel des intérêts finlandais.

11. Elevé dans une école rabbinique, Lev Mekhlis s'engage en 1911 et rejoint le parti communiste en 1918. Secrétaire personnel de Staline de 1922 à 1926, il joue un rôle clé dans l'élimination de Trotski. Commissaire du peuple au Contrôle de l'Etat en 1940 et directeur politique de l'Armée rouge, il s'illustre dans la liquidation des généraux « faillis » et préside personnellement aux séances de torture infligées au

limogés, sans résultat. Le Vojd se résout alors à remplacer Koulik par Timochenko, le 26 décembre. Le nouveau commandant du front Nord-Ouest fait replier son aile droite enlisée et concentre ses moyens sur la Carélie. Le 11 février 1940, il perce la ligne Mannerheim avec un appui d'artillerie et des frappes aériennes considérables si bien que, un mois plus tard, la Finlande capitule. L'accord d'armistice donne à l'URSS la presqu'île de Hanko, l'isthme de Carélie et la rive nord du lac Ladoga. Leningrad est à l'abri d'une attaque directe, mais l'URSS, isolée, est exclue de la SDN.

Le coût de la campagne est exorbitant. L'Armée rouge a eu 127 000 morts et près de 200 000 blessés, cinq fois plus que l'armée finlandaise. Elle a perdu 3 500 chars et 500 avions. Les erreurs commises sont nombreuses : mauvaise saison, mauvais chefs, troupes inexpérimentées, sous-estimation de l'adversaire.

Staline en tire aussitôt les leçons : Vorochilov est remplacé par Timochenko au poste de commissaire à la Guerre, Mekhlis est provisoirement écarté, Koulik est remplacé par son adjoint, Voronov, et son épouse est arrêtée et exécutée, mais... il est nommé maréchal ! Chapochnikov paie les pots cassés et cède à Meretskov, un officier compétent et solide mais sans relief, le poste de chef d'état-major. Par ailleurs, près de 12 000 officiers « purgés » sont libérés et réintégrés. Surtout, le Vojd supprime le double commandement en affranchissant les généraux de la tutelle des commissaires politiques. Enfin les grades de l'armée du tsar sont rétablis.

Est-ce à dire que l'Armée rouge est désormais prête à affronter un adversaire plus redoutable ? On peut en douter, car la totalité du pouvoir est entre les mains d'un seul homme, peu familier des exigences de la guerre moderne et terrorisant ses subordonnés. Staline est secondé par un comité de défense, politique, présidé par Molotov, et par un conseil militaire suprême à la tête duquel siège toujours Vorochilov. Le Vojd décide tout et contrôle tout. Il est plus intelligent et plus rapide que ses collaborateurs civils et militaires, mais son mépris des experts le pousse souvent à l'erreur. Ainsi, contre l'avis du commandant de la marine, le très compétent Kouznetsov[12],

---

général Pavlov. Inspirateur du massacre de Katyń, il reste proche du Vojd jusqu'à son échec sur le front de Crimée, en mai 1942. Il est écarté du pouvoir jusqu'en 1946.

12. Né à Arkhangelsk dans une famille d'immigrants serbes, Kouznetsov s'engage en 1919 dans la marine. Diplômé de l'Académie Frounzé, il échappe aux purges alors qu'il occupe les fonctions d'attaché naval en Espagne (1936-1937). En 1938, il commande la flotte du Pacifique et, en avril 1939, à 34 ans, il est nommé commissaire

renforce-t-il les croiseurs et les cuirassés de haute mer au détriment de la défense côtière et des sous-marins. Ainsi impose-t-il la mise en service immédiate d'avions de chasse non testés, multipliant les accidents. Ainsi également, au nom des leçons de la guerre d'Espagne et en dépit de celles de Pologne et de Finlande, ordonne-t-il la dilution des chars dans les unités d'infanterie... Plus globalement, la centralisation excessive de la chaîne de commandement retarde toutes les décisions, y compris les plus urgentes, avec les conséquences opérationnelles qu'on peut en attendre.

Le maître du Kremlin dispose pourtant de quelques collaborateurs de qualité qui vont tenter de renforcer en quelques mois les capacités de défense de l'URSS. Timochenko a fait ses preuves en Finlande, Meretskov est compétent, Vannikov, le commissaire à l'Armement, qui se bat contre les idées rétrogrades de Koulik, est excellent, et Joukov, le vainqueur des Japonais, apporte un peu d'air frais. Enfin, Molotov s'impose sur la scène internationale comme un redoutable manœuvrier.

Aveuglement et incompétence

La défaite française est une surprise absolue qui provoque la colère du Vojd : « Ne pouvaient-ils vraiment pas résister ? Maintenant Hitler va nous réduire en poussière ! » Cet accès de lucidité ne dure pas, car les affaires continuent. Staline fait occuper les pays Baltes et arrache la Bessarabie et la Bucovine à la Roumanie, puis envoie Molotov à Berlin pour renforcer les relations bilatérales avec l'Allemagne nazie. Au cours d'entretiens tendus, Hitler lui suggère des entreprises lointaines vers l'Iran et l'Inde, ce qui fait comprendre à Molotov que l'Allemagne veut s'adjuger les Balkans. Son analyse est confirmée quand, en janvier 1941, la Bulgarie et la Yougoslavie adhèrent au pacte tripartite.

C'est à ce moment que Timochenko et Meretskov lancent un programme de réformes de l'Armée rouge. La création de neuf corps mécanisés, la reprise de l'entraînement interarmées, l'acquisition de nouveaux équipements (artillerie, char T34) et l'augmentation des soldes vont dans le bon sens mais arrivent trop tard. Surtout, la

à la Marine, poste qu'il occupe jusqu'à la fin de la guerre. Son intelligence et sa compétence séduisent Staline qui le soutient dans son entreprise de modernisation de la marine soviétique (nageurs de combat, forces amphibies).

montée en puissance des effectifs et des structures (100 divisions d'infanterie et 50 divisions blindées nées en dix-huit mois) ne s'accompagne pas d'un effort suffisant de formation des officiers. En janvier 1941, un grand exercice de cadres s'achève dans la confusion. Le thème choisi est la réplique de l'URSS à une attaque allemande. L'absence totale de réflexion stratégique au plus haut niveau militaire et politique est criante.

Staline en prend prétexte pour destituer Meretskov et le remplacer par Joukov. Le premier était en sursis depuis qu'il avait eu l'audace de présenter à Staline une étude anticipant une offensive allemande visant Leningrad et Moscou. Or, depuis un an, le Vojd avait décrété que l'attaque, quand elle viendrait, serait concentrée sur l'Ukraine. La désignation de Joukov est une erreur, quels qu'aient été ses mérites par la suite. A 44 ans, sans avoir jamais servi en état-major, le jeune général d'armée n'a pas les qualités d'un chef d'état-major. Intelligent et énergique, il n'a ni la formation ni le recul nécessaires, il ignore le travail en équipe et n'a aucun goût pour la planification minutieuse. Il reconnaîtra lui-même dans ses Mémoires qu'il a été complètement dépassé par la tâche dans les mois précédant l'offensive allemande. Ses qualités et son expérience en font pourtant un remarquable chef de guerre sur le terrain, comme il l'a prouvé à Khalkhin Gol. Impitoyable et grossier comme son maître, il montre un courage et une détermination hors du commun. Sa brutalité n'est jamais perverse, mais ce chef vaniteux et peu subtil, communiste convaincu de la première heure, est d'une totale loyauté. Sa première qualité dans le cercle des courtisans apeurés est d'oser affronter Staline, qu'il vénère. Il est le seul, avec Molotov, à prendre le risque de contredire le Vojd.

Outre cette liberté de ton, Joukov a deux atouts pour tenter de compenser ses faiblesses. Il s'entend bien avec Timochenko, plus expérimenté mais plus timoré que lui, alcoolique patenté alors qu'il est un des rares à ne pas boire au Kremlin. En outre, son directeur des opérations, Vassilevski, est le meilleur officier d'état-major de l'Armée rouge. C'est lui qui rédige, sur instructions, le plan d'opérations soviétique du 11 mars 1941. Ce plan, pourtant, est d'une indigence rare car son rédacteur n'a eu d'autre choix que de retranscrire fidèlement les vues de Staline. Analyse superficielle de l'ennemi, absence de réflexion sur la défense en profondeur, présupposé d'un effort allemand au sud des marais du Pripet, appréciation faussée des rapports de forces, tout concourt à en faire un document écran masquant la réalité. Le seul paragraphe développé concerne la contre-offensive russe programmée de Lvov à la Silésie, telle que la rêve le maître du Kremlin.

Pourtant Joukov ne se paie pas d'illusions sur les faiblesses de son armée et en informe Staline : transmissions radio balbutiantes, munitions insuffisantes, désorganisation de l'aviation, retard dans les fortifications... Il multiplie pourtant les erreurs avec l'aval du Vojd, massant les divisions près des frontières, déployant les dépôts de carburant et de munitions au plus près. Et jusqu'au dernier moment, il ignore la nécessité d'un quartier général protégé et équipé de moyens de transmissions adaptés. Le 5 mai, Staline prend la parole devant 2 000 officiers : « Pour défendre notre pays, nous devons agir offensivement. Partant de la défensive, nous devons aller vers une doctrine militaire de l'offensive. » Interprétant mal ces propos, vague réminiscence des théories de Foch reprises par Toukhatchevski, Joukov propose à Staline le 15 mai un plan d'attaque préemptive, hâtivement et mal conçu, qui provoque la colère du Vojd : « Etes-vous devenus fou ? Voulez-vous provoquer les Allemands ? »

A un mois de l'offensive nazie, Staline reste accroché à l'idée que l'affrontement peut être évité jusqu'en 1942, quand l'armée sera prête. Il a pourtant accepté à contrecœur le rappel de 800 000 réservistes et le positionnement discret de quatre armées en deuxième échelon, sur le Dniepr et la Dvina. Le duo Timochenko-Joukov le convainc enfin de la nécessité de l'emploi groupé des chars. On crée vingt corps mécanisés de mille chars, tandis que la production d'avions (Yak-1, Pe-2) est accélérée[13]. Mais comment encadrer ces

13. Après les pertes colossales subies à l'été 1941, l'armée de l'air (VVS) est réorganisée autour de quatre composantes : l'aviation des fronts, l'aviation à long rayon d'action, le transport aérien et la défense aérienne et antiaérienne. Trois avions de combat produits en série à partir de 1941 vont lui permettre de faire progressivement jeu égal avec la Luftwaffe : le Yak-1, l'IL-2 et le Pe-2. Le Yak-1 succède au I-16, un petit chasseur mis en service en 1934, utilisé pendant la guerre d'Espagne et dont les capacités sont limitées et le pilotage difficile. Surnommé le « moujik des airs », le Yak est un avion très rustique, résistant au grand froid, atterrissant sur des terrains de fortune, manœuvrable et encaissant bien les tirs adverses. Armé d'un canon de 20 mm et deux de mitrailleuses, il reste inférieur au Messerschmitt Bf-109, plus puissant et rapide, son principal adversaire en combat aérien. Produit à 8 700 exemplaires, il est progressivement remplacé, à partir de 1944, par le Yak-3 qui fait jeu égal avec le Messerschmitt. Le Yak-1 a équipé le groupe Normandie-Niemen. L'IL-2, surnommé le « bossu » par les Soviétiques et la « mort noire » par les Allemands, est un avion d'attaque au sol, de type Stuka, redoutable pour l'infanterie et les chars avec son canon de 23 mm et ses deux mitrailleuses. Très vulnérable à la chasse allemande en version monoplace (imposée par Staline), il s'impose en version biplace à

nouvelles unités ? Les généraux soviétiques ont dix à quinze ans de moins que leurs homologues allemands et le tiers seulement a l'expérience du combat. Depuis Frédéric II, les officiers germaniques forment une caste très instruite et liée à l'aristocratie, hautaine et sûre d'elle, qui a longtemps contrôlé l'Etat et « baigne » dans la stratégie. En face, les officiers de l'Armée rouge n'ont ni prestige ni pouvoir, et leur niveau d'instruction est très faible (7 % seulement des officiers supérieurs sont passés par l'Académie).

Dans cette période trouble et confuse où Staline et son premier cercle refusent d'affronter la réalité de la menace allemande, la bonne nouvelle vient de l'Extrême-Orient. Les Japonais acceptent le 14 avril de signer avec l'URSS un pacte de non-agression. A l'Ouest, les indices de l'offensive allemande se multiplient. Dès le 29 décembre 1940, l'attaché russe à Berlin a signalé qu'Hitler avait signé la directive 21, le plan d'invasion « Barbarossa ». En mars 1941, le renseignement militaire (GRU) annonce la concentration de 100 divisions allemandes à la frontière. Le 21 avril, Churchill informe Staline des préparatifs allemands. Le Vojd s'agace et dit à Joukov : « Vous voyez, ils nous montent les uns contre les autres ! » Au mois de mai, l'ambassadeur d'Allemagne à Moscou met en garde, à mots couverts. Dans ce contexte, les intrusions aériennes se multiplient. Le 14 juin, Timochenko et Joukov demandent à Staline son accord pour mettre en alerte les troupes aux frontières. Staline s'emporte à nouveau : « Si vous provoquez les Allemands à la frontière et mettez en mouvement les armées sans notre autorisation, des têtes vont rouler, croyez-moi ! »

Certes, le Vojd reçoit beaucoup d'informations contradictoires, d'autant qu'il a refusé la création d'un service d'analyse du renseignement, et Berlin diffuse en permanence des fausses nouvelles, mais depuis la mi-mai, ses chefs militaires (hormis Vorochilov et Koulik) sont convaincus de l'inéluctabilité d'une attaque allemande avant l'été. Le 17 juin, le KGB annonce que tous les préparatifs allemands sont terminés. Staline annote le rapport : « Vous pouvez dire à votre source à l'état-major de l'aviation allemande de baiser sa mère. Ce n'est pas une source, c'est un désinformateur. » Le 20 juin, l'agent

partir de 1942, avec une mitrailleuse arrière. Il en est construit 36 000 exemplaires entre 1941 et 1950. Le Pe-2, bombardier en piqué, armé de canons de 23 mm, est très maniable et rapide, mais victime de nombreux accidents car il exige des pilotes confirmés. Onze mille exemplaires sont livrés pendant la guerre. Enfin, à partir de 1942, le MiG-3, chasseur de haute altitude, est mis en service après une difficile mise au point. Il se montre très efficace dans la défense aérienne.

secret Sorge annonce depuis Tokyo que l'attaque débutera deux jours plus tard. Staline explose de rage : « Vous voudriez aussi que je croie ce tenancier de bordel japonais ? » Pourtant, la convergence des signes devient telle qu'il accepte une réunion au Kremlin. Timochenko propose une mise en alerte générale que le Vojd juge « prématurée ». La séance s'achève en beuverie dans sa datcha de Kountsëvo. A minuit, il concède un ordre de « mise en alerte discrète » en « évitant toute action provocatrice ». Les convives se séparent le 22 juin à 2 heures du matin. Deux heures plus tard, la Luftwaffe lance des raids aériens sur la Biélorussie, l'Ukraine et la Crimée : l'opération « Barbarossa » est engagée. Comment expliquer l'aveuglement de Staline ?

La première réponse est qu'il ne fait pas confiance à ses services de renseignements. On peut le comprendre puisqu'il les a lui-même décapités et affaiblis par un régime permanent de délation. On peut également considérer qu'il a été victime de la désinformation distillée par Berlin. Mais Timochenko, Joukov et avant eux Meretskov n'en ont pas été dupes. Ils n'ont pas su convaincre le Vojd, mais ils risquaient leur poste et leur tête. La vérité est plus simple, Staline n'a pas compris Hitler, sa personnalité, ses obsessions et sa duplicité. Jusqu'au bout, il a cru à sa volonté de respecter le pacte germano-soviétique, d'autant que l'Angleterre n'était pas vaincue. Certes, il savait l'affrontement inévitable entre les deux puissances impérialistes et totalitaires, mais il pensait pouvoir la retarder jusqu'à ce que l'Armée rouge soit prête et rééquipée. Trois mois avant le début de la guerre, il expliquait à son entourage : « Lorsque vous essayez de prendre une décision, ne vous mettez jamais dans la peau de l'autre, car c'est le plus sûr moyen de commettre une terrible erreur. » Joukov, dans ses Mémoires, écrira que « Staline avait peur de la guerre et la peur est mauvaise conseillère ». Quoi qu'il en soit, les conséquences de cet aveuglement sont considérables. Il s'en faut de peu que les objectifs d'Hitler soient atteints avant l'hiver, et le sort de la bataille restera incertain pendant les deux premières années d'un combat à mort qui coûtera à l'URSS des pertes humaines et matérielles effroyables.

Tsunami

Le 22 juin 1941, 129e jour anniversaire de l'invasion de la Russie par Napoléon, les armées allemandes passent à l'attaque avec 2 500 avions, 190 divisions, 3 350 chars, 600 000 véhicules et près de 3,5 millions d'hommes. Simultanément, la Finlande se déclare cobelligérante et menace Leningrad. Le front s'établit entre la mer Baltique et la mer Noire. Sur le papier, les moyens de l'Axe ne sont pas supérieurs à ceux de l'URSS. L'Armée rouge dispose du même nombre de divisions et aligne près de trois fois plus de chars. Mais ses blindés sont moins puissants, ses divisions très peu mobiles, faute de camions, et la moitié de son aviation est détruite au sol dès les premiers jours du combat.

Côté allemand, l'effort principal est confié à von Bock, au nord des marais du Pripet, avec Moscou comme objectif. Réagissant aux premiers comptes rendus qui annoncent les bombardements de Kiev, Minsk, Odessa et le franchissement de la frontière par les divisions allemandes, Timochenko ordonne de ne pas répliquer car Staline estime qu'il s'agit de provocations de quelques officiers allemands. Puis, n'osant pas réveiller le Vojd, il le fait appeler par Joukov. Il faut que l'ambassadeur d'Allemagne confirme à Molotov que son pays a déclaré la guerre à l'URSS pour que celui-ci accepte la réalité. « Nous battrons l'ennemi sur toute la ligne ! », répond Staline. Et d'interroger enfin ses généraux : « Que recommandez-vous ? »

Dans la réunion qui suit, il se montre fébrile, irrésolu, tyrannique, mais les premières décisions prises relèvent du bon sens : résistance à outrance, mobilisation générale, création d'un quartier général (sur proposition de Joukov), annonce de la guerre au peuple soviétique. Deux tâches urgentes sont définies : rétablissement des liaisons avec les districts militaires, localisation des divisions allemandes lancées vers Kiev, Minsk et Vilnius. Contrairement à son habitude, Staline, sonné par l'ampleur de la désillusion et inquiet pour la survie de son régime, se met en retrait. Il nomme Timochenko commandant en chef et président de la Stavka (QG) et charge Molotov d'annoncer la guerre à la radio. Il impose pourtant à ses chefs militaires une directive surréaliste (directive n° 3 du 22 juin 1941) : « Contre-attaquer et porter l'offensive en territoire ennemi. » La Stavka n'est pas un quartier général militaire, mais une sorte de conseil de défense permanent[14].

14. Présidé par le maréchal Timochenko, commissaire à la Guerre, le Grand Quartier général (Stavka) comprend six membres : Joukov, chef d'état-major général, Kouznetsov, commissaire à la Marine, Staline, Molotov, Vorochilov et Boudienny. Il est assisté d'un groupe de conseillers permanents comprenant cinq militaires et sept politiques spécialistes de la répression. Dès le 1er juillet 1941, la Stavka est coiffée

Pour rétablir la liaison coupée avec les grands subordonnés, Staline envoie Koulik et Chapochnikov sur le front occidental, Malenkov et Boudienny à Briansk et Joukov au front Sud-Ouest. « Qui va me remplacer à l'état-major ? », ose ce dernier. « On s'arrangera » répond Staline. Les instructions de ces envoyés spéciaux sont claires : trouver des responsables, châtier les coupables. Vorochilov s'en charge sur le front central où Pavlov, écrasé par le rouleau compresseur allemand, tente vainement de se rétablir devant Minsk. Il est arrêté et fusillé un mois plus tard. Sur l'ensemble du front, une quarantaine de généraux sont démis, déportés ou exécutés. La progression allemande n'en est pas ralentie. Les troupes d'Hitler ont toujours la maîtrise absolue de l'espace aérien. Tous les PC de l'Armée rouge ont été bombardés et les liaisons sont coupées.

Au front Sud-Ouest, Joukov prend le commandement. Staline attend de lui qu'il mette en œuvre le plan MP41, à savoir, conduire une vaste offensive de Lvov à la Silésie. Il dispose d'un des plus compétents jeunes généraux soviétiques, Kirponos[15]. Celui-ci a réussi à freiner l'avancée de von Rundstedt avec ses 4 800 chars. Joukov se lance dans une contre-attaque en direction de Lublin, mais l'aviation allemande détruit ses deux divisions de chars. Staline le rappelle à Moscou le 26 juin.

Le 27, Joukov et Vatoutine, son adjoint qui dirige l'état-major général en son absence, élaborent en catastrophe un plan de défense de Moscou sur la carte, en présence du Vojd : deux lignes de défense (Dniepr-Dvina et Nevel-Smolensk-Gomel) avec six armées en réserve. Staline approuve bien que le plan fasse l'impasse sur Leningrad et Kiev. Mais les ordres diffusés se révèlent inapplicables en raison du chaos général. Le problème n° 1 est de rétablir les liaisons.

Le 28, une nouvelle séance au Kremlin se déroule dans une tension extrême. Joukov, répondant sèchement à Staline, est pris à partie par

---

par le Comité d'Etat à la défense présidé par Staline et incluant Molotov, Malenkov, Vorochilov et Beria.

15. Bûcheron, issu d'une famille de paysans pauvres ukrainiens, Mikhaïl Kirponos s'engage dans l'Armée rouge en 1917. Diplômé de l'Académie Frounzé en 1927, il commande une division pendant la guerre de Finlande et y gagne la distinction de « Héros de l'Union soviétique ». Il s'oppose à Joukov lors de l'offensive « Barbarossa » en critiquant les contre-offensives ordonnées par Staline. Commandant du district de Kiev, il tente vainement d'obtenir l'évacuation de la ville menacée d'encerclement et se fait tuer aux avant-postes, le 18 septembre 1941. Il demeure une figure vénérée en Ukraine.

Beria. Il s'emporte et dénonce l'immixtion des civils dans la conduite des opérations. Le Vojd s'exaspère : « Qu'est-ce que c'est que ce chef d'état-major qui a perdu tout contact avec ses troupes depuis le premier jour de la guerre, qui ne représente personne et ne commande personne ? » Joukov, épuisé et à bout de nerfs, éclate en sanglots et quitte la pièce. Quand il revient, Staline, calmé, suggère d'envoyer « Vorochilov ou un autre » sur le front biélorusse et les quitte « en les laissant travailler ». Un autre que Joukov y eût laissé sa peau, mais le Vojd apprécie sa formidable énergie et sa loyauté.

A compter de ce jour, après un bref passage à vide, Staline reprend la main. Il crée un Comité d'Etat (GKO), qu'il préside, chargé de la direction politique de la guerre. Y participent des représentants du parti (Malenkov), des polices (Beria), des Affaires étrangères (Molotov) et des armées (Vorochilov). Ce comité coiffe la Stavka qui elle-même s'appuie sur l'état-major pour la planification opérationnelle. Deux pas supplémentaires sont franchis dans les semaines qui suivent quand Staline s'adjuge le poste de commissaire à la Guerre en remplacement de Timochenko, puis assure officiellement la responsabilité des opérations, en tant que commandant suprême. A partir du 29 juin, il lance le démontage des usines d'armement de Russie occidentale et leur transfert vers l'Oural, le Kazakhstan et la Sibérie. En six mois, 1 500 usines, un million d'ouvriers et leurs familles sont ainsi déplacés. Cette mesure, bien exécutée, jouera un rôle crucial dans la modification des rapports de forces entre les deux adversaires.

Le 3 juillet, Staline s'exprime enfin à la radio. Son discours, qui exalte le nationalisme russe plus que la révolution soviétique, prononcé d'une voix rauque et monocorde, a un fort impact sur la population. « Un grave danger menace notre pays [...] l'armée fasciste d'Hitler peut être et sera écrasée, comme celles de Napoléon et de Guillaume II [...]. Tous ceux qui, par leur panique ou leur lâcheté, font obstacle à l'effort de défense doivent être traînés sans délai devant les tribunaux militaires. » Il appelle à la pratique de la terre brûlée et au sabotage derrière les lignes ennemies. C'est certainement un des grands discours de la Seconde Guerre mondiale, mêlant habilement sentiments patriotiques et menaces de répression.

La reprise en main est complétée par la nomination de Mekhlis, l'homme des basses œuvres, à la direction politique des armées et le rétablissement, dès le 20 juillet, de la dualité du commandement avec le retour des commissaires politiques. Pour faire bonne mesure, le Vojd crée trois « directions » pour coiffer les fronts : au nord-ouest

Vorochilov (face à Leningrad), à l'ouest, Timochenko (face à Moscou), et au sud-ouest, Boudienny (face à Kiev). La clique des cavaliers de Tsaritsyne a un accès direct à Staline, court-circuitant Joukov. De fait, le nouveau commandant suprême donne des ordres directement aux officiers de la Stavka, fait venir des subordonnés des différents fronts sans en informer leurs supérieurs et intervient souvent dans la conduite tactique sans connaître les capacités, les contraintes ou la manœuvre des armes... La machine de guerre soviétique s'ébranle pourtant par étapes.

La production de chars et d'avions reprend et les réserves sont mobilisées par vagues. Grâce à une loi de 1938, 14 millions de réservistes partiellement formés sont progressivement rappelés. Par ailleurs, l'Armée rouge oppose partout une résistance farouche aux envahisseurs allemands. Le courage et le patriotisme des soldats russes sont indiscutables, mais les « unités de barrage », chargées d'abattre les fuyards, les déserteurs et d'interdire toute retraite y contribuent largement. Le 10 août, la directive 270 (inspirée mais non signée par Staline) rétablit les méthodes de la Grande Terreur : interdiction de se rendre sous peine de mort. Les familles des prisonniers seront détenues et privées de toute aide de l'Etat. La *Pravda* publie les noms des officiers « lâches ou traîtres ». Au reste, le 16 juillet, quand son fils Yakov est fait prisonnier, Staline refuse qu'il soit échangé et fait arrêter sa belle-fille.

La situation militaire reste cependant dramatique. Le 4 juillet, Joukov lance une série de contre-attaques pour tenter d'arrêter Guderian devant Smolensk et pour barrer la route de Kiev. Cette obstination à vouloir attaquer au lieu de défendre est contre-productive et n'empêche pas la prise de la cité. Dans la nasse allemande sont pris 300 000 hommes et 3 000 chars soviétiques. Staline convoque Timochenko pour le démettre et le remplacer par Joukov. Ce dernier refuse, « personne n'aurait pu faire mieux que lui ». Le Vojd, sidéré, cède et Timochenko, réorganisant ses huit armées, peut rompre l'encerclement et barrer la route de Moscou. La capitale est pour un temps préservée, d'autant qu'Hitler n'insiste pas et donne la priorité à la prise de Leningrad et de Kiev. S'engage alors une course éperdue pour colmater les brèches ouvertes par les coups de boutoir allemands, marquée par le limogeage successif de tous les commandants de front. Joukov, lui-même, n'y échappe pas.

Le 29 juillet, il est convoqué par Staline, en présence de Beria et Mekhlis, et provoque un esclandre en prédisant que les Allemands vont enfoncer le front Sud-Ouest avant de remonter vers Moscou, et en conseillant d'évacuer Kiev pour éviter l'encerclement. Staline rugit : « Quelle absurdité ! Comment pouvez-vous même songer à abandonner Kiev ? » Joukov s'énerve, demande à être relevé de ses fonctions et renvoyé sur le front. Staline le prend au mot, lui donne le commandement du front de réserve, au nord-ouest de Moscou, et nomme Chapochnikov chef d'état-major. Ce dernier, compétent mais usé, peut heureusement compter sur son sous-chef opérations, Vassilevski, brillant et rigoureux planificateur.

Le limogeage de Joukov est peut-être la conséquence de ses éclats, mais sanctionne surtout l'échec de ses contre-attaques du début du mois de juillet et... les bombardements de Moscou qu'il n'a pu empêcher et que Staline ne supporte pas. L'encerclement de Kiev débute le 21 août, et Kirponos, conscient du danger, demande à se replier sur le Donetz. Staline refuse et démet sur-le-champ Boudienny, le commandant du front Sud-Ouest, qui a osé soutenir son subordonné, pour le remplacer par Timochenko. Ce dernier, ne parvenant pas à contrer la manœuvre allemande, n'ose pas appeler Staline pour le convaincre de la nécessité d'un repli. Or, le 13 septembre, la nasse s'est refermée. Kiev tombe un mois plus tard et l'Armée rouge perd 650000 hommes et 900 chars capturés. Kirponos est tué, Timochenko et Boudienny évitent de justesse d'être pris.

Staline, au bord du désespoir, télégraphie à Churchill, qui a proposé son aide, lui demandant « 26 à 30 divisions », soit la totalité de l'armée britannique... Au nord, von Leeb[16] et les Finlandais entreprennent le blocus terrestre de Leningrad. La ville est défendue par Vorochilov, mais le commandant suprême envoie Molotov et Malenkov[17] pour évaluer la situation. Sur leur recommandation, il

16. Anobli en 1915 pour son comportement dans la campagne de Serbie, von Leeb est un catholique conservateur, critique du régime hitlérien. Général d'armée en 1934, retraité en 1938, il est rappelé en 1939 pour commander un groupe d'armées face à la ligne Maginot. Pendant l'opération « Barbarossa », il commande le groupe d'armées Nord face à Leningrad. En dépit des succès tactiques obtenus, il est limogé par Hitler en janvier 1942 : « Il préfère prier plutôt que combattre ! », fulmine le Führer.

17. Viatcheslav Molotov est un bolchevik de la première heure, fondateur avec Staline de la *Pravda*. Sa fidélité au Géorgien assure sa carrière à partir de 1922. Il joue un rôle éminent dans la dékoulakisation et les grandes purges. Président du Conseil des commissaires du peuple de 1930 à 1941, il assume les fonctions de ministre des Affaires étrangères depuis 1939. Discret et taciturne, « la médiocrité en personne » selon Trotski, il excelle dans le jeu diplomatique. Gueorgui Malenkov, ingénieur issu

relève l'incompétent fidèle de Tsaritsyne et le remplace par Joukov. Simultanément, le 11 septembre, il ordonne à l'amiral Kouznetsov de faire miner tous les bateaux en prévision de la chute de Leningrad. L'amiral s'y oppose, puis accepte, mais présente le télégramme à la signature de Staline qui hésite, mais ne signe pas : « Partez ! » La flotte de la Baltique est sauvée ! Joukov parvient à éviter la chute de l'ancienne capitale en réorganisant ses forces et ses défenses et en imposant dans la ville et dans les unités un régime de terreur avec l'appui du NKVD.

Le succès de Joukov convainc Hitler de donner à nouveau la priorité à la prise de Moscou. Von Bock dispose pour ce faire de 900 000 hommes et 1 300 chars en trois groupes blindés sur un front de 400 kilomètres. Face à lui, Koniev (front Ouest) aligne six armées décimées et 430 chars, Ieremenko (front de Briansk) peut engager trois armées et Boudienny (front de réserve) dispose de trois armées inexpérimentées et mal équipées. L'offensive allemande sur Moscou débute le 20 octobre. Guderian perce au sud, vers Orel, et isole Ieremenko. En quatre jours, les armées de Koniev et celles de Boudienny sont encerclées autour de Viazma, à 200 kilomètres à l'ouest de Moscou.

Le 6 octobre, Staline rappelle Joukov de Leningrad et le nomme à la place de Koniev commandant du front Ouest. Il menace de faire fusiller ce dernier, mais Joukov lui sauve la mise en demandant à le garder près de lui comme adjoint. Le commandant suprême accepte : « Si Moscou tombe, ce seront vos deux têtes qui rouleront... » Joukov ne peut empêcher la reddition des 800 000 hommes encerclés à Viazma et Briansk, mais parvient à rétablir une ligne de défense à 120 kilomètres au sud-ouest de Moscou où il concentre ses moyens d'artillerie. Néanmoins, la Wehrmacht le déborde au nord (Kalinine) et au sud (Kalouga). Il est sauvé par la *raspoutitsa*. Des chutes de

---

d'une famille aristocratique, rallie les bolcheviks en 1917. Commissaire politique de l'Armée rouge en 1919, il est chargé par Staline de la surveillance des membres du parti à partir de 1924. Il porte la responsabilité de plus de 150 000 exécutions en Arménie et Biélorussie pendant la grande purge. En juillet 1941, il reçoit la responsabilité de superviser la production des avions de combat. Affable et brillant orateur, il séduit ses interlocuteurs occidentaux. Malenkov partagera le pouvoir avec Khrouchtchev pendant un an à la mort de Staline avant d'être écarté, puis expulsé du parti. Il finira ses jours dans la dévotion à l'Eglise orthodoxe.

neige suivies de fortes pluies détrempent le sol, ralentissent les chars, embourbent les camions, enlisant l'offensive de la Wehrmacht.

Au nord, von Leeb s'est emparé de Tikhvine, coupant la voie ferrée et la dernière route d'approvisionnement de Leningrad. Au sud, von Rundstedt a pris Kharkov et Odessa, conquiert la Crimée et menace Rostov. Moscou est bombardée quotidiennement, si bien que Staline fait replier les administrations civiles à Kouïbychev. Le Vojd hésite à quitter la capitale, supportant mal de devoir passer des heures dans la station de métro Kirov, faute d'abri antiaérien au Kremlin. Le quai en a été sommairement aménagé avec des cloisons mobiles qui préservent des regards, tant bien que mal, le « bureau » du maître du Kremlin, une table rustique, quelques chaises de campagne et un lit de camp. Le 18 octobre, il demande à Joukov s'il garantit que Moscou ne tombera pas. L'assurance manifestée par ce dernier le décide à rester.

Le Vojd organise alors personnellement la défense immédiate de la capitale, réquisitionnant vieillards, femmes et enfants pour creuser des tranchées et ériger des obstacles. Il prononce un nouveau discours à la radio, le 6 novembre : « Si les Allemands veulent une guerre d'extermination, ils vont l'avoir », et il maintient le défilé du 7 novembre sur la place Rouge… Le 14 novembre, il ordonne à Joukov de contre-attaquer sur deux axes, malgré l'opposition de ce dernier qui craint d'y épuiser ses réserves. Mais dès le lendemain, le gel permet à la Wehrmacht de relancer l'offensive en bousculant Koniev et Rokossovski qui parviennent néanmoins à se redéployer pour une éventuelle contre-attaque. Joukov obtient alors de Staline le renfort de six armées qu'il gardait (secrètement) en réserve et, le 1er décembre, les Allemands sont repoussés à Jakhroma, à 100 kilomètres au nord de Moscou. L'encerclement de la capitale a échoué. Il était temps, car la 9e armée allemande avait percé à 50 kilomètres à l'est de Moscou et la 4e armée n'était plus qu'à 60 kilomètres au sud-ouest de la ville. Le coup d'arrêt de Joukov anéantit le projet d'Hitler qui était de prendre Moscou avant l'hiver, car la Wehrmacht est à bout de souffle et n'est pas équipée pour affronter le grand froid de la plaine russe.

Echec d'Hitler, succès de Staline ?

La « guerre courte » planifiée par Hitler en novembre 1940 s'enlise donc devant Moscou en décembre 1941. Ce pari manqué, lourd de conséquences pour les deux belligérants et pour l'équilibre global des forces dans le conflit mondial, est le fruit de conceptions erronées et de décisions malencontreuses du côté allemand, mais il témoigne aussi de la capacité de résistance insoupçonnée de la machine de guerre soviétique.

Hitler a-t-il eu tort d'envahir l'URSS ? La question est purement rhétorique, tant l'affrontement des ambitions des deux régimes totalitaires était inévitable. Attaquer avant que les Soviétiques aient pu reconstituer leurs capacités militaires relevait, du point de vue du Führer, d'un bon sens élémentaire. Sa première erreur, peut-être la plus déterminante, a été de retarder d'un mois le début de l'opération « Barbarossa » pour prendre le temps d'occuper la Yougoslavie dont le gouvernement se ralliait à la cause alliée et pour soutenir l'offensive italienne enlisée en Grèce. Or, quatre semaines « utiles », avant les pluies diluviennes, les brouillards et les frimas de la fin de l'automne, auraient pu faire la différence, comme Napoléon l'avait appris à ses dépens.

La deuxième erreur est imputable à son état-major, mais le Führer dirige tout et contrôle jusque dans les détails. Elle est la conséquence d'une mauvaise analyse du terrain. En voulant rééditer la campagne éclair de juin 1940, le quartier général allemand a ignoré un facteur clé, l'état du réseau routier, beaucoup moins dense et bitumé en URSS qu'il ne l'était en France. La troisième erreur d'Hitler a été la sous-estimation de son adversaire. Il a ignoré la capacité de mobilisation de l'appareil soviétique, avec son formidable contingent de réservistes. A la mi-août, Halder, le chef d'état-major allemand, notait : « Nous attendions 22 divisions, nous en avons maintenant identifié 360. » Il fut tout aussi surpris par la résistance acharnée de troupes rustiques qui se battaient sur leur territoire. Enfin, autant le plan initial était rigoureux et bien conçu, autant les décisions de conduite d'Hitler ont été malheureuses. Son impatience était telle qu'au moindre accrochage sérieux il basculait son axe d'effort et ses groupes de panzers, au détriment de l'objectif final. Sa décision, fin août, de donner la priorité à la prise de Kiev et de la Crimée a retardé d'un mois l'offensive de von Bock vers Moscou.

Staline, pour sa part, craignait avant tout que les Allemands ne dressent contre le régime communiste les habitants des zones qu'ils occupaient. Mais Hitler n'en avait pas perçu l'enjeu et se limitait à piller et exploiter brutalement la main-d'œuvre forcée qu'il y trouvait. Son pari manqué, largement imputable à ses erreurs, est-il pour autant le résultat de l'action personnelle de Staline ? A l'actif de ce dernier, il faut citer le succès de la mobilisation par vagues des réservistes et le transfert réussi des industries d'armement hors de portée de la Luftwaffe. On doit aussi rappeler qu'il est parvenu à éviter l'ouverture d'un second front avec le Japon.

Mais que d'erreurs, voire de fautes dramatiques, inspirées par sa paranoïa et son idéologie. De la décapitation de l'Armée rouge entre 1937 et 1939, à son aveuglement devant les préparatifs de guerre allemands, de la centralisation du pouvoir civil et militaire dans ses seules mains au fonctionnement ubuesque de la chaîne de commandement, de l'obsession de l'offensive tous azimuts au refus désastreux de replis stratégiques (Kiev), le Vojd, hanté par la recherche et le châtiment des « coupables », a tout fait pour faciliter la victoire allemande. Elle n'a pu être évitée que par les erreurs d'Hitler et grâce au comportement sur le terrain d'une poignée de généraux soviétiques et d'une troupe endurante et héroïque.

En ce mois de décembre 1941, le grand vainqueur, une nouvelle fois, pourrait bien être le « général Hiver ». Les températures descendent jusqu'à -35°, le blizzard pousse les congères, l'essence gèle et les culasses se bloquent, les avions allemands sont cloués au sol par la neige, les locomotives immobilisées. La Wehrmacht, sous-équipée, est proprement sidérée, décimée par le froid. L'Armée rouge, dans son élément et mieux équipée, reprend l'offensive.

De Leningrad à Stalingrad

Le coup d'arrêt porté *in extremis* par Joukov devant Moscou, le 1er décembre, est un répit inespéré mais ne suffit pas à rétablir la situation très compromise de l'Armée rouge sur l'ensemble du front. Le nouveau héros populaire de l'Union soviétique (Staline a fait publier son portrait dans la *Pravda*) a une vision claire de ses faiblesses et de ses atouts. Les effectifs sous les armes ont été renforcés (47 nouvelles armées constituées), mais les hommes sont formés sommairement et largement inexpérimentés. L'absence de menace en Extrême-Orient permet toutefois de faire basculer à l'Ouest quelques troupes aguerries. L'armée de l'air monte en puissance et fait maintenant jeu égal avec la Luftwaffe : elle effectue 16 000 sorties contre von Bock en quinze jours.

En face, la Wehrmacht est épuisée par cinq mois de campagne. Elle a perdu 800 000 hommes, soit le quart de ses effectifs, et près du tiers de ses véhicules sont indisponibles. Elle subit sur ses arrières des attaques persistantes de partisans, et, s'éloignant de ses bases, peine à se ravitailler. Sa logistique défaillante compense en partie sa supériorité technique et tactique sur les forces soviétiques. Ses hommes et ses véhicules ne sont pas équipés contre le grand froid, contrairement à ceux de l'Armée rouge. Son moral est en berne.

Joukov ne mésestime pas pour autant les capacités de l'adversaire. Il n'ignore pas que les Allemands alignent trois fois plus de chars que les Soviétiques et que ses T26 sont trop légers. Il compte sur la livraison prochaine des T34, dont le blindage résistera aux obus antichars allemands, et les Katiouchas, les « orgues de Staline » dont l'effet psychologique est redoutable[18].

L'Armée rouge dispose enfin d'un groupe de généraux de grande qualité, à Leningrad, Meretskov (tiré de sa prison), à Rostov, Timochenko, et, devant Moscou, Koniev, Rokossovski et Vlassov. Enfin, l'état-major

---

18. En juin 1941, l'Armée rouge aligne 23 000 chars et 60 000 pièces d'artillerie, soit près du double des moyens déployés par la Wehrmacht. Quatre mois plus tard, elle a perdu 20 000 chars et 50 % de son artillerie. Cette attrition considérable est due aux bombardements de la Luftwaffe et à la pratique inepte des assauts frontaux qui déciment les chars légers soviétiques. Au début de la guerre, l'URSS ne dispose que du T26 et du BT5, deux chars légers équipés de canons de 45 mm, datant du début des années 1930. C'est en 1940 que débute la production du T34, meilleur char au monde jusqu'à la mise en service du Tigre allemand (à partir de 1943). Le T34 est un char moyen rustique, indifférent aux conditions climatiques et armé d'un canon de 76,2 mm, puis de 85 mm. Il sera produit jusqu'en 1958 à 84 000 exemplaires. Deux chars lourds, le KV1 et le JS (Joseph Staline) apporteront un complément efficace dans la phase finale de la guerre. L'artillerie soviétique comprend surtout des obusiers tractés ML20, d'un calibre de 152 mm et d'une portée de 17 kilomètres. Sa composante de choc est constituée par les lance-roquettes multiples Katiouchas ou « orgues de Staline ». Les BM13, montés sur camions, peuvent expédier 12 à 16 roquettes de 132 à 300 mm à une dizaine de kilomètres. L'effet psychologique de ces « armes de saturation » est considérable et n'a pas d'équivalent dans la Wehrmacht ou les armées occidentales. Dès le second semestre 1941, la production de chars soviétiques dépasse la production allemande. En 1942, l'URSS met en service 24 400 chars contre 6 300 pour le Reich. Les années suivantes, elle produit globalement deux fois plus d'armement lourd que l'Allemagne.

général fonctionne bien sous la houlette de Chapochnikov et Vassilevski.

Mais Joukov a les mains liées par la gestion personnelle et l'ingérence constante de Staline et par la surveillance suspicieuse des commissaires de Mekhlis. Enfin, acculé devant Moscou et Leningrad, débordé en Ukraine, il est à la merci de la prise de Rostov qui le couperait du pétrole du Caucase. Il n'a pas d'espace de manœuvre, d'autant que le commandant suprême refuse la notion même de repli stratégique. Face à lui, von Bock est tout autant conscient de la fragilité de sa position. Il demande à Hitler une pause dans l'offensive mais se heurte à un refus. Le 6 décembre, Joukov lance une contre-attaque audacieuse en tentant d'encercler le groupe d'armées Centre à partir du nord et du sud de Moscou. L'Armée rouge perce à Kline et Toula, et von Bock, sans attendre les ordres du Führer, se replie largement vers l'ouest, abandonnant 120 à 280 kilomètres, pour se rétablir sur le lac Ilmen et le cours supérieur du Don.

A Leningrad, Meretskov parvient à reprendre le nœud ferroviaire de Tikhvine et, de son côté, Timochenko réoccupe Rostov perdu huit jours plus tôt.

Staline exulte : « Les Allemands sont déstabilisés [...] c'est le moment de passer à l'offensive générale. » Joukov tempère : « Pas assez d'effectifs, ni de chars, risques élevés en Ukraine... » Mais le Vojd est intraitable : « J'en ai parlé à Timochenko, il est partisan de l'offensive. » En sortant du bureau de Staline, ce 5 janvier 1942, Chapochnikov dit à Joukov : « Il était inutile de discuter, le commandant suprême avait déjà réglé la question. – Alors, pourquoi m'a-t-on demandé mon avis? – Ça, mon cher ami, je n'en sais rien. » Pour sa part, Hitler a lourdement sanctionné l'échec de la « guerre courte » en relevant 35 généraux (dont von Leeb, von Bock, von Rundstedt, Guderian) et en limogeant le commandant en chef de l'armée, von Brauchitsch.

L'offensive générale lancée par Staline à la faveur de l'hiver est une erreur stratégique monumentale car, épuisant toutes les réserves, elle ne permet pas de marquer des efforts sur les points faibles du dispositif allemand et interdit toute percée en profondeur. Contraignant l'Armée rouge à des chocs frontaux, faute d'une supériorité suffisante en effectifs et en moyens de feux, elle ne peut que provoquer des pertes massives sans résultat stratégique. L'échec est d'autant plus patent que la Wehrmacht a adopté une organisation défensive efficace à base de môles de résistance (« hérissons »), ravitaillés par air, sur lesquels se brisent les vagues d'assaut soviétiques. Au centre, Joukov parvient à percer, le 10 janvier, sur près de 100 kilomètres, mais doit s'arrêter quand Staline lui retire sans explication la 1re armée de choc pour la mettre en réserve. Ses tentatives ultérieures, jusqu'au printemps, seront des échecs. Au sud, Timochenko attaque par Kharkov, repousse les Allemands de 60 kilomètres, créant le « saillant de Barvenkovo », qu'il défend difficilement jusqu'au dégel. De son côté, Koulik tente vainement de reconquérir la Crimée. Il est limogé (provisoirement) et Staline envoie sur place Mekhlis.

Au nord, Meretskov essaye de rompre l'encerclement de Leningrad vers le sud-est, mais se trouve très vite enfermé dans une trappe. Staline veut le remplacer par Vorochilov, qui décline et se trouve provisoirement mis à l'écart. Le Vojd désigne alors Vlassov qui, à la mi-mars, parvient à rétablir le contact avec les troupes encerclées et demande à les évacuer. Staline refuse, malgré l'avis de Chapochnikov... Le 30 mai, Vlassov et son armée sont capturés.

Le bilan humain et matériel de l'offensive généralisée est dramatique. L'Armée rouge a perdu 3 millions d'hommes, 20 000 chars, 100 000 canons, plus de 20 000 avions. En face l'armée allemande ne déplore que 300 000 morts et 3 000 chars détruits. Staline y a cru pourtant. Le 15 janvier, il se donnait six mois pour être à Berlin et il a envoyé à Churchill des propositions de traité reconnaissant les annexions réalisées par l'URSS et définissant des zones d'occupation en Allemagne. Tout n'est pas perdu néanmoins puisque l'Armée rouge aligne encore 4 millions d'hommes contre les 2,8 millions de combattants d'une Wehrmacht épuisée. Et Hitler est de plus en plus contraint de faire appel à ses alliés (Roumains, Italiens, Hongrois...) pour reconstituer ses effectifs.

Staline commet une nouvelle erreur majeure en refusant les propositions de Joukov et Timochenko qui souhaitent limiter l'offensive de printemps à deux axes d'effort (saillant de Rjev, au centre, et Kharkov, au sud) et en leur imposant une attaque sur sept directions (Rjev, Kharkov, Crimée, Koursk, Smolensk, Leningrad et Demiansk). Le commandant suprême n'a tiré aucune leçon des échecs de l'hiver. La grande offensive du mois de mai échoue piteusement. En Crimée, où Mekhlis s'est fait nommer à la tête du front Sud, il est taillé en pièces par von Manstein, le 7 mai, perdant 137 000 hommes, 400 avions et 350 chars. En Ukraine, Timochenko, contrôlé par Khrouchtchev, perd une armée, encerclée le 20 mai, et 1 200 chars. Au nord, à Demiansk, l'attaque soviétique ne débouche pas. Ayant perdu près de 500 000 hommes en quelques jours, le commandant suprême fait arrêter l'offensive générale, d'autant que des informations contradictoires lui parviennent sur le nouveau plan de bataille d'Hitler.

Dès le 5 avril, le Führer a approuvé le plan Bleu, dont l'objectif est la saisie du Caucase et de son pétrole. L'idée de manœuvre consiste à s'appuyer sur un triangle défensif (Voronej, Stalingrad, Rostov) pour investir les montagnes caucasiennes. Ce plan a aussitôt été communiqué à Moscou par les espions soviétiques, mais le QG allemand a simultanément diffusé de fausses directives annonçant une reprise des offensives vers Moscou. Staline choisit la désinformation et renforce son front Ouest au détriment du Sud. L'offensive allemande débute le 28 juin 1942, avec deux groupes d'armées, 91 divisions, 1 300 chars et 1 000 avions. Hitler a installé son QG à Vinnytsia, en Ukraine. En face, les trois fronts sont commandés respectivement par Timochenko, Malinovski et Boudienny (Caucase).

La percée allemande est foudroyante : Voronej est prise le 6 juillet, Rostov le 23, Sébastopol à la mi-août, tandis que Paulus descend le Don vers Stalingrad. Staline commence à accepter des replis défensifs, ce qui permet à Timochenko d'éviter un nouvel encerclement, mais il fait diffuser et lire dans toutes les unités sa directive 227 : « Lâches, traîtres [...] plus un pas en arrière... » Il a perdu toute confiance dans l'Armée rouge et se tourne à nouveau vers Joukov (qui n'a pourtant pas brillé devant le saillant de Rjev) et le nomme « commandant suprême adjoint ». Le « pompier » redevient architecte, avec plus d'expérience et le concours précieux de Vassilevski, nommé chef d'état-major.

La nomination de Joukov est due pour l'essentiel à la menace qui pèse sur Stalingrad. Cette ville a une importance capitale pour Hitler, comme pour Staline, à cause de son nom d'abord, mais surtout parce que c'est un nœud ferroviaire et fluvial crucial pour le ravitaillement de Moscou et une porte d'accès vers les puits de pétrole. Or, von Paulus, le 9 août, n'en est plus qu'à 70 kilomètres. Le 12, alors que l'Armée rouge recule sur tous les fronts, Staline reçoit Churchill qui lui annonce le débarquement allié en Afrique du Nord. Ce n'est pas le second front en Europe que le Vojd réclame depuis six mois, mais Churchill repart impressionné par la maîtrise, l'intelligence et l'humour de son interlocuteur qui l'a convaincu qu'il avait la situation bien en main.

A Stalingrad, Ieremenko et Khrouchtchev s'accrochent au terrain, mais manquent d'effectifs et de chars. Joukov arrive sur place le 28 août et lance une série de contre-attaques pour dégager la ville, comme le lui a ordonné Staline. Ses tentatives se brisent sur les retranchements allemands qui occupent les hauteurs. Il rend compte à Moscou : « Mission impossible avec les moyens disponibles. » Le commandant suprême le rappelle et lui donne vingt-quatre heures pour préparer un plan avec Vassilevski. Le nouveau chef d'état-major est un officier de grande envergure. Formé par Chapochnikov, très courtois, il détonne dans cet univers de brutes. Ancien officier du tsar, il a tout pour déplaire à Staline, mais, fils de prêtre, il a, comme ce dernier, fait des études de théologie, ce qui crée entre eux une curieuse forme de complicité intellectuelle.

Joukov et Vassilevski présentent leur plan au commandant suprême le 13 septembre.

Baptisé « Uranus », l'opération projetée consiste à user l'ennemi dans Stalingrad, puis à encercler le gros de ses forces par une large offensive en tenaille à partir du nord et du sud de la ville à la mi-novembre. Impressionné par l'audace de la manœuvre, Staline accepte le délai de deux mois réclamé par ses chefs militaires, rompant avec l'impatience chronique qui lui a fait commettre tant d'erreurs. Ce premier geste de confiance est assorti de consignes de secret absolu.

Tournant décisif

A 63 ans, Staline, qui a cessé d'abuser de l'alcool depuis l'automne 1941, est en pleine forme et impose un rythme d'enfer à son état-major. Rarement couché avant 4 heures du matin, il se lève vers 11 heures et exige deux rapports quotidiens. Les réunions formelles se tiennent dans son bureau d'angle au rez-de-chaussée du Kremlin, mais il reçoit tous les soirs, dans sa datcha, ses proches collaborateurs du parti et du NKVD. Son bureau croule sous les dossiers, entre les six téléphones et l'appareil radio qui le mettent en liaison directe avec les commandants des fronts. Une grande table, flanquée de chaises inconfortables, et une mappemonde complètent l'ameublement austère de la pièce.

Autour de la table, les civils occupent un côté, les militaires leur faisant face. Le Vojd reste assis derrière son bureau et dirige les débats, pipe en main. Quand il ne l'allume pas, l'orage est proche. Laconique et glacial, Staline prend des notes inlassablement dans son carnet noir qui ne le quitte pas mais qu'il ne consulte jamais, tant sa mémoire est fidèle. On fait entrer, un à un, les experts ou chefs militaires convoqués, souvent terrorisés, et rares sont les séances qui s'achèvent sans un éclat de colère du commandant suprême, des bordées de jurons accompagnées de menaces de mort. Excepté Molotov, les civils n'émettent jamais d'objections aux directives de Staline, mais les militaires ont désormais plus de latitude. Le commandant suprême renvoie Joukov et Vassilevski à Stalingrad pour préparer l'opération « Uranus ». Sur place, Ieremenko et Khrouchtchev organisent toujours une défense acharnée. On se bat maison après maison.

Le double commandement des commissaires politiques a été supprimé, mais Staline charge Beria et Malenkov de la surveillance des commandants de front. Il a, il est vrai, quelques sujets d'inquiétude car les Tchétchènes et les Cosaques du Caucase menacent de faire défection et, surtout, Vlassov, capturé à Leningrad et transféré à Vinnytsia, s'est lancé dans une croisade antibolchevique. Le général félon, un rescapé des purges, a eu des contacts avec des officiers hostiles à Hitler et croit pouvoir « s'allier avec le diable » pour anéantir le régime de Staline (avant que la Wehrmacht n'élimine le Führer). Il incite les combattants soviétiques à le rejoindre au sein d'un corps de déserteurs incorporé dans la Wehrmacht, dont il a pris le commandement. Or, il est populaire dans l'Armée rouge.

En face, Hitler s'exaspère, prend le commandement direct du groupe d'armées A, en renvoyant le maréchal List, et limoge Halder qui souhaitait arrêter l'offensive avant l'hiver, remplacé par Zeitzler, qu'il croit plus docile que son prédécesseur. Le plan « Uranus » est retardé d'une semaine sur le « conseil » de Staline, pour assurer le contrôle de l'espace aérien. Le 19 novembre, Vatoutine et Ieremenko percent les lignes roumaines au nord et au sud de Stalingrad, tandis que Rokossovski lance une attaque de diversion plus au nord. Plus d'un million d'hommes, 900 chars T34, et 1 100 avions s'infiltrent dans les lignes allemandes et font leur jonction à Kalatch, à 70 kilomètres à l'ouest de Stalingrad. Joukov lance alors Rokossovski vers Rostov et, dans le même temps, tente de reprendre Smolensk et Viazma sur le front Centre. Cette attaque échoue sur les « hérissons » allemands mais a le mérite de retenir deux divisions de panzers qui auraient pu renforcer le Sud.

Hitler charge von Manstein de rompre l'encerclement de Stalingrad, mais la contre-offensive est arrêtée à 50 km de la ville et, menacé sur son flanc gauche par Rokossovski, le meilleur stratège de la Wehrmacht doit se replier largement. Fin décembre, Staline tente l'encerclement du groupe d'armées du Don, mais Manstein arrache à Hitler l'autorisation d'un nouveau repli et s'échappe de la nasse. Rokossovski donne l'assaut à Stalingrad où Paulus résiste encore trois semaines, capitulant le 2 février 1943, deux jours après sa promotion à la dignité de maréchal. Des 300 000 hommes de la 6e armée, il en reste 90 000, fantômes hagards et loqueteux qui prennent la route de la captivité. La Wehrmacht a perdu sa première grande bataille et plus de 500 000 hommes depuis le début du mois de novembre. La route du Caucase lui est barrée, le risque d'un encerclement étant désormais trop fort. Surtout, l'impact psychologique de la capitulation est considérable dans les deux camps. Les Alliés peuvent enfin croire à la victoire, alors même que le doute s'instille dans les capitales et les états-majors proches de Berlin.

Les succès s'enchaînent et partout l'Armée rouge reprend l'ascendant. L'encerclement de Leningrad est rompu, Koursk est repris le 2 février, Kharkov le 16, Rostov le 18. Pourtant, le 10 mars, Manstein lance une nouvelle contre-attaque à partir du Sud, reprend Pavlograd et Karkhov, menace Koursk, mais il est stoppé par la *raspoutitsa* qui enlise les combattants. Staline triomphe. Il nomme maréchaux Joukov et Vassilevski (et accepte le même titre pour lui-même, après une courte hésitation). Il rétablit les épaulettes et les cérémonies de l'armée du tsar et recrée les écoles de cadets supprimées par la révolution d'Octobre. Bref, il remercie l'Armée rouge de ses succès en lui rendant les attributs de l'armée impériale.

Pour séduire ses alliés occidentaux, il supprime officiellement le Kominterm et adopte un hymne national en lieu et place de *L'Internationale*. Il ne peut empêcher néanmoins le trouble qui saisit certains de ses partenaires à la découverte du charnier de Katyń. L'enlisement de Manstein ne peut qu'être provisoire et Staline craint, à juste titre, une nouvelle offensive allemande pour réduire le saillant de Koursk, cette verrue sur le front de 80 kilomètres sur 50 que les attaques du mois de mars ont laissé subsister entre Kharkov et Orel.

Hitler mise sur l'opération « Citadelle » pour reprendre l'ascendant et regroupe 700 000 hommes, 10 600 chars et 1 800 avions aux ordres de Model, au nord, et Manstein, au sud, pour couper le saillant et encercler les forces soviétiques qu'il évalue à 800 000 hommes.

Staline rappelle Joukov qui vient de rompre le siège de Leningrad et lui demande de lancer une attaque préventive à partir de Voronej, à 100 kilomètres à l'est de Koursk. Plutôt que cette attaque frontale coûteuse et risquée, ce dernier propose au commandant suprême une manœuvre en deux temps : défense élastique suivie d'une percée dans la profondeur. Staline ayant accepté, Joukov fait aménager la ligne de front sur 3 700 kilomètres, avec trois lignes de défense fortifiées par 300 000 terrassiers fournis par Beria. Une fois l'ennemi englué dans la toile d'araignée, il sera détruit par des contre-attaques à partir du nord et du sud du saillant.

Le succès est total, car Hitler a retardé l'offensive, faute de moyens suffisants, laissant à Joukov le temps nécessaire pour aménager le terrain, et la Luftwaffe n'a pas détecté le front de Koniev, en réserve au sud-est. Le 5 juillet, Model perce la première ligne mais se fait éreinter par la contre-attaque de Rokossovski. Manstein parvient le 12 juillet à la troisième ligne de défense, mais est stoppé par les blindés de Koniev. Le même jour, Joukov lance les chars sur un axe nord-sud (opération « Koutouzov »), si bien que les Allemands doivent se replier précipitamment sur leurs bases de départ.

La bataille de Koursk témoigne de la maturité stratégique et tactique des chefs de l'Armée rouge, mais elle est aussi la conséquence du nouveau rapport de forces sur le terrain. Désormais, les Soviétiques ont une large supériorité numérique, tant en effectifs qu'en équipements majeurs, et leurs chars, leurs avions, leur artillerie sont d'un niveau comparable à celui des Allemands. Leur mobilité s'est aussi considérablement renforcée avec les véhicules et le carburant livrés par les Américains, et leur industrie d'armement bénéficie des machines-outils et des matières premières qu'ils reçoivent des Occidentaux.

Quelques mois plus tôt, la prise de Stalingrad avait mis en évidence une autre faiblesse des forces de l'Axe : les troupes étrangères (roumaines, italiennes, hongroises…) sont moins intégrées et plus fragiles que leurs homologues germaniques. Napoléon en avait fait l'expérience avec la Grande Armée. Or, elles constituent désormais près du tiers du contingent « Barbarossa ». La victoire de Koursk est exploitée, dès le 3 août, en direction de Kharkov. Simultanément, Staline mène des offensives en Ukraine et vers Smolensk, reprise au prix de lourdes pertes en septembre. Le commandant suprême visite le front, pour la première fois, dans la région de Kalinine, à

100 kilomètres des lignes allemandes, et donne des ordres opérationnels à Ieremenko sous les feux des caméras.

C'est en vainqueur qu'il se rend, le 28 novembre, au sommet de Téhéran, première conférence interalliée de la guerre. Staline aurait préféré qu'elle se tienne en URSS, mais Churchill a imposé un terrain neutre. Alors que les Alliés doivent se contenter d'avancées timides en Italie et en mer Egée, le Vojd peut se targuer d'avoir mis sur le recul l'armée allemande, dont plus des trois quarts des moyens sont engagés face à l'Union soviétique. Les discussions portent sur l'ouverture d'un second front en France et font apparaître les divergences de vues entre Américains et Britanniques, ces derniers, avant tout soucieux de préserver l'intégrité de leur empire, privilégiant les opérations en Méditerranée.

Toutefois, le plus important est le premier contact personnel et physique entre Staline et Roosevelt. Le président américain, qui n'a rien d'un stratège, enchante Staline par son idéalisme courtois, teinté de naïveté. Mis en confiance par le maître du Kremlin, Roosevelt va jusqu'à lui demander son aide pour le démantèlement, qui lui tient à cœur, de l'Empire britannique... Le Vojd, qui se méfie de Churchill, déploie à son égard des trésors de séduction, et le président américain quitte Téhéran impressionné par le calme, la maîtrise des dossiers et la connaissance précise et argumentée des données opérationnelles de son homologue soviétique, que les Anglo-Saxons surnomment affectueusement Uncle Joe !

La victoire

Après la reprise difficile et coûteuse de Smolensk, le commandant suprême est en mesure de lancer l'offensive généralisée qu'il a vainement exigée de ses chefs militaires à plusieurs reprises depuis deux ans. L'Armée rouge compte maintenant 6,5 millions d'hommes, soit près de trois fois plus que l'armée allemande. L'industrie d'armement soviétique produit chaque mois trois fois plus de chars et d'avions que les usines du Reich. Enfin, on l'a mentionné, les livraisons américaines et britanniques ont puissamment contribué à son renforcement : 470 000 camions, 13 500 blindés, 74 000 Jeep, 22 000 avions, sans compter les locomotives, les explosifs, les matières premières...

Comme auparavant, Staline dirige tout et contrôle tout, mais désormais il maîtrise parfaitement la manœuvre des fronts, même s'il s'appuie largement sur le tandem Joukov-Vassilevski qu'il continue à envoyer d'un front à l'autre jusqu'en mars 1944. A partir de cette date, inquiet de la popularité grandissante de Joukov, il le remet dans le rang, en concurrence directe avec Rokossovski et surtout Koniev.

Celui-ci, préservé par Joukov du peloton d'exécution en novembre 1941, n'est pas un stratège, mais un remarquable chef de terrain. Comme son aîné et ex-mentor, il a tout pour inspirer confiance à Staline : fils de pauvres, sous-officier appelé en 1916, puis commissaire politique avant d'intégrer l'armée et de suivre les cours de l'Académie, il est totalement loyal, communiste convaincu, calme et compétent à la manœuvre. Les combattants soviétiques n'ont plus besoin d'être stimulés par les « unités de barrage », mais le NKVD ne se laisse pas oublier. En 1943 il a procédé à 930 000 arrestations et en 1944 à 400 000 autres, ce qui pèse sur les effectifs. En parallèle, une vaste campagne de déportations en Sibérie est lancée dans les territoires « libérés » (310 000 Tchétchènes, 140 000 Ukrainiens, 81 000 Ingouches). Le contre-espionnage des armées, le SMERSH (« mort aux espions »), spécialisé dans la traque des militaires « suspects », est placé sous l'autorité directe de Staline.

La grande offensive débute le 11 janvier 1944 dans le nord. En quinze jours, les Russes dégagent Leningrad et reprennent Novgorod. Les Allemands reculent de 160 kilomètres. Joukov et Vassilevski activent alors les fronts en Ukraine. Von Manstein et von Kleist, bousculés, sont contraints à la retraite. A Korsoun, six divisions allemandes sont encerclées sur le Dniepr par Koniev. Staline saisit l'occasion pour le nommer maréchal : il a trouvé un contrepoids à la popularité gênante de Joukov. D'ailleurs, dès le 3 mars, il réorganise les fronts pour en confier le commandement à Joukov (1er front d'Ukraine), Koniev (2e front d'Ukraine), Rokossovski (front de Biélorussie) sur l'axe principal de l'offensive. Lorsque la *raspoutitsa* fige les opérations à la mi-avril, l'Armée rouge occupe l'Ukraine, isole la Crimée, s'apprête à réinvestir la Biélorussie et parvient aux frontières de la Finlande, de l'Estonie et de la Roumanie.

Ces succès, salués par des salves d'artillerie à Moscou, sur ordre de Staline, doivent beaucoup à la supériorité numérique, mais aussi aux erreurs d'Hitler qui, comme Staline en 1941-1942, a interdit tout repli, privant ses généraux des espaces de manœuvre dont ils ont besoin. Surtout, ils sont le résultat de la mise en œuvre systématique et bien exécutée de l'« art opératif » cher à Toukhatchevski : larges manœuvres de déception, attaques surprises sur des axes inattendus suivies de pauses, percées profondes sans ravitaillement logistique (on compte sur les stocks ennemis), maîtrise du ciel, bombardements massifs... La Wehrmacht est constamment déstabilisée par ce rythme alterné de coups de boutoir et d'infiltrations. Le coup de grâce est donné par l'opération « Bagration » (juin 1944) suggérée à l'état-major par Joukov et Rokossovski.

Hitler s'attend à une offensive en Roumanie, d'où dépend son approvisionnement en pétrole, d'autant que les Soviétiques viennent, le 2 mai, de reprendre Sébastopol. Or, le plan de l'état-major, retenu par Staline, privilégie l'axe central. La première attaque sera lancée en Biélorussie, précédée d'une manœuvre de déception en Ukraine. Puis, quand l'ennemi aura dépêché ses groupes de panzers vers le nord, Koniev s'ébranlera vers l'ouest en direction de Lvov.

L'offensive débute le 22 juin, avec 1,2 million d'hommes, 4 000 chars, 5 300 avions. Deux fois moins nombreux, désorientés et désorganisés par la manœuvre russe, les Allemands perdent en quinze jours les deux tiers de leurs effectifs et reculent de 300 à 600 kilomètres. L'Armée rouge occupe en quelques jours la Roumanie et entre en Pologne à la fin du mois de juillet. La victoire assurée, Staline prépare l'investissement politique de l'Europe orientale. Lancée le 12 juillet avec un rapport de forces de trois contre un, la seconde phase de l'offensive est un succès total. A la fin du mois, les premières têtes de pont sont établies sur l'Oder. L'Armée rouge a conquis 500 kilomètres en dix-neuf jours. La pause sur l'Oder devait durer dix jours pour permettre le rétablissement des circuits logistiques ; elle se prolonge pendant plus de deux mois, laissant à Hitler un répit inespéré.

Les raisons de cette soudaine inertie sont multiples. Il y a d'abord la pluie qui complique la logistique et le manque de terrains d'aviation. Il y a aussi l'effondrement de la discipline dans les unités soviétiques. Les pillages, viols, désobéissances et désertions se multiplient, et la soif de vengeance qui anime les soldats fait exploser les barrières de la discipline. Les crimes de guerre des Allemands ont été, il est vrai, effroyables, mais Staline et ses généraux ne font rien pour calmer les esprits, au contraire. Dans la *Pravda*, Ehrenbourg exhorte au massacre : « Tue, tue des Allemands ! »

La reprise en main sera très lente et tardive. Il y a encore le retard pris par Rokossovski et Koniev qui laisse Joukov vulnérable sur ses flancs. Il y a surtout la crainte de Staline d'échouer devant Berlin, ce qui donnerait aux Alliés un avantage décisif dans le partage de l'Allemagne. Or, il pense avoir le temps car ces derniers sont encore à 500 kilomètres de la capitale allemande.

A Yalta, le 4 février 1945, Staline reçoit ses homologues dans l'ancien palais d'été du tsar. Il est à nouveau en position de force. Roosevelt est malade et épuisé. Il veut convaincre l'URSS d'entrer en guerre contre le Japon, de s'associer à la création de l'ONU et de participer à une « coalition de progressistes » contre le colonialisme. Staline a des objectifs plus immédiats : zones d'occupation en Allemagne, réparations, report à l'ouest de la frontière polonaise et reconnaissance de sa « zone d'influence ». Aux antipodes de l'idéalisme de Roosevelt, son pragmatisme conjugue volontiers rapports de forces et arrière-pensées idéologiques. Churchill, pour sa part, tente de limiter les concessions de Roosevelt et de freiner les ambitions soviétiques. Les décisions prises satisfont Staline qui « s'engage » à des élections libres dans les pays occupés par l'Armée rouge, approuve la création de l'ONU et promet de déclarer la guerre au Japon deux ou trois mois après la fin de la guerre en Europe.

Après la conférence de Yalta, l'effondrement de la Wehrmacht sur le front Ouest surprend et inquiète le commandant suprême. Churchill propose même à Roosevelt de marcher sur Berlin, mais le président américain, fidèle aux engagements pris, refuse. Staline, enfin décidé à la prise de la capitale du Reich, nomme Vassilevski à la tête d'un front en Prusse-Orientale. Il le remplace à la tête de l'état-major par Antonov, son adjoint. Puis il contacte Eisenhower et lui demande de s'orienter vers Dresde « pour faciliter la coordination des opérations », en lui expliquant que Berlin a perdu son importance stratégique. Le commandant en chef américain accepte, sans même prévenir les Britanniques.

Le Vojd convoque alors Joukov et Koniev le 1er avril et, prétendant que les Américains cherchent à les devancer à Berlin, les met ouvertement en concurrence pour la conquête de la capitale. Joukov attaquera par le nord (sans couverture sur son flanc droit) et Koniev par le sud. Pour ne pas choisir à l'avance le front qui aura la responsabilité de l'investissement de Berlin, il ne délimite pas leurs zones d'action au-delà de la phase d'approche.

Le 16 avril, la bataille décisive est engagée. Joukov se heurte à la résistance féroce des forces allemandes qui occupent les hauteurs de Seelow. Au prix de lourdes pertes, il réussit à percer et atteint le nord de la ville le 21 avril. Koniev, pour sa part, après avoir établi le contact avec les Alliés à Torgau, entre dans les faubourgs sud de la capitale le 27. Berlin est encerclée. S'engage alors entre les deux groupes d'armées soviétiques une course au centre-ville, ponctuée de tirs fratricides, avant que Staline ne désigne Joukov pour occuper la zone de la chancellerie et du Reichstag.

Le 2 mai Berlin capitule. Hitler s'est suicidé le 30 avril et l'amiral Dönitz, qui lui a succédé, se rend au QG d'Eisenhower pour rendre les armes. Staline exige aussitôt une seconde cérémonie de capitulation au QG de Joukov. Elle se tient le 9 mai, Keitel remplaçant Dönitz. L'opération a coûté 300 000 hommes mais l'Armée rouge, qui a subi et infligé les trois quarts des pertes de la Seconde Guerre mondiale, peut s'enorgueillir de la prise de la capitale du « Reich millénaire ». Le 24 juin 1945, le défilé de la Victoire à Moscou est conduit par Joukov, montant sous la pluie un cheval blanc ombrageux. Staline a dû s'y résigner après que l'étalon l'a jeté à terre alors qu'il s'entraînait secrètement pour conduire la parade. Joukov est, pour sa part, un cavalier expérimenté.

La foule acclame le Combattant suprême, qui sera bientôt nommé « généralissime », mais ovationne également le vainqueur de Berlin. Le Vojd supporte de plus en plus mal la gloire de ses chefs militaires. A Yalta, il avait porté un toast « aux généraux que l'on apprécie seulement pendant la guerre et que l'on oublie très vite après que les canons se sont tus. Après la bataille, leur prestige s'éteint et les femmes ne les regardent plus ». Aussi nomme-t-il Beria maréchal, suprême hommage rendu au NKVD et à sa contribution à la victoire.

La Conférence de la paix s'ouvre à Potsdam, le 17 juillet. Harry Truman vient de succéder à Roosevelt. Churchill est fatigué et, battu aux élections, doit laisser sa place, le 28 juillet, à Clement Attlee. A ses nouveaux interlocuteurs peu expérimentés, Staline impose sans difficulté ses revendications : réparations et frontières polonaises largement poussées vers l'ouest. En échange de son entrée en guerre contre le Japon, l'URSS retrouvera Sakhaline, perdue en 1905, et recevra les îles Kouriles. Pour assurer sa mainmise sur l'Europe de l'Est occupée par l'Armée rouge, le Vojd promet enfin un gouvernement polonais élargi et des élections démocratiques... Comme on le sait, il n'en sera rien.

Il s'en faut de peu pourtant que les gains escomptés en Extrême-Orient ne lui échappent. Le bombardement d'Hiroshima, le 6 août, le prend par surprise et il doit déclarer en toute hâte la guerre au Japon. Vassilevski monte en urgence une opération en Mandchourie. L'URSS sera ainsi cosignataire de l'acte de capitulation et recevra les provinces promises à Potsdam. Le commandant suprême a saisi l'enjeu majeur que constitue la possession de l'arme nucléaire dans le bras de fer qui l'opposera inévitablement aux Etats-Unis et aux alliés occidentaux. Il nomme Beria responsable du projet soviétique et met à sa disposition 10 000 techniciens et chercheurs et 400 000 ouvriers.

Dans l'Europe occupée, il dépêche ses proconsuls, Joukov à Berlin, Vorochilov en Hongrie, Jdanov en Finlande, Boulganine en Pologne, Vychinski en Roumanie. Ils ont pour mission de « faciliter » la mise en place de gouvernements communistes. A l'intérieur, il lance un vaste programme de reconstruction, mobilisant la population sous la contrainte. Les exécutions et les déportations en Sibérie prennent une nouvelle ampleur.

La guerre terminée, le Vojd peut s'octroyer ses premières vacances sur la mer Noire depuis 1936, d'octobre à décembre 1945. Entre deux parties de pêche, il médite sur la consolidation de l'empire qu'il a conquis et sur la relance de la révolution bolchevique. Avant toute chose, il devient urgent de reprendre en main les chefs militaires. A son retour, il entreprend de purger « en douceur » la tête de l'Armée rouge. Joukov, accusé d'avoir saboté l'armée de l'air, s'en tire avec une mutation à la tête du district d'Odessa, Koniev et Rokossovski l'ayant exonéré de toute tentative de complot, tout en soulignant sa brutalité et sa vanité. Moins de deux ans plus tard, il sera envoyé dans l'Oural, après une perquisition à son domicile révélant l'ampleur de ses pillages à Berlin. Le commandant suprême, qui fait diffuser une directive minimisant son rôle pendant la guerre, a réussi à le discréditer et n'a donc pas besoin de l'éliminer. Koniev et Rokossovski connaîtront plus tard, à leur tour, la disgrâce. Seul Vassilevski échappe à la purge, retrouvant son poste de chef d'état-major avant d'être nommé ministre de la Défense en 1949. Le temps de l'exaltation patriotique et de la célébration des gloires militaires est passé ; le rôle du parti dans la victoire est partout mis en avant. Le coup de grâce sera donné en 1950 quand les grands mutilés de guerre seront parqués de force sur l'île de Valaam, en Carélie, dans des conditions sanitaires effroyables.

La mainmise sur l'Europe orientale s'achève sur le « coup de Prague », monté par les syndicats et milices communistes, qui permet à Staline, en 1948, de faire de la Tchécoslovaquie la sixième « démocratie populaire ». La confrontation avec ses alliés de la guerre devient dès lors inévitable. Staline s'y est préparé en créant, en 1947, le

Kominform, avatar du Kominterm, qui manipule à son profit les partis communistes des pays occidentaux. Surtout, en 1949, l'URSS, grâce aux efforts de Beria, a réussi à se doter de l'arme nucléaire et peut donc faire jeu égal avec les Etats-Unis. Ses efforts pour consolider l'influence soviétique en Europe sont pourtant très vite contrecarrés par la fermeté de Truman et par la première scission dans le camp socialiste.

Le président américain, en mars 1947, a élaboré la doctrine du *Containment*, l'endiguement militaire de l'expansion soviétique, qui s'appuie sur le plan Marshall de reconstruction économique de l'Europe occidentale. Y voyant une manœuvre pour s'ingérer dans les affaires intérieures de l'URSS, le Vojd a refusé de bénéficier de l'aide américaine. La création de l'Allemagne de l'Ouest par les Alliés, en 1948, lui apparaît comme une rupture avec les accords de Yalta et une provocation inacceptable. Il choisit donc la confrontation ouverte et ordonne le blocus de Berlin. Mais, un an plus tard, le succès du pont aérien le contraint à le lever...

Cette erreur d'appréciation du maître du Kremlin prend la dimension d'une faute stratégique quand la solidarité renforcée entre les puissances occidentales se traduit par la signature du traité de Washington, le 4 avril 1949, et la création de l'OTAN. Le coup est rude, d'autant que Tito a rompu avec Moscou, en juin 1948. Le Vojd a fait planifier une intervention militaire en Yougoslavie mais la crainte d'une frappe nucléaire américaine l'y fait renoncer. Cette dissension dans l'univers communiste l'inquiète d'autant plus qu'il ne se fait guère d'illusions sur la Chine.

L'Extrême-Orient n'est certes pas sa priorité depuis que la menace japonaise est éradiquée, mais il s'est réjoui de la victoire de Mao Zedong et a conclu avec lui un traité d'alliance dès la fin 1949. Pourtant, la guerre de Corée lui montre vite les limites de son influence sur Pékin. En accord avec Mao, il encourage la Corée du Nord à envahir la Corée du Sud en 1950. Mais les Américains, profitant de l'absence du délégué russe au Conseil de sécurité des Nations unies, obtiennent une intervention de l'ONU. MacArthur, à la tête du contingent international, repousse les Coréens du Nord et occupe Pyongyang. Staline, lassé et peu désireux d'un nouvel affrontement avec les Etats-Unis, laisse l'initiative à Mao Zedong qui engage neuf divisions et refoule la force de l'ONU jusqu'au 38e parallèle. Le leadership, dans le Pacifique Ouest, a changé de mains.

Usé prématurément par la guerre et par ses excès de boisson, Staline s'enferme, ne reçoit plus, et sa paranoïa s'aggrave. En janvier 1953, il s'en prend aux médecins juifs, prélude vraisemblable à une grande purge ethnique. « Je n'ai confiance en personne, pas même en moi », avoue-t-il à Khrouchtchev. Le 1er mars 1953, dans sa datcha de Kountsëvo, il est frappé par une congestion cérébrale. Son entourage, terrorisé, n'ose pas le faire hospitaliser, ni même examiner par un médecin spécialiste. La crainte qu'il inspire le condamne à une longue agonie jusqu'au soir du 3 mars. Quelques jours plus tard, Joukov, sur ordre de Khrouchtchev, arrête personnellement Beria et prend le poste de ministre de la Défense du nouveau dirigeant de l'Union soviétique. La « déstalinisation » est en marche.

Ombres et lumières d'un bilan saisissant

La répulsion qu'inspirent les crimes effroyables commis par Staline, comparables seulement par leur ampleur à ceux du nazisme, ne doit pas masquer les succès impressionnants de son action à la tête de l'Etat, pendant et après la Seconde Guerre mondiale. Certes, en 1945, l'Union soviétique est saignée à blanc. Elle a perdu 27 millions d'hommes et de femmes, dont 18 millions de civils. Près de 1 700 villes et 70 000 villages sont détruits. Au total, c'est presque le tiers du patrimoine russe qui s'est volatilisé, entre les bombardements et la politique de la « terre brûlée ». Mais le Vojd peut se glorifier d'avoir libéré son pays, envahi par la « meilleure armée du monde ». L'URSS occupe une partie de l'Allemagne, annexe les pays Baltes, la Biélorussie, le Bucovine, la Carélie finlandaise, le nord de l'Autriche, une partie de la Pologne et la Prusse-Orientale. Enfin et surtout, Staline s'est forgé un nouvel empire en Europe orientale, en contrôlant les gouvernements de cinq, et bientôt six, pays ralliés de force au communisme. Il a renforcé la Russie en Extrême-Orient et dans le Caucase.

Première puissance militaire de l'Europe, l'URSS dispose d'un siège permanent au Conseil de sécurité des Nations unies, et son prestige est immense au sein des puissants partis communistes d'Europe occidentale. Le fils malingre du cordonnier ivrogne de Gori, obscure bourgade de Géorgie, rejoint dans la geste de la Russie éternelle la lignée des grands tsars, mais ses conquêtes et son emprise sur la société russe surpassent les exploits légendaires de Pierre le Grand. Qui plus est, son rôle personnel dans la conduite de la « Grande

Guerre patriotique » et dans l'exploitation politique des victoires militaires est indiscutable.

Ses acquis sont-ils pérennes ou fugitifs ? Staline peut-il revendiquer sa place dans le cortège des grands chefs de guerre consacrés par l'Histoire ? Le Vojd, on le sait, terrorisait son entourage et bien au-delà, mais il subjuguait ses chefs militaires. Joukov, jusqu'à sa mort, voyait en lui un grand stratège, et rares sont les généraux qui ont critiqué, après 1953, sa conduite du conflit. Son intelligence, sa vivacité d'esprit et sa formidable mémoire lui donnaient les moyens de diriger et de contrôler, jusque dans le détail, l'appareil d'Etat et l'effort de guerre. Sa puissance de travail confondait et épuisait ses collaborateurs. Contrairement à Hitler, plus colérique et chimérique, et *in fine* plus dilettante, Staline apprenait de ses erreurs (sans pour autant les reconnaître) et maîtrisait de mieux en mieux la formidable machine de guerre dont il avait doté son pays. A ce titre, comme on l'a dit de Clemenceau, il fut le principal artisan de la victoire.

Ses erreurs furent pourtant nombreuses et dommageables pour l'URSS. La décapitation de l'Armée rouge en 1938, alors que s'affichaient les ambitions nazies, son aveuglement devant les préparatifs de l'opération « Barbarossa », son refus d'abandonner Kiev menacée d'encerclement, son obstination à lancer des offensives tous azimuts, sa gestion incohérente des chefs militaires et son entrisme dans la conduite des opérations auraient pu, à plusieurs reprises, provoquer une catastrophe. Elle n'a pas eu lieu. Plusieurs facteurs, endogènes et exogènes, ont joué en sa faveur.

D'abord les considérables ressources humaines et industrielles de l'URSS dans l'immensité de son territoire. Et ce fut un des plus grands mérites de Staline que d'avoir su les mobiliser et les exploiter. Le transfert à l'est des industries d'armement, l'appel et la formation des réservistes et la gestion du ravitaillement ont été organisés de main de maître. Le formidable appareil de propagande et l'omniprésence de la police politique ont réveillé dans le sanctuaire de *L'Internationale* un patriotisme russe que l'on croyait voué aux poubelles de l'Histoire. Ensuite, la valeur de quelques chefs militaires qui ont su, dans des circonstances désespérées, faire face au plus pressé, restaurer la confiance et rétablir des situations compromises : Joukov, bien sûr, mais aussi Timochenko, Koniev, Rokossovski, et peut-être surtout Vassilevski, le plus brillant, le plus écouté à partir de 1943. Or, c'est bien Staline qui les a choisis. Enfin, dernier facteur endogène, l'indifférence totale du Vojd et de Joukov aux pertes humaines, adossée à la menace terrifiante des « unités de barrage » du NKVD. L'idéologie, le contrôle de la société et le réservoir immense de « chair à canon » constituaient un atout dans cette « guerre d'extermination » que les Allemands n'avaient pas mesuré.

Parmi les facteurs exogènes qui expliquent la victoire soviétique, il y a bien sûr les erreurs d'Hitler, déjà évoquées. Mais il faut aussi rappeler l'aide considérable des Anglo-Saxons qui fut parfois déterminante. Elle était le fruit d'un intérêt bien compris de la part des Alliés qui avaient avantage à voir Hitler s'épuiser sur son front oriental, mais Staline a su habilement la négocier. Car on ne soulignera jamais assez les succès diplomatiques du généralissime du Kremlin. C'est sur ce terrain qu'il s'est montré le meilleur stratège de la Seconde Guerre mondiale, c'est sur la scène diplomatique qu'il a arraché ses principales conquêtes. S'appuyant sur Molotov, que Churchill considérait comme l'égal de Talleyrand ou Metternich, il montrait d'étonnants talents de comédien. « Il se donne l'air d'un rustique, disait de Gaulle, d'une culture rudimentaire, appliquant aux plus vastes problèmes les jugements d'un fruste bon sens. »

Du pacte germano-soviétique, éphémère mariage de deux crocodiles dans le même marigot, mais justifié par la faiblesse et la lâcheté de ses partenaires occidentaux, aux accords triomphants de Potsdam, il a constamment marqué des points, dominant ses interlocuteurs, jouant de la bonhomie avec Roosevelt et de la force avec Churchill, exploitant leur naïveté et poursuivant son grand projet impérial. En donnant à la Russie et à la Révolution leur « espace vital », il a réussi là où Hitler échouait. On ne saurait en effet limiter l'analyse aux conquêtes territoriales de l'URSS, tant le succès mondial du bolchevisme a été au cœur de la pensée et de l'action de Staline. La victoire sur le nazisme a légitimé le communisme. A sa mort, *L'Humanité*, en France, se met en deuil, et Aragon pleure le héros disparu.

Comment expliquer pareil succès ? En opposant communisme et nazisme, on insiste le plus souvent sur la « justesse » des causes défendues par le régime bolchevique. Certes, la défense du prolétariat, quelles qu'en soient les méthodes, est plus respectable que le triomphe de la race aryenne et l'élimination des « sous-races ». Mais, outre le fait que l'antisémitisme avait aussi de solides racines au Kremlin, la manière dont ont été traités par Staline les Polonais, les Tchétchènes, les Tatars et autres Cosaques soulève, pour le moins, quelques interrogations. Les régimes totalitaires ont en commun le recours aux boucs émissaires et le goût des solutions radicales.

Il reste que l'URSS était agressée et se battait sur son territoire dont l'immensité et le climat la protégeaient, sans compter l'esprit de sacrifice patriotique de sa population déjà observable en 1812. Enfin la paranoïa de Staline ne l'empêchait pas de garder une forme de modestie, sans doute réelle. Si le Vojd se savait plus intelligent que la plupart de ses collaborateurs, il n'était pas vaniteux, au contraire d'Hitler dont la démence, au fil des années de guerre, se nourrissait d'un *hubris* suicidaire.

Quand il disparaît en 1953, ses succès de chef de guerre sont-ils menacés ? Tout dépend à quelle aune on les mesure. Il est évident aujourd'hui pour tous que le régime soviétique fondé sur la coercition et le dirigisme d'Etat ne pouvait survivre, et que les peuples domestiqués par l'URSS finiraient par retrouver leur liberté. Mais il aura fallu près de quarante ans après la mort de Staline pour que le château de cartes s'écroule. Certes le Vojd, par son agressivité, a poussé les Occidentaux à s'allier au sein de l'OTAN, redoutable bastion qui contribuera à la chute de l'URSS. Mais il a doté son pays de forces nucléaires impressionnantes qui lui permettront de faire longtemps jeu égal avec les Etats-Unis.

En définitive, c'est probablement la terreur d'Etat, érigée en système de gouvernement, qui mine l'avenir : décapitation des élites, élimination de la concurrence, prohibition de l'esprit critique, massacres de masse, famines, institutionnalisation du Goulag. L'URSS ne s'est jamais complètement remise de ses 27 millions de morts de la guerre, et cette dramatique saignée est imputable, pour une bonne part, aux choix et aux erreurs de Staline. Intervenant après les grandes purges de la dékoulakisation et de la Grande Terreur, elle fut encore amplifiée et démultipliée par les déportations massives de l'après-guerre. Son effrayante paranoïa et ses crimes innombrables retiennent de faire entrer Staline au Panthéon des grands hommes d'Etat, et ses indéniables succès ont le parfum d'une victoire à la Pyrrhus. Il a remporté une immense bataille et poussé l'idéologie et la dictature à leur paroxysme, mais, ce faisant, il a épuisé les forces vives de son empire et l'a engagé dans l'impasse de l'économie dirigée qui le condamne à moyen terme.

« En sa personne et sur tous les sujets, j'eus l'impression d'avoir devant moi le champion rusé et implacable d'une Russie recrue de souffrance et de tyrannie, mais brûlant d'ambition nationale. Staline était possédé de la volonté de puissance. Rompu par une vie de complots à masquer ses traits et son âme, à se passer d'illusions, de pitié, de sincérité, à voir en chaque homme un obstacle ou un danger, tout était chez lui manœuvre, méfiance et obstination [...]. Communiste habillé en maréchal, dictateur tapi dans sa ruse, conquérant à l'air bonhomme, il s'appliquait à donner le change[19]... » Ainsi le voyait le général de Gaulle qui l'avait rencontré à Moscou en décembre 1944. Avatar des tsars cruels qui ont façonné l'histoire douloureuse du peuple russe, Staline l'a conduit au sommet de sa gloire et de sa puissance au prix d'immenses souffrances, mais son empire fragile, fondé sur la coercition et la terreur, ne pouvait indéfiniment donner le change.

19. Charles de Gaulle, *Mémoires de guerre*, *Le Salut, 1944-1946*, Plon, 1959.

CHAPITRE 6

BEN GOURION OU LA NATION EN ARMES

« La France fut faite à coups d'épée », écrivit de Gaulle, nourri, comme on le sait, de l'histoire des batailles qui façonnèrent au fil du temps les contours de l'Hexagone. Que dire alors d'Israël, dont la renaissance, après dix-huit siècles de diaspora, fut arrachée par les armes et qui vit encore dans le fracas des explosions et la poussière des combats ? Prophétisée par Theodor Herzl en 1897 et réalisée cinquante ans plus tard, la création de l'Etat juif fut avant tout l'œuvre d'un homme, Ben Gourion, qui y consacra sa vie. Héros de la guerre d'indépendance (1948-1949) et de la campagne du Sinaï (1956) qu'il conduisit en tant que Premier ministre et ministre de la Défense, le « Père de la nation » fonda, dans une région qui ne l'était guère, un Etat démocratique qu'il dota d'une armée prestigieuse et redoutée. Adulé par tout un peuple de son vivant et célébré dans le monde occidental, il fut, dès l'origine, légitimement contesté par ses adversaires des pays arabes dont il fit conquérir et occuper les terres. Vingt ans après sa disparition, alors que le chœur des louanges résonnait encore dans sa patrie reconnaissante, certains de ses choix stratégiques ont été prudemment mais ouvertement critiqués au sein même de l'université de Tel-Aviv, jetant une ombre inattendue sur ses immenses réalisations. Cet homme d'Etat visionnaire, qui a présidé à la destinée d'Israël pendant ses quinze premières années d'existence, n'aurait-il pas engendré une nation vouée à la guerre perpétuelle et incapable de construire la paix ? Ne serait-il pas le premier responsable de l'installation, au cœur du Proche-Orient, d'un foyer permanent de conflits et de terrorisme ? Sa détermination légendaire et son réalisme brutal ne masquent-ils pas une vision stratégique étroite dont ses successeurs n'ont pu se défaire ? Ben Gourion, chef de guerre par choix, sinon par goût, a creusé, en Méditerranée orientale, une trace profonde dont les ondes concentriques battent encore nos rivages. Avait-il le choix et aurait-il pu établir et protéger Israël sans la stratégie de confrontation qu'il a adoptée ?

Un visionnaire très réaliste

« Je crains l'homme d'un seul livre », aurait dit saint Thomas d'Aquin, sans qu'on sache bien s'il dénonçait par là les dangers du sectarisme ou si, au contraire, il s'inquiétait de la force que confère une foi sans concessions. Ben Gourion, intellectuel autodidacte dont la bibliothèque s'ornait de 12 000 volumes en huit langues, a lu très jeune *L'Etat des Juifs* de Theodor Herzl et y a trouvé le but de toute une vie : « Etablir pour le peuple juif une patrie reconnue publiquement et légalement en Palestine[1]. » Pour conduire une telle entreprise, il faut une âme ambitieuse, un caractère bien trempé, une conscience claire de ses objectifs et un réalisme à toute épreuve. Le projet du « Père de la nation juive » s'enracine dans son enfance polonaise, son ambition s'est affirmée dans la lutte et la souffrance en Palestine et son pragmatisme s'est forgé dans le combat politique. Aussi, à 60 ans, quand vient l'heure de la guerre, ce « vieux lutteur » sans expérience du combat est-il prêt à mettre son implacable détermination au service de la victoire. Son enfance et sa jeunesse polonaises jouent un rôle déterminant dans la définition de son projet et l'orientation de ses modes d'action. Ancré dans l'histoire du « peuple élu », l'Etat juif ne peut voir le jour qu'en Palestine et sa langue sera l'hébreu. La future nation sera l'œuvre de pionniers et de guerriers, en rupture avec la tradition de victimes consentantes si prégnante dans la diaspora. Pour accomplir son dessein, la méthode sera celle du mouvement révolutionnaire auquel il adhère, fondée sur l'audace, le calcul et le secret.

1. Journaliste austro-hongrois, Theodor Herzl (1860-1904) crée le mouvement sioniste au congrès de Bâle, en 1897, un an après avoir publié *L'Etat des Juifs*, un manifeste affirmant l'existence irréductible d'un peuple et son droit à disposer d'un Etat. Le premier congrès sioniste le situe en Palestine, alors partie de l'Empire ottoman. Dès le lendemain, Herzl prophétise : « A Bâle, j'ai fondé l'Etat juif. Si je le disais à haute voix, il y aurait un éclat de rire général. Mais, dans cinq ans, dans cinquante ans sûrement, tous l'admettront. »

David Gryn, tel est son nom de naissance[2], voit le jour dans une famille juive aisée d'un village de la Pologne occupée par la Russie. Son père, professeur d'hébreu, est un des premiers adhérents de l'association des « Amants de Sion », à l'origine du mouvement sioniste international. Enfant malingre, dont la grosse tête bouclée délivre un regard perçant, il adhère passionnément à la mythologie paternelle. Il fonde à 14 ans une association pour l'apprentissage de l'hébreu. Plus tard, avec un petit groupe d'adolescents, il s'indigne des manigances du mouvement sioniste qui cherche une alternative à la Palestine pour implanter le foyer juif et il fait le serment d'émigrer vers la Terre promise[3]. Deux ans plus tard, à Varsovie où il fait des études d'ingénieur, il adhère à Poalei Sion, un parti marxiste clandestin combattant le tsarisme. Engagé dans l'action subversive, il y acquiert le goût du secret et une prédilection pour la discipline de groupe sous l'autorité du chef dont il ne se défera jamais. Un bref séjour dans les geôles du tsar lui apprend à maximiser ses gains en calculant « jusqu'où aller trop loin ». Enfin, ce militant timide et peu liant y découvre l'art du discours. Le jeune émule de Lénine, dont il porte l'uniforme, longue blouse russe et casquette coiffant sa chevelure ébouriffée, s'il est l'homme d'une vision, n'a rien d'un rêveur. L'étudiant de 20 ans qui embarque, en août 1906, sur un cargo russe délabré à Odessa n'est pas en rupture de ban avec sa famille, même s'il a abandonné toute pratique religieuse. Il n'a pas connu les pogroms ou la vie des ghettos qui nourrissent le flot de la deuxième alya[4] et il affiche son mépris à l'égard de « ceux qui courbent l'échine ».

Ses premières années en Palestine l'ancrent dans la réalité et le poussent vers le combat politique où s'affirment son volontarisme et son intelligence des situations, mais aussi sa cécité à l'égard des peuples arabes. Son premier constat, fondamental, est que la Terre

2. C'est seulement en 1910 que David Gryn adopte le nom hébreu de Ben Gourion, en hommage et en référence au défenseur de Jérusalem affrontant les légions romaines, en 70 ap. J.-C.

3. En 1903, désespérant d'obtenir du sultan de Constantinople l'autorisation d'immigration des Juifs en Palestine, Herzl accepte une proposition de Joseph Chamberlain, secrétaire d'Etat aux Colonies, lui ouvrant la possibilité d'établir un foyer juif en Ouganda, colonie britannique. Présenté au 6e congrès sioniste, ce projet provoque une tempête de protestations.

4. Les vagues d'immigration juive vers la Palestine – *alya* en hébreu – s'enchaînent à partir de 1881 et concernent en majorité des victimes des pogroms de l'Empire russe. La deuxième alya (1903-1914) compte 30 000 immigrants qui fondent Tel-Aviv et les premiers kibboutz.

promise n'est pas inhabitée. Quand il débarque à Jaffa, le 7 septembre, le territoire, peuplé de 500 000 habitants, ne compte que 5 % de Juifs. Il en déduit qu'Israël ne peut voir le jour sans une immigration massive qui lui donne la majorité. Son deuxième constat est que les colonies juives sont menacées par l'hostilité des populations arabes. A Séjéra en Galilée, où il passe trois ans dans une communauté agricole, les colons sont fréquemment agressés par les habitants des villages voisins. Il y connaît son unique expérience du feu en participant à la défense de la ferme collective[5]. L'Etat juif devra s'imposer par la force des armes. Son dernier constat, amer, est que la Yishouv, la communauté juive, est divisée. Quels points communs entre les colons volontaires et faméliques, les grands propriétaires profiteurs, les bourgeois tièdes de Tel-Aviv et les religieux enfermés à Jérusalem ? L'unité ne peut se faire que sur la base ardente des pionniers, ceux dont il a mesuré le courage et la foi.

Le réalisme, qui est sa nature profonde, et son expérience marxiste le poussent donc à l'action politique. En 1910, abandonnant la vie des kibboutz, il devient rédacteur en chef du journal de Poalei Sion et s'emploie à unifier les syndicats en créant, en 1920, l'Histadrout, qui pénètre progressivement toute l'économie du pays, diffuse l'hébreu et se dote d'une milice clandestine, la Haganah. Son pragmatisme le conduit à abandonner le bolchevisme, incompatible avec l'esprit frondeur et individualiste des pionniers. Le parti qu'il fonde, le MAPAI, est résolument travailliste. Le même souci d'efficacité concrète le lance à la conquête de l'Organisation sioniste mondiale. Humilié par le dédain affiché par la diaspora à l'égard de la Yishouv (65 000 juifs), il entame un long combat victorieux contre son président, Chaim Weizmann, qu'il supplante en 1935 en s'appuyant sur la diaspora américaine[6]. Enfin, son opportunisme s'exprime dans

5. Dès son arrivée, David Gryn s'engage comme journalier dans la colonie agricole de Petah Tikva, dans les marécages de Judée. Malade et ulcéré par l'attitude des propriétaires juifs, il rejoint au bout d'un an le kibboutz de Séjéra, en Galilée, où il partage, pendant trois ans, la vie des pionniers.

6. Chaim Weizmann (1874-1952), originaire de Russie mais sujet britannique à partir de 1910, est un chimiste renommé qui participe efficacement à l'effort de guerre pendant le premier conflit mondial. Proche de Herzl et lié à Lloyd George, il est un des inspirateurs de la déclaration Balfour. A la tête de l'organisation sioniste mondiale dès 1910, il parvient à négocier un accord avec le roi Fayçal pour faciliter l'immigration juive. Ben Gourion organise son éviction progressive des instances exécutives du mouvement en lui reprochant son anglophilie excessive et sa pusillanimité. C'est lui, néanmoins, qui rallie le président Truman à l'idée d'un Etat juif

ses choix tactiques. Pour faire avancer l'idée de l'Etat juif, il joue successivement la carte ottomane, puis la carte britannique, avant d'engager avec Londres un délicat bras de fer. Pariant sur le caractère débonnaire de l'occupation turque en Palestine, il va jusqu'à s'exiler à Constantinople pendant deux ans à partir de 1912 pour apprendre la langue et nouer des contacts. L'entrée en guerre de la Turquie provoque une vague de répression contre les minorités de l'Empire ottoman. Banni de Palestine, il se réfugie aux Etats-Unis[7]. Trois ans plus tard, la déclaration Balfour[8] le rallie à l'Angleterre. Il décide même de s'engager dans la Légion juive créée par Londres, qui le ramène à Tel-Aviv[9]. Commence alors avec les Britanniques, mandataires de la Palestine, un jeu complexe diplomatico-militaire que Ben Gourion conduit de 1918 à 1945, entre franche collaboration et hostilité ouverte. Prisonniers des promesses contradictoires faites aux Juifs, aux Arabes (et aux Français), balançant entre leur sympathie pour la communauté hébraïque et leurs intérêts dans le monde arabe, soumis enfin aux pressions des musulmans de l'Empire, les gouvernements de Sa Majesté oscillent entre le soutien à l'immigration massive et la fermeture des frontières, entre le dialogue et la répression.

Ben Gourion passe les deux tiers de son temps à l'étranger, rameutant les soutiens dans la diaspora, poussant Weizmann à l'assaut du Foreign Office, tour à tour menaçant et conciliant. Il doit aussi se

---

indépendant incluant le Néguev. En 1949, il est élu président de l'Etat d'Israël, une fonction de prestige sans pouvoir, qu'il est le premier à occuper.

7. Pendant son séjour aux Etats-Unis (1914-1918), Ben Gourion s'efforce vainement de convertir la diaspora américaine au socialisme. Le 5 décembre 1917, il épouse Pauline Mombaz, une infirmière juive née à Minsk mais élevée aux Etats-Unis. Elle accouche seule de leur premier enfant, après son engagement dans la Légion juive (mai 1918).

8. Lettre ouverte datée du 2 novembre 1917 et signée du ministre britannique des Affaires étrangères, la déclaration Balfour stipule que : « Le gouvernement de Sa Majesté envisage favorablement l'établissement en Palestine d'un foyer national pour le peuple juif et emploiera tous ses efforts pour faciliter la réalisation de cet objectif, étant clairement entendu que rien ne sera fait qui puisse porter atteinte ni aux droits civils et religieux des collectivités non juives existant en Palestine, ni aux droits et au statut politique dont les Juifs jouissent dans tout autre pays. »

9. Ben Gourion a 32 ans quand il rejoint le Canada avec son ami Ben Zvi pour une période de formation militaire à l'issue de laquelle il est nommé caporal-chef. Le 29 août, il débarque à Port-Saïd, avec le 39e régiment de fusiliers. C'est seulement le 6 novembre, alors que les combats ont pris fin, que son unité rejoint Tel-Aviv. S'étant absenté sans autorisation pendant quatre jours pour prendre des contacts politiques, il est sanctionné et rétrogradé au rang de simple soldat, puis démobilisé.

battre en Palestine pour faire accepter ses demi-victoires, comme le plan Peel de 1937[10] qui prévoit pour la première fois la création d'un Etat juif et d'un Etat arabe en Palestine. Les révoltes arabes contre l'immigration juive se multipliant à partir de 1930, il engage la Haganah aux côtés des forces de sécurité britanniques. Mais tous ses efforts sont ruinés par le Livre blanc de 1939, approuvé par Neville Chamberlain, qui annonce la création d'un Etat palestinien unique incluant les Juifs (30 % de la population) et limite drastiquement l'immigration[11]. Quelques mois plus tard, la déclaration de guerre de l'Angleterre à l'Allemagne nazie le contraint à renoncer à la campagne terroriste qu'il préparait. Il compte bien pourtant tirer parti de cette nouvelle guerre mondiale. Le 8 septembre 1939, il définit son objectif devant les chefs de la Haganah : « La Première Guerre mondiale nous a apporté la déclaration Balfour ; cette fois, nous devons nous assurer un Etat juif et donc la création d'une armée juive. » A cet effet, il se bat auprès de Churchill pour que soit créée une division juive. Les réticences du Foreign Office et de l'état-major ne s'effacent que devant la menace de l'Afrika Korps mais, à partir de 1942, 20 000 combattants juifs serviront dans les rangs britanniques. En Palestine, des commandos d'élite, noyau futur du Palmach[12], sont formés et engagés en Syrie[13]. La ligne politique de Ben Gourion

---

10. Chargée d'enquêter sur la situation en Palestine après la grande révolte arabe de 1936, la commission Peel recommande, en juillet 1937, la création de deux Etats, juif et arabe, et un statut spécial pour Jérusalem. Acceptées du bout des lèvres, sous l'impulsion de Ben Gourion, par la Yishouv (qui craint un « Etat mutilé »), ses conclusions sont catégoriquement rejetées par la communauté arabe. Le rapport est enterré par le gouvernement Chamberlain.

11. Publié le 15 mars 1939, le Livre blanc propose la création d'un Etat palestinien indépendant regroupant les deux communautés. Une Assemblée constituante serait élue avant l'été 1941 et le nouvel Etat verrait le jour au plus tard en 1949. Ben Gourion et Weizmann le récusent dès sa parution. Les Arabes, pour leur part, le contestent en raison d'une clause suspensive prévoyant le prolongement du mandat britannique dans le cas où le texte serait rejeté par les Juifs.

12. Littéralement « unité de choc », nom d'une des forces paramilitaires juives sionistes de Palestine mandataire.

13. Le 19 mai 1941, alors que les forces de l'Axe menacent la Palestine, les Britanniques demandent à la Haganah de mettre sur pied des commandos intégrés à leur dispositif régional. Le Palmach, fort de 1 500 hommes, financé et formé par les officiers de Sa Majesté, est placé sous le commandement de Sadeh qui prend Allon comme adjoint. Les commandos sont engagés en Syrie et au Liban contre les troupes de Vichy. Allon, Moshe Dayan (qui y perd un œil) et Yitzhak Rabin s'y distinguent particulièrement. Trois ans plus tard, le Palmach devient le fer de lance de la Haganah dans la lutte contre l'occupant britannique.

– « Nous devons aider les Anglais dans leur guerre comme s'il n'y avait pas de Livre blanc et nous devons combattre le Livre blanc comme s'il n'y avait pas la guerre » – comprend un volet de résistance aux restrictions à l'immigration qui se traduit par des manifestations violentes. Cependant, quand il est débordé par les milices extrémistes (Irgoun et Lehi), cette dernière surtout responsable de l'assassinat du représentant officiel de la Grande-Bretagne en Egypte, il n'hésite pas à coopérer avec les forces d'occupation et à lancer la Haganah contre elles[14].

« Le Vieux », comme on l'appelle désormais, a défini sa méthode : « Vous devez savoir quels résultats vous désirez obtenir, être certains de vos objectifs et garder les buts constamment en mémoire. Vous devez savoir quand combattre vos adversaires politiques et quand marquer le pas [...]. Et comme la terre ne s'arrête jamais de tourner et que l'équilibre des forces en modifie les données comme les mouvements d'un kaléidoscope, vous devez constamment redéfinir votre tactique en vue de mener vos projets à leur terme. » Cette leçon de stratégie politique, alliant constance dans le cap à suivre et opportunisme dans les voies empruntées, est celle d'un « homme arrivé ».

A l'approche de la soixantaine, l'intellectuel efflanqué et retenu qu'on croisait à Jérusalem, le visage pâle et émacié, avec son éternelle blouse russe et son pantalon fatigué, est devenu ce chef autoritaire et sûr de lui, trapu et basané, le crâne chauve encadré de boucles grisonnantes, « parfois chaleureux, le plus souvent dur et blessant ». Les souffrances et les privations de sa jeunesse, les obstacles surmontés au prix d'un combat incessant l'ont endurci et l'ont convaincu de sa supériorité. Victime de la malaria pendant ses années de kibboutz, il est encore sujet à de fortes fièvres qui le saisissent dans les périodes de tension et l'obligent à s'aliter. De la misère subie dans les colonies et dans le gourbi insalubre qu'il occupait à Jérusalem, il a gardé des habitudes de frugalité, le mépris des honneurs et l'horreur de

14. L'Irgoun est une milice clandestine qui fait sécession avec la Haganah en 1931, en prônant l'absorption par le futur Etat juif de la Transjordanie, thèse de l'extrême droite nationaliste et de son leader, Vladimir Jabotinsky. Elle multiplie les attentats à partir de 1936 et exerce des représailles sur la population civile. En juillet 1940, Stern quitte l'Irgoun, qu'il juge trop complaisante avec les Britanniques, et crée le Lehi, groupuscule ultraradical d'une centaine de membres. En 1943, un ancien dirigeant du Betar, mouvement clandestin de la jeunesse juive polonaise, Menahem Begin, prend la direction de l'Irgoun, qui compte alors 3 000 hommes armés.

toutes les formes de corruption. Exigeant pour lui-même, il est impitoyable pour ses adversaires politiques. Solitaire et ne vivant que pour sa mission, il néglige sa famille et on ne lui connaît qu'un ami, Ben Zvi, taillé dans la même étoffe[15]. Démocrate convaincu depuis les années 1930, il reste marqué par sa jeunesse révolutionnaire et tend à décider seul, jusqu'à ce que la pression collégiale le contraigne à des concessions. Pour ce chef implacable, le but final prime toute autre considération, dans les limites que lui impose son indiscutable rectitude morale.

Il est un domaine toutefois où son aveuglement pèse lourdement sur ses choix stratégiques. Cet intellectuel polyglotte, ce grand voyageur qui a vécu en Europe, aux Etats-Unis et en Turquie, cet admirateur de Platon et des philosophes des Lumières, ce défenseur convaincu des minorités opprimées ignore délibérément la culture et la civilisation arabes et, à l'occasion, affiche son mépris pour le mode de vie et les capacités des populations autochtones. Ayant compris très tôt que la création d'un Etat juif serait inacceptable pour les peuples du Proche-Orient, il en a conclu qu'elle devrait leur être imposée par la force. Comprenant et acceptant leur colère et leur ressentiment, il n'envisage pas d'autre stratégie pour l'avenir d'Israël que la supériorité du nombre et des armes. S'il ne répugne pas à négocier ponctuellement, c'est pour exploiter leurs divisions. Le dialogue et la construction d'un avenir commun n'entrent pas dans son schéma de pensée. C'est sur cette faille que s'ouvre le plus long conflit du XXe siècle.

Le créateur de Tsahal

« Le vrai miracle d'Israël, c'est que des Juifs aient pu devenir des soldats », dira plus tard Weizmann, rendant hommage implicitement à son Premier ministre. De fait, un des axes constants de la politique de Ben Gourion est sa volonté de « redresser l'échine du peuple juif », selon ses mots. La Yishouv doit devenir une nation en armes. Contrairement à son souhait, la guerre n'a permis aucune avancée vers l'indépendance et, le 8 mai 1945, il note dans son journal : « Jour

15. Ben Zvi (1884-1963) crée en 1905 la branche russe de Poalei Sion, en réponse aux pogroms encouragés par le tsar, puis émigre en Palestine en 1907. Ombre fidèle de Ben Gourion, il succédera à Weizmann, en 1952, à la présidence de l'Etat d'Israël.

de la Victoire. Triste, très triste. » Le Vieux ne se décourage pas pour autant et, en trois ans, il transforme Israël en une nation et dote le nouvel Etat d'une armée puissante, Tsahal, instrument de sa survie et de ses ambitions. Pour arracher l'indépendance, il engage un nouveau bras de fer avec l'occupant britannique et s'appuie sur l'opinion publique internationale, horrifiée par la découverte des crimes nazis. Le gouvernement Attlee s'obstinant à bloquer l'immigration juive, il ordonne depuis Paris[16], le 1er octobre 1945, une campagne terroriste de grande ampleur (sans en informer Weizmann qui s'y serait opposé). Les Britanniques répliquent en déployant 100 000 hommes et en transformant la Palestine en camp retranché, hérissé de barbelés et de sacs de sable. Quand une commission d'enquête se profile, le Vieux freine ses troupes et n'hésite pas à lancer la Haganah à l'assaut des milices extrémistes (notamment après l'attentat meurtrier de l'hôtel King David à Jérusalem). Pour contrer l'antisionisme virulent de Bevin, le chef du Foreign Office, et pour surmonter l'attentisme prudent de Truman, il fait appel à l'opinion à travers les médias britanniques et américains. Churchill, en 1946, député de l'opposition, dénonce « cette guerre sordide contre les Juifs ». L'indignation provoquée par le drame de *L'Exodus*[17] marque les travaux de la commission d'enquête lancée par l'Assemblée générale des Nations unies. Le Royaume-Uni, confronté à la banqueroute et à la décomposition de son empire, jette le gant et renonce à son mandat.

Le 29 novembre 1947, l'Assemblée générale de l'ONU vote un projet de partage de la Palestine en deux Etats, juif et arabe, l'autorité britannique prenant fin le 14 mai 1948. Ben Gourion ne cède pas à la liesse populaire : « Cette nuit, la foule dansait dans les rues, mais je ne pouvais danser. Je savais que la guerre était proche et que nous allions y perdre la fleur de notre jeunesse. » Dès 1946, alors que l'avenir est plus incertain que jamais, le Vieux s'est mis en tête de mettre sur pied une armée capable d'affronter la coalition des Etats voisins. Il croit la Haganah capable de maîtriser les révoltes de la population arabe

---

16. Entre le 22 septembre 1945 et le 1er décembre 1946, Ben Gourion se partage entre Londres, où il négocie avec le gouvernement Attlee, et Paris, d'où il dirige l'insurrection armée contre l'occupant. Logé à l'hôtel Monceau qui lui sert de quartier général, il y fait la connaissance d'Hô Chi Minh qui lui propose d'installer en Indochine son gouvernement juif en exil.

17. En 1947, ce navire, transportant de nombreux Juifs souhaitant s'installer en Palestine, fut pris en chasse par la Royal Navy et contraint de rebrousser chemin. Le scandale provoqué par cette affaire eut un retentissement international.

de Palestine, mais vaincre les armées modernes de l'Egypte ou de la Transjordanie constitue un défi d'une autre ampleur. Sa lucidité, née d'une longue habitude de penser le « coup d'après », n'est partagée ni par ses compagnons du Mâpaï (parti politique de gauche) ni par les chefs militaires de la Haganah, focalisés sur l'adversaire britannique et les troubles internes de la Palestine. Méthodiquement, Ben Gourion s'informe, dresse le bilan des forces et des faiblesses de l'armée clandestine, prend le contrôle de l'état-major, lance le réarmement et la réorganisation des forces. Comme Churchill, dont il n'a ni l'humour ni la faculté d'empathie ou l'imagination, mais avec davantage de pragmatisme concret, il veut tout savoir, tout décider et tout contrôler. En décembre 1946, il se fait nommer « responsable de la défense » du futur Etat, et ce politicien d'âge mûr, sans aucune expérience du combat, se plonge dans les traités d'art de la guerre et dévore les documents d'instruction de l'armée britannique. En avril et mai 1947, il organise un « séminaire » dans son bureau du deuxième étage de la « Maison rouge », le quartier général de la Haganah, à Tel-Aviv. A des réunions avec l'état-major, il préfère les entretiens individuels où il peut jauger ses interlocuteurs. Il reçoit donc, un par un, tous les responsables militaires et la plupart des officiers de l'administration centrale, mais aussi des dizaines de cadres de la troupe. A chacun, il fait subir un véritable interrogatoire, à sa manière, incisive, sèche et peu loquace. Il prend quelques notes, évalue l'individu, le niveau collectif d'entraînement, l'état des équipements, la fiabilité du renseignement et de la chaîne de commandement.

Au bout de deux mois, le constat s'impose : la Haganah, milice clandestine tolérée par les Britanniques, est bien entraînée et capable d'actions efficaces de type commando. Mais ses chefs sont indisciplinés, sa structure de commandement est divisée et inadaptée à un conflit moderne, ses effectifs sont insuffisants, son armement médiocre et inadéquat. Ne disposant ni d'avions, ni de chars, ni de bateaux de guerre, elle serait surclassée par les armées arabes. Pour l'autoritaire « ministre », la priorité est au contrôle des chefs. Le commandement national de la défense (Rama) est confié à un « civil » qui oriente l'état-major et supervise le budget, le renseignement et le recrutement. Cette structure fait écran entre le ministre et l'état-major, mais le Vieux ne peut s'en défaire, l'Agence juive refusant sa dissolution. Il y nomme donc un organisateur, le général Galili, un spécialiste de l'armement dont il pense se faire obéir. Puis, pour pouvoir contrôler directement la préparation et la conduite des opérations, il choisit un chef d'état-major malade et absent, Dori, et nomme un sous-chef opérations sans attache partisane et n'appartenant pas au corps d'élite du Palmach. Peu expérimenté, mais intelligent, féru de tactique et ayant déjà occupé la fonction, Yigaël Yadin devrait faire l'affaire et lui être loyal. En réalité, le trio Galili-Dori-Yadin n'est pour lui qu'un pis-aller. Il aurait souhaité mettre à la tête de la future armée des vétérans de l'armée britannique, rompus à la guerre classique, mais l'hostilité viscérale de toute la Haganah à leur encontre l'en dissuade. Tout au plus peut-il confier l'entraînement de l'armée à un ancien officier de la brigade juive britannique, le commandant Laskov, dont il fait son conseiller officieux pour la réorganisation des forces.

Il porte ensuite son effort sur le recrutement. En décembre 1947, la Haganah, armée de conscription, ne compte que 400 permanents (sans compter les 2 200 commandos du Palmach) et 16 000 mobilisés. Un an plus tard, par l'incorporation massive des nouveaux immigrants, les effectifs dépassent les 90 000 hommes. L'équipement de cette armée reste l'enjeu principal. Ben Gourion est convaincu que seule la supériorité technique lui permettra de vaincre la coalition des Etats voisins. Or l'embargo britannique puis international sur les armes à destination de la Palestine interdit à la Yishouv de s'approvisionner directement. C'est seulement en novembre 1947 qu'il parvient à signer un premier contrat majeur avec la Tchécoslovaquie, par l'intermédiaire de l'Union soviétique[18]. Le Vieux triple le budget d'acquisition de la Haganah et le finance par souscription aux Etats-Unis, à travers l'Institut Sonneborn créé à cet effet. Enfin, il ouvre à la fabrique locale d'armement de petit calibre, TAAS, une ligne de crédit illimitée. Il reste la réorganisation des forces. Ben Gourion approuve le projet de l'état-major qui consiste à créer trois composantes : la défense statique des colonies (21 000 hommes), les forces mobiles régulières (15 brigades) et les commandos (6 bataillons). Mais, dès le mois de décembre 1947, il y adjoint une « branche aérienne », en militarisant la compagnie aérienne Aviron. A ses 20 avions de transport s'ajoutent, dès avril 1948, 20 chasseurs Messerschmitt reçus de

---

18. En novembre 1947, Ben Gourion mandate un de ses fidèles, Avriel, pour négocier l'achat d'armement avec le gouvernement tchèque. Le premier contrat porte sur des armes légères et des cartouches. Après le coup de Prague de février 1948 qui porte les communistes au pouvoir, les contrats s'enchaînent : 24 500 fusils, 5 200 mitrailleuses, 54 millions de cartouches et 25 avions de chasse. En raison de l'embargo international, ces armements sont officiellement destinés à l'Ethiopie. Ces contrats n'auraient pu être signés sans l'aval de Moscou.

Tchécoslovaquie[19]. Les pilotes sont recrutés dans la diaspora parmi les vétérans de la guerre. Un embryon de marine est constitué autour de trois bâtiments hors d'âge et de quelques vedettes rapides. En moins d'un an, le Vieux a pris en main et réformé la Haganah. Mais quand survient le vote de l'Assemblée générale, la transformation est loin d'être achevée. L'équipement est encore archaïque, les armes collectives inexistantes, et les véhicules ne permettent pas de transporter tous les soldats mobilisés.

Ben Gourion n'a pas pu imposer toutes ses vues. Les vétérans restent marginalisés et les brigades lourdes de blindés et d'artillerie préconisées par Laskov n'ont pu être constituées. Son principal succès est la création d'une aviation, appelée à jouer un rôle déterminant dans le déroulement du conflit. Enfin, l'unité des armes juives reste à faire. Le Palmach, qui dispose d'une chaîne de commandement autonome, est un Etat dans l'Etat. Son prestige et ses liens avec le Mapam[20] l'ont rendu intouchable. Quant aux milices de l'Irgoun et du Lehi, elles ont refusé de s'intégrer dans l'armée future. Pourtant Ben Gourion a obtenu l'essentiel, c'est-à-dire l'adhésion de son peuple à un projet ambitieux et risqué. D'une mosaïque d'amateurs individualistes, il a fait une force cohérente, insufflant à tous les niveaux son infatigable énergie. Omniprésent, interrogeant, bousculant, contrôlant, le ministre n'est pas populaire dans les rangs et ses colères légendaires provoquent des tensions durables au sein de l'état-major, mais il rassure. Sa flamme, son intégrité et sa détermination lui valent le respect, sinon l'adhésion, de tous. Tsahal est encore en devenir et sa supériorité est loin d'être acquise, mais Ben Gourion a su faire partager par les combattants mobilisés sa foi dans la victoire.

19. La première flotte de combat de l'armée israélienne comprend 25 Messerschmitt Bf-109 récupérés sur la Luftwaffe à la fin de la guerre.

20. Né dans les kibboutz, le Mapam, parti socialiste prosoviétique, regroupe, à partir de janvier 1948, les mouvements de gauche opposés à la ligne travailliste du Mapai. Israël Galili, Yigal Allon et Yitzhak Rabin y sont affiliés comme la majorité des membres du Palmach (recrutés par les Britanniques dans les kibboutz). Seconde famille politique d'Israël, après le Mapai, le Mapam obsède Ben Gourion qui craint de perdre la majorité dans l'Histadrout, le syndicat qui l'a porté au pouvoir.

L'indépendance contre les Palestiniens

Dès l'automne 1947, le futur Premier ministre a défini une stratégie générale qui repose sur deux piliers : ne fixer aucune frontière au territoire de l'Etat juif et n'abandonner aucune colonie. Ce plan de bataille conquérant a une portée politique fondamentale : la Terre promise englobe toute la Palestine et « ne sera pas mutilée », ce qui implique le refus du plan de partage des Nations unies. Quant à la défense de toutes les colonies, elle s'impose pour des raisons psychologiques. Les pionniers des kibboutz ne seront pas abandonnés et on se battra partout coûte que coûte. Ces choix stratégiques, éminemment politiques, portent en germe des options tactiques discutables et affectent durablement la structure même de l'Etat hébreu. En décidant de n'abandonner aucune colonie, Ben Gourion et ses chefs militaires privilégient le choc frontal et l'éparpillement au détriment de la manœuvre et du basculement des forces. En affichant une volonté de conquête de territoires peuplés très majoritairement par les Arabes, ce programme ignore délibérément leur place et leur statut dans un Etat fondé sur le principe démocratique.

Les combats qui s'engagent au lendemain du vote des Nations unies en montrent bien les limites. Les déboires initiaux de la Haganah, confrontée à un adversaire sous-estimé et liée par sa politique de défense territoriale, ne sont surmontés que par le volontarisme audacieux de Ben Gourion et, surtout, la victoire finale contre les Arabes palestiniens n'est assurée que par leur exode massif, lourd de conséquences. Le succès des armes juives est exploité par le futur Premier ministre pour accroître, non sans difficultés, son contrôle sur les armées et pour arracher à ses pairs la déclaration d'indépendance de l'Etat d'Israël. Comme il l'a prévu, le vote de l'Assemblée générale donne le signal de l'insurrection des Arabes palestiniens. La confiance de Ben Gourion paraît fondée, l'adversaire, désuni, ne pouvant mobiliser que quelques milliers d'hommes. D'un côté, le grand mufti de Jérusalem, Hadj Amin al-Husseini, de retour en Palestine après avoir été banni par les Britanniques pour ses activités pronazies, a décrété le djihad contre les Juifs, mais il refuse l'intervention des pays voisins dont il soupçonne les visées territoriales. Ses milices, commandées par son neveu, Abd al-Kader al-Husseini, un chef charismatique mais inexpérimenté, ont pour seul objectif de contrôler Jérusalem et ses approches. De l'autre côté, l'Armée arabe de libération, aux ordres de Fawzi al-Kaoudji, qui s'est illustrée pendant la révolte arabe de 1936, a pour but, en s'infiltrant à partir du Liban, d'investir la Galilée et de préparer l'invasion des Etats voisins. L'armée britannique, pour sa part, plutôt favorable aux Arabes, s'efforce avant tout de limiter ses pertes avant son départ programmé et ne patrouille que dans les grands axes.

Pendant quatre mois, la Haganah se bat sur tous les fronts sans parvenir à prendre l'avantage. La « guerre des routes » lancée par Fawzi lui permet d'isoler la Galilée et le Néguev. Le « Bloc d'Etzion », un groupe de colonies au sud de Jérusalem, est encerclé et les attentats se multiplient contre les sièges de l'Agence juive, à Jérusalem et Haïfa. Dans la vieille ville de Jérusalem, les combats sont acharnés. Dominique Lapierre et Larry Collins ont illustré dans un best-seller, *O Jérusalem*, le drame des 100 000 Juifs assiégés et privés de ravitaillement affrontant les milices du grand mufti. L'issue de la bataille est si incertaine que Truman veut retarder la mise en œuvre du plan de partage et propose de mettre la Palestine sous tutelle de l'ONU. Acculé, Ben Gourion réagit en imposant à ses chefs militaires, « effarés mais subjugués », l'opération « Nakshon » consistant à forcer le passage vers la Ville sainte pour briser le siège. Regroupant 1 500 hommes prélevés sur tous les fronts, l'attaque permet de briser l'encerclement et de ravitailler la communauté juive. Les pertes sont lourdes et le succès temporaire, mais le Vieux est acclamé à Tel-Aviv et la diaspora en fait une victoire éclatante. A la proposition du président des Etats-Unis, il peut répondre sèchement : « C'est une capitulation devant le terrorisme de bandes arabes armées par le Foreign Office et qui pénètrent dans le pays sous sa protection. La création de l'Etat juif ne dépend pas, en fait, de la résolution de l'ONU – quoique celle-ci soit d'une grande valeur morale et politique – mais de notre capacité d'emporter ici, en Palestine, la décision par la force. » Quelques jours plus tard, il lance Yigal Allon, chef d'état-major de la Haganah en 1948, avec deux brigades du Palmach, à la conquête de la Galilée[21].

21. Yigal Allon (1918-1980), né en Galilée, fonde un kibboutz sur les rives du lac de Tibériade avant de rejoindre le Palmach en 1941. Son expérience acquise dans la Haganah, qu'il a rejointe à l'âge de 13 ans, lui vaut d'être nommé adjoint du général Sadeh, chef d'état-major de ce corps de 1945 à 1946. Il commande ensuite le Palmach de 1945 à 1948 et s'illustre sur tous les fronts pendant la guerre d'indépendance. Ce brillant tacticien, reconnu par tous, n'est pas choisi par Ben Gourion comme chef d'état-major. Ce dernier, qui craint son indépendance d'esprit, l'écarte même du

Le vrai tournant intervient le mois suivant, en avril, avec le début de l'exode des Arabes palestiniens. Après quelques hésitations, Ben Gourion avait autorisé des représailles contre les « complices » des terroristes à Jaffa et à Haïfa. Mais c'est le massacre de Dir Yassine, le 9 avril 1948, qui déclenche la Naqba, le « désastre », dans la communauté arabe. L'opération, conduite par l'Irgoun et le Lehi, vise à s'emparer d'un village, à l'ouest de Jérusalem, tenu par des milices arabes. Exaspérés par la résistance très dure qui leur est opposée, les commandos juifs s'en prennent à la population civile (245 morts, en majorité des vieillards, des femmes et des enfants). Largement médiatisé par les Britanniques, le récit de ces atrocités provoque la panique dans la population arabe et le début d'une fuite générale. Le massacre est aussitôt condamné par l'Agence juive et la Haganah qui soulignent que l'Irgoun et le Lehi ne sont pas intégrés dans l'armée et ont agi sans ordre de l'état-major. Il n'en reste pas moins que l'exode arabe est une aubaine pour le projet de Ben Gourion et qu'il l'encouragera discrètement par la suite. La Yishouv ne représente alors que le tiers de la population de Palestine et le départ des « autochtones » prive les milices arabes du soutien local dont elles bénéficiaient. Jusqu'à la Naqba, le plan sioniste privilégiait l'immigration massive pour prendre l'avantage du nombre. L'expulsion, volontaire ou non, des populations arabes change à jamais l'équation des rapports israélo-arabes.

Avec son opportunisme habituel, Ben Gourion tente alors d'exploiter les succès opérationnels pour renforcer son contrôle sur les chefs militaires, mais la rébellion des généraux, première d'une série, le contraint à accepter un compromis. Son objectif est d'écarter Galili, trop influent et lié au Mapam. Le 26 avril, il informe ce dernier de sa décision de supprimer le Rama, qui « interfère dans ses contacts avec l'état-major » et diffuse une note succincte : « Le poste de chef du commandement national est supprimé et il est mis fin aux fonctions d'Israël Galili. L'état-major recevra désormais ses ordres directement du chef des forces de sécurité. » Ce message provoque un tollé dans le haut commandement, car Galili, intelligent et populaire, remplit *de facto* les fonctions de chef d'état-major en raison de l'indisponibilité du titulaire, Dori. Confronté à la menace de démission de Yigaël

---

commandement du front sud en 1950, au profit de Moshe Dayan. Allon démissionne et entame, après des études de philosophie et d'histoire à Oxford, une carrière politique qui lui vaudra d'être cinq fois ministre.

Yadin et de ses pairs, Ben Gourion transige : Galili ne retrouve pas son poste mais il rejoint l'état-major à un poste non spécifié. Cette demi-victoire du Vieux est vite effacée par la menace d'invasion de la Palestine par les armées des pays voisins. Le Conseil des Treize, gouvernement officieux du futur Etat qu'il préside, souhaite majoritairement repousser la date de proclamation de l'indépendance, prévue le 14 mai, date de l'expiration du mandat britannique. Le Conseil convoque Galili et Yadin pour les interroger sur les chances de victoire sur la coalition arabe. Les chefs militaires se montrent prudents : l'équilibre des forces est défavorable, mais si les armes espérées arrivent à temps et en nombre suffisant… Ben Gourion, avec son charisme froid et son assurance impérieuse, arrache la décision. L'indépendance est votée par six voix contre quatre. Le Vieux parvient même à faire acter le refus de frontières définies (« comme dans la Constitution des Etats-Unis »), par cinq voix contre quatre.

Le vendredi 14 mai 1948, le Conseil des Treize se réunit au musée de Tel-Aviv devant un parterre de notables et de journalistes. « Au-dessus d'eux, entre deux grands drapeaux bleu et blanc frappés de l'étoile de David, le portrait de Herzl. » A 16 heures précises, Ben Gourion, en costume noir, chemise blanche et cravate noire, frappe la table avec son marteau. « L'assistance se lève et entonne spontanément la *Hatikvah*, l'hymne du mouvement sioniste. Il prend les deux feuillets dactylographiés posés devant lui et commence à donner lecture de la proclamation d'indépendance […]. Ce n'est qu'à cet instant que les Juifs de Palestine apprennent le nom de leur patrie retrouvée, l'Etat d'Israël. Dans tout le pays, les citoyens d'Israël entendent la voix rauque et familière de Ben Gourion transmise par les postes radio […]. Trente-cinq minutes après son entrée dans le musée de Tel-Aviv, il frappe une seconde fois la table avec son marteau : "L'Etat d'Israël est né. La séance est levée[22]." » Quelques heures plus tard, il note dans son journal : « A 4 heures, proclamation de l'indépendance. Le pays entier est dans la joie et l'allégresse et, une fois de plus, comme le 29 novembre, j'ai le sentiment d'être un homme endeuillé, égaré parmi ceux qui se réjouissent[23]. » Dès le lendemain, la Légion arabe du roi de Transjordanie franchit la frontière et investit le « Bloc d'Etzion » assiégé depuis cinq mois. La colonie capitule et

22. Michel Bar-Zohar, *Ben Gourion*, Paris, Fayard, 1986.

23. Ben Gourion, *Journal, 1947-1948. Les secrets de la création de l'Etat d'Israël*, Paris, La Martinière, 2012.

ses habitants sont massacrés. Le même jour, l'armée égyptienne entre dans le Néguev. Comment David Ben Gourion pourrait-il se réjouir de l'accomplissement de ses rêves d'adolescent ?

De la survie à la conquête

Dans les dix mois qui suivent, Israël affronte les armées des cinq Etats voisins, les défait militairement et arrache à la communauté internationale une extension significative de son territoire. La mobilisation massive de la Yishouv, l'aide financière de la diaspora et les divisions des grandes puissances contribuent largement à ce succès, mais l'implication personnelle de Ben Gourion est le facteur décisif d'une victoire au goût teinté d'amertume. Sur la base d'une stratégie globale audacieuse mais réaliste, le Vieux a dirigé la manœuvre d'une main de fer, faisant plier l'état-major et imposant l'unification des armées. Dans le même temps, en encourageant – sans le dire – l'exode sans retour des populations arabes, il a créé au Proche-Orient un problème insoluble qui pèse sur l'avenir d'Israël.

La stratégie du Premier ministre, jamais explicitée dans ces termes, s'énonce au fil du temps et s'adapte aux circonstances : tenir jusqu'à la livraison des armes commandées à l'étranger, puis conquérir la Palestine en forçant la main à la communauté internationale, quitte à renoncer sous la pression à une partie des gains. Enfin, dans les territoires conquis, éviter de se trouver confronté à une majorité hostile. Exposés devant l'état-major dans l'euphorie des premières livraisons d'armes, le 24 mai, les buts de guerre de Ben Gourion révèlent l'ampleur de son ambition : « Le point faible de la coalition arabe est le Liban, car le régime musulman y est artificiel et facile à ébranler. Un Etat chrétien devrait y être établi, dont la frontière serait la rivière Litani. Nous signerons avec lui un traité d'alliance. Quand nous aurons brisé la force de la Légion arabe et bombardé Amman, nous liquiderons aussi la Transjordanie ; alors la Syrie tombera. Et si l'Egypte osait continuer le combat, nous bombarderions Port-Saïd, Alexandrie et Le Caire. Ainsi nous finirions la guerre et réglerions les comptes de nos ancêtres avec l'Egypte, l'Assyrie et l'Aram. »

Ce surprenant développement, qui rompt avec les prudences habituelles de Ben Gourion, peut être considéré comme un marqueur de la politique d'expansion israélienne, fondée sur une vision historique, et porte en germe les guerres qui ont jalonné sa courte existence.

Chez Ben Gourion, pourtant, le pragmatisme a toujours le dernier mot. Quelques mois plus tard, il précise : « Nous pouvons gagner une guerre, écraser les armées d'Abdallah et de la Syrie et les refouler de ces territoires – et nous pouvons perdre la bataille diplomatique si, ce faisant, nous créons une situation où les intérêts majeurs du reste du monde s'opposent aux nôtres. » Tenir jusqu'à l'arrivée des armes commandées à l'étranger n'a rien d'évident, comme l'ont souligné Galili et Yadin. L'équilibre des forces est défavorable à Israël, non pas tant en termes d'effectifs que de puissance de feu. Les Arabes alignent 35 000 hommes, soit seulement 3 000 de plus que l'Etat hébreu, mais ce dernier peut encore mobiliser 25 000 hommes qui seront engagés une fois reçus les armes et les véhicules qui font défaut. La supériorité des Etats arabes tient à leur armement lourd (150 blindés, 160 canons d'artillerie et 50 avions de combat) auquel Israël ne peut opposer que des armes d'infanterie et des « camions-sandwichs » renforcés de plaques de blindage. Cependant, trois facteurs jouent en faveur de l'Etat juif : l'absence de coordination entre les armées arabes dont les objectifs sont divergents, voire concurrents[24], l'élongation de leurs lignes logistiques et la faible motivation de leurs combattants. En revanche, la valeur opérationnelle des contingents égyptien, jordanien et irakien, entraînés par les Britanniques, ne peut être sous-estimée[25]. Les dix premiers jours sont terribles. Les colonies de Galilée et du Jourdain sont assiégées, la forteresse de Latroun qui commande l'accès à Jérusalem est occupée par la Légion arabe, l'aviation égyptienne bombarde Tel-Aviv et ses blindés sont à 40 kilomètres de la ville. Mais Tsahal résiste : on se bat au corps à corps partout, à coups de cocktails Molotov contre les chars. Enfin, les 23 et 24 mai, les bateaux chargés d'armement accostent ; les avions de combat font leurs premiers essais et les nouveaux immigrants sont équipés. L'équilibre est rétabli. L'ONU impose une trêve le 11 juin 1948. Ben Gourion la met à profit pour préparer la reconquête :

---

24. L'objectif des Etats arabes n'est pas l'extermination des Juifs, mais le partage des dépouilles du mandat britannique. L'Egypte cherche à annexer le Néguev, la bande de Gaza et la Judée. Le Liban et la Syrie convoitent la Galilée et la région de Haïfa. La Transjordanie, faute de pouvoir annexer l'ensemble de la Palestine, veut s'emparer de Jérusalem et de la Cisjordanie.

25. Le Royaume-Uni a des accords de défense avec l'Egypte, l'Irak et la Transjordanie et participe à la formation et à l'entraînement de leurs forces. L'armée jordanienne, la Légion arabe, est commandée par un général britannique, surnommé Glubb Pacha, et elle est encadrée par 70 officiers de Sa Majesté.

incorporations massives, création de deux brigades blindées et mécanisées et renforcement de l'aviation qui reçoit des B-17 et des Spitfire. Quand elle prend fin, le 9 juillet, Tsahal prend l'offensive en Galilée, active le contournement de Latroun et bombarde Damas et Le Caire. Le Conseil de sécurité de l'ONU impose en urgence, le 18 juillet, une nouvelle suspension d'armes.

Israël a repris l'initiative et la conservera. Ben Gourion est prêt à engager la deuxième phase de sa stratégie. La menace immédiate, pour lui, vient de l'ONU, dont l'envoyé spécial, le Suédois Folke Bernadotte, propose la création d'un Etat unique fusionnant Israël et la Jordanie, le Néguev revenant à l'Egypte. Son plan est rejeté par toutes les parties, mais son assassinat[26] provoque une émotion considérable qui pourrait inciter le Conseil de sécurité à adopter son programme. Le Vieux décide donc de rompre la trêve, en prenant prétexte d'un incident qu'il provoque avec les Egyptiens, et il lance Allon à la conquête du Néguev. Elle est achevée en cinq jours après de durs combats. L'ONU exige une nouvelle trêve et l'ouverture de négociations, mais Ben Gourion entend négocier en position de force. Aussi, deux jours plus tard, invoquant une violation fictive des accords, il reprend l'offensive sur le front Nord. Tsahal investit la Galilée et pénètre au Liban jusqu'à la rivière Litani. Le tollé est général au Conseil de sécurité. Le Royaume-Uni et la Chine exigent un retrait israélien sur les lignes du 14 octobre. La Russie réclame un retour aux frontières du 29 novembre 1947. Ben Gourion accepte l'ouverture de négociations et le repli de ses troupes du Liban, mais il refuse d'abandonner le Néguev. Il s'appuie sur Truman qui prêche pour un « compromis territorial ». Le 22 novembre, il tente un nouveau coup de force. Dénonçant le refus de l'Egypte de négocier, il engage Allon à l'assaut du Sinaï, conquis en quelques jours. La bande de Gaza est encerclée. La réaction britannique est immédiate et violente :

---

26. Nommé médiateur des Nations unies pour la Palestine en mai 1948, le comte Bernadotte, de la famille royale suédoise, propose le 27 juin la création d'une confédération entre la Jordanie et l'Etat juif (dont le territoire serait réduit de moitié). Après le rejet de ce plan par les deux parties, Bernadotte avance, en septembre, un nouveau plan limitant l'Etat juif à la Galilée et donnant l'essentiel de la Palestine à la Jordanie. Jérusalem serait placée sous mandat international et les réfugiés palestiniens seraient rapatriés. Le projet est inacceptable pour Israël. Le 17 septembre, Bernadotte est pris dans une embuscade tendue par le Lehi à Jérusalem et abattu d'une rafale de pistolet-mitrailleur. Ben Gourion condamne aussitôt l'attentat et fait arrêter 250 membres du Lehi et de l'Irgoun. Ils seront relâchés quelques semaines plus tard.

si Tsahal ne se retire pas, Londres interviendra aux côtés du Caire, son allié. Le Vieux est tenté d'ignorer l'ultimatum, et les accrochages aériens se multiplient avec les chasseurs de la RAF, mais Truman lui envoie une note comminatoire, mettant en jeu l'admission d'Israël à l'ONU. Au grand dépit d'Allon, il s'incline et ordonne l'évacuation immédiate du Sinaï. Engagées à Rhodes, les négociations durent plusieurs mois et donnent à Ben Gourion deux nouvelles occasions de mettre en œuvre sa pratique du fait accompli. En mars 1949, profitant de la signature d'un armistice avec l'Egypte, il fait occuper le port d'Eilat, offrant à Israël un débouché stratégique sur la mer Rouge. En parallèle, anticipant l'internationalisation des Lieux saints, il négocie secrètement avec la Jordanie un partage de Jérusalem. En décembre 1949, quand l'Assemblée générale des Nations unies en vote l'internationalisation, Ben Gourion transfère sa capitale dans la Ville sainte...

Le dernier volet de sa stratégie, et le plus contestable, concerne la population arabe de Palestine dans les territoires conquis. Quand ses critiques, nombreux dans l'armée, lui reprochent sa « pusillanimité » : Pourquoi n'avez-vous pas libéré tout le pays ? Il répond en invoquant l'opposition des grandes puissances et de l'ONU, les problèmes financiers et les Palestiniens. « Nous risquions d'être encombrés d'une majorité arabe hostile. » En réalité, le problème se posait déjà dans les frontières du 29 novembre 1947 et il a été résolu par l'exode. Pendant la guerre, 531 villages et des quartiers entiers des grandes villes ont été rasés. En juillet 1948, interrogé par Rabin[27] sur le sort des populations de Lydda et Ramle (70 000 habitants), deux villes qu'il venait de reprendre aux Jordaniens, le Vieux a répondu : « Expulsez-les », avant de noter dans son journal : « Nous devons tout faire pour nous assurer qu'ils ne reviendront jamais. » La question palestinienne, tumeur inopérable au flanc d'Israël, est bien le fruit d'une stratégie volontaire. Soixante ans après son adoption, la résolution 194 de l'Assemblée générale des Nations unies, selon laquelle « les réfugiés

27. Yitzhak Rabin (1922-1995), né à Jérusalem, ingénieur agricole dans un kibboutz de Galilée, rejoint le Palmach en 1941. En 1948 et 1949, il commande une brigade sous l'autorité d'Allon et participe aux combats dans le secteur de Jérusalem, en Galilée et dans le Néguev. Il sera chef d'état-major en 1964 et conduira les opérations de la guerre des Six-Jours sous le contrôle de Moshe Dayan, ministre de la Défense. Après son entrée en politique, il sera deux fois Premier ministre. Prix Nobel de la paix pour les accords d'Oslo signés avec Yasser Arafat, il est assassiné par un extrémiste juif en 1995.

qui le désirent doivent pouvoir rentrer dans leurs foyers », est restée lettre morte. La plaie ouverte suppure encore au Liban, en Jordanie et dans la bande de Gaza.

Succès militaire et diplomatique indéniable, au moins dans le court terme, la guerre d'indépendance a également permis à Ben Gourion d'unifier Tsahal et d'y asseoir son autorité. Souci légitime du contrôle démocratique des armées, calcul de politique intérieure ou simple manifestation d'un caractère autoritaire, la mise au pas de Tsahal et des milices ne s'est pas faite sans provoquer de sérieuses turbulences dans la conduite de la guerre. Ses ingérences dans la conduite des opérations sont fréquentes, parfois inopportunes, et mal ressenties par Yadin et Galili. Le premier affrontement intervient dès la première semaine, à propos de canons tchèques que les généraux veulent affecter aux colonies du Jourdain en grande difficulté. Ben Gourion refuse car il les veut sur le front de Jérusalem. Yadin s'entête et le Vieux accepte un compromis qui se révèle heureux. Quinze jours plus tard, le Premier ministre, obsédé par le siège de la Ville sainte, donne la priorité à l'attaque de la forteresse de Latroun, contre l'avis des généraux qui s'inquiètent de l'avance égyptienne. Ben Gourion arpente rageusement les couloirs du centre d'opérations, l'œil noir et les dents serrées, et impose trois assauts successifs, infructueux et coûteux, donnant des ordres directement au commandant de l'opération sans même en informer l'état-major. Le dernier échec le met en rage : « Il faudrait fusiller Allon sur-le-champ ! » Il ne renonce à Latroun qu'après que Yadin est parvenu à ouvrir un itinéraire de contournement.

Le grand affrontement avec les chefs militaires intervient pendant la première trêve. Ben Gourion refuse le plan de relève des généraux que lui propose Yadin, car il fait la part belle aux officiers du Palmach proches du Mapam. Il décide d'imposer à des postes clés des vétérans de l'armée britannique. Yadin et tous ses adjoints démissionnent. La crise paraît si sérieuse que le gouvernement s'en mêle et crée une commission d'enquête devant laquelle les chefs militaires dénoncent l'autoritarisme de Ben Gourion et ses ingérences dans les opérations. Menacé du rétablissement du commandement national et de la création d'un comité d'arbitrage des litiges, ce dernier démissionne et s'enferme dans son domicile. Yadin, catastrophé comme tous les membres du gouvernement, force sa porte et le trouve alité dans sa chambre. « Dès qu'il m'aperçut, il me tourna le dos, le visage contre le mur. Il boudait et ne prononça pas un mot. Je lui dis : "Ecoutez, Ben Gourion. Moi, qui suis-je ? C'est vous qui êtes au pouvoir. On ne vous pardonnera pas cette situation. Si nous ne pouvons parler, jetez-moi dehors, révoquez-moi ! Mais la trêve va finir [...]. Je vous propose un compromis : pour l'instant, nous ne nommerons pas les commandants des fronts [...]. Le principal problème est celui de Jérusalem [...]. Je suggère de choisir Igaël Allon. Après ça, nous verrons." Il se retourna vers moi, lentement, et dit : "D'accord, d'accord !" C'est ainsi que la question fut réglée[28]. »

Devant la commission d'enquête, le Vieux dénonce la « politisation » de l'armée, visant implicitement les officiers affiliés au Mapam dont la tête de file est indiscutablement Allon, le plus brillant des commandants de front. Le Premier ministre connaît sa valeur et lui attribue les missions les plus difficiles, en se gardant de le prendre comme chef d'état-major. N'ayant jamais renoncé à unifier les armées, il profite de son éloignement (à la conquête du Néguev) pour supprimer la chaîne de commandement autonome du Palmach. Le Mapam réagit en portant l'affaire devant l'Histadrout. Ben Gourion obtient gain de cause en s'engageant à ne pas dissoudre le Palmach, ce qu'il fera pourtant dès la fin des hostilités, provoquant une vague de démissions. L'armée d'Israël, soumise au gouvernement du Mapai, et surtout à son chef, est ainsi « dépolitisée ».

Entre-temps, Ben Gourion a pu achever l'unification des forces armées en éliminant l'Irgoun et le Lehi. Les milices avaient été intégrées dans l'armée le 1er juin, mais conservaient leurs propres circuits de ravitaillement. Ainsi, le 22 juin, recevant des armes d'un cargo, l'*Altanela*, affrété par l'Irgoun, Menahem Begin refusant de les céder à la communauté pour préserver les moyens et donc l'indépendance de sa milice dont il craint qu'elle ne soit absorbée par les troupes régulières qu'il juge timorées et mal commandées, Ben Gourion fait donner l'assaut sur le groupe déchargeant les armes, faisant une quinzaine de morts[29]. Puis, en septembre, après l'assassinat de

28. Michel Bar-Zohar, *Ben Gourion, op. cit.*

29. Le cargo *Altanela*, chargé d'armes offertes par le gouvernement français à l'Irgoun, transporte également 800 immigrants recrutés par la milice. Il accoste le 20 juin à la plage de Kfar Vitkin, près de Tel-Aviv. Ben Gourion exige que la totalité des armes soit livrée à Tsahal. Begin refusant, le Premier ministre fait encercler le lieu de débarquement par deux régiments du Palmach et trois vedettes rapides, puis il adresse un ultimatum à Begin, menaçant de faire ouvrir le feu si l'Irgoun ne se plie pas dans les dix minutes aux ordres reçus. Sans réponse de Begin, il ordonne le bombardement du navire. Le feu, dirigé par Rabin, fait 16 morts dans les rangs de l'Irgoun. Ce combat fratricide provoque une immense émotion en Israël et dans la diaspora. Le Vieux se justifie ainsi : « S'il y a plus d'une armée, il n'y aura plus d'Etat. Aucun pays

Bernadotte, il dissout les deux milices et fait incarcérer leurs principaux dirigeants. La droite israélienne ne pardonnera jamais au Vieux l'assaut fratricide de l'*Altanela*, pas plus que la gauche n'acceptera l'éviction du Palmach, mais le « Père de la nation », coiffé des lauriers de la victoire, n'en a cure. Tsahal est dans sa main.

Consolider l'acquis

Un pays sous-peuplé dont la jeunesse est décimée et un territoire vulnérable, cerné par des Etats humiliés et avides de revanche, tel est le constat de Ben Gourion lorsqu'il est reconduit au poste de Premier ministre, en 1949, après une victoire étriquée aux élections générales. Pendant les sept ans qui précèdent la crise de Suez, il s'emploie méthodiquement à consolider l'acquis. Son objectif est de dissuader toute attaque d'envergure contre le jeune Etat, et, pour ce faire, lui donner les ressources humaines, les armes et les alliés dont il a besoin. En optant, en pleine guerre froide, pour le camp occidental, il oriente durablement la politique extérieure d'Israël et garantit, à terme, sa survie. *A contrario*, la stratégie militaire qu'il adopte, fondée sur le principe de l'affrontement permanent, nourrit l'antagonisme de ses voisins et donne à Tsahal une place centrale dans la cité, pour le meilleur et pour le pire. En arrière-plan, il y a, bien sûr, l'obsession des frontières bibliques du royaume, mais le Vieux sait que l'heure n'est pas venue. « Il y a des choses auxquelles on doit penser toujours, mais dont il ne faut jamais parler. » Son programme pour renforcer la puissance démographique, économique et militaire d'Israël comporte quatre volets : immigration massive, infrastructure routière, colonisation du Néguev et réarmement. La « loi du retour », adoptée par l'Agence juive en 1949, incite la diaspora à rejoindre la Terre promise. Son succès immédiat en Europe orientale, après les ravages de la Shoah et de la guerre, permet à Israël de doubler sa population en quatre ans (700 000 immigrants). Cette irruption d'étrangers ne va pas sans poser de sérieux problèmes économiques et sociaux, mais elle facilite la colonisation du Néguev, un objectif crucial pour Ben Gourion car cette terre est revendiquée par l'Egypte et parce qu'Israël doit rester une nation de paysans-soldats. C'est d'ailleurs là,

---

ne peut supporter que des particuliers ou une organisation privée introduisent des armes, même en petite quantité, sans l'autorisation du gouvernement. »

dans le kibboutz de Sde Boker, qu'il se retire pendant quinze mois, entre 1953 et 1955, pour se ressourcer, affecté à sa demande à la garde des moutons et à la station météo. C'est aussi là qu'il prendra, en 1963, sa retraite définitive.

L'ouverture de routes et de rocades est un autre chantier prioritaire, tant pour soutenir le développement économique que pour faciliter les déploiements militaires et le basculement des forces en cas de menace sur plusieurs fronts. Le réarmement, enfin, pose un défi majeur, compte tenu de l'état des finances publiques. Le Premier ministre est contraint, en 1952, de réduire fortement les dépenses militaires, ce qui entraîne la démission du chef d'état-major, Yigaël Yadin. Ben Gourion confie à Shimon Peres la responsabilité de l'équipement des armées. D'origine biélorusse, engagé dans la Haganah dès 1934, cet officier polyglotte est un habile diplomate et un remarquable organisateur. En 1953, le Premier ministre lui confie le secrétariat général du ministère de la Défense, dont il devient l'incontestable numéro 2. Sous sa houlette, l'industrie nationale d'armement se développe et connaît des succès retentissants à l'exportation (notamment le fameux pistolet-mitrailleur UZI). Appuyée sur un puissant réseau d'espionnage industriel, elle se lance dans la recherche aéronautique. L'essentiel de l'activité de Peres n'en demeure pas moins la négociation de contrats à l'étranger et, en 1956, les 200 avions de combat et les 400 chars de Tsahal sont d'origine française ou britannique.

Des grandes puissances, Ben Gourion attend donc, prosaïquement, des livraisons garanties d'armement, mais aussi un soutien politique. C'est pourquoi il recherche l'alliance d'un des cinq membres permanents du Conseil de sécurité et veille à ne jamais se faire d'ennemi dans le clan occidental. Le tournant décisif de la politique extérieure d'Israël est pris en 1951 quand Ben Gourion choisit de soutenir les Alliés dans leur engagement en Corée, s'aliénant définitivement l'appui de l'Union soviétique. Le Vieux présente désormais son pays comme étant le « bastion occidental » au Proche-Orient. Cette orientation fondamentale tarde pourtant à produire les effets escomptés et, faute de pouvoir s'allier au Royaume-Uni ou aux Etats-Unis, il se tourne vers la France, un choix par défaut qui se révèle fructueux. Le calcul et le secret restent les piliers de la diplomatie personnelle qu'il conduit sans en informer le gouvernement, en s'appuyant sur des émissaires dévoués et les contacts qu'il entretient dans la diaspora. Le réalisme le pousse d'abord à s'entendre avec Londres. Les Anglais, très présents en Egypte et en Jordanie, connaissent le Moyen-Orient mieux que quiconque. Surmontant son ressentiment à l'égard de l'ancien occupant, Ben Gourion négocie donc, en 1952, un accord de coopération militaire qui échoue sur l'opposition du Foreign Office, fidèle à sa politique arabe. Le Vieux se tourne donc vers Washington, un choix de raison et de cœur, mais Truman est méfiant et n'a pas pardonné l'offensive du Sinaï. Son successeur, Eisenhower, est même carrément hostile. Le ralliement ostensible d'Israël au « monde libre » ne lui vaut aucune faveur en un temps où la plupart des Etats arabes sont hostiles à l'Union soviétique[30]. L'arrivée au pouvoir de Nasser en Egypte, en 1954, son « non-alignement » antioccidental et son agressivité vis-à-vis de l'Etat hébreu engagent même Washington dans une tentative maladroite de récupération et de temporisation qui inquiète et exaspère Ben Gourion. Eisenhower et John Foster Dulles, le secrétaire d'Etat en titre, concentrés sur la guerre froide en Europe, ne veulent pas de « diversion » au Proche-Orient.

C'est donc en désespoir de cause, et à l'initiative de Shimon Peres, que le Premier ministre israélien se tourne vers la France. Paris est demandeur. Un sentiment de culpabilité après les « années noires de Vichy », un besoin d'indépendance vis-à-vis du couple anglo-saxon et une admiration sincère pour les exploits du jeune Etat juif en sont la toile de fond. A partir de 1954, l'aide apportée par Nasser à la rébellion algérienne rapproche les deux pays contre l'ennemi commun. Dès 1954, la France s'engage à livrer 60 avions de combat Ouragan et des chars AMX13. Deux ans plus tard, l'arrivée au pouvoir de Guy Mollet et de son ministre de la Défense, Bourgès-Maunoury, un ami proche de Shimon Peres, scelle l'alliance. Se jouant des directives de l'OTAN, Paris décide la livraison de 12 Mystère IV, son avion de chasse le plus moderne. Ben Gourion envoie Golda Meir, dans le dos du ministre des Affaires étrangères réticent, négocier un imposant contrat d'armement portant sur 200 chars, 72 chasseurs, 10 000 missiles antichars... Il est signé le 23 juin 1956. En parallèle,

30. Le pacte de Bagdad est signé le 24 février 1955 entre l'Irak, la Turquie, le Pakistan et le Royaume-Uni. Accord de défense et traité de coopération militaire clairement dirigé contre l'Union soviétique, il est aussitôt condamné par l'Egypte, la Syrie et l'Arabie saoudite. Après d'âpres discussions internes, la Jordanie refuse d'y adhérer.

le chef d'état-major, Moshe Dayan[31], lance avec son homologue, Ely, un vaste programme de coopération militaire, incluant des stages de formation, des échanges de cadres et des exercices en commun. « L'alliance avec la France, écrira Shimon Peres, fut une amitié presque sans précédent dans les annales des relations internationales. Dépourvue de caractère officiel, elle ne fit l'objet d'aucun traité formel et se développa dans un esprit de confiance et de compréhension mutuelle dont on trouve rarement l'exemple entre gouvernements. » Jusqu'en 1963, renforcée par l'estime réciproque que se portaient de Gaulle et Ben Gourion, elle fut un des pivots majeurs de la stratégie israélienne. Après le départ du Vieux, la politique arabe du général de Gaulle (libéré du conflit algérien) et l'engagement personnel du président Johnson la réorientèrent vers un partenariat exclusif israélo-américain. En 1956, quand Nasser nationalise le canal de Suez, le seul allié de l'Etat hébreu est la France. L'acquis, en matière d'équipement et d'entraînement des forces, est tangible, mais Ben Gourion reste lucide. Que peuvent faire Paris et Jérusalem sans l'aval de Washington et sans la participation de Londres ?

S'il est indéniable que la politique générale conduite par Ben Gourion renforce significativement la position d'Israël, la stratégie militaire qu'il adopte au lendemain de la guerre d'indépendance l'engage dans une voie sans issue. Fondée sur l'attaque préventive et la loi du talion, elle donne à l'armée un rôle et une place excessifs dans une nation démocratique. L'attaque préventive est une option stratégique légitime pour un Etat vulnérable par l'étroitesse de son territoire, en cas de menace immédiate d'invasion. Elle expose

31. Moshe Dayan (1915-1981), élevé dans un kibboutz du lac de Tibériade, rejoint la Haganah à l'âge de 14 ans. Formé au combat dans les Special Night Squads créées clandestinement par le major Wingate, un officier britannique favorable à la cause juive, il est recruté par le Palmach en 1941 et perd un œil en Syrie. Il est remarqué par Ben Gourion en mai 1948 pour son audace dans la défense des colonies du Jourdain. Commandant un bataillon du front centre, il fait l'objet d'enquêtes pour indiscipline répétée, mais le Vieux annule les procédures disciplinaires engagées contre son protégé. Il le nomme ensuite négociateur des traités d'armistice à Rhodes. En octobre 1949, il est promu au poste de commandant du front sud, en remplacement d'Allon. Il est par la suite un des premiers inspirateurs de la politique de représailles massives et d'expulsion des populations arabes. « C'est la seule méthode qui ait prouvé son efficacité, ni justifiée, ni morale, mais efficace. » Ben Gourion en fait son chef d'état-major en décembre 1953. Entamant une carrière politique en 1959, il préside à la guerre des Six-Jours en tant que ministre de la Défense, ignorant délibérément les réserves de son ancien mentor qu'il juge dépassé par les événements. Leader charismatique, bouillonnant d'idées, il est aussi populaire que cynique.

néanmoins Israël à la vindicte des grandes puissances en faisant de l'Etat juif l'agresseur. Ben Gourion en est conscient et, s'il en retient le principe, n'en use qu'avec précaution en 1956. Quelques années plus tard, il tente même de s'opposer à la guerre des Six-Jours, tant il craint les réactions américaines. En revanche, il use et abuse de la loi du talion, politique de représailles systématiques, qui a pour lui une double vertu, convaincre l'adversaire que toute agression sera punie et effacer, une fois pour toutes, l'étiquette de « victimes consentantes » accolée aux Juifs de la diaspora. Cette ligne de conduite, « œil pour œil, dent pour dent », est contestée au sein du cabinet et même à l'état-major, tant ses effets pervers sont visibles dès l'origine. En entretenant le cycle « attentats-représailles », elle conduit à l'escalade. En générant des « bavures », elle engage Israël et son armée dans une « guerre sale », incompatible avec les idéaux de l'Etat juif et dommageable pour son image.

La politique de représailles est mise en œuvre dès 1951 pour contenir les raids de fedayin qui se multiplient à partir du Liban, de la Jordanie et de la bande de Gaza. Ben Gourion dote alors Tsahal de forces spécialisées dans le « contre-terrorisme » en créant l'Unité 101, confiée à Ariel Sharon. Puis, en 1954, un bataillon parachutiste est formé en France (et adopte le béret rouge). Il sert de noyau à la brigade constituée en 1955. Ces troupes d'élite font preuve d'une loyauté absolue à l'égard du Vieux, mais ce ne sera pas le cas avec son successeur, Moshe Sharett, Premier ministre de 1953 à 1955[32]. Avec l'Egypte, l'escalade est inexorable. En réponse aux représailles exercées après les attaques de fedayin, Nasser déploie en 1954, dans la bande de Gaza, des commandos-suicides. Leurs actions déclenchent des opérations lourdes de Tsahal, en février, puis en septembre 1955, autour de Gaza. Le Raïs réagit en instaurant le blocus du détroit de Tiran pour condamner le port d'Eilat. L'issue ne peut être qu'une guerre généralisée, la

32. Né en Ukraine, émigré en Palestine dès 1906, Moshe Sharett (1894-1965) est un intellectuel diplômé de la faculté de droit d'Istanbul et de la London School of Economics. Fin connaisseur du monde arabe, il dirige la branche diplomatique de l'Agence juive avant d'être appelé par Ben Gourion au poste de ministre des Affaires étrangères. Lorsque ce dernier démissionne en 1953, Sharett est choisi par la Knesset pour lui succéder aux fonctions de Premier ministre. Son mandat est empoisonné par l'affaire des espions d'Alexandrie et son conflit latent avec Pinhas Lavon, le ministre de la Défense, et Moshe Dayan. Après le retour de Ben Gourion, il s'oppose à lui sur la politique de représailles et démissionne, en juin 1955, de son poste de ministre des Affaires étrangères.

nationalisation du canal de Suez donnant finalement à Ben Gourion le prétexte à une attaque préventive. La loi du talion n'est pas seulement dangereuse, elle porte en elle le risque de dérapages. Le massacre de Kibbiya, en Jordanie, en est un exemple. L'opération, montée par Moshe Dayan en réponse à une attaque terroriste, est approuvée par le Vieux et confiée à Ariel Sharon[33]. Le 12 octobre 1953, le village suspect est investi et entièrement rasé. Dans les décombres, on trouve 70 morts, en majorité des femmes et des enfants. L'indignation des médias occidentaux conduit Ben Gourion à publier un communiqué affirmant que l'attaque n'a été ni commanditée ni exécutée par l'armée, mais qu'elle est le fait de villageois israéliens exaspérés par les attentats dont ils étaient victimes. Deux mois plus tard, Sharon est promu au grade supérieur. Le mensonge d'Etat n'est certes pas une exclusivité israélienne, mais l'impunité des responsables de crimes de guerre entache la réputation d'un pays, compromet l'éthique d'une armée et complique le règlement des conflits. La France en a fait l'expérience douloureuse. Or, la loi du talion est un axe majeur de la stratégie militaire de Ben Gourion. A plusieurs reprises, il affronte sur ce thème son ministre des Affaires étrangères, puis successeur comme Premier ministre, Moshe Sharett. Ce dernier s'efforce en vain de mobiliser le cabinet contre les raids punitifs envisagés par le Vieux. Ayant eu gain de cause une fois, en 1955, il s'attire une remarque cinglante de Ben Gourion : « Sharett engendre une nation de lâches. Je ne le laisserai pas faire. » Mordechaï Makleff lui-même, membre de l'Unité 101 et successeur de Yigaël Yadin, pourtant choisi pour sa docilité, finit par démissionner pour marquer son désaccord avec la politique de représailles. Le Vieux le remplace par Moshe Dayan, un des inspirateurs de sa stratégie, et choisit comme ministre de la Défense le sulfureux Lavon, connu pour son absence de scrupules[34].

33. Considéré en Israël comme un des meilleurs chefs militaires, Ariel Sharon (1925-2014) rejoint Tsahal à sa création, en 1948, et s'illustre par son courage à la tête d'un escadron. Blessé devant Latroun, il est apprécié pour son charisme, mais connu pour son indiscipline. En 1952, Ben Gourion lui confie l'Unité 101 qu'il vient de créer pour les opérations spéciales. Responsable du massacre de Kibbiya, il est blanchi et promu. Il commande la brigade parachutiste mise sur pied en 1956 et obtient des succès importants dans le Sinaï en désobéissant aux ordres de Moshe Dayan. Il s'illustre en 1967 et en 1973 par d'habiles manœuvres tactiques (enseignées au War College aux Etats-Unis). Créateur du Likoud en 1974, il devient ministre de la Défense de Begin, puis Premier ministre.

34. Emigré en Palestine en 1929, Pinhas Lavon est député à la Knesset à partir de 1949. Politicien sarcastique et arrogant, partisan d'une ligne dure contre les Etats

Dans ce contexte politique tendu et dans une période de fragilité pour le jeune Etat, le rôle de Tsahal ne cesse de s'affirmer. Ben Gourion le veut ainsi : « L'Etat d'Israël doit son existence au seul peuple d'Israël et principalement à son armée. » Quand il quitte sa retraite de Sde Boker, en février 1955, pressé par l'état-major de revenir aux affaires, il déclare à la presse : « J'ai décidé que je vais céder à leurs instances et reprendre le ministère de la Défense. La défense et l'armée passent avant tout. » Sans aller jusqu'à prétendre comme Alain Dieckhoff qu'« alors que partout ailleurs, c'est l'Etat qui a une armée, en Israël, c'est l'armée qui a un Etat », on constate, dès 1952, la place centrale qu'elle occupe dans les institutions. C'est pourtant une armée de conscription, armée du peuple par excellence, dont les officiers et les sous-officiers sont tous issus du rang. Mais le Premier ministre l'investit d'une double mission dans la société, l'assimilation des immigrants et l'encadrement de la jeunesse, qui lui donne une large influence. Sur le modèle des chantiers de jeunesse, 70 camps sont créés, où on apprend l'hébreu, la vie en kibboutz et le maniement des armes. Les jeunes de 14 à 17 ans sont enrôlés dans la Gadna (bataillons de jeunesse) pour s'initier à la vie militaire. L'armée de la nation juive surprend les observateurs étrangers, tant elle s'éloigne des canons traditionnels. On y tolère les cheveux longs, l'uniforme débraillé et une discipline informelle. Pourtant la compétence de ses chefs et le courage de ses conscrits impressionnent. Quant à l'indiscipline des généraux, bien connue, elle n'émeut plus Ben Gourion dès lors que son autorité personnelle n'est plus jamais contestée. En plaçant Lavon et Moshe Dayan aux commandes de la défense, il a ruiné les chances d'un contrôle démocratique durable sur les armées. Dès 1953, en imposant leur départ de Tsahal à l'âge de 40 ans, Moshe Dayan a organisé le reclassement des généraux dans les cercles

---

arabes, il est imposé à Sharett par Ben Gourion. Quand des agents des services de renseignements de l'armée sont arrêtés par la police égyptienne en 1954 pour avoir organisé des attentats au Caire et à Alexandrie, il se trouve au centre d'un scandale international. Ces attentats ont été planifiés par le colonel Gibli, chef du renseignement militaire, pour dresser les Etats-Unis et le Royaume-Uni contre le régime de Nasser, inévitablement suspecté d'être à l'origine de ces attaques. Gibli prétend avoir agi sur ordre de Lavon, ce que nie ce dernier. La commission d'enquête diligentée par Sharett ne pouvant se prononcer, Ben Gourion demande la démission du ministre et le remplace en 1955. En 1961, une nouvelle enquête dédouane Lavon, mais le Vieux réfute ses conclusions et fait exclure son ancien ministre de l'Histadrout dont il est le secrétaire général. L'affaire Lavon a longtemps empoisonné les relations entre Tel-Aviv, Washington et Londres.

dirigeants, politiques et économiques, où ils s'emparent très vite des leviers du pouvoir. La supervision de Tsahal est confiée à ses anciens chefs et la gestion du pays est coiffée par la caste des généraux. Dans cette période de paix armée, Ben Gourion a posé les bases d'un Etat démocratique très militarisé, en phase avec une stratégie aventureuse de confrontation permanente. Du moins, quand résonne à nouveau l'appel aux armes, peut-il s'enorgueillir d'avoir donné à Israël les moyens de la victoire.

Suez : qui perd gagne ?

L'intervention conjointe de la France, de la Grande-Bretagne et d'Israël sur le canal de Suez est présentée, le plus souvent, comme un fiasco retentissant, certains allant jusqu'à mettre en doute la victoire militaire des trois alliés sur l'Egypte. Or, s'il est clair que Paris et Londres ont connu une retraite humiliante après une campagne mal préparée et mal conduite, s'il est également vrai qu'Israël a dû céder le terrain conquis, le bilan de cette aventure pour l'Etat juif est loin d'être négatif. Le mérite en revient largement à Ben Gourion qui a su négocier en amont les conditions de la participation d'Israël et conduire habilement la retraite pour préserver l'avenir. Les circonstances ne se prêtaient pas à une opération de cette envergure, et le Premier ministre s'y est engagé à reculons, sous la pression de son chef d'état-major et des Français. Dans la phase de négociations, il a obtenu de Londres et Paris les garanties de sécurité qu'il jugeait indispensables. A l'issue des combats, il a résisté à la formidable pression des Américains et des Soviétiques pour imposer son tempo et obtenir la mise en place d'un cordon sanitaire à ses frontières.

En octobre 1956, le contexte international est défavorable à une entreprise que n'approuvent ni les Etats-Unis ni l'URSS. La révolte hongroise provoque un raidissement général de Moscou qui évoque ouvertement, et par les canaux du Komintern, l'envoi de « volontaires pour soutenir son allié égyptien ». Eisenhower, pour sa part, est exaspéré par le refus de Ben Gourion de négocier sur la base des exigences de Nasser[35] et il s'irrite de tout ce qui pourrait détourner

35. En janvier 1955, Nasser expose à Robert Anderson, envoyé spécial d'Eisenhower, les conditions qu'il met à l'ouverture de négociations directes avec Israël : concession d'une partie du Néguev pour assurer la continuité territoriale entre

l'attention du « front de l'Est » où se joue, croit-il, le sort du monde libre. La France, obnubilée par la guerre d'Algérie, est très allante, mais le Royaume-Uni reste en retrait, partagé entre la colère que lui inspirent les initiatives de Nasser et le souci de ménager Washington. Mais le temps presse, car la nationalisation du canal sera bientôt un fait acquis et l'Egypte va recevoir les armements du contrat colossal passé avec la Tchécoslovaquie[36]. Les deux principaux responsables du ministère de la Défense, Moshe Dayan et Shimon Peres, poussent le Vieux à s'engager avec Paris, sur la base des rapports de confiance établis avec leurs correspondants. Mais après la conférence de Londres du 16 août 1956 qui confirme l'opposition des Etats-Unis à toute intervention militaire et les réticences du Foreign Office, Ben Gourion fixe trois conditions préalables à une opération conjointe : Israël ne doit pas apparaître comme étant l'agresseur, le Royaume-Uni doit y participer et Londres doit s'engager à ne pas soutenir la Jordanie si Amman s'implique dans le conflit. Pour satisfaire la première condition, le ministre français des Affaires étrangères, Christian Pineau, imagine un stratagème qui ne satisfait pas le Vieux. L'intervention franco-britannique serait déclenchée par une offensive israélienne sur le canal entraînant l'envoi d'un ultimatum des deux capitales aux belligérants. Après le refus inévitable du Caire, la voie d'eau serait prise d'assaut et contrôlée par la force franco-britannique. Une ébauche de plan d'opérations est concoctée entre Maurice Challe, le sous-chef opérations de l'état-major français, et Moshe Dayan qui le présente à Ben Gourion. Celui-ci, bougon et irascible, le réfute point par point et conclut, à juste titre, que le plan manque de rigueur et présente trop de risques pour l'Etat hébreu. Quelques jours plus tard, ce même plan est exposé par Challe au Premier ministre britannique, Eden, en court-circuitant le Foreign Office. Eden, dès le mois de juillet, s'est montré favorable au projet et le plan lui paraît séduisant, mais il ne peut souscrire à la troisième condition posée par les Israéliens : si la Jordanie entre en conflit avec eux, il sera contraint d'intervenir en vertu de l'accord de défense qui les lie.

---

l'Egypte et la Jordanie et libre choix entre l'indemnisation et le retour en Palestine pour tous les réfugiés. La réponse de Ben Gourion est catégorique : pas de concessions territoriales et refus du libre choix qui « entraînerait la création d'une cinquième colonne qui détruirait l'Etat d'Israël de l'intérieur ».

36. Le contrat tchécoslovaque obtenu par Nasser porte sur 200 avions de chasse, 230 chars, 230 véhicules blindés de transport de troupes, 10 vedettes et 3 destroyers.

Aussi, quand commence la conférence de Sèvres qui réunit les trois pays, le 23 octobre, rien n'est réglé. Avec les Français qu'il rencontre d'abord, Ben Gourion se montre intransigeant. L'opération doit être reportée jusqu'à ce que la neutralité américaine soit acquise et après que le plan d'opérations a été agréé par les Britanniques. A ses interlocuteurs médusés mais consentants, il expose alors ses buts de guerre : élimination de Nasser, statut international pour le canal de Suez, prise de contrôle du détroit de Tiran, mais aussi partage de la Jordanie entre Israël et l'Irak et dépeçage du Liban entre la Syrie, Israël et un Etat chrétien... Son projet pour l'Etat juif est inchangé depuis l'indépendance, mais c'est la première fois qu'il l'évoque devant des étrangers. Il exprime enfin ses craintes pour la sécurité des villes israéliennes à la merci des bombardements égyptiens ou syriens et il accrédite la menace d'un afflux de volontaires soviétiques. En bref, il exige des garanties de sécurité françaises. L'entretien qui suit avec le secrétaire d'Etat des Affaires étrangères britannique, Selwyn Lloyd, amplifie ses réticences. Méprisant à l'égard de la délégation israélienne, ce dernier affiche ouvertement son scepticisme. Pourtant, dès le lendemain, le Vieux obtient satisfaction sur les principales garanties qu'il demande et donne son feu vert à l'opération. Moshe Dayan a imaginé un prétexte acceptable pour l'offensive israélienne (un cargo refoulé à l'entrée du canal) et les Français ont inclus dans le projet de plan d'opérations le bombardement de tous les aéroports égyptiens. Ils s'engagent par ailleurs à assurer la défense aérienne et maritime d'Israël pendant toute la campagne. Enfin, l'hypothèque jordanienne est levée car le nouveau gouvernement d'Amman dénonce le traité qui le lie à Londres et signe une alliance avec Le Caire[37]. Le lendemain, Pineau présente le plan modifié à Eden qui l'approuve, sous réserve qu'Israël s'engage à ne pas attaquer la Jordanie. Ben Gourion s'est gardé d'exposer aux Britanniques ses buts de guerre, les sachant inacceptables pour eux. A dire vrai, comme d'habitude, il se contentera

37. En 1955, le roi Hussein de Jordanie renonce à adhérer au pacte de Bagdad après de violentes manifestations populaires animées par les réfugiés palestiniens qui constituent la moitié de la population. Le 1er mars 1956, il renvoie Glubb Pacha, le commandant britannique de la Légion arabe. Le 21 octobre, après la victoire du Front national, proche de Nasser, aux élections, Suleiman Nabulsi, nommé chef du gouvernement, annonce son intention de dénoncer le traité d'alliance avec le Royaume-Uni et d'engager une coopération militaire avec Le Caire. Pendant l'intervention tripartite sur le canal de Suez, il se gardera prudemment de toute action militaire contre Israël.

du possible, la priorité allant à la prise de contrôle du détroit de Tiran dont dépend le port d'Eilat. L'offensive israélienne est fixée au 29 octobre. Le lendemain, Londres et Paris lanceront un appel aux deux gouvernements. Si Le Caire refuse l'ultimatum, l'intervention franco-britannique débutera le 31.

Dès le début de la campagne, Ben Gourion, victime de fortes fièvres, doit s'aliter dans sa maison de Tel-Aviv. C'est donc Moshe Dayan qui est à la manœuvre. Le Vieux, rongé d'inquiétude en raison des retards franco-britanniques, tempère les ardeurs de son chef d'état-major et s'escrime à repousser les messages indignés dont l'accable Eisenhower. En dépit des délais très courts de préparation, l'opération se déroule sans heurts, au moins du côté israélien. Les Français ont déployé à Tel-Aviv 36 avions de combat arborant les cocardes de Tsahal et 4 bâtiments de la marine nationale patrouillent les eaux territoriales de l'Etat juif. Le 29 au soir, un bataillon de 400 hommes est largué à 10 kilomètres à l'est du canal, rejoint dans la nuit par le reste de la brigade parachutiste. Les Egyptiens, pris par surprise, peinent à organiser la contre-attaque, mais Ben Gourion attend le bombardement effectif de leurs aérodromes par la RAF pour lancer ses brigades blindées dans le Sinaï et la bande de Gaza. Quand, avec trois jours de retard, les parachutistes français et britanniques s'emparent de Port-Fouad et Port-Saïd, les Israéliens ont atteint tous leurs objectifs. Ils occupent Charm el-Cheikh et les îles du détroit de Tiran. La réaction brutale de l'URSS (qui vient d'investir impunément Budapest) et des Etats-Unis passe inaperçue dans le climat d'euphorie qui règne à Tel-Aviv. Saisi lui-même par l'« ivresse de la victoire », comme il le reconnaîtra plus tard, le Premier ministre, triomphant, prend la parole à la Knesset : « Ce fut la plus grande et la plus éclatante opération militaire dans les annales de notre peuple [...] notre armée n'a pas violé le territoire égyptien [...] nos opérations ont été limitées à la seule péninsule du Sinaï [...] les lignes de démarcation entre nous et l'Egypte ont rendu l'âme. » Son message pour le défilé de la victoire organisé à Charm el-Cheikh est explicite : « Yatvat (l'île de Tiran) fera, une fois encore, partie du troisième royaume d'Israël [...] les territoires conquis ne seront pas cédés. »

Le 8 novembre, enfin dégrisé, le Vieux, accablé, prend connaissance des rapports qui s'accumulent, de Rome, Paris ou Washington, annonçant des flots d'avions soviétiques vers la Syrie. Eisenhower menace d'exclure Israël de l'ONU si le Sinaï n'est pas évacué sur-le-champ. Le Royaume-Uni et la France se sont inclinés dès le 5 novembre devant l'ultimatum russe (n'excluant pas le recours à l'arme nucléaire) et la mise en demeure américaine. Très pâle et furieux comme un lion blessé, Ben Gourion consulte à tout-va dans une atmosphère de tension extrême. Avec son conseiller Herzog, il met au point son ultime parade : gagner du temps en réclamant le déploiement d'une force internationale dans la zone du canal de Suez. « Il a courageusement plié l'échine sous le poids des réalités et a consenti au retrait sans traité de paix », dira Herzog[38]. A minuit, il s'adresse à la nation sur les ondes, donne lecture des messages russes et américains et annonce sa décision de replier les troupes. « Sa voix rauque, brisée par l'émotion, ne peut masquer son immense déception. » Sa conclusion est pour Tsahal : « Il n'existe nulle puissance au monde qui puisse retourner votre grande victoire [...]. Israël, après la campagne du Sinaï, ne sera jamais plus le même Israël qu'avant cette grandiose opération. »

Espérant conserver les îles de Tiran et la bande de Gaza, le Premier ministre retarde autant qu'il le peut le retrait de ses forces, négociant pied à pied avec Washington des garanties de sécurité pour Israël en échange de l'abandon des positions occupées par Tsahal. Il n'y consent qu'en mars 1957, sur la promesse de Dulles qu'« Israël sera en droit de défendre ses intérêts si la liberté de navigation n'est pas assurée dans le détroit de Tiran ou si la bande de Gaza est occupée par les forces égyptiennes ». Sur le second point, les Américains ne tiennent pas parole et l'ONU réaffirme la souveraineté du Caire sur Gaza, mais le Vieux est lassé de ce bras de fer avec Dulles. « Je n'ai pas le cœur de lancer une nouvelle opération. Il ne reste au gouvernement, à l'armée et au peuple d'Israël qu'à remâcher leur rancune. »

L'échec diplomatique est aussi manifeste que la victoire militaire a été éclatante. Le bilan pour l'Etat hébreu est pourtant loin d'être négatif. Certes, Israël n'a gagné aucun nouveau territoire et s'est brouillé avec les Etats-Unis et avec l'ONU, s'acquérant une fâcheuse réputation d'impérialisme. De plus, la menace égyptienne reste présente aux frontières sud. Mais le corps de bataille de l'adversaire principal a été décimé, le port d'Eilat est sauvé et les fedayin ne reviendront pas. Un cordon sanitaire est déployé par l'ONU sur la frontière qui sépare les deux Etats. Dix années de paix sont acquises. Consolidé dans son pouvoir, Ben Gourion va s'employer pendant six ans encore à renforcer les bases du jeune Etat avant de se retirer

38. Jacob Herzog, conseiller diplomatique de Ben Gourion, est apprécié par Dulles et Eisenhower.

à Sde Boker. Les exploits de Tsahal ne sont pas passés inaperçus dans le tiers monde et on se presse pour bénéficier de son « expertise militaire » dans les gardes présidentielles, les services de renseignements ou les forces spéciales... Enfin, l'alliance avec la France est à son zénith. Recevant le Premier ministre à Paris, en 1960, le général de Gaulle affirme publiquement : « Sous aucun prétexte, la France n'acceptera l'annihilation d'Israël. » En arrière-plan de cette visite, il y a la coopération nucléaire militaire entre les deux Etats, un enjeu majeur pour Ben Gourion.

La bombe juive

Dès l'indépendance reconnue d'Israël, le Vieux s'est donné pour but de doter l'Etat juif de l'arme nucléaire, un objectif déraisonnable pour une nation de un million d'habitants, aux ressources financières très limitées, mais il y voit une garantie suprême de survie pour la nation juive. Dix-sept ans plus tard, la première bombe atomique israélienne est opérationnelle et prête à être déployée sur des missiles conçus à Tel-Aviv. Ben Gourion a démontré, une nouvelle fois, que la détermination, le calcul et la ruse peuvent déplacer les montagnes, mais quel bénéfice tire Israël de cette nouvelle et éclatante supériorité militaire sur ses voisins ? L'arme nucléaire israélienne n'a pas révolutionné le contexte stratégique au Moyen-Orient et n'a pas eu un effet déterminant sur la sécurité d'Israël. Car l'opportunisme politique du Premier ministre, qui excelle à exploiter les circonstances et à engranger les acquis, s'accommode mal d'une vraie réflexion stratégique, et les hommes dont il s'entoure sont davantage des tacticiens opérationnels que des concepteurs ou des penseurs militaires. En 1949, le club des puissances nucléaires se limite à deux membres, les Etats-Unis et l'Union soviétique qui vient de tester ses premières armes. Or, les deux adversaires n'entendent pas laisser proliférer cette nouvelle et redoutable technologie militaire. Le programme israélien sera donc clandestin et ne pourra compter sur l'aide américaine. Pour le réaliser, Ben Gourion s'appuie sur la coopération militaire avec la France, en s'employant à tromper la vigilance de Washington. A l'été 1949, il s'efforce en vain de convaincre Einstein de rejoindre Israël, mais ce dernier lui recommande un chimiste de haut niveau, le docteur Ernst Bergmann, pour lancer son programme de recherches. Le Vieux lui confie le département de chimie de l'Institut Weizmann (créé en

1934 à Rehovot, près de Tel-Aviv), avant d'en faire son conseiller scientifique au ministère de la Défense. Bergmann, savant pacifiste peu enclin au développement d'armes de terreur, est subjugué par la personnalité de son mentor et il joue un rôle clé dans la création, en 1952, de la Commission (secrète) de l'énergie atomique, réplique du CEA français[39]. De nombreux chercheurs de la diaspora sont recrutés à l'Institut Weizmann, dont un ancien du projet « Manhattan » et un physicien français renommé, Sourdine. Des étudiants sont envoyés dans les plus grandes universités occidentales.

Pour rassurer les Américains, Ben Gourion accepte de participer à leur programme « Atome pour la paix » qui vise à diffuser, sous leur contrôle, la technologie civile de production d'électricité d'origine nucléaire, en espérant dissuader ainsi les recherches pouvant déboucher sur la production d'armes. A ce titre, en 1955, Washington livre à Tel-Aviv un réacteur de 5 MW, implanté sur le site de Soroq, qui servira de vitrine officielle. Les Américains y forment 56 ingénieurs atomiciens qui seront autant de recrues pour le programme clandestin. La coopération avec la France s'engage dès 1956, avec la bénédiction d'Eden, Premier ministre britannique, toujours favorable à Israël mais peu disposé à encourir les foudres de Washington. Shimon Peres engage des négociations secrètes avec le CEA qui ne cache pas son intérêt pour le procédé chimique mis au point à Tel-Aviv pour la préparation de l'eau lourde. Mais c'est l'humiliation de Suez qui décide le gouvernement français à s'engager totalement dans le projet israélien. « Je leur dois la bombe, déclare Guy Mollet à son chef d'état-major. Il faut leur donner cette contrepartie pour assurer leur sécurité. C'est vital... Ely[40], faites le nécessaire pour mettre cette affaire en œuvre ! » Ainsi est lancée l'opération secrète « Lavoisier[41] » qui comprend deux volets, la livraison d'un réacteur permettant la production de plutonium et le développement d'un programme de missiles et de bombardiers. Le réacteur, d'une puissance de 24 MW, est construit à Dimona, au cœur du Néguev, sous couvert de la production d'une centrale électrique. Sur ce site très surveillé, 300 ingénieurs et techniciens français

39. Le Commissariat à l'énergie atomique (CEA) est créé en 1945 par de Gaulle et placé sous l'autorité du président du Conseil.

40. Le général Paul Ely, chef d'état-major des forces armées puis de la Défense de 1953 à 1959, sauf en 1954-1955 où il commande en Indochine.

41. Francis Perrin, haut-commissaire de 1950 à 1970, est un acteur majeur de l'opération « Lavoisier ». C'est également lui qui alerte le général de Gaulle, en 1960, sur l'expansion du programme israélien.

et 1 200 Israéliens francophones travaillent côte à côte pendant trois ans jusqu'au coup d'arrêt donné brutalement par le général de Gaulle, en mai 1960. En parallèle, Dassault lance, avec la participation d'ingénieurs israéliens, le développement de missiles sol-sol. La défection française, à un moment crucial pour le projet de Dimona, est perçue par Ben Gourion comme une catastrophe absolue. Maurice Couve de Murville a convoqué l'ambassadeur d'Israël à Paris pour lui annoncer que la France ne livrerait pas l'usine de séparation isotopique qu'elle s'était engagée à construire. Elle exige que le réacteur de Dimona soit officialisé et placé sous contrôle international. Le Vieux réagit en demandant à rencontrer d'urgence le général de Gaulle.

Les raisons du revirement français ne lui sont pas connues, mais il espère pouvoir convaincre son interlocuteur de la vulnérabilité d'Israël et des avantages d'une coopération. La tâche se révèle difficile car des raisons complexes ont poussé le Général à cette rupture. En premier lieu, il a décidé de donner son indépendance à l'Algérie et n'a donc plus besoin de l'appui de Tel-Aviv. Surtout, la France a rejoint, depuis février, le club des puissances nucléaires et en adopte naturellement les codes et les objectifs de non-prolifération. La rencontre intervient à Paris, un mois plus tard. Ben Gourion s'attend à être reçu froidement par le général qu'il croit dur et renfermé, mais ce dernier, séduit par la personnalité de ce « lutteur et champion courageux », l'accueille amicalement et s'entretient longuement en tête à tête avec lui. Le Vieux s'efforce en vain de le convaincre de la menace vitale que les Arabes font peser sur Israël. « Je ne pense pas qu'ils soient capables de vous vaincre », lui objecte le Général. Ulcéré par cette légende tenace de l'invincibilité de l'Etat juif, le Premier ministre s'attache à souligner les vulnérabilités de son pays. Il parvient à obtenir de son interlocuteur un engagement ferme sur la poursuite de la coopération militaire bilatérale et des livraisons d'armes. Les conversations se poursuivent le lendemain, mais Ben Gourion regagne Tel-Aviv sans assurances sur le programme nucléaire. C'est seulement trois mois plus tard que Couve de Murville annonce à Shimon Peres que l'usine de séparation isotopique sera livrée et que la France renonce à exiger un contrôle international sur Dimona. Dassault est autorisé à poursuivre le développement du missile Jéricho. C'est une nouvelle victoire personnelle pour Ben Gourion, mais un bref répit avant l'offensive américaine.

En décembre de la même année, Washington lance une campagne de presse contre la construction secrète d'un réacteur « qui devrait permettre à Israël de fabriquer une bombe atomique d'ici à cinq ans ». Le Premier ministre contre-attaque en reconnaissant devant la Knesset l'existence d'un réacteur de recherche mais en niant toute intention de production d'armes nucléaires et il invite les experts américains à visiter le site (dont il fait murer pour l'occasion les parties les plus sensibles). En mai 1961, fort des conclusions positives des experts, il obtient du président Kennedy, pourtant porteur d'un projet de « dénucléarisation du Moyen-Orient », un *nihil obstat* pour Dimona. Les travaux peuvent se poursuivre et la première bombe opérationnelle est produite en 1966, sans qu'il soit procédé à des essais. Israël devient *de facto* la sixième puissance nucléaire, nul n'ignorant que les missiles Jéricho sont susceptibles de porter des têtes actives et peuvent menacer tous les Etats voisins. La disposition d'armes aussi puissantes, dont l'effet dévastateur a, sur les opinions publiques, un impact psychologique considérable, aurait dû bouleverser les rapports de forces au Moyen-Orient et garantir durablement la sécurité de l'Etat juif. Or, comme l'ont montré les guerres des Six-Jours et du Kippour, puis les interminables conflits du Liban, il n'en a rien été. La position ambiguë adoptée par Ben Gourion et perpétuée par ses successeurs, à savoir nier la possession de l'arme tout en laissant entendre qu'il faudrait peu de temps pour l'avoir, a empêché Israël de tirer avantage de cette exceptionnelle supériorité militaire et de bâtir une vraie politique de dissuasion. En refusant de signer le traité de Moscou de 1963 (interdisant les essais nucléaires dans l'atmosphère et en milieu aquatique) et en n'adhérant pas au traité de non-prolifération de 1968, Israël a renforcé les suspicions à son égard et rejoint la cohorte des « Etats parias », sans pour autant en tirer profit pour afficher un arsenal dissuasif pour ses voisins.

La reconnaissance publique de la détention de l'arme atomique était difficile tant que Kennedy était en fonctions, sans risquer une crise majeure avec les Etats-Unis. Mais, à partir de 1966, dans le cadre de la grande alliance avec Washington, alors que Johnson considérait enfin l'Etat juif comme étant le « bastion du monde libre » au Moyen-Orient, l'officialisation s'imposait et, avec elle, l'affichage d'une doctrine claire et crédible de dissuasion. Faute de quoi Israël s'est enfermé dans une politique de déni stérile qui n'a eu d'autre effet que d'inciter ses voisins à la prolifération nucléaire et de condamner Tsahal à des entreprises ponctuelles et déstabilisatrices pour tenter d'en arrêter le cours[42]. Ben Gourion n'est pas directement responsable des choix de ses successeurs, mais il les a orientés et n'est jamais intervenu depuis sa retraite de Sde Boker pour les inciter à une autre politique. On doit lui reconnaître qu'il a su concevoir, imposer et mener à son terme contre vents et marées un projet d'une folle ambition, mais ses héritiers et lui-même ont été incapables d'en tirer profit. La stratégie globale qu'il avait adoptée reposait sur des bases simples, la conquête et l'affrontement, en privilégiant le court terme, mais l'arme nucléaire ne trouvait pas sa place dans ces schémas. De ce fait, elle est restée dans un placard doré, simple chiffon rouge agité à la face des Etats arabes. Les collaborateurs dont il s'était entouré étaient pour la plupart initialement hostiles à ce projet jugé chimérique et coûteux et ils ne rêvaient que de conquêtes territoriales, l'autoritarisme du Vieux les décourageant de toute réflexion personnelle et de toute analyse stratégique. Il n'y a pas eu en Israël de tentative de conceptualisation de la dissuasion comme la France en a connu avec Lucien Poirier, Charles Ailleret ou Pierre Gallois. Ben Gourion a voulu la « bombe juive » parce que sa possession renforçait l'arsenal militaire de son pays, mais sa politique n'a fait qu'accroître les risques de conflits dans la région en encourageant notamment l'Irak et l'Iran à lancer des programmes d'armes de destruction massive dont on apprécie encore les conséquences.

L'héritage

« Je donnerai, comme je l'ai dit, tout ce pays à vos descendants et il sera pour toujours leur héritage » (Exode 32, 7-11). Prise au pied de la lettre par Ben Gourion, la promesse biblique a défini son projet et guidé son action, à la fois mythe fondateur et horizon indépassable pour le héros de l'indépendance et ses successeurs. Peu d'hommes

42. Les raids israéliens contre les projets nucléaires des Etats voisins débutent en avril 1979, quand le Mossad détruit avec des bombes, à La Seyne-sur-Mer, la cuve du réacteur Osirak destiné à l'Irak. En septembre 1980, deux chasseurs bombardent le centre de recherches de Tuwaitha, aux portes de Bagdad. Le 7 juin 1981, huit F-16 et six F-15 détruisent le réacteur d'Osirak à 17 kilomètres de Bagdad. Le 5 septembre 2007, l'aviation israélienne bombarde le site nucléaire de Deir ez-Zor, en Syrie. Jusqu'à l'accord international signé avec l'Iran, le gouvernement israélien a menacé publiquement, à plusieurs reprises, de détruire les installations nucléaires développées par Téhéran.

auront marqué leur siècle autant que celui qui a donné une patrie à un peuple dispersé et persécuté depuis la nuit des temps, en créant un Etat démocratique reconnu, fort et respecté, sur la terre ancestrale, plus que jamais carrefour des ambitions, des dévotions, des haines et des miracles de l'humanité. En 1960, après l'avoir rencontré, de Gaulle confiait à son aide de camp : « Le noble Ben Gourion est un des plus grands hommes d'Etat de notre époque [...]. Sa personne symbolise Israël qu'il gouverne après avoir dirigé sa fondation et son combat. » Son combat n'a en fait jamais cessé et, de 1946 à 1963, il a consacré l'essentiel de ses efforts à préparer la guerre et à doter son pays des forces militaires qui lui permettent de la gagner. Chef de guerre redoutable, visionnaire et calculateur, il a eu l'autorité, le charisme et l'audace qu'il fallait pour faire d'un peuple de victimes une nation en armes crainte et admirée. Son habileté à conjuguer coups de force et manœuvres diplomatiques et son implacable réalisme lui ont permis d'imposer au monde et à ses voisins les frontières qu'il avait choisies. Ce faisant, faute d'une stratégie globale et militaire adaptée, il a engagé Israël dans une impasse. Le général de Gaulle le comprit après la guerre des Six-Jours, quand il dénonça les ambitions excessives de ce « peuple d'élite, sûr de lui-même et dominateur ». Ben Gourion avait pour sa part tenté vainement de s'opposer à cette guerre, mais pour de mauvaises raisons, parce qu'il craignait son échec faute de soutien international. Le plan de Moshe Dayan s'inscrivait parfaitement dans les objectifs qu'il avait définis en 1949 et en 1956. En se réjouissant publiquement des annexions territoriales réalisées par son successeur, le Vieux ne percevait pas que la question palestinienne prenait désormais une dimension critique. La stratégie du fondateur de l'Etat juif était fondée sur des objectifs démesurés, impliquant le remodelage complet du Proche-Orient au bénéfice d'Israël. Elle était aussi fondamentalement contradictoire en faisant le choix de la démocratie dans un territoire sans cesse élargi où la majorité échapperait inexorablement à la population juive. Ben Gourion se condamnait, de ce fait, à une politique d'affrontement et d'expédients, naturellement belligène. La poursuite de conquêtes territoriales, les attaques préventives, les représailles systématiques et le drame des réfugiés palestiniens en furent le corollaire inévitable. Cette stratégie de confrontation, perpétuée par des héritiers moins talentueux que leur mentor et écrasés par sa stature, entretient, depuis plus de soixante ans, un état de crise permanent dans cette région du globe. Ben Gourion avait-il le choix d'une autre politique ? On se gardera ici de la tentation de l'uchronie. Le simple fait que la diaspora ait, depuis longtemps, cessé de rejoindre en masse une Terre promise scarifiée par les affrontements et où les Juifs sont de plus en plus minoritaires apporte une réponse. Dans le modeste bungalow de Sde Boker où il vécut ses dernières années, trois portraits ornaient les murs de son bureau, ceux de Moïse guidant son peuple vers la Terre promise, de Gandhi triomphant pacifiquement de l'occupant britannique et de Lincoln, émancipateur des esclaves américains. Infortunément pour les Palestiniens et pour Israël, cet intellectuel humaniste avait, comme tant d'autres, choisi ses victimes quand vint l'heure du combat.

CHAPITRE 7

ADOLF HITLER OU L'ÉPOPÉE SINISTRE

Ses crimes immenses rendent difficile, sinon suspecte, toute tentative d'approche dépassionnée de la conduite de la Seconde Guerre mondiale par celui qui en fut l'acteur principal. Qu'Hitler ait pu être un fin stratège et un brillant chef de guerre nous est spontanément odieux. Comment peut-on créditer ce dictateur hystérique et sanguinaire ne serait-ce que d'une once de génie militaire ? La défaite apocalyptique du « Reich millénaire » témoigne d'ailleurs contre lui. La remarque du général Jodl, son principal assistant militaire pendant toute la durée du conflit, n'est pourtant pas infondée : « Ce n'est pas parce que Carthage a été finalement détruite qu'Hannibal était un mauvais général. » Après tout, Waterloo n'a pas effacé la gloire de Napoléon, et les empires d'Alexandre, de Tamerlan ou de Charles Quint ont été des constructions éphémères. Dans le cas d'Hitler, le manque de crédibilité des principaux témoins, dévots fanatisés ou dignitaires cherchant à se défausser de leurs responsabilités, complique encore la tâche de l'analyste. Mais comment expliquer que l'Allemagne, vaincue en 1918, corsetée par le traité de Versailles et écrasée par le poids des réparations et de la crise économique, ait pu conquérir entre 1938 et 1942 l'Europe continentale tout entière, de l'Atlantique à l'Oural, et qu'elle ait, par la suite, résisté pendant plus de trois ans à une coalition regroupant les Etats-Unis, l'Union soviétique et l'Empire britannique ? Adolf Hitler, incarnation contemporaine du « mal absolu », aurait-il été un grand chef de guerre ?

Une étrange mutation

Un jeune artiste peintre autrichien menant à Vienne une vie de bohème misérable et fuyant le service militaire tente, dix ans plus tard, un coup d'Etat à Munich en Allemagne, à la tête d'un parti militariste d'extrême droite. Cette étrange mutation éclaire à plus d'un titre les motivations et les méthodes du futur chef de guerre. L'artiste peintre, né en 1899 à Braunau am Inn, est le fils d'un douanier brutal et d'une mère aimante. Mauvais élève, paresseux, indiscipliné et immature, il a échoué au concours des Beaux-Arts et vit comme il peut de sa peinture académique à Vienne, puis à Munich pour échapper à la conscription autrichienne. Ce vagabond longiligne, au visage émacié barré d'une grosse moustache, est un solitaire. Végétarien, non-buveur et non-fumeur, peu intéressé par les femmes et totalement dépourvu de sens de l'humour, il est une proie rêvée pour les fièvres de l'esprit. Son ignorance et sa condition misérable le prédisposent à s'enticher de schémas populistes.

C'est d'abord l'idéologie qui structure sa personnalité falote, éveille son esprit et lui trace un chemin. Le peintre, habile mais sans génie, qui vend à la sauvette des vues des monuments de Munich, méprise la société cosmopolite autrichienne autant qu'il admire l'Allemagne puissante de Bismarck. Dans les brasseries qu'il fréquente, il affiche son adhésion aux thèses pangermanistes en vogue. Passionné de Wagner, il communie à ses liturgies païennes et dénonce les adversaires de la grande alliance des peuples germaniques, catholiques et parlementaires, Juifs et Slaves qui encombrent l'espace austro-hongrois. Fils du peuple, il rejette tant le libéralisme que le marxisme.

Ce discours sommaire qui ne repose sur aucun fondement théorique et s'apparente aux réflexes racistes des « petits Blancs » du Midwest trouve brusquement son point d'application en 1918. La défaite du Reich ne peut s'expliquer par un échec militaire (impensable), c'est la conséquence d'un « coup de poignard dans le dos ». « Guillaume II, écrira-t-il, avait été le premier empereur à tendre aux marxistes la main de la réconciliation, sans se douter que les vauriens n'avaient pas d'honneur. Alors qu'une de leurs mains tenait encore celle de l'empereur, l'autre se saisissait déjà du poignard. On ne pactise pas avec les Juifs ; avec eux, c'est la dure loi du tout ou rien. Quant à moi, je décidai d'entrer en politique. »

En juin 1919, le caporal Hitler suit un cours de formation de quelques semaines en tant qu'« agent de propagande » de l'armée et s'initie au « nationalisme antibolchevique ». Il y trouve les bases théoriques lui permettant d'asseoir un discours. Infiltré sur ordre dans un petit parti munichois d'extrême droite, le DAP, il y complète son endoctrinement. Quelques années plus tard, son séjour d'un an à la prison de Landsberg, après l'échec de la tentative de putsch de Munich, lui donne l'occasion d'approfondir les thèses nazies et de s'initier à l'art de la guerre. La lecture passionnée de Nietzsche, Marx et Bismarck, de Clausewitz, Moltke et Schlieffen et les Mémoires des chefs allemands et alliés de la Grande Guerre éveillent sa mémoire prodigieuse, confortant ses préjugés et nourrissant son ambition dévorante. « Ces livres ont permis d'établir la justesse de mes vues à long terme », déclare-t-il. Il les traduit dans un long et pesant pamphlet, *Mein Kampf* (« Mon combat »), qui développe le thème douteux de l'« espace vital » indispensable à la nation allemande pour sa survie économique et son rayonnement. La base de l'aventure expansionniste du IIIe Reich est posée en 1925. La mutation de l'artiste peintre dilettante en leader politique extrémiste n'est pas seulement le fruit d'une conversion idéologique, elle est aussi une conséquence directe de la guerre.

Réformé de l'armée autrichienne en 1913 « pour faiblesse physique », Hitler s'est engagé avec enthousiasme dans la Wehrmacht dès septembre 1914. « Je suis extrêmement heureux. J'espère que nous irons jusqu'en Angleterre », dira-t-il. Pendant quatre ans, il est aux avant-postes, ne quittant le front et les tranchées que pour l'hôpital quand il est blessé à deux reprises. Son courage et son endurance étonnent. Décoré de la croix de fer de 1re classe, il est apprécié mais ne dépasse pas le grade de caporal, car sa discrétion, sa solitude et sa tenue négligée n'impressionnent pas et parce qu'il refuse de quitter son bataillon. Ces années de souffrance (« Plutôt un enfer qu'une guerre », dit-il) le marquent définitivement. Ses décorations, qu'il arbore volontiers, témoignent de son courage et servent l'image de héros militaire qui assoira l'autorité du Führer. Les combats opiniâtres livrés dans les tranchées l'ont convaincu que la victoire est avant tout affaire de volonté. Il n'en démordra jamais et, jusque dans les pires heures d'avril 1945, surestimera son effet sur l'issue de la bataille. Pendant ses périodes de convalescence, il est scandalisé par le défaitisme et les combines de ses camarades...

L'enlisement du front et la multiplication des assauts inutiles et meurtriers lui inspirent à la fois mépris pour les stratèges (« On aurait dû passer au tourniquet tous les généraux ») et conviction que la guerre moderne ne peut être gagnée que par l'audace et le mouvement. Enfin, conjuguées avec ses lectures des grands théoriciens militaires, ses années de guerre, pourtant vécues au niveau élémentaire de l'estafette, lui donnent l'illusion de tout connaître de l'art des conflits.

La mutation de l'élève architecte malheureux en chef politique conquérant s'achève dans le chaos de l'après-guerre, propice à tous les aventurismes. Le caporal Hitler, à 29 ans, y développe d'abord une étonnante aptitude à manier le verbe, un sombre charisme mêlant émotion et logique, invectives et démagogie soutenus par un regard halluciné et une gestuelle sans limites. « Mes facultés critiques ont été balayées, confia plus tard un homme d'affaires local qu'il avait enrôlé. Il tenait les masses, et moi avec elles, sous une influence hypnotique par la simple force de sa conviction [...]. J'ai ressenti une exaltation qui ne pouvait s'apparenter qu'à une conviction religieuse. » La force de ses discours permet au NSDAP de passer de 2 000 adhérents en 1919 à 55 000 en 1924. Cette capacité à subjuguer ses interlocuteurs, jointe à une aptitude étonnante à simplifier, synthétiser des questions complexes, lui permettra de dominer ses généraux, étouffant toute velléité de s'opposer à lui. Cette maîtrise du verbe, confortée par un solide outil de propagande, établira aussi son emprise sur le peuple allemand.

La conquête du pouvoir révèle deux traits de caractère fondamentaux du futur commandant suprême des armées : le goût des coups de poker et l'absence totale de scrupules. Ainsi, quand le chancelier Stresemann met fin à la résistance passive dans la Ruhr occupée par les Français, Hitler décide de s'emparer du pouvoir en exploitant la colère des nationalistes. Le plan, très simple, consiste à prendre le contrôle de la Bavière et marcher sur Berlin en proclamant la déchéance de Stresemann. Il dispose à cet effet d'une solide équipe de « gros bras », les SA (5 000 hommes dirigés par le capitaine Goering), et pense rallier facilement les autorités civiles et militaires de Munich, le ministre-président von Kahr, le général von Lossow et le chef de la police, von Seisser, avec lesquels il entretient des relations complices. L'ancien généralissime, Ludendorff, apportera sa caution.

Le coup d'Etat, lancé en quelques heures le 8 novembre 1923, échoue lamentablement. Les autorités, encerclées à l'hôtel de ville, tergiversent et, « libérées sur parole » par Ludendorff, condamnent le putsch à la radio que les comploteurs ont négligé d'investir. Les casernes et commissariats de police refusant de se rallier, une fusillade éclate et les meneurs sont arrêtés. Condamné à cinq ans de forteresse, Hitler est libéré un an plus tard.

Ce premier coup de poker est un essai manqué. On y trouve pourtant, à l'état brut, les principaux ingrédients de la « méthode Hitler » : indifférence absolue aux règles et principes de l'Etat de droit, audace et bluff, goût du secret et sous-estimation des rapports de forces. Le plan hâtif et sommaire trahit le dilettantisme de son auteur, le cloisonnement excessif nuit à la coordination des manœuvres des conjurés, et l'absence d'armes interdit aux SA d'exercer une pression sérieuse sur les forces de sécurité.

Le coup suivant est plus révélateur du cynisme du chef du NSDAP, le parti nazi. En 1930, exploitant l'impact économique et social de la crise de 1929, il obtient 6,7 millions de voix aux élections législatives et 107 sièges au Reichstag, mais le président de la république de Weimar, le maréchal Hindenburg[1], refuse de le nommer chancelier. « Nommer cet homme-là chancelier ! J'en ferai un ministre des Postes et il pourra lécher des timbres à mon effigie. » Deux ans plus tard, alors que le NSDAP est devenu le premier parti d'Allemagne, Hindenburg choisit encore von Papen contre Hitler. Il faut attendre 1933 pour que le vieux maréchal cède enfin et lui propose la chancellerie. Pour avoir les mains libres en disposant d'une majorité au Parlement, Hitler fait incendier le Reichstag, accuse les communistes du méfait et fait expulser leurs 81 députés. Dans la foulée, il fait adopter une « loi d'habilitation » qui lui permet de gouverner pendant quatre ans sans en référer au Parlement. En l'espace de dix mois, un Etat policier est mis en place. La conquête du pouvoir est complétée en juillet 1934 quand, à la mort d'Hindenburg, Hitler s'attribue les

1. Hindenburg est une grande figure du roman national allemand. Cet aristocrate prussien fait ses premières armes à Sadowa contre les Autrichiens, s'illustre pendant la guerre de 1870 et remporte en 1914 la victoire de Tannenberg contre les Russes. Commandant en chef de l'armée de 1916 à 1918, il fait équipe avec son chef d'état-major, Ludendorff, pour imposer le pouvoir militaire à la tête de l'Etat. Elu au suffrage universel président du Reich en 1925, il affiche son mépris pour les nationaux-socialistes et leur chef qu'il appelle « le caporal autrichien ». En avril 1932, à 84 ans, il est réélu contre Hitler et, en janvier 1933, à la suite de nouvelles élections législatives remportées par les nazis, il est contraint de l'appeler au pouvoir. Dès lors, fatigué et bientôt malade, il cède à toutes les manœuvres de son chancelier, tentant seulement de limiter les mesures antijuives. Il meurt en août 1934, auréolé de gloire, en dépit de sa responsabilité dans la défaite de 1918, gommée dans l'imaginaire allemand par la fable du « coup de poignard dans le dos ».

fonctions de président de la République, devenant ainsi chef des armées. Triomphe du cynisme, de la volonté et de l'idéologie, l'irrésistible ascension de celui qui se fait appeler désormais le Führer, le chef, est le fruit d'une audace qui frise l'inconscience.

Le grand bluff

Quand il arrive au pouvoir, en 1933, Hitler est plus jeune que la plupart de ses homologues. Baldwin, Chamberlain, Churchill, Doumergue, Blum, Reynaud et Staline ont largement dépassé la quarantaine. Son inexpérience et sa jeunesse les rassurent. Leur prudence et leur crainte d'une nouvelle guerre mondiale en font des proies rêvées pour l'audacieux dépourvu de scrupules. Pour rassembler la « grande Allemagne » et lui assurer à l'est l'« espace vital » qui lui fait défaut, le Führer doit s'en donner les moyens militaires et, pour ce faire, réarmer et contrôler les armées. Le réarmement de l'Allemagne est interdit par le traité de Versailles. Ce sera donc une entreprise de dissimulation, ponctuée de coups de poker. La tâche lui est facilitée par les initiatives prises dès 1930 par ses prédécesseurs à la chancellerie, après la dissolution de la commission interalliée de contrôle. L'armée de métier de 100 000 hommes prévue par le traité a été renforcée par une milice fondée sur un service militaire de trois mois suivi de périodes de rappel. Cette armée de cadres qui s'entraîne sur des maquettes est censée former 21 divisions, de quoi régler son compte à la Pologne à partir de 1938. Les avions de combat sont absents et la marine végète (limitée à 10 % du tonnage de la Royal Navy). L'objectif d'Hitler est d'obtenir la parité avec les armées françaises et soviétiques. Son projet d'expansion à l'est lui inspire également de prémunir l'Allemagne d'une attaque surprise à l'ouest en construisant une ligne fortifiée en arrière du Rhin (la ligne Siegfried).

Dès octobre 1934, en entonnant ce qu'il appelle son « disque pacifique », il confirme l'objectif de 21 divisions pour l'armée de terre, relance prudemment les constructions navales (deux croiseurs et un premier programme de sous-marins) et organise la formation de pilotes de chasse. Sa crainte première est de s'aliéner la Grande-Bretagne, très sourcilleuse sur les limitations de la marine. « Jamais je n'aurai de guerre avec l'Angleterre [...] la flotte allemande doit donc concevoir son rôle dans le cadre de la politique continentale européenne », déclare-t-il. Il tente son premier coup de poker en mars 1935, après le succès du plébiscite en Sarre, en rétablissant le service militaire d'un an, en recréant le « Grand Etat-Major » (OKH) de la Wehrmacht et l'Ecole de guerre, et en institutionnalisant l'armée de l'air (Luftwaffe). Comme il l'escomptait, les réactions anglaises et françaises se limitent à des protestations sans conséquences.

Quelques mois plus tard, il obtient même des Britanniques, sans que Paris et Rome soient consultés, la signature d'un pacte naval autorisant la marine de surface allemande à atteindre 35 % du tonnage de la Royal Navy (45 % en ce qui concerne les sous-marins). Les moyens navals du Reich peuvent être multipliés par quatre. Dans les années qui suivent, la construction de chars, d'avions et de bâtiments de la marine se développe considérablement. La part du produit national brut consacrée aux armées passe de 1 % en 1933 à 23 % en 1939. Le « disque pacifique » tourne encore jusqu'à 1938, Hitler multipliant les propos lénifiants et encourageant les échanges militaires avec la France.

Le Führer ne limite pas son engagement au financement du réarmement et aux objectifs à atteindre, il s'implique passionnément dans les choix techniques et les orientations tactiques. Sa formidable mémoire et son intelligence des espaces et des volumes due à son goût pour l'architecture lui permettent d'acquérir un haut niveau d'expertise dans le domaine des armements, au point qu'il lui arrive de conseiller des modifications techniques avisées. Cette expertise lui permettra souvent d'impressionner ou de confondre ses interlocuteurs militaires. Il connaît intimement les capacités des chars, des avions ou des sous-marins.

A un degré moindre, il se passionne pour la tactique et assiste à de nombreux exercices. Quand Guderian lui présente, au cours d'un exercice, un module de chars engagés dans une percée profonde du dispositif adverse, il s'écrie : « C'est ce qu'il me faut ! » Le principe du couple « aviation d'appui/division blindée » sera retenu plus tard en tirant les leçons de la participation de la légion Condor à la guerre d'Espagne[2]. Le Führer ne néglige pas les théories de la guerre navale

2. Le 22 juillet 1936, soit cinq jours après le début de l'insurrection, Franco demande une aide militaire à Hitler et à Mussolini qui acceptent aussitôt. Pour le Führer, l'occasion est bonne d'aggraver les tensions internes en France (et de faire peser une menace sur son flanc sud), mais aussi de se rapprocher de l'Italie. Un détachement aérien comprenant 26 avions de combat et 30 avions de transport rejoint le sud de l'Espagne. Quelques mois plus tard, quand Staline décide de soutenir

et encourage l'amiral Raeder[3] à développer la flotte sous-marine, mais sa priorité demeure continentale. Dans le domaine aérien, s'il s'intéresse au développement et à la production du Me Bf-109, un des meilleurs chasseurs du moment, et du Stuka, un remarquable avion d'appui au sol, il ne perçoit pas l'intérêt du bombardement stratégique qui lui fera défaut dans la bataille d'Angleterre.

La construction du « mur de l'Ouest » (ligne Siegfried pour les Alliés) devient très vite « son projet ». A l'OKH, qui imagine une nouvelle ligne Maginot, il impose des fortifications légères laissant le champ libre à la manœuvre. Au cours de ses inspections, rompant avec le programme de visites monté par l'état-major, il dénonce les failles, fait modifier les axes d'effort... Sa passion pour les innovations techniques et son attention aux détails reflètent, comme chez Churchill, sa méfiance à l'égard du haut commandement. « Je ne jouerai pas au soldat et je ne m'en laisserai pas imposer par les stratèges. La guerre, c'est moi qui la mènerai [...]. La guerre sera ce que je veux qu'elle soit. La guerre, c'est moi ! » Ces propos tenus en août 1932 au président du Sénat de Dantzig annoncent la prise en main des armées qui sera achevée à la fin de l'année 1937.

Le contrôle du haut commandement est un enjeu majeur pour Hitler qui n'ignore pas que Guillaume II s'est fait manipuler par le Grand Etat-Major et que la caste aristocratique des généraux

---

le gouvernement républicain, Hitler crée la légion Condor, aux ordres du général Sperrle. A la composante aérienne renforcée s'ajoutent un détachement terrestre fort de 72 chars et 200 canons et une flottille d'approvisionnement et de transport. La participation des troupes allemandes aux combats de la guerre civile leur permet de tester les capacités du Bf-109 et surtout l'action combinée des Stukas et des chars. Guernica, le 26 avril 1937, inaugure l'ère des bombardements de terreur, en faisant 1 600 morts dans la population civile.

3. Erich Raeder (1876-1960) est un officier de marine conventionnel et réservé qui s'illustre dans la bataille du Jutland, en 1916, et poursuit une carrière classique et sans éclat qui le propulse à la tête de la marine en 1928. Bien que sans affinités avec le parti nazi, il se rallie à Hitler dès 1933 pour soutenir son programme de réarmement. En décembre 1939, il pousse le Führer à l'occupation du Danemark et de la Norvège pour pouvoir disposer de bases navales sur la façade atlantique et conduit brillamment l'expédition de saisie des ports norvégiens. Après la défaite française, conscient de la supériorité de la flotte britannique, il émet des réserves sur le projet d'invasion de l'Angleterre. En revanche, il s'efforce vainement d'obtenir d'Hitler un fort engagement en Méditerranée. Partisan convaincu du développement de la flotte de surface, il se heurte très vite à l'amiral Dönitz, commandant la flotte sous-marine, qui réclame davantage de moyens pour la bataille de l'Atlantique. Désavoué par le Führer, il est contraint à la démission en janvier 1943 et remplacé par Dönitz.

dédaigne l'aventurier sans instruction et sans manières qu'il reste à leurs yeux. Or, cette caste constitue l'élite suprême de la nation et a toujours pesé, depuis 1871, sur la politique étrangère de l'Allemagne. C'est d'elle que dépendra le succès de ses projets ambitieux. En pratique, si les officiers se réjouissent du réarmement et s'accommodent volontiers d'un régime d'ordre, il reste à les convaincre du bien-fondé d'une entreprise risquée. Deux décisions cyniques et brutales mettent l'armée dans sa main. La première, prise le 30 juin 1934, est la mise sous le boisseau des SA, véritable armée parallèle de 2 millions d'hommes, crainte et haïe par les chefs militaires. Prétextant un projet de coup d'Etat du chef des SA, Ernst Röhm, il le fait arrêter et exécuter avec ses principaux adjoints au cours de la Nuit des longs couteaux. Seuls quatre régiments SS sont conservés et constituent, aux ordres d'Himmler, la « garde prétorienne du régime ». Le bénéfice est immédiat : Hindenburg félicite son chancelier et le ministre de la Guerre, Werner von Blomberg, nommé par le président pour contrôler Hitler, lui fait allégeance. Le 2 août 1934, les armées prêtent serment de fidélité à celui qui devient quelques jours plus tard leur commandant suprême. La seconde décision intervient en novembre 1937, avec l'éviction du ministre de la Guerre et du chef d'état-major de l'armée de terre et la création d'un état-major interarmées coiffant les trois armées.

Cette mise au pas du haut commandement est provoquée par les fortes réticences du général Fritsch au plan d'action général exposé par le Führer, le 5 novembre, au cours d'une réunion secrète tenue à Berlin. Quelques jours plus tard, Fritsch lui adresse un mémorandum critique qui reçoit le soutien du ministre de la Guerre. Hitler contraint alors Blomberg à démissionner en faisant connaître qu'il a épousé récemment une ancienne prostituée et fait accuser Fritsch (à tort) d'homosexualité[4]. Le Führer peut dès lors s'attribuer la fonction de ministre de la Guerre et nommer von Brauchitsch chef

4. La rumeur courait en 1936 que le général Fritsch avait eu une liaison homosexuelle, mais Hitler, informé, avait refusé d'y croire. En janvier 1938, exaspéré par les réticences exprimées par son chef d'état-major à l'égard de ses plans d'invasion et inspiré par le scandale Blomberg, le Führer demande une enquête à Himmler sur ces faits anciens. L'enquête rapide de la Gestapo conclut, sur la base d'une dénonciation douteuse et d'une erreur de personne, à la « culpabilité » du général. Hitler le contraint à démissionner le 3 février 1938. Fritsch sera par la suite acquitté par un tribunal militaire, mais ne retrouvera pas ses fonctions. Il est tué à la tête de son régiment pendant la campagne de Pologne.

d'état-major de l'armée de terre (OKH). Il crée par ailleurs le poste de chef d'état-major interarmées (OKW) qu'il confie au général Keitel.

Brauchitsch est un officier prussien solide mais sans envergure et docile. Keitel, nazi inconditionnel, laborieux et médiocre, dispose à l'OKW, pour les opérations, d'un officier brillant qui sera la tête pensante de l'état-major, le colonel (bientôt général) Jodl. En parallèle, le ministre des Affaires étrangères, von Neurath, est remplacé par Ribbentrop. La prise en main du commandement est complétée en août 1938, quand von Brauchitsch transmet à Hitler un mémorandum de son chef d'état-major, Beck, protestant contre le projet d'invasion de la Tchécoslovaquie et appelant au respect des règles internationales. Le Führer convoque les chefs militaires, raillant leur défaitisme, leur interdisant toute ingérence dans le domaine politique et exigeant d'eux une « obéissance aveugle ». Beck est démis et remplacé par Halder[5]. Les premiers succès d'Hitler sur la scène internationale rallieront la plupart des généraux et l'ensemble de la troupe, mais le haut commandement, conscient des limites du

5. Le général Beck (1880-1944), issu d'une famille prussienne de tradition militaire, est un officier d'état-major réfléchi, rigoureux et parfois tatillon, plus soucieux d'éthique que la moyenne de ses pairs. Rédacteur après guerre d'un manuel d'instruction tactique qui fait date, il devient en 1935 chef d'état-major de Fritsch, le commandant de la Wehrmacht. Soutenant le réarmement et la remilitarisation de la Rhénanie, il s'oppose à partir de 1937 à l'« aventurisme » d'Hitler et multiplie les mises en garde. En 1938, il critique le projet d'invasion de la Tchécoslovaquie et propose, en juin, une démission collective des généraux que refuse Brauchitsch. Le 10 août, Hitler le pousse à la démission en lui promettant un commandement qu'il ne recevra jamais. Il participe dès lors à tous les complots inaboutis jusqu'à celui du 20 juillet 1944 qui l'aurait propulsé à la tête de l'Etat (suggestion de Rommel) s'il avait réussi. Arrêté le 21 juillet, il tente de se suicider et reçoit le coup de grâce d'un sergent compatissant. Le général Halder (1884-1972), fils de général, officier d'état-major remarqué pendant la Grande Guerre, est un nationaliste sans sympathie pour l'idéologie nazie. Connu pour ses qualités de planificateur, il refuse en février 1938 de rejoindre l'OKW, répugnant à servir sous les ordres du général Reichenau, un nazi fanatique. Désigné pour remplacer Beck le 1er septembre, il organise un complot pour empêcher l'invasion de la Tchécoslovaquie qu'il a lui-même planifiée sur ordre. Le complot est abandonné à la suite des accords de Munich. Après la campagne de Pologne, il projette d'assassiner Hitler si ce dernier s'obstine à vouloir envahir la France en novembre 1939. Rédacteur du plan Jaune, il se voit imposer l'idée de manœuvre du général von Manstein qu'il avait rejetée comme irréaliste. Sa prudence ou sa pusillanimité le pousse encore à s'opposer au plan Weser en Norvège. A partir de 1942, quand Hitler assume directement le commandement de la Wehrmacht, les heurts se multiplient entre les deux hommes. Hitler, ulcéré, finit par le démettre, le 24 septembre, et le remplace par le général Zeitzler. Arrêté à tort après le complot du 20 juillet 1944, il est libéré par les troupes alliées.

réarmement qui ne peut être achevé avant 1943, se fera encore forcer la main en 1939 et en 1940.

Le plan d'action du Führer est celui qu'il a décrit en novembre 1937 à ses ministres et chefs d'état-major stupéfaits et inquiets. L'Allemagne manque de ressources agricoles et de matières premières et n'a pas de colonies. Elle doit donc conquérir son « espace vital », soit dans l'immédiat l'Autriche et la Tchécoslovaquie, et plus tard la Pologne et l'Ukraine. Le risque existe que la France et la Grande-Bretagne réagissent par la guerre, mais Frédéric II et Bismarck se sont imposés par leur audace. Les armées allemandes ne seront prêtes pour une confrontation majeure qu'en 1943, mais si la France est empêtrée dans une crise intérieure ou un conflit annexe, il sera possible d'agir dès 1938. La partie de poker est engagée et Hitler, encouragé par le succès de ses deux premiers coups de bluff, se croit capable d'éviter l'affrontement. Le rétablissement de la conscription en 1935 et la remilitarisation de la Rhénanie en 1936 n'ont provoqué que des réactions sans conséquences. Pour cette dernière, Hitler a suivi les recommandations de l'état-major. Le retour des troupes allemandes en Rhénanie a été symbolique, avec l'envoi de quatre bataillons d'appelés. Si l'armée française avait réagi, ils se seraient repliés sur le Rhin. En tout état de cause, les protestations de Paris et de Londres ont été noyées dans la vague d'enthousiasme qui a submergé le peuple allemand. Hitler, désormais convaincu que ses rivaux occidentaux, englués dans des politiques d'« apaisement », ne prendront pas le risque d'une nouvelle guerre, abat ses cartes successivement en 1938 et 1939.

L'absorption de l'Autriche, l'Anschluss, est réalisée sans coup férir le 15 mars 1938, avec la complicité de Mussolini. Deux divisions allemandes occupent le pays sans rencontrer de résistance[6]. L'annexion

6. Hitler écrivait dans *Mein Kampf*, en 1925 : « L'Autriche doit revenir à la grande patrie allemande [...]. Un seul sang exige un seul Reich. » Une première tentative échoue en 1934, après l'assassinat du chancelier autrichien Dollfuss, en raison de la menace d'intervention de Mussolini. Pressé par les nazis, le nouveau chancelier, von Schuschnigg, décide d'organiser, le 13 mars 1938, un référendum pour refuser l'union des deux Etats. Craignant le résultat de ce vote, Hitler exige publiquement l'abandon du scrutin et concentre, le 11 mars, des troupes à la frontière autrichienne. Mussolini, avec lequel il a signé, en novembre 1937, un pacte anti-Komintern, lui laisse les mains libres. L'annonce de l'ultimatum allemand provoque une hystérie collective à Vienne où la foule se déchaîne contre les Juifs. Les nazis autrichiens occupent les bâtiments publics dans tout le pays. La France et la Grande-Bretagne ne réagissant pas, le président autrichien accepte de nommer chancelier le nazi Seyss-Inquart. Le 12 mars, la 8e armée allemande pénètre en Autriche « pour préserver le

de la Tchécoslovaquie est plus risquée en raison des accords de défense qui la lient à la France et la Grande-Bretagne. Le 28 mai 1938, le Führer dévoile ses intentions à ses chefs militaires : « Ma volonté inébranlable est de rayer la Tchécoslovaquie de la carte. » Il s'implique directement dans la rédaction du plan Vert confiée à l'OKW, exigeant une manœuvre audacieuse incluant la prise de contrôle préalable des points clés par des troupes aéroportées. Ce plan ne sera pas exécuté car Mussolini obtient la tenue d'une conférence internationale à Munich. Daladier et Chamberlain acceptent le rattachement à l'Allemagne de la région des Sudètes, peuplée en majorité d'Allemands et objet du contentieux avec Prague. Les généraux sont impressionnés par cette victoire diplomatique obtenue sans combats.

Hitler pourrait en rester là et ramasser sa mise : il est au sommet de sa gloire et même comparé à Napoléon par Lloyd George. Mais, comme ce dernier, il est déjà saisi par l'*hubris*, la « démesure ». Entre 1938 et 1939, son projet reste flou et fluctuant. L'expansion à l'est demeure l'objectif, mais il n'envisage que des conflits limités. La France est un ennemi mortel mais l'affrontement peut attendre. La Grande-Bretagne doit rester un pays ami, mais il n'exclut pas un conflit en 1944. L'URSS peut servir ses desseins en Pologne, mais il vomit le bolchevisme et convoite l'Ukraine. Il lui arrive pourtant d'évoquer un partage du monde entre cinq puissances majeures, les Etats-Unis, l'Empire britannique, l'Union soviétique, le Japon et une Allemagne maîtresse de l'Europe continentale.

Insatisfait des accords de Munich et sous-estimant l'inquiétude qui se fait jour à Paris et à Londres, il joue trop vite et trop fort en envahissant la Tchécoslovaquie en mars 1939. Répondant à l'appel de la Slovaquie qui réclame son indépendance, il menace de bombarder Prague et place le pays sous protectorat allemand. L'objectif est atteint, lui apportant notamment de précieuses usines d'armement[7]. Cependant, ce « coup de Prague » provoque une prise de conscience en France et en Grande-Bretagne. Pressentant que la Pologne est l'objectif suivant, Paris et Londres proposent des garanties de sécurité à Varsovie qui les accepte. Le Führer, pris à revers par cette initiative,

---

pays du chaos ». Voyageant dans ses fourgons, Hitler est acclamé à Braunau, Linz et Vienne, belle revanche pour le marginal déclassé et réformé de l'avant-guerre !

7. Occupées militairement, la Bohême et la Moravie sont placées sous protectorat allemand. La Slovaquie forme un Etat indépendant allié au Reich.

ne décolère pas, d'autant que des négociations germano-polonaises en cours avaient déjà acté l'ouverture d'un corridor vers Dantzig. Sous-estimant une nouvelle fois ses adversaires, il ordonne en avril 1939 à l'OKW la rédaction d'un plan d'invasion de la Pologne.

Fort de ses succès précédents, Hitler croit encore la guerre évitable à l'ouest. S'il parvient à un accord avec l'URSS, les Français et les Anglais ne bougeront pas, proclame-t-il. De plus en plus inquiets, ces derniers recherchent également un accord avec le Kremlin, mais leurs tentatives échouent sur l'intransigeance polonaise. Varsovie refuse une entrée préventive de troupes soviétiques sur son territoire, craignant (à juste titre) l'annexion de fait de Wilno et de la Galicie. Staline juge préférable de signer avec l'Allemagne un accord secret de partage de la Pologne annexé au pacte de non-agression germano-soviétique signé le 23 août 1939 par Molotov et Ribbentrop. Le 1er septembre 1939, les troupes allemandes envahissent la Pologne sans déclaration de guerre. Le lendemain, la Grande-Bretagne puis la France déclarent la guerre à l'Allemagne.

L'échec de son dernier coup de poker laisse Hitler abasourdi. « Il restait assis, comme pétrifié, le regard perdu au loin [...] parfaitement immobile et silencieux [...]. Il s'est tourné vers Ribbentrop qui était resté près de la fenêtre, comme médusé. » « Et alors ? » a demandé Hitler. Quelques jours plus tôt, le 21 août, il avait déclaré : « Je ne serai pas aussi stupide que les hommes d'Etat allemands de 1914 pour déclencher une guerre sur deux fronts. » « Je ne suis pas un idiot qui irait s'embourber dans une guerre mondiale à cause de la ville de Dantzig et du corridor polonais. » Le 2 septembre, devant son entourage silencieux, il a cet aveu de joueur dégrisé : « Je n'ai pas voulu cette guerre. » L'audace, le cynisme et l'habileté diplomatique lui ont permis de jouer des divisions alliées et de réaliser la première phase de son projet insensé de conquête de l'Europe. Le bluff est terminé et le Führer doit maintenant affronter la guerre qu'il a provoquée.

Le conquérant

De septembre 1939 à décembre 1941, les succès militaires s'enchaînent. Pologne, Danemark, Norvège, Belgique, Pays-Bas, France, Yougoslavie, Grèce, Crête, Libye. Moscou est à portée de canon, Leningrad encerclée, l'Ukraine envahie. Hitler n'est pourtant pas Napoléon ; il lui préfère d'ailleurs Frédéric II, en qui il voit le précurseur de l'unité allemande. Cette étonnante série de victoires n'en est pas moins une réédition de l'« épopée de la Grande Armée », un bégaiement de l'histoire, jusqu'à la tentative ultime de conquête de la Russie.

Le discrédit dont souffre aujourd'hui Napoléon en France, au point que le bicentenaire d'Austerlitz a été englouti par les célébrations triomphales de Trafalgar et de Waterloo, ne peut faire oublier que l'Empereur est universellement considéré comme un des génies militaires de l'Histoire. Les crimes immenses d'Hitler doivent-ils donc occulter son talent inattendu de chef de guerre ?

On se contentera ici d'identifier les causes et la matière de cette conquête foudroyante de l'Europe dont il fut le principal artisan. On ne manquera pas pour autant de mettre en évidence les germes de l'échec final que porte en lui cet enchaînement trop rapide de guerres victorieuses. Les principaux facteurs du succès de la stratégie nazie pendant les deux premières années du conflit mondial s'énoncent comme dans un mémento d'Ecole de guerre : une vision d'ensemble et un but défini, une volonté, de l'audace et de l'intuition stratégique, des armées bien équipées et commandées, une nation mobilisée et, bien sûr, de la chance. L'objectif de cette stratégie de conquêtes est connu de tous les responsables civils et militaires : ouvrir à l'Allemagne, en Europe orientale et centrale, l'« espace vital » dont elle a besoin. L'Autriche et la Tchécoslovaquie ne suffisent pas, la Pologne s'impose, ne serait-ce que pour rétablir la continuité avec la Prusse-Orientale.

La déclaration de guerre de la France et de la Grande-Bretagne modifie la donne. La conquête de la Pologne doit donc être rapide. On réglera ensuite le sort de la France, tandis que la Grande-Bretagne sera contrainte à une paix séparée. En arrière-plan de ce programme ambitieux, se profile l'affrontement, inévitable dans l'avenir, avec l'allié du moment, l'Union soviétique, sur fond de choc d'ambitions et d'idéologies. A ce schéma clair et admis par tous, il manque un élément essentiel, le cadencement. Se fiant à son intuition et conscient des réticences de l'état-major, Hitler se garde de le définir. Sa stratégie repose sur une idée maîtresse, pas de bataille sur deux fronts, ce qui impose de ne livrer que des guerres courtes, en neutralisant temporairement les adversaires non directement impliqués. Une bonne connaissance des principaux acteurs, une diplomatie cynique et une habile propagande serviront ses desseins.

Jusqu'à l'automne 1941, Hitler s'appuie sur son ministre des Affaires étrangères, Ribbentrop, un nazi fanatique, polyglotte, qui a montré ses talents de négociateur en préparant l'accord naval anglo-allemand de 1935, le pacte germano-soviétique de 1939 et l'axe Rome-Berlin en 1940. « Un génie ! », selon Hitler qu'il courtise assidûment. En tout état de cause, l'isolement de l'Allemagne et le désintérêt du Führer le réduisent, à partir de juin 1941, à un rôle de figurant. La manœuvre diplomatique, subordonnée à la conduite de la guerre, est, dès 1938, l'affaire personnelle du Führer.

Son plan d'action s'articule autour de quelques idées-forces :

– A l'Est, le pacte germano-soviétique offre des garanties suffisantes pour quelques années. L'affrontement avec l'URSS reste inévitable à terme, sauf si un partage d'influences favorable à l'Allemagne peut être obtenu.

– A l'Ouest, si la Grande-Bretagne s'obstine à refuser une paix séparée, elle devra être, au minimum, neutralisée et empêchée de nouer des alliances avec les Etats-Unis ou l'Union soviétique. Pour ce faire, un accord avec le Japon, qui a la capacité de menacer l'Extrême-Orient soviétique, l'Empire britannique dans l'océan Indien et les Etats-Unis dans le Pacifique, est indispensable.

– Au Sud, l'Allemagne doit disposer d'un allié qui contrôle la Méditerranée et les Balkans : ce sera l'Italie. La Turquie doit être ralliée ou doit confirmer sa neutralité.

– Enfin, en Europe orientale, l'Allemagne doit s'assurer le contrôle du pétrole de Roumanie et de Hongrie.

Ce plan d'action est compris et accepté par ses généraux, sauf en ce qui concerne la Méditerranée. L'amiral Raeder, chef d'état-major de la marine, et Jodl, chef d'état-major de l'OKW, lui soumettent des plans d'offensive au Moyen-Orient, une attaque de Gibraltar et la saisie des îles Canaries. Hitler les refuse pour ne pas se mettre à dos la Turquie et les Etats-Unis. Il accepte cependant de rencontrer Franco et Pétain pour explorer des actions possibles en Méditerranée. Le 22 octobre 1940, à Biarritz, il demande au Caudillo de s'emparer de Gibraltar, mais ce dernier exige en contrepartie l'occupation par l'Espagne du Maroc et de l'Oranie, ce qu'il sait inacceptable par les Français. Deux jours plus tard, à Montoire, Pétain refuse l'entrée en guerre de la France aux côtés de l'Axe. Le Führer se résigne donc à laisser les mains libres en Méditerranée à Mussolini.

Dès la fin de l'année 1940, les déboires italiens le contraignent à s'impliquer au Sud, altérant sérieusement la logique de son plan d'action. Dans les Balkans, les troupes italiennes, après avoir occupé l'Albanie, envahissent la Grèce, le 28 octobre, mais sont refoulées à la frontière albanaise. Quelques mois plus tard, un coup d'Etat favorable à la Grande-Bretagne en Yougoslavie et le débarquement d'un corps expéditionnaire britannique en Grèce le décident à intervenir. En moins de deux mois, l'Allemagne occupe le sud des Balkans, ralliant la Bulgarie et renforçant la neutralité turque. Mais la dispersion des efforts et le retard pris dans l'opération « Barbarossa » pèseront lourdement sur la suite des opérations. En Libye, les échecs des Italiens, repoussés jusqu'à Tripoli en janvier 1941 par les troupes britanniques d'Egypte, décident Hitler à envoyer l'Afrika Korps aux ordres de Rommel pour rétablir la situation, le privant ainsi d'un de ses meilleurs généraux et de troupes d'élite. Hitler ne pardonnera jamais à Mussolini ces défaillances, persuadé jusqu'à la fin qu'elles furent la cause première de son échec final.

Le reste de son plan d'action connaît en revanche des succès importants. Le pacte tripartite « pour la création d'un ordre nouveau » est signé à Berlin le 27 août 1940 entre l'Allemagne, l'Italie et le Japon. La Hongrie, la Roumanie et la Slovaquie s'y rallient en novembre, la Bulgarie et la Yougoslavie en mars 1941. La Grande-Bretagne refuse la paix séparée, mais reste isolée jusqu'à l'opération « Barbarossa » et doit se contenter de coups d'épingle en Méditerranée. Les Etats-Unis renforcent leur aide à la Grande-Bretagne, mais les sous-marins allemands font des ravages dans l'Atlantique et Roosevelt ne semble pas disposé à entrer en guerre contre l'Axe.

Avec l'Union soviétique, le partage d'influences souhaité par Hitler, ne serait-ce que pour gagner du temps, ne se matérialise pas. En novembre 1940, le Führer suggère à Molotov une expansion soviétique au Moyen-Orient, en Iran et en Afghanistan pour laisser à l'Allemagne le contrôle de l'Europe. Le ministre des Affaires étrangères de Staline réagit en exprimant son intérêt pour la Finlande, la Roumanie et les Détroits. Le choc des ambitions est devenu inévitable, d'autant que le chancelier espère encore contraindre la Grande-Bretagne à la paix en se faisant le champion de l'antibolchevisme. L'objectif devient la victoire sur l'URSS avant que les Etats-Unis n'entrent en guerre. L'opération « Barbarossa », envisagée dès juillet 1940, est décidée le 15 décembre. Des objectifs clairement définis, un plan d'action global très (trop) ambitieux, mais logique et bien conçu, constituent la base des succès initiaux d'Hitler, mais ne suffisent pas à l'expliquer. L'instrument de son ambition est une armée puissante et bien commandée.

Or, les forces armées du Reich, en 1939, ont des insuffisances criantes qui affolent l'état-major. La Wehrmacht aligne 58 divisions, mais seules 10 d'entre elles sont motorisées (6 Panzerdivisionen et 4 divisions d'infanterie). La Luftwaffe déploie 1 900 avions, mais sa montée en puissance ne s'achèvera qu'en 1942. La marine est surclassée par la Royal Navy. Les stocks de carburant, de munitions et de pièces détachées sont très insuffisants. En outre, la ligne Siegfried, censée contenir une offensive française sur le Rhin, n'est pas achevée. En septembre, quand l'Allemagne doit affronter simultanément la Pologne, la France et la Grande-Bretagne, ses capacités militaires sont sensiblement inférieures à celles cumulées des Alliés.

Fidèle à la « stratégie des Curiaces », le Führer traite tour à tour le cas polonais et l'alliance occidentale, après un détour par la Scandinavie. Les 30 divisions polonaises dispersées sur 2 300 kilomètres de frontières sont une proie facile. Mettant en ligne trois fois moins de chars et quatre fois moins d'avions que le Reich, les Polonais en sont réduits à des charges de cavalerie dérisoires dans la plaine, avant les combats de rue féroces qu'ils livrent dans Varsovie. Pris à revers par l'offensive soviétique, ils doivent rapidement rendre les armes.

En mai 1940, quand débute l'offensive allemande à l'Ouest, le rapport de forces s'est largement équilibré. Les Alliés (France, Grande-Bretagne, Belgique et Pays-Bas) déploient 145 divisions, 3 700 chars et 2 000 avions, mais Hitler peut leur opposer 141 divisions, 2 500 chars et 4 000 avions. La Wehrmacht n'est pas mieux équipée que l'armée de terre française. Ses chars légers PZI et PZII sont très vulnérables et peu armés. Ses chars moyens, PZIII et PZIV, en nombre limité, sont moins cuirassés et moins puissants que les 300 B1 bis et les 450 SOMUA 445 français. Elle dispose néanmoins d'un atout décisif, un remarquable réseau de transmissions en phonie adapté à la manœuvre, alors que les Français sont restés fidèles à la téléphonie de la guerre des tranchées.

La supériorité allemande est plus évidente dans les airs. La Luftwaffe met en œuvre deux fois plus de chasseurs et trois fois plus de bombardiers que les Alliés. Le Me Bf-109 surclasse les chasseurs français et n'a d'égal que le Spitfire britannique qui n'est réellement engagé que pour l'évacuation de Dunkerque et, plus tard, dans la bataille d'Angleterre. L'avion d'appui des troupes au sol, le Stuka, n'a pas d'équivalent. Or, la DCA française est archaïque. Cette supériorité aérienne se révèle pourtant insuffisante, quelques mois plus tard, pour neutraliser la Grande-Bretagne. Les bombardiers Junkers 88, trop vulnérables, doivent être escortés par les Bf-109 qui ont un faible rayon d'action et le système de radars britannique est très performant. L'invasion de l'Angleterre reste une hypothèse d'école, faute de supériorité aérienne et, surtout, en raison de la maîtrise de la Manche conservée par la Royal Navy.

Enfin, en juin 1941, quand Hitler s'apprête à envahir l'Union soviétique, le corps expéditionnaire allemand dispose de capacités comparables à celles qu'il engageait un an plus tôt sur le front occidental. Regroupant 73 % des effectifs de la Wehrmacht, renforcés de contingents limités finlandais et roumains, il déploie 159 divisions (dont 19 panzers et 15 motorisées), 3 000 chars et 7 000 pièces d'artillerie. En face, en Russie occidentale, les Soviétiques alignent 160 divisions (dont 46 blindées) et 10 000 chars. Mais les unités de l'Armée rouge sont incomplètes, très peu motorisées, et ne comptent que 1 800 chars modernes. Ces derniers, KV et T34, sont toutefois plus puissants et mieux protégés que les PZIV. La Luftwaffe engage 2 500 avions alors que l'URSS en compte 7 500 dont seulement 2 700 de facture récente (Yak-1, MiG-3). Sans même prendre en compte les réserves soviétiques en Russie orientale, le rapport de forces n'est guère avantageux pour les troupes allemandes.

Comme sur le front occidental, la différence ne peut se faire que dans la stratégie opérative et la conduite tactique de la bataille. Dans ce domaine, l'armée allemande n'a pas d'égale. Rodé en Pologne, le Blitzkrieg (terminologie anglaise) se révèle décisif dans la campagne de France et dans les Balkans, en combinant supériorité aérienne, percée en profondeur des unités de chars appuyées par l'aviation et exploitation par les unités d'infanterie. La manœuvre, clausewitzienne, vise en priorité la destruction des forces ennemies après encerclement, la conquête de l'espace n'en étant que la résultante. La conduite d'une manœuvre aussi ambitieuse repose sur l'aptitude des officiers et la motivation de la troupe. Or, le corps des officiers allemands, puisé traditionnellement dans l'élite de la société, est remarquablement formé, alliant une discipline de fer à une large capacité d'initiative, dans la tradition de von Moltke. Guderian et Rommel l'illustrent pendant la campagne de France[8]. Les généraux sont des

8. Heinz Guderian (1888-1954) est le fils d'un général prussien. Formé à l'académie militaire de Metz, il choisit les transmissions et sert en état-major pendant la guerre. Après 1918, il combat avec les corps-francs dans les pays Baltes, puis rejoint l'état-major de l'armée de terre où il se spécialise dans l'étude du combat des blindés

vétérans confirmés de la Grande Guerre, comme von Rundstedt, von Bock ou von Leeb[9]. La plupart ne sont pas nazis, mais certains, comme Rommel ou Guderian, sont proches d'Hitler.

---

et publie plusieurs études sur ce thème. En 1935, il prend le commandement de la 2e Panzerdivision et publie, un an plus tard, *Achtung Panzer* où il développe sa théorie sur l'emploi groupé des chars et l'attaque dans la profondeur soutenue par l'appui aérien. Il fait équiper ses chars de liaisons radio en phonie, ce qui leur confère un avantage décisif dans la manœuvre tactique par rapport aux blindés français, plus puissants mais incapables de se coordonner en temps réel. En Pologne, il obtient un succès éclatant à la tête du 19e corps blindé. Avant la campagne de France, il soutient le plan Manstein et pousse Hitler à le rencontrer. En mai 1940, son corps d'armée franchit la Meuse en tête du groupe d'armées Rundstedt et reçoit l'ordre de s'arrêter. Guderian négocie alors avec son supérieur, Kleist, la poursuite de l'avance « pour élargir la tête de pont » et lâche la bride à ses panzers. En vingt-quatre heures, il progresse de plus de 100 kilomètres en direction de la Manche. Hitler, partageant les inquiétudes de l'OKH, lui impose alors de stopper sa progression pendant deux jours pour que l'infanterie puisse rejoindre. Autorisé à poursuivre des missions de reconnaissance, il reprend sa progression à un rythme plus modéré, ruinant les espoirs de contre-attaques laborieusement conçues au QG du général Georges. Erwin Rommel (1891-1944), né dans une famille d'universitaires, choisit le métier des armes en 1912. Formé à l'Ecole d'infanterie de Dantzig, il combat en France, sur le front Est, puis en Italie pendant la Première Guerre mondiale. Il est en 1918 le lieutenant le plus décoré de l'armée allemande. Affecté à l'état-major, il publie un livre remarqué par Hitler sur le combat de l'infanterie. Nationaliste sans être nazi, il est subjugué par le Führer qu'il rencontre à plusieurs reprises quand son bataillon est affecté à sa sécurité. Le chancelier lui-même est impressionné par ce héros charismatique. Il le nomme général et le prend à son QG pendant la campagne de Pologne. Il lui confie, à sa demande, le commandement de la 2e Panzerdivision, en février 1940. Sous les ordres de Guderian, Rommel franchit la Meuse en tête. A deux reprises, il se met « en panne radio » pour ignorer les ordres de pause relayés par Guderian et se trouve isolé, à 50 kilomètres en avant des lignes allemandes. Le 2 juin, il est visité par le Führer après les combats difficiles autour d'Arras : « Mon cher Rommel, nous avons été très inquiets pour vous pendant l'attaque », lui dit-il. Le 29 juin, il défile à Bordeaux.

9. Gerd von Rundstedt (1875-1953) est un parfait exemple de la caste militaire qui a dominé la société allemande de 1871 à 1918. Issu d'une grande famille protestante de l'aristocratie prussienne, élégant, courtois et réservé, puritain mais grand fumeur, il affiche son monarchisme mais se veut totalement apolitique. Brillamment noté à l'académie militaire de Berlin et à l'école d'état-major, il exerce pendant la guerre les fonctions de chef d'état-major d'une division, puis d'une armée. Commandant d'un groupe d'armées en 1935, il s'oppose à la promotion de Reichenau, nazi patenté, et soutient Fritsch faussement accusé par Himmler. Il refuse en revanche de participer aux complots de Beck. Retraité en 1938, il est rappelé par Hitler pour commander le groupe d'armées Sud dans la campagne de Pologne, puis le groupe d'armées A (Ardennes) pour l'invasion de la Belgique et la campagne de France. Il soutient le plan de Manstein, son chef d'état-major, qu'il met en œuvre avec brio en mai 1940. Il plaide auprès d'Hitler pour une pause de quarante-huit heures devant Dunkerque, afin de rallier son infanterie et préparer

A l'arrière, le peuple allemand est subjugué par le Führer et endoctriné par le formidable effort de propagande nazi conçu et dirigé par Goebbels. La jeunesse est embrigadée et la population s'exalte des succès militaires qui s'enchaînent. L'Holocauste des Juifs, des Tziganes et des homosexuels a encore une portée limitée. La plupart des généraux allemands se plient d'ailleurs sans scrupules aux directives d'Hitler ordonnant l'exécution sommaire des commissaires politiques soviétiques et des Juifs dans les zones occupées.

Après la victoire éclair sur la Pologne, Hitler appelle la France et l'Angleterre à la paix : « L'Allemagne n'a plus de revendications à l'égard de la France [...]. Pourquoi y aurait-il une guerre à l'Ouest ? » Des tracts sont dispersés sur les positions militaires françaises, accusant le gouvernement de bellicisme et semant la discorde entre alliés en soulignant le faible engagement britannique... Après

---

l'offensive vers le sud. Nommé maréchal en juillet 1940, il est désigné huit mois plus tard pour prendre le commandement du groupe d'armées Sud de l'opération « Barbarossa », avec pour objectif la prise de contrôle de l'Ukraine. Fedor von Bock (1880-1945), autre représentant de la caste aristocratique prussienne, est aussi monarchiste et légaliste que Rundstedt, mais s'en distingue par un tempérament agressif, une attitude arrogante et un humour cinglant. Il se couvre de gloire pendant la guerre à la tête d'un bataillon d'infanterie. Après la défaite, il sert dans les unités secrètes chargées de contourner les contrôles alliés du désarmement. En 1935, il prend le commandement d'un groupe d'armées et dirige en 1938 l'occupation de l'Autriche et, quelques mois plus tard, celle de la Tchécoslovaquie. Il commande (en Pologne) le groupe d'armées Nord qui se distingue par la destruction de nombreux villages. Il est en mai 1940 à la tête du groupe d'armées B qui conquiert les Pays-Bas et la Belgique et il est nommé maréchal en juillet 1940. Au mois d'avril de l'année suivante, commandant désigné du groupe d'armées Centre de l'opération « Barbarossa », il obtient d'Hitler, impressionné par sa volonté intransigeante, une modification des objectifs et des axes d'attaque qui lui sont impartis : le but sera Moscou, après Minsk et Smolensk, et les marais du Pripet seront contournés. Pendant les premiers mois de la campagne, il plaide vainement, avec Guderian, pour que la progression des panzers ne soit pas retardée par la réduction des poches où les Soviétiques sont encerclés. Wilhelm von Leeb (1876-1956), fils d'un officier bavarois, n'appartient pas au même monde bien qu'il ait été anobli en 1915 pour sa bravoure dans la campagne de Serbie. Catholique fervent, humain et conservateur, il critique volontiers les thèses nazies, ce qui ne l'empêche pas d'être nommé, en 1934, à la tête d'un groupe d'armées. Retraité en janvier 1938, il est rappelé en mars pour l'invasion de la Tchécoslovaquie, puis, à l'été 1939, face à la ligne Maginot qu'il parvient à percer en juin 1940. Il reçoit le titre de maréchal en juillet suivant. Il prend le commandement du groupe d'armées Nord de l'opération « Barbarossa », chargé de s'emparer de Leningrad. Le catholicisme affiché de von Leeb agace prodigieusement le Führer : « Il préfère prier plutôt que se battre. » Mais, le sachant très respecté dans les armées, il hésite à le relever. Il s'y résout en décembre 1941, non sans le gratifier d'une forte somme d'argent.

le franchissement de la Meuse par les panzers, la propagande se déchaîne, accompagnant et amplifiant la débâcle. Un but défini, une vision globale, une armée puissante et bien commandée et une propagande habile sont autant de facteurs de succès. Mais l'enchaînement des victoires est d'abord et surtout imputable à la maîtrise d'Hitler dans la conduite d'une stratégie audacieuse. « Qu'est donc la guerre, sinon ruse, tromperie, stratagème, attaque et surprise ? », proclamait-il en 1934. L'absence de scrupules et la Realpolitik poussée jusqu'au cynisme lui donnent un avantage certain sur les gouvernements pacifistes et démocratiques d'Europe. Mais les succès allemands sont aussi le fruit de l'audace et de l'intuition stratégique.

– Audace : en septembre 1939, surpris et désemparé par les déclarations de guerre de la France et de la Grande-Bretagne, il parie, à juste titre, sur la passivité des Alliés et fait basculer à l'Est l'essentiel de ses moyens. La timide et vite avortée offensive française en Sarre puis le refus de Gamelin de bombarder la Ruhr et les ponts du Rhin comme le demande Churchill (alors Premier lord de l'Amirauté) confortent son analyse. La guerre en Pologne doit être courte : trois mois au maximum a promis l'état-major. Varsovie tombe un mois plus tard.

– Sens stratégique : pour neutraliser et détruire le dispositif allié sur le front occidental, il a approuvé en octobre 1940 le plan Jaune qui prévoit une offensive sur deux axes, Anvers-Gand et Namur-Charleroi, la priorité étant donnée à l'axe Nord. Or, le 17 février, son aide de camp lui fait rencontrer von Manstein, ancien chef d'état-major de von Rundstedt (commandant du groupe d'armées Sud). Manstein lui expose son plan, soutenu par Guderian, le spécialiste des blindés connu d'Hitler, mais refusé par l'OKH. Il consiste à donner la priorité au groupe d'armées A (Sud) en le renforçant en blindés et en lui confiant la mission de franchir la Meuse à Sedan et de marcher sur Arras et Boulogne afin d'encercler les forces françaises montées en Belgique pour affronter le groupe d'armées B de von Bock. Hitler adopte et impose aussitôt ce plan à l'OKH ulcéré qui croit, comme Gamelin, les Ardennes infranchissables par les blindés. Ce choix se révèle décisif. Quand les Franco-Britanniques s'engagent en Belgique, le 11 mai, Hitler s'exclame : « J'en pleurerais de joie. »

– Audace, encore : quelques semaines auparavant, il a joué et gagné un formidable coup de poker en Norvège. Ne voulant pas se disperser, le Führer avait d'abord résisté aux pressions de Raeder qui cherchait en Scandinavie une position navale stratégique.

Mais, averti des projets de Churchill et convaincu des intentions alliées après l'incident de l'*Altmark*[10], il fait planifier en catastrophe l'opération « Weser ».

Le défi le séduit : la marine allemande ne maîtrisant pas les mers, l'opération repose sur l'effet de surprise. Le 9 avril 1940, le Danemark est envahi par six divisions et, simultanément, Oslo et tous les ports de la côte occidentale de la Norvège sont occupés par des débarquements nocturnes et des opérations aéroportées. La bataille dure un mois et la marine allemande subit des pertes sévères, mais les Alliés, écrasés par la Luftwaffe, sont repoussés à Trondheim et contraints d'abandonner Narvik quand la situation se détériore en France. L'Allemagne a arraché son balcon sur l'Atlantique Nord.

– Audace inouïe en Crête : l'île est tenue par 42 000 Britanniques et protégée par la Royal Navy qui contrôle la Méditerranée. Hitler fait saisir, le 20 mai 1941, les quatre aérodromes de l'île par des troupes aéroportées, puis lance un pont aérien pour acheminer des renforts. Après huit jours de combats acharnés, les Britanniques sont contraints à l'évacuation. Les pertes allemandes sont lourdes, mais la Luftwaffe dispose d'une plate-forme stratégique en Méditerranée.

– Audace insensée, enfin, pour envahir l'Union soviétique avec des forces à peine supérieures à celles qui ont affronté les Alliés en 1940 et, en quatre mois, conquérir l'Ukraine, acculer l'Armée rouge aux portes de Moscou et faire le siège de Leningrad.

A partir de septembre 1939, Hitler dirige personnellement la manœuvre. Pendant la conquête de la Pologne, il établit son quartier général avec l'OKW à Grussborn, en Poméranie, mais n'hésite pas à faire la tournée des PC avec Rommel. Le 9 mai 1940, il rejoint son QG dans la clairière du Felsennest, à quelques kilomètres d'Aix-la-Chapelle. Il passe la plus grande partie de la nuit au centre d'opérations. « Messieurs, l'offensive contre les puissances occidentales vient de commencer », annonce-t-il. Puis, du 6 au 28 juin, il s'installe dans

10. Le pétrolier ravitailleur *Altmark*, faisant route vers l'Allemagne avec 300 marins britanniques prisonniers de guerre, emprunte les eaux territoriales de la Norvège, pays neutre, pour échapper à la Royal Navy. Le 15 février 1940, Churchill, Premier lord de l'Amirauté, ordonne au croiseur HMS *Cossack* de l'intercepter dans les eaux norvégiennes et de libérer les prisonniers. L'opération est exécutée avec succès, sous le regard courroucé et impuissant de la marine d'Oslo ; six marins allemands sont tués et les captifs libérés ont droit à une parade triomphale à Londres. Hitler en déduit que la Grande-Bretagne ne respectera pas la neutralité norvégienne et cherchera à couper la route du fer suédois exporté par le port de Narvik.

les bunkers aménagés par l'organisation Todt à Brûly-de-Pesche, près de Couvin en Belgique. Il ne les quitte que pour un bref aller-retour à Rethondes.

Dès le début de l'opération « Barbarossa », il prend ses quartiers à Rastenburg, en Prusse-Orientale. Il y passera 800 jours, interrompus par de brefs séjours dans sa villa du Berghof à Berchtesgaden, quelques passages rapides à Berlin et quelques semaines au QG de Vinnytsia, en Ukraine, à l'été 1942. Le complexe de Rastenburg, aménagé par Todt à l'automne 1940, est assez spacieux pour abriter l'OKW, l'OKH et des antennes de la Luftwaffe et de la marine. Les bunkers, disséminés dans les bois et totalement camouflés, sont gardés par une unité de SS et une brigade blindée. Desservis par une gare et un aérodrome, ils sont protégés par une unité de DCA qui n'aura jamais à intervenir, le QG n'ayant pas été détecté par les Alliés. Trois enceintes de sécurité isolent la troupe, les ministres du Reich et le premier cercle d'Hitler : Bormann, Goering, Keitel et Jodl. La routine est immuable. Le Führer, insomniaque, promène sa chienne Blondi entre 9 et 10 heures du matin. A 10 h 30, il se fait apporter les messages de la nuit. A midi a lieu le premier point de situation. Le repas est servi à 14 heures. Hitler prend place entre Jodl et Dietrich, un compagnon des premiers jours en charge de la presse et de la propagande. En face de lui, il trouve Bormann et Keitel. L'après-midi est consacré par le Führer aux affaires non militaires. Le second point de situation a lieu à 18 heures. On dîne à 19 h 30 avant de regarder quelques films. Parfois, Hitler écoute sur le gramophone des disques de Beethoven ou des opéras de Wagner. Avant de rejoindre sa chambre, vers 2 heures du matin, il se lance souvent dans de longs monologues devant quelques familiers. On est loin du dilettantisme dont il est encore souvent crédité.

Dans cette première phase du conflit mondial, s'il supervise étroitement la planification des opérations et s'il impose son calendrier, il se garde d'ingérences dans la conduite de la bataille, se contentant d'intervenir quand des décisions majeures sont requises (Dunkerque, Blitz, abandon de l'opération « Otarie », axes d'efforts prioritaires, contre-attaques soviétiques...). Les relations avec l'OKW sont excellentes, Keitel et Jodl étant subjugués par la détermination et le sens stratégique du Führer. Elles sont beaucoup plus difficiles avec l'OKH, Brauchitsch et ses principaux subordonnés (von Rundstedt et von Bock) se montrant très réservés à l'égard des coups de poker tentés par Hitler. Après la Pologne, ils suggèrent d'attendre 1941 pour attaquer à l'Ouest et jugent le plan Manstein irréalisable. Brauchitsch s'oppose ensuite à l'opération en Norvège, trop risquée. Mais, à partir de la victoire sur la France, les généraux, impressionnés, cessent toute opposition et ils approuvent sans réserve l'opération « Barbarossa ». Hitler se montre facilement insultant mais, dans cette période de succès, perd rarement ses nerfs. Une fois, pourtant, pendant l'opération de Norvège, asphyxié par le manque de sommeil, il craque et s'apprête même à sonner la retraite. Jodl intervient fermement et habilement pour le ramener à la raison. Le plus souvent, il se montre plus clairvoyant que ses chefs d'état-major. Le 24 mai 1940, il arrête pendant quarante-huit heures la progression de Rundstedt devant Dunkerque, laissant ainsi la possibilité aux Britanniques d'évacuer leur corps expéditionnaire. Brauchitsch et Halder protestent vigoureusement, mais Hitler a de bonnes raisons pour décréter la pause. D'abord, Rundstedt la demande pour rallier ses divisions d'infanterie qui n'ont pu suivre les blindés. Ensuite, Goering se fait fort d'empêcher le rembarquement (la météo lui fera défaut). Enfin et surtout, le Führer espère encore obtenir une paix séparée avec la Grande-Bretagne et ne veut pas lui imposer une défaite humiliante. Cette dernière motivation est essentielle, même si le calcul se révélera erroné. Hitler n'affichera jamais le moindre dépit après le succès du rembarquement et il s'efforcera jusqu'au 19 juillet (malgré Mers el-Kébir) de rallier les Britanniques. S'il avait cédé aux objurgations de Brauchitsch, le contingent allié de Dunkerque aurait été capturé, mais l'Angleterre humiliée pouvait-elle crier grâce ? Le Führer, qui admirait la Royal Navy, tenait pour quantité négligeable l'armée de terre de Sa Majesté. Les défaites britanniques en Méditerranée jusqu'en 1942 montrent que l'évacuation de Dunkerque n'a pas sensiblement modifié le rapport de forces entre la Grande-Bretagne et les puissances de l'Axe.

D'entrée de jeu, le Führer se montre réticent à l'égard du projet d'invasion de l'Angleterre. Contrairement à Goering et Raeder, il est conscient du risque élevé d'échec, faute de maîtrise suffisante des espaces aérien et maritime et, cette fois, il ne peut compter sur l'effet de surprise. Dès le 17 septembre 1940, il ajourne l'opération *sine die*. Quand il décide, avec un préavis d'une semaine, de lancer l'opération « Marita » dans les Balkans, les généraux ne protestent plus et tous adhèrent avec enthousiasme au plan d'invasion de l'Union soviétique... Aucune barrière ne retient plus Hitler. Le peuple l'a acclamé à Berlin en juillet 1940 et les chefs militaires pensent comme lui qu'« au premier coup de boutoir, ce tas de pommes de terre s'effondrera ». Il a été servi, il est vrai, par une chance insolente, un temps de curé en Pologne et en France favorisant l'action combinée de l'aviation et des chars et, surtout, les fautes graves et répétées de ses adversaires. Des circonstances imprévisibles le contraignent d'abord à repousser de quelques mois l'offensive contre la France qu'il a programmée le 12 novembre 1940 contre l'avis formel de ses généraux. Grisé par son succès en Pologne, Hitler croit à tort que le temps travaille contre lui (il craint notamment une action alliée dans la Ruhr). Une mauvaise météo, puis la saisie de plans d'opérations par les Belges, en janvier 1940, l'obligent à repousser l'attaque de quelques mois. C'est ce délai imprévu qui lui donne la possibilité d'adopter le plan Manstein et d'accroître sensiblement les moyens consacrés à l'offensive, notamment les avions et les chars.

Pendant la campagne de France, le général Gamelin multiplie les erreurs, en jugeant impossible un raid blindé dans les Ardennes, en engageant sa réserve en Belgique dès le début de l'offensive, en maintenant la moitié de ses moyens derrière la ligne Maginot après la percée sur la Meuse et en lançant trop tard et trop timidement les contre-attaques sur le groupe d'armées de Rundstedt. Son remplacement par Weygand à la veille de la contre-offensive fait encore perdre deux jours aux forces alliées... Il n'en reste pas moins que le plan Jaune modifié est excellent, la tactique allemande parfaitement adaptée et la motivation des troupes du Reich incomparablement supérieure à celle des Alliés.

Dans le bassin méditerranéen et dans l'Atlantique, le Führer bénéficie encore des erreurs de Churchill. L'intervention britannique en Grèce lève la menace sur Tripoli et permet le déploiement de l'Afrika Korps ; l'absence d'escorte des convois de navires marchands met ces derniers à la merci des U-Boote et pénalise l'approvisionnement de la Grande-Bretagne depuis les Etats-Unis.

Enfin, en Union soviétique, la concentration de l'Armée rouge sur la frontière dans un dispositif sans profondeur ni réserves facilite la percée profonde des panzers, après la frappe initiale de la Luftwaffe. Dans les mois qui suivent, le fonctionnement ubuesque de la chaîne de commandement soviétique parasitée par les commissaires politiques, le refus par Staline de tout repli tactique et son obsession pour l'offensive tous azimuts offrent à la Wehrmacht de multiples occasions d'encerclement au point qu'à la mi-juillet près de 50 % des divisions soviétiques sont anéanties. Le Reich est à l'apogée de sa puissance, mais six mois plus tard, tout est bouleversé.

Le germe dans le fruit

A la mi-décembre 1941, le sort de l'Allemagne nazie semble pratiquement scellé : les Etats-Unis sont entrés en guerre avant que l'Union soviétique n'ait été contrainte à la capitulation. Tout n'est pas joué néanmoins, et Hitler garde l'espoir de vaincre l'Armée rouge avant que les Américains aient la capacité d'intervenir en Europe. Ils ont largement désarmé depuis 1918 et il leur faudra plusieurs mois, voire une année, pour être en mesure de déployer des forces significatives aussi loin de leurs bases. Mais la chance a tourné et les germes de la défaite sont déjà présents dans la folle entreprise du Führer. Il doit désormais affronter deux hommes aussi déterminés que lui et aussi capables de mobiliser leurs peuples jusqu'à la victoire finale, Churchill et Staline, mais la fragilité de sa situation tient d'abord à ses propres erreurs. Mauvaise appréciation de la capacité de résilience de la Grande-Bretagne et des risques inhérents aux ambitions de ses partenaires de l'Axe, attaque de l'Union soviétique avec des moyens insuffisants et une économie de guerre balbutiante, sous-estimation de l'adversaire, manœuvre fluctuante et incomplète, l'intuition stratégique d'Hitler semble l'abandonner, l'audace prenant trop souvent le pas sur la raison. Le refus britannique de la paix séparée et la résistance farouche de l'Angleterre sont d'abord le fait de Churchill, « ce demi-Américain ivrogne et enjuivé », comme le qualifie le Führer. Le 24 juin 1940, Hitler déclare à son entourage : « La guerre à l'Ouest est terminée. La France a été défaite et avec l'Angleterre je trouverai d'ici peu un terrain d'entente. Il nous restera à régler nos comptes avec l'Est. »

Un mois plus tard, il doit se rendre à l'évidence, la Grande-Bretagne a choisi de poursuivre la guerre. Engagée le 8 août, la bataille d'Angleterre tourne vite à l'échec et les pertes de la Luftwaffe deviennent préoccupantes. Le bombardement fortuit de la banlieue de Londres et la réplique britannique à Berlin inspirent au Führer exaspéré la stratégie du Blitz : écraser le peuple anglais sous les bombes pour l'amener à la capitulation. Cette politique de terreur se révèle totalement improductive. Les 50 000 victimes des bombardements soudent la population autour de Churchill et justifient par avance les massacres de Cologne,

Hambourg et Dresde. Le 13 novembre, Hitler ordonne l'arrêt du Blitz et n'y reviendra qu'épisodiquement jusqu'à l'engagement des V1 et V2 en 1944.

Le problème britannique demeure avec sa capacité de nuisance en Méditerranée, mais surtout ses manœuvres efficaces pour entraîner les Etats-Unis dans la guerre. La loi prêt-bail en mars 1941 est un pas décisif dans ce sens et contraint Hitler à un effort majeur dans la lutte sous-marine pour éviter un réarmement britannique accéléré. La situation est encore compliquée par les ambitions démesurées de l'Italie et du Japon. La première le contraint à s'impliquer en Méditerranée en hypothéquant des moyens et en retardant l'assaut de l'Union soviétique. Le second, en s'emparant de la Chine, alliée de Washington, puis en bombardant Pearl Harbor, le 7 décembre 1941, provoque l'entrée en guerre des Etats-Unis. Dans ce contexte, l'armistice signé le 22 juin 1940 avec la France se révèle dommageable. En laissant son empire colonial au gouvernement de Vichy, l'Allemagne s'est privée de positions en Afrique du Nord qui lui auraient été précieuses. L'erreur majeure d'Hitler est surtout d'engager le fer avec l'URSS sans disposer des capacités nécessaires. Les armées ne sont pas prêtes. Elles sont dispersées sur tout le continent européen, de la Norvège (7 divisions !) aux Balkans et jusqu'en Libye où l'Afrika Korps de Rommel engerbe 5 divisions d'élite. Aussi la Wehrmacht ne peut-elle engager la totalité de ses moyens dans l'opération « Barbarossa » et doit-elle faire appel à des contingents « alliés » peu fiables et peu motivés pour compléter ses rangs. Le corps expéditionnaire allemand est, on l'a dit, à peine supérieur à celui de la campagne de France, car le Führer n'a pas su et pas voulu se constituer une véritable économie de guerre, contrairement à Staline ou à Churchill.

Soucieux de donner du corps à son « projet national-socialiste », Hitler poursuit un vaste programme d'autoroutes et de réalisations architecturales grandioses, se limitant à des directives générales et des attributions budgétaires généreuses pour l'effort d'armement. La centralisation est insuffisante, la bureaucratie accablante et les armées passent leurs commandes aux industriels sans concertation et sans souci de standardisation. Aucun grand complexe industriel n'est constitué (contrairement à Magnitogorsk en URSS). Le résultat en est que, jusqu'en 1943, la production britannique d'armements dépasse celle de l'Allemagne. Le ministre de l'Armement, l'ingénieur nazi Todt, excelle dans la construction de lignes fortifiées (Siegfried, mur de l'Atlantique), mais ne dispose pas d'un soutien suffisant d'Hitler, qui a le nez sur les opérations, pour imposer une production de masse. Toutefois, sa mort accidentelle, en février 1942, permet à Hitler de confier ses fonctions à Albert Speer, un architecte qui se révèle être un « génie de l'organisation ». Mais il faudra attendre un an avant que l'Allemagne nazie soit dotée d'une économie de guerre à pleine puissance.

En tout état de cause, la conquête de l'Union soviétique est mal engagée. En mai 1941, le Führer est conscient du défi : « "Barbarossa" est un coup de poker, comme tout en ce bas monde. Si j'échoue, tout sera fini de toute façon. Si je réussis, j'aurai créé une situation qui forcera probablement la Grande-Bretagne à faire la paix. » Peut-il triompher là où Charles XII de Suède (en 1709) et Napoléon (en 1812) ont échoué ? Hitler a compris que la victoire doit être rapide et intervenir avant l'hiver, mais l'affaire des Balkans retarde de six semaines le déclenchement de l'offensive. La contrainte temporelle se révèle décisive quand une vague de froid (-40°) fige les armées allemandes le 5 décembre aux portes de Moscou. La chance a tourné. Le fond du problème est qu'Hitler et son état-major ont largement sous-estimé les capacités soviétiques. Les piètres performances de l'Armée rouge en Pologne et en Finlande ont aveuglé les généraux. Les services de renseignements sont incapables de percer l'opacité du système bolchevique. Le Führer le reconnaît en août : « Pour la première fois, depuis le début de la guerre, l'Abwehr n'a pas fonctionné. » Concrètement, les services ont largement ignoré les réserves inépuisables de combattants, de chars et d'avions dont dispose l'Armée rouge au-delà du Don et de l'Oural. Dès le 11 août, Halder relève : « Nous avons sous-estimé la puissance colossale de la Russie. » Le Führer lui-même confie à Guderian, auteur d'un livre sur les blindés soviétiques : « Si j'avais su que les chiffres des chars russes que vous avez cités dans votre ouvrage correspondaient à la réalité, je n'aurais, je crois, pas commencé cette guerre. »

L'Armée rouge est un phénix qui renaît perpétuellement de ses cendres. Le plus inquiétant pour Brauchitsch est que la qualité des chars et des avions russes les plus récents égale ou dépasse celle des équipements allemands. Le T34 et le KV1 sont plus puissants et mieux protégés que le PZIV, et le Yak-1 et le Sturmovik rivalisent avec le Bf-109 et le Stuka. Le plus surprenant reste néanmoins la combativité et la résistance des soldats russes. Accueillie en libératrice dans les pays Baltes, l'armée du Reich n'imaginait pas qu'une fois parvenue sur le territoire de la Russie historique, les combattants de l'Armée rouge défendraient avec acharnement le régime bolchevique. Hitler et ses généraux avaient négligé tant le patriotisme des soldats que l'efficace dissuasion des unités de barrage du NKVD qui fusillaient les fuyards et les déserteurs.

Le plan de l'opération « Barbarossa » prévoyait une victoire en neuf à dix-sept semaines. L'offensive donnait la priorité à l'axe Nord (von Leeb) avec pour objectif la prise de Leningrad. Au sud, von Rundstedt devait conquérir l'Ukraine et la Crimée. Au centre, von Bock devait prendre le contrôle de Minsk et Smolensk. La phase initiale est un succès total : l'aviation russe clouée au sol, le groupe d'armées Nord parvient en trois semaines à 100 kilomètres de Leningrad, Minsk et Smolensk sont encerclées, Kiev atteinte le 11 juillet. Mais, dès la fin du mois, la résistance soviétique se durcit. Hitler, gardant un mauvais souvenir de la bataille de Varsovie, choisit d'assiéger Leningrad au lieu de s'en emparer de force. Il évite ainsi des combats sanglants prolongés, mais il perd l'avantage symbolique de la prise de l'ancienne capitale des tsars et immobilise des forces importantes pour plusieurs années.

A la mi-août, un débat l'oppose à Brauchitsch et Guderian qui demandent que la priorité soit donnée à von Bock pour s'emparer de Moscou, cœur politique de l'URSS, centre industriel et nœud ferroviaire majeur. Le Führer leur oppose des raisons économiques, l'industrie du Donetz, le grenier à blé du Kouban et le pétrole du Caucase. Il donne donc la priorité à Rundstedt, retirant des unités blindées à von Bock. C'est seulement après la prise de Kharkov, alors que Manstein s'engage vers Rostov et la Crimée, qu'il décide l'opération « Typhon », prévoyant l'encerclement et l'assaut de Moscou. Cette volte-face se révèle désastreuse. Les pluies diluviennes de l'automne enlisent les chars, embourbent les camions et clouent les avions au sol, permettant à l'Armée rouge, plus rustique, de se redéployer. Les choix malheureux d'Hitler et le mauvais temps (prévisible) ne sont pas les seules causes de l'enlisement allemand. L'OKH n'a pas adapté ses choix tactiques au terrain et a sous-évalué les besoins logistiques. Le succès du Blitzkrieg en France est notamment dû à la qualité du réseau routier qui a permis aux divisions d'infanterie et aux unités de soutien de suivre la progression des chars. Or, en Russie, les voies goudronnées sont rares. Aussi les manœuvres d'encerclement réussies par les Panzerdivisionen imposent-elles de longues pauses pour que l'infanterie soit en mesure de réduire les poches. Les élongations et les difficultés de mise en œuvre des voies ferrées (écartement des rails différent) compliquent le ravitaillement en carburant et en pièces détachées. En novembre, 40 % des chars sont indisponibles.

Le débat devient tendu entre les généraux. Bock, aux portes de Moscou, veut achever l'encerclement. Brauchitsch et Rundstedt, craignant l'hiver qui approche, proposent d'arrêter l'offensive en fortifiant les positions tenues sur le Dniepr. Comme à l'habitude, Hitler choisit l'attaque et décide d'encercler Moscou. Quelques jours plus tard, l'offensive inattendue et meurtrière du général Hiver, aussitôt exploitée par l'Armée rouge, révèle l'étendue de son erreur. Dans les premiers jours de décembre, Moscou est cernée au nord (Kalinine), à l'ouest (Mojalsk) et au sud (Toula), mais une vague de froid sans précédent immobilise la Wehrmacht et la Luftwaffe. Les fantassins, non équipés, subissent des gelures graves, les moteurs sont bloqués, les canons enrayés. Staline lance une contre-offensive générale, s'appuyant sur des unités et des équipements adaptés aux températures extrêmes.

Von Bock est cloué au lit par la grippe et von Brauchitsch terrassé par une crise cardiaque. Dans son quartier général de Rastenburg qu'il ne quitte plus, Hitler, pas davantage que Churchill ou Staline, ne reconnaît ses erreurs. Les échecs sont imputés au manque de combativité des généraux. Pourtant, la démesure qui transparaissait dans ses premiers discours s'incarne désormais concrètement dans ses choix opérationnels. L'audace qui lui valut tant de succès se teinte d'irréalisme. En 1932, il déclarait à des élus de Dantzig : « Notre mission est de subjuguer les autres peuples. Le peuple allemand est appelé à donner au monde la nouvelle classe de ses maîtres. » Le 28 août 1941, recevant Mussolini, il vante encore les succès de ses armées : « L'ensemble de la Russie tombera entre leurs mains avant l'hiver et, au printemps, de nouvelles conquêtes les attendront aux frontières de l'Oural, de la Perse et de la mer Caspienne. L'Asie sera enfin à la portée de l'Axe. » Citant Giovanni Pascoli, le Duce lui répond : « Et après ? Nous pleurerons comme Alexandre le Grand de ne pouvoir conquérir la lune... »

En sursis

En décembre 1941, dans le jeu de poker qu'affectionne Hitler, la donne change brutalement. La contre-offensive de l'Armée rouge annihile l'objectif allemand d'une victoire rapide à l'Est et l'entrée en guerre des Etats-Unis annonce, à terme, un renversement du rapport de forces. Le Führer veut encore croire à la victoire finale, et des succès sans lendemain jusqu'à la capitulation de Stalingrad le confortent dans cette illusion. Une stratégie lacunaire, des choix tactiques incertains et une mutation contestable de l'organisation du commandement et des forces armées réduisent ses chances de succès. Le « Reich millénaire » entre en sursis.

La stratégie mondiale conçue par Hitler révèle ses failles. L'Axe tripartite est une alliance en trompe l'œil, sans véritable coordination, et chacun y poursuit ses ambitions propres. Les initiatives de Mussolini ont coûté cher à l'Allemagne, mais le jeu personnel du Japon lui est aussi préjudiciable. Tokyo refuse de revenir sur l'accord de neutralité signé au début de la guerre avec Moscou, permettant à Staline de transférer massivement ses troupes d'Extrême-Orient vers Moscou et le Don. Son objectif est le contrôle de la Chine et la saisie des possessions britanniques en Asie. Le Japon, pour avoir les mains libres, essaie d'obtenir la neutralité des Etats-Unis et engage des négociations en octobre 1941, au grand dam d'Hitler qui craint une rupture de l'Axe. L'échec des pourparlers pousse Tokyo à la rupture. Le Führer en est informé mais ignore le projet d'attaque de Pearl Harbor, visant à détruire la flotte américaine du Pacifique. Il est donc pris de court par la déclaration de guerre des Etats-Unis au Japon, le 8 décembre. Poussé par Raeder qui le persuade que la priorité américaine ira au Pacifique et n'ignorant pas les plans de Washington de guerre totale contre l'Allemagne, il décide de devancer Roosevelt (une question de prestige !) et déclare la guerre aux Etats-Unis le 11 décembre. Ainsi est-il conduit à devoir affronter un adversaire redoutable plus tôt qu'il ne le souhaitait.

Autre lacune dans sa stratégie globale, il n'a pu obtenir l'adhésion de la Finlande au pacte tripartite. De ce fait, aucune coordination opérationnelle n'a pu être mise en place entre les forces de von Leeb et celles de Mannerheim. L'armée finlandaise se consacre à la reconquête de ses provinces annexées par l'URSS et ne participe pas au siège de Leningrad. Depuis septembre 1939, Hitler néglige le volet diplomatique de son entreprise. Le Conseil des ministres n'est jamais réuni et Ribbentrop, fin négociateur mais courtisan falot et sans envergure, ne lui apporte rien. Eût-il été visionnaire et entreprenant, le Führer l'aurait sans doute écarté, convaincu qu'il était de sa science et de son génie. Plus le temps passe et plus les difficultés s'accumulent, plus il se répand sur le « complot juif international ». Après Churchill, c'est Roosevelt qu'il accuse de complicité avec la « juiverie ». Dans un processus par étapes qui culmine à la conférence de Wannsee, le 20 janvier 1942, Heydrich a lancé la « solution finale ». Le génocide est engagé. Il ne pèsera pas, cécité réelle ou voulue, sur le cours des opérations alliées, mais discréditera définitivement le nazisme et le IIIe Reich après la découverte des camps de concentration en 1945. L'exécution systématique des Juifs dans les territoires conquis en URSS est pourtant inscrite dans les directives diffusées par Hitler et largement, bien qu'inégalement, appliquées.

L'erreur stratégique majeure du Führer dans l'occupation de l'Union soviétique reste sans doute de n'avoir pas joué la carte des nationalismes. Comme le dit plus tard Manstein : « Nous avons perdu la guerre le jour de notre entrée à Kiev en refusant de hisser le drapeau ukrainien sur la Lavra. » Certes de nombreux Baltes, Cosaques et autres Géorgiens sont incorporés dans la Wehrmacht, et même dans les SS, mais la population ne se rallie pas aux Allemands. Au contraire, les partisans se multiplient et créent une situation permanente d'insécurité derrière les lignes. Dans l'esprit d'Hitler, la Russie doit devenir une colonie de la Grande Allemagne.

Du moins garde-t-il une vision réaliste de la menace américano-britannique. Il ne peut y avoir, estime-t-il, de débarquement en Europe avant 1943. Pour s'en assurer, il faut renforcer la flotte de sous-marins engagés dans la bataille de l'Atlantique pour ralentir le flux de combattants et d'équipements vers la Grande-Bretagne. Il est donc possible de vaincre l'Union soviétique avant l'ouverture d'un second front en Europe. Encore faut-il que les choix tactiques sur le front Est se révèlent judicieux. Or Hitler, à l'aise dans l'offensive et maître des effets de surprise, est par nature et par conviction aussi peu souple que Staline dans la mise en œuvre d'une stratégie défensive. Tout repli tactique est suspect et donc interdit. De la manœuvre aventureuse du Blitzkrieg, on en revient à l'héroïsme des tranchées.

Le 16 décembre 1941, alors que von Bock a dû se replier sur plus de 100 km et que von Rundstedt a été contraint d'abandonner Rostov, Hitler lance l'ordre d'arrêt : « *Halt Befehl !* » « J'ai une expérience personnelle des horreurs de la guerre. J'ai été blessé deux fois et j'ai failli perdre la vue [...]. Rien de ce qui vous tourmente, vous pèse et vous accable ne m'est inconnu. » Quand Guderian essaie de le faire revenir sur son ordre – « Pas un pas en arrière » –, en évoquant les dégâts causés par le froid sur les combattants, Hitler lui répond : « Vous vous laissez trop impressionner par les souffrances du soldat [...]. Il vous faudrait plus de recul. Croyez-moi, de loin on voit les choses avec plus de précision. » Aussi impitoyable que Staline, Hitler n'a pas besoin d'« unités de barrage » pour stimuler l'esprit de sacrifice des soldats allemands. Il impose la tactique des « hérissons », des îlots de résistance aménagés autour de villes et villages, ravitaillés par air, et entre lesquels des contre-attaques blindées sont planifiées. Les Russes obtiennent quelques succès entre Moscou et Leningrad, mais le dispositif tient.

Les survivants de ces batailles terrifiantes, qui se reproduiront les hivers suivants, rapportent « la bise hurlante, les positions taillées dans des blocs de glace, les souffrances indicibles, indescriptibles, les blessés gelés aussitôt que tombés... ». Eugenio Corti, mobilisé au sein du contingent italien de la Wehrmacht, a écrit dans *Le Cheval rouge* des pages d'anthologie sur l'enfer vécu par les combattants dans l'hiver russe. L'offensive soviétique se brise sur la résistance acharnée de la Wehrmacht, mais aussi faute d'axes d'effort marqués et de coordination. Hitler a évité la débâcle, mais le coût est colossal. Un million d'hommes sont hors de combat, soit le tiers des effectifs engagés. Il ne reste que 500 chars et 1 700 avions. Un repli général sur le Dniepr, comme Brauchitsch l'avait suggéré, aurait évité cette terrible saignée. Ce succès arraché ne fait pourtant que renforcer la conviction du Führer : la victoire n'est qu'une affaire de volonté.

A l'Ouest, le répit se confirme. Les U-Boote coulent 2,5 millions de tonnes de navires marchands au 1er semestre 1942. L'absence d'escorte des convois et le changement de code d'Enigma[11] leur laissent le champ libre. Rommel a repris l'offensive en Libye et menace

11. A Bletchley Park, dès 1939, les Britanniques ont réuni un groupe de mathématiciens et de linguistes chargés, sous la direction d'Alan Turing, de décrypter les codes secrets de la marine allemande. Beaucoup plus sophistiqués que ceux utilisés par la Wehrmacht et la Luftwaffe (décryptés en 1939 par les Polonais), les codes des sous-marins sont cassés en 1941 après l'interception d'un U-Boot dont la machine Enigma n'a été que partiellement détruite. Turing développe alors ce qu'il appelle « ses bombes », des programmes informatiques capables de déchiffrer dans des délais très courts les messages interceptés. Toutefois, un changement du mode de cryptage, décidé par Dönitz en février 1942, interrompt les déchiffrements pendant près de dix mois. C'est seulement à partir de la fin de 1942 que les Alliés, s'appuyant sur la formidable capacité de calcul des ordinateurs américains, sont capables de déchiffrer en permanence les communications militaires allemandes. La bataille de l'Atlantique connaît un tournant décisif, et l'Armée rouge bénéficie directement des progrès alliés. A partir de 1943, Staline est directement informé des ordres diffusés par von Manstein.

Tobrouk[12]. Les armées du front de l'Est sont renforcées en hommes et en équipements au début du printemps, et Hitler relance l'offensive depuis son quartier général de Vinnytsia, en Ukraine, quelques blockhaus et des baraques en bois au milieu de la forêt écrasés de chaleur et envahis par les moustiques. Le plan Bleu, qu'il a approuvé en mai 1942, a le soutien de tous ses généraux. L'assaut sur Moscou est reporté. L'objectif devient la conquête du Kouban, terre à blé au sud-est de l'Ukraine, et des zones pétrolifères du Caucase. Une manœuvre d'encerclement doit permettre de contrôler la boucle du Don, puis de s'installer en position défensive sur le Don et la Volga pour permettre l'offensive vers le Caucase et la Caspienne.

Le plan est cohérent et les moyens qui lui sont consacrés adaptés, sinon suffisants. L'offensive est engagée avec succès depuis trois semaines quand Hitler la modifie, le 23 juillet, en bouleversant la logique et la condamnant à l'échec. Il décide en effet de s'emparer de Stalingrad (qui devait être contournée et neutralisée) et de lancer l'attaque vers le Caucase sans attendre que le Don et la Volga soient tenus et défendus. Dans le même temps, il affaiblit le groupe d'armées du maréchal List[13], chargé du Caucase, en lui prélevant les unités

---

12. Quand Rommel prend le commandement de l'Afrika Korps, le 6 février 1941, les Britanniques, victorieux des troupes italiennes du maréchal Graziani, sont aux portes de Tripoli. Officiellement placé sous les ordres du général italien Garibaldi, le corps allemand, initialement fort de deux divisions (il en comptera cinq trois mois plus tard), est engagé par Rommel, en toute indépendance, dès le mois de mars, et refoule les Britanniques au-delà de la place forte de Tobrouk, dont il entreprend le siège le 31. En décembre de la même année, alors que Tobrouk résiste encore, une contre-attaque de la 8e armée britannique repousse l'Afrika Korps au-delà de Benghazi. Reprenant l'offensive en février 1942, le « Renard du désert » parvient à s'emparer de la Cyrénaïque, puis, en mai et juin, il investit Tobrouk et ne s'arrête que sur la ligne fortifiée d'El-Alamein, à 100 kilomètres d'Alexandrie. Nommé maréchal par Hitler, jusque-là peu intéressé par les combats du désert, mais séduit par ces succès inattendus, Rommel échoue à percer la ligne de défense britannique et, en novembre 1942, il est contraint à la retraite générale par l'offensive Montgomery. Replié en Tunisie (sur décision de Mussolini et contre l'avis d'Hitler alors focalisé sur Stalingrad), Rommel doit affronter les troupes américaines débarquées en Algérie et au Maroc et juge très vite la situation désespérée. Le Führer refuse le rembarquement du corps expéditionnaire allemand et relève Rommel, malade il est vrai, de son commandement. Von Arnim, qui le remplace, capitule en mai 1943. Hospitalisé pendant deux mois pour une dépression nerveuse, Rommel reprend un commandement en Italie à l'été 1943.

13. Ce Bavarois roturier, nationaliste sans états d'âme, se voit confier une armée par Hitler en 1939. Pendant la campagne de Pologne, il investit avec succès Cracovie et Lvov. En mai 1940, il contribue efficacement à la percée sur la Meuse, ce qui lui

blindées de Manstein[14] envoyées en renfort devant Leningrad. Dès la fin du mois d'août, la 6e armée de Paulus[15] s'enlise dans de féroces

vaut d'être inclus dans la fournée des maréchaux du mois de juillet. Quelques mois plus tard, il joue un rôle déterminant en Grèce en perçant la ligne Metaxas défendue par les Britanniques et prend les fonctions de commandant des armées du Sud-Est. A ce titre, il réprime impitoyablement les menées des partisans et applique scrupuleusement les directives antisémites du Führer. En juillet 1942, il prend la tête du groupe d'armées A qui reçoit pour mission de s'emparer de Rostov et d'investir le Caucase pour contrôler les champs pétrolifères de Bakou. Après une progression rapide jusqu'à Grozny, son attaque s'enlise sous l'effet combiné des difficultés de ravitaillement et de la résistance inattendue de l'Armée rouge. Privé des blindés de Manstein, envoyés par Hitler à Leningrad, et d'appuis aériens suffisants (la priorité allant à Stalingrad), il refuse, en août, de lancer une nouvelle offensive dans le Caucase. Malgré le soutien de Jodl, envoyé sur place par Hitler, il est relevé de son commandement le 9 septembre et quitte l'uniforme.

14. Considéré comme le meilleur des généraux d'Hitler, remarquable stratège et meneur d'hommes sans égal, Erich von Manstein (1887-1973), de son vrai nom von Lewinski, est un aristocrate prussien arrogant, doté d'une forte personnalité. Pendant la Grande Guerre, il sert dans les tranchées, puis en état-major, après une blessure. Violemment antibolchevique, il proteste en 1934 contre les purges antijuives, ce qui ne l'empêchera pas, par la suite, d'appliquer sans scrupules les directives antisémites du Führer, « l'ambition ayant eu raison de ses autres dispositions ». Son apolitisme affiché devient alors une « cécité politique » qui marque la limite de ses qualités de stratège. Chef d'état-major de Rundstedt au groupe d'armées A, en Pologne, puis dans la préparation de la campagne de France, il critique, en octobre 1939, le plan Jaune de l'OKH et envoie à Brauchitsch et Halder des mémos qui agacent et lui valent d'être nommé à la tête d'un corps d'armée. Sa rencontre avec Hitler, organisée par l'aide de camp du Führer sur incitation de Guderian, modifie, comme on l'a vu, le cours de la guerre. En mai et juin 1940, il investit Amiens, Le Mans et Angers. En août 1941, au sein du groupe d'armées Nord, il encercle à Demiansk une armée soviétique. Il reçoit en septembre le commandement d'une armée engagée en Ukraine et participe à la prise de Kiev. C'est dans la conquête de la Crimée qu'il s'illustre en mai et juin 1942, anticipant les manœuvres soviétiques et prenant des risques importants en dégarnissant ses flancs les moins exposés pour renforcer ses axes d'attaque. Promu maréchal, il est envoyé en renfort à Leningrad, en juillet 1942, pour contrer une offensive de l'Armée rouge. Hitler le rappelle au sud de Stalingrad, le 21 novembre, pour désengager la 6e armée de Paulus. Son attaque le conduit à 45 kilomètres de la ville, mais Paulus, appliquant les ordres d'Hitler, refuse de tenter une percée pour faire la jonction. En février 1943, à la tête d'un groupe d'armées, il parvient à stopper l'offensive générale soviétique en reprenant Kharkov et en stabilisant le front dans le Donetz. Face au rouleau compresseur soviétique, le maréchal, corseté par Hitler qui refuse les décrochages tactiques qu'il suggère et se battant à un contre trois, en est réduit à canaliser la retraite jusqu'en avril 1944 quand le Führer décide de le démettre.

15. Officier d'infanterie reconverti, comme Rommel, dans les panzers, Friedrich Paulus (1890-1957) est noté dans les années 1930 par Guderian comme étant « intelligent, travailleur, original et talentueux », mais manquant d'esprit de décision. Il participe à l'invasion de la Pologne et de la France dans des fonctions d'état-major et il est nommé à la tête de la 6e armée, en janvier 1942, sans avoir commandé un

combats de rue à Stalingrad et le maréchal List, à qui les appuis aériens sont comptés du fait de la bataille de la Volga, piétine dans les premiers monts du Caucase. La Wehrmacht tient 80 % de la ville quand, le 19 novembre, l'Armée rouge perce les lignes roumaines et italiennes au nord et au sud de Stalingrad et encercle la 6e armée.

Hitler interdit à Paulus de se désengager et tente de briser l'encerclement par une contre-attaque blindée de Manstein (rappelé de Leningrad) qui s'achève à 45 kilomètres de la ville. Paulus capitule le 31 janvier 1943, échec considérable pour Hitler car le monde entier a les yeux fixés sur cette terrible bataille. L'Armée rouge porte un coup sévère à la réputation d'invincibilité de la Wehrmacht. Stalingrad a coûté aux Allemands 100 000 morts et 90 000 prisonniers (dont 8 000 seulement reviendront de captivité). Le plan Bleu modifié s'achève sur un échec total, car le groupe d'armées A, menacé à son tour d'encerclement, est contraint d'abandonner le Caucase. Hitler a multiplié les erreurs et porte la responsabilité de ce grave revers. Il a sous-estimé les Soviétiques, n'imaginant pas qu'ils puissent transférer leurs réserves de Moscou vers Stalingrad. Son impatience l'a conduit à lancer deux offensives simultanément sans en avoir les moyens. Il a choisi de conquérir Stalingrad, ville emblématique pour le maître du Kremlin, alors même que la prudence l'avait retenu de lancer la Wehrmacht dans des combats de rue problématiques à Leningrad. Il a interdit à Paulus de se désengager sans avoir les moyens de le ravitailler. Quel crédit pouvait-il accorder aux rodomontades de Goering, promettant un pont aérien, après ses échecs de Dunkerque et de la bataille d'Angleterre ? Dès septembre 1942, il était clair que la Luftwaffe ne pouvait subvenir qu'au quart des besoins de la 6e armée.

Manstein dira plus tard que la résistance de Stalingrad a permis le retrait en bon ordre des armées du Caucase et du Don, ce qui est probable mais ne fait que souligner le risque absurde pris par Hitler de s'engager vers la mer Noire sans avoir au préalable contrôlé les rives de la Volga. Le Führer s'obstine encore quelques mois dans son refus de principe de tout repli tactique en refusant à Rommel,

---

corps d'armée, ni même une division. Accusé, après la défaite de Stalingrad, de pusillanimité, il est surtout victime de l'insuffisance du ravitaillement de ses troupes encerclées. En le nommant maréchal à la veille de la reddition, Hitler espère, en vain, qu'il choisira le suicide plutôt que la prison. Ayant accepté de collaborer avec le régime soviétique après l'attentat manqué de Stauffenberg, il témoignera à charge au procès de Nuremberg.

battu par Montgomery, de se retrancher à Gabès (mais Mussolini sonnera la retraite quelques semaines plus tard). En avril 1943, il refuse encore le rembarquement du corps expéditionnaire dépêché en catastrophe en Tunisie après le débarquement allié en Afrique du Nord. Les forces allemandes (250 000 hommes et 250 chars) sont contraintes à la capitulation le 13 mai 1943. Manstein est le seul de ses généraux qui ait toute sa confiance et auquel il laisse sa liberté de manœuvre. Il s'ensuit quelques succès tactiques, comme la reprise de Kharkov en mars 1943. Le Führer compte sur lui pour « casser les reins » de l'armée soviétique avant que ne se concrétisent les projets alliés en Méditerranée. L'opération « Citadelle » de juillet 1943 sonne le glas de ses espérances. La tentative de prise en tenaille du saillant de Koursk, malgré un appui aérien considérable et l'engagement des nouveaux chars Tigre et Panther, échoue en dix jours sur les lignes de défense conçues par Joukov[16]. L'Armée rouge a désormais le monopole de l'initiative. Alignant des effectifs deux fois supérieurs, quatre fois plus de chars et de canons, et cinq fois le volume de la Luftwaffe, elle ne peut plus être surprise et a acquis une expérience tactique et une maîtrise technique qui en font un adversaire invincible. Alors

16. Ultime initiative allemande sur le front de l'Est, l'opération « Citadelle », engagée du 5 juillet au 22 août 1943, visait à « casser les reins de l'Armée rouge », selon le mot d'Hitler, dans le saillant de Koursk. Le plan, élaboré en mars, consistait en une attaque en tenaille (Model au nord, Manstein au sud), sans recherche d'un effet de surprise. Les photos aériennes ayant dévoilé les travaux d'aménagement du terrain engagés par les Soviétiques, le Führer repoussa l'offensive jusqu'en juillet pour bénéficier de la puissance de feu des chars Tigre et Panther en construction. Manstein proposa vainement d'anticiper l'attaque avant que les défenses adverses ne soient consolidées ou d'attendre l'offensive soviétique. Hitler croyait encore à la supériorité de ses troupes. En face, Joukov avait convaincu Staline de renoncer à la reprise de Kharkov et de piéger la Wehrmacht dans un dispositif défensif aménagé en profondeur. Trois lignes fortifiées successives, 5 000 kilomètres de tranchées et 400 000 mines constituaient un barrage infranchissable. Quand les armées allemandes seraient engluées dans le piège, deux contre-attaques seraient lancées, au nord et au sud. Sur un front de 270 kilomètres, trois armées allemandes (900 000 hommes) affrontaient autant d'armées soviétiques (1,3 million d'hommes). La Luftwaffe ne parvint pas à acquérir la supériorité aérienne. Au nord, Model s'épuisa sur la première ligne fortifiée et fut refoulé, dès le 12 juillet, par la contre-attaque rouge. Au sud, les deux armées de Manstein parvinrent à percer la deuxième ligne de défense, mais la contre-attaque soviétique les mit en difficulté. Les pertes considérables subies par ses troupes (500 000 hommes hors de combat, 1 200 chars et 2 000 avions détruits) et l'annonce du débarquement allié en Sicile décidèrent Hitler à arrêter « Citadelle ». La plus grande bataille de chars de l'histoire militaire avait tourné à l'avantage des Soviétiques.

que s'achève l'opération « Citadelle », le 14 juillet 1943, les Alliés débarquent en Sicile et un second front s'ouvre en Europe.

Dans cette période de sursis pour le IIIe Reich, la machine de guerre allemande connaît de profondes mutations, tant dans l'organisation du commandement que dans la structure et l'équipement des forces. Ces évolutions témoignent de la perte de contrôle de la situation par celui qui s'est voulu le maître de l'Europe. Le commandement des forces est modifié à trois reprises. Le 19 décembre 1941, Hitler démet Brauchitsch (malade) et prend sa place : « C'est l'armée de terre qui porte le poids principal du conflit. Dans ces conditions, j'ai décidé, en ma qualité de chef suprême des forces armées de l'Allemagne, de prendre personnellement le commandement de l'armée de terre. » Cette décision aberrante a pour conséquence de faire peser un poids considérable sur le chef d'état-major de l'OKH, le général Halder. Elle induit également une implication totale du Führer dans la conduite quotidienne des opérations qui le prive de tout recul stratégique.

En août 1942, il fait un pas de plus dans la confusion des genres en prenant directement le commandement du groupe d'armées A qui piétine dans le Caucase. Non seulement il n'obtient pas davantage que le maréchal List, mais il y perd la vision d'ensemble du front Est et s'obstine inconsidérément à Stalingrad. Quelques semaines plus tard, il divise les responsabilités entre l'OKH et l'OKW. L'OKW assume le commandement du front Est, l'OKH prenant en charge la Méditerranée, l'Angleterre et la France. Cette répartition géographique techniquement contestable car l'OKH n'a pas de compétences interarmées a pour conséquence d'aggraver le cloisonnement, déjà excessif, entre les centres de planification, laissant à un homme seul, le Führer, la responsabilité de la coordination. Or, Hitler assume simultanément les fonctions de chef de l'Etat, de chancelier, de ministre de la Défense, de chef d'état-major de l'armée de terre et même, pour un temps, de commandant d'un groupe d'armées.

Il ne renonce pas pour autant à s'impliquer directement dans les programmes d'armement, les chars Tigre et Panther, les lance-roquettes multiples s'inspirant des « orgues de Staline », la DCA qui devient son obsession avec la perte de la supériorité aérienne et naturellement les armes futures dont il espère l'effet miraculeux. Trop dispersée et soumise à rude épreuve sur le front de l'Est, la Wehrmacht s'adapte comme elle peut, mais sa capacité offensive s'émousse. Dès 1942, le tiers de ses divisions est faiblement équipé et alimenté par des recrues âgées, aux capacités physiques limitées. Concrètement, le Führer ne peut compter que sur une centaine de divisions « fer de lance » et une dizaine de divisions Waffen SS utilisées comme « pompiers » là où l'incendie fait rage. Ainsi en est-il des deux divisions qu'Hitler retire à Manstein pour les envoyer en Sicile en juillet 1943.

C'est dans ce contexte dégradé qu'Hitler cède à la tentation de limoger ses généraux à chaque revers, prenant le risque de désorganiser le commandement et de compliquer la manœuvre. Le 12 décembre 1941, 35 généraux sont relevés, dont les trois principaux, von Rundstedt, von Bock et von Leeb, ainsi que Guderian qui s'est opposé au Führer. « N'importe qui peut faire le travail qui consiste à diriger les opérations en temps de guerre », prétend ce dernier. En novembre 1942, il limoge List, puis Halder. Le chef d'état-major de l'OKH, pièce maîtresse de la chaîne de commandement, est remplacé par Zeitzler[17]. En pratique, comme Halder, il est très vite conduit à s'opposer aux exigences excessives et irraisonnées de son chef, sans succès le plus souvent. En janvier 1943, l'amiral Raeder est remplacé par Dönitz[18], un nazi

17. Appelé en 1914 et promu officier pour sa bravoure, Kurt Zeitzler (1895-1963) parvient au sommet de la hiérarchie militaire sans jamais avoir exercé de grand commandement. Spécialiste de la logistique et connu pour ses talents d'organisateur, il participe aux campagnes de Pologne, de France, de Grèce et de Russie dans les fonctions de chef d'état-major d'armée, puis de groupe d'armées. Le 24 septembre 1942, Hitler le nomme chef d'état-major de l'OKH. Choisi pour sa docilité, il se fait rembarrer régulièrement par le Führer. Ayant échoué à obtenir le décrochage de Paulus à Stalingrad, il décide de limiter ses rations alimentaires au niveau de celles dont dispose la 6e armée. Il perd 13 kg, jusqu'au jour où Hitler, exaspéré, lui intime l'ordre de se nourrir normalement. Rabroué en permanence et jamais écouté, il présente en vain cinq fois sa démission et finit par quitter son poste, sans préavis, le 1er juillet 1944, au Berghof. Arrêté et exclu de l'armée, il est remplacé par Guderian.

18. Un des plus brillants parmi les proches d'Hitler et son successeur désigné, l'amiral Karl Dönitz (1891-1980), bien que nazi convaincu et antisémite confirmé, bénéficia d'une rare clémence à Nuremberg, son sens politique lui ayant permis de se tenir à l'écart de la gestion criminelle du Reich. Ce Berlinois, fils d'ingénieur, cadet de la marine en 1910, commande en octobre 1918 un sous-marin coulé en Méditerranée par les Britanniques et se trouve prisonnier à Malte jusqu'en juillet 1919. Il obtient en 1935 le commandement d'une flottille de sous-marins et développe la théorie de la chasse en meute contre les navires marchands. Quatre ans plus tard, il dirige la flotte sous-marine et s'oppose à Raeder qui donne la priorité aux bâtiments de surface. Pendant la bataille de l'Atlantique, concentrant ses efforts au large de la côte américaine, il entrave efficacement le ravitaillement de la Grande-Bretagne et la montée en puissance du corps expéditionnaire américain jusqu'en 1943. En janvier de cette même année, il succède à Raeder à la tête de la marine et se lance dans le développement d'une nouvelle génération de sous-marins (tout électriques) qui auraient pu peser sur le déroulement de la guerre s'ils avaient été mis en service avant le débarquement allié en Normandie. Le 20 avril 1945, après la « trahison »

convaincu, plus habile et plus politique que l'ancien chef d'état-major de la marine. En mai suivant, Rommel, malade, est mis en pénitence après son échec en Tunisie. Comme Rundstedt ou Guderian, il retrouvera un poste de premier plan, car les limogeages peuvent être temporaires. Hitler joue du bâton, mais aussi de la carotte avec ses généraux, tout comme Staline. Certains obtiennent le titre de maréchal (comme Paulus, à la veille de sa reddition !), d'autres, nombreux, reçoivent des gratifications financières, comme Guderian ou von Leeb.

Si son audace et son sens de la surprise stratégique ou tactique avaient été profitables et parfois déterminants dans la conquête de l'Europe, son volontarisme exalté et son manque de formation d'état-major obscurcissent son jugement quand la supériorité des Alliés contraint les armées allemandes à la retraite. Taillé pour l'offensive, le Führer perd son intuition dans la défensive, d'autant que sa santé se dégrade. La défaite de Stalingrad et la capitulation de Tunisie lui ont ouvert les yeux sur les limites du « pas un pas en arrière ». Aussi décide-t-il, contre l'avis de Kesselring[19] et Dönitz, l'évacuation de la Sicile après un mois de combats. Mais il se laisse convaincre par

---

de Goering et sa destitution, il est nommé par Hitler chef de l'Etat. Sans illusions sur l'issue du conflit, il s'efforce d'organiser la reddition des armées allemandes aux forces alliées plutôt qu'à l'Armée rouge et, le 7 mai, autorise Jodl à signer l'armistice.

19. Ce fils d'instituteur bavarois (1885-1960), officier d'artillerie avant de prendre la tête de la Luftwaffe, fut un des plus brillants et des plus populaires généraux d'Hitler. Sa réputation de stratège et de meneur d'hommes lui valait la considération de Churchill. Ayant servi dans les tranchées, puis en état-major pendant la guerre, Albert Kesselring est affecté en 1933 au commissariat à l'aviation et participe à la création de la Luftwaffe. Il apprend à piloter à 48 ans (cinq fois abattu entre 1939 et 1945) et devient chef d'état-major de Goering. Contrairement à son homologue britannique, il donne la priorité à l'appui des troupes au sol plutôt qu'au bombardement stratégique. En Pologne puis dans les Pays-Bas, à la tête d'une flotte aérienne il organise une étroite coopération avec von Bock qui commande les troupes au sol. Nommé maréchal en juillet 1940, il est engagé dans la bataille d'Angleterre. Quelques mois plus tard, il reprend sa fructueuse coopération avec von Bock dans l'opération « Barbarossa » jusqu'à Moscou, mais, en novembre 1941, il est nommé commandant en chef des forces pour l'Europe du Sud et stationné en Italie. Il apporte un soutien précieux aux entreprises de Rommel en Libye. En juillet 1942, confronté au débarquement en Sicile, il résiste pendant un mois et réussit à évacuer 40 000 hommes et 100 000 véhicules. Un an plus tard, il refuse de se replier au nord de l'Italie et présente sa démission à Hitler qui cède et l'autorise à défendre la ligne Gustav (mont Cassin) qui tient jusqu'en mai 1944. Il se rétablit sur la ligne Gothique et assure encore quelques mois la sureté du flanc sud du Reich. En mars 1945, le Führer le nomme commandant du front Ouest, en remplacement de von Rundstedt. Condamné à mort à Venise par un tribunal militaire britannique pour les exactions commises par ses troupes en Italie, il est gracié sur intervention de Churchill et

Manstein de reprendre l'offensive à l'été 1943 et tombe dans le piège dressé par Joukov dans le saillant de Koursk. Préoccupé par la menace imminente d'un débarquement allié dans la péninsule italienne, il envisage en août un repli général sur le front de l'Est, entre les pays Baltes, le Dniepr et l'isthme de Kertch. Mais Dönitz, Manstein et Zeitzler se liguent pour obtenir qu'il n'abandonne ni Leningrad et la Baltique, ni la Crimée et la mer Noire. L'autisme qu'on lui attribue dans ses rapports avec les généraux ne s'étend pas à tous, ni à toutes les circonstances.

De l'avis de tous les témoins, Hitler porte alors le poids de ces années de guerre. « Il avait beaucoup vieilli depuis quatorze mois », notera Guderian. « Son comportement n'était plus aussi assuré qu'autrefois. Il s'exprimait avec hésitation, sa main gauche tremblait. » Un visiteur à Rastenburg en brosse un portrait inquiétant : « Il portait une vareuse jaune peu esthétique [...] la peau de son visage était flasque, son teint blême et rougi par l'insomnie. Le regard de ses yeux bleus qui aurait, dit-on, littéralement fasciné bien des gens, était vague, peut-être à la suite des drogues stimulantes qu'on lui infligeait sans arrêt. Sa poignée de main était molle. Son bras gauche pendait, inerte et tremblotant. Ce qui pouvait, à la rigueur, exercer un certain charme, c'était sa voix basse et modulée à l'opposé de ses cris poussés dans ses discours ou ses accès de rage, peut-être aussi un certain abattement et une certaine faiblesse à peine dissimulée qui suscitaient la compassion. » Il est pourtant douteux qu'Halder ou Zeitzler qui subissaient ses crises de nerfs de plus en plus fréquentes aient ressenti la moindre compassion. Jodl lui-même, son acolyte dévoué, se fait agonir d'injures quand il prétend que List, au Caucase, a scrupuleusement appliqué les directives du Führer. De ce jour, Hitler exige la présence de sténodactylos à toutes les conférences de situation...

Au QG de Rastenburg, ses insomnies rythment le cadencement des réunions. Il se lève rarement avant midi, déjeune seul en début de soirée et se fait servir un thé à 2 heures du matin. Le Führer ne visite plus jamais les unités et perd tout contact avec la population. Au contraire de Churchill, il répugne à se rendre dans les villes bombardées et ses trajets se limitent à des vols rapides de Rastenburg et Vinnytsia (été et automne 1942) au Berghof où le suit une équipe de l'OKW. A 53 ans seulement, il porte les stigmates du surmenage

Alexander. Davantage qu'un stratège, Kesselring fut un remarquable praticien du combat interarmées et un chef humain, résolu et plein de bon sens.

et de la maladie. Artériosclérose, Parkinson ou abus de médication de son médecin particulier, le docteur Morell, qui use et abuse de piqûres suspectes ? Indiscutablement, Hitler est diminué dès la fin de l'année 1941. Deux ans plus tard, le sursis accordé au IIIe Reich par la lenteur de la montée en puissance des forces alliées et la combativité des armées nazies est épuisé. Hitler a perdu la guerre, même s'il refuse de l'admettre. Il lui reste le fol espoir de sauver l'Allemagne en empêchant un débarquement en France.

Retarder l'inévitable défaite

A l'hiver 1943, le rapport de forces donne un avantage écrasant aux Alliés. Sur le front de l'Est, comme en Italie, on se bat à un contre trois. En outre, la bataille de l'Atlantique est perdue depuis quelques mois, la montée en puissance de la marine américaine, l'escorte systématique des convois marchands et le décryptage des nouveaux codes Enigma ayant eu raison des meutes de U-Boote. La force américano-britannique de l'opération « Overlord » peut se rassembler, s'équiper et s'entraîner en Angleterre. Hitler s'en inquiète et produit, le 3 novembre 1943, sa dernière directive générale aux armées, qui donne clairement la priorité au front occidental : « A l'est, l'immensité de l'espace permet en fin de compte une perte de territoire, même importante, sans porter un coup mortel aux chances de survie de l'Allemagne. Il n'en va pas de même à l'ouest [...]. Tout indique qu'une offensive contre le front occidental va se produire au printemps, ou même plus tôt. » A ce stade de la guerre, l'analyse est pertinente. Le Führer dispose encore d'une marge de manœuvre en Russie et en Italie, mais, si la France est envahie, les Alliés seront sur le Rhin et dans la Ruhr en quelques mois. L'objectif devient donc d'empêcher ou de refouler le débarquement américano-britannique sur la côte française. Sa stratégie est cohérente, mais elle se double d'une grande naïveté sur la capacité d'« armes secrètes » (les V1 et V2 attendus en février 1944) à changer le cours de la guerre.

La mise en œuvre de ce plan suppose une reconstitution des forces, très éprouvées par l'opération « Barbarossa », et un basculement de moyens vers le front occidental. Hitler nomme Goebbels, en juillet 1944, « plénipotentiaire pour la guerre totale ». Le concept en a été élaboré après la défaite de Stalingrad par le ministre de la Propagande (« Et maintenant peuple, lève-toi, tempête, déchaîne-toi ! »). Il fait procéder à des incorporations massives (500 000 hommes en trois mois), mobilisant tous les hommes valides de 16 à 56 ans, et il crée une garde nationale alimentée par les Jeunesses hitlériennes et les vieillards sommairement armés. Un effort considérable est consenti en matière d'armement. Cependant, il ne peut compenser les pertes énormes subies sur les deux fronts et la montée en puissance des forces américaines et soviétiques. En août 1944, l'Allemagne n'oppose que 38 000 avions aux 137 000 alliés et 27 000 chars aux 46 000 blindés alignés par les signataires des accords de Téhéran.

Pour échapper aux bombardements stratégiques alliés qui frappent quotidiennement la Ruhr, les usines sont réimplantées en Bohême et en Silésie, des raffineries souterraines sont aménagées. Enfin, 60 divisions, dont 11 panzers, sont réaffectées en France, en Belgique et aux Pays-Bas et placées sous le commandement de von Rundstedt, revenu en grâce. Rommel prend la tête du groupe d'armées B qui tient la côte entre la Bretagne et les Pays-Bas en s'appuyant sur le mur de l'Atlantique.

L'échec du plan d'Hitler est imputable à plusieurs facteurs : la disproportion des forces, la manœuvre de déception des Alliés et la supériorité de leurs services de renseignements, et enfin la perte du contrôle de l'espace aérien. Le succès d'« Overlord » tient d'abord dans la maîtrise de l'effet de surprise dont le Führer s'était fait le champion en 1940. Une météo exécrable le 6 juin 1944 empêchait les vols de reconnaissance de la Luftwaffe. Les leurres et les faux renseignements diffusés par les services alliés avaient convaincu Hitler, Rundstedt et Rommel qu'un second débarquement plus massif se préparait dans le Pas-de-Calais ou à l'embouchure de la Seine, d'où leur retard à engager leurs réserves en Normandie. Eisenhower disposait de nombreuses interceptions des réseaux radio de la Wehrmacht dont les codes étaient décryptés. Enfin, dès le 10 juin, la supériorité aérienne alliée était écrasante, condamnant les unités allemandes à ne manœuvrer que par mauvais temps. Tous ces facteurs étaient prévisibles et consacraient l'échec de l'Abwehr. Il est toutefois remarquable qu'aucun des généraux d'Hitler n'ait tenté de lui démontrer l'inanité de ces efforts. Sa capacité d'écoute, il est vrai, confinait déjà à l'autisme.

Le Führer parvient néanmoins à maintenir une retraite ordonnée, perturbant la progression alliée sur le front Ouest, tenant des lignes de défense en Italie et limitant, pour un temps, les dégâts à l'Est. Le 5 août 1944, il fait lancer une contre-attaque à Mortain pour tenter de couper Patton de ses lignes arrière, mais la supériorité aérienne alliée transforme en catastrophe ce coup d'audace inconsidéré[20]. Le 16 août, il fait transformer en forteresses les ports encore tenus par les Allemands (de Saint-Nazaire à La Rochelle et Royan) en interdisant toute capitulation. Il en résulte les « poches de l'Atlantique » qui gênent l'arrivée massive des renforts. Il parvient encore à retarder l'invasion de la Ruhr en tenant longtemps les bouches de l'Escaut (échec de Montgomery à Arnhem[21]). Il gagne enfin du temps sur le Rhin en lançant le 12 décembre 1944 la contre-offensive des Ardennes. L'opération « Brouillard d'automne » constitue l'ultime

---

20. Le 24 juillet, Eisenhower lance l'opération « Cobra » visant à percer le front allemand en direction de Coutances et des ports bretons. Patton crée une brèche et s'empare d'Avranches, le 30. Hitler, quelques jours après l'attentat de Stauffenberg, n'a plus confiance en ses généraux et vient de remplacer von Rundstedt par von Kluge. Le 2 août, il ordonne à ce dernier de contre-attaquer à partir des collines de Mortain pour couper les lignes de communication de Patton. Von Kluge est très réticent en raison de la supériorité aérienne alliée et de l'usure de ses troupes. Le plan l'oblige à dégarnir le front de Falaise et à engager les réserves disponibles de la Luftwaffe. Son état-major plaide pour un repli ordonné sur la Marne et la Somme, mais Kluge, craignant d'être impliqué dans le complot Stauffenberg, cède aux objurgations du Führer. Hitler lui impose de donner le commandement des quatre divisions engagées à des généraux SS. L'attaque, lancée le 6 août, s'enlise dès le lendemain sur les positions renforcées par Bradley, informé par des interceptions des plans allemands. Les Alliés engagent aussitôt l'encerclement des troupes de von Funck dans la poche de Falaise (entre Patton au sud et Montgomery au nord). Kluge, conscient de la manœuvre imaginée par Bradley, alerte Hitler qui refuse tout repli et le remplace par Model. Le 15 août, les Alliés débarquent en Provence et deux armées sont enfermées devant Falaise. « Cette journée a été la plus atroce de ma vie », dira Hitler. Dans les jours qui suivent, Model parvient à exfiltrer les deux tiers des 100 000 hommes enfermés dans la nasse, mais le bilan est lourd : 5 000 morts et 35 000 prisonniers. L'échec de Mortain met fin à la bataille de Normandie : la route de Paris est ouverte aux Alliés.

21. Anvers est libéré le 5 septembre, mais le port est inexploitable car les Allemands occupent les rives de l'Escaut. Eisenhower accepte donc un plan de Montgomery consistant à saisir les ponts intacts sur l'axe Eindhoven-Arnhem pour permettre au 30e corps britannique de s'engager au nord du Rhin en direction de la Ruhr. Trois largages massifs sont effectués le 19 septembre à Eindhoven, Nimègue et Arnhem, et les parachutistes s'emparent des ponts, en attendant d'être rejoints (en principe dans les trois jours) par le même 30e corps. Montgomery a voulu ignorer les renseignements indiquant la présence d'unités allemandes à proximité des zones de largage et des combats furieux s'engagent sur les trois sites. Le 30e corps, s'il réussit sa jonction avec les parachutistes à Eindhoven et Nimègue, ne parvient pas à atteindre Arnhem. Le bilan est sévère : 17 000 Alliés hors de combat, pour 8 000 Allemands. Surtout, les rives de l'Escaut sont toujours occupées et le port d'Anvers reste inutilisable jusqu'à la fin du mois de novembre.

tentative d'Hitler pour reprendre la main. Son objectif politique est « de rompre le front artificiel des Alliés, d'épurer la situation et de leur faire comprendre que la guerre ne peut pas être gagnée ». En cas de succès, il se fait fort d'obtenir une paix négociée dans des conditions favorables. Trois armées sont engagées, la première ayant pour objectif Anvers, la deuxième Bastogne et Namur, la troisième couvrant le flanc Sud. L'offensive progresse assez facilement pendant une semaine, la surprise étant totale. Mais, à partir du 24 décembre, le beau temps revient et les trois armées sont contraintes au repli par les bombardements alliés et la contre-attaque de Patton. Cette initiative a, pour Hitler, le mérite de retarder de plusieurs mois le franchissement du Rhin (7 mars 1945) et d'accentuer les tensions entre Eisenhower et Montgomery. *A contrario*, elle scelle définitivement le sort du Reich, en épuisant ses dernières réserves.

Sur le front Est, la ligne de défense organisée sur le Dniepr par Manstein ne tient que quelques jours et, dès janvier 1944, Hitler est contraint d'abandonner le siège de Leningrad, l'Ukraine et la Crimée. En juin 1944, le rouleau compresseur soviétique se met en route. L'opération « Bagration », déclenchée le 22, provoque une véritable déroute au centre (300 000 prisonniers dont 17 généraux) et les Allemands doivent se replier jusqu'à la Vistule. Mais Guderian parvient à se rétablir devant Varsovie, et Hitler évite le ralliement de la Hongrie à l'URSS en faisant enlever le régent Horthy et en le remplaçant par un féal nazi[22].

En Italie, Kesselring parvient à tenir sur la ligne Gustav (mont Cassin) jusqu'en mai 1944 et se rétablit sur la ligne Gothique (entre Pise et Rimini) jusqu'en avril 1945. Cette résistance contraint les Alliés à maintenir une force significative dans la péninsule et permet un repli ordonné des Balkans. Cette capacité de résilience du IIIe Reich s'explique par l'adhésion massive du peuple allemand aux directives

22. Régent d'un royaume sans roi depuis 1920, Horthy établit en Hongrie un régime autoritaire. Sa proximité avec Hitler et Mussolini lui permet d'annexer des territoires importants perdus après le traité de Trianon. Rejoignant l'Axe en avril 1941, il engage son pays dans l'opération « Barbarossa ». Mais, en mars 1944, convaincu de l'échec allemand, il refuse l'entrée de la Wehrmacht sur son territoire alors que les Soviétiques déferlent en Ukraine. Hitler passe outre et lui impose un gouvernement collaborationniste. En août, la Roumanie ouvre ses frontières à l'Armée rouge et déclare la guerre à la Hongrie. Horthy engage alors des pourparlers avec Moscou. En réponse, le Führer fait enlever un de ses fils par un commando de Skorzeny, le contraint à l'abdication en faveur du nazi Ferenc Szálasi et le fait incarcérer en Bavière.

du Führer, la combativité exceptionnelle de la Wehrmacht, mais aussi, jusqu'en janvier 1945, la saisie d'occasions par Hitler.

A partir du succès des débarquements alliés en France, beaucoup de généraux s'interrogent sur l'issue de la guerre et supplient le Führer d'engager des négociations. Ce dernier s'y refuse absolument, sachant que les Alliés exigeront une capitulation sans conditions. L'attentat du 20 juillet 1944[23] révèle le fort courant d'hostilité au jusqu'au-boutisme du Führer qui se développe à la tête de la Wehrmacht. Zeitzler, le chef d'état-major de l'OKH, après avoir présenté cinq fois sa démission comme nous l'avons vu, claque la porte et se voit remplacé par Guderian. Ce dernier s'exaspère des limogeages continuels des généraux et parvient trop tard à convaincre Hitler que la priorité doit revenir au front Est. En mars 1945, il est écarté à son tour et remplacé par Krebs[24].

---

23. De nombreux complots contre Hitler sont ourdis à la tête de la Wehrmacht à partir de 1938. En août de cette année, Beck et Halder n'y renoncent qu'après le succès du Führer à Munich. En 1942, une nouvelle tentative avorte. L'année suivante, une bombe placée par von Tresckow dans un avion n'explose pas. Enfin, en juillet 1944, une dizaine d'officiers, dont Beck et Tresckow, se rallient au plan du colonel von Stauffenberg (opération « Walkyrie »). Cet aristocrate classique et fervent chrétien, sérieusement blessé en Afrique du Nord, a accès, par ses fonctions d'état-major, aux réunions du QG de Rastenburg. Motivé par l'imminence de la défaite et les atrocités commises contre les Juifs et les Slaves, il propose de faire exploser une bombe lors d'un point de situation présidé par Hitler. Après la mort de ce dernier, la mise en œuvre du plan « Walkyrie » (conçu en mai 1944 sur ordre d'Hitler pour permettre la répression par l'armée de troubles intérieurs) permettra la prise du pouvoir par les conjurés, avec la complicité du général Fromm, commandant la force de réserve de Berlin. Von Manstein et von Kluge, contactés, ont refusé de participer. Rommel, pour sa part, sans s'engager, a suggéré de choisir Beck comme futur président du Reich. Comme on le sait, le 20 juillet, l'attentat échoue malgré l'explosion de la bombe laissée par Stauffenberg dans le QG d'Hitler. Arrêté à Berlin, le conspirateur malheureux est fusillé sur-le-champ, en compagnie de Beck et de cinq autres conjurés. Au total, on compte quatre morts, mais le Führer s'en est tiré avec des brûlures, un tympan percé et une blessure à la main droite. Dans les mois qui suivent, Hitler fait exécuter de nombreux officiers dont dix-neuf généraux. Rommel est acculé au suicide. Les réactions populaires sont très limitées. L'opposition à Hitler au sein de la Wehrmacht est annihilée, tandis que le poids des SS dans la conduite des opérations en sort renforcé.

24. Le 1er avril 1945, le général Krebs (1898-1945) prend les fonctions de chef d'état-major, en remplacement de Guderian, sans avoir jamais exercé de commandement. Ses compétences d'état-major et sa malléabilité ont convaincu Hitler d'en faire son instrument de dernier recours. Engagé volontaire à 16 ans, en 1914, il est nommé officier au feu, puis se spécialise dans la langue russe, ce qui lui vaut d'être attaché militaire à Moscou de 1936 à 1941. En 1942, il devient chef d'état-major de Model à la 9e armée, puis au groupe d'armées Centre. Il subit sans broncher

La plupart des historiens considèrent que l'attentat de Stauffenberg a définitivement fait perdre à Hitler le sens des réalités, en cristallisant sa haine des généraux et en développant sa démesure jusqu'au stade de la psychose. La réalité est plus complexe. L'homme qui reçoit Mussolini une heure après l'explosion de la bombe, les vêtements en lambeaux et les tympans percés, fait preuve d'une étonnante maîtrise. S'il est vrai qu'il s'appuie désormais en priorité sur les généraux SS, il est encore capable de prendre des décisions stratégiques ou tactiques cohérentes, sinon toujours pertinentes. De fait, c'est à partir de l'échec des Ardennes, quand il quitte le nid d'aigle de Ziegenberg d'où il a dirigé la contre-offensive, pour s'enfermer à la chancellerie de Berlin (16 janvier 1945), qu'il commence, au grand dam de Guderian puis de Krebs, à manœuvrer des unités fictives, déplacer des petits drapeaux, nommer un incapable notoire comme Himmler à la tête d'un groupe d'armées, ou encore à suspecter en permanence son entourage.

Le chaos règne dans l'Allemagne partiellement occupée à l'est et à l'ouest. Les bombardements alliés sèment la terreur, mais la Wehrmacht et la garde nationale résistent encore. « Une douzaine de chars gris sales s'élancent au-devant d'un sort inexorable. Sur leurs flancs, couleur de notre misère, la croix noire est à peine visible. A l'intérieur, sur les postes récepteurs à ondes courtes, les notes de la *Chevauchée des Walkyries* résonnent. Il faut vraiment cela pour aller au sacrifice suprême », note Guy Sajer[25]. Les derniers combats ont été sobrement illustrés en 1953 par Bernhard Wicki, dans un film, *Le Pont*, mettant en scène le drame des adolescents endoctrinés confrontés à la violence de la guerre.

C'est l'effort de propagande de Goebbels qui tient encore le peuple allemand et les armées. Depuis la fin de l'année 1944, le message martelé est simple et efficace : « Les Alliés veulent l'extermination du peuple allemand. » Ce discours est conforté, il est vrai, par le bombardement des villes et le comportement effrayant des troupes soviétiques dans les zones qu'elles occupent. De Gaulle, dans ses

---

les vexations nombreuses que lui inflige son chef. Il est ensuite choisi par Hitler pour devenir l'adjoint de Guderian avant de lui succéder. Après la mort du Führer, Goebbels l'envoie négocier avec les Soviétiques. Confronté à leur intransigeance, il choisit de se suicider, le 1er mai 1945.

25. Alsacien enrôlé parmi les « malgré-nous » dans l'armée allemande en 1944, à 16 ans, Guy Sajer prend part aux derniers combats contre l'avance soviétique en Allemagne. Ses souvenirs de guerre ont été publiés en 1965 sous le titre *Le Soldat oublié*.

Mémoires de guerre, relevait qu'« Hitler, s'il était fort, ne laissait pas d'être habile. Il savait leurrer et caresser. L'Allemagne, séduite au plus profond d'elle-même, suivit son Führer d'un élan. Jusqu'à la fin, elle lui fut soumise, le servant de plus d'efforts qu'aucun peuple, jamais, n'en offrit à son chef ».

Pendant le mois de février 1945, Hitler passe encore le plus clair de son temps à la chancellerie, ne rejoignant le bunker souterrain que pendant les alertes aériennes. A partir du mois de mars, il doit emménager dans les cinq petites pièces qui lui sont réservées. Ne dormant plus, il se lève de plus en plus tard. La première conférence de situation commence à 15 heures. Les participants restent debout pendant les deux ou trois heures que dure la réunion. Seul le Führer, épuisé, bénéficie d'un siège. Le 20 avril, il fête ses 56 ans avec Bormann, Goering, Keitel, Jodl, Dönitz et Krebs. On sabre le champagne et il se montre cordial et rassurant. Deux jours plus tard, il reconnaît enfin que « la guerre est perdue », mais il refuse de quitter Berlin pour Berchtesgaden. Le 28, il expulse Goering et Himmler du parti nazi, nomme Dönitz chef de l'Etat et un quasi-inconnu, Schörner, à la tête de la Wehrmacht. Le 30 avril 1945, il donne la mort à sa chienne Blondi, puis se suicide avec Eva Braun, épousée la veille. Selon ses consignes, son corps est incinéré pour éviter le traitement infamant qu'a subi la dépouille mortelle de Mussolini.

La bête de guerre

Hitler était-il fou ? Question irrecevable pour un praticien en quête d'une définition toujours fuyante de la normalité, mais interrogation légitime et comprise de tous dans son acception populaire. Pourquoi a-t-il pris le risque de déclencher une guerre mondiale en envahissant la Pologne alors qu'il avait conquis sans frais l'Autriche et la Tchécoslovaquie ? Il avait de bonnes raisons de croire que les démocraties occidentales céderaient une fois encore, d'autant qu'il venait de signer le pacte germano-soviétique qui avait ébranlé les chancelleries. Il savait aussi que le temps lui était compté, la France et la Grande-Bretagne ayant engagé leur réarmement.

Comment a-t-il pu croire à une paix séparée avec l'Angleterre après sa victoire sur la France ? Il croyait le peuple britannique aussi pacifiste que son homologue français et plaçait ses espoirs sur le clan de l'« apaisement » dirigé par Halifax et Lloyd George. Mais c'était compter sans Churchill... A cet égard, Dunkerque fut un pari manqué.

Pourquoi a-t-il attaqué l'Union soviétique en ouvrant un second front et en ignorant les leçons de l'histoire ? Il pensait l'affrontement inévitable à court ou moyen terme et a jugé le moment favorable. Le choc des deux idéologies totalitaires et des ambitions personnelles des dictateurs ne laissait guère présager d'autre issue. Mais, trompé par ses victoires faciles à l'ouest et mal informé des capacités réelles de l'URSS, il a fait un pari risqué avec des moyens insuffisants.

Pourquoi, du moins, n'a-t-il pas tout arrêté en 1942, quand il est devenu évident qu'il ne pouvait plus gagner ? Il a fait prendre des contacts discrets avec les Etats-Unis, par l'intermédiaire d'Himmler, en Suisse, cette même année, mais a compris la décision irrévocable de Roosevelt, Churchill et Staline d'obtenir une capitulation sans conditions.

Ses choix s'apparentent davantage à des coups de poker mal maîtrisés qu'à des accès de démence compulsifs. Sa folie criminelle, si elle ne s'applique pas ou peu au domaine de la guerre, s'exprime en revanche dans son idéologie radicale monstrueuse, son pangermanisme dévoyé et son obsession criminelle de l'extermination du peuple juif. Mais on ne doit pas oublier que ce ne fut pas la motivation première de l'engagement des Alliés, même si la découverte des camps de concentration en fit un thème majeur du procès de Nuremberg. Comment expliquer, dès lors, l'enchaînement stupéfiant des conquêtes militaires nazies, puis l'étonnante résistance des armées allemandes submergées par le nombre et la puissance de leurs adversaires ? Hitler avait incontestablement certaines des qualités que l'on attribue aux grands conquérants : une volonté de fer, un caractère impitoyable, une audace fondée sur la recherche constante de la surprise et une vision stratégique.

Ce dernier point est souvent contesté par ceux qui ne lui concèdent que des intuitions fugitives. Qu'on se souvienne seulement de cette note dictée à Bormann, le 2 avril 1945 : « Après la défaite du Reich, il ne restera dans le monde que deux grandes puissances capables de s'affronter, les Etats-Unis et l'Union soviétique. Les lois de l'histoire et de la géographie les amèneront inexorablement à une épreuve de force, sur le plan militaire ou sur les terrains de l'économie et de l'idéologie. Il est également certain que, tôt ou tard, ces deux puissances souhaiteront disposer du concours de la seule grande nation qui aura réussi à survivre en Europe, l'Allemagne[26]. » Quelques jours plus tard, il est vrai, il affirmait à son entourage que « les Russes » allaient subir à Berlin « la défaite la plus sanglante de leur histoire », mais l'optimisme aveugle était de commande dans le bunker sépulcral assiégé.

Hitler a pu compter, bien sûr, sur la remarquable qualité de l'encadrement de ses armées, des généraux hors du commun (Manstein, Guderian, Rommel, Rundstedt...), mais aussi un corps d'officiers et de sous-officiers qui sut obtenir des simples combattants un comportement héroïque qui impressionna les Alliés.

La clé du succès de l'expansion nazie réside dans l'exceptionnelle adhésion que le Führer sut bâtir dans la population allemande autour de sa personne et de ses desseins. Qu'il l'ait fait dans un but exécrable et avec des moyens condamnables n'enlève rien au fait qu'il soit parvenu à résoudre l'équation bien connue de Clausewitz : un responsable politique, des chefs militaires et un peuple unis dans un même but, la victoire.

Alors, quelles sont, au-delà des engrenages impitoyables de la démesure, les causes de son échec ? D'abord, la chance a tourné, et on ne gagne pas au poker avec de mauvaises mains. L'hiver précoce de 1941, la mauvaise météo de juin 1944, les inconséquences de Mussolini... Ensuite, il est contraint à partir de 1942 à mener une guerre défensive. Son caractère s'y prête mal et ses médiocres connaissances tactiques, conjuguées à la dégradation de sa santé, le poussent à l'erreur. Son orgueil et sa surestimation du pouvoir de la volonté le conduisent à refuser l'évidence de l'échec et lui interdisent de se remettre en cause. Sa maîtrise insuffisante de la manœuvre militaire, masquée par des connaissances encyclopédiques, le conduit à négliger le renseignement et à privilégier la production des V1 et V2 au détriment des chasseurs à réaction Me-262 ou des sous-marins de nouvelle génération qui auraient pu faire la différence.

Cependant, sa faute majeure est d'avoir cru qu'il pouvait tout décider seul et assumer simultanément les fonctions de chef de l'Etat, de chancelier et de commandant suprême de la Wehrmacht. A partir du mois de décembre 1941, il endosse l'uniforme de chef militaire et n'assume plus que partiellement ses responsabilités d'homme d'Etat. Négligeant la politique extérieure et la mise sur pied d'une véritable économie de guerre, perdant le contact avec la réalité quotidienne de

---

26. Philippe Masson, *Hitler chef de guerre*, Paris, Perrin, 2005.

son peuple et même de ses soldats, il n'est plus le commandant d'un navire pris dans la tempête mais seulement le marin qui tient de plus en plus mal le gouvernail.

On lui a souvent reproché son ingérence dans la conduite des opérations, mais pouvait-il en être autrement quand il s'était nommé chef d'état-major de l'armée de terre ? Son absence de formation d'état-major explique nombre d'erreurs qu'il aurait pu surmonter s'il avait accordé plus de crédit à ses généraux. Il est d'ailleurs remarquable que ses succès en Norvège, en France et dans les Balkans aient été obtenus sans ingérence de sa part dans l'exécution des plans qu'il avait judicieusement adoptés. C'est, en définitive, le mélange des genres et la négligence de ses devoirs d'Etat qui ont le plus nui à ses entreprises.

Hitler fut indiscutablement une « bête de guerre », mais en aucun cas un homme d'Etat, un conquérant sous l'emprise d'une idéologie barbare dont le nom reste à jamais lié au plus grand cataclysme de l'histoire. Ses crimes inexpiables interdisent à jamais de céder à l'admiration trouble que pourraient encore susciter les exploits guerriers des armées nazies. « Personne ne chantera la gloire de ces soldats comme on chante Verdun en France ou les Flandres en Angleterre [...]. Aucun monument ne rappellera le sacrifice des hommes tombés. L'héroïsme et le sacrifice de ces soldats seront engloutis dans la défaite et la condamnation du nazisme, tout sera retourné contre le peuple allemand. A la nouvelle génération, on dira que cette armée était composée de criminels, que la guerre qu'elle a menée n'était pas faite pour la patrie ou le pays, mais pour le Führer et ses brutes sadiques. Et les seuls monuments qu'on érigera célébreront la gloire des déserteurs[27]. » On peut comprendre l'amertume d'August von Kageneck[28] et des combattants vaincus du IIIe Reich, mais peut-on ignorer leur engagement total dans la plus sinistre des grandes épopées de l'Histoire ?

27. Cité par Jean-Claude Guillebaud dans *Le Tourment de la guerre*, Paris, L'Iconoclaste, 2016.

28. Officier de l'armée allemande ayant participé à la plupart des campagnes de la Wehrmacht entre 1940 et 1945, August von Kageneck s'est engagé après la guerre en faveur de la réconciliation franco-allemande et de la construction européenne.

CHAPITRE 8

LYNDON B. JOHNSON OU LA GUERRE EN DOUCE

A deux pas de la Maison-Blanche, le monument le plus visité de Washington est encore cette fosse lugubre plaquée de marbre noir où s'alignent, en lettres d'or, les 58 307 noms des militaires américains tués au Vietnam. Sur le sol, s'éparpillent fleurs et photos, messages et jouets d'enfants, hommages touchants et dérisoires aux combattants de la guerre la plus impopulaire que les Etats-Unis aient jamais livrée hors de leurs frontières. Comment donc s'étonner que Lyndon B. Johnson, l'homme qui a lancé son pays dans cette guerre et qui l'a, dit-on, perdue, soit un des présidents les plus controversés de l'histoire de ce grand pays ?

C'était un temps, il est vrai, de grands changements, comme si l'assassinat de Kennedy avait dessillé les yeux et ouvert les digues. L'Amérique rêvée et sûre d'elle-même, celle de Walt Disney et de Norman Rockwell, semblait avoir perdu sa jeunesse étudiante, égarée dans les délices du mouvement hippie ou révoltée sur les campus. La communauté noire, emmenée par Martin Luther King, la prochaine victime des assassins, se mobilisait en masse pour l'égalité des droits civiques, ouvrant à nouveau une plaie jamais guérie au cœur de la société. La guerre du Vietnam, enfin, effaçait sur les écrans de télévision du monde entier l'image glorieuse des libérateurs de 1945. Une petite fille en larmes, dépouillée de ses vêtements et fuyant sur une route humide les bombes américaines, icône involontaire des mouvements pacifistes, mettait à mal le discours convenu sur la défense du monde libre.

Johnson n'était pas le président faible et médiocre qu'on a souvent décrit, soumis à la pression de ses généraux et incapable d'affronter les évolutions sociales de son pays. Apremement débattues, les raisons de son engagement en Asie du Sud-Est et les causes de son échec sont multiples et parfois circonstancielles. Un héritage difficile, une vision simpliste de la réalité vietnamienne, des calculs politiciens et de mauvais conseillers l'ont orienté vers une stratégie inopérante qui l'a contraint à une fuite en avant sans issue. Au-delà de cette analyse factuelle, le cas « Johnson et le Vietnam » reste un sujet de prédilection pour les politologues et les analystes militaires. Les questions qu'il soulève sont celles qui fondent les rapports d'une démocratie à la guerre. Pourquoi s'est-il engagé dans ce bourbier ? Comment ce responsable politique brillant et expérimenté, ce président progressiste et grand communicateur en est-il venu à incarner aux yeux du monde l'impérialisme américain le plus brutal ? Son échec doit-il être imputé au mouvement antiguerre qui s'est développé aux Etats-Unis, à la médiocrité de ses généraux, à la détermination du Nord-Vietnam et de ses soutiens ou à ses choix personnels ? Pouvait-il éviter cette guerre et aurait-il pu la gagner ? Les quelques années de répit obtenues par son successeur, Richard Nixon, ont pu le laisser croire, mais la chute de Saigon en 1975 a relancé un débat qui n'est pas clos.

L'homme de la situation ?

Le 22 novembre 1963, quand il prête serment dans l'avion présidentiel d'« exécuter loyalement la charge de président des Etats-Unis », deux heures après l'assassinat de John Kennedy, nul ne semble mieux qualifié que Lyndon B. Johnson (LBJ[1]) pour assumer la fonction dans ces circonstances tragiques. Le Vietnam n'est d'ailleurs pas sa priorité, ni celle du peuple américain. Dans ce domaine comme dans les autres, il n'a d'autre choix que d'épouser la politique de son prédécesseur, au moins jusqu'à la prochaine élection programmée en novembre 1964. Ses qualités et son expérience sont celles qu'on espère d'un chef d'Etat confronté à la guerre. Pourtant, l'implication américaine en Asie du Sud-Est est un legs redoutable et biaisé qui porte la marque des décisions controversées prises, en leur temps, par Harry Truman, Dwight Eisenhower et John Kennedy. L'Amérique en

1. Dès les premières années de sa vie politique, Johnson impose partout ses initiales. Simple argument de vente ou signe d'une tendance à la mégalomanie, il baptise son ranch, son chien, ses boutons de manchette, ses chemises, ses cendriers du sigle LBJ. Les prénoms de ses filles sont choisis en accordance.

deuil de son Golden Boy n'en perçoit pas les conséquences, pas plus qu'elle ne pressent l'indécision et les calculs de son nouveau président qui l'engageront dans une funeste aventure.

De l'avis général, Johnson est l'homme de la situation. Son origine sociale et sa culture sudiste sont à l'opposé de celles de son prédécesseur, mais son intelligence et sa détermination ne sont discutées par personne. A sa manière, ce fils d'un modeste fermier du Texas incarne mieux que Kennedy le rêve américain. Protestant convaincu, alliant un anticommunisme militant à une fibre sociale développée, il est représentatif de la majorité démocrate qui prône la fermeté à l'extérieur et la paix sociale aux Etats-Unis. On lui reconnaît d'exceptionnelles qualités de rassembleur : « Venez maintenant et raisonnons ensemble », aime-t-il à répéter, se référant à un verset de l'Ancien Testament. Son habileté politique est reconnue. D'ailleurs, quand il était leader de l'opposition, puis de la majorité, au Sénat, il n'avait pas son pareil pour rallier les votes des élus récalcitrants. Il leur infligeait ce qu'on appelait le *« Johnson Treatment »*. Invités à son ranch du Texas, ils subissaient pendant une heure, au bord de la piscine, un discours hypnotisant mêlant supplications, cajoleries, menaces, insinuations et promesses qui les laissaient désemparés et sans voix. Sa maîtrise des jeux du Congrès est donc acquise, d'autant qu'il y a siégé sans interruption, depuis 1937 à la Chambre des représentants, puis au Sénat à partir de 1949. Ce cow-boy géant (1,92 mètre), grand amateur de bière et volontiers grossier, arborant comme un uniforme son grand chapeau et ses bottes à clous, a été choisi, contre toute attente, par John Kennedy, en 1960, comme son colistier pour l'élection présidentielle. Son expérience et son emprise sur les démocrates du Sud ont eu raison des préventions naturelles de son ancien concurrent. Pendant près de trois ans, dédaigné par le clan aristocratique de la Nouvelle-Angleterre, le vice-président n'en a pas moins été tenu informé de tous les dossiers par l'hôte de la Maison-Blanche.

Quand Lyndon B. Johnson endosse la responsabilité de commandant en chef des armées américaines, il est un des parlementaires les mieux instruits des questions de défense. A la Chambre des représentants, il a siégé sans discontinuer à la Commission des affaires navales. Pendant la guerre, il a brièvement servi, à sa demande, dans le Pacifique et il a été décoré de la Silver Star[2]. A partir de 1949, il a

---

2. En avril 1942, Johnson demande un congé parlementaire et s'engage dans la marine, avec le grade d'enseigne de vaisseau. Il obtient du président Roosevelt, dont

présidé un sous-comité de la Commission des forces armées du Sénat, en charge du contrôle de la préparation des forces[3]. Le Vietnam ne lui est pas inconnu car il y a conduit une mission, en 1961, pour le compte de Kennedy. Il en est revenu convaincu que Diêm, le chef du gouvernement du Sud, était un dirigeant capable (« le Churchill de l'Asie du Sud »), bien que mal entouré. Il en a surtout conclu qu'un engagement américain accru s'imposait : « Nous devons nous décider, soit à venir en aide à ces pays du mieux que nous pouvons, soit à jeter l'éponge dans cette région du monde et à ramener notre ligne de défense au niveau de San Francisco et autour d'une conception du type Forteresse Amérique [...] et dire au monde entier que nous ne respectons pas nos traités et que nous ne soutenons pas nos amis. » Enfin, ce politicien expérimenté est un fin connaisseur des médias. Jeune étudiant, il a été le rédacteur en chef de la gazette de l'université du Texas. Par la suite, il s'est constamment appuyé sur la presse pour assurer sa carrière dans les rangs du Parti démocrate, en mettant en valeur ses travaux à la Commission des forces armées. Son peu d'appétence pour les relations internationales ne choque pas dans un pays qui pense se suffire à lui-même. En bref, hormis quelques faucons du camp républicain, personne ne met en doute ses capacités à gérer les défis qui attendent la nation américaine.

Le dossier vietnamien dont il hérite est pourtant le piège qu'il pressent, dès janvier 1964, quand il confie à un proche : « Ils essayent de m'entraîner dans une guerre, là-bas, et ce sera ma perte. » Les décisions de ses prédécesseurs ont lancé la machine infernale. Truman, en 1946, a cédé aux pressions du général de Gaulle pour accepter le retour des troupes françaises en Indochine, au nom de la défense du monde libre. Eisenhower, meurtri de n'avoir pu aider les Français à

---

il est proche, d'être affecté dans le Pacifique, au quartier général de MacArthur. Le 9 juin, il embarque pour une mission d'observation à bord d'un B-26. Son avion, pris sous le feu des Japonais, est contraint de faire demi-tour, en raison d'une panne de moteur. MacArthur lui attribue la Silver Star pour acte de courage. Un mois plus tard, auréolé de la gloire des combats, il retourne à la Chambre des représentants. L'attribution complaisante de cette décoration est très critiquée dans la marine, d'autant que Johnson est le seul membre de l'équipage du B-26 à en avoir bénéficié.

3. A la tête de la sous-commission sur la préparation des forces, LBJ lance, à partir de 1948, une série d'enquêtes sur l'efficacité des dépenses militaires. Tout en défendant le budget de la défense, il dénonce la gabegie et les défauts d'organisation des forces et des soutiens. Mettant sur le gril avec férocité les généraux et amiraux, il acquiert auprès des médias la réputation d'un expert intègre et exigeant des questions de défense.

éviter la débâcle de Diên Biên Phu[4], a pris leur place auprès du gouvernement du Sud-Vietnam issu des accords de Genève et il a accordé au président Diêm une aide économique et militaire pour lutter contre la rébellion du Front national de libération (FNL), appuyée par le Nord-Vietnam communiste. L'engagement américain s'est fortement accru pendant la présidence Kennedy. De 1 200 conseillers militaires affectés, en 1960, à la formation de l'armée du Sud-Vietnam (ARVN), on est passé à 15 500, en août 1963. Certes, JFK a refusé d'intervenir au Laos pour barrer la route Hô Chi Minh créée par Hanoi pour approvisionner les rebelles du Sud, et il a même accepté la neutralisation de ce pays, mais l'accord signé avec l'Union soviétique ne le satisfait pas[5]. Le vrai tournant est intervenu quelques jours avant son assassinat, quand le président américain, après moult hésitations, a donné son feu vert à un coup d'Etat contre Diêm. Le président du Sud-Vietnam était un autocrate népotique et corrompu, favorisant outrageusement la minorité catholique et s'aliénant son peuple par une répression brutale des sectes bouddhistes et des revendications des montagnards, mais il avait une légitimité politique ancienne, acquise auprès de Bao Dai[6]. En laissant faire un coup

4. En 1954, les Etats-Unis financent 40 % de l'effort de guerre français en Indochine. Quand débute le siège de la cuvette de Diên Biên Phu, Paris demande à Washington d'appuyer le camp retranché en bombardant les positions du Viêt-minh. Eisenhower y est favorable et fait planifier l'opération « Vautour ». Mais son gouvernement est divisé et le général Ridgway, chef d'état-major de l'armée de terre, fait campagne contre une intervention américaine qu'il juge vouée à l'échec. Le Congrès, conscient de l'impopularité de la guerre française (68 % des Américains sont opposés à une implication militaire de leur pays en Indochine), contraint le président à y renoncer. Eisenhower en gardera longtemps un fort sentiment de culpabilité à l'égard des Français, s'estimant responsable de leur défaite. Il en sera d'autant plus motivé pour soutenir le gouvernement du Sud-Vietnam.

5. Kennedy, pas plus que son prédécesseur, ne souhaitait engager militairement les Etats-Unis au Laos, en proie à la guerre civile. Il engagea donc avec l'Union soviétique des pourparlers qui aboutirent à Genève, à l'été 1962, à la « neutralisation » du Laos. Moins de deux mois plus tard, peu satisfait de l'accord, il autorisa la CIA à armer et encadrer les tribus laotiennes hostiles à la guérilla communiste.

6. Bao Dai, ex-empereur de l'Annam, placé par les Français à la tête de l'Etat du Vietnam en 1949, fait appel, dès le début de la conférence de Genève, après la chute de Diên Biên Phu, à un nationaliste vietnamien anticommuniste réfugié aux Etats-Unis, Ngô Dinh Diêm, pour en faire son Premier ministre. Le nouveau maître de Saigon se défait de son mentor en septembre 1955, par référendum, et se proclame président de la république du Sud-Vietnam. Il s'emploie, avec l'aide de la CIA, à éliminer l'influence française dont les dernières troupes quittent le pays en avril 1956. Il se met à dos les sectes bouddhistes (80 % de la population) et doit faire

d'Etat militaire, qui s'acheva par l'exécution sommaire de Diêm et de son frère, Ngô Dinh Nhu, le 1er novembre, les Etats-Unis devenaient complices d'un gouvernement illégitime, aux mains des chefs d'une armée qu'ils équipaient, formaient et conseillaient. Aux yeux du monde et de beaucoup de Vietnamiens, les dirigeants de Saigon n'étaient plus que des marionnettes dans les mains du président américain. Johnson s'était opposé à ce coup d'Etat mais, bien qu'il ait été présent à toutes les réunions du Conseil national de sécurité (NSC), où les décisions du président étaient formalisées, il n'avait pas été entendu.

La question politique au Sud-Vietnam était donc préoccupante, mais la situation militaire était au moins aussi inquiétante. Le nombre des attentats avait été multiplié par dix depuis 1961 et les Vietcongs (le FNL) recrutaient à tour de bras. Leurs effectifs, armés par Hanoi, étaient évalués à 50 000 hommes par la CIA, soit cinq fois plus qu'en 1961. En face, l'ARVN, équipée et formée pour une guerre conventionnelle par les Américains, peinait à contrôler les zones rurales, en dépit du succès relatif des « hameaux stratégiques » imaginés par Diêm[7]. Pourtant, Kennedy, après deux mois de flottement, avait exclu, en septembre, un retrait des Etats-Unis. Comme tous ses prédécesseurs, Johnson avait une vision simpliste de la problématique vietnamienne qu'il réduisait au seul affrontement entre les deux blocs, dans le cadre de la guerre froide. Ignorant les aspirations populaires à la décolonisation et à la réunification du pays, pourtant inscrite dans les accords de Genève[8], il sous-estimait

face à plusieurs tentatives de coup d'Etat. Les tribus montagnardes, dépossédées par la réforme agraire, se dressent à leur tour contre le régime policier qu'il a instauré en s'appuyant sur son frère, Ngô Dinh Nhu.

7. Les « hameaux stratégiques » sont conçus en 1961 par sir Robert Thompson, membre de la mission de conseil britannique, sur le modèle de la contre-insurrection mise en œuvre en Malaisie en 1950. L'objectif étant de couper le FNL de la population, les villages sont défendus par des palissades renforcées, les habitants reçoivent des armes et des moyens d'exploitation agricoles. En deux ans, 10 000 hameaux sont ainsi équipés. Les résultats sont prometteurs : le FNL et l'APV voient réduire leur zone d'influence jusqu'en 1963. Mais les détournements de crédits et les regroupements forcés de populations minent l'efficacité du processus. Les recrutements du FNL reprennent massivement et le projet est abandonné par les successeurs de Diêm.

8. La conférence de Genève réunit dix-neuf nations autour de la France et de la République démocratique du Vietnam, d'avril à juillet 1954. (Diên Biên Phu est tombé le 7 mai.) Les accords sont signés le 21 juillet. Ils établissent deux zones de regroupement militaire, au nord et au sud du 17e parallèle. Des élections générales et un référendum doivent décider de la réunification du Vietnam en 1956. Il n'est fait

la détermination de Hanoi et les appuis dont le Nord-Vietnam bénéficiait, tant dans le monde communiste qu'au sud du 17e parallèle. En pratique, en reconduisant l'équipe brillante des ministres et des conseillers de Kennedy, ceux-là mêmes qui avaient poussé à l'accroissement de l'engagement américain et au coup d'Etat contre Diêm, il pouvait difficilement escompter une approche renouvelée des enjeux et des risques associés à l'implication des Etats-Unis dans ce conflit lointain. Le plus séduisant d'entre eux, auquel il accorda d'emblée sa confiance, était indiscutablement le secrétaire à la Défense, Robert McNamara, en fonction depuis 1961. L'ancien P-DG de Ford, ex-professeur d'analyses statistiques à Harvard, l'impressionnait par son agilité intellectuelle et le rassurait par sa force de conviction. Il appréciait surtout l'autorité sans faille qu'il exerçait sur le Pentagone. Enfin, son rôle dans la gestion de la crise des missiles de Cuba, en 1962, lui valait une réputation flatteuse de « stratège[9] ». Le secrétaire d'Etat, Dean Rusk, un diplomate compétent et loyal mais beaucoup plus réservé que son collègue de la Défense, était un fervent partisan de l'engagement américain en Asie du Sud-Est. On vantait sa connaissance des dossiers militaires due à l'expérience acquise auprès du général Marshall pendant la guerre. Son adjoint, George Ball, fin connaisseur de la région, plus nuancé et circonspect sur la question du Vietnam, lui apportait un utile contrepoint, et Johnson l'associa d'emblée aux réunions au sommet pour stimuler les débats. Enfin, le conseiller national de sécurité du président, McGeorge Bundy, brillant universitaire, archétype du technocrate abrupt et condescendant, bouillonnait d'idées et constituait une appréciable force de

---

mention nulle part de l'Etat du Vietnam que la France a reconnu en 1949 et qui n'est pas signataire de l'accord. Son président, Bao Dai, considère donc qu'il est souverain au sud du 17e parallèle (où les Français regroupent leur corps expéditionnaire de 560 000 hommes) et il nomme Diêm Premier ministre. Les Etats-Unis refusent de contresigner les accords, mais s'engagent « à ne pas entraver » leur mise en œuvre.

9. En octobre 1962, l'URSS entreprend de déployer à Cuba des bases militaires équipées de missiles à tête nucléaire menaçant directement le territoire des Etats-Unis. Le comité des chefs d'état-major (JCS) soumet à Kennedy un plan d'opérations incluant un blocus militaire de l'île, des frappes aériennes et une invasion terrestre. McNamara s'insurge contre ce plan et propose une approche graduée : blocus militaire, survol de Cuba sans frappes et préparation ostensible d'une force expéditionnaire, tout en appelant aux négociations. Kennedy se rallie à cette stratégie, les pourparlers s'engagent et Moscou renonce au déploiement de ses missiles. En contrepartie (ce que ne mentionne pas le stratège McNamara), les Etats-Unis ont discrètement accepté de retirer de Turquie et d'Italie des missiles nucléaires à portée intermédiaire.

proposition. Dans l'entourage de Johnson, il était le plus acquis à un investissement accru des Etats-Unis au Vietnam.

Ce cercle étroit de conseillers ne comptait qu'un militaire, le général Taylor, qui présidait le comité des chefs d'état-major (JCS[10]). Il avait été choisi par JFK pour sa loyauté, son sens politique et sa courtoisie, plutôt que pour son expérience de la guerre, pourtant reconnue. Le président assassiné n'avait pas d'estime pour le monde militaire qui s'était opposé à lui dans l'affaire de la baie des Cochons et pendant la crise de Cuba. « Le premier conseil que je donnerai à mon successeur sera de surveiller les généraux et de ne pas croire que, parce qu'ils sont militaires, leur opinion sur les sujets militaires a la moindre valeur », avait-il déclaré dans un moment de colère. Johnson, qui avait régulièrement vilipendé les amiraux et les généraux à la Commission du Sénat, était prêt à endosser ce point de vue.

L'héritage Kennedy était donc difficile à assumer, même pour un responsable politique habile et expérimenté. Pour son malheur et celui des Etats-Unis, les circonstances de son accession au pouvoir allaient révéler d'autres facettes de son tempérament. Nommé et non élu, Johnson se considéra d'abord comme « illégitime » et n'eut de cesse que d'obtenir l'onction du suffrage universel qui lui manquait pour devenir le grand président social et progressiste qu'il avait rêvé d'être un jour. Les yeux fixés sur les élections à venir, concentré sur les projets ambitieux de la *Great Society*[11], il était résolu à n'accorder

10. Le comité des chefs d'état-major (Joint Chiefs of Staff) regroupe, sous la présidence d'un officier général, les responsables des trois armées et, autant que de besoin, le commandant du Marine Corps. Cet organisme exerce collégialement le rôle de « conseiller militaire du gouvernement » et, comme tel, il est régulièrement convoqué par les commissions du Congrès pour s'expliquer sur les avis qu'il donne au « commandant en chef », le président des Etats-Unis. Le président du JCS (*Chairman of the Joint Chiefs of Staff*) n'est pas un véritable chef d'état-major. *Primus inter pares*, il est lié par les avis de ses collègues dont il s'efforce de faire la synthèse. De plus, contrairement à ses homologues européens, il n'exerce pas le commandement opérationnel des forces. Celui-ci est dévolu aux commandants de zone (en l'occurrence le CINCPAC, l'amiral Sharp, à Honolulu). Néanmoins, le président du JCS dispose d'un état-major interarmées qui lui permet d'être informé en temps réel de la situation, d'orienter les commandants de zone et de soumettre au président des Etats-Unis des projets de directives et des ébauches de plans. La complexité de la chaîne de commandement, due à l'extension considérable des déploiements extérieurs américains, explique que le rôle et l'influence des présidents du comité des chefs d'état-major aient été très variables au cours de l'histoire récente.

11. Le projet de *Great Society* (*War on Poverty*) regroupe un ensemble de mesures ambitieuses : grands travaux urbains, développement des transports, protection de

qu'une faible priorité au dossier vietnamien. Travailleur acharné, consacrant plus de dix-huit heures chaque jour aux affaires de l'Etat, il n'entendait pas pour autant négliger cette question dont il découvrait la complexité. Ainsi, après la première réunion qu'il consacra au Vietnam, confia-t-il à un proche : « J'ai une mauvaise impression. Je suis comme un poisson qui vient d'avaler un gros hameçon. » Son ambition eut néanmoins raison de sa lucidité. Le Vietnam était un centre d'intérêt secondaire pour les Américains et il devait le rester. Mais, comme il excluait un retrait militaire, il se trouvait contraint de gérer ce dossier brûlant dans une constante appréhension des conséquences de ses choix et des réactions du Congrès et de ses concitoyens. Ses calculs politiciens aggravaient son indécision et le poussaient à exiger un consensus permanent dans son équipe en écartant les avis dissidents. Un président de circonstance, animé par une grande ambition et servi par un groupe de brillants technocrates, allait plonger son pays dans une guerre meurtrière et sans issue, sans l'avoir voulue ni planifiée.

La guerre en catimini

Sa priorité absolue allant à l'élection présidentielle de novembre 1964, Johnson adopte au Vietnam une stratégie peu coûteuse avec profil bas (*low cost and low profile*) qui va se révéler inopérante et risquée. Son refus d'un dialogue politico-militaire ouvert et équilibré, en excluant toute analyse des conséquences opérationnelles des décisions prises, accentue l'irréalisme de la direction technocratique du conflit. Surtout, en prenant le risque de conduire cette guerre en catimini, le président aliène sa liberté d'action et, en trompant le peuple américain, il s'expose à perdre son soutien. Infortunément, l'incident du golfe du Tonkin, en août 1964 – soit des échanges de tirs entre des torpilleurs nord-vietnamiens et deux destroyers américains –, le conforte dans ses choix et oriente durablement son action.

l'environnement, extension de la couverture sociale, réforme de l'éducation nationale et lutte contre la criminalité. Johnson s'engage par ailleurs à faire voter le projet de loi Kennedy sur les droits civils des minorités (dont il est un des inspirateurs). Il annonce l'interdiction du Ku Klux Klan et une large ouverture à l'immigration. Porté par ses convictions humanistes et religieuses, grand admirateur du New Deal, le nouveau président aura besoin de ressources budgétaires considérables, peu compatibles avec le financement d'une guerre lointaine.

Son premier objectif est de remporter l'élection de novembre 1964. Or, il ne souhaite pas affronter le candidat du Parti républicain sur le dossier vietnamien pour lequel ce dernier pourrait avoir le soutien d'Eisenhower. *A contrario*, il est convaincu qu'un retrait américain de Saigon donnerait une victoire facile au Nord-Vietnam et au bloc communiste qui ne manquerait pas d'être exploitée par le camp républicain. Il cherche donc à définir une stratégie gagnante qui permette d'empêcher le Sud-Vietnam de perdre la guerre, sans alerter le Congrès, ni mobiliser l'opinion publique. Dès janvier 1964, McNamara lui apporte la solution : une politique discrète de « pression graduée » sur le Nord-Vietnam, où les actions militaires seraient destinées non pas à détruire l'ennemi mais à lui envoyer des signaux, à « communiquer » avec lui pour l'amener à négocier en position de faiblesse. Peu assuré sur ce dossier, Lyndon B. Johnson crée, le 4 février, une commission chargée de lui proposer des options stratégiques et la confie à un diplomate expert des questions asiatiques, Sullivan[12]. Son mandat, préparé par Bundy avec McNamara, est soigneusement calibré : « Exploration des actions coordonnées militaires et diplomatiques nécessaires » et « mesures progressives à prendre contre le Nord-Vietnam » en évitant les risques d'escalade avec la Chine et l'Union soviétique. Sur les conclusions orientées de cette commission, McNamara élabore un plan d'action en trois points : contrôle des frontières du Sud (avec incursions possibles de l'ARVN au Laos contre la piste Hô Chi Minh), pas d'actions directes contre le Nord (à l'exception d'opérations clandestines de l'ARVN dûment contrôlées), mais représailles en cas d'attaques contre des unités américaines (frappes aériennes et minage de ports). Ce plan est aussitôt approuvé par Johnson comme étant « la seule option réaliste » offrant « le maximum d'efficacité pour le minimum de pertes ». Aux chefs militaires médusés et sceptiques, il ajoute, sur un ton martial : « Je n'exclus pas d'autres actions si la situation ne s'améliore pas. »

12. Sullivan est un diplomate expert de l'Asie du Sud-Est. Sa commission comprend des représentants de la Maison-Blanche, du département d'Etat, de la Défense (mais pas de l'état-major), de la CIA et de l'Agence internationale pour le développement. Rencontrant le JCS cinq jours après sa nomination, Sullivan déclare aux chefs d'état-major qu'ils n'ont pas le monopole de l'examen des options militaires au Vietnam, « personne n'ayant appris à conduire une campagne de contre-insurrection ». Le général LeMay, patron de l'US Air Force, réagit en estimant qu'une politique de pression graduée engagerait les Etats-Unis « pour une période indéfinie, sans visibilité ».

Ce plan minimaliste est inspiré par l'illusion qu'un dialogue rationnel à l'américaine (la carotte et le bâton) est possible entre Washington et Hanoi. McNamara, le stratège de la crise de Cuba, a convaincu le président que le paradigme de l'affrontement américano-soviétique de 1962 était transposable au Vietnam. C'est faire fi de la complexité de la situation en Asie du Sud-Est, de la fragilité du gouvernement du Sud-Vietnam, de la détermination de Hanoi et du FNL et des soutiens dont ils disposent. La route Hô Chi Minh, conçue dès 1959 pour alimenter le FNL en armes et en munitions, est devenue un axe majeur d'infiltration pour les unités constituées de l'Armée populaire du Vietnam (APV[13]). En décembre 1963, plus de 40 000 hommes ont rejoint les maquis ruraux des hauts plateaux. Le dialogue espéré par le président ne peut en aucun cas s'établir sur les bases d'une dissuasion réciproque et équilibrée, comme c'était le cas dans l'affaire de Cuba. Hanoi n'est pas Moscou, et le FNL n'est pas Castro. Une des faiblesses de cette stratégie est qu'elle présuppose une volonté réelle de négociation qui n'existe chez aucun des partenaires. Le Nord-Vietnam n'a pas combattu victorieusement les Français pendant huit ans pour abandonner sous des coups d'épingle l'objectif primordial de la réunification. Quant aux Américains, ils excluent d'entrée de jeu tout retrait du Vietnam, et Johnson n'entend pas engager des pourparlers avant l'élection présidentielle, sauf dans une position de force telle qu'on ne puisse l'accuser de manquer de fermeté. Enfin, le plan McNamara est en lui-même un marchepied vers l'escalade. Dans son principe, la « pression graduée » suppose une montée en puissance des actions militaires jusqu'au point de rupture où la négociation est demandée par Hanoi. Bien plus, la menace de représailles en cas d'attaques contre des unités américaines ouvre la voie à un engagement militaire direct des Etats-Unis contre le Nord-Vietnam. Si, en dépit de ses doutes et de ses craintes, Johnson donne son feu vert à cette stratégie contestable, c'est qu'elle sert ses intérêts électoraux sans remettre en cause, croit-il, l'objectif qu'il s'est fixé de conserver au monde libre le Sud-Vietnam. En mai 1964, il confie

13. La route Hô Chi Minh, aménagée à partir de 1959, consiste en un réseau de pistes, pour l'essentiel sur le territoire laotien, permettant l'écoulement d'un flux continu de renforts et d'équipements destinés à la guérilla communiste du Sud. Ces pistes, couvertes par la végétation et soigneusement camouflées, sont très difficiles à repérer et à identifier par les avions de l'ARVN ou de l'US Air Force. La route Hô Chi Minh est progressivement équipée d'aires de stationnement, de dépôts de carburant et d'ateliers de réparations mécaniques.

à Bundy : « J'ai l'impression que nous commençons une nouvelle affaire de Corée [...]. Il est facile d'entrer en guerre, beaucoup plus difficile d'en sortir. » L'admiration qu'il voue à McNamara pour son intelligence, son entregent et son sens politique joue alors un rôle déterminant, d'autant que le secrétaire à la Défense lui sauve la face dès les premières semaines en minorant les prévisions de dépenses du Pentagone après que le président a imprudemment annoncé une réduction des crédits militaires.

La stratégie de pression graduée est conçue et mise au point dans une relation faussée entre l'autorité politique et les chefs militaires. Les torts sont partagés, défiance et mépris d'un côté, complaisance et corporatismes de l'autre. La gestion du conflit en est singulièrement affectée. Johnson n'a pas eu besoin de l'avertissement de son prédécesseur pour se méfier des généraux. Une semaine après son arrivée à la Maison-Blanche, agacé par les uniformes qui entourent son conseiller national de sécurité, il renvoie les assistants militaires de Bundy. A ce dernier qui évoque l'émotion que ce geste provoquera dans la communauté militaire, il répond en colère : « Dites-leur que s'ils s'imaginent qu'ils peuvent faire pression sur les choix stratégiques de leur commandant en chef, c'est qu'ils ne connaissent pas leur commandant en chef ! » S'il l'entendit, Clausewitz dut se retourner dans sa tombe ! Ses préventions anciennes sont, il est vrai, renforcées par l'attitude des chefs d'état-major qui l'ont largement ignoré quand il était vice-président. En février 1964, Johnson inaugure les déjeuners du mardi, où il reçoit, à la Maison-Blanche, McNamara, Rusk, son adjoint George Ball et Bundy (puis son successeur à la tête du NSC, Rostow). Ces réunions hebdomadaires sont consacrées au Vietnam, et c'est là, hors de la présence de tout chef militaire, que sont prises les décisions présidentielles sur la conduite du conflit. Le Conseil national de sécurité, où siègent les chefs d'état-major, n'est plus qu'une chambre d'enregistrement[14]. Certes, pour éviter les critiques du Congrès, le

14. Le Conseil national de sécurité (NSC) est créé par Harry Truman en 1947 pour « assister et conseiller le président dans les domaines de la sécurité nationale et de la politique étrangère ». Présidé par le chef de l'Etat, il comprend le vice-président, les ministres des Affaires étrangères, de la Défense et de l'Energie, ainsi que le conseiller national de sécurité (NSA). Le président du JCS en est le conseiller militaire et le directeur de la CIA le conseiller renseignement. Le Conseil dispose d'un état-major dirigé par le NSA et alimenté par les représentants de tous les ministères concernés. Il prépare les décisions et en assure le suivi. John Kennedy, privilégiant les comités *ad hoc*, le transforme en chambre d'enregistrement des décisions présidentielles.

président reçoit ostensiblement, périodiquement, les chefs militaires. Les réunions sont parfois houleuses, tant l'incompréhension domine de part et d'autre, mais Johnson contourne l'obstacle en promettant des « mesures dures » à l'avenir. Usant avec eux du langage fruste des cow-boys, dont il pense qu'il est le seul qu'ils puissent comprendre, il joue les chefs de bande : « Vous êtes tous des *"Johnson's men"* » et les encourage par des formules simplistes : *« Kill the Viets ! Kill them ! »*...

La mise à l'écart des chefs militaires est d'autant plus aisée que Kennedy et McNamara ont ouvert la voie, le premier parce qu'il ne comprenait pas leur mentalité et leur comportement, le second parce qu'il était convaincu que l'expérience militaire était devenue inutile et même contre-productive dans le type de conflits nouveaux auxquels l'Amérique était confrontée. Les chefs d'état-major, pour leur part, leur facilitent la tâche en s'enlisant dans des corporatismes insupportables ou en soutenant complaisamment les choix présidentiels, sans analyse de leurs coûts et de leurs conséquences. Comme d'autres avant lui (Faure en Indochine avec le général Navarre), JFK avait trouvé « son bon militaire » en la personne du général Taylor[15], un ancien patron de l'armée de terre ouvert et expérimenté, et il en avait fait son conseiller militaire avant de le nommer président du

Johnson maintient cette ligne de conduite, en s'appuyant exclusivement sur ses « déjeuners du mardi ». A partir de 1969, le NSC reprend toute son importance avec la nomination d'Henry Kissinger au poste de conseiller national de sécurité.

15. Max Taylor est un officier séduisant, intelligent, diplomate et sympathique. Ses états de service sont impressionnants. Pendant la Seconde Guerre mondiale, il s'est illustré en Italie, puis en Normandie à la tête de la 101e Airborne Division. Il a commandé la 8e armée en Corée. Chef d'état-major de l'armée de terre de 1955 à 1959, il s'est battu contre la réforme des armées imposée par Eisenhower (le *New Look* qui privilégiait les forces nucléaires). A la retraite, en 1960, il a publié un livre, *Une trompette incertaine*, appelant à une stratégie de « réponse flexible » permettant de déployer, sous bref préavis, des forces aéroterrestres dans les zones de crise. Séduit par son livre et sa personnalité, Kennedy le prend comme conseiller militaire à la Maison-Blanche (où il se lie d'amitié avec Bob Kennedy), avant de le nommer président du comité des chefs d'état-major, en octobre 1962. Johnson l'apprécie, sans aller jusqu'à l'associer aux déjeuners du mardi (où il conviera Wheeler, son successeur, une fois assuré de son indéfectible loyauté). Il nomme Taylor ambassadeur au Vietnam, avec des pouvoirs élargis, en 1964, mais le relève l'année suivante pour rappeler Cabot Lodge. Taylor porte une lourde responsabilité dans l'escalade américaine au Vietnam. Ce brillant soldat, doté d'une rare intuition (il était opposé au coup d'Etat contre Diêm et, plus tard, au déploiement de forces terrestres), a cédé à la séduction du monde politique. Soucieux de plaire, il a négligé ses devoirs de chef militaire. A Saigon, il s'est enivré de ses privilèges de proconsul et a perdu le sens de la mesure.

comité des chefs d'état-major (JCS). Séduit par les ors du pouvoir et par la famille Kennedy, Taylor était vite devenu un inconditionnel du président et, en rejoignant le Pentagone, il avait choisi de faire équipe avec McNamara et son cabinet, au grand dam des chefs d'état-major dont il était censé être le porte-voix plutôt que le guide. Ces derniers, en effet, subissaient le contrôle étroit des « jeunes prodiges » (*whiz kids*) dont s'était entouré le ministre et qui verrouillaient tant les promotions et les nominations que leurs propositions qu'ils corrigeaient sans états d'âme. Rallié à la stratégie de pression graduée sans avoir été associé à sa définition – parce qu'il comprenait et épousait le dilemme du président –, Taylor n'avait d'autre choix que de tromper ses collègues et de contourner leurs avis quand ils allaient à l'encontre des souhaits de l'exécutif. Leurs propositions, il est vrai, étaient le plus souvent irrecevables par Lyndon B. Johnson, car elles relevaient d'une autre logique que celle adoptée par le président et ses ministres. Faute de débat et de directives encadrant leurs travaux, ils se fixaient comme but la destruction ou la neutralisation de l'adversaire, dans la tradition multiséculaire de l'emploi des forces armées, et ne proposaient donc que des actions militaires décisives, à mille lieues des « bombardements diplomatiques » de McNamara, destinés à « nourrir le dialogue ». Pour ajouter à leur discrédit, ils se montraient, lors des réunions auxquelles ils étaient conviés, incapables de parler d'une seule voix, chacun vantant les mérites de son armée et suggérant des actions susceptibles de la mettre en avant[16]. Johnson

16. Les chefs d'état-major, davantage préoccupés par la défense des intérêts corporatistes de leur armée que par le succès des armes de leur pays, sont dominés par la personnalité du patron de l'US Air Force, le général LeMay. Celui-ci, brutal, agressif et tonitruant, est en conflit permanent avec McNamara et Taylor, mais Johnson le prolonge jusqu'en 1965 pour ne pas s'en faire un adversaire politique. Responsable des bombardements sur le Japon pendant la guerre, il s'est illustré par le choix prioritaire de cibles civiles. Ancien chef du Strategic Air Command, il est convaincu de la supériorité absolue de l'Air Power et se propose de « ramener le Nord-Vietnam à l'âge de pierre ». Pour le contrer, Taylor s'appuie sur Wheeler, chef d'état-major de l'armée de terre, un officier intelligent, mais sans expérience opérationnelle, avant tout loyaliste. C'est pour cette raison que Johnson le nomme au poste de Taylor en juillet 1964. Le chef d'état-major de la marine (*Chief of Naval Operations*), l'amiral McDonald, est un homme de compromis, habile à défendre ses intérêts corporatistes. Le commandant du Marine Corps, le général Greene, aussi agressif que LeMay, se fait volontiers son allié pour privilégier le déploiement de ses unités. Johnson le manœuvre habilement lors de ses rencontres avec le JCS. Enfin, le successeur de Wheeler à la tête de l'armée de terre, le général Harold Johnson, est sans doute le plus ouvert et le plus lucide des chefs d'état-major. Convaincu dès

et McNamara tiraient profit de leurs divisions et de leur incapacité à proposer des stratégies alternatives acceptables. Le plus souvent, le secrétaire à la Défense enterrait leurs mémoires de propositions et adressait directement les siens au président, sans même en informer Taylor qui restait exclu des déjeuners du mardi. Ainsi, le comité des chefs d'état-major était-il dépossédé de sa fonction de conseiller militaire du gouvernement. A l'expérience militaire, on opposait l'analyse statistique dont McNamara était féru.

Le président, qui disposait à la Maison-Blanche d'une salle d'opérations lui permettant de suivre la situation en temps réel, était nourri d'indicateurs sur les pertes ennemies et sur les dommages qu'il subissait, censés mesurer le cheminement de la pression graduée. Agité et nerveux, il enchaîne les heures dans le bureau ovale, un œil sur les trois postes de télévision qui diffusent les nouvelles des principales chaînes, empoignant un des trente-deux postes téléphoniques qui le relient à ses conseillers qu'il harcèle de questions à toute heure. Naturellement, cette guerre diplomatique exige un contrôle rigoureux des « messages » adressés à Hanoi et, donc, des actions militaires, d'autant qu'il faut éviter à tout prix le « dérapage » qui provoquerait l'implication directe de la Chine et de l'Union soviétique. Ce point est d'ailleurs un élément majeur de divergence entre le président et les chefs militaires. Ces derniers ne croient pas qu'une action de force contre le Nord-Vietnam puisse inciter ses protecteurs à entrer en guerre contre les Etats-Unis. Rétrospectivement, on peut comprendre la prudence de Johnson et de ses ministres quand on sait l'ampleur de l'engagement chinois dans le conflit (jusqu'à 300 000 hommes). *A contrario*, l'unité du bloc communiste était plus fragile qu'ils ne le croyaient, et les Soviétiques n'étaient pas prêts à se lancer, pour le Vietnam, dans une troisième guerre mondiale, comme ils l'ont montré en 1966 quand leurs bateaux ont été bombardés dans le port de Haiphong. Cantonnés, sous étroite surveillance, à la conduite des opérations sur le terrain, les chefs militaires se limitent vite à demander des moyens sans cesse accrus pour le théâtre vietnamien, tentant vainement de compenser les insuffisances d'une

l'origine que le déploiement d'une force de 500 000 hommes est le minimum nécessaire pour négocier en position de force avec Hanoi, il juge sévèrement la stratégie d'attrition de l'ennemi appliquée par le général Westmoreland et condamne le recours à la conscription. Mais, s'il défend son point de vue au sein du JCS, il se montre trop timoré lors des réunions avec le président. Il regrettera plus tard publiquement de n'avoir pas eu le courage de démissionner quand ses vues ont été ignorées.

stratégie inadaptée. Faute d'un vrai dialogue avec le président, ils se montrent incapables d'analyser, en termes de coût financier et de pertes humaines, les conséquences des décisions qui leur sont imposées. Personne, il est vrai, ne le leur demande.

A deux reprises pourtant, en 1964, ils eurent la possibilité d'alerter le président sur les failles de la stratégie de pression graduée. En avril, ils évaluèrent le plan McNamara au cours d'un *Wargame*[17], dont les conclusions furent sans équivoque : le Nord-Vietnam réagirait aux pressions par un accroissement du volume des attentats au Sud et des bombardements limités n'entameraient pas sa détermination. Les Etats-Unis n'avaient d'autre choix que de se retirer ou de s'engager massivement. McNamara s'arrangea avec l'assistant militaire de Johnson pour que ces conclusions ne lui parviennent pas. En septembre 1964, alors que des représailles venaient d'être décidées par Johnson après l'incident du golfe du Tonkin, un second *Wargame* (Sigma 2) fut organisé par le JCS sur le thème : « Un engagement américain progressif peut-il conduire le Nord à interrompre son soutien à l'insurrection du Sud ? » Bundy, McCone, le directeur de la CIA, et George Ball participèrent à l'exercice. Ses conclusions furent sans appel : à la fin du jeu, les Etats-Unis avaient déployé 10 divisions (350 000 hommes) sans résultat. La pression graduée poussait à l'escalade et des bombardements limités n'avaient que peu d'effet sur une société agraire. Un engagement progressif sans perspective de victoire rapide éroderait le soutien du peuple américain à la guerre. McNamara et Bundy écartèrent ces conclusions d'un revers de main et Taylor les suivit. Seul George Ball fut ébranlé et, de ce jour, commença à douter. La méfiance justifiée du Congrès à l'égard de la politique vietnamienne de l'exécutif contraignit néanmoins Johnson à rechercher, sinon l'adhésion, du moins la complicité des chefs d'état-major régulièrement appelés à témoigner devant les

17. Inventés par les Prussiens en 1811, les *Wargames* (*Kriegsspiel*) sont utilisés massivement par le Pentagone, à partir de 1950, pour définir la stratégie nucléaire des Etats-Unis. Avec l'appui de la Rand Corporation et du MIT, ces jeux de rôles font appel à des données informatisées d'origine historique, géographique, politique et militaire pour mettre en situation les responsables jusqu'au plus haut niveau. Après Sigma 1 et Sigma 2, une dizaine d'exercices seront ainsi programmés par le JCS. En 1968, le président Johnson suivra personnellement un de ces exercices après la première offensive du Têt. Les enseignements des *Wargames* sont controversés, leur réalisme étant contestable du fait, notamment, de la difficulté à apprécier les intentions de l'adversaire. Leur succès ne s'est néanmoins jamais démenti et ils sont aujourd'hui à la base de l'entraînement des forces des grandes puissances et de l'OTAN.

commissions de la défense. Il résolut donc de nommer aux postes de responsables des officiers dont la complaisance lui était acquise. A Saigon, il remplace le général Harkins, le chef de la mission militaire américaine qui était à couteaux tirés avec l'ambassadeur Lodge, par le général Westmoreland[18], un protégé de Taylor. Puis, il nomme ce dernier au poste d'ambassadeur, à la place de Lodge, en lui confiant un vaste mandat qui en fait un véritable proconsul coiffant les activités diplomatiques et militaires. Cette décision accentue la confusion dans la chaîne de commandement, puisque Taylor ne rend de comptes qu'au département d'Etat, en ignorant le Pentagone. Enfin, le président confie la présidence du JCS au général Wheeler. Ce dernier, qui a fait toute sa carrière à Washington, est considéré comme un excellent officier d'état-major et a démontré, à la tête de l'armée de terre, que sa loyauté à l'égard des responsables politiques l'emportait sur toute autre considération[19]. Ainsi Johnson peut-il s'engager dans

---

18. Henry Cabot Lodge, ambassadeur américain à Saigon de 1963 à 1964, puis de 1965 à 1967, aura été en conflit permanent avec les responsables militaires, les généraux Harkins puis Westmoreland. Lodge, ancien sénateur républicain, brillant officier pendant la guerre, est un proche d'Eisenhower qui l'avait choisi comme représentant des Etats-Unis à l'ONU. Kennedy le nomme au Vietnam pour afficher une politique non partisane. Il juge sévèrement Harkins, chef de la mission militaire américaine (MACV), un *Patton Boy* manichéen et sans aucun sens politique. Il lui reproche, à juste titre, d'enjoliver la réalité et d'afficher un optimisme béat. L'ambassadeur est un farouche partisan de l'escalade et a joué un rôle clé dans l'éviction brutale de Diêm. Il n'apprécie pourtant pas Westmoreland, le successeur de Harkins dont il était l'adjoint, parce qu'il ne tient pas compte de ses avis et mène sa guerre dans une tour d'ivoire. Westmoreland est un officier parachutiste qui a de beaux états de service en Europe et en Corée où il a servi sous les ordres de Taylor. En avril 1964, McNamara propose à Johnson de le nommer à la tête de la mission militaire au Vietnam : « C'est le meilleur que nous ayons. » Boy-scout naïf, écoutant peu son entourage, il opte pour une stratégie d'attrition de la guérilla qui répond aux directives présidentielles et au goût des statistiques de McNamara. Aveuglé par le succès de ses grandes opérations, il sous-estime volontairement les capacités des forces communistes. En juillet 1968, il est remplacé par son adjoint, Abrams, et devient chef d'état-major de l'armée de terre. Lodge et Westmoreland sont largement coresponsables de la gestion discutable de la guerre au Sud-Vietnam.

19. Wheeler est tout sauf un chef de guerre. Contrairement à ses homologues, il n'a pratiquement aucune expérience du combat et a fait l'essentiel de sa carrière à Washington. Intelligent et courtois, il a été professeur de mathématiques à West Point et il s'enthousiasme pour la guerre des statistiques développée par les *whiz kids* de McNamara. Nommé par Kennedy chef d'état-major de l'armée de terre en 1962, il soutient Taylor et la politique du président Johnson, ce qui lui vaut de succéder à Taylor en 1964. Son loyalisme absolu le conduit à tromper le Congrès sur la réalité des opérations conduites et envisagées. Ombre fidèle de son ministre, il est convié

cette guerre en toute quiétude, sans être embarrassé d'avis militaires contrariants. « Si on les écoutait, lui confirme McNamara, on aurait une guerre nucléaire sur les bras ! »

S'il est un domaine, pourtant, où la stratégie choisie par le président porte ses fruits en 1964, c'est celui de l'opinion publique. Quand il prête serment, en novembre 1963, seuls 15 % des Américains se sentent concernés par le Vietnam, mais les incidents du golfe du Tonkin, en août suivant, changent la donne et placent la question vietnamienne sous les projecteurs. La fermeté affichée par Johnson cristallise alors autour de lui la ferveur patriotique des parlementaires et de l'immense majorité de ses compatriotes (85 % d'approbations). Ayant rassuré les électeurs par sa détermination responsable et mesurée, le président peut désormais faire campagne sur son projet prioritaire de *Great Society*, son adversaire républicain Barry Goldwater se disqualifiant par ses outrances guerrières (il réclame l'emploi d'armes nucléaires tactiques contre le Nord-Vietnam). Sincère ou non, Johnson affirme « ne pas vouloir élargir la guerre ». « Je n'enverrai pas les *Boys* se faire tuer dans les rizières [...]. C'est au gouvernement de Saigon qu'il appartient de gagner cette guerre. » En novembre 1964, avec 61 % des voix, il est le mieux élu de tous les présidents des Etats-Unis.

L'incident du golfe du Tonkin, qui a donné à sa campagne un coup de pouce décisif, conforte Johnson dans sa stratégie et sa pratique des institutions, tout en illustrant les faiblesses de la machine de guerre américaine. Dans la nuit du 30 au 31 juillet, le croiseur *Maddox*, en patrouille dans le golfe du Tonkin, est attaqué, en dehors des eaux territoriales, par des vedettes nord-vietnamiennes, sans dommages, et réplique par le feu. Le président, convaincu à juste titre que cet incident est la conséquence d'une opération clandestine conduite à proximité par un commando de l'ARVN, décide de ne pas réagir, en dépit des pressions de Taylor (qui a oublié, à Saigon, la campagne électorale...). Quatre jours plus tard, des messages du Nord interceptés et un compte rendu confus en provenance du *Maddox* laissent penser que le bâtiment a subi une nouvelle attaque de vedettes. Alerté par McNamara, Johnson explose : « Ils ont fait ça ? Je vais vous dire ce que je veux. Je veux, non seulement que ces vedettes soient

---

aux déjeuners du mardi où sa plus-value est insignifiante. Sa complaisance, son inexpérience et son manque de sens critique en font un des premiers responsables de l'échec américain au Vietnam.

détruites, je veux que tout soit détruit dans leurs ports d'attache, je veux leur en donner la dose maximale. » Le vieux politicien a flairé le « coup » qui lui permettra d'afficher sa fermeté à quelques semaines de l'élection. Il rejette aussitôt la demande du JCS qui réclame des frappes lourdes et choisit, avec Rusk et McNamara, de bombarder cinq ports et un dépôt de carburant.

Avant le déclenchement de la frappe, des doutes se font jour sur la réalité de la seconde attaque, mais l'amiral Sharp, commandant les forces du Pacifique, maintient sa version. Sans plus attendre, le président intervient à la télévision : « Les représailles seront limitées et adaptées [...]. Avec moi, la fermeté sera toujours mesurée [...]. Nous ne cherchons pas à élargir la guerre. » L'émotion populaire est grande, d'autant que deux avions américains sont abattus pendant le raid et qu'un pilote éjecté est fait prisonnier. Bien qu'informé, après enquête, de l'irréalité de la seconde attaque, Johnson n'hésite pas à exploiter l'incident en demandant au Congrès le vote, le 7 août, d'une résolution l'autorisant à « user de la force armée en Asie du Sud-Est ». Il obtient ainsi le feu vert qui lui manquait pour mettre en œuvre, à sa guise, la pression graduée sur le Nord-Vietnam.

Cet incident est révélateur des faiblesses de la chaîne de commandement et d'un manque patent de coordination militaire. Les responsabilités sont mal définies entre Washington, Saigon et Honolulu (QG de l'amiral Sharp). Westmoreland supervise les opérations de l'ARVN, mais les actions clandestines (plan 34A) peuvent être planifiées et conduites par la CIA. Taylor contrôle Westmoreland, mais ce dernier dépend de Sharp et du JCS. L'amiral Sharp ordonne les patrouilles maritimes (plan Desoto) et met en œuvre les bombardements, en informant au dernier moment Taylor et Westmoreland. Il reçoit ses ordres du JCS, mais l'état-major interarmées dépend de l'approbation, cible par cible, du président ou du ministre. Le renseignement, enfin, n'est pas coordonné entre la CIA (espionnage et actions clandestines), la NSA (écoutes) et la DIA (renseignement militaire). La confusion autour de l'incident du *Maddox* n'est donc pas le fruit du hasard, mais rien ne sera fait pour améliorer la chaîne de commandement nationale, Johnson étant plus préoccupé de contrôle que d'efficacité opérationnelle. La duplicité de ce dernier, qui exploite habilement et sans états d'âme les circonstances, le conduit au premier mensonge d'une longue série, corollaire inévitable d'une guerre menée en douce. Devant le Congrès, qui a bénéficié de quelques fuites venant de l'administration, McNamara nie tout lien entre l'agression subie par le croiseur et les opérations clandestines et il certifie la réalité de la seconde attaque. Wheeler, qui lui sert de caution, s'arrange pour ne mentir que par omission. La manipulation de l'information à destination des élus et du peuple devient la règle. Taylor, convoqué devant le Sénat le mois suivant, reprend sans vergogne la thèse officielle et cache la réalité de la situation au Sud-Vietnam.

L'engrenage

On aurait pu croire que le président Johnson, libéré de la campagne présidentielle et disposant d'une large majorité dans les deux assemblées, aurait empoigné le dossier vietnamien, lancé un grand débat public et renouvelé son approche stratégique. Il n'en fut rien. Anxieux de faire aboutir son projet social complexe et controversé jusque dans les rangs démocrates, il maintint sa ligne politique et, perdant progressivement sa liberté d'action, se trouva pris dans l'engrenage. Pour éviter d'être mis en difficulté au Congrès et pour ménager l'opinion publique, il opta, sans le dire, pour l'américanisation de la guerre. Pris, sans recul et sans vision globale de la problématique vietnamienne, dans les tourments du quotidien, il échoua dans ses tentatives de négociations et fut impuissant à générer un soutien international à l'engagement américain au profit d'un gouvernement sans crédibilité. Enfin, sans analyse et sans débats, il choisit de recourir à la conscription plutôt qu'à la mobilisation des réserves pour alimenter le corps expéditionnaire, donnant ainsi au mouvement antiguerre, encore minoritaire aux Etats-Unis, l'assise et l'audience qui lui faisaient défaut.

L'année 1965 est celle de toutes les erreurs et de toutes les occasions perdues. Johnson enchaîne les décisions cruciales – bombardement systématique du Nord-Vietnam, déploiement de troupes au sol, tentatives avortées de négociations, conscription plutôt que mobilisation – sans analyse des conséquences de ces choix, torturé par le doute mais incapable de se libérer de ses calculs politiques et de l'emprise de ses conseillers. Les circonstances, il est vrai, ne le favorisent pas. L'impéritie du gouvernement sud-vietnamien, les défaites militaires de l'ARVN et les attaques communistes contre les installations américaines le contraignent, faute de remise à plat du dossier, à escalader les barreaux de l'échelle de la pression graduée. Encore le fait-il de la pire manière qui soit, de « réaction mesurée » en

« réaction mesurée », distillant à petites doses les actions agressives censées entretenir le dialogue avec Hanoi. L'échec patent de cette stratégie, loin de le convaincre d'en changer, l'amène à reconsidérer ses buts de guerre, ajoutant la confusion à l'irréalisme. Après l'affaire du *Maddox*, Johnson est pressé par Bundy d'engager dès le mois de janvier 1965 une campagne aérienne soutenue contre le Nord. Il en accepte le principe en septembre, mais hésite à la mettre en œuvre, ne voulant pas s'aliéner des soutiens au Congrès alors que le projet de *Great Society* requiert le vote de cent cinquante lois.

Le premier assaut du FNL contre une base américaine intervient le 1er novembre 1964, à Bien Hoa, faisant quatre morts et quelques blessés. A trois jours de l'élection, Johnson ne peut prendre le risque de réagir. Puis, à la veille de Noël, le Brinks Hotel de Saigon, où logent des officiers américains, subit des tirs de mortier qui font deux morts et soixante blessés. Taylor exige des représailles, mais le président tergiverse. La troisième attaque est décisive : le 7 février, le FNL et l'APV lancent un raid contre la base d'hélicoptères de Pleiku, sur les hauts plateaux, tuant huit Américains et en blessant une centaine. Westmoreland, visitant les lieux avec Bundy, de passage à Saigon, commente : « Pleiku nous place tous devant une sorte de Rubicon. » Johnson et ses conseillers unanimes considèrent que c'est un message que leur adresse Hanoi pour les contraindre au retrait. Sans plus tergiverser, le président ordonne le bombardement de casernes au Nord-Vietnam (opération « Flaming Dart »). Le FNL ayant répliqué en lançant un assaut sur la base aérienne côtière de Qui Nhan, Johnson déclenche une seconde vague de bombardements et fait planifier par l'état-major une campagne aérienne prolongée (« Rolling Thunder ») qui débute en mars. L'américanisation de la guerre est en route. Pourtant, comme le démontre très vite le directeur de la CIA, McCone, l'efficacité des bombardements se révèle négligeable. D'une part, les Vietnamiens du Nord sont prêts à accepter de lourdes pertes, bien davantage que les Américains, d'autre part, les Soviétiques les renforcent très vite en défenses sol-air efficaces qui compliquent l'approche et la précision des raids de bombardiers. Enfin, Hanoi réagit en dispersant ses unités et ses dépôts de carburant. L'élément le plus décisif, selon les chefs militaires, est la gestion parcimonieuse des cibles et des vecteurs par Johnson et McNamara. Son but avoué est de ne pas risquer une confrontation avec les puissants parrains du Nord-Vietnam, mais il faut aussi éviter de heurter les opinions publiques, aux Etats-Unis et en Europe. Le président impose personnellement les règles d'ouverture du feu et les zones interdites. Après quelques semaines, il cesse de choisir lui-même les cibles et en confie la responsabilité à McNamara. Ce contrôle politique des bombardements n'a, en soi, rien de choquant, mais les restrictions imposées sont telles que leur efficacité militaire en est très affectée. A en juger par les réactions du Nord, qui active massivement la route Hô Chi Minh, le message des « bombes diplomatiques » ne passe pas. L'échec de « Rolling Thunder » rend inévitable le déploiement de troupes au sol.

Une fois encore, la décision de Johnson est progressive et partielle, pour ne pas ameuter le Congrès et la rue. Il accepte en janvier (après l'attaque contre l'hôtel Brink de Saigon, le 24 décembre 1964) que la garde des bases américaines soit assurée par les Marines et non plus par l'ARVN. Puis, en avril, après un grand discours à l'université Johns-Hopkins, au cours duquel il reconnaît que les bombardements ne régleront pas le sort du Vietnam, il accepte d'y déployer une brigade aéroportée réclamée par Westmoreland comme force de réserve au profit de l'ARVN. Les six bataillons de Marines mis en place pour garder les bases sont autorisés à conduire des actions offensives contre le FNL. Le ver est dans le fruit, mais le président hésite encore longuement avant de décider un déploiement de troupes significatif. Le 7 juin, Westmoreland demande 40 000 hommes, chiffre qu'il porte à 200 000 à la fin du mois, après concertation avec le JCS. Cette requête, justifiée selon lui par les revers de l'ARVN, sème le trouble et la confusion à Washington. Taylor s'était longtemps opposé au déploiement de forces terrestres, en faisant valoir que l'ARVN cesserait de se battre pour laisser le fardeau aux Américains, que la population du Sud rejetterait cette « occupation coloniale », que les structures et la doctrine de l'US Army étaient inadaptées à ce type de conflit et que le coût financier et humain serait insupportable pour les Etats-Unis. Malheureusement, sa clairvoyance ne peut surmonter son désir de plaire et il est trop occupé à jouer les proconsuls à Saigon pour s'opposer durablement aux demandes de Westmoreland. Le JCS soutient le commandant de théâtre, mais le chef d'état-major de l'armée de terre, le général Harold Johnson, qui estime à 500 000 hommes le volume minimal de forces nécessaire pour vaincre la rébellion au Sud, ne parvient pas à se faire entendre.

Parmi les conseillers du président, seul George Ball prend la mesure des enjeux et lui adresse un mémoire sur la conservation du pouvoir de décision qui perturbe profondément le président. Dressant un parallèle avec la guerre conduite par les Français, il y souligne que la stabilité du gouvernement sud-vietnamien constitue un préalable incontournable. Jugeant que les bombardements du Nord n'auront pour effet que d'accroître le volume des attaques au Sud, il craint que les Etats-Unis ne soient entraînés à déployer de plus en plus de forces. Or, selon lui, 500 000 hommes ne suffiraient pas pour gagner cette guerre. Il suggère donc un déploiement expérimental de 100 000 hommes pendant trois mois, à l'issue desquels on engagerait un processus de règlement politique et diplomatique. Bundy s'emploie aussitôt à contester cette analyse en réfutant toute comparaison avec les Français et en faisant valoir que les Américains soutiennent largement (62 %) l'engagement de leurs armées au Vietnam, ce qui donne au président une marge de manœuvre suffisante. Il va jusqu'à suggérer qu'« en maintenant une atmosphère de crise », le gouvernement conservera le soutien du Congrès et du peuple... Le 4 juillet, Johnson s'enferme pendant deux heures avec McNamara et lui exprime ses doutes et son désarroi. « A supposer que nous fassions tout notre possible, dans la mesure de nos ressources, les Etats-Unis ont-ils réellement les moyens de l'emporter ? Voulons-nous courir le risque d'agir seuls, isolément ? » Il ajoute, avec la nuance de mépris usuelle : « Je ne sais pas si ces types du Pentagone ont un jour calculé si nous avons la capacité de gagner avec le style d'entraînement qui est le nôtre, le style de puissance. » Il conclut sobrement : « Pouvons-nous compter sur un soutien sans faille, chez nous ? » McNamara s'efforce de le rassurer en insistant sur la perspective d'un règlement négocié qui doit accompagner un engagement accru. Deux heures plus tard, toujours indécis, le président appelle Eisenhower pour lui demander conseil. « Il faut vous entendre avec vos conseillers militaires » (!), lui répond son prédécesseur. Le président lui expose alors les divergences de vues entre ses militaires va-t-en-guerre et ses diplomates réservés. « Ike » souligne qu'on ne doit négocier qu'en position de force et, après un temps d'arrêt, il lui dit : « A votre place, j'irais de l'avant... Allez-y, et aussi vite que possible. » Johnson le remercie de son conseil : « Je n'ai pas de meilleur chef d'état-major que vous. » A moitié convaincu, il se félicite au moins de s'être assuré du soutien politique de l'ancien président[20].

---

20. Conscient des risques politiques associés à l'américanisation de la guerre, Johnson s'emploie à rallier Eisenhower à sa stratégie. Affichant en permanence

Il tergiverse encore pendant quinze jours avant de signer l'ordre de déploiement d'une division et, le 30 juillet, il intervient à la télévision pour annoncer la mise en place d'un important corps expéditionnaire américain. Le 31 décembre, il compte 185 000 hommes, soit nettement moins que ce que réclament les militaires, mais beaucoup plus que ce que proposait George Ball. La situation militaire ne cesse de se dégrader : la moitié du territoire sud-vietnamien est passée sous le contrôle du FNL et de l'APV. Conscients des doutes de leur président, les conseillers de Johnson modifient leur rhétorique. Le but n'est plus de garantir la survie du Sud-Vietnam, mais de préserver la crédibilité des Etats-Unis en Asie du Sud-Est. Leur retrait, désormais jugé inéluctable à terme, ne serait acceptable pour leurs alliés que si les Américains avaient payé le « prix du sang ». Sans l'exprimer aussi crûment, Rusk et McNamara partagent cette analyse de Bundy, incompréhensible pour les chefs militaires qui raisonnent en termes de victoire ou de défaite. Le fossé grandit entre les responsables politiques qui décident seuls des voies et des moyens et les généraux engagés dans une bataille qu'ils s'obstinent à vouloir gagner. Jamais reniée, la stratégie de pression graduée devient confuse dans l'esprit même de ses concepteurs. « Que peut-on faire avec 90 000 hommes de plus ? » (au lieu des 200 000 réclamés par Westmoreland) demande Johnson à McNamara : « Pas grand-chose, mais cela répond à un besoin général », lui répond le secrétaire à la Défense.

La politique de pression graduée a d'autant moins de chances d'aboutir que le président et ses conseillers, trop occupés à masquer leur jeu sur la scène domestique, se montrent incapables de lui donner une base internationale solide. Les tentatives de négociation avec le Nord-Vietnam butent sur les maladresses et l'intransigeance des deux parties, le gouvernement sud-vietnamien est à la dérive et les Etats-Unis ne parviennent pas à mettre sur pied une coalition internationale crédible et suffisante. D'entrée de jeu, Johnson avait rejeté le plan de neutralisation du Vietnam proposé par de Gaulle

---

la continuité de son action avec celle de ses prédécesseurs, LBJ, en 1965, donne publiquement lecture, au cours d'une conférence de presse, d'une lettre adressée par Eisenhower à Diêm. L'ancien président réagit négativement à cette présentation, mais, pressé par Johnson, finit par déclarer à la presse qu'il approuve les choix de son successeur. Consulté par ce dernier, en juillet 1965, sur le déploiement de troupes au sol, il l'encourage à aller de l'avant. En février 1966, quand Johnson décide la reprise des bombardements, Eisenhower s'en félicite publiquement : « Le président a, sans nul doute, pris la bonne décision. »

en 1963[21], au motif, sans doute justifié, que le Nord obtiendrait sans coup férir la réunification prévue par les accords de Genève. En revanche, il ne rejetait pas par principe des négociations, sa stratégie consistant précisément à contraindre l'adversaire d'y recourir en position de faiblesse. Aussi autorise-t-il, dès décembre 1964, une mission de dialogue avec Hanoi conduite par un diplomate canadien, Seaborn. Ce dernier se limite à relayer les menaces de représailles américaines si l'APV poursuit ses infiltrations au sud du 17e parallèle et n'obtient rien de ses interlocuteurs. En mai 1965, après son grand discours de Johns-Hopkins, Johnson décide de suspendre les bombardements pour établir sa bonne volonté, mais Hô Chi Minh se contente de rappeler les quatre conditions qu'il pose à l'ouverture d'un dialogue : retrait américain du Vietnam, souveraineté du peuple sud-vietnamien pour décider de son sort, statut neutre du Sud-Vietnam et réunification. Paris laisse toutefois entendre que ces préalables, inacceptables par les Etats-Unis, sont négociables. Johnson en doute, tarde à nommer un responsable des pourparlers, autorise la reprise des frappes aériennes et Hanoi rompt en exigeant l'arrêt définitif des bombardements. A Noël 1965, le président fait une nouvelle tentative, en suspendant la campagne aérienne pendant cinq semaines. Des rencontres préliminaires se tiennent à Rangoon, mais Rusk torpille le processus, au grand dam de son négociateur, en exposant publiquement les quatorze points qu'il entend mettre sur la table (allusion transparente au programme du président Wilson en 1918). Ulcéré par la publicité donnée à ces pourparlers, le gouvernement de Hanoi se replie sur ses quatre points et l'arrêt inconditionnel des bombardements. Johnson n'insiste pas. Il ne croit pas au succès de ces négociations et les quatorze points de Rusk n'ont été

21. Le général de Gaulle marque très tôt son opposition à la politique américaine au Vietnam. En 1961, il déclare à Kennedy qu'il n'y a pas de solution militaire : « C'est un problème politique qui appelle une réponse politique. » Le 29 août 1963, il publie une déclaration : « Le peuple du Vietnam pourrait jouer un rôle important en Asie, dès lors qu'il pourrait déployer son activité dans l'indépendance vis-à-vis de l'extérieur [...]. Il appartient à son peuple, et à lui seul, de choisir les moyens d'y parvenir. » En janvier 1964, après avoir reconnu la Chine de Pékin, il évoque la neutralité des Etats du Sud-Est asiatique, « neutralité qui, par définition, devrait être acceptée par tous, garantie sur le plan international, et exclurait à la fois les agitations armées [...] et les interventions multiformes de l'extérieur ». Johnson ne répond pas à cette proposition, mais fait un bref commentaire : « La neutralisation ne peut pas être une solution. » Le discours de Phnom Penh du 1er septembre 1966, qui reprend ce thème, passe inaperçu aux Etats-Unis.

qu'un stratagème destiné à satisfaire l'opinion publique nationale et internationale. Il ne lancera pas d'autres pourparlers avant le début de l'année 1967. Son intransigeance n'est que le reflet de l'échec de la pression graduée. A ce stade, Hanoi n'est disposé à aucune concession. L'autre faiblesse grave de la politique du président réside dans son incapacité à donner au Sud-Vietnam un gouvernement stable et crédible. Depuis l'assassinat de Diêm, nul n'ignore que le pouvoir, à Saigon, est dans les mains des Américains. Or, Taylor se montre incapable de gérer les ambitions des généraux de l'ARVN et de susciter l'émergence d'un gouvernement démocratique sur lequel Washington pourrait s'appuyer. La junte militaire du général Minh qui avait éliminé Diêm est renversée un mois plus tard par un coup d'Etat du général Khanh qui doit affronter à son tour sept tentatives de putschs militaires au cours de l'année 1964[22]. C'est seulement à partir de février 1965 qu'un tandem de généraux, Thieu et Ky, établit un directoire militaire durable[23], mais la corruption et l'inflation

22. Le général Khanh, guerrier habile et énergique mais piètre politique, est le cauchemar de l'ambassadeur Taylor, qui finit par avoir sa peau en février 1965. Jeune étudiant, Khanh rejoint les maquis du Viêt-minh en 1945, mais déserte au bout de quinze mois pour se rallier aux Français. Formé à Saint-Cyr, il combat les rebelles dans l'armée de l'Etat du Vietnam, puis reçoit une formation de pilote. En 1954, Diêm le nomme à la tête de l'armée de l'air de l'ARVN. En 1960, chef d'état-major, il s'oppose à une tentative de coup d'Etat, mais, trois ans plus tard, il soutient Van Minh dans sa prise de pouvoir. Le 30 janvier 1964, en accord avec Lodge, il écarte Van Minh (« un imbécile paresseux », selon Lodge) et constitue un gouvernement rassemblant toutes les sensibilités. En juillet, il appelle à une attaque du Nord et il réclame des représailles massives après l'incident du golfe du Tonkin. Taylor, qui vient de rejoindre Saigon, prend ses distances. Confronté à des révoltes des sectes bouddhistes et des montagnards et à plusieurs tentatives de coups d'Etat (déjouées par la CIA), Khanh décide de supprimer le Haut Conseil national, seule instance civile non partisane de son administration. Taylor réagit en convoquant les chefs de l'ARVN : « J'en ai marre de vos coups d'Etat. » Il les humilie et menace de supprimer l'aide américaine si le Haut Conseil national n'est pas rétabli. Il a ensuite un entretien houleux avec Khanh qui menace de l'expulser : « Restez à votre place d'ambassadeur ! » Le chef de la junte sud-vietnamienne se répand dans la presse américaine, dénonçant l'attitude de Taylor et « son colonialisme ». En février 1965, accusé de faiblesse à l'égard des sectes bouddhistes, il est renversé par un coup d'Etat du général Ky. Taylor, quant à lui, a perdu tout crédit à Washington.

23. Thieu et Ky, improbable tandem de frères ennemis, prennent le pouvoir en février 1965 et rétablissent la stabilité du pouvoir au Sud-Vietnam. Thieu, d'une famille aristocratique de l'Annam, rejoint le Viêt-minh en 1945, mais le quitte au bout d'un an pour servir dans l'armée du Vietnam. En 1960, converti au catholicisme, il fait échouer un coup d'Etat contre Diêm et est promu général. En 1964, après avoir participé à la chute de Diêm, il crée, avec Ky, le mouvement des Jeunes

galopante rongent les assises du régime. En janvier 1966, à l'incitation de Taylor, Johnson les invite à la conférence qu'il organise à Honolulu. Il est séduit par le programme de réformes sociales et économiques que lui présente le Premier ministre Ky. « C'est l'autre guerre que nous devons gagner, lui dit-il, celle de la compétition politique avec la rébellion. » Hélas, le projet avorte sur une nouvelle rébellion bouddhiste soutenue par quelques généraux de l'ARVN. LBJ est désormais convaincu que le mouvement bouddhiste est noyauté par le FNL, mais la répression brutale ordonnée par Ky fait scandale et le décourage. L'enchaînement de désordres et de « bavures » policières qui scande la vie politique du Sud-Vietnam ruine la crédibilité du projet américain.

Johnson n'a pas de goût pour les relations internationales, sa vision du monde se limitant à l'affrontement entre les deux blocs. C'est dans ce cadre qu'il situe l'intervention militaire qu'il décide en avril 1965 à Saint-Domingue. Le corps expéditionnaire de 27 000 hommes qu'il fait déployer à la suite d'un coup d'Etat n'a d'autre mission, selon lui, que d'« empêcher la création d'un deuxième Cuba aux portes de l'Amérique ». Les états d'âme des Européens sur la guerre du Vietnam l'irritent, sans qu'il cherche à les analyser ou même à les tempérer, et les initiatives de paix du secrétaire général des Nations unies sont jugées incongrues et déplacées. Aussi, quand il décide l'américanisation de la guerre, est-il empêché de bâtir une coalition militaire utile et crédible. L'allié britannique refuse sèchement d'envoyer des troupes, tandis que la France limite son aide à quelques fournitures médicales. Le président doit se contenter d'une brigade australienne complétée par les Néo-Zélandais et le gros du contingent étranger est fourni par des obligés de Washington. La Corée du Sud aligne jusqu'à 45 000 hommes (en 1966), la Thaïlande

Turcs qui prône un régime démocratique et une armée réformée. Après le coup d'Etat de février 1965, il devient vice-Premier ministre et ministre de la Défense. Six mois plus tard, il se proclame président et nomme Ky Premier ministre. En 1967, après des élections truquées, il est élu à la présidence, Ky prenant les fonctions de vice-président. Originaire du Nord-Vietnam, Ky est l'image inversée de Thieu. Flamboyant, séducteur et audacieux, qualifié de voyou par Lodge, il n'a ni la prudence ni l'habileté tactique de son aîné. En 1963, il commande les forces aériennes de l'ARVN et joue un rôle clé dans le renversement de Diêm. Par la suite, il joue un jeu ambigu pour affaiblir son chef et rival. Après les offensives du Têt, Thieu parvient à le marginaliser. Le tandem survit par le noyautage de l'ARVN, la corruption et la répression brutale des mouvements bouddhistes et montagnards. Il n'obtient pas de Westmoreland la création d'un quartier général unifié entre l'ARVN et le corps expéditionnaire américain.

envoie un régiment et ouvre ses bases aériennes, les Philippines déploient trois bataillons du génie. Cette coalition boiteuse, aux ordres de Westmoreland, reflète l'impopularité du conflit et témoigne indirectement de l'indigence de la diplomatie des Etats-Unis. En refusant tout débat national et international sur sa politique, Johnson s'isole et s'enferme dans le déni. La campagne de bombardements au Nord et le déploiement de troupes américaines au Sud ne peuvent être cachés, mais il choisit de minimiser leur importance et affirme que sa politique s'inscrit directement dans la suite de celles de ses prédécesseurs. Pour éviter toute confrontation au Congrès, il finance la guerre sans la budgétiser et refuse la mobilisation des réserves en recourant à la conscription. L'américanisation de la guerre coûte cher. Il manque 8 milliards de dollars en 1965, que le président ne demande, à titre complémentaire, qu'en janvier 1966. McNamara avait pourtant volontairement triplé les prévisions de dépenses liées à l'occupation de Saint-Domingue pour en consacrer l'essentiel au Vietnam. A partir de 1966, le coût annuel des opérations en Asie du Sud-Est dépasse les 20 milliards. Le secrétaire à la Défense minore systématiquement les projets de budget et joue sur les crédits de fin d'exercice budgétaire pour éviter les débats que le projet de loi de finances ne manquerait pas de susciter. Il reste que les crédits consacrés à la guerre prennent une ampleur qui finit par affecter les programmes de la *Great Society*. Le budget exécuté de la Défense passe de 49,5 milliards de dollars en 1965 à 75 milliards en 1968.

Pour alimenter le théâtre sud-vietnamien, les ressources humaines font également défaut. Les armées américaines sont largement déployées en Europe et ailleurs dans le cadre d'accords permanents. Aussi le JCS demande-t-il, à l'automne 1965, la mobilisation des réserves. Johnson refuse aussitôt, car elle nécessiterait l'accord du Congrès et donc, inévitablement, un large débat sur sa politique vietnamienne. McNamara lui suggère, en lieu et place, une activation renforcée de la conscription. Celle-ci, en vigueur depuis 1949, n'est mise en œuvre que ponctuellement et à faibles effectifs à l'occasion d'événements particuliers. Les chefs militaires y sont hostiles, car elle suppose une formation particulière, des délais et un amalgame difficile avec les engagés. Pas plus que les conseillers du président, ils ne perçoivent les conséquences politiques d'une telle décision. Johnson, séduit par une option qui lui permet, pense-t-il, d'échapper à un vote parlementaire et de garder sa liberté d'action, donne son accord. Prise en douce, contre l'avis des militaires, cette décision transforme une guerre de professionnels en une guerre du contingent, ce qui ne peut satisfaire ni les intéressés et leurs familles ni l'état-major. En 1966, 16 % des morts au combat sont des appelés ; ils sont 34 % en 1967. Le décompte des *body bags* devient un élément majeur de l'opposition à la guerre. A cela s'ajoute l'injustice du système de conscription par tirage au sort, aggravée par les passe-droits qui permettent aux plus riches et aux plus habiles d'échapper au Vietnam. Le mouvement antiguerre s'est développé, avant même le recours aux appelés, dans les milieux universitaires, et Johnson s'efforce de le contenir en animant une contre-propagande efficace, mais les manifestations de rue incessantes le rongent et affectent son entourage. En décembre 1964, un groupe d'universitaires de Boston publie dans la presse nationale un manifeste éloquent : « Nous ne pouvons remporter une victoire décisive au Vietnam, à moins de livrer une guerre totale. » Le président fait aussitôt rédiger et diffuser un Livre blanc exposant l'ampleur des infiltrations militaires du Nord-Vietnam au sud du 17e parallèle. Ce document, qui ne répond pas à la problématique du manifeste, n'empêche pas la contestation de se développer sur les campus universitaires à partir de Berkeley, le foyer initial de la révolte étudiante. En mars 1965, le président décide donc de prononcer un discours majeur à l'université Johns-Hopkins de Baltimore. Habilement, il s'y déclare prêt à négocier sans conditions avec Hanoi, tout en affichant sa fermeté (« Nous ne serons jamais des vaincus »). En dépit ou à cause de sa duplicité (il ne croit pas aux négociations), cette prise de parole lui vaut un soutien accru de l'opinion publique.

Pour éviter de renforcer l'opposition à sa politique, l'important, estime Johnson, est de contrôler étroitement l'information diffusée par l'administration et d'éliminer les avis dissidents. Ainsi, quand le vice-président Humphrey le met en garde, après le début de la campagne aérienne, sur la perte prévisible du soutien populaire, lui interdit-il, pendant un an, de participer aux réunions du NSC. Il crée un comité interministériel de gestion de l'information qu'il confie à Arthur Dean et exige de la CIA la publication de statistiques optimistes justifiant sa stratégie. Si la majorité des citoyens américains continue de faire confiance à son gouvernement, le mouvement antiguerre se structure, multiplie les manifestations et s'appuie au Congrès sur quelques grandes figures, comme le sénateur Mansfield. Dès la fin de l'année 1965, la Maison-Blanche est assiégée, jour et nuit, par des manifestants bruyants. Lucy, la fille de Johnson, dira plus tard qu'elle n'oublierait jamais la berceuse qui la tenait éveillée tous les soirs : « LBJ, LBJ, combien de *boys* as-tu tués aujourd'hui ? » Les familles se déchirent déjà, jusque dans l'entourage présidentiel. Les épouses et les enfants de Rusk et McNamara les accablent de questions et de reproches. Johnson, angoissé et plus torturé que jamais, voyage de moins en moins et cache ses déplacements à la presse pour éviter les manifestants, leurs œufs et leurs pots de peinture. Lui qui avait toujours cherché à échapper à la vigilance pesante du service de sécurité multiplie les dispositifs de surveillance et double le nombre des agents chargés de sa protection. On ne le voit plus se livrer à des rodéos solitaires sur les terres désolées de son ranch, au volant de sa Lincoln continental décapotée lancée en tout-terrain à 120 km/h, une bouteille de bière décapsulée coincée entre les genoux... Le vieux cow-boy se terre, prisonnier de ses choix.

Dernières illusions

Jusqu'au début de l'année 1968, le président garde l'espoir d'une issue honorable au conflit du Vietnam. Fort des succès tactiques obtenus par Westmoreland et de la stabilité politique retrouvée au Sud, il s'engage plus résolument dans des tentatives de négociations avec Hanoi réclamées par les opinions publiques. Il croit encore pouvoir conserver le soutien du peuple américain à la guerre et sauver son programme social, au prix d'entorses sérieuses aux principes démocratiques, mais les offensives du Têt et les émeutes raciales ruinent définitivement ses espoirs. Fidèle à sa stratégie de pression progressive qui lui permet de masquer l'ampleur de l'engagement américain, Johnson n'a plus d'autre choix que d'entériner, en les limitant, les demandes incessantes de renforts que lui adresse Westmoreland. Le scénario est bien rodé : le commandant de théâtre lui présente un état de la situation militaire optimiste, puis réclame 100 000 à 200 000 hommes supplémentaires « pour amener l'ennemi au point de rupture ». LBJ s'étonne, s'irrite, et confère avec McNamara, Rusk et Rostow, le successeur de Bundy à partir du printemps 1966[24].

---

24. Walt Rostow exerce la fonction de conseiller national de sécurité (NSA) de 1966 à 1969. Ce brillant universitaire, admis à Yale à 15 ans, a été professeur d'économie à Columbia, à Oxford et Cambridge, puis au MIT ; il a conseillé Eisenhower de 1954 à 1960, avant d'être appelé par Kennedy au poste d'adjoint de Bundy (NSA). Incorrigible optimiste, enthousiaste et chaleureux, il est surtout très sûr

Consulté pour la forme, le JCS soutient Westmoreland, suggère quelques variantes et alerte sur l'insuffisance globale des ressources. McNamara écarte l'avis militaire et le président tranche en accordant 30 000 à 50 000 hommes supplémentaires...

Le secrétaire à la Défense se mêle de tactique en concevant, avec son cabinet civil, une ligne de défense « infranchissable » au sud de la zone démilitarisée (17e parallèle), à base de capteurs électroniques. Séduit, Johnson donne son accord, en dépit des réticences de Westmoreland. Dès le début des travaux, le commandant du théâtre réclame 120 000 hommes de plus pour assurer l'étanchéité du dispositif... A l'été 1967, le JCS prend l'initiative de proposer une offensive terrestre au Nord. Johnson est tenté d'accepter, espérant contraindre ainsi Hanoi à la négociation, mais Westmoreland estime ses moyens insuffisants et demande son report au printemps 1968. McNamara s'y oppose fermement et obtient gain de cause en brandissant l'épouvantail chinois. Les infiltrations de l'APV au Sud ne diminuant pas (80 000 hommes pendant la seule année 1966), le président maintient les bombardements sur le Nord-Vietnam, réduit les zones d'interdiction et autorise des frappes sur les dépôts de carburant et le port de Haiphong. En 1966, 79 000 sorties aériennes déversent 130 000 tonnes de bombes sur le Nord et la piste Hô Chi Minh. Mais le rythme ne peut être maintenu en raison du manque de munitions et de la puissance de la défense aérienne mise en place par l'URSS (incluant des dizaines de chasseurs modernes MiG-17 et MiG-21). L'escalade se poursuit et le corps expéditionnaire approche le chiffre fatidique de 500 000 hommes que le chef d'état-major de l'armée de terre jugeait indispensable en 1964 pour espérer une victoire. De 185 000 soldats au 1er janvier 1965, on passe à 385 000 un an plus tard et à 485 000 en décembre 1967. A Hanoi, le général Giap préconise une offensive décisive de l'APV et du FNL avant que les Etats-Unis ne disposent d'un volume de forces critique.

Westmoreland, il est vrai, obtient des succès tactiques non négligeables, du moins dans l'optique des directives sommaires du président (« Tuez-moi du Viet ! »). Les vastes opérations qu'il monte (« Starlite », « Silver Bayonet », « Masher White Wing », « Hastings », « Attelbord », « Junction City »), engageant jusqu'à 30 000 hommes, maintiennent une forte pression sur les maquis qui subissent des

---

de lui et volontiers pédant. Chef de file des « faucons », soutien inconditionnel de Westmoreland, « il a protégé LBJ des critiques et de la réalité ».

pertes sévères. Les tactiques et les techniques s'améliorent et les bulletins de victoire s'enchaînent. Les faiblesses de cette stratégie ne sont pourtant perçues ni à Saigon ni à Washington. Les excès de la contre-insurrection dressent la population contre l'« occupant ». Un de ses théoriciens, le général Ewell, qui commande la 9e division, est surnommé « le boucher du Delta ». Les villages rasés, les défoliants (l'agent Orange) employés pour dégager des espaces de jungle, les bombardements au napalm horrifient les journalistes du monde entier. Enfin, Westy, qui a perdu confiance dans l'ARVN, cantonne ses hommes à un rôle de supplétifs. L'américanisation de la guerre est totale et la pratique discutable du décompte triomphal des morts de l'adversaire (le *body count*, encore pratiqué aujourd'hui) va se retourner contre le gouvernement quand les pertes américaines deviendront insupportables.

Aussi limités qu'ils soient, ces succès tactiques permettent au président de lancer avec une ardeur nouvelle des tentatives de négociations. Les capitales occidentales les réclament et des sénateurs influents, comme Mike Mansfield et John William Fulbright, font campagne en leur faveur au Congrès. La mauvaise volonté de Hanoi et les maladresses de la diplomatie de Rusk les font échouer. En décembre 1966, des pourparlers engagés à Varsovie, sous l'égide des Polonais, sont annulés par le Nord-Vietnam à la suite de bombardements dans la région de Hanoi. L'amiral Sharp, non informé des discussions en cours, avait reprogrammé pendant la rencontre (comme il y était autorisé) une campagne validée par Washington mais reportée en raison du mauvais temps... Un mois plus tard, Johnson propose une trêve en deux temps : l'interruption des bombardements serait suivie d'un arrêt des infiltrations de l'APV au Sud. Hô Chi Minh réagit positivement, mais un cafouillage entre Washington et les canaux russes et britanniques mobilisés pour faciliter les échanges, ainsi qu'une déclaration publique mal calibrée du président provoquent un nouveau refus de Hanoi, visiblement peu motivé. Johnson, échaudé, attend le 3 mars 1968, après la première offensive du Têt, pour décréter une nouvelle pause des bombardements. Par l'intermédiaire d'un contact du FNL, il propose l'ouverture de pourparlers à Paris. Les discussions s'éternisent autour de la question de la participation du FNL aux négociations, mais, en octobre, un accord se dessine. C'est le moment que choisit Thieu pour annoncer son refus d'y participer, mettant un terme définitif aux espoirs de paix du président en fin de mandat. La volte-face inattendue du président sud-vietnamien est d'autant plus insupportable que le gouvernement américain a beaucoup fait pour l'aider à asseoir son autorité. Le 1er septembre 1967, le tandem Thieu-Ky a reçu l'onction du suffrage universel dans des élections plus ou moins régulières, mais qui permettent de maintenir l'illusion d'une nation indépendante méritant qu'on la défende[25].

Le mouvement antiguerre ne désarme pas et raille les échecs des négociations qu'il impute au gouvernement, tout en dénonçant l'incurie et la corruption des dirigeants sud-vietnamiens et les méthodes de l'armée américaine. Johnson se bat pied à pied, par tous les moyens, pour garder le soutien de l'opinion publique. Il gagne du temps sans régler aucun des problèmes que génère cette guerre inavouée. Convaincu par Bundy, puis Rostow, de l'intérêt qu'il a à entretenir le flou sur la planification, les déploiements et le déroulement des opérations, il contrôle personnellement la circulation des documents à la Maison-Blanche et interdit à ses conseillers et à l'état-major de rencontrer la presse sans son accord. Westmoreland a pour consigne de saturer les médias, à Saigon, d'informations de détail et de bulletins de victoires pour les empêcher d'acquérir une vision globale de la situation. En 1967, pour restaurer un soutien ébranlé par les critiques de la classe intellectuelle, le président confie à Rostow la création d'un « groupe d'information sur le Vietnam » qui publie un Livre bleu optimiste fondé sur des statistiques falsifiées. A partir de 1966, exaspéré par la multiplication des manifestations, il déploie tout l'appareil d'Etat pour traquer les opposants. La CIA, le FBI, la NSA et même le renseignement militaire fichent les contestataires,

25. A l'été 1968, les négociations préalables piétinent à Paris. Les différends portent sur la participation du FNL et du gouvernement de Saigon. En juillet, Johnson s'en entretient avec Thieu à Honolulu, mais ce dernier reste évasif et prudent. A Washington, Johnson et Clifford poussent la délégation américaine (Cyrus Vance et A. Harriman) à obtenir un accord avant l'élection présidentielle de novembre, mais Rostow freine en permanence. Les représentants du Nord-Vietnam, Lê Duc Tho et Xan Thuy, acceptent, à la mi-octobre, les propositions américaines : cessation des bombardements, interruption des attaques de l'APV au Sud et participation aux négociations du FNL et de Saigon. Le 17 octobre, Thieu bloque le processus en refusant de participer si le FNL est présent. Le président sud-vietnamien ne veut pas de solution négociée. Il a considérablement accru les capacités de l'ARVN en décrétant la mobilisation générale et il croit pouvoir gagner la guerre après l'échec des offensives du Têt. Il a probablement été encouragé dans cette attitude par Richard Nixon, candidat républicain à l'élection présidentielle, qui ne souhaite pas que les démocrates puissent se prévaloir de l'ouverture officielle des négociations avant le scrutin.

mettent les dirigeants sur écoute et s'emploient à les tromper ou à les diviser. Au peuple américain, ils sont présentés comme des agents communistes du Nord-Vietnam et on souligne le nombre de leurs visites à Hanoi. Cette pratique, digne des républiques populaires, n'est pas sans effets. Westmoreland est choisi, en 1966, par le magazine *Time* comme « homme de l'année » et, jusqu'en février 1968, une courte majorité d'Américains conserve son soutien à la guerre du Vietnam.

Le barrage mis en place par Johnson est pourtant illusoire car il ne traite pas les causes de l'opposition au conflit. Les reportages sur les exactions de l'armée américaine et la réalité de la conscription, avec ses morts, ses blessés et ses déserteurs, affectent toutes les couches de la société. Qui plus est, le mouvement antiguerre, de mieux en mieux structuré, trouve un écho grandissant dans les médias et sur les campus de France, d'Allemagne et même d'Australie. Les manifestations prennent une grande ampleur (plus de 300 000 participants à New York et San Francisco) et des intellectuels reconnus (Norman Mailer : *Les Armées de la nuit*) les soutiennent. Le ralliement de Martin Luther King au mouvement antiguerre est un coup dur pour Johnson qui s'est toujours battu pour les droits civiques des Noirs. McNamara, pour sa part, est fortement ébranlé par la manifestation qui se déroule devant le Pentagone, le 21 octobre 1967. La photographie d'une jeune fille plantant une fleur dans le canon du fusil d'un GI fait le tour du monde. Le secrétaire à la Défense, dont le scepticisme grandit depuis quelques mois, en conclut que le gouvernement va perdre le soutien du peuple et le confie à Johnson qui réfute son analyse et se défait de lui en l'envoyant à la Banque mondiale[26]. Il faut pourtant attendre l'offensive générale des communistes vietnamiens pour que l'écran de fumée déployé par le président et son

26. Dès 1966, Robert McNamara est soumis à une forte pression de sa famille et de ses amis pour qu'il s'oppose à l'escalade militaire au Vietnam. Jackie Kennedy elle-même lui reproche vivement son soutien à cette politique. Ebranlé par les manifestations contre la guerre, il doute de plus en plus ouvertement des choix faits par le président. En novembre 1967, il adresse un mémoire à Johnson lui proposant de geler le corps expéditionnaire au niveau atteint, d'arrêter les bombardements et de transférer la responsabilité des opérations à l'ARVN. Le président rejette aussitôt ses conclusions : ce serait admettre que la stratégie mise en œuvre depuis quatre ans est un échec. Sans prendre la peine de répondre au mémoire, il convoque McNamara et lui propose le poste de président de la Banque mondiale. Le secrétaire à la Défense, qui règne sur le Pentagone depuis sept ans, accepte. Le 29 février 1968, en pleine offensive du Têt, il est remplacé par Clark Clifford.

équipe se dissipe brutalement. L'« opération décisive » planifiée par le Comité central du Parti communiste vietnamien vise à s'emparer de Saigon en faisant diversion à Khe Sanh (près de la zone démilitarisée), puis à déclencher une insurrection générale dans le Sud. Bien que Westmoreland se soit laissé tromper et qu'il ait porté l'essentiel de son effort sur Khe Sanh (où il voit se dessiner un Diên Biên Phu à l'envers), l'offensive du Vietcong, conduite en trois phases, est un échec militaire sanglant. Les forces américaines et l'ARVN réagissent vite et efficacement[27].

Ce n'est donc pas une victoire militaire du Nord qui ouvre les yeux du peuple américain, mais la révélation d'un mensonge d'Etat. Comment les communistes qu'on disait aux abois, écrasés par les victoires continues de Westmoreland, ont-ils pu trouver les capacités militaires et les ressources morales suffisantes pour lancer ces offensives de grande ampleur? En février 1968, un mois après la première attaque, 56 % des Américains sont en faveur d'un retrait du Vietnam, et le pourcentage des opposants à la poursuite de la guerre s'amplifie de mois en mois. La vedette de la chaîne de télévision CBS ouvre son journal par ces mots : « Oubliez la victoire. » Le président dira plus tard qu'en ayant perdu Cronkite, il a perdu l'Amérique. Très populaire, ce journaliste est en effet considéré comme un des principaux prescripteurs d'opinion. Or, il a jusque-là fidèlement soutenu la politique vietnamienne du président. Les circonstances achèvent de ruiner son crédit. A la mi-1967, des émeutes raciales à

27. L'offensive du Têt se déroule en trois temps. La première attaque débute le 30 janvier et se poursuit jusqu'à la mi-février. Elle est précédée par une opération de diversion, le siège de la base de Khe Sanh, à proximité de la zone démilitarisée du 17e parallèle. Westmoreland s'y laisse prendre et redéploie 250 000 hommes vers le nord. L'APV et le FNL engagent alors 80 000 hommes à l'assaut d'une centaine de villes et de villages, dont Saigon où l'ambassade américaine est assiégée. En l'absence de Westy, qui a rejoint Khe Sanh (dont le siège durera soixante-dix-sept jours), c'est son second, Abrams, qui coordonne la réaction américaine et sud-vietnamienne. A la mi-février, la situation est incertaine, mais si la plupart des villes sont restées sous contrôle sudiste, les pertes nordistes sont limitées. Les offensives suivantes, fin avril et mi-août, tournent au désastre militaire pour la guérilla communiste. Elle perd 80 000 hommes, soit deux fois plus que la coalition américaine. Les réseaux du FNL sont désorganisés et, surtout, le soulèvement général de la population contre le régime de Thieu, but affiché de cette campagne, ne s'est pas produit. Le peuple du Sud-Vietnam ne s'est pas rallié aux rebelles. Ballotté depuis dix ans entre les pressions des combattants des deux bords, il n'est pas acquis aux thèses communistes. Cette lourde défaite du Nord-Vietnam incite Hanoi à rechercher une solution négociée. *A contrario*, Thieu y voit la possibilité d'une victoire militaire du Sud-Vietnam.

Detroit et Newark avaient déjà ébranlé les assises de la *Great Society* : en lui donnant accès à une pleine citoyenneté, elle avait fait naître dans la communauté noire une nouvelle revendication sociale. L'assassinat de Martin Luther King, le 4 avril 1968, provoque des émeutes dans plus de 100 villes, contraignant Johnson à déployer plus de 75 000 hommes de la garde nationale. Quelques mois plus tard, l'assassinat de Robert Kennedy, opposant notoire à la guerre du Vietnam, accroît encore l'inquiétude et le pessimisme des Américains. Le président, dès le mois de mars, a compris qu'il ne serait pas réélu et annonce publiquement qu'il renonce à être candidat aux élections de novembre. Converti tardivement à la vietnamisation de la guerre par Clifford, le successeur de McNamara, et le général Abrams qu'il a nommé à la place de Westmoreland[28], Johnson décide de ne plus déployer de nouvelles troupes et de suspendre les bombardements pour faciliter les négociations qu'il espère voir aboutir avant l'élection de son successeur. Il vit ses derniers mois à la tête de l'Etat, avoue-t-il, « comme un prisonnier assigné à résidence dans une grande prison blanche ». En Asie du Sud-Est, loin de chez elle, une armée formidable de 536 000 hommes, éprouvée par un adversaire insaisissable, ébranlée par la contestation de ses missions et de ses actions et meurtrie par de lourdes pertes, s'adonne, pour oublier cette guerre, à la drogue et à la boisson. Elle veille anxieusement, dans la jungle et sur les rizières, se rebelle parfois, combat le plus souvent courageusement, sans plus savoir pourquoi ni pour qui.

---

28. Clark Clifford est un avocat prospère ayant du goût pour la politique. Cet ancien conseiller de Truman est appelé par Kennedy à siéger au conseil présidentiel sur le renseignement. Johnson apprécie son élégance courtoise et son adhésion aux thèses des « faucons » de son entourage. Comme nous l'avons vu, il lui propose donc le poste de McNamara en février 1968. Plus pragmatique qu'idéologue, Clifford, après une série d'entretiens avec les chefs d'état-major, conclut que McNamara a vu juste dans son mémoire de novembre et il rejette la demande de Westmoreland, appuyée par Wheeler, d'un déploiement additionnel de 250 000 hommes. Johnson décide néanmoins, à la fin mars, l'envoi de 24 500 combattants supplémentaires. Le nouveau secrétaire à la Défense pousse Johnson à la suspension des bombardements et à l'ouverture des négociations. Le général Abrams succède, le 6 juin, à Westmoreland dont il était l'adjoint. Cavalier s'étant distingué sous les ordres de Patton pendant la Seconde Guerre mondiale, il est très hostile à McNamara et ses *whiz kids* et réservé à l'égard de la stratégie d'attrition conduite par son prédécesseur. En revanche, il apprécie Clifford qu'il rallie à une politique de pacification et de vietnamisation. Abrams restera en fonctions jusqu'en 1972 et conduira la déflation du corps expéditionnaire, avant de devenir chef d'état-major de l'armée de terre.

Une guerre impossible à gagner ?

« *I'm a poor lonesome cow-boy* », le chant mélancolique qui conclut les exploits de Lucky Luke, sur fond de cactus dans un désert sans fin, eût pu trouver un écho dans la retraite morose que prit Johnson dans son ranch du Texas, en janvier 1969. Ignorant les avis médicaux, il reprit avec acharnement les cigarettes et la bière et en mourut quatre ans plus tard, après avoir consacré ses dernières forces à tenter de se justifier. Ses Mémoires elliptiques ne purent pourtant le sauver de l'opprobre et du discrédit qui accompagnèrent les derniers mois de son mandat. Quelques années plus tard, la repentance de McNamara[29] ne fit qu'ajouter à la rhétorique implacable entretenue par le mouvement antiguerre, les associations de vétérans et les universitaires libéraux. « Que diable Johnson allait-il faire dans cette galère ? » Son instinct politique, on le sait, lui faisait pressentir les risques d'un engagement américain accru, mais son ambition, son idéologie et son entourage l'ont aveuglé. Il a cru sincèrement que le sort du monde libre se jouait aussi en Asie du Sud-Est. Il a fait sienne la théorie des dominos propagée par Eisenhower et, comme ses prédécesseurs, il a ignoré la réalité postcoloniale de l'Indochine, oubliant les avertissements de Roosevelt et ignorant les mises en garde de De Gaulle. Sa faute fut de choisir l'américanisation d'une guerre que le Sud-Vietnam était en train de perdre. Convaincu, à juste titre, qu'un retrait américain serait suivi, à brève échéance, d'une victoire militaire du Nord, il en a conclu, à tort ou à raison, que la crédibilité des Etats-Unis dans cette région du monde en serait gravement affectée. Ce faisant, il n'a pas perçu qu'une défaite américaine, qu'il jugeait impensable, serait encore plus dommageable. La seule option était la vietnamisation du conflit, comme l'a compris Nixon,

29. En 1995, McNamara publie un livre d'autocritique, *In Retrospect, the Tragedy and Lessons of Vietnam*, qu'il résume en trois mots : « *We were wrong, terribly wrong !* » Sa publication suscite une vague de commentaires peu amènes, irritant autant les tenants du mouvement antiguerre que les militaires convaincus que la victoire était à portée de la main. Son analyse apporte pourtant peu d'éléments nouveaux : méconnaissance totale de l'adversaire et du milieu, inadaptation des doctrines, techniques et tactiques militaires, refus du débat avec le Congrès et avec le peuple, autisme et incapacité à construire une vraie coalition internationale, mauvaise organisation politico-militaire... Le point le plus original et le plus percutant est sans doute cette idée que « dans les affaires internationales, il faut savoir reconnaître qu'il existe parfois des problèmes sans solution immédiate ».

instruit par l'expérience malheureuse de son prédécesseur. Encore eût-il fallu investir massivement dans un gouvernement que le coup d'Etat contre Diêm avait discrédité et dans une armée dont les chefs n'étaient animés que par l'ambition personnelle. La tentation était donc forte de se substituer aux élites locales défaillantes et Johnson y a cédé d'autant plus volontiers que le plan de McNamara servait sa politique intérieure et lui donnait l'illusion d'une parfaite maîtrise de l'action militaire.

Dès lors, cette guerre était-elle impossible à gagner ? C'est l'avis de la plupart des historiens qui soulignent la formidable résilience du peuple nord-vietnamien, la légitimité de la rébellion au Sud et l'appui « inconditionnel » dont ils bénéficiaient de la part de la Chine et de l'Union soviétique. Comme le disait de Gaulle en 1963 : « Renoncez au Sud-Vietnam ou bien engagez-vous à fond dans cette guerre, quitte à devoir affronter la Chine. » Une des failles les plus évidentes de l'administration Johnson est d'avoir constamment ignoré les analyses de la CIA sur la stratégie du Nord-Vietnam et sur l'aide fournie par Pékin et Moscou qui équilibrait l'appui américain à Saigon. Un autre argument avancé par les historiens est que le président des Etats-Unis ne pouvait pas compter sur le soutien de ses concitoyens dès lors qu'il se lançait dans une guerre meurtrière sans que les intérêts vitaux de la nation soient en jeu. L'argument est fort, et Johnson l'avait entendu de la bouche de George Ball, en 1965. S'il ne l'a pas pris en compte, c'est que l'opinion publique lui est restée majoritairement favorable jusqu'en 1968, au prix, il est vrai, de mensonges et de manipulations qui n'ont pas résisté à l'épreuve des faits. Certains universitaires d'obédience marxiste estiment par ailleurs que cette guerre ne pouvait pas être gagnée car elle s'inscrivait à contre-courant d'un vaste mouvement politique et sociologique qui englobait la décolonisation, les droits civiques, le rejet des valeurs traditionnelles et le triomphe de l'individu. Le mouvement antiguerre exprimait à sa façon, aux Etats-Unis et dans la vieille Europe, sur les campus et dans les cercles intellectuels, cette lame de fond. Le paradoxe est que nul mieux que Johnson ne pouvait comprendre les aspirations populaires et que son projet de *Great Society* y répondait au moins partiellement. *A contrario*, son désintérêt pour le reste du monde et la médiocrité de sa diplomatie le fermaient à toute critique venant de l'étranger et contribuèrent à son manque de recul. Enfin, la majorité des historiens mettent en doute sa volonté de négocier sérieusement avec Hanoi. Or, c'était l'objectif final de la stratégie de pression graduée qu'il avait choisie. Ces reproches sont largement infondés car, à partir de 1966, il tenta sincèrement d'ouvrir des pourparlers. Surtout, c'est vouloir ignorer la règle fondamentale d'une approche réaliste des relations internationales : on ne négocie qu'en position de force. Or, il fallut attendre l'échec militaire des offensives du Têt pour que le Nord-Vietnam assouplisse sa position et réduise ses exigences.

Le point le plus controversé demeure le partage des responsabilités dans la conduite de la guerre. Une légende tenace veut que Johnson ait été un commandant en chef faible et pusillanime, soumis à l'état-major et entraîné par Westmoreland dans une escalade sans fin. On sait qu'il n'en est rien. Beaucoup de commentateurs militaires insistent au contraire sur les insuffisances d'une stratégie définie et mise en œuvre contre l'avis des chefs d'état-major. Pour eux, la domestication des responsables militaires a eu pour conséquence de brider la puissance des armes américaines, prolongeant inutilement le conflit jusqu'au point où l'opinion publique a cessé de soutenir une guerre sans résultats. Certains vont plus loin et affirment que la victoire militaire était acquise en août 1968. Les succès tactiques de Westmoreland leur font rejeter les critiques sur l'inadaptation des armées américaines à cette guerre non conventionnelle. Sans doute ont-ils en partie raison, mais il reste que les méthodes illustrées par le film *Apocalypse Now* n'étaient pas de nature à rallier la population à l'occupant américain. Plus sérieusement, il était illusoire de vouloir gagner cette guerre en se substituant à la nation concernée. La faute majeure de Westmoreland fut de marginaliser l'ARVN, au lieu de l'aider et de la laisser en première ligne, comme le fit son successeur. Il eut, en particulier, le tort de refuser la création d'un quartier général commun que réclamait Ky. La victoire obtenue par les militaires et volée par les responsables politiques est un vieux fantasme des popotes, rarement fondé.

En revanche, les critiques de la conduite de la guerre par le président Johnson et son secrétaire à la Défense sont d'une autre portée, au point qu'elles ont été théorisées dans les écoles de guerre et ont eu une large influence sur les rapports politico-militaires aux Etats-Unis. Le « cas Johnson » a inspiré, en 1984, au secrétaire à la Défense Caspar Weinberger les « six points » qui doivent régir le lancement et la conduite d'une guerre des Etats-Unis à l'extérieur. Le principe en est que le président et son ministre doivent fixer un objectif politique clair, fixer des lignes rouges et des limitations quand elles s'imposent, mais donner aux chefs militaires les moyens qu'ils demandent et les laisser libres, sans ingérence, de la conduite des opérations. Cette théorie, scrupuleusement appliquée par le président Bush pendant la guerre du Golfe de 1991, a été complétée par le général Powell, alors président du comité des chefs d'état-major, sous la forme du concept de « force écrasante » (*overwhelming force*), par opposition à l'escalade au compte-gouttes choisie par le président Johnson. Cette théorie des rapports politico-militaires a été ignorée par Donald Rumsfeld en Irak, en 2003, avec les résultats qu'on sait. Pour répondre à la rupture du lien entre les combattants et le peuple américain, le général Abrams, devenu chef d'état-major de l'armée de terre en 1972, conçut la Total Force en amalgamant unités d'active et forces de réserve. Enfin, le Sénat décida, en 1986, d'accroître l'autorité du président du JCS sur les chefs d'état-major. Ce que ne pouvait amender le Congrès restait la propension naturelle de certains présidents à s'entourer de généraux plus complaisants que loyaux.

La faute majeure de Johnson ne fut pas tant d'ignorer les avis militaires que de vouloir mener cette guerre en catimini, en refusant les débats publics et en trompant les élus et le peuple. C'est en refusant, au contraire de Lincoln, Clemenceau ou Churchill, de donner la priorité absolue à un conflit qui allait faire des centaines de milliers de morts et endeuiller d'innombrables foyers américains que Lyndon B. Johnson a failli. Le moyen le plus sûr de perdre une guerre est de la faire en cachette, « à bas bruit et à faible coût ». Le président était pourtant capable de prendre des décisions audacieuses, comme il l'a montré à Saint-Domingue et pendant la guerre des Six-Jours, mais ses calculs politiciens ne le prédisposaient pas à assurer la responsabilité d'un conflit long et difficile. La guerre du Vietnam ne pouvait sans doute pas être gagnée, mais Johnson l'a rendue inévitable et l'a conduite d'une manière telle qu'il ne pouvait que la perdre.

CHAPITRE 9

FRANÇOIS MITTERRAND OU LA GUERRE SANS L'AIMER

Ceux qui l'approchaient n'échappaient pas, pour la plupart, à la fascination inquiète et amoureuse que sa personnalité dominatrice et secrète, ses allures de grand fauve, tour à tour féroce ou séducteur, et la vaste culture qu'il affichait avec un rien de pédanterie inspiraient bien au-delà des allées du pouvoir. Ce monarque sibyllin, hautain et courtois incarnait mieux que quiconque, après la fin de l'épopée gaullienne, les vastes pouvoirs que confère la Constitution au chef de l'Etat.

François Mitterrand, « le président qui n'aimait pas la guerre », selon l'heureuse formule d'Alexandra Schwartzbrod, engagea pendant quatorze ans les armées françaises dans une ronde ininterrompue de conflits de toute nature, en Afrique, au Moyen-Orient, en Europe et jusqu'au lointain Cambodge. Depuis la fin de la guerre d'Algérie, aucun de ses prédécesseurs ni de ses successeurs n'aura livré bataille aussi souvent, avec des déploiements aussi importants. Cet ancien contempteur de la « bombinette » multiplia par deux la puissance de l'arsenal nucléaire national. Ce chantre de la France éternelle se fit l'ardent promoteur d'une défense européenne. Ce réaliste qui ne se fiait qu'à l'équilibre des forces devint l'apôtre de l'action et de l'ingérence humanitaires, au nom des droits de l'homme. Comment ce président, éperdument attaché à la paix, fut-il conduit à ces multiples aventures guerrières ? Comment encore ce prince de l'ambiguïté, naturellement méfiant à l'égard des militaires, endossa-t-il l'uniforme de chef des armées ?

Dans une époque de bouleversements stratégiques, les guerres de François Mitterrand ont-elles préservé ou desservi la sécurité et les intérêts de la France et sa place dans le concert des nations ? Ou ne furent-elles que des choix de circonstance guidés, selon le cas, par des réminiscences historiques teintées de nostalgie ou des illusions humanistes, voire de simples calculs politiques ? Ce prince, jugé parfois « plus manœuvrier que visionnaire[1] » et dont on a pu dire qu'il « passera à la postérité comme une étoile filante[2] », ne fut-il pas pourtant, à sa manière, le dernier monarque français, infatué de sa personne peut-être, mais soucieux avant tout de la gloire de la France ?

Un énigmatique chef des armées

Le 10 mai 1981, l'annonce des résultats de l'élection présidentielle provoque un choc sans précédent dans l'opinion publique française formée à considérer que, sous la Ve République, le pouvoir légitime est à droite. Dans les armées, c'est un véritable séisme. Au SIRPA, le service de presse du ministère de la Défense, assailli par les médias, on s'efforce de faire bonne figure, de neutraliser les questions insidieuses et les interrogations insultantes sur le « loyalisme » des chefs militaires. On se raccroche comme on peut aux informations biographiques rassurantes : François Mitterrand a fait la guerre, a été décoré au feu, puis s'est engagé dans la Résistance. On cite, pour se rassurer, sa première phrase après l'annonce de son élection : « Ce soir, mes pensées vont d'abord vers ma patrie... » A 65 ans, il est pourtant tout sauf un inconnu, mais son image est brouillée par un parcours politique compliqué sur fond de scandales mal élucidés. Son alliance avec les communistes en pleine guerre froide et son intention affichée de réduire à six mois la durée du service militaire inquiètent les états-majors. Or, cet élu énigmatique a désormais en main la foudre nucléaire, et il a le pouvoir, sans contreseing, d'engager les armées dans les guerres de son choix[3].

---

1. François Furet, *in* Alain Duhamel, *Portrait d'un artiste*, Paris, Flammarion, 1997.
2. Régis Debray, in *Loués soient nos seigneurs*, Paris, Gallimard, 1996.
3. La Constitution n'impose pas au président de la République de consulter le Parlement pour engager des troupes à l'extérieur, sauf en cas de déclaration de guerre (dont l'usage s'est perdu depuis 1945). Une révision constitutionnelle, adoptée en 2008, a restreint la liberté d'action du chef de l'Etat en imposant un vote du Parlement pour autoriser la poursuite d'une intervention au-delà de quatre mois.

A droite comme à gauche, on s'illusionne sur ses desseins et sur ses dispositions à employer la force. Les gaullistes le jugent illégitime pour s'être opposé frontalement et sans relâche à la politique du Général, au point que son gendre, grand chancelier de la Légion d'honneur, démissionne pour ne pas avoir à lui remettre les insignes de grand maître de l'ordre. Dans le camp socialiste victorieux, nombreux sont ceux qui l'imaginent comme un « combiné de Léon Blum et d'Olof Palme » qui va « bannir la force, faire reculer les canons, proclamer la paix et la sécurité collective par l'arbitrage ou la médiation[4] ». La réalité est plus simple : l'homme s'est préparé toute sa vie à l'exercice de la fonction suprême. Son goût du pouvoir et sa passion pour l'histoire l'y conduisent naturellement. Son patriotisme et son courage ne peuvent être mis en doute. Il a enfin rallié le Parti socialiste à la politique gaullienne d'indépendance nationale et de dissuasion nucléaire qu'il avait combattue à l'origine. Le doute subsiste néanmoins sur ses convictions réelles. Son art de la dissimulation et ses fluctuations politiques ne permettent pas d'anticiper ses choix de politique étrangère. On le croit atlantiste, mais il nomme des ministres communistes dans son gouvernement. Il s'affiche tiers-mondiste, mais ses liens avec des chefs d'Etat africains controversés sont avérés. Ce renard de la politique ne manque pas de réalisme, mais le romantisme barrésien de sa jeunesse affleure encore sous le voile du cynisme calculateur.

Patriote, il l'est de tout son être, par tradition familiale et par l'amour charnel qu'il porte à sa Saintonge natale, le pays de Fromentin et Chardonne, cette terre pacifique hérissée d'églises romanes comme celle qui s'inscrit en toile de fond sur ses affiches électorales. Ses parents sont de fervents patriotes, « patriotards même », dira-t-il plus tard, des bourgeois aisés de Jarnac engagés dans le catholicisme social, ce qui les retient d'adhérer à l'Action française. A leurs huit enfants, ils ont légué cette fibre nationale et un goût de la spiritualité que gardera François Mitterrand[5]. C'est donc tout naturellement qu'étudiant en droit et en sciences politiques, il fréquente les Croix-de-Feu du colonel de La Rocque, une ligue d'extrême droite qui dénonce la menace hitlérienne. Après l'Anschluss, il publie dans *L'Echo de Paris* un article révélateur des tensions qui l'habitent,

4. Cf. Hubert Védrine, *Les Mondes de François Mitterrand*, Paris, Fayard, 1996.

5. « Je suis né chrétien et mourrai sans doute dans cet état. Dans l'intervalle… », confie-t-il à Pierre Desgraupes.

entre patriotisme et humanisme universel : « Il est peut-être vrai que la France serait folle de tenter une guerre pour sauver une paix perdue, la mort d'un homme est sans doute plus grave que la destruction d'un Etat. Tout me démontre que rien ne justifie une révolte contre l'événement. » Pourtant : « Devant la venue triomphale du dieu de Bayreuth sur le sol de Mozart, je sais quel sacrilège se prépare et, malgré moi, j'éprouve une sorte de honte, comme si je m'en reconnaissais responsable. »

Son peu de goût pour la chose militaire est le fruit de son expérience. Appelé comme simple soldat au 23e régiment d'infanterie coloniale, cet étudiant bourgeois et cultivé, élevé dans le cocon des institutions religieuses, vit mal « la proximité, la saleté et la bêtise » et ne supporte pas « la morgue des officiers » dont il dénonce la médiocrité dans ses lettres à son ami Georges Dayan. Ses titres universitaires le destinaient à une fonction d'officier et il prétendra plus tard avoir choisi de servir dans le rang par idéal démocratique. En réalité, il a négligé le peloton d'élèves officiers pour poursuivre la conquête amoureuse de sa première fiancée. Sa passion pour les femmes, jamais démentie, influencera rarement ses choix par la suite[6]. Pour échapper à la grisaille et parce que son autorité naturelle l'y pousse, il obtient néanmoins ses galons de sous-officier. La guerre, les camps de prisonniers et la Résistance trempent son caractère et témoignent d'un courage physique peu commun. Le sergent-chef Mitterrand est blessé au côté, le 14 juin 1940, devant Verdun et il est cité à l'ordre de la division. Fait prisonnier sur son lit d'hôpital, il est transféré au stalag IX A, en Hesse. Dans la morosité des camps, confronté à la faim et au froid, l'ancien lauréat du concours d'éloquence du lycée Saint-Paul d'Angoulême découvre l'ascendant qu'il peut exercer sur ses compagnons de captivité. Son audace et son opiniâtreté sont récompensées par le succès de sa troisième tentative d'évasion.

A Vichy où l'ont porté son admiration pour le maréchal Pétain et son adhésion globale aux thèses de la Révolution nationale, il organise, dès avril 1942, un réseau de prisonniers de guerre affilié à l'Organisation de résistance de l'armée (ORA). Sous le pseudonyme de Morland, il devient vite un des hommes les plus recherchés par la Gestapo et manque de peu, à deux reprises, d'être arrêté. Il est

6. Il sera mis parfois en difficulté avec les Etats-Unis par les prises de position de son épouse, Danielle, passionnée par la cause des Kurdes et fidèle soutien de la révolution cubaine.

pourtant décoré de la francisque en 1943, honneur encombrant et couverture parfaite pour un résistant, reconnaissance aussi de son attachement à Pétain (dont il fera fleurir la tombe de 1981 à 1993). Cette période de sa vie, qui le mène de Vichy à Londres, puis à Alger, est plus transparente qu'on ne l'affirme à droite après son élection. De grands résistants comme Frenay, Bénouville ou Remy témoignent des risques qu'il a pris dans la clandestinité. Son refus d'adhérer au gaullisme (« Il considérait la France comme sa chose et cela me rebutait »), sa pratique abusive du secret et sa fidélité à des amis compromis dans la collaboration brouillent durablement son image de résistant, d'autant que son orgueil le retient de se justifier. Son entregent et le poids de ses réseaux de prisonniers de guerre ont raison des réticences du Général et lui mettent le pied à l'étrier dans la vie politique. Mû désormais par l'« âpre ressort de l'ambition », il se lance à la conquête du pouvoir. Ses motivations ne sont pas médiocres : « Je vais avoir une tâche énorme. Je l'entreprendrai avec courage, courage facile quand on a la certitude de travailler une matière magnifique : un pays à refaire », écrit-il à Dayan. En 1981, une grande partie de l'opinion doute pourtant de ses convictions. Quelle confiance accorder à ce cacique de la IVe République, onze fois ministre, tour à tour garde des Sceaux impitoyable à l'égard des rebelles algériens et réformateur progressiste de l'outre-mer ? Son cheminement, des ligues d'extrême droite au centrisme de l'Union démocratique et socialiste de la Résistance (UDSR), puis à l'Union de la gauche, n'est-il pas celui d'un arriviste sans scrupules ? Il n'est pas le seul à avoir varié dans ses choix politiques, mais il porte le poids du mépris que de Gaulle affichait à son égard.

En dehors de l'Afrique francophone qu'il connaît intimement, son expérience internationale est très limitée. De Washington à Berlin, on craint une rupture avec les positions traditionnelles de la France que semble confirmer son premier grand discours à Mexico, en octobre 1981[7]. En réalité, sa marge de manœuvre est étroite. La course aux armements nucléaires entre les deux blocs, la crise

7. « Salut aux humiliés, aux émigrés, aux exilés sur leur propre terre qui veulent vivre et vivre libres. Salut à celles et à ceux qu'on bâillonne, qu'on persécute ou qu'on torture [...]. Salut aux séquestrés, aux disparus et aux assassinés [...]. Salut aux prêtres brutalisés, aux syndicalistes emprisonnés, aux chômeurs qui vendent leur sang pour survivre, aux Indiens pourchassés de leurs forêts, aux travailleurs sans droits, aux paysans sans terre, aux résistants sans armes [...]. A tous, la France dit : "Courage, la liberté vaincra." »

économique (aggravée en France par ses premières mesures) et la défiance des principaux alliés à son égard limitent ses choix. Surtout, ce que nul ne perçoit, lui-même se voit comme un héritier. « Ses convictions, note Hubert Védrine, sont celles d'un homme de province à la culture classique, français dans ses tripes, européen de raison, occidental par le hasard de la géopolitique. » Il entend s'inscrire dans « la trace continue du sillon creusé par le destin bientôt millénaire de la plus ancienne nation d'Europe ». Les chefs militaires n'en croient rien et s'apprêtent au pire.

Prise en main

François Mitterrand surprend ses adversaires comme ses partisans en se coulant avec aisance et gourmandise dans le moule monarchique façonné par de Gaulle. Les purges attendues à la tête des armées n'ont pas lieu et ses premières mesures rassurent l'état-major. Son style impérial et ses méthodes de gouvernement désarçonnent, certes, les hauts responsables militaires, mais la confiance s'instaure.

Tout commence mal, pourtant. Le président, comme le veut la tradition, inaugure, quinze jours après sa prise de fonctions, le Salon du Bourget, vitrine de l'industrie aéronautique française. Sur ordre de l'Elysée, les Mirage 2 000 sont désarmés pour sa visite. L'émotion dans les armées est considérable : « Un chef des armées pacifiste ! » La présidence fait savoir que l'initiative a été prise par le nouveau chef de l'état-major particulier, le général Saulnier, mais qui peut le croire ? L'euphorie exaltée des premiers jours, nourrie de gestes symboliques, a sans doute inspiré ce geste ambigu. Le malentendu ne dure pas. Contrairement à certains de ses ministres, dont Pierre Mauroy, hantés par le souvenir du putsch d'Alger de 1961, Mitterrand ne croit pas à une tentative de coup d'Etat militaire. Son frère, le général d'armée aérienne Jacques Mitterrand, qui lui a suggéré de prendre Saulnier à ses côtés, est formel quant au loyalisme des armées. Pour marquer sa confiance, le président maintient en fonctions tous les chefs d'état-major nommés par Valéry Giscard d'Estaing et il nomme Charles Hernu ministre de la Défense. Ce choix est heureux car l'homme est connu et apprécié dans les rangs. C'est lui qui a œuvré, avec Chevènement, Dubos et quelques autres, à l'*aggiornamento* du Parti socialiste sur la dissuasion et la position de la France dans l'OTAN. Enthousiaste et généreux, passionné par les affaires militaires, il devient vite populaire chez les militaires, au point que le président finit par le mettre en garde contre sa propension à épouser sans discernement les thèses des chefs d'état-major et les vœux des industriels de l'armement. Son entente avec le général Lacaze, chef d'état-major des armées, fils de gendarme comme lui, est sans nuages. Ce légionnaire laconique, froid et posé, n'a aucune affinité politique avec son ministre, mais, totalement loyal, il apporte un utile contrepoids à l'exubérance chaleureuse d'Hernu. A l'Elysée, Saulnier, vif, ouvert et sympathique, s'intègre dans le cercle de « jeunes loups » (Jean-Louis Bianco, Jacques Attali, Hubert Védrine, Régis Debray, Elisabeth Guigou...) dont s'est entouré le président.

Le service militaire de six mois, une des 110 propositions du candidat socialiste qui affolait les états-majors, est abandonné. François Mitterrand, au grand dam d'une partie de sa majorité (dont Pierre Joxe), décide de réintégrer dans leurs droits à pension et décorations les putschistes de 1961. Ce geste inattendu est perçu par les militaires comme un signe de confiance et une volonté d'apaisement. Il faut y voir surtout la condamnation par l'ancien avocat des juridictions d'exception. C'est d'ailleurs à ce titre qu'il supprime en parallèle les tribunaux militaires. Ce choix contestable, car il ouvre la voie à la banalisation du métier des armes, ne soulève pas l'émotion, l'enjeu, en 1982, n'apparaissant pas déterminant. Enfin, confirmant d'entrée de jeu son adhésion à la dissuasion, le président visite, dans les premières semaines de son mandat, l'île Longue, port d'attache des sous-marins nucléaires lanceurs d'engins (SNLE), et le quartier général des Forces aériennes stratégiques à Taverny. Au PC Jupiter, bunker enterré sous l'Elysée avant guerre à l'initiative du président Lebrun, il se fait présenter les plans de frappe nucléaire. Le visage impassible, posant peu de questions, il prend la pleine mesure de la puissance colossale de destruction dont il est l'unique dépositaire. C'est de là, dans cette modeste salle d'opérations équipée de puissants moyens cryptés de vidéoconférence, que partiraient ses ordres s'il décidait que les intérêts vitaux de la France sont menacés. Dans l'austère salle de conférences voisine décorée de quelques photos d'avions, de sous-marins et de missiles terrestres, il tiendra les conseils de défense les plus secrets de ses deux mandats.

« Dès la première année de mon élection, déclare-t-il à un journaliste qui s'étonne de la qualité de ses relations avec les militaires, j'ai pu constater la loyauté naturelle et non pas forcée de l'armée, de ses cadres et de sa troupe. » Selon Louis Gautier, Mitterrand a une

« attitude totalement décomplexée vis-à-vis des chefs militaires ». Ce vieux routier de la politique « sauvagement individualiste » se méfie de tous les corps constitués, des bureaucraties et des organisations, mais il sait accorder sa confiance aux individus[8]. Ses méthodes de travail et son mode de décision ne facilitent pas pour autant la tâche de ses conseillers militaires. Son état-major particulier (EMP), une poignée d'officiers, est tenu de l'informer des situations de crise et de l'état des forces, de préparer ses décisions et de les traduire en ordres pour les armées. Or, le nouveau président entend décider seul, sans réunions et sans équipe constituée, à partir des notes brèves (une à deux pages maximum) de son cabinet, mais aussi des informations qu'il reçoit de ses multiples réseaux extérieurs, « entrelacs d'amitiés, de fidélités et de complicités ». Il n'hésite pas d'ailleurs à mettre en compétition ses conseillers en confiant à plusieurs la même étude. Les notes de l'EMP reviennent avec des appréciations succinctes, rarement des instructions, le plus souvent un simple vu entouré d'un cercle signifiant que le président est informé et qu'il attend de Saulnier et de ses successeurs qu'ils prennent leurs responsabilités... Ce mode de décision solitaire n'est pas sans risques dans les situations de crise. Les premières interventions militaires ordonnées par le chef de l'Etat sont déclenchées par une note simplifiée de l'EMP complétée par un bref échange avec Charles Hernu. Le chef d'état-major des armées, s'il inspire largement la position du ministre et de l'état-major particulier, n'est pas consulté par le président.

Mitterrand n'intervient pas dans la conduite des opérations, mais Hernu s'y implique personnellement, n'hésitant pas à empiéter sur les responsabilités du commandant de théâtre, rarement à bon escient. Cette procédure simplifiée a le mérite d'une grande réactivité et fonctionne sans dommages tant que l'adversaire a des capacités limitées et que les conséquences politiques de l'intervention sont faciles à maîtriser. La guerre du Golfe, en 1991, conduira le président à rationaliser la prise de décision en instituant les conseils restreints. Comme toujours sous la Ve République, l'état-major particulier a un rôle clé dans la préparation et la conduite des opérations. Son efficacité repose sur la qualité de ses rapports avec l'état-major des armées mais, d'abord et surtout, sur la confiance dont l'honore le chef de l'Etat. Or, le phénomène de cour, d'une ampleur inédite, qui

8. Cf. Louis Gautier, « Les guerres de François Mitterrand », in *Matériaux de l'Histoire*, 2011/1, et Hubert Védrine, *Les Mondes de François Mitterrand*, *op. cit.*

se développe autour de François Mitterrand ne rend pas la chose aisée. « Quand il descend, rapporte Laure Adler, la sonnerie retentit. Cela veut dire que le président arrive. Et tout change. On se croirait dans un film de Tex Avery. Les corps se mettent au garde-à-vous, les sourires se figent, les conversations s'arrêtent. On retient son souffle pour lui dire bonjour [...]. Lui, plutôt patelin et bonhomme, s'enquiert des uns et des autres, visse son chapeau sur sa tête et descend les marches du perron en feignant de ne pas voir la bataille qui s'engage alors entre les conseillers pour savoir qui aura l'honneur de s'asseoir à côté de lui, dans sa voiture[9]. » Les officiers de l'EMP, plus âgés que la plupart des conseillers, corsetés par la discipline et souvent distanciés politiquement du reste de la Cour, sont peu rompus aux jeux du pouvoir et répugnent souvent à y participer. Leur influence et leur accès au président s'en ressentent. Après le départ de Saulnier, nommé chef d'état-major des armées en 1985, il faudra attendre Lanxade, qui le décrypte mieux que d'autres, pour que les militaires occupent toute leur place auprès du chef des armées.

Entre réalisme et idéalisme

Durablement marqué par son expérience personnelle (« La guerre, c'est l'épouvante et la misère des hommes », écrivait-il à Dayan en 1941), Mitterrand entend avant tout promouvoir la paix. Loin pourtant d'être un « pacifiste contrarié », contrairement à ce que ses atermoiements dans le Golfe ou ses inclinations humanitaires ont pu laisser croire, il n'hésite pas à recourir à la force quand il l'estime nécessaire. La rupture stratégique que constitue l'effondrement du pacte de Varsovie réoriente néanmoins son action : à la Realpolitik qui s'impose à lui tant que demeure la menace soviétique se substitue un engagement résolu dans l'établissement du « nouvel ordre international ». Avant 1991, l'équilibre des forces, notamment nucléaires, est sa priorité. Après l'invasion du Koweït par l'Irak, l'autorité des Nations unies, le droit humanitaire et la construction européenne sont ses objectifs privilégiés. Le fil rouge de son action demeure cependant l'influence internationale de la France et son indépendance. C'est la raison de son engagement constant dans la défense du

9. Laure Adler, *L'Année des adieux*, Paris, Flammarion, 1995.

pré carré africain, avant comme après le « tournant démocratique » de La Baule (1990).

Ses premiers pas sur la scène internationale, en 1982 et 1983, manifestent clairement son rejet du pacifisme, mais révèlent aussi son indifférence aux contingences de la guerre. En Europe, il soutient le déploiement de missiles américains pour contrer la nouvelle menace soviétique. Au Liban, il invente le « concept baroque des soldats de la paix[10] ». Quand il prend les rênes du pouvoir, la crise des euromissiles bat son plein. Les Soviétiques tentent de mobiliser les opinions publiques occidentales contre le déploiement en Europe des Pershing II et des missiles de croisière américains décidé par l'OTAN pour contrer la menace des SS20 récemment mis en place dans les pays du pacte de Varsovie[11]. Le peuple allemand faseye et le choix de la France se révèle déterminant, en raison notamment de son indépendance reconnue. Invité à prendre la parole, le 10 janvier 1983, devant le Bundestag, Mitterrand rédige son discours la veille au soir, entouré de Claude Cheysson, Charles Hernu, Jean-Louis Bianco, du général Saulnier, de Jacques Attali et Hubert Védrine. « Je nous vois, raconte ce dernier, encore tard dans la nuit, disposés en arc de cercle autour de son bureau. J'entends, dans le silence de la pièce, sa plume crisser. Je revois l'encre bleue, le gros stylo Waterman, son écriture régulière... » Devant le Parlement allemand, le président apporte un

10. Cf. Pierre Servent, *Les Présidents et la guerre, 1958-2017*, Paris, Perrin, 2017.

11. En 1977, les Soviétiques installent près de leur frontière occidentale des missiles balistiques SS20, d'une portée de 500 à 5 000 kilomètres. Leur précision et leur puissance réduite en font potentiellement des armes redoutables du champ de bataille, pouvant donner un avantage décisif au pacte de Varsovie. En outre, ces armes ne menaçant pas le territoire américain, les Européens y voient la possibilité d'un découplage entre leur défense et celle des Etats-Unis. Sous la pression d'Helmut Schmidt, l'OTAN réagit, en décembre 1979, en décidant de déployer en Europe occidentale des missiles balistiques Pershing II et des missiles de croisière Gryphon (de portée équivalente à celle des SS20), sauf si l'URSS retire ces derniers (option Zéro). L'Union soviétique mobilise alors les partis communistes et les mouvements pacifistes d'Europe occidentale contre les déploiements de l'OTAN. D'imposantes manifestations sont organisées au Royaume-Uni, aux Pays-Bas et en Allemagne (« plutôt rouges que morts »). Olof Palme prend position en faveur de l'URSS... Dans les négociations américano-soviétiques qui s'engagent à Genève, Andropov propose, en 1983, d'équilibrer le nombre des SS20 avec celui des missiles français et britanniques. Mitterrand, soutenu par Thatcher, s'oppose formellement à la prise en compte des forces nucléaires indépendantes dans les tractations entre les deux Grands. La mise en place des Pershing II débute en novembre 1983. Quatre ans plus tard, Washington et Moscou s'accordent enfin sur l'option Zéro : tous les missiles de portée intermédiaire sont retirés du service.

appui sans équivoque au projet de l'Alliance atlantique soutenu par le chancelier. « Seul l'équilibre des forces peut conduire à de bonnes relations avec les pays de l'Est, nos voisins et partenaires historiques [...] Or cet équilibre, dans le monde contemporain, qu'on s'en félicite ou qu'on le déplore, c'est celui de la dissuasion [...] rompu unilatéralement par les SS20. » Il enfonce le clou, quelques mois plus tard, en Belgique : « Je constate des choses tout à fait simples dans le débat actuel : le pacifisme et tout ce qu'il recouvre, il est à l'Ouest, et les euromissiles, ils sont à l'Est. Et je pense qu'il s'agit là d'un rapport inégal. » Cette profession de foi rassure les Etats-Unis et l'OTAN et jette les bases du couple franco-allemand. Avec Margaret Thatcher (« Elle a les yeux de Staline et la voix de Marilyn Monroe », confie le président à Jean Lacouture), ses relations sont provisoirement au beau fixe, en raison du soutien politique et technique qu'il lui a apporté pendant la guerre des Malouines. En France, la fermeté de Mitterrand déstabilise les intellectuels opposés à la Realpolitik qu'ils prennent pour du cynisme. Leur déception est d'autant plus grande que l'intervention militaire au Liban leur donnait l'espoir d'une autre politique.

La décision de participer à la force militaire internationale déployée à Beyrouth est prise par le chef de l'Etat en août 1982. Une nouvelle fois, Israël a envahi, en mai, le territoire libanais pour mettre fin aux raids des réfugiés palestiniens. Le chaos s'installe dans la capitale en proie aux luttes de factions, et le gouvernement libanais a sollicité l'aide internationale. Le Conseil de sécurité a aussitôt approuvé la mise en place d'une force pour évacuer les dirigeants palestiniens et protéger la population. François Mitterrand n'hésite pas : depuis Saint Louis protecteur des chrétiens maronites, Napoléon III s'interposant dans la guerre civile en 1860 et, plus encore, depuis le mandat exercé par la France au Proche-Orient de 1920 à 1945, des liens particuliers unissent les deux pays. « Le Liban et la France, c'est une vieille et longue histoire. Je suis porteur de plus qu'une tradition, d'intérêts légitimes, de gros intérêts. Je ne peux pas signer – je m'y refuserai – la disparition de la France de la surface du globe en dehors de son pré carré. » Une première occupation israélienne, en 1978, avait d'ailleurs conduit Valéry Giscard d'Estaing à revendiquer pour la France le commandement de la force des Nations unies (FINUL) déployée à la frontière sud du pays du Cèdre. La nouvelle force internationale, qui comprend 800 Français, 800 Américains et 400 Italiens, se retire au bout d'un mois après l'évacuation de

Yasser Arafat et de son état-major. Quelques semaines plus tard, le massacre de Sabra et Chatila, qualifié par Mitterrand d'« Oradour libanais », conduit à la création de la Force multilatérale de sécurité de Beyrouth (FMSB), mise en place en mai 1983. Cinq mois après son déploiement, le 23 octobre, elle est frappée par deux attentats qui font 58 morts chez les parachutistes français et 241 chez les Marines américains. Le chef de l'Etat réagit en se rendant immédiatement sur place, puis il préside une cérémonie nationale aux Invalides autour des cercueils, première d'une série ininterrompue.

L'émotion est grande en France où l'on n'a pas connu de pertes aussi lourdes depuis la guerre d'Algérie. Pourtant, alors que les Américains ont rapatrié leurs troupes sur-le-champ, Mitterrand marque sa détermination. Le commanditaire de l'attentat du Drakkar n'est pas connu, mais la responsabilité du Hezbollah, agissant sur instructions de Téhéran, paraît établie. Le président, « non pour se venger, mais pour que cela ne se reproduise plus », ordonne un raid de représailles. Les Super-Etendard du *Clemenceau* bombardent, le 17 novembre, une caserne de la plaine de la Bekaa. Le contingent français n'est rapatrié qu'en février 1984. Le bilan de la première guerre de Mitterrand est mitigé. Un calme relatif règne à Beyrouth, mais le problème palestinien reste entier et la puissance du Hezbollah n'est en rien affectée. La France a cependant établi avec Arafat des liens de confiance, et le gouvernement israélien semble enfin décidé à négocier avec lui. Le président s'est montré ferme et courageux, mais les limites de son réalisme sont apparues clairement. Il a d'abord refusé que le détachement français soit placé sous commandement américain, pour préserver son autonomie. La FMSB s'est donc contentée d'une coordination sommaire entre les secteurs, au détriment de son efficacité. Mitterrand a, par la suite, ordonné des représailles contre les auteurs de l'attentat d'octobre, mais on a su très vite que la caserne bombardée était vide d'occupants. Le Hezbollah aurait été informé du raid imminent par un haut responsable français. Il ne fait guère de doute aujourd'hui que le président, ne voulant pas « ajouter la guerre à la guerre », ait été à l'origine de cette fuite[12]. Or, si l'on peut contester le principe même de représailles, le pire, en situation de combat, est certainement l'adoption de demi-mesures symboliques. Elles ne trompent personne et sont perçues comme des signes de faiblesse. Enfin, François Mitterrand a encouragé la

12. Cf. Frédéric Pons, *Mourir pour le Liban*, Paris, Presses de la Cité, 2007.

confusion des genres entre combattants et agents humanitaires. « Nos soldats sont tout à la fois infirmiers, gardiens, gardiens de la paix ; ils aident les vieux, ils sauvent les jeunes, tous ces petits enfants qu'on voit courir par les rues sous les obus, parmi la mitraille. Nos soldats interviennent chaque fois pour sauver des hommes. C'est pour cela qu'on les a appelés les soldats de la paix », déclare-t-il à la presse le 16 novembre 1983. Aussi gratifiante qu'elle soit pour les militaires – qui ont obligation de protéger les populations, au terme des conventions de 1949 –, cette présentation de leur action est à la fois restrictive et ambiguë. Elle méconnaît en effet leur vocation à combattre l'origine des violences et elle complique leurs relations avec un autre acteur majeur de la gestion des crises, le monde des ONG humanitaires. Ces entorses à la Realpolitik traduisent une ignorance désarmante des contraintes militaires. Elles sont, en revanche, sans effet sur le développement de la dissuasion nucléaire que le président voit comme un moyen privilégié de préserver de la guerre le territoire national.

La dissuasion, c'est moi

Pour de Gaulle et Pompidou, l'arme nucléaire – ciblée tous azimuts – n'était qu'un instrument parmi d'autres de la puissance militaire. Valéry Giscard d'Estaing, sans freiner son développement, n'y voyait qu'un moyen d'influence internationale. Sa circonspection était telle qu'on a pu douter de sa volonté de la mettre en œuvre en toutes circonstances. François Mitterrand en fait le cœur de sa politique de défense. La « force de frappe » comble, il est vrai, toutes ses aspirations : dissuadant tout agresseur potentiel, elle garantit la paix ; indépendante, elle renforce le poids international de la France ; soumise à la seule décision du chef de l'Etat, elle confère à ce dernier un statut inégalable. Le président s'emploie donc à en renforcer les moyens et s'oppose, comme on l'a vu, à sa prise en compte dans les négociations de désarmement soviéto-américaines. Il combat la « guerre des étoiles » de Reagan qui affaiblirait la dissuasion française, mais, pour préserver le couple franco-allemand, il finit par renoncer aux missiles terrestres à courte portée.

La contestation pacifiste, écologique et morale de la dissuasion ne l'affecte pas car il y voit le plus sûr moyen d'éviter la guerre. Cet amoureux de Nietzsche et disciple inavoué de Talleyrand a, plus que tout autre président de la Ve République, théorisé l'équilibre de la terreur. La bombe atomique est pour lui une arme de « non-emploi ». La menace qu'elle porte, si elle est crédible, suffit à décourager l'agresseur. Encore faut-il que ce dernier soit convaincu de la volonté du président de déclencher l'apocalypse si les intérêts vitaux de la France sont en cause. Il s'en explique à la télévision en novembre 1983 : « Je vais vous dire tout de suite quelque chose de très clair : la pièce maîtresse de la stratégie de dissuasion, c'est le chef de l'Etat, c'est moi. Tout dépend de sa détermination. » Sur un mode royal, il affirme ainsi la prééminence de sa fonction qu'il ne manquera pas de rappeler à ses Premiers ministres de cohabitation. Il s'opposera ainsi au projet de missile stratégique mobile de Jacques Chirac en 1987 et à la reprise des essais nucléaires souhaitée par Edouard Balladur en 1993. Au premier conseil de défense qu'il préside, en octobre 1981, il décide de porter de deux à trois le nombre de sous-marins en patrouille et il lance les programmes de missiles M4 et Hadès[13]. Quelques mois plus tard, il autorise les études sur la bombe à neutrons, une arme jugée immorale car elle tue sans affecter l'infrastructure, mais il y renonce bientôt en raison des inquiétudes allemandes. La modernisation de l'arsenal est engagée et se poursuit pendant ses deux mandats. Dressant le bilan de la dissuasion en 1994, il évalue les capacités françaises à près de 600 têtes nucléaires, deux fois plus qu'en 1981. François Mitterrand fait ainsi procéder à une soixantaine d'essais à Mururoa et s'exaspère des menées de Greenpeace pour les entraver. C'est pourquoi il autorise la DGSE, en 1985, à détruire le bâtiment PC de l'organisation, le *Rainbow Warrior*, dans le port d'Auckland. La mort d'un journaliste et l'arrestation de deux agents français en Nouvelle-Zélande provoquent un tel scandale qu'il est contraint de se séparer de Charles Hernu, inévitable bouc émissaire. Le président n'interrompt pas pour autant les campagnes d'essais. Cette étrange et discutable initiative renvoie à une autre facette mitterrandienne, celle des affaires secrètes dont il a pris le goût dans la clandestinité de la Résistance.

---

13. Le missile M4, destiné à armer les sous-marins nucléaires lanceurs d'engins (SNLE), remplace le M20 à partir de 1985. Il transporte six ogives de 150 KT, au lieu d'une seule de 1 200 KT, et ce jusqu'à 4 000 kilomètres au lieu de 3 000. La technologie des missiles à têtes multiples n'était jusque-là maîtrisée que par les Etats-Unis et l'Union soviétique. Le missile balistique terrestre Hadès est conçu pour remplacer le Pluton à la fin des années 1980. D'une portée de 480 kilomètres (au lieu de 120), il porte une charge de 80 KT (au lieu de 25).

« La force nucléaire française est et restera indépendante. Cette indépendance, avec tout ce qui en découle, n'est pas seulement un principe essentiel de notre souveraineté [...] elle accroît également l'incertitude pour un agresseur éventuel et seulement pour lui. Elle rend du même coup plus effective la dissuasion et par là même, je vous le répète, l'impossibilité de la guerre. » Devant le Bundestag, en 1983, le président a marqué sa solidarité avec ses alliés dans l'affaire des euromissiles, mais il a aussi souligné l'autonomie de la France dans l'OTAN et son refus de la prise en compte des forces nucléaires françaises (et britanniques) dans les discussions entre Washington et Moscou. Allié à Margaret Thatcher, il s'opposera jusqu'au bout à leur évocation dans les négociations engagées à Genève par les deux supergrands. Cette même année, Donald Reagan lance l'Initiative de défense stratégique (IDS), un projet colossal fondé sur l'interception des missiles balistiques à partir d'un réseau de « satellites tueurs ». La mise en place d'un tel bouclier remettrait en cause les fondements de la dissuasion nucléaire. Mitterrand, comme tous les scientifiques français, doute de la faisabilité du projet, mais il le considère comme une menace pour le principal atout stratégique de la France. Il le combat donc au nom du réalisme, mais sa contestation porte aussi sur les risques de perte du contrôle politique que sa configuration rend possibles. « Ce qu'il ne faut pas, déclare-t-il en février 1986, c'est que n'importe qui à un certain échelon du commandement puisse décider de la guerre atomique [...] ce pouvoir risque d'échapper des mains du pouvoir civil. » Ce rappel de la règle démocratique de soumission des militaires à l'autorité civile n'est pas, pour le président, un argument de campagne. Avant tout engagement des forces, il s'astreint à définir précisément le cadre de leur action. Dans le cas du bouclier antimissile, les délais de décision sont si courts (une à trois minutes) qu'une délégation permanente au commandement militaire est inévitable. Le débat, plus conceptuel que concret, est néanmoins pertinent. En pratique, les difficultés techniques rencontrées, les dépassements budgétaires et la fin de la guerre froide conduisent George Bush à mettre le programme en sommeil, avant qu'il soit officiellement abandonné par son successeur.

Mitterrand est enfin confronté, à partir de 1984, aux objections allemandes à l'encontre des armes nucléaires tactiques françaises, car les missiles Pluton, du fait de leur portée limitée, ne pourraient être mis en œuvre que sur le territoire allemand. Le président, qui les rebaptise « armes préstratégiques » pour éviter toute ambiguïté sur leur emploi dans le champ de bataille, fait valoir leur remplacement prochain par le missile Hadès, d'une portée supérieure, mais l'Allemagne de l'Est resterait menacée. En 1985, le chancelier Kohl demande officiellement que son gouvernement soit consulté avant leur emploi éventuel. Après avoir longuement hésité (« pas de codécision »), Mitterrand en accepte le principe. Il fait un nouveau pas en 1987, dans une interview au *Nouvel Observateur* : « Je ne donnerai jamais l'ordre de tirer sur le territoire allemand. » Il attend néanmoins encore cinq ans avant de décider la mise sous cocon des Hadès. Si la dissuasion nucléaire est, dans son esprit, un moyen privilégié pour préserver la paix, elle permet aussi à la France de « tenir son rang » et de garder son indépendance. La défense du pré carré relève de la même logique.

Une politique de puissance

Entre 1981 et 1995, le chef de l'Etat ordonne une vingtaine d'interventions militaires sur le continent africain. Le plus souvent limitées à une ou deux compagnies, elles peuvent aller jusqu'au déploiement de plusieurs milliers d'hommes. Dans la plupart des cas, elles répondent à la demande d'un gouvernement lié à la France par des accords de défense ou de coopération militaire[14]. Prenant à contre-pied une partie de son électorat et les « intellectuels patentés[15] », François Mitterrand endosse avec allégresse la politique africaine de ses prédécesseurs. Ainsi, dans son discours de La Baule du 20 juin 1990 prononcé devant 37 chefs d'Etat africains, le président a certes conditionné l'aide française au développement de la démocratie, mais le rythme des interventions militaires n'en est pas affecté. Pas de tergiversations dans ses campagnes africaines et des missions claires pour les forces engagées, qu'il s'agisse de défendre

---

14. En 1981, des accords de défense, totalement ou partiellement secrets, unissent la France au Sénégal, au Gabon, à la République centrafricaine, à la Côte d'Ivoire, au Cameroun, aux Comores, au Togo et à Djibouti. Certains d'entre eux envisagent une intervention française en cas de « menace intérieure » et tous sont complétés par des protocoles d'assistance militaire. Douze autres pays africains ont signé avec la France de simples accords de coopération militaire. Ils sont rejoints, entre 1981 et 1995, par le Mali, la Guinée et la Mauritanie.

15. Ainsi qualifiés par Hubert Védrine, cf. *Les Mondes de François Mitterrand*, *op. cit.*

un Etat agressé de l'extérieur ou de l'intérieur ou, plus simplement, de protéger et évacuer les ressortissants français. Les opérations sont confiées exclusivement à des unités professionnalisées (celles de l'armée de terre sont regroupées dans la Force d'action rapide, FAR, dès 1983), ou aux forces prépositionnées sur le continent[16]. L'échec dramatique du Rwanda, sa dernière guerre africaine, en 1994, obscurcit un bilan pourtant flatteur. Jusque-là, l'Afrique francophone a en effet échappé aux convulsions si fréquentes dans les Etats anglophones ou lusophones. L'épilogue rwandais sonne le glas d'une politique traditionnelle de puissance.

Mitterrand est profondément attaché à ce continent, à ses hommes et à leur histoire qu'il a appris à connaître quand il était ministre de l'Outre-Mer (1950-1952). « C'est l'expérience majeure de ma vie politique dont elle a commandé l'évolution », écrit-il en 1969. Les relations personnelles qu'il entretient avec les chefs d'Etat francophones pèsent lourdement sur ses décisions. Au 2, rue de l'Elysée, dans les salons dorés du rez-de-chaussée, la cellule africaine règne sur le pré carré. Successivement dirigée par Guy Penne, puis Jean-Christophe Mitterrand et enfin Bruno Delaye, à partir de 1992, elle reçoit discrètement jusqu'à des heures tardives chefs d'Etat ou opposants de passage à Paris, dirigeants d'entreprises françaises implantées en Afrique, universitaires, journalistes et informateurs institutionnels ou autres. Les réseaux Foccart ou Pasqua ne sont jamais loin, même si Delaye s'efforce de les tenir à l'écart. Avec ce dernier, un jeune et flamboyant diplomate qui gère habilement la cohabitation, le président a été sans fard : « Vous savez pourquoi je vous ai fait venir ? Il faut nous occuper de l'Afrique. On peut se poser la question : pourquoi s'en occuper à l'Elysée ? Eh bien, c'est comme ça. Il le faut. Si on enlevait la cellule africaine, les chefs d'Etat africains la redemanderaient. Il faut aimer l'Afrique, il faut la comprendre dans sa réalité, pas avec des lunettes idéologiques. La politique africaine, cela ne se résume pas à savoir si tel ou tel dirigeant est mieux que tel autre, la démocratie ne se résume pas à changer l'occupant du fauteuil. » Mélange de continuité, de conservatisme et d'attachement personnel aux Africains, la politique mitterrandienne est surtout, comme le note Louis Gautier, une

16. Dix mille hommes, une quinzaine d'avions de combat et de transport et autant de bâtiments légers de la marine répartis entre le Sénégal, le Gabon, la Côte d'Ivoire, la Centrafrique et Djibouti. S'y ajoutent les forces stationnées « temporairement » au Tchad.

ambition pour les relations entre la France et ce continent, la seule partie du monde où elle ait les mains libres pour agir. « Il n'y a pas de hiatus dans la politique africaine de la France avant et après 1981. Si la méthode a changé, l'objectif est resté le même : il consiste à préserver le rôle et les intérêts de la France en Afrique. » Quatre ans plus tard, après le drame rwandais, il persiste : « La France doit maintenir sa route et refuser de réduire son ambition africaine. »

La première guerre de François Mitterrand dans le pré carré a pour cadre le Tchad, trois mois seulement après le rapatriement des forces du Liban. « Lorsque j'ai été élu président de la République, la totalité du Tchad était entre les mains de la Libye qui – sous l'autorité de M. Kadhafi qui est animateur, comme vous le savez, de l'Etat et de la révolution libyenne – était ainsi devenue voisine d'un certain nombre de pays d'Afrique noire, avec une capacité de pénétration et de déstabilisation de l'ensemble [...]. J'ai reçu des interventions de sept, huit, dix pays d'Afrique noire [...] me disant : "Certains d'entre nous avons des accords de défense avec vous, c'est un danger pour nous tous [...] la France a un devoir." » Oui, la France a un devoir. Les 3 000 hommes de l'opération « Manta » reçoivent la mission d'interdire toute offensive libyenne au sud du 15ᵉ parallèle. Les forces du très controversé président tchadien Hissène Habré reçoivent des équipements et une aide technique pour combattre en avant des troupes françaises. Le président n'a aucune affinité avec Habré, mais il le sait résolu à libérer son pays de l'occupation libyenne. La situation se stabilisant sans que les Tchadiens parviennent à reconquérir le Tibesti occupé, Mitterrand propose à Kadhafi une rencontre en terrain neutre. Leur entretien a lieu en Crète, en septembre 1984, et se conclut par un accord de retrait simultané des forces françaises et libyennes. La France tient sa part du contrat et « Manta » est démontée en décembre. Les Libyens, en revanche, maintiennent plus de 5 000 hommes dans le nord du Tchad. Il se dit partout à Paris que le chef de l'Etat s'est fait rouler par Kadhafi. Mitterrand intervient alors à la télévision et se livre à un cours de géopolitique, cartes à l'appui, pour justifier ses choix. « Ce que je sais, c'est que, depuis que j'assume la responsabilité du pouvoir, la Libye a constamment dû reculer au Tchad [...] J'entends rester maître de ma décision, et on jugera en fin de compte. »

Quand les forces libyennes repassent à l'offensive, en février 1986, il ordonne aussitôt le bombardement de l'aéroport de Ouadi Doum, dans le nord du Tibesti, une plateforme indispensable à l'aviation libyenne.

L'opération est décidée dans le bureau du président avec Paul Quilès, ministre de la Défense, et le chef d'état-major de l'armée de l'air. Le chef d'état-major des armées, responsable des opérations, n'a pas été convoqué... La piste est détruite par un raid de huit Jaguar, escortés de Mirage F1. Kadhafi réplique le lendemain en faisant larguer trois bombes sur l'aéroport de N'Djamena. Le président fait alors déployer dans la capitale tchadienne le dispositif « Epervier », un millier d'hommes dotés de moyens lourds de défense antiaérienne (missiles Hawk), et renforce les forces françaises en République centrafricaine.

Le dictateur libyen renonce à son offensive et retire progressivement ses troupes. Les gouvernements africains du pré carré sont rassurés et l'intervention française est saluée à Washington où Kadhafi est perçu comme un agent soviétique. La satisfaction américaine est de courte durée car, deux mois plus tard, quand le président Reagan lance un raid aérien punitif contre Tripoli et Benghazi, après un attentat contre des soldats américains à Berlin, François Mitterrand refuse à ses bombardiers l'autorisation de survol du territoire français. La demande lui est parvenue seulement deux heures avant le passage des avions, sans préavis diplomatique. Il ne décolère pas : « On ne traite pas des alliés comme ça ! » Le refus français complique sérieusement l'exécution du raid et il est perçu aux Etats-Unis comme un acte déloyal et un geste inamical. Des années plus tard, la presse américaine ne manquera pas de s'y référer dans les périodes de tension avec Paris.

Des opérations de moindre ampleur s'enchaînent alors, du Togo aux Comores en passant par le Gabon et Djibouti. En décembre 1993, la presqu'île de Bakassi, dans le sud-ouest du Cameroun, est envahie par le Nigeria qui convoite ses ressources pétrolières et halieutiques. Le président Biya, dans une allusion transparente à l'accord de défense bilatéral, demande l'aide militaire de la France. En conseil restreint, l'amiral Lanxade, chef d'état-major des armées, présente plusieurs options possibles de soutien à l'armée camerounaise. L'une d'entre elles fait sursauter le président : « Vous proposez un appui aérien contre l'armée du Nigeria ? C'est impensable ! Imaginez l'effet dans les opinions publiques d'images montrant des avions pilotés par des Blancs écrasant sous les bombes des soldats noirs africains. » Comme souvent dans ces réunions, qui se tiennent dans le salon des Portraits après le Conseil des ministres, Edouard Balladur, impassible, écoute le chef de l'Etat disséquer savamment les réalités historiques et géographiques de la région. Le Premier ministre ne se battra pas pour Bakassi, trouvant les interventions françaises déjà trop nombreuses. Le président ne cède rien : « La France ne peut manquer à sa parole. » Il se rallie enfin à une suggestion de Lanxade : un appui indirect, du renseignement et des instructeurs.

La dernière grande affaire de Mitterrand est le Rwanda, un échec souligné par l'horreur du génocide. Pour qui a vécu cette crise de l'intérieur, l'action conduite par la France entre 1990 et 1994 n'est pourtant guère critiquable. La furie moralisatrice des dénonciateurs de la « Françafrique », les ressentiments belges et les arrière-pensées américaines et britanniques ont obscurci la réalité des faits, au point que la France et ses dirigeants ont été accusés de complicité dans le génocide. De bout en bout, pourtant, le président s'est montré, comme à l'habitude, prudent et inspiré d'un désir sincère de paix. Sa principale erreur a été de sous-estimer le potentiel de haine et de violence de cette ancienne colonie belge francophone qu'il a, *de facto*, annexée au pré carré avec le Burundi voisin. Sans doute aussi a-t-il fondé trop d'espoirs sur son président, Habyarimana, et s'est-il exagéré les visées anglo-saxonnes dans la région des Grands Lacs[17]. A l'inverse, il a imposé aux dirigeants rwandais un accord de paix qui leur était défavorable pour mettre fin à un conflit ethnique qui rongeait le pays depuis l'indépendance.

Quand Habyarimana a pris le pouvoir en 1973, les Hutu (dont il était) constituaient 85 % de la population. Privée de ses droits politiques, une partie de l'élite traditionnelle tutsi s'est alors réfugiée en Ouganda où elle a soutenu le coup d'Etat de Museveni (issu de la même ethnie). A la fin des années 1980, le major Kagamé, formé à l'Ecole d'état-major de Fort Leavenworth, aux Etats-Unis, crée le Front patriotique rwandais (FPR), une milice armée par l'Ouganda ayant pour objectif la prise de contrôle de Kigali. Le 1er octobre 1990, le FPR lance sa première offensive. François Mitterrand est alors en déplacement dans les Etats du Golfe pour visiter les forces françaises en cours de déploiement. La demande d'aide militaire de Habyarimana lui parvient à bord d'une frégate française, à l'heure du repas. Une ambiance tendue règne autour de la table. Jean-Pierre

17. Selon Louis Gautier (*op. cit.*) : « Ce nouveau syndrome de Fachoda est alimenté par l'intérêt américain manifeste pour les réserves pétrolières du Congo et du Gabon, le soutien de Washington aux opposants de certains régimes francophones, par exemple au Cameroun et au Togo, et la sympathie manifestée par les Etats-Unis à l'égard du pouvoir en Ouganda qui abrite les bases du FPR rwandais. »

Chevènement, son ministre de la Défense, s'oppose résolument à une « nouvelle aventure coloniale ». La France n'a pas d'accord de défense avec le Rwanda, mais un simple accord de coopération militaire. Le président en prend acte, mais il aime bien Habyarimana et il soupçonne les Etats-Unis de fermer les yeux sur le détournement d'une partie de leur aide militaire à l'Ouganda au profit du FPR. Il décide donc l'envoi immédiat d'une compagnie « pour la sécurité des ressortissants français ». Trois jours plus tard, il convoque une réunion improvisée dans une salle du palais du roi Fahd, en Arabie saoudite. Le général Schmitt, chef d'état-major des armées, obtient l'envoi d'une compagnie supplémentaire. Le dispositif NOROIT reçoit pour mission de protéger les 1 000 ressortissants français et se voit interdire de combattre aux côtés des forces armées rwandaises, les FAR. Ces dernières parviennent à refouler le FPR jusqu'à la frontière de l'Ouganda, et la situation militaire reste figée pendant près de deux ans. Au cours de cette période, Mitterrand renforce considérablement l'assistance militaire française (une centaine de conseillers et d'instructeurs) mais exige en contrepartie de Habyarimana l'ouverture de négociations avec le FPR. A deux reprises (juin 1992 et février 1993), la milice tutsi repart à l'offensive sans succès. Le dispositif NOROIT, porté à 600 hommes, ne participe pas aux combats mais apporte un soutien technique et tactique aux FAR. Le 4 août 1993, les accords d'Arusha sont signés par les deux parties en conflit, sous l'auspice de la France et des Etats-Unis. Ils prévoient la mise en place d'un gouvernement de transition et l'intégration du FPR (à hauteur de 40 % des effectifs) dans les FAR. Pour faire respecter les accords, l'ONU déploie la MINUAR (1 500 hommes aux ordres du général canadien Dallaire). Mitterrand fait aussitôt rapatrier le détachement NOROIT et réduire à une dizaine d'instructeurs la mission d'assistance militaire. Le 6 avril 1994, l'avion du président Habyarimana est abattu par un missile à l'approche de Kigali[18]. Le massacre systématique de la minorité tutsi par la foule déchaînée des Hutu, qui lui impute l'assassinat de leur président, commence. Le FPR entre en force sur le territoire rwandais. Trois jours plus tard,

18. Des années d'enquêtes n'ont pas permis d'identifier les auteurs et les commanditaires de l'attentat. Deux thèses opposées prévalent : le FPR s'impatientant des tergiversations de Habyarimana et cherchant un prétexte à une nouvelle offensive, ou bien les extrémistes hutu refusant les accords d'Arusha et décidés à exterminer les Tutsi.

le chef de l'Etat ordonne l'évacuation des ressortissants français. La MINUAR, paralysée par le retrait de son contingent belge (dont dix soldats ont été tués le 8) et par l'indécision du général Dallaire, ne s'oppose pas au génocide et ne s'interpose pas entre les FAR et le FPR. Elle est évacuée quelques jours plus tard. Quand l'ampleur des massacres apparaît (500 000 morts), Mitterrand décrète, sur proposition de Balladur, un embargo total sur les armes à destination du Rwanda. Plus de un million de Hutu fuient l'avancée du FPR, tentant de se réfugier en République démocratique du Congo. Accusés par la presse belge et anglo-saxonne de complicité avec les génocidaires, les dirigeants français sont divisés sur la conduite à tenir. François Mitterrand et le général Quesnot, le chef de son état-major particulier, veulent agir. Ce dernier, un esprit vif et audacieux, fort d'une longue expérience opérationnelle, est l'antithèse de Lanxade, mais le président, qui lui a confié plusieurs missions personnelles en Afrique, apprécie sa franchise brutale et sa loyauté absolue. Au sein du gouvernement, Alain Juppé, le ministre des Affaires étrangères très apprécié par le président qui loue son intelligence et sa culture, est également partisan d'une initiative française. Le Premier ministre, en revanche, et son ministre de la Défense, François Léotard, sont très réticents. Ils sont horrifiés par le génocide et peu désireux, à quelques mois de l'élection présidentielle, de paraître liés à la politique contestée du chef de l'Etat au Rwanda.

Le conseil restreint est réuni le 15 juin. Entre Mitterrand et Balladur, le dialogue est plus tendu qu'à l'accoutumée. Le Premier ministre mentionne ses doutes sur l'opportunité d'une intervention militaire dont l'objectif sera jugé ambigu. Le président invite fermement Lanxade à proposer le cadre d'une opération humanitaire. Léotard, crispé et méfiant, tente de s'y opposer. A l'évidence, il soupçonne Mitterrand de vouloir exploiter ce déploiement pour porter un coup d'arrêt à l'avancée du FPR. Le soutien de Juppé à l'initiative présidentielle décide enfin Balladur à dévoiler ses cartes. Le gouvernement n'acceptera une intervention que si trois conditions sont remplies : autorisation du Conseil de sécurité, limitation de l'opération à deux mois avant une relève par l'ONU, participation à la force de plusieurs Etats africains. Le président donne son accord et s'apprête à lever la séance quand le Premier ministre revient à la charge : « Dois-je considérer que l'opération va être lancée ? » « J'en prends l'entière responsabilité, Monsieur le Premier ministre », lui répond le chef de l'Etat. Dans les jours qui suivent, Juppé propose au président un plan médiatique centré sur le caractère humanitaire de l'intervention. En l'approuvant, Mitterrand, agacé par les réserves de Lanxade (pressuré par son ministre), conclut : « Ce sera une façon de faire passer la pilule à nos militaires. » Le ministre des Affaires étrangères peine cependant à obtenir le soutien des Etats-Unis et du Royaume-Uni au Conseil de sécurité et seule la détermination du président, entretenue par Quesnot, le retient de renoncer. De son côté, Léotard envoie discrètement son conseiller, Jean-Christophe Rufin, rassurer l'état-major de Kagamé sur les intentions françaises... L'opération « Turquoise » se déploie enfin dans l'est du Rwanda, sous les ordres du général Lafourcade, dont le sang-froid et le pragmatisme permettent d'éviter de nombreux écueils. Avec un exceptionnel dévouement, les soldats français et africains protègent, nourrissent et soignent des dizaines de milliers de réfugiés. Les miliciens hutu sont désarmés et les raids du FPR neutralisés. Des monceaux de cadavres de victimes du choléra sont enterrés dans des fosses communes. Les anciens de l'opération « Turquoise » en resteront profondément marqués.

A Paris, l'opération est très habilement gérée au Quai d'Orsay par Dominique de Villepin, le directeur de cabinet de Juppé. L'opinion publique, initialement hostile, se rallie progressivement, bien que la propagande du FPR soit largement relayée dans les médias. Quatre ans plus tard, en 1998, une mission d'information parlementaire présidée par Paul Quilès exempte le président et le gouvernement des fautes dont on les accuse. La polémique ne s'éteint pas pour autant. En mai 1994, Mitterrand avait exprimé son désarroi à Laure Adler : « Sachez que c'est la France qui avait obtenu, à force de pressions, un accord qui a organisé la cohabitation des différentes ethnies et le respect des droits de la minorité par la majorité. Cela a tenu à peu près jusqu'à l'assassinat du président. Alors, quand je lis certains commentaires, je crois rêver... » Il brandit une lettre de Kagamé le remerciant après les accords d'Arusha.

L'état de santé du président s'aggrave brusquement : il doit subir une opération en juillet et ne suit que de loin le dossier rwandais. Son indisponibilité donne l'occasion au Premier ministre de visiter « Turquoise », ce que Mitterrand juge comme un empiètement sur les prérogatives du chef des armées. Les relations entre les deux hommes sont définitivement compromises. Les conseils restreints deviennent pour le premier des épreuves redoutées, tant les accès de douleur sont soudains et insupportables. Il lui arrive de s'interrompre entre deux phrases et de garder le silence pendant plus d'une minute. Son visage amaigri au teint cadavérique porte le masque de la souffrance. Autour de la table, tête basse, on feint de consulter ses dossiers jusqu'à ce que, d'une voix éteinte, il reprenne le fil de son discours comme si rien ne s'était passé. Quelques mois plus tard, au sommet Afrique-France de Biarritz, François Mitterrand tire les conclusions de l'échec rwandais : « Sans sécurité, il n'y a ni paix ni développement possibles. Du Liberia au Rwanda, c'est la même logique qui prévaut, la logique de guerre qui fait le malheur de l'Afrique depuis tant d'années [...]. Chaque fois que la France est sollicitée, elle s'y emploie avec discrétion, dans le respect de la souveraineté de chacun [...]. Mais la France ne peut pas être, à elle seule, chargée d'éteindre les incendies. Il faut donc donner une chance à la sécurité collective. » Son dernier message à l'Afrique francophone enterre donc, à demi-mot, la politique de défense du pré carré qu'il a conduite pendant quatorze ans. Une page se tourne, et les Africains sont invités à prendre en main collectivement leur sécurité, avec l'aide de la France, naturellement.

Les grandes espérances

La désintégration de l'Empire soviétique et la normalisation des relations avec la Russie font naître à l'Ouest un immense espoir de paix durable fondée sur l'émergence d'un « nouvel ordre international », selon la formule de George Bush. Le président américain n'est pas le seul à y croire. François Mitterrand, avec lequel il entretient des relations confiantes, presque amicales, partage cette espérance. Elle répond à ses aspirations de paix universelle dans l'acceptation et le respect de règles communes. Le chef de l'Etat, s'il s'engage résolument en faveur du désarmement et de la construction européenne, n'est pas pour autant aveuglé par l'irénisme qui gagne la classe intellectuelle. La France reste partie prenante à tous les conflits qui accompagnent la fin de la guerre froide, mais désormais dans le cadre des Nations unies, garantes du droit international. Ses dernières guerres, marquées par l'irréalisme des missions confiées aux armées, sont difficiles, contestées par l'opinion et sans résultat probant. « Nous voulons la paix, mais nous voulons la paix dans le droit [...] le nouveau droit international qui doit désormais succéder à la période pendant laquelle les blocs militaires et les alliances s'annulaient et interdisaient aux Nations unies de traduire en faits leurs décisions de principe, leurs décisions juridiques. Donc cette nouvelle période doit entrer dans les faits [...]. Bien entendu, nous préférerions le respect du droit de la paix mais nous acceptons, je le dis gravement, l'hypothèse d'un droit qui ne pourrait être respecté que par le combat. » Cette proclamation, huit jours avant le début de la guerre du Golfe, n'indique pas un changement de cap ou de doctrine : la guerre demeure l'ultime recours. Après la reconquête du Koweït, les forces françaises seront engagées en Somalie, au Cambodge, en ex-Yougoslavie et, bien sûr, en Afrique francophone. Toutefois, conscient des limites de ses armées, le président accepte désormais le principe de l'action multilatérale, mais il choisit le cadre de l'ONU, à la fois pour conforter son rôle de régulation internationale et pour asseoir le statut des membres permanents du Conseil de sécurité. La France, 14e contributeur de Casques bleus en 1981, occupe le premier rang en 1994.

La fin des affrontements Est-Ouest lui permet de prendre des initiatives de désarmement volontaristes. La convention d'interdiction des armes chimiques est signée à Paris, le 13 janvier 1993. L'année précédente, Mitterrand a provoqué un cataclysme dans les cercles militaires et industriels de la défense en faisant annoncer au Parlement par Pierre Bérégovoy, le jour de son investiture, la suspension des essais nucléaires français. Le même jour, le 8 avril 1992, il invitait les chefs d'Etat des puissances nucléaires à suivre l'exemple de la France, « pour donner un coup d'arrêt à la prolifération ». Le pari, osé, a été couronné de succès puisque, dans l'année qui suit, le Royaume-Uni, les Etats-Unis et la Russie ont décrété un moratoire sur leurs essais. En France, cette décision, prise sans préparation ni concertation, ne va pas de soi. Qu'elle ait été annoncée par le Premier ministre, ouvertement pacifiste, dans un domaine strictement réservé au chef de l'Etat, choque les esprits. Surtout, l'abandon des essais peut remettre en cause la crédibilité des armes nouvelles et donc, à terme, la dissuasion. Joxe et Lanxade montent à l'assaut du président pour le faire revenir sur sa décision. Il refuse en mettant en avant l'ardente nécessité de lutter contre la prolifération et en exprimant sa conviction que la simulation permettra de se passer des essais. Plus tard, Balladur lui fait valoir en vain que les experts, unanimes, estiment nécessaire de procéder à quelques essais pour valider un programme de simulation. Agacé par les critiques, le président convoque à l'Elysée, le 5 mai 1994, les principaux responsables des armées et du Commissariat à l'énergie atomique (CEA). Son long discours, très circonstancié, est à la fois un plaidoyer pour le moratoire et un testament politique sur la dissuasion. Il se montre intraitable sur les essais et est convaincu qu'on ne les reprendra pas : « Je vois assez bien ce qu'on voudrait faire. Eh bien, je vous dis, mesdames et messieurs, après moi on ne le fera pas [...] sauf si les autres puissances nucléaires reprenaient leurs essais [...]. On ne le fera pas parce que la France ne voudra pas offenser le monde entier en relançant le réarmement nucléaire, en blessant l'ensemble des pays qui n'en sont pas détenteurs, en bafouant les pays du tiers monde et l'ensemble des pays pauvres. » Ce geste unilatéral généreux, mais pari discutable s'agissant des intérêts nationaux, sera remis en cause par Jacques Chirac, comme on le sait. Il n'aura eu aucun effet sur la prolifération (cf. l'Inde et le Pakistan) et ni les Etats-Unis ni la Chine ne ratifieront le traité d'interdiction des essais. Pourquoi cette décision de Mitterrand ? Idéalisme et foi naïve dans le nouvel ordre international sûrement, calculs de politique intérieure peut-être.

Son volontarisme politique est plus convaincant quand il s'applique à la construction européenne. Il parvient à imposer, en décembre 1991, à Margaret Thatcher, très réticente, la signature du traité de Maastricht qui inclut un chapitre consacré à la politique étrangère et de sécurité commune. Il en souligne la portée dans ses vœux à la Nation : « Raison de plus de se réjouir des récents accords de Maastricht : une monnaie commune, l'amorce d'une diplomatie, d'une défense et d'une armée communes à l'Europe des Douze [...]. Bref, l'Europe qui se fait. Voilà un grand dessein capable d'enthousiasmer, de rassembler et de justifier l'espérance. » L'« armée commune » que le président évoque dans un élan plus lyrique que prémonitoire repose sur le couple franco-allemand, alors malmené par la réunification des peuples germaniques et la crise yougoslave. La création de la brigade franco-allemande puis du corps européen a surtout valeur de symbole. Elle est perçue à Washington et à Londres comme une tentative française pour détourner les Allemands de leurs fidélités atlantistes.

Les dernières opérations militaires du président, placées sous la bannière de l'ONU, malmènent les armées sans produire de résultats appréciables. La complexité des situations, la passivité des partenaires de la France, le refus mitterrandien de se plier aux contingences de l'emploi des armes et les faiblesses de la chaîne de commandement des Casques bleus stérilisent les efforts diplomatiques et engluent les forces dans des postures intenables. Au Liban déjà, on l'a dit, le président avait manifesté son goût pour l'action humanitaire militaire. En Yougoslavie, il y recourt faute de pouvoir imposer la paix. Il endosse même le concept d'ingérence humanitaire prôné par Bernard Kouchner. Le 3 avril 1991, après des massacres perpétrés par l'armée irakienne dans la population kurde, il l'évoque en Conseil des ministres : « Il faut que soit reconnu le droit d'ingérence. Il y a une campagne internationale à mener. Ce droit ne sera pas admis avant très longtemps [...] la frontière est difficile à tracer [...] néanmoins ce serait un progrès de civilisation, une mise en œuvre de la société internationale. » Foin de la Realpolitik ! Utopiste ou visionnaire, le président balance plus que jamais entre romantisme et réalisme, au risque d'y perdre le pragmatisme indispensable à l'emploi de la force. Le talent des chefs militaires consiste alors à en limiter les effets. « Le problème pour nous, c'est que le flou, le vague a vite fait de générer le vague à l'âme. J'ai toujours ressenti comme une obligation du chef de traduire en certitude les ordres, voire l'absence d'ordres. Notre espace de liberté y gagne, comme notre espace de responsabilité, avec tout ce que cela comporte quand cela se passe bien, mais aussi quand cela se passe mal », écrit un colonel au retour d'une mission au Cambodge.

Au sommet de la chaîne de décision nationale, le chef d'état-major des armées voit son rôle réaffirmé par sa participation aux conseils restreints devenus hebdomadaires à partir de 1993[19]. Derrière lui, les armées s'adaptent vaille que vaille à leurs nouvelles missions. La projection des forces devient, après la guerre du Golfe, la doctrine officielle. Des mesures sont prises pour corriger les faiblesses apparues en Irak, mais on reste au milieu du gué. Mitterrand est trop attaché au principe du service militaire pour envisager sa suppression, mais il n'engage à l'extérieur que des volontaires. Une armée à deux vitesses, au format sans cesse réduit, rend la conscription de plus en plus inégalitaire et contestable. De 1988 à 1994, les crédits d'équipement diminuent de 10 % et les effectifs fondent. L'armée de terre passe de 15 à 9 divisions, la marine perd 20 bâtiments et l'armée de

19. Les conseils restreints réunissent, autour du chef de l'Etat, le Premier ministre, les ministres concernés (Affaires étrangères, Défense et, à l'occasion, Intérieur et Coopération), le chef d'état-major des armées, le secrétaire général de la Défense nationale et le secrétaire général du gouvernement. Sont également présents le secrétaire général de l'Elysée, le chef de l'état-major particulier du président, son conseiller diplomatique, le directeur de cabinet du Premier ministre et le secrétaire général du Quai d'Orsay. En période de cohabitation, le conseil est précédé, la veille au soir, par un comité restreint présidé par le Premier ministre. A l'issue du conseil, un compte rendu est rédigé et diffusé par l'état-major particulier sous la forme d'un verbatim simplifié.

l'air 6 escadrons. Les programmes d'équipement s'empilent. « Les dividendes de la paix » sont déjà engrangés, mais les armées déploient en permanence 10 000 hommes sur les théâtres d'opérations. L'*aggiornamento* reste à faire et le Livre blanc de 1994, rédigé par le gouvernement mais approuvé par le président, ne tranche pas[20].

Le plus préoccupant, pour le chef des armées comme pour les forces engagées au Rwanda ou en Bosnie, est la perte du soutien populaire. Or, nul ne l'ignore depuis Clausewitz, l'adhésion de la nation aux buts de guerre est un élément essentiel du succès. L'information en temps continu, qui se développe dans le sillage de CNN, privilégie l'émotion aux dépens de la raison et l'impatience au détriment du recul. La simplification qu'elle engendre s'accorde mal avec la vision historique et les détours du vieux prince malade dont le pouvoir de séduction s'est usé. Le verbe lyrique de François Mitterrand ne trouve plus de relais. Affecté par les critiques souvent injustifiées qui lui sont adressées, il réunit à Rambouillet, au printemps 1994, tous ses conseillers civils et militaires pour défendre avec passion la politique qu'il conduit en ex-Yougoslavie. En cette fin de règne, les médias scrutent son état de santé et ressassent « les affaires » qu'on lui attribue. Le journal *Le Monde* est interdit à l'Elysée... Nul ne lui rend crédit de l'étonnante détermination qui l'anime jusqu'au bout dans sa quête incertaine de la paix.

La guerre en ultime recours

La mise à l'épreuve du « nouvel ordre international » ne tarde pas. Le 2 août 1990, l'Irak envahit le Koweït et proclame huit jours plus tard son annexion. Pris par surprise, les dirigeants des grandes puissances condamnent unanimement le coup de force. François Mitterrand le déclare inacceptable et soutient l'embargo militaire et commercial voté par le Conseil de sécurité en y engageant plusieurs bâtiments de la marine. Dans les mois qui suivent, alors que les Etats-Unis s'efforcent de mettre sur pied une large coalition pour contraindre l'Irak au retrait, le président français tergiverse, déploie au compte-gouttes

20. François Mitterrand n'autorise pas les membres de son cabinet à participer à la rédaction du Livre blanc, mais il en suit attentivement les progrès. Conformément à ses attentes, le document final préconise le maintien d'une « armée mixte », tout en renforçant la composante professionnalisée. La veille de la publication, découvrant que son nom n'apparaît pas sur la couverture, il fait mettre au pilon les 1 500 exemplaires déjà tirés...

ses moyens militaires et cherche une solution négociée, n'acceptant la guerre qu'en dernier recours. Sa prudence, pourtant légitime, irrite ses partenaires, mais elle permet d'encadrer l'action de force à venir. En revanche, les limitations qu'il impose à la participation française témoignent à nouveau de son incompréhension des contingences d'une opération multinationale. Cette guerre facile est un succès éclatant pour les Etats-Unis et leurs alliés, mais aussi un révélateur cruel des insuffisances militaires françaises. Alors que George Bush fait déployer 200 000 hommes, dès la mi-août, en Arabie saoudite et active ses réseaux diplomatiques pour organiser, sous commandement américain, une large coalition militaire, François Mitterrand freine l'engagement français et multiplie les tentatives de médiation avec Saddam Hussein. Le 10 août, après la prise en otage par ce dernier des 10 000 étrangers présents en Irak, il décide néanmoins de faire appareiller le porte-avions *Clemenceau* vers Djibouti, mais sans sa flottille de Super-Etendard remplacée par un régiment d'hélicoptères de combat. La presse du monde occidental publie les photos de camions arrimés sur le pont d'envol et la cabale antifrançaise débute dans les médias américains. Cette « demi-mesure » décidée par le président n'a pas de sens opérationnel, mais elle se veut un signal de prudente détermination adressé à tous. A la fin du mois d'août, il fait mettre en place des moyens de défense aérienne aux Emirats arabes unis et au Qatar qui ont sollicité l'aide française. C'est seulement le 15 septembre qu'il décide, après moult hésitations, le déploiement de la division Daguet en Arabie saoudite. La veille, quand l'ambassade de France au Koweït a été mise à sac par les soldats irakiens, il a eu un coup de sang : « C'est inacceptable ! Ça, c'est la guerre ! Ils nous cherchent, ils vont nous trouver ! » Le même jour, il a appris la décision britannique d'envoyer une brigade blindée dans le Golfe. Pourtant, quand il convoque un conseil restreint, il est à nouveau très hésitant. Son ministre de la Défense, Jean-Pierre Chevènement, très hostile à cette « croisade », l'a appelé longuement. Avant la réunion, le président consulte ses communicants, Jacques Pilhan et Gérard Colé. Il faut toute la fougue et le talent du Premier ministre, Michel Rocard, et les arguments posés de l'amiral Lanxade, le chef de l'EMP, pour le convaincre. La division Daguet aura pour mission de protéger l'Arabie saoudite d'une attaque irakienne. Il n'est pas encore question de libérer le Koweït. A l'Assemblée générale des Nations unies, le président lance un appel solennel : « Que l'Irak affirme son intention de retirer ses troupes, qu'il libère les otages et tout devient possible. » En réponse, Saddam Hussein fait libérer les seuls otages français...

En visite à Paris début novembre, le secrétaire d'Etat James Baker menace d'une action américaine unilatérale si la France traîne des pieds. Quinze jours plus tard, le président de la République parvient pourtant à convaincre Bush de faire adopter par le Conseil de sécurité une résolution autorisant l'emploi de la force si Saddam ne cède pas. Elle est votée à la fin du mois : l'ultimatum expire le 15 janvier. Alors seulement, le président accepte que les forces aériennes et terrestres françaises déployées dans le Golfe rejoignent la coalition. Il s'accroche cependant jusqu'au bout à une solution diplomatique. Adressant ses vœux à la nation le 31 décembre, il affirme : « Je crois encore aux chances de la paix et la France y travaillera jusqu'au bout, à la condition de tenir bon sur les principes. » Dans les premiers jours de janvier, il envoie un diplomate à Bagdad, mais le dictateur irakien se montre intraitable. Le 16 janvier, il se résigne enfin à la guerre : « Je le dis avec regret mais détermination : le recours à la force armée pour contraindre l'Irak à évacuer le Koweït est désormais légitime. C'est pourquoi j'ordonnerai l'emploi des moyens militaires que commande la participation de notre pays à la mise en œuvre des résolutions des Nations unies. »

Les « atermoiements » de François Mitterrand, s'ils exaspèrent les Américains, ont pourtant des bases sérieuses. En premier lieu, il ne prend pas la guerre à la légère. Chevènement, se fondant sur les chiffres du conflit Irak-Iran, estime qu'elle pourrait faire 100 000 victimes dans le camp allié. Ce calcul se révélera faux, mais à l'époque il paraît crédible. Ensuite, le président s'illusionne sur l'efficacité de l'embargo et il craint une initiative prématurée des Américains qu'il juge très va-t-en-guerre. Enfin, il doit gérer une opinion publique très réticente. Le lobby pro-irakien s'indigne de la destruction programmée du « seul Etat arabe laïque » (que la France a largement contribué à armer contre l'Iran). L'antiaméricanisme des intellectuels de toute obédience les pousse à dénoncer le « suivisme français ». Le clan pacifiste, de son côté, dénonce une « guerre coloniale pour le pétrole ». En France, la guerre ne sera donc acceptée qu'en dernier ressort. La procrastination du président se révèle d'ailleurs payante puisqu'elle permet de clarifier le mandat de l'opération qui sera limitée à la libération du Koweït. Mitterrand n'a pas eu de peine à en convaincre Bush. Sa prudence, en revanche, quand elle s'applique aux conditions d'engagement des forces françaises, se teinte d'irréalisme. Il y a d'abord la question du commandement. Poussé par Chevènement, le président refuse que les unités françaises soient placées sous les ordres du général Schwarzkopf, nommé à la tête de la coalition. Après de longues tractations, Lanxade obtient que les Américains exercent sur elles un contrôle opérationnel (limité à des opérations définies au préalable), le commandement opérationnel (supervision d'ensemble) restant confié au chef d'état-major des armées[21]. Mitterrand entend par ailleurs limiter leur participation aux combats. Ainsi, les avions des Forces aériennes stratégiques (les plus modernes) ne seront pas déployés, leur présence pouvant laisser supposer l'emploi possible d'armes nucléaires, ce qui est naturellement exclu. Ceux de la Force aérienne tactique (60 avions) ne pourront frapper qu'au Koweït. Il faudra la dénonciation par CNN de ces restrictions françaises et le tollé qui en résultera pour que le président autorise des frappes en Irak où se tient le gros des forces de Saddam Hussein. Enfin la division Daguet ne devra pas participer à l'action principale. Les directives du président en conseil restreint sont un peu surréalistes : « Il ne faut pas que nos troupes soient trop au nord, elles seraient trop en première ligne ; il ne faut pas qu'elles soient trop au sud, elles seraient trop en retrait. Il ne faut pas qu'elles soient trop mélangées aux Américains, pour conserver leur autonomie. » En bref, la division sera placée en couverture et ne participera pas à la reconquête du Koweït. Ces précautions, si elles compliquent l'engagement des forces, ont du moins le mérite de masquer en partie leurs insuffisances.

Le chef de l'Etat prend cette guerre au sérieux et en suit attentivement les développements en réunissant chaque jour le conseil restreint : « Moments graves et intenses, selon Hubert Védrine, dépourvus de toute mauvaise excitation guerrière. » Pourtant, le premier jour de l'offensive terrestre, un moment craint et attendu, Lanxade cherche en vain le chef de l'Etat. Il passe sa matinée au golf de Villacoublay, comme il le fait deux fois par semaine. Aucun président de la Vᵉ République n'a pris cette liberté à l'égard de sa charge, cette distanciation volontaire vis-à-vis de l'événement. Il y trouve le recul nécessaire à la prise de décision. En l'occurrence, il

---

21. Cette distinction entre commandement et contrôle opérationnels est une procédure de l'OTAN entérinée par le général de Gaulle pour la mise à disposition des forces françaises en cas d'attaque du pacte de Varsovie. A partir de la guerre du Golfe, elle est adoptée systématiquement pour les opérations multinationales.

fait confiance aux chefs militaires et s'exonère des péripéties de la bataille pour lesquelles il a peu d'appétence. Mitterrand s'est enfin résolu à se défaire de son ministre de la Défense ouvertement hostile à cette guerre. Jean-Pierre Chevènement est, il est vrai, très apprécié et respecté dans les armées et on ne peut suspecter son patriotisme. N'aimant pas affronter ceux qu'il écarte, il choisit avec malignité d'envoyer Lanxade, en uniforme, huit jours après le début de la campagne aérienne, expliquer l'engagement français dans l'émission populaire d'Anne Sinclair, « 7 sur 7 ». Chevènement démissionne et se voit remplacé par Pierre Joxe. Incisif, rigoureux et brutal, ce dernier saura, en s'appuyant sur Lanxade, nommé chef d'état-major des armées, prendre les mesures de redressement qui s'imposent.

La victoire de la coalition se révèle plus facile qu'escompté. « A quelques exceptions près, les Irakiens ne se sont battus ni dans les airs, ni sur terre », conclut le général Schmitt. Vu de Paris, le bilan est flatteur ; le droit international s'est imposé, mais l'intégrité de l'Irak est respectée ; ses armes de destruction massive sont traquées par une mission de l'ONU ; Israël, qui a subi quelques tirs de missiles Scud, est rassuré et le processus de paix peut s'enclencher ; la France a renforcé ses liens avec l'Arabie et les Etats du Golfe. La popularité de François Mitterrand est à son zénith. Seule ombre au tableau, la défaite irakienne renforce le poids de l'Iran au Moyen-Orient. Quelques semaines plus tard, cependant, le Conseil de sécurité se réunit en urgence. La répression des révoltes kurdes et chiites par Saddam Hussein prend des allures de massacre. Le président soutient la création de zones d'interdiction de survols militaires dans le nord, puis le sud du pays, premier avatar de l'ingérence humanitaire. Aux Etats-Unis, dans l'aile la plus conservatrice du Parti républicain, on regrette que George Bush ait refusé de marcher sur Bagdad. On murmure qu'un jour ou l'autre il faudra revenir *« to finish the job »*...

Le corps expéditionnaire français de 16 000 hommes a rempli son contrat, non sans difficultés. Conséquence de vingt-cinq années en dehors de la structure intégrée de l'OTAN, les forces aériennes et terrestres ne sont plus interopérables avec celles des Alliés, tant en matière de transmissions que de munitions. Les stocks de missiles et d'obus sont insuffisants. Le renseignement a été défaillant au point que Mitterrand a dû accepter une présentation américaine de photos satellitaires lui permettant d'apprécier les résultats des bombardements aériens. Enfin, la chaîne de commandement nationale a mal fonctionné, faute d'une coordination suffisante entre les acteurs.

Pierre Joxe engage les réformes urgentes : création du centre opérationnel interarmées, unification des services de renseignements au sein de la Direction du renseignement militaire, mise sur pied d'un commandement des opérations spéciales. Reste en suspens la question de la professionnalisation : pour constituer la division Daguet, il a fallu prélever des engagés sur 80 régiments. Le choix présidentiel d'exclure la participation des appelés à la guerre du Golfe met le service militaire sur la sellette.

La guerre humanitaire

Le 5 décembre 1992, devant un parterre fourni et réjoui de journalistes, le ministre de la Santé Bernard Kouchner débarque sur une plage de Somalie, un sac de riz sur l'épaule. Quelques jours plus tard, un détachement de Marines américains armés jusqu'aux dents investit agressivement une plage voisine, sous l'œil de cent caméras. Ces séquences, diffusées dans le monde entier, illustrent les deux faces de la guerre humanitaire, concept ambigu dont les limites apparaissent successivement en Somalie et en Yougoslavie. Mitterrand y adhère, on l'a dit, par humanisme, mais aussi pour répondre à une nouvelle attente des opinions publiques. En Somalie, les images de détresse et de famine retransmises par CNN soulèvent le cœur des téléspectateurs : pourquoi le nouvel ordre international, tant célébré dans le Golfe, ne s'impose-t-il pas dans ce petit pays livré aux violences des bandes armées ? En Yougoslavie, l'opinion française, enflammée par les grandes consciences intellectuelles et morales, s'indigne des massacres et des viols perpétrés impunément sur le sol européen, à deux heures de vol de Paris. Comment le président pourrait-il résister à cette pression, d'autant que la Somalie jouxte Djibouti où stationnent 4 000 soldats français et que l'incendie allumé en Croatie menace d'enflammer tous les Balkans ? En Somalie, il laisse la main, pour le meilleur et pour le pire, aux Américains. En Yougoslavie, pendant quatre ans, il prend la direction des efforts internationaux. Le recours aux Casques bleus, qui n'était pas son premier choix, se révèle inadapté aux situations de guerre civile et discrédite pour longtemps les opérations de l'ONU. Des alliés défaillants et un emploi inadapté de la force engagent la France dans des guerres sans issue.

La Somalie, abandonnée aux chefs de bandes depuis janvier 1991, sombre dans l'anarchie et subit une terrible sécheresse. En avril 1992, l'ONU y a dépêché une mission, l'ONUSOM, qui, faute de moyens, n'a pu rétablir un semblant d'ordre. A Paris, François Mitterrand est pressé d'intervenir par Bernard Kouchner, son fougueux ministre des Affaires humanitaires. Il a été séduit par son courage et ses convictions au cours de leur visite commune à Sarajevo, en juin. Pierre Joxe, en revanche, conscient de la complexité et des risques de la situation somalienne, tente de s'y opposer. George Bush emporte la décision. Candidat malheureux à sa réélection, il souhaite achever son mandat sur un geste fort confortant son approche du droit international. Le président accepte donc une participation française à l'UNITAF, force internationale sous commandement américain, sur le modèle de la coalition du Golfe. Son mandat, défini le 3 décembre au Conseil de sécurité, lui donne mission d'« employer tous les moyens nécessaires pour instaurer, aussitôt que possible, des conditions de sécurité pour les opérations de secours humanitaire en Somalie ». Elle regroupe 40 000 hommes, dont 25 000 Américains et 2 200 Français. Joxe a obtenu que ces derniers soient déployés dans le secteur le plus calme, dans la région de Hoddur, près de la frontière éthiopienne. L'effet de sidération de ce déploiement sur les factions armées permet à l'UNITAF d'engranger quelques succès. Le désarmement est lancé, des routes et des hôpitaux sont reconstruits et un processus de réconciliation est proposé aux parties en conflit. Dans le secteur français, le général Delhome, fort d'une longue expérience africaine, parvient à rétablir l'ordre et la confiance. Pourtant, en mars 1993, Bill Clinton, qui n'a accepté qu'à contrecœur l'initiative de son prédécesseur, refuse le prolongement du mandat de l'UNITAF et exige son remplacement par une force de l'ONU. L'ONUSOM II ne compte plus que 28 000 hommes (moins de 20 000 en réalité, faute de contributeurs), dont 2 200 Américains et 1 200 Français. L'opération tourne vite au désastre en raison de l'attitude américaine et de l'incapacité des Nations unies à gérer une mission d'imposition de la paix sans accord préalable entre les belligérants. Les Américains, qui maintiennent un commandement séparé, s'engagent dans une guerre partisane contre un des chefs de faction, Aïdeed, qui s'estime lésé dans le processus de réconciliation. Ils parviennent même à impliquer les Français dans les combats de rue qui font rage à Mogadiscio. Le 3 octobre, dix-huit soldats américains sont tués, leurs corps traînés dans les rues par la foule déchaînée. Ces scènes d'horreur, diffusées en direct par CNN, traumatisent les Etats-Unis et Bill Clinton rappelle aussitôt son contingent. François Mitterrand suit son exemple, quelques jours plus tard. L'ONUSOM II perdure jusqu'en 1995, sans espoir de résultats.

La première guerre humanitaire est un échec total. L'arrogance américaine, son unilatéralisme et sa conduite partisane n'y sont pas pour rien. L'ambiguïté de la mission, l'inexpérience et l'inadaptation des forces de l'ONU font le reste. Dès le mois de mars, Médecins sans frontières a retiré ses équipes de Somalie, en dénonçant la confusion des genres entre combat et action humanitaire et les risques qu'elle entraîne pour les ONG. « On ne peut sans équivoque brandir le fusil dans une main et la truelle dans l'autre. » Le commandement de l'ONUSOM a été largement déficient du fait de l'inconsistance du général turc et de l'impossible coopération entre des contingents souvent peu motivés et de valeur très inégale. L'absence de moyens de renseignement collectifs et une logistique pesante ont miné l'efficacité de la force. Le président français n'a pas voulu prolonger l'expérience somalienne qu'il sait vouée à l'échec, mais sa foi dans l'ingérence humanitaire et dans les Casques bleus n'en est pas affectée. Il n'en va pas de même pour son homologue américain qui se désolidarise officiellement du « multilatéralisme agressif ». Les soldats américains ne seront plus engagés à l'extérieur « là où la sécurité des Etats-Unis n'est pas directement concernée ». Or, à l'évidence, la Yougoslavie ne met pas en jeu les intérêts vitaux de l'Amérique.

Le démembrement de l'« Etat des Slaves du Sud » débute en juin 1991, quand Slovènes et Croates proclament leur indépendance. La révolte de la minorité serbe des Krajinas, en Croatie, refusant l'autorité de Zagreb, est alors brutalement réprimée. Encouragée par Belgrade, la guerre civile s'installe, avec son cortège d'horreurs. En mai 1992, alors qu'une paix relative revient en Croatie, la Bosnie-Herzégovine s'enflamme à son tour. Peuplée en majorité de musulmans (50 %), avec des minorités serbe (32 %) et croate (18 %), elle fait reconnaître son indépendance et entre dans un cycle infernal de violences. En Europe, les opinions publiques exigent une action immédiate. L'intelligentsia parisienne choisit ses coupables, les Serbes, qui se désignent, il est vrai, par les crimes les plus monstrueux. Aux droits des minorités, elle oppose la « libération des peuples opprimés », en l'occurrence les musulmans. Pressé d'intervenir militairement et conscient des risques d'expansion du conflit au-delà même des Balkans, François Mitterrand, plus volontariste que tous les autres dirigeants du monde occidental, tente pendant quatre ans de limiter les effets de la crise, faute de pouvoir la régler seul. Ses initiatives s'enchaînent : tentative de préservation temporaire de l'entité yougoslave pour permettre un règlement concerté de la question des minorités, proposition d'interposition d'une force européenne, embargo sur les armes à destination de la Croatie et de la Bosnie, déploiement d'une force des Nations unies (FORPRONU) pour faire respecter le cessez-le-feu dans les Krajinas... Quand la Bosnie s'embrase, il prend le risque physique de se rendre à Sarajevo, bravant le blocus serbe[22]. Il est à l'origine d'une vingtaine de résolutions du Conseil de sécurité amplifiant l'engagement de l'ONU en Bosnie. A l'initiative de la France, des couloirs humanitaires sont créés, des zones de sécurité décrétées. Le président accepte même, à contrecœur, un rôle pour l'OTAN qui appuie, par ses bombardements, l'action de la FORPRONU. Il soutient enfin les efforts diplomatiques d'Alain Juppé, animateur d'un groupe de contact réunissant les grandes puissances pour élaborer un plan de partage et de paix. Le bilan de ce formidable déploiement d'énergie est pour le moins décevant. La guerre civile continue de faire rage, les massacres se poursuivent et les accords négociés sont rejetés.

Cet échec est d'abord imputable au refus des autres dirigeants occidentaux de s'engager dans le règlement de la crise. Les Allemands, ignorant les demandes pressantes de Mitterrand, s'empressent de reconnaître l'indépendance de la Slovénie et de la Croatie, tuant tout espoir d'un accord négocié dans le cadre yougoslave. Les Britanniques, hostiles par principe à une solution militaire européenne et empêtrés dans la pétaudière irlandaise, refusent la mobilisation de l'UEO[23]. Les Américains, sans envisager d'être impliqués

---

22. Les Serbes occupent les collines surplombant la cuvette de Sarajevo et tiennent sous le feu l'aéroport, interdisant *de facto* le déploiement de la FORPRONU voté par le Conseil de sécurité. Le 28 juin, François Mitterrand décide, avec un préavis de quelques heures, de se rendre dans la ville assiégée. Quittant inopinément un sommet européen, il s'envole avec Bernard Kouchner (et non Pierre Joxe, son ministre de la Défense) et fait escale à Split pour embarquer dans un hélicoptère qui les dépose à Sarajevo. Accueillis par le président musulman Izetbegović, ils visitent la ville, acclamés par la population, non sans essuyer quelques tirs serbes. Quelques heures plus tard, de retour à Villacoublay, le président descend de l'avion, impeccablement costumé et cravaté, arborant un large sourire... visiblement content de lui et de ce coup d'éclat salué dans le monde entier. Cette visite audacieuse ne règle rien sur le fond, mais elle met un frein aux critiques des médias et permet à l'état-major français de déployer sans attendre un dispositif de contrôle de l'aéroport de Sarajevo.

23. L'Union de l'Europe occidentale (UEO), créée en 1954 sur la base du traité de Bruxelles de 1948 (garantie mutuelle de défense entre les alliés européens), a pour premier objectif de renforcer la solidarité entre les membres non-américains

sur le terrain, prennent parti pour les musulmans et contestent l'embargo sur les armes. Que peut faire la France seule ? Le président fait évaluer par l'état-major les moyens nécessaires à une opération d'imposition de la paix en Bosnie : 100 000 hommes au minimum, compte tenu de la configuration du terrain et des capacités des belligérants. Une campagne aérienne sans déploiement de troupes est jugée inefficace en raison du relief montagneux et de l'imbrication des combattants. La FAR n'ayant pas les effectifs requis, il faudrait faire appel au contingent. En mai 1994, François Mitterrand exprime son amertume devant Laure Adler : « J'entends dire parfois que la France aurait manqué à ses devoirs. C'est inexact. Le premier devoir d'un pays, c'est de ne disposer de la vie de ses soldats que pour défendre son indépendance ou pour préserver son intégrité, ou alors de les engager si, dans le cadre d'une alliance, des obligations ont été contractées. Mais là, sur un terrain extérieur, il faudrait intervenir alors que nos intérêts vitaux ne sont pas engagés, il faudrait intervenir militairement avec nos soldats et, compte tenu des caractéristiques du combat, avec le contingent faire la guerre ? Alors on me dit que c'est dans l'intérêt de l'humanité. Mais quel est donc ce décret divin qui a fait de la France le soldat de toutes les justes causes dans le monde ? Alors que le seul empire mondial existant, les Etats-Unis, s'y refuse ? »

L'analyse politique est irréprochable, mais, ne pouvant se résigner à l'inaction, le président engage l'ONU et ses Casques bleus, français pour une bonne part, dans une aventure militaro-humanitaire risquée et même contre-productive en ce qu'elle entretient la résilience des belligérants. Ses alliés lui emboîtent le pas, trop heureux de pouvoir s'abriter derrière l'activisme français pour éviter de s'impliquer dans la poudrière des Balkans. Ainsi le chef de l'Etat et le gouvernement engagent-ils pendant trois ans jusqu'à 7 000 hommes, 40 avions de combat et le groupe aéronaval dans une campagne militaire inadaptée, sans gloire et sans résultats. Les chefs militaires,

---

de l'OTAN. Elle joue un rôle mineur jusqu'en 1991. Lors de la signature du traité de Maastricht, les Douze s'engagent à en faire la composante de défense de l'Union européenne, ainsi que la base du pilier européen de l'Alliance atlantique. Quand survient la crise yougoslave, l'UEO est largement une coquille vide, ne disposant ni des états-majors ni des procédures nécessaires au lancement d'une opération militaire. La proposition de Mitterrand et de Kohl revient donc, en pratique, à mettre sur pied une coalition franco-britannique – les Allemands se refusant à toute intervention extérieure – et à la faire coiffer par l'organe politique de l'UEO.

hostiles à cette aventure, en soulignent les risques sans pouvoir imposer leurs vues. François Mitterrand s'agace de leurs réticences. En sortant d'un conseil restreint, il lâche à son aide de camp : « Je méprise ce métier dans lequel tout sens critique a disparu... » Le premier souci du chef d'état-major des armées est d'éviter des pertes lourdes : la protection de la FORPRONU devient une priorité. Dans les coursives du boulevard Saint-Germain, on se plaît à citer Bismarck : « Ces gens-là ne valent pas la vie d'un soldat prussien. » L'irréalisme militaire est devenu la règle. La FORPRONU se déploie en Bosnie avec un mandat minimaliste, « assurer la protection et l'acheminement de l'aide humanitaire ». La coercition est exclue au point que, à l'origine, les véhicules blindés sont prohibés par l'ONU. Les convois militaires sont arrêtés et fouillés par les miliciens de tout bord. Une zone d'interdiction aérienne est décrétée, mais sans moyens, pendant plus de six mois, pour la faire respecter. Plus tard, quand le mandat de la force sera élargi à la protection de six zones de sécurité, ses effectifs ne seront pas renforcés. En 1994, les armes lourdes des belligérants sont confisquées, mais elles restent stockées à proximité de Sarajevo, sous une garde symbolique de Casques bleus. Les avions de l'OTAN sont enfin autorisés à frapper les bellicistes les plus enragés, mais leur emploi est très limité afin d'éviter des représailles sur la FORPRONU. De plus, les frappes aériennes sont soumises, à la demande du président français, à une procédure de double clé entre les deux organisations et entre responsables civils et militaires. L'ONU garde l'initiative, mais les délais d'intervention sont tels que leur efficacité en est sérieusement affectée. Apprenant que Lanxade se rend au siège de l'OTAN, à Bruxelles, pour une réunion consacrée à la coordination des frappes, le président le fait rappeler au dernier moment : quels que soient les enjeux opérationnels, les chefs militaires français n'ont plus leur place dans cette enceinte, depuis 1966 !

L'impuissance et les ambiguïtés de ce déploiement militaro-humanitaire sont illustrées par l'étonnante saga du général Morillon. Ce dernier commande la FORPRONU en Bosnie-Herzégovine quand les Serbes entreprennent d'assiéger l'enclave musulmane de Srebrenica. Il se rend à Belgrade et met en garde vainement Milošević sur les conséquences d'une tentative d'investissement de la ville. Il installe alors son PC dans la ville encerclée et convoque la presse internationale, mettant au défi les assaillants de s'emparer de la ville. Faute de capacités militaires pour s'opposer au massacre imminent, il offre sa poitrine et son sens du verbe. Le « général courage » fait un tabac dans les médias, obtient un sursis pour Srebrenica et agace l'état-major qui n'aime pas le vedettariat. François Mitterrand apprécie, en artiste, le numéro de funambule, le décore et lui confie la FAR, un commandement prestigieux.

Au début de l'année 1995, les Américains annoncent leur intention d'armer les Bosniaques musulmans en faisant fi de l'embargo. Le président, suivi par John Major, le Premier ministre britannique, réagit violemment et fait savoir qu'il retirera ses forces de la FORPRONU si Washington maintient sa décision. Bill Clinton n'insiste pas. Rien n'est donc réglé en Bosnie et le feu couve en Macédoine et au Kosovo. La classe intellectuelle fait grief au chef de l'Etat de sa « serbophilie » qui le retiendrait d'aider les musulmans et de châtier les « agresseurs ». « J'aime les Serbes, oui et alors ? confie Mitterrand à sa mémorialiste. Comment oublier leur courage ? Ce sont les Croates qui ont opprimé 700 000 Serbes. » La dimension historique est toujours présente dans son esprit, support utile à la mise en perspective, frein parfois à l'action. En Bosnie, les miliciens de Pale ne manquent pas de faire référence à l'ancienne alliance franco-serbe, trouvant à l'occasion quelques échos dans les rangs du contingent français. La serbophilie du vieux président ne l'empêche pas de condamner les exactions des hommes de Milošević et de multiplier les offres d'accord que son refus du manichéisme rend plus équitables. Pour la première fois, pourtant, Mitterrand ignore le principe fondateur de la Realpolitik qui lui a valu ses succès antérieurs : pas de paix sans équilibre des forces. Or, en Bosnie, la puissance militaire supérieure des Serbes est un obstacle décisif au règlement de la crise. C'est pour l'avoir compris que Chirac, Major et Clinton forceront la paix à Sarajevo.

La voix de la France

« Ce vendredi de décembre, il fait froid et très beau, rapporte Laure Adler. Mitterrand revient transi d'une prise d'armes aux Invalides. Une heure debout, raide comme un soldat, à la place que lui assigne le protocole militaire, dans le vent qui dévaste cette esplanade et les drapeaux qui claquent. Haut les cœurs ! Un petit coup de musique militaire pour le frisson. Mitterrand n'est pas insensible à ce genre de cérémonial mais il en a tellement fait que l'émotion s'est émoussée... » Les derniers mois du vieux souverain, dans son palais vidé peu à peu de ses conseillers qui se hâtent vers de nouveaux horizons, sont hantés par la souffrance et la mort. Reclus dans ses appartements du premier étage qu'il a longtemps négligés, il n'en sort que si les charges de sa fonction l'exigent. Il vit, travaille et médite dans un fauteuil spécial où, à demi allongé, il peut lire et écrire sans éprouver trop de douleurs. Les notes de l'état-major particulier reviennent sans commentaires ni directives. Alors que la guerre fait rage dans les Balkans, le général Quesnot doit interpréter les remarques sibyllines du président que lui rapporte Anne Lauvergeon, le sherpa, qui présente le courrier au président tous les matins... Etonnante vacation de l'Etat, car Matignon, de son côté, est tout entier investi dans la campagne présidentielle. La continuité de la conduite de la guerre repose sur les cabinets militaires, en lien avec le Quai d'Orsay et l'état-major des armées.

Mitterrand, ce grand séducteur, a suscité tant de passions, de dévotion et de haine, d'amours déçues souvent, qu'on peine à porter un regard serein sur une action qu'il voulait inscrire dans l'Histoire. Pourquoi tant de guerres pour un président si épris de paix? Sachons garder le sens des proportions : seuls le Tchad, le Golfe et, dans une certaine mesure, la Bosnie-Herzégovine méritent ce qualificatif, des conflits circonscrits et peu meurtriers d'ailleurs. Le reste ne fut qu'interventions ponctuelles limitées ou opérations multilatérales sans volonté coercitive. Les raisons qui ont conduit François Mitterrand à ces multiples engagements sont de trois ordres : la promotion de l'influence française, la préservation du droit international, la protection des populations victimes des conflits. La défense du pré carré africain l'a dressé contre Kadhafi, d'abord, et plus tard contre le FPR de Kagamé qu'il percevait comme un agent des ambitions anglo-saxonnes dans la région des Grands Lacs. Au nom du respect des engagements pris par la France, il est intervenu sans retenue quand les chefs d'Etat de l'Afrique francophone sollicitaient son aide. Sa volonté d'appuyer l'édification du droit international, conjuguée avec son souhait de renforcer le statut de la France, l'a conduit dans le Golfe, en Somalie, au Cambodge et en Yougoslavie, sous la bannière fragile de l'ONU. Ses convictions humanitaires, enfin, ont pesé lourdement sur ses décisions au Liban, au Kurdistan irakien, en Croatie et en Bosnie. Dans tous les cas, des considérations historiques ont influencé ses choix, de la responsabilité française au Proche-Orient à la protection des minorités dans les Balkans. Dans son esprit, la paix, qui restait son aspiration profonde, ne pouvait se fonder que sur des rapports de forces équilibrés. Mitterrand n'exclut jamais le recours à la guerre, bien qu'il ne l'envisageât qu'en dernier ressort. Ce n'est d'ailleurs pas tant par répugnance pour l'action armée que par crainte d'une aventure impossible à maîtriser qu'il s'efforça jusqu'au bout de ramener Saddam Hussein à la raison. Son premier souci de chef des armées fut de conserver le contrôle politique des opérations et de préserver l'autorité civile. Il s'employa sans relâche à limiter les risques, à maintenir l'autonomie des contingents français au sein des coalitions et à s'assurer du soutien de l'opinion nationale. Ne s'ingérant jamais dans la conduite de la bataille, il établit avec les chefs militaires des relations confiantes, autant qu'il était possible à ce monarque florentin peu sensible aux valeurs guerrières. Certains d'entre eux eurent avec lui des relations privilégiées qui permirent de moderniser et consolider la chaîne de commandement politico-militaire. Il ne manqua pas, pour autant, de les prendre à revers (suspension des essais nucléaires, réduction de la durée du service militaire) chaque fois que des considérations politiques prenaient le pas sur le pragmatisme de la gestion des armes. Ce chef des armées courageux, virtuose du jeu diplomatique, décidé, habile et prudent, aurait pu être l'indiscutable héritier du fondateur de la Ve République s'il avait accepté de se soumettre aux règles et aux contraintes de la guerre. Or, à plusieurs reprises, il s'obstina à les ignorer au nom d'impératifs politiques ou humanitaires, plaçant ses forces dans des situations intenables et sacrifiant leur efficacité opérationnelle. Consciemment ou non, il fit sienne la thèse universitaire en vogue, selon laquelle l'« outil militaire », n'ayant pour vocation que de servir l'action diplomatique, devait se plier à toutes ses exigences. C'était oublier que la guerre a ses propres lois et que les armées, conçues, équipées et entraînées pour la victoire, ne peuvent être engagées sans risque à contre-emploi.

« La bêtise, disait Flaubert, c'est de conclure. » La formule va comme un gant à ce président inclassable, « ce romantique qui se croyait hyperréaliste[24] ». Hubert Védrine, qui l'accompagna durant ses deux mandats, résumait, en 1996, son parcours en trois volets : traditionalisme de l'héritier, adepte de la Realpolitik et obsédé du rang de la France ; modernité du défenseur du droit international et du promoteur de l'ingérence humanitaire ; vision du bâtisseur de l'Europe autour du couple franco-allemand. Vingt ans plus tard, l'Europe vacille, bousculée par le Brexit, le terrorisme, les vagues

24. Cf. Alain Duhamel, *Portrait d'un artiste, op. cit.*

migratoires et enlisée par la technocratie ; le nouvel ordre international a vécu, rongé par les dissensions au sein du Conseil de sécurité et le retour des nationalismes ; l'ingérence humanitaire a montré ses limites ; la France est rentrée dans le giron de l'OTAN et a répudié le concept « postcolonial » de pré carré. Sa voix dans le concert des nations n'a plus la même portée. « La France veut-elle rester maîtresse de son destin ? », s'interrogeait Mitterrand en 1988, devant un parterre de soldats, avant de conclure sobrement : « Nul n'a besoin d'être remercié lorsqu'il s'agit de servir le pays. »

CHAPITRE 10

JACQUES CHIRAC OU UNE VOCATION DE CHEF

La popularité persistante de Jacques Chirac tient sans doute à sa manière d'être dans l'exercice du pouvoir : chaleureuse et digne, sans prétention ni vulgarité, sympathique pour tout dire. On loue encore son ouverture au monde, ses appels à la concertation internationale ou son attention à l'avenir de la planète, et on rend un hommage obligé à son opposition homérique à l'invasion de l'Irak.

Du président qui engagea les armées françaises dans de multiples campagnes, des Balkans à l'Afrique et de l'Afghanistan au Liban, il ne reste en revanche qu'une image incertaine, brouillée par les partis pris et usée par les déceptions ultérieures.

Si l'on évoque les réformes considérables qu'il imposa à l'appareil français de défense, c'est pour les réduire, le plus souvent, à l'abandon, vanté ou critiqué, du service militaire. Son ardente promotion d'une défense européenne n'est, quant à elle, jugée qu'à l'aune de ses progrès fragiles et de ses fruits incertains. Si, enfin, on lui concède une rare maîtrise des opérations militaires, c'est rarement sans condescendance pour l'ancien lieutenant de la guerre d'Algérie.

Comment concilier ces deux images, celle du sage pacifique aux accents tiers-mondistes et celle du chef implacable qui ordonne la reprise des combats en Bosnie et la destruction des avions militaires ivoiriens ?

Le pragmatisme qu'on reconnaît à Jacques Chirac n'aurait-il été que le paravent d'une absence de projet, le masque d'une politique au fil de l'eau, soumise aux rapports personnels entretenus avec ses pairs, voire aux influences militaires ? Celui qu'on présente trop souvent comme un simple prolongateur de l'« ère gaullo-mitterrandienne »

– qui marqua un temps de son sceau impérial l'action extérieure de la France – ne fut-il pas, au contraire, le plus gaullien des successeurs du Général ?

Un chef attendu

« C'est son tour ! », avait dit François Mitterrand. Ce 17 mai 1995, l'ambiance est joyeuse et détendue dans la salle des fêtes de l'Elysée. La passation des pouvoirs entre le vieux monarque épuisé par la maladie et son toujours fringant successeur se fera en douceur, dans une étonnante complicité. Comme d'habitude, les adjoints du chef de l'état-major particulier sont parqués dans le coin le plus éloigné. Je proteste inutilement auprès de l'agent du protocole qui ne fait qu'appliquer la règle : « Vous verrez, avec Chirac tout va changer. Les militaires retrouveront leur place. » Dans les armées, on se réjouit ouvertement. Le nouveau président n'a jamais caché son intérêt pour la chose militaire. Lieutenant décoré au feu, colonel de réserve diplômé d'état-major, il est surtout un patriote intransigeant et l'héritier affiché du gaullisme. Beaucoup d'officiers croient se reconnaître dans ce chef audacieux tourné vers l'action, ce bon vivant jovial au langage cru.

De fait, l'expérience, le caractère et les goûts de Chirac le prédisposent à l'exercice de la fonction de chef des armées. Pourtant, les plus hauts responsables militaires pressentent, pour leur part, que l'homme qui enjambe quatre à quatre les marches du perron de l'Elysée n'est plus le lieutenant du Djebel, mais un politique de haut vol, rompu à toutes les manœuvres, plus expérimenté que Mitterrand lui-même en 1981. Deux fois Premier ministre, maire de Paris dix-huit ans, il connaît personnellement tous les grands de ce monde. Le temps et les échecs ont apaisé l'ardeur et l'impatience de celui qu'on surnommait le « bulldozer » de Pompidou. Les commentateurs qui le décrivent comme un soudard, amateur de bière, de charcuterie et de jolies femmes n'ont pas percé la cuirasse de cette personnalité complexe et secrète. Philippe Bas, qui passa dix ans auprès de lui, le décrit comme un homme « à la fois sensible et retenu, jamais hautain ou méprisant, attentif aux autres et discret sur lui-même, sachant écouter, souple, patient, prudent, ouvert au compromis, mais déterminé, volontaire, rapide, doté d'une exceptionnelle autorité naturelle ». Ceux qui le moquent de préférer la musique militaire aux

Variations Goldberg ignorent son intimité avec les arts asiatiques ou africains, son engouement pour les coutumes arabes ou juives... Je l'ai entendu, un soir d'avril 1999, déclamer, dans un restaurant de Washington où il avait convié ses collaborateurs, des poèmes entiers, de concert avec le chef du protocole.

Le président Chirac revendique, on l'a dit, l'héritage gaulliste. Nul n'ignore pourtant sa sensibilité sociale et humaniste. A 18 ans, il a signé l'appel de Stockholm qui exigeait l'« interdiction absolue de l'arme atomique » et il a vendu *L'Humanité*, sans aller toutefois jusqu'à adhérer au parti communiste. Pendant son service militaire, il a soutenu la cause de l'Algérie française, alors défendue par Guy Mollet et la SFIO. C'est seulement en 1960, stagiaire de l'ENA à Rocher-Noir, près d'Alger, qu'il s'est rallié à la politique du Général, après l'épisode des barricades. Son entrée en gaullisme n'est effective qu'en 1963 quand il rejoint le cabinet du Premier ministre, Georges Pompidou, son vrai tuteur en politique. De l'homme du 18 juin, il retient surtout le « culte de la grandeur de la France » que lui martèlent Pierre Juillet et Marie-France Garaud. Pourtant, convaincu que le gaullisme n'est pas une politique – nécessairement contingente – mais un but et une détermination, ce patriote s'est fait « européen, non de passion, mais de raison », comme il l'écrit dans ses Mémoires. Au fond, il se sent proche de François Mitterrand qu'il a souvent croisé depuis 1994. Une même sensibilité radicale, l'amour de la France et de son indépendance, mais aussi le courage, la culture et une haute idée de la fonction présidentielle les unissent. Il s'en distingue néanmoins sur quelques points essentiels, affaire de goûts et de tempérament : le refus, d'abord, d'être prisonnier du passé. Ignorant la nostalgie, indifférent à sa trace personnelle dans l'Histoire, il vit dans le présent et pour l'avenir ; l'audace, ensuite. S'il ne dédaigne pas la ruse ou le compromis, il porte le fer aussi loin que les circonstances le permettent ; l'intérêt pour les questions militaires, enfin, qui lui donne un puissant levier pour engager la force à bon escient.

L'expérience militaire du nouveau chef des armées l'a en effet préparé de longue date à l'exercice de cette responsabilité qui reste au cœur de la fonction présidentielle. Il a grandi dans une famille patriote et républicaine. Ses quatre grands-parents instituteurs et son père, blessé et décoré pendant la Grande Guerre, l'ont élevé dans l'amour de la France. Il a connu ses « premières émotions littéraires », avoue-t-il, en lisant le livre de Dorgelès, *Les Croix de bois*. En juin 1940, il a 8 ans, quand, fuyant Paris avec sa mère et un vieil ami de la famille, il assiste à une scène « demeurée pour [lui] inoubliable : Georges Basset, ancien combattant de la Grande Guerre [...] avise un officier en train de marcher sur le bord de la route. "Mon capitaine, que se passe-t-il ? Qu'est-ce que vous faites ? – Je m'en vais. Je file. Les Allemands sont à 50 kilomètres. – Mais enfin, vous ne vous battez pas ?" s'étonne Georges Basset. J'entends encore la réponse de l'officier : "Vous vous rendez compte, Monsieur, ils nous tirent dessus !" Tel était malheureusement l'état d'esprit d'une partie de mes compatriotes à cette époque ». Le 27 novembre 1942, il apprend, stupéfait, le sabordage de la flotte à Toulon : « Il venait de se produire quelque chose qui n'était pas digne et qu'on aurait dû empêcher. » En août 1944, il assiste au débarquement de Provence, depuis Le Rayol-Canadel-sur-Mer où son père dirige une usine aéronautique, et trouve son héros en la personne du général Diego Brosset qui commande la 1re division française libre. Des années plus tard, son goût de l'aventure le pousse, tout juste bachelier, à s'engager trois mois comme pilotin sur un caboteur, de Dunkerque à Melilla, mais son expérience décisive intervient en 1956, alors qu'il vient d'être reçu à l'ENA.

Son service militaire, dans une armée en guerre, lui laisse une trace indélébile. Il débute pourtant dans le malentendu et le vaudeville. Reçu 8e sur 118 au peloton d'élèves officiers de réserve de l'Ecole de cavalerie de Saumur, il se voit refuser son galon d'officier par la Sécurité militaire qui l'a catalogué comme « communiste » après la signature de l'appel de Stockholm. Il faut l'intervention du ministre de la Guerre, alerté par son professeur de Sciences-Po, pour qu'il puisse prendre le commandement d'un peloton de chars au 11e régiment de chasseurs, à Lachen, en Allemagne. Un mois plus tard, il doit rejoindre l'état-major de Berlin, pour lequel ses compétences en russe et en anglais l'ont désigné, quand son escadron est appelé en renfort en Algérie où la situation sécuritaire se dégrade. Il se porte aussitôt volontaire pour partir avec ses hommes, omettant de prévenir Berlin. Alors qu'il prend ses quartiers à la frontière marocaine, au sein du 6e régiment de chasseurs, sa famille reçoit la visite de gendarmes en quête du « déserteur Chirac »...

Avant de partir, il a épousé, en tenue de sous-lieutenant, Bernadette Chodron de Courcel, sa condisciple de Sciences-Po, à la chapelle de la rue Las-Cases. D'avril 1956 à juin 1957, il sert dans le djebel montagneux de Souk el-Arba, comme chef de peloton, puis commandant d'escadron. Guy Mollet vient d'obtenir du Parlement les « pouvoirs spéciaux » pour lutter contre la rébellion et porte à 500 000 hommes le contingent qui s'y déploie. Pour Chirac, les missions s'enchaînent, patrouilles de nuit, ouvertures de route, escortes de ravitaillement, fouilles de grottes et contrôle des populations. Le 4 mai 1957, il est cité à l'ordre de la division : « Alors qu'un élément venait d'être pris à partie par une bande rebelle, a entraîné son peloton, malgré le feu de l'adversaire, et a mené l'assaut à la tête de ses hommes. » Comme l'écrit Franz-Olivier Giesbert, « un Jacques Chirac est né à Souk el-Arba ». Ce dernier le confirme dans ses Mémoires : « C'est un des seuls moments de mon existence où j'ai eu véritablement le sentiment d'avoir une influence directe, immédiate, sur le cours des choses et la vie de ceux dont j'étais responsable. » En 2001, pendant l'affaire Aussaresses, parce qu'il s'indignait qu'on prétende que l'emploi de la torture avait été généralisé en Algérie, certains ont émis des doutes sur son comportement personnel. Pour m'en être longuement entretenu avec lui, je peux certifier que ces pratiques n'ont jamais été employées dans son régiment. Lui-même, la cravache à la main, veillait à ce que ses hommes respectent les prisonniers et les villageois. Le président Bouteflika, en 2003, a d'ailleurs publiquement rendu hommage à son attitude pendant la guerre. En juin 1957, quand l'ENA le réclame, il veut se rengager. « Cette vie me plaisait. J'aimais l'action, le risque, la camaraderie et je croyais encore à l'Algérie française », me confia-t-il, des années plus tard. Bernadette et le directeur de l'ENA l'arrachent à ses rêves. Il ne rompt pas pour autant ses liens avec les armées, renforcés par ses mandats de Premier ministre pendant lesquels, « responsable de la Défense nationale » aux termes de la Constitution, il s'implique dans les dossiers et visite de nombreuses unités. Il ne s'en lassera jamais, trouvant dans le contact de la troupe un regain d'énergie et de conviction.

Le nouveau président sera-t-il donc l'otage des militaires, comme certains le craignent ? Sa longue pratique du pouvoir et des relations internationales, d'une part, et sa méfiance à l'égard des généraux, d'autre part, lui permettent une saine distanciation. « Je n'ai jamais vu un général sur le terrain, me dit-il un jour, et il n'y en avait pas à Diên Biên Phu jusqu'à ce qu'on donne des étoiles à ce malheureux de Castries. » Il ne leur accorde sa confiance que parcimonieusement et les états de service ne l'impressionnent pas. « Les militaires adorent les décorations », lâche-t-il à son aide de camp. « Les civils aussi, Monsieur le Président. » Il éclate de rire : « Vous avez sans doute raison. » Ses vraies préoccupations demeurent l'efficacité de l'appareil de défense et la compétence de ses chefs. Comme Churchill, il s'intéresse aux armements et pose de nombreuses questions sur les blindés, l'artillerie, le porte-avions et les avions de combat. Sa passion pour l'aéronautique ne s'est jamais démentie. A chaque occasion, il prend l'avis de son entourage sur les chefs d'état-major ou les commandants de théâtre d'opérations. « Mon général, que pensez-vous du général X ? – Il est très ambitieux. – L'ambition n'est pas un défaut ! – Non, Monsieur le Président. Quand on en a les moyens... » Son affection pour les armées ne l'empêche pas de s'irriter des réticences ou des lourdeurs de l'institution. Il m'est arrivé d'en faire les frais quand je m'opposais à une suggestion de ses conseillers qu'il pensait judicieuse mais qui présentait des risques pour notre sécurité. Il argumentait et, le plus souvent, cédait : « C'est votre dernier mot, mon général ? » Il se levait alors en maugréant et je l'entendais dans la pièce voisine : « Décidément, les militaires sont toujours aussi bornés... » Mais l'orage passait vite et je me satisfaisais d'avoir emporté sa décision. Dans le sillage de Chirac, ce ne sont d'ailleurs pas les généraux, mais les diplomates qui entrent en force à l'Elysée derrière le secrétaire général, Dominique de Villepin. Le bruit court dans les salles de rédaction que le Quai d'Orsay a pris le pouvoir.

Les habits neufs de l'Elysée

« Jacques Chirac n'a pas de loisirs et ne fréquente pas d'amis en dehors de son bureau », note Philippe Bas. « L'Elysée n'est pas pour lui une revanche, mais une sorte d'ascèse. » Ses week-ends sont consacrés à la relecture de ses discours, à l'étude des dossiers et aux innombrables contacts téléphoniques qu'il entretient avec ses fidèles ou ses obligés. S'imposant une discipline de fer, ponctuel jusqu'à l'obsession, il déploie jusqu'à l'épuisement une énergie implacable et souriante, exigeant de ses collaborateurs une disponibilité sans limites. Ses méthodes de travail, à l'opposé de celles de François Mitterrand, s'accordent bien avec les habitudes et les mentalités des officiers de son état-major particulier. La collégialité qu'il impose tend à dissuader les phénomènes de cour inhérents à ce niveau de pouvoir. Dépourvu de tout orgueil et de toute vanité, le nouveau président exige un travail collectif et une équipe soudée autour de lui. Dès son arrivée, il fait aménager le salon vert, qui jouxte son bureau, en salle de réunion, supprimant ainsi le sas qui permettait à Jacques Attali puis à Anne Lauvergeon de contrôler l'accès au président Mitterrand. Dans cette pièce, Chirac réunit régulièrement les conseillers qu'il convoque pour préparer ses entretiens, ses voyages ou ses interventions. Selon un rite immuable, le secrétaire général prend place dans le fauteuil qui lui fait face et le chef de l'état-major particulier à la gauche du président, la place de droite étant réservée à l'une de ses conseillères. C'est dans le salon vert que se tiennent aussi les conseils restreints consacrés aux opérations militaires et les conseils de défense où se prennent les décisions relatives à l'organisation et à l'équipement des armées, du moins quand les sujets abordés ne justifient pas le recours au PC enterré Jupiter. Chirac ne met pas ses conseillers en compétition et privilégie l'écoute et le dialogue. Quand un désaccord s'exprime entre ses collaborateurs, il tranche sans ambiguïté, répugnant à laisser la question en suspens. S'il est un registre, pourtant, où sa pratique du pouvoir rencontre celle de son prédécesseur, c'est celui de la séduction. Chirac n'entend pas régner par la crainte ou l'intrigue, mais par les liens affectifs qu'il tisse autour de lui. Mitterrand inspirait une admiration craintive et révérencieuse. Son successeur insuffle à son entourage une loyauté amoureuse d'une redoutable efficacité. La cour, officiellement bannie, s'insinue par ce biais. Les conseillers du prince sont toujours avides d'un geste, d'un mot, d'un sourire.

Pesanteur des institutions ou choix de circonstance, le pouvoir militaire et diplomatique demeure à l'Elysée. La politique intérieure est largement déléguée au Premier ministre, d'autant que le président entretient avec Alain Juppé une relation exceptionnelle de confiance et d'estime. Aux Affaires étrangères et à la Défense, Chirac a nommé des ministres qui ne sont pas de ses proches et dont le poids politique n'est pas déterminant. L'estime qu'il porte à Hervé de Charette et Charles Millon ne l'empêche pas de vouloir diriger lui-même ces deux bastions de l'action extérieure de la France. Il s'appuie pour ce faire sur des cellules diplomatiques renforcées et sur ses deux interlocuteurs militaires. Le chef de l'état-major particulier, qui lui est directement subordonné, a une double fonction. Il est le conseiller militaire du président au quotidien, mais il est aussi celui qui transmet ses ordres opérationnels à nos forces classiques ou nucléaires. Il dispose d'une équipe très réduite et n'a aucun pouvoir de décision en propre. Le chef d'état-major des armées (CEMA), quant à lui, est la plus haute autorité militaire. Il commande nos forces en opérations, il est le premier responsable de l'équipement et de l'entraînement des armées. Il siège dans les instances militaires de l'OTAN et de l'Union européenne. Par goût et par principe, le nouveau président eût aimé établir avec le chef d'état-major des armées, en prise directe sur les événements et les hommes, un lien direct de confiance, comme il le fera par la suite. En mai 1995, l'amiral Lanxade occupe la fonction depuis quatre ans. Lui reprochant d'avoir été trop proche de Mitterrand puis de Balladur et le jugeant plus diplomate que militaire, Chirac s'en défie ouvertement. Il le nomme pourtant ambassadeur en Tunisie quand il est atteint par la limite d'âge, quelques mois plus tard, et désigne à sa place le général d'armée aérienne Douin. Choisi par Millon au motif qu'il est l'antithèse de Lanxade, ce dernier, personnalité remarquable mais dénuée de sens politique, le déçoit à son tour. Il s'appuiera donc sur le chef de son état-major particulier. Le général Quesnot, qu'il a maintenu dans cette fonction à son arrivée, lui plaît par son franc-parler, sa loyauté et son audace de guerrier expérimenté. Mais l'hostilité à son égard des diplomates et surtout son opposition aux projets de réforme du président le conduisent à s'en séparer quelques mois plus tard. Son successeur, l'amiral Delaunay, choisi par Villepin qui a fait son service dans la marine, est un officier atypique. Son tempérament de feu, sa rare vivacité d'esprit et son étonnante capacité d'analyse, qui lui permet de traquer l'essentiel en abordant les sujets sous des angles inattendus, ne manquent pas de séduire Chirac[1].

La cellule diplomatique est dirigée par Jean-David Levitte, « un négociateur séduisant, non dénué de l'esprit de cour qui sied à sa profession, travailleur acharné sans l'obscurité des laborieux, doué pour la mise en forme des idées qui habillent une Realpolitik[2] ». Ce diplomate souriant, toujours courtois et de bonne humeur, occupe très vite une place privilégiée dans l'emploi du temps et dans l'affection du président. Il est entouré d'une équipe brillante qui essaimera, par la suite, vers les plus hautes fonctions diplomatiques. La nouveauté, à l'Elysée, est la présence dans cette cellule d'un responsable des « affaires stratégiques », c'est-à-dire des questions de défense. La

1. En juin 1998, Chirac nomme le général Kelche chef d'état-major des armées, l'amiral Delaunay ayant décliné l'offre. Ce dernier devient chef d'état-major de la marine en avril 1999 et je lui succède dans les fonctions de chef de l'état-major particulier jusqu'en octobre 2002.

2. Philippe Bas, *Avec Chirac*, Paris, L'Archipel, 2012.

cellule Afrique est dirigée par Michel Dupuch, ancien ambassadeur en Côte d'Ivoire, un haut fonctionnaire rigoureux et ombrageux. Elle est concurrencée, pendant deux ans, par le duo Jacques Foccart-Fernand Wibaux que Chirac a imposé par fidélité gaulliste mais que Villepin s'emploie à marginaliser.

Le chef des armées est donc directement à la manœuvre et peut compter sur une équipe rapprochée talentueuse. La tâche des militaires qui l'entourent est moins simple qu'on ne l'imagine. La collégialité voulue par le président est censée être animée par Dominique de Villepin. Ce dernier, « Murat dans la fonction de Berthier[3] », ravit Chirac par sa fougue, son lyrisme et ses emportements étincelants. Il fait souffler à l'Elysée un vent de passion parfois salutaire. Mais, constamment sollicité par le président et occupé par les affaires confidentielles de toute nature, il n'a ni le temps ni le goût de coordonner ou d'arbitrer. Il le peut d'autant moins que Levitte et Delaunay ont un accès direct et permanent au chef de l'Etat.

Ce contact quotidien entre le président et le chef de l'état-major particulier du président de la République (EMP) est inédit depuis le général de Gaulle (qui prenait au pied de la lettre son rôle de chef des armées). Tous les matins, l'amiral Delaunay attend son arrivée, à l'entrée de son bureau, pour lui faire un point des opérations en cours avant qu'il n'entame sa journée de travail. J'apprendrai, quand je lui succéderai, que le dimanche après-midi est un moment privilégié pour avoir avec Chirac des échanges approfondis sur les dossiers en cours. L'influence que peut avoir le chef de l'EMP sur ses décisions est limitée par celle des conseillers civils en charge des dossiers communs. C'est particulièrement vrai dans les domaines budgétaire et industriel où le Premier ministre, relayé par le secrétaire général adjoint de l'Elysée, a généralement le dernier mot. C'est aussi le cas pour les opérations et les questions multinationales où l'avis des diplomates peut diverger de celui des militaires. La collaboration n'empêche pas la rivalité. Enfin, en toutes choses, l'avis des communicants pèse lourd. Claude Chirac, discrète, calme et réfléchie, professionnelle hors pair, entend tout et parle peu, mais son avis est souvent décisif. Il n'y aura pas de période de rodage ou de mise en jambes pour le président et sa jeune équipe. L'ouragan bosniaque appelle une action immédiate.

3. Peer de Jong, *Vous n'oublierez rien, colonel*, Paris, Tallandier, 2017.

Rupture en Bosnie

Les premiers mois du président sont accaparés par la crise brûlante qui se développe autour de Sarajevo. Les conseils restreints s'enchaînent, épuisant son emploi du temps et celui du Premier ministre. Son engagement personnel se révèle décisif dans le règlement d'un conflit vieux de quatre ans et, sous son impulsion, les armées françaises retrouvent leur vocation qui est de combattre la violence par la force.

Chirac n'a rien prémédité dans ce domaine. Sans doute a-t-il appelé à plusieurs reprises à davantage de fermeté à l'égard des Serbes. Sans préjugés à leur encontre, il ne se sent pas lié par des souvenirs historiques et il estime que leur puissance militaire (doublée de multiples exactions dont ils n'ont pas le privilège, mais qui se distinguent par le nombre et l'horreur) est le principal obstacle à une paix négociée. La France et le Royaume-Uni sont enlisés depuis 1991 dans cette crise ouverte, s'efforçant vainement, sous la houlette des Nations unies, de mettre un terme à la guerre civile sauvage que se livrent musulmans, Serbes et Croates de Bosnie. Les 15000 Casques bleus de la FORPRONU, dont la moitié sont français, se montrent impuissants à se faire respecter, faute de missions, de moyens et de procédures adaptés. Un des points faibles du dispositif est la garde des armes lourdes confisquées aux belligérants, les centres de regroupement étant confiés à la surveillance de groupes d'infanterie isolés et peu armés, sans l'appui d'unités d'intervention. Le 23 mai, les Serbes investissent un de ces centres et s'emparent de quelques pièces d'artillerie. En réponse, deux jours plus tard, l'OTAN, sollicitée par l'ONU selon la procédure compliquée en vigueur, bombarde des dépôts de munitions serbes dans leur fief de Pale. La réplique est immédiate : le lendemain, les milices de Mladić investissent la totalité des centres de regroupement. « Le 26 mai, à 13 heures, raconte l'aide de camp de Chirac, le colonel de Jong, nous rentrons ensemble à l'Elysée. Comme d'habitude, il monte deux par deux les marches qui mènent à l'étage. La télévision est allumée dans le secrétariat pour le journal de la mi-journée. Jacques Chirac tombe en arrêt devant l'écran. Un officier français sort d'un réduit militaire à Sarajevo en brandissant un drapeau blanc. Suivent des images de soldats européens pris en otage par les Serbes. Menottés, accrochés à des panneaux indicateurs ou à des grilles, les soldats de l'ONU sont ridiculisés, humiliés par les Serbes qui exhibent leurs prisonniers. Sous mes yeux, le chef de l'Etat reste bloqué, fermé devant cette scène... Il fait appeler immédiatement le général Quesnot. » Chirac a un sens aigu de l'honneur militaire, « ce que les imbéciles prennent pour un raffinement », disait Bernanos. Dix ans plus tard, s'adressant aux saint-cyriens, il les exhortera dans ces termes : « Vous êtes les dépositaires de l'honneur de nos armées. » L'humiliation publique de nos troupes est pour lui une insulte à la nation française. Le conseil restreint du 26 mai après-midi est orageux, comme il le rapporte dans ses Mémoires : « J'exprime mon indignation au chef d'état-major des armées, l'amiral Lanxade. “Cette situation est inadmissible ! Je ne comprends pas que vous ayez pu laisser nos forces dans l'incapacité de se défendre et je vous tiens pour personnellement responsable de ce qui s'est passé.” » Lanxade se défend et en appelle à Juppé, ministre des Affaires étrangères du gouvernement précédent. Ce dernier le soutient, explique les contraintes de la gestion onusienne et les circonstances, mais ne peut apaiser l'ire du président. « Je préviens fermement l'amiral Lanxade que je ne tolérerai plus désormais qu'une seule position tenue par nos hommes soit cédée à quiconque en Bosnie et entends que nos troupes réagissent systématiquement à toute attaque qu'elles subiraient. » Pour nos armées, imprégnées de la doctrine anesthésiante des « soldats de la paix », cet appel à la résistance et au combat est un choc salutaire. « Je suis résolu, rappelle Chirac, à mettre un terme à une dérive qui veut que les missions soient définies, non d'après la vocation première des armées et leurs règles de fonctionnement, mais, comme c'est le cas en Yougoslavie, en se conformant à des objectifs conçus par des diplomates ou inspirés par des intellectuels. » Ces directives, transmises sur-le-champ au général Gobilliard, qui commande en Bosnie, ont un effet immédiat. Le soir même, le pont de Vrbanja, investi par les Serbes, est repris après un assaut furieux et meurtrier. Lanxade en rend compte au président le lendemain, d'une voix émue : « Nous avons 2 morts et 17 blessés. » Chirac réagit brutalement : « Et alors ? Quand j'étais en Algérie, l'escadron que je commandais avait des morts et des blessés tous les mois. Bien sûr, j'en suis navré pour les hommes et pour leurs familles, mais ils se sont battus. Ils ont fait leur métier. » Pourtant, quand il retrouve son aide de camp après la réunion, il lui glisse tristement : « Mes premiers morts... »

Depuis sa prise de fonctions, le 18 mai 1995, le chef de l'Etat a déjà réuni cinq fois le conseil restreint, consacré pour l'essentiel à la Bosnie. L'ambiance a radicalement changé. François Mitterrand, par goût et du fait de la cohabitation, leur donnait un caractère solennel, voire cérémonieux. La courtoisie glacée et le langage châtié qui présidaient aux échanges nous semblaient l'essence même de ces réunions où se décidait le sort de nos armes. Chirac en bouleverse la forme et l'esprit. Tutoyant les membres du gouvernement et les nommant par leur prénom, il sollicite brutalement leurs avis, plaisante, s'indigne et tranche enfin sans équivoque. L'atmosphère détendue incite aux audaces et aux introspections. Charette et Millon s'y livrent sans retenue. Seuls Juppé et Lanxade gardent une certaine réserve. Ce dernier est désarçonné par le franc-parler, le langage cru et les questions techniques que lui pose le président. C'est la première guerre du chef des armées et il veut tout voir et tout comprendre, consulter les cartes, sans pour autant s'immiscer dans la manœuvre. Après la Bosnie, il prendra ses distances, tout en restant attentif aux implications politiques et aux risques associés aux options qui lui sont proposées. La cohabitation lui imposera aussi, pendant cinq ans, de brider son goût pour les échanges ouverts et informels.

Jacques Chirac entend marquer le virage qu'il impose aux armées dans leur comportement sur les théâtres d'opérations et décide donc de présider la cérémonie d'hommage aux deux victimes de l'assaut de Vrbanja. Dans l'avion présidentiel qui nous conduit à Vannes, autour d'un plateau débordant de charcuterie qu'il nous contraint à partager avec lui, il évoque, en plaisantant, des souvenirs d'Algérie et nous interroge sur l'évolution des écoles militaires. Dans la cour d'honneur du 3e RIMa, une heure plus tard, devant les cercueils drapés du voile tricolore, sa haute silhouette grave, formidable de présence et de dignité, rend l'hommage de la France à ses fils sacrifiés pour elle. Il lit le discours qu'il a rédigé lui-même : « La France ne tolérera plus que ses soldats soient humiliés, blessés ou tués impunément... » On lui propose enfin de rencontrer les familles des morts et les blessés. Sans préparation, il trouve les mots qui touchent, serre les mains longuement, embrasse les enfants, les laisse bouleversés. Longtemps, je me suis interrogé sur le carcan que lui imposait son entourage pour brider sa spontanéité et éviter les dérapages survenus dans le passé. Ses discours improvisés, guidés par l'intuition et l'expérience des hommes et des circonstances, étaient impressionnants de force et de conviction...

Le chef de l'Etat n'entend pas se limiter à modifier l'attitude et les règles d'engagement des troupes françaises. Il projette de doubler la FORPRONU d'une force de réaction rapide (FRR) qui lui permette de contrer toute nouvelle agression. L'accord du Conseil de sécurité est nécessaire et le temps presse. Il convainc sans peine John Major, le Premier ministre britannique, et arrache à Bill Clinton, plus réservé, un accord de principe sur un projet préparé à Paris, au cours d'une réunion improvisée de l'OTAN. La France, le Royaume-Uni et les Pays-Bas mettraient sur pied une force de 4 200 hommes dotée de blindés et d'artillerie. Le Congrès américain restant réticent à toute action de force internationale, Clinton demande à Chirac de prendre la parole au Capitole pour emporter son adhésion. Il intervient le 14 juin et, le lendemain, la résolution 998 est votée au Conseil de sécurité.

Cependant, les plans du président français sont contrecarrés par une nouvelle offensive serbe. Les milices de Mladić, pour devancer le déploiement de la FRR, décident d'investir les enclaves musulmanes protégées par la FORPRONU. Le 11 juillet, au cours d'un sommet franco-allemand à Strasbourg, Chirac et Kohl apprennent que l'enclave de Srebrenica, tenue par un bataillon néerlandais, est encerclée par les Serbes qui s'apprêtent à donner l'assaut. L'ancien maire de Paris manque de s'étouffer quand il découvre que les Hollandais ont refusé l'appui aérien de l'OTAN en raison des risques pour leurs troupes. Il demande qu'on étudie une intervention immédiate. Lanxade faisant valoir qu'elle est impossible faute d'hélicoptères de transport en nombre suffisant, Quesnot suggère une opération aéroportée dont il serait prêt à prendre le commandement. Chirac ne donne pas suite, convaincu par les arguments du chef d'état-major des armées qui juge la proposition irréaliste. La suite est connue. Le bataillon néerlandais se retire, cédant la place aux hommes de Mladić qui massacrent plus de 7 000 personnes. L'indignation est générale, mais les Etats-Unis ne sont pas encore prêts à accepter une opération offensive contre les Bosno-Serbes. Trois mesures cruciales sont néanmoins adoptées : les frappes aériennes de l'OTAN pourront être engagées sans feu vert de l'ONU ; la FRR est déployée sur le mont Igman qui domine Sarajevo ; toute nouvelle agression serbe sera sanctionnée par le bombardement systématique des installations de ses milices (accord tripartite de Londres).

Le 26 août, un tir de mortiers sur le marché de Markale, à Sarajevo, fait 37 morts et 90 blessés. Attribué, sans doute à juste titre, aux Serbes, ce massacre décide l'OTAN à engager une campagne de bombardements aériens de 15 jours sur les positions des milices. L'équilibre des forces étant définitivement rompu, les Serbes acceptent de négocier. En parallèle, Chirac doit gérer la prise en otage de deux pilotes de Mirage 2000, détenus par Mladić après qu'ils ont dû s'éjecter en vol. Après avoir fait appel sans succès à une médiation russe, le président s'en prend à Milošević, président de la Serbie, en le menaçant de faire échouer les négociations de paix et en l'invitant à faire savoir à Mladić que « la France peut aussi être terrible dans sa vengeance ». Ce dernier ayant finalement accepté de rencontrer le nouveau chef d'état-major de l'armée (CEMA) français, le général Douin, l'entretien se déroule dans des conditions rocambolesques. En échange de la libération sans conditions des pilotes, Douin accepte de serrer la main du bourreau de Srebrenica. La photo fait le tour du monde, mais, comme me le dira le chef d'état-major, « Mladić n'a rien eu sauf cette image. Pour ramener nos otages vivants, j'aurais serré la main du diable ! ».

Les accords de Dayton, signés à Paris le 14 décembre 1995, consacrent le partage et l'organisation des pouvoirs en Bosnie. Reprenant l'essentiel des dispositions du plan proposé par Juppé et Kinkel en 1994, ils mettent un terme à la guerre civile, sans pour autant garantir la viabilité d'un Etat profondément divisé. Pour incertain que soit l'avenir, le retour de la paix doit beaucoup à l'investissement personnel de Chirac. Rompant avec la politique de son prédécesseur, il a conduit l'épreuve de force avec les Serbes et a su rallier les Américains à son entreprise. Son pragmatisme et sa maîtrise de l'action militaire ont été décisifs. De cette confrontation, il tire trois leçons : nos armées ne peuvent s'accommoder des méthodes et des procédures de l'ONU et d'autres cadres d'emploi sont à privilégier ; le rôle passé et à venir de l'OTAN en Bosnie justifie qu'on s'interroge sur la position particulière de la France en dehors de la structure intégrée ; la tentation de l'unilatéralisme demeure forte à Washington. En pratique, Clinton et son envoyé spécial, Holbrooke, ont phagocyté les négociations de Dayton, alors que leur contribution militaire au règlement du conflit avait été tardive et limitée. Le président français est plus que jamais convaincu que, dans un tel contexte, une réforme profonde des structures nationales de défense est indispensable. Son premier volet, la modernisation de la dissuasion nucléaire, est déjà engagé.

Tempête nucléaire

« A mon arrivée à l'Elysée, plus personne ne conteste sérieusement que la dissuasion nucléaire soit devenue à la fois un fondement essentiel de notre sécurité et un facteur important de stabilité internationale. » Fort de ce constat, Jacques Chirac impose, en trois temps, une réforme majeure de la dissuasion française. Bravant l'opinion publique et s'exposant à l'opprobre du monde entier, il relance les essais nucléaires pour garantir la crédibilité des armes futures. Puis, prenant ses contempteurs à revers, il prend la tête du mouvement de désarmement des puissances nucléaires. Enfin, cinq ans plus tard, quand la crédibilité de la dissuasion nationale est remise en cause, il en adapte la doctrine et les moyens.

« Les experts militaires [...] me pressent d'ordonner la reprise des essais nucléaires interrompus depuis 1992 », note-t-il dans ses Mémoires. Dès avant son élection, le maire de Paris est convaincu de la nécessité d'une nouvelle campagne de tirs souterrains au centre de Mururoa que le président Mitterrand s'est prudemment gardé de démanteler. La commission réunie par Lanxade en 1994 a déjà tranché dans ce sens. Edouard Balladur, Premier ministre, a réclamé publiquement la fin du moratoire. Ce n'en est pas moins une décision lourde qui ne manquera pas de susciter de violentes réactions internationales, les grandes puissances ayant toutes interrompu leurs campagnes d'essais. En France, elle peut être mal comprise et perçue comme un acte inutilement agressif. A l'Elysée, la question est sérieusement débattue. Quesnot n'y est pas favorable, jugeant la reprise inutile. Claude Chirac et Jacques Pilhan, qui s'occupe de la communication du président, s'inquiètent de ce coup de poker. « Avec une nouvelle pareille, vous allez gagner 10 000 voix ! », lance la conseillère goguenarde à son père. C'est son ami, ex-haut-commissaire à l'énergie atomique et concepteur de la bombe H, Robert Dautray, qui le décide à franchir le pas. L'enjeu est de pouvoir se passer définitivement des essais tout en garantissant la fiabilité des armes. Or, le moratoire a été imposé sans préavis et les experts du CEA ne s'estiment pas capables de reproduire par la simulation le fonctionnement des futures têtes nucléaires sans un minimum d'essais. Chirac réunit donc au PC Jupiter un conseil de défense restreint auquel sont associés les responsables du CEA et Hubert Curien, l'ancien ministre socialiste de la Recherche. « Tous, sans exception, me font part de leur approbation. »

Le 13 juin 1995, en pleine tourmente bosniaque, Chirac annonce à la télévision une campagne de huit essais nucléaires, à l'issue desquels le centre de Mururoa sera démantelé. « Je mesure, en ce qui me concerne, les risques politiques [...] ce n'est probablement pas la décision la plus attendue par les Français, ni celle qu'ils estimeront la plus justifiée », écrira-t-il. En réalité, il n'est pas mécontent d'endosser une posture gaullienne : « Seul m'importe ici ce qui doit être fait dans l'intérêt de la France. » La presse internationale se déchaîne, les ambassades françaises sont assiégées, des boycotts sont annoncés et les manifestations se multiplient en Australie, en Nouvelle-Zélande et même en Europe[4]. Les gouvernements des grandes puissances gardent un silence prudent mais réprobateur, tout comme le chancelier Kohl, prévenu deux jours avant l'annonce. La reprise des essais intervient, il est vrai, dans un contexte des plus défavorables, cinquante ans après Hiroshima et dix ans après le sabotage du *Rainbow Warrior*. Greenpeace annonce son intention d'occuper le site de Mururoa... La communication et les interventions de la marine nationale pour tenir à l'écart la flottille des opposants sont gérées directement à l'Elysée. Le 5 septembre, quand intervient le premier tir, la situation est maîtrisée et Chirac invite l'Agence internationale de l'énergie atomique (AIEA) à s'assurer de la sécurité de la population locale.

Le 29 janvier, les objectifs de la campagne ayant été atteints, il annule les deux derniers essais et annonce le démantèlement de Mururoa. Il s'engage à signer et faire ratifier le traité d'interdiction complète des essais nucléaires et décide d'interrompre la production de matières fissiles[5]. Ainsi, en six mois, la posture est-elle inversée : la France, trublion de l'ordre international et accusée de relancer la prolifération, devient la nation pionnière en matière de désarmement nucléaire. Le président n'en reste pas là. Prenant acte de la situation internationale, il réduit les moyens des forces nucléaires, les ramenant à ce qu'il estime être un « niveau de stricte suffisance » pour dissuader un agresseur potentiel. Ainsi décide-t-il la fermeture du site de missiles stratégiques du plateau d'Albion et l'élimination des missiles à courte portée Hadès. L'appréciation du niveau de suffisance n'appartient qu'au chef de l'Etat, mais les réticences sont vives dans le milieu militaire. L'armée de terre est désormais exclue du « club nucléaire », mais elle s'y attendait après les restrictions déjà imposées par Mitterrand. L'armée de l'air, en revanche, encaisse mal

4. Chirac est particulièrement irrité par l'attitude du Premier ministre danois qui affiche son désaccord avec les essais français en tournant, en vélo, sur la place centrale de Copenhague. Quand je le lui rappelle en 2012, il fulmine encore...

5. La France est le premier pays à signer le traité d'interdiction complète des essais nucléaires, en septembre 1996, qu'elle ratifie sans délai. En 2017, ni les Etats-Unis ni la Chine n'ont encore voté sa ratification. L'Inde, le Pakistan et la Corée du Nord ont refusé de le signer. La renonciation à la production de matières fissiles, prévue dans le cadre du même traité, n'a été officialisée par aucune autre puissance nucléaire que la France.

la fermeture du plateau d'Albion que l'ancien président considérait comme la pièce maîtresse du dispositif. Le point n'est pourtant guère discuté en conseil de défense, tant la position de Chirac paraît inébranlable. Déjà, Premier ministre, il avait envisagé de l'équiper de missiles mobiles, le site lui paraissant trop exposé. L'analyse mitterrandienne, selon laquelle cette vulnérabilité contribuait à la sanctuarisation du territoire national, relève pour lui de la dialectique de la guerre froide. Enfin, le démantèlement de Mururoa inquiète ceux, nombreux, qui craignent que la simulation des essais, fondée sur un pari scientifique, ne se révèle illusoire. Le chef de l'Etat, persuadé que la fiabilité des armes futures est assurée et que la survie de la nation est garantie par les 450 têtes nucléaires modernisées constituant le nouvel arsenal, est imperméable aux critiques et aux états d'âme.

Quelques années plus tard, alors que la cohabitation a pris ses quartiers au sommet de l'Etat, de nouvelles menaces pèsent sur la dissuasion française. Chirac, en plein accord avec le Premier ministre Jospin, en adapte radicalement la doctrine et les moyens. L'équilibre traditionnel entre grandes puissances est perturbé par l'émergence de nouveaux acteurs régionaux s'équipant d'armes nucléaires et de missiles à moyenne portée. L'Inde et le Pakistan ont procédé à des essais en 1998 ; l'Iran et la Corée du Nord ont des programmes clandestins et disposent par ailleurs d'armes chimiques adaptables à leurs missiles. Or, pour faire face à cette nouvelle menace, les Etats-Unis développent un programme de défenses antimissiles, moins ambitieux que la « guerre des étoiles » de Reagan mais scientifiquement plus crédible, qui pourrait, selon Washington, se substituer à terme à la dissuasion nucléaire. Ce projet américain, accueilli avec faveur par la plupart des gouvernements européens, inquiète la Russie et la France qui craignent la remise en cause de leurs capacités de dissuasion et, par voie de conséquence, de leur indépendance stratégique. En février 1999, le président crée un groupe de réflexion chargé de proposer des mesures d'adaptation de la dissuasion pour qu'elle garde sa pertinence dans ce nouvel environnement. Ses travaux sont validés tous les trois mois en conseil de défense, au PC Jupiter.

Au début de l'année 2001, Chirac approuve une inflexion doctrinale majeure : la stratégie apocalyptique « anticités », en vigueur depuis les débuts de la force de frappe, est abandonnée pour les puissances régionales qui menaceraient nos intérêts vitaux. En effet, pour les dissuader de toute agression, la menace de destruction mutuelle assurée serait peu crédible. Seule l'assurance de voir détruits tous leurs centres de pouvoir, politiques, militaires et économiques, pourrait les arrêter. Les capacités des forces nucléaires doivent être adaptées en conséquence. La décision n'a été adoptée qu'après des discussions serrées, les ministres des Affaires étrangères et de la Défense de Lionel Jospin se voulant fidèles à la « doctrine Mitterrand ». Il m'a fallu ressortir des archives démontrant le pragmatisme de l'ancien président en la matière pour faire lever les dernières réticences. En l'occurrence, j'ai été aidé par Louis Gautier, le conseiller de Lionel Jospin pour la défense, avec lequel j'entretiens des contacts étroits dans le contexte de la cohabitation.

Cette évolution majeure du concept et des moyens de la dissuasion est exposée le 8 juin 2001 à l'IHEDN par le chef de l'Etat et passe inaperçue dans le tumulte de la cohabitation. Il l'explicitera en janvier 2006 à l'île Longue, dans le Finistère. En parallèle, Chirac ne manque pas une occasion de critiquer le projet américain de défenses antimissiles : « Dans le combat séculaire entre l'épée et le bouclier, c'est toujours l'épée qui a eu le dernier mot... » La rupture avec François Mitterrand est presque totale dans ce domaine si cher à l'ancien président, jusqu'à un virage doctrinal qu'il aurait jugé hérétique. L'objectif poursuivi est pourtant le même. Il s'agit de préserver le territoire national de la guerre et de maintenir la liberté d'action de la France. S'y ajoute un même souci de promouvoir un désarmement contrôlé. Les changements voulus par Chirac sont affaire de circonstances et de tempérament.

Vers l'armée de métier

En avril 1995, convoqué par le chef d'état-major de l'armée de terre pour un tour d'horizon avant l'élection présidentielle, je découvre avec stupeur que ce dernier et son entourage excluent toute hypothèse d'abandon du service militaire. Certes, le colonel de réserve Chirac n'a pas annoncé explicitement la professionnalisation des armées, mais sa volonté exprimée d'une « remise à plat » et les propos de ses conseillers ne laissent guère de doute. Il est vrai que ce serait un changement historique dans un pays où la conscription a joué un rôle essentiel dans la formation de l'idée nationale[6]. Institué par la loi Jourdan de

6. Cf. Bastien Irondelle, *La Réforme des armées en France. Sociologie de la décision*, Paris, Presses de Sciences-Po, 2011.

1793, le service militaire est devenu obligatoire et universel en 1905. Sa suspension, annoncée par le président le 21 février 1996, est donc une révolution, tant pour les militaires que pour l'ensemble de la société. Cette réforme radicale, à l'évidence préméditée, est imposée par Chirac aux armées et au Parlement. Motivée par les exigences de l'après-guerre froide, elle se déploie sans heurts, mais souffre, dès l'origine, d'un sous-financement qui la fragilise durablement.

Pour Chirac, le service militaire ne répond plus aux exigences d'universalité et d'égalité, les ressources excédant largement les besoins des armées. Près de la moitié d'une classe d'âge y échappe, par exemption, réforme médicale ou choix d'un service civil. Surtout, il n'est pas adapté aux missions qui incombent désormais aux armées. François Mitterrand, lui-même, a donné la priorité, après la guerre du Golfe, à la projection extérieure qui requiert des unités professionnelles, expérimentées et d'un bon niveau technique. En l'absence de menaces aux frontières, la protection du territoire est garantie par la dissuasion et la défense aérienne[7]. La sécurité des Français et la préservation des intérêts nationaux se jouent dans les crises extérieures susceptibles de dégénérer ou d'affecter nos approvisionnements. Ce n'est plus l'affaire des conscrits qui, pendant plus d'un siècle, ont assuré la garde aux frontières. Dès le premier conseil de défense consacré à la réforme des armées, en juin 1995, le chef de l'Etat prend la mesure de l'opposition des chefs militaires, mais aussi des diplomates et des comptables de Bercy, à l'abandon de la conscription. La perspective d'une armée rognée et coûteuse inquiète. Dans les popotes, les officiers supérieurs, imprégnés du « dogme républicain de la Nation en armes », crient au sacrilège. Le président n'ignore pas, par ailleurs, que les députés favorables à l'armée de métier sont largement minoritaires au Parlement. Enfin, l'opinion publique semble globalement attachée au service militaire.

Chirac adopte donc une stratégie audacieuse lui permettant d'imposer la réforme en évitant tout débat public. Dans une première phase, totalement confidentielle, il définira l'objectif à atteindre, largement inspiré de l'exemple britannique, mais concédera aux grands responsables civils et militaires la définition du nouveau

7. Le risque terroriste sur le territoire national est jugé faible en 1996. En tout état de cause, les effectifs de l'armée professionnelle (60 000 hommes de plus qu'en 2015) permettraient sans difficulté d'appuyer les forces de sécurité en cas de nécessité.

modèle d'armée et les modalités de la transition. Puis, avant d'annoncer publiquement la réforme, il prendra l'avis du président de l'Assemblée nationale, son coriace rival, Philippe Séguin, préalable incontournable au vote de la future loi de programmation. Une fois l'obstacle franchi, le débat parlementaire ne sera qu'une formalité car le président est convaincu du soutien populaire massif à l'abrogation du service national quand la question quittera le domaine des principes pour s'inscrire dans la perspective de la vie quotidienne des Français. Avec les chefs d'état-major, Chirac temporise jusqu'au 30 novembre. Ce jour-là, pour la deuxième fois et en dépit de ses incitations, les responsables du ministère de la Défense lui proposent la reconduction du modèle d'armée existant, dont l'ossature repose sur la conscription. Fait rarissime dans l'histoire des conseils de défense, le président rejette les conclusions qui lui sont soumises et exige que lui soit présenté un projet d'armée entièrement professionnalisée. Il le fait sans éclat, mais avec une fermeté qui impressionne ses interlocuteurs. Deux mois plus tard, le 30 janvier 1996, il approuve le nouveau schéma (modèle d'armée 2015), conforme à ses directives. La Grande Muette a tenu son rôle et rien ou presque n'a filtré de ses travaux. Philippe Séguin n'est pourtant pas surpris quand le chef de l'Etat l'informe des travaux du conseil. Leur entretien est orageux. Le président de l'Assemblée nationale l'accuse de brader les acquis de la Révolution française et s'indigne de l'absence de débat national, stigmatisant la mise à l'écart du Parlement... Chirac tient ferme sur son projet mais invite son interlocuteur à lui proposer des amendements. Leur dialogue se poursuit pendant quinze jours. Après avoir rejeté le maintien – trop coûteux – d'un service militaire de cinq mois, en parallèle de l'armée professionnalisée, le président accepte le principe d'un « rendez-vous citoyen » de quelques jours imposé à toute la jeunesse. Il prend également la décision de suspendre le service national au lieu de l'abroger. Ce choix, en apparence symbolique, a le mérite de ne pas préjuger de l'avenir[8].

« Notre outil de défense est totalement inadapté... » : le discours télévisé du chef de l'Etat, le 21 février 1996, provoque la stupeur, mais la majorité des Français y réagit très favorablement, comme Chirac l'escomptait. Un an plus tard, le gouvernement Jospin se gardera d'ailleurs de revenir sur la réforme qu'il avait pourtant

8. En mai 2017, le président Macron a annoncé la création d'un service militaire obligatoire d'un mois pour toute la jeunesse.

combattue au Parlement. Sa mise en œuvre n'en est pas moins douloureuse dans les armées. La dissolution de nombreuses unités et la mise à l'écart de milliers de cadres officiers et sous-officiers sont d'autant plus mal vécues que les généraux et les colonels ne cachent pas leur hostilité à l'armée de métier. La principale opposition politique vient des maires qui redoutent les conséquences économiques de la disparition de « leur » régiment. La première victime de la réforme est paradoxalement le couple franco-allemand. Helmut Kohl n'apprécie pas de n'avoir été prévenu qu'au dernier moment. Or, il ne souhaite pas que se développe en Allemagne un débat sur la conscription et il accepte mal que Paris ait décidé sans concertation de retirer la majorité de ses forces stationnées outre-Rhin. La confiance entre les deux partenaires en est sérieusement affectée. Il faudra attendre 2003 et la crise irakienne pour que se renouent des liens privilégiés.

Le modèle d'armée 2015, ambitieux mais équilibré, qui replace la France au premier rang des puissances militaires européennes, est adopté par le Parlement. L'armée de métier est mise sur pied en cinq ans et déploie avec succès plus de 10 000 hommes en permanence sur les théâtres d'opérations. Pourtant, systématiquement sous-financée pendant les six premières années, la réforme n'atteint pas ses objectifs et les retards d'équipements s'accumulent, en dépit des efforts imposés par Chirac à partir de 2002[9]. La crise économique de 2008 et les choix budgétaires de ses successeurs auront, par la suite, raison de l'ambition affichée par Jacques Chirac.

Un pas vers l'OTAN

L'ancien maire de Paris, on l'a dit, est sans préjugés à l'égard des Etats-Unis, mais il craint l'unilatéralisme du dernier Super Grand et il rejette le concept d'« Occident » mis en avant par Washington pour affirmer son leadership. Il n'ignore pas non plus l'hostilité de l'ensemble de la classe politique à toute évolution de la position française vis-à-vis de l'OTAN. Pour le président, qui s'affirme gaulliste, le retour dans la structure intégrée de l'Alliance, trente ans après la rupture fracassante imposée par le Général, est un choix difficile

---

9. En 2002, il manque 13 milliards d'euros, soit l'équivalent d'une année de programmation du budget d'équipement des armées. En 2008, le déficit est encore de 11 milliards.

à assumer, presque blasphématoire. Le contexte est pourtant bien différent de celui qui prévalait en 1966 et le pragmatisme, une fois encore, emporte sa décision. Les négociations échouent après dix-huit mois d'âpre marchandage et Chirac en est plus soulagé que déçu. Il s'attache néanmoins, pendant les dix années qui suivent, à renforcer la présence française dans l'OTAN, devenue un instrument majeur de la gestion des crises internationales.

Depuis mars 1966, la France a une position originale dans l'organisation atlantique, un pied dedans (au niveau politique du Conseil) et un pied dehors (pas de forces affectées ni d'officiers dans les états-majors). Ce statut ambigu est perçu, à l'extérieur de l'Alliance, comme une marque d'indépendance à l'égard de la politique américaine. Or, la crise yougoslave a changé la donne. A son corps défendant, François Mitterrand a accepté que l'OTAN apporte un appui aérien aux forces de l'ONU déployées en Bosnie. Ce faisant, il a ouvert la brèche : pour la première fois, l'Alliance intervient en dehors du territoire de ses membres. Chirac en prend acte, d'autant que les accords de Dayton s'appuient sur un déploiement de ses forces en ex-Yougoslavie. « La crise yougoslave, écrit-il dans ses Mémoires, m'a conduit à envisager [...] les conditions d'un possible rapprochement entre la France et l'OTAN. Rapprochement susceptible d'amener notre pays, si les conditions sont remplies, à réintégrer le commandement militaire de l'organisation. Il ne s'agit nullement, dans mon esprit, de paraître "rentrer dans le rang"... »

Inspirée par les chefs militaires qui ont constaté dans le Golfe, en 1991, la perte de leur interopérabilité avec les Alliés et qui s'inquiètent de devoir engager des forces en Bosnie sans contrôle sur la planification et la conduite des opérations, cette démarche est appuyée par un puissant courant atlantiste au sein du Quai d'Orsay et dans l'entourage d'Alain Juppé. Convaincu intellectuellement de la validité de cette approche, le président tarde néanmoins à lancer les négociations. Au cours des conseils restreints, il multiplie les interrogations, le visage fermé. Comme je l'apprendrai par la suite, ses sourcils froncés et sa bouche étirée reflètent le doute profond qui l'habite quand l'intuition du vieil animal politique combat en lui l'argumentaire de la raison. En décembre 1995, il autorise ses ministres et le chef d'état-major des armées à participer aux réunions de leurs pairs à Bruxelles. Puis, au mois de février suivant, il prend la parole devant le Congrès américain : « Il nous faut imaginer [...] ce pilier européen au sein de l'Alliance qu'évoquait déjà le président Kennedy [...]. La

France, dans cette situation nouvelle, est prête à prendre toute sa part à cette entreprise de rénovation. » Ses propositions sont reçues fraîchement, tant au Capitole qu'à la Maison-Blanche. Le « pilier européen de l'Alliance » est un concept fallacieux qui suggère un partage du pouvoir inatteignable entre les deux rives de l'Atlantique. Comment les Etats-Unis qui fournissent 50 % des ressources et 70 % des capacités pourraient-ils accepter une contestation de leur autorité ? Aussi, quand, concrètement, les négociations se focalisent sur le commandement Sud de l'OTAN que Paris souhaiterait voir attribuer à un général européen (de préférence français), le blocage américain est immédiat et total. Il est vrai que le quartier général de Naples a la responsabilité des opérations dans les Balkans ainsi qu'en Méditerranée où croise la VIe flotte. Aussi, quand Hubert Védrine, nommé ministre des Affaires étrangères du gouvernement Jospin, lui exprime son opposition à la poursuite des négociations, Jacques Chirac lui répond aussitôt que l'intransigeance américaine l'a déjà convaincu de l'inutilité de ces échanges. Jusqu'à la fin de son second mandat, il entonnera avec conviction l'antienne chère à François Mitterrand : « La position française vis-à-vis de l'OTAN ne présente que des avantages ! » A mon usage, il ajoutera parfois qu'il a toujours craint l'influence délétère des slogans simplificateurs et de l'obsession technologique des militaires américains sur la pensée et le comportement de nos officiers… Cette réflexion me reviendra, quelques années plus tard, quand déferlera à Bruxelles la vague enthousiaste des Français affectés dans les états-majors de l'Alliance.

Il n'en demeure pas moins que l'OTAN, sans qu'il puisse s'y opposer, joue un rôle de plus en plus marquant dans la gestion des crises internationales. Aucune autre organisation n'est capable de conduire des opérations de grande ampleur. Après la Bosnie, viennent le Kosovo, puis l'Afghanistan. En août 2003, le président accepte que la Force internationale d'assistance et de sécurité (FIAS) qui soutient le gouvernement de Kaboul passe sous le commandement de l'OTAN. Le choix est raisonnable, les états-majors français et britannique n'ayant pas les moyens d'assumer seuls la mission élargie désormais confiée à la FIAS. Concrètement, pourtant, cette décision revient à entériner le rôle de l'Alliance en dehors du continent européen. De fait, les forces françaises sont massivement engagées sous la bannière de l'OTAN et, à partir de 2003, elles contribuent à sa force de réaction rapide. En 2005, à ma demande, le chef de l'Etat accepte que 175 officiers soient intégrés dans la chaîne de commandement de l'organisation pour être associés à la planification des opérations. Le rapprochement se poursuit donc au coup par coup, sur une base pragmatique, mais Chirac n'envisage plus un retour « dans le rang » qu'il sait désormais sans contrepartie. Il y est d'autant moins enclin que le lancement de la défense européenne et les déchirements de la crise irakienne provoquent un raidissement américain dissuasif. En tout état de cause, pendant cinq ans, la cohabitation politique avec Lionel Jospin exclut tout changement de cap.

La guerre en cohabitation

De 1997 à 2002, le président doit composer avec son Premier ministre. Les périodes de cohabitation des deux septennats précédents ont établi une forme de jurisprudence confortant le « domaine réservé » du chef de l'Etat. En politique étrangère, le dernier mot lui revient, mais, en matière de défense, les responsabilités sont plus partagées. La dissuasion nucléaire, l'engagement opérationnel des forces et la nomination des généraux relèvent *in fine* de la décision du chef des armées, mais l'organisation du ministère, les rapports avec l'industrie d'armement et surtout les budgets sont des prérogatives du gouvernement. Le dialogue permanent qui s'impose donc entre les deux têtes de l'Etat, jamais exempt d'arrière-pensées politiques, n'autorise ni la prise de risques ni les réformes majeures. C'est dans ces conditions peu favorables que la France s'engage dans deux conflits majeurs, au Kosovo dès 1999 et en Afghanistan à partir de 2001. L'absence de désaccord fondamental entre Chirac et Jospin et la volonté du président de maintenir l'unité nationale autour de l'engagement de nos armées permettent néanmoins d'éviter des dysfonctionnements préjudiciables à la conduite des opérations. Dans ces deux conflits, où l'attitude des Etats-Unis est déterminante, l'abstention de la France n'est guère imaginable : au Kosovo, en raison des principes moraux affichés par les Alliés, et, en Afghanistan, par devoir de solidarité avec les victimes des attentats du 11 Septembre. Dans les deux cas, au fil des ans, les résultats de l'intervention occidentale ont pu être légitimement contestés. Du moins Chirac s'est-il employé, souvent avec succès, à en limiter les débordements et les risques pour la France.

Les règles du jeu sont fixées dès juillet 1997. Chaque semaine, le président reçoit en tête à tête le Premier ministre, mais a aussi des entretiens privés avec les ministres des Affaires étrangères et de la Défense. Avec Hubert Védrine, que Jacques Chirac tient en haute estime, les échanges sont fructueux et exempts de tout dogmatisme. « Le climat entre nous était suffisamment confiant pour qu'il m'interroge souvent sur François Mitterrand, sur ce qu'il pensait, sur ce qu'il aurait fait dans telle ou telle situation. Il voulait comprendre la démarche de son prédécesseur qui était pour lui une référence majeure », confie Hubert Védrine à Pierre Péan en 2006. Il reste que pour Chirac, le débat d'idées demeure subordonné à l'efficacité de l'action. Avec Alain Richard, très subtil conseiller d'Etat et fin connaisseur de ses dossiers, le dialogue est plus formel, mais les désaccords sont rares. Confiant, le président charge le ministre de m'informer des conclusions de leurs entretiens... Ce dernier me garde parfois longuement dans son bureau de l'hôtel de Brienne pour commenter librement les analyses de Chirac et m'exposer ses vues ou ses interrogations. Ses messages sont bien sûr destinés au chef de l'Etat qui ne les néglige pas, sans toujours les approuver. Le point de friction majeur entre le président et le chef du gouvernement concerne le budget des armées. Chirac se refuse à rendre le débat public. « La défense, me dit-il, ne doit pas devenir un enjeu de la cohabitation. » Chaque année, néanmoins, la cérémonie des vœux aux armées lui sert de support pour dénoncer, devant la presse, l'insuffisance des crédits militaires et le non-respect de la loi de programmation. Ses admonestations n'affectent pas le Premier ministre, impavide, qui maintient ses priorités où la défense n'a qu'une place modeste. Des conseils restreints, consacrés aux opérations, sont réunis, en moyenne, tous les quinze jours. Ils sont précédés de comités restreints présidés par le Premier ministre. Invité aux deux réunions, je suis frappé par le déséquilibre entre les débats qui s'y tiennent. A Matignon, les échanges sont concentrés entre les membres du gouvernement. L'avis des responsables militaires est à peine sollicité. A l'Elysée, en revanche, la décision se noue autour d'un dialogue entre Chirac et Kelche, le chef d'état-major des armées dont il apprécie l'intelligence, la rigueur et le sang-froid.

La gestion de la crise kosovare est facilitée par la décision de Jospin de laisser le chef de l'Etat en première ligne. Les enjeux de politique intérieure sont faibles, la ligne de conduite à adopter ne souffre guère de discussions dans le climat moralisateur de l'époque et le Premier ministre a peu d'appétence pour la chose militaire. Le Conseil de sécurité s'inquiète, à l'été 1998, de la politique de « reserbisation » forcée conduite par Milošević dans cette province peuplée majoritairement de populations albanophones musulmanes. Un cycle infernal d'attentats et de répression brutale s'y développe. En septembre, l'ONU décide d'y déployer 2 000 observateurs, en se réservant d'« examiner une action ultérieure [...] pour maintenir ou rétablir la paix et la stabilité dans la région ». La marche à la guerre est engagée. A ce stade, Chirac n'est pas plus enclin que son homologue américain à envisager une intervention militaire. Il n'accorde, certes, aucune confiance à Milošević, mais il craint une extension du conflit à la Macédoine où les tensions intercommunautaires sont fortes. Il est également conscient des divisions au sein de la communauté albanophone et se défie des extrémistes de l'UCK[10]. Il juge enfin indispensable une résolution du Conseil de sécurité pour autoriser une éventuelle action de l'OTAN : jusqu'au bout, pour tenter d'éviter un veto russe, il s'efforcera donc de maintenir Eltsine dans le jeu.

Deux acteurs, la secrétaire d'Etat américaine et le Premier ministre britannique, vont jouer un rôle déterminant dans le déclenchement des hostilités. Madeleine Albright, fille d'un diplomate tchèque ayant été en poste à Belgrade, assimile Milošević à Hitler et convainc Clinton, dès l'été 1998, de faire planifier par l'OTAN une campagne aérienne contre la Serbie. Tony Blair, pour sa part, se découvre une âme de croisé. Ce jeune dirigeant moderne, centriste et francophile, entretient alors avec Chirac des relations chaleureuses et il le pressera de prendre les armes contre le dictateur serbe. Le 16 janvier, un charnier est découvert à Račak. Les corps de dizaines de Kosovars exécutés par les forces de sécurité serbes sont exhumés. Le chef américain des observateurs de l'OSCE dénonce un « crime contre l'humanité ». Chirac et Védrine tentent de sauver la paix en proposant, avec l'appui de Robin Cook, le chef du Foreign Office, la réunion d'une conférence internationale. Elle se tient à Rambouillet, puis à Paris, du 6 février au 22 mars. L'intransigeance de Milošević, qui refuse le déploiement d'une force de l'OTAN au Kosovo – exigé par les Américains –, provoque l'échec des négociations. L'opération « Force alliée » commence le 24 mars. Elle a pour objectif de « stopper la violence et d'arrêter la catastrophe humanitaire », selon le secrétaire général de l'OTAN. Le président Chirac intervient solennellement à la télévision : « Tout

10. L'aile modérée des indépendantistes kosovars est représentée par Rugova, soutenu par la France. Les Américains et les Britanniques, pour leur part, appuient les responsables extrémistes de l'UCK, Thaçi et Haradinaj.

a été fait pour faire prévaloir une solution de raison, une solution de paix. Devant l'obstination injustifiable et incompréhensible du président Milošević, les Alliés unanimes ont estimé qu'il n'y avait plus d'autre choix que d'intervenir militairement contre des objectifs serbes bien ciblés et ceci afin de contenir une tragédie qui, de proche en proche, menace la stabilité de tous les Balkans. Parce qu'il s'agit de la paix sur notre continent, parce qu'il s'agit des droits de l'homme sur notre continent, je sais que les Françaises et les Français comprendront que nous devions agir. »

Entretenu par les interventions télévisées hebdomadaires du chef de l'Etat, le soutien populaire à cette campagne est avéré et durable. D'entrée de jeu, Chirac a décidé d'engager un fort contingent français dans la force aérienne alliée pour pouvoir peser davantage sur le déroulement des opérations[11]. Il entend contrôler les cibles assignées aux avions de combat pour éviter les victimes civiles et la destruction d'infrastructures majeures. Les directives qu'il adresse à Kelche sont claires. Ce dernier doit opposer le veto de la France aux frappes qui sortiraient de ce cadre. Tous les soirs, le CEMA m'adresse donc une copie des ordres émis par l'OTAN en signalant les cibles problématiques. Si un doute subsiste, j'en réfère au président qui tranche. Ce contrôle politique tatillon exercé par notre pays exaspère le général Clark[12] qui commande l'opération. Il dénonce « la guerre en comités » qu'on lui impose, mais il prend en compte les refus français. Ainsi, les ponts de Belgrade occupés par des chaînes humaines sont-ils épargnés, ainsi que les ports du Monténégro. Clark aurait pu facilement contourner les veto français, les avions américains agissant dans le cadre d'une planification nationale non communiquée à l'OTAN, mais, avec l'accord de Clinton, il ne l'a pas fait. Dans le courant du mois de mai, alors que les frappes aériennes s'enchaînent sans résultat tangible, Chirac contre une tentative britannique pour lancer une offensive terrestre contre la Serbie. Je me trouve dans son bureau quand Tony Blair l'appelle au téléphone. Surexcité, le Premier ministre lui lance : « Jacques, les frappes aériennes ne marchent pas. Il faut maintenant attaquer au sol les forces de Milošević. »

11. La France, avec une centaine d'avions, est le deuxième contributeur, loin derrière les Etats-Unis qui assurent 60 % des missions.

12. Le général américain Wesley Clark est commandant suprême des forces de l'OTAN (SACEUR). Il est également le chef des forces américaines déployées en Europe.

Le président, consterné, lève les yeux au ciel : « Tony, ce serait une erreur colossale ! L'armée serbe est solide et se battrait à mort pour défendre sa patrie. Il y aurait des milliers de morts de part et d'autre. » Blair ne voulant rien entendre, Chirac appelle aussitôt Clinton et le convainc sans peine de s'opposer à cette extension du conflit. Les deux chefs d'Etat tiendront ferme jusqu'au dénouement. Le 2 juin, Milošević abandonnera la partie après soixante-dix-huit jours de bombardement.

L'OTAN occupe le Kosovo, placé sous l'administration de l'ONU, et la France hérite d'une « zone d'occupation » au nord-est du pays, autour de Mitrovica. Cette région est marquée par la présence d'une forte minorité serbe et la « brigade française » s'efforcera, jusqu'en 2014, de limiter les affrontements entre communautés et d'empêcher l'épuration ethnique qui sévit dans le reste du Kosovo. Rétrospectivement, on l'a dit, le bilan de cette opération peut être jugé contestable. La décision prise par les Alliés de se passer de l'accord du Conseil de sécurité, en raison de l'opposition russe, est lourde de conséquences. Braquant durablement la Russie et la Chine, elle affaiblit l'autorité du Conseil à laquelle la France est attachée, pour le principe mais aussi pour conforter son statut de membre permanent. Chirac, pour n'avoir pu arrêter le rouleau compresseur anglo-saxon de l'ingérence humanitaire, en tirera les leçons quand l'Irak sera sur la sellette. De fait, l'argument moral qui fondait l'engagement des Alliés a été très vite battu en brèche par l'attitude des autorités kosovares. L'expulsion systématique des minorités non albanophones et la destruction du patrimoine orthodoxe s'apparentaient fâcheusement aux méthodes de Milošević. L'indépendance du Kosovo, déclarée unilatéralement en 2008 (reconnue par 111 pays dont la France, mais rejetée par 82 dont trois européens), a donné naissance à un Etat notoirement mafieux, au centre de nombreux trafics criminels. Pourtant, comme on l'a dit, l'inaction n'était pas une option. Après les horreurs de la guerre civile bosniaque, les Européens ne pouvaient tolérer, à leur porte, une politique d'épuration ethnique et de massacres. L'obstination de Milošević menaçait par ailleurs la stabilité de l'ensemble de l'espace yougoslave. Ses encouragements à l'irrédentisme serbe en Bosnie et à l'intransigeance du gouvernement macédonien aggravaient les tensions et appelaient un coup d'arrêt. Une intervention militaire ne pouvait prétendre, à elle seule, résoudre l'équation multiséculaire des conflits balkaniques. Chirac, pour insensible qu'il fût aux réminiscences historiques, n'avait à cet égard aucune illusion. Il s'employa, autant qu'il le put, à canaliser la fureur des Alliés.

L'engagement militaire français en Afghanistan relève d'une autre logique, celle de la solidarité avec un pays allié victime de frappes terroristes massives. La cohabitation, cette fois, grince, pour des raisons tenant pour l'essentiel à la politique intérieure française. Le chef de l'Etat impose, dans un premier temps, à son gouvernement réticent une participation minimale à l'offensive américaine. Puis, conscient des incertitudes de l'entreprise, il fixe une ligne de conduite prudente qui prévaut jusqu'en 2008. Le 11 septembre 2001, en début d'après-midi, Chirac, en déplacement à Rennes, m'appelle au téléphone : « Mon général, vous avez regardé la télévision ? Je rentre à Paris et j'ai convoqué un conseil restreint pour évoquer les mesures à prendre pour la sécurité des Français. » Avant la réunion, Jospin a décidé et annoncé – sans concertation – la mise en œuvre de mesures, dans le cadre du plan Vigipirate renforcé, qui incluent un déploiement de militaires sur le territoire national. Quand s'ouvre le conseil restreint, le président est dans un état de fureur que je ne lui ai pas connu depuis la prise en otage de nos soldats à Sarajevo. Après quelques commentaires généraux, il exige du Premier ministre des explications sur les mesures annoncées. Crispé, Lionel Jospin lui répond qu'il n'a fait qu'exercer ses prérogatives, mais il ajoute qu'il prendra toutes les décisions imposées par la menace présentée par des avions-suicides, puisque, aux termes d'un décret de 1975, la défense aérienne relève de sa seule autorité. Explosant littéralement, Chirac exige, en tant que chef des armées, que son avis et son accord soient sollicités avant toute décision d'engagement de nos forces, comme le prévoit la Constitution. Le conseil n'aura duré qu'un quart d'heure. L'Elysée n'est pas convié aux travaux qui s'engagent à Matignon sur l'adaptation de la défense aérienne à la nouvelle menace, mais, trois jours plus tard, Olivier Schrameck, le raffiné directeur de cabinet de Lionel Jospin, me demande de passer le voir. Il m'explique, en quelques mots, que le Premier ministre est soucieux du respect des prérogatives constitutionnelles de chacun et qu'il estime donc indispensable que le chef de l'Etat soit associé à la décision éventuelle d'ouverture du feu sur un aéronef civil suspect. Je ne peux m'empêcher de sourire : « Le Premier ministre considère aussi sans doute que la destruction d'un avion civil mérite un partage de la responsabilité au sommet de l'Etat. » Schrameck sourit à son tour : « Il y a aussi un peu de cela. » Quand je rapporte l'entretien à Chirac, il éclate de rire : « Vous pouvez donner mon accord, bien sûr. » Les responsabilités ne l'ont jamais effrayé. La France est le premier Etat européen à mettre en place un dispositif d'interception des avions-suicides.

Quelques jours plus tard, le 18 septembre, le président est à Washington pour rencontrer George Bush. Je l'accompagne dans le bureau Ovale pour un premier échange restreint avec son homologue. Bush paraît très serein, posé et peu disert. Chirac l'assure de la totale solidarité de la France et de sa disponibilité à agir aux côtés des Alliés pour poursuivre et anéantir les responsables des attentats. « Nous pouvons tout faire, ajoute-t-il, sauf des opérations Homo [assassinats ciblés] que j'interdis à mes services. » La surprise de George Bush est sincère. Il n'a certainement pas envisagé de recourir aux Français pour des opérations de cette nature, couramment mises en œuvre par la CIA et les forces spéciales américaines. Mais l'opposition de Chirac à cette pratique répandue le laisse pantois. Sans doute ses services lui ont-ils décrit le président français comme un baroudeur impulsif et va-t-en-guerre... L'entretien élargi qui suit permet de mesurer la détermination américaine, mais rien ne filtre de leurs projets et aucune demande ne nous est adressée. L'atmosphère très amicale se prolonge pendant le dîner. Au grand soulagement de notre président, Bush a rappelé le cuisinier français que Clinton avait remplacé par un spécialiste du fast-food. Le lendemain, après avoir arpenté les décombres des Twin Towers, Chirac, très ému, s'adresse à la communauté française : « C'est face aux épreuves de l'Histoire que le lien unissant la France et les Etats-Unis s'est toujours montré le plus solide. Il est indéfectible... »

La première sollicitation américaine intervient début octobre. Le Pentagone ne demande pas notre participation à l'offensive qu'il planifie contre les talibans, mais le concours de nos bases aériennes pour le ravitaillement de leurs avions en route vers Kaboul. Ce dimanche après-midi, le président reçoit un appel de Lionel Jospin : « Monsieur le Président, vous avez vu la demande américaine d'utilisation de nos bases et de survol de notre territoire. Je n'y suis pas favorable. Nous ne pouvons pas être complices de bombardements qui feront de nombreuses victimes civiles. » Chirac fronce les sourcils. Je lui passe mon bloc de papier sur lequel j'ai écrit en toute hâte : « 6 000 morts », le nombre supposé des victimes des attentats à cette date. Le président réagit aussitôt : « Monsieur le Premier ministre, avez-vous pris conscience du fait que les Américains viennent de subir la perte de 6 000 de ces civils dont vous craignez qu'ils puissent être victimes des bombardements américains ? » Jospin n'insiste pas. Le Premier ministre est sous la pression de l'aile gauche de sa majorité, hostile à toute intervention américaine. Au fil des conseils restreints, il s'efforce donc, jusqu'à la chute de Kaboul, de limiter la participation française aux opérations américano-britanniques engagées le 7 octobre. Ainsi, si la présence d'une frégate française au sein du dispositif de contrôle naval dans l'océan Indien ne fait pas débat, le déploiement de moyens de renseignement aériens dans le ciel afghan doit-il être imposé par Chirac. Quand, en novembre, le président estime indispensable de marquer l'engagement français par un déploiement minimal sur le sol afghan, les obstacles se multiplient. Le bataillon, à vocation sécuritaire et humanitaire, doit prendre ses quartiers à Mazar-e Charif, dans un secteur peu exposé, au nord du pays. Le concours d'un pays limitrophe est nécessaire pour des raisons logistiques, mais l'Ouzbékistan, sollicité, tergiverse et va jusqu'à consigner à Tachkent le détachement précurseur français. Le gouvernement et son administration ne font rien pour arranger les choses[13] et la presse, alimentée par Matignon, ridiculise les velléités guerrières du chef de l'Etat.

Le président de la République doit débloquer lui-même la situation en obtenant, par l'intermédiaire de Poutine, que le Tadjikistan mette à notre disposition la base de Douchanbé. La tension se relâche en décembre, après la prise de Kaboul. Le gouvernement Karzaï se met en place, et le Premier ministre soutient la participation française à la FIAS qui assurera sa sécurité. Il va même jusqu'à prendre de vitesse le président pour annoncer le déploiement du porte-avions au large de Karachi... C'est dans un consensus retrouvé au sommet de l'Etat que Chirac définit la ligne de conduite que la France adoptera en Afghanistan. Il est sans illusions sur un pays qui a résisté à l'Empire britannique en 1892 et a eu raison de l'Union soviétique un siècle plus tard. Il considère par ailleurs que l'Asie centrale n'entre pas dans le champ des intérêts nationaux. « Aussi longtemps que je resterai en fonctions, le contingent français restera inférieur à 1 500 hommes et seuls quelques avions seront associés aux activités de la FIAS », rappelle-t-il dans ses Mémoires. Nos troupes, qui contribueront aussi à la formation de l'armée afghane, resteront stationnées dans le secteur de Kaboul et ne prendront pas la responsabilité d'un commandement

13. Dans le même temps, l'Allemagne obtient le concours de l'Ouzbékistan pour le déploiement d'un détachement en Afghanistan. De notoriété publique, tout s'achète à Tachkent. Encore faut-il vouloir payer...

régional. « J'entends que nous puissions nous retirer quand nous l'estimerons nécessaire. Il est donc exclu que nous acceptions des devoirs qui nous lieraient moralement et pratiquement », me dit-il, en 2003, quand la FIAS, coiffée par l'OTAN, se déploie sur le territoire afghan. Il acceptera néanmoins, à l'été 2003, de placer temporairement un détachement de forces spéciales sous commandement américain.

Il a déjà des doutes sérieux sur le succès de l'opération. La faiblesse des effectifs engagés – moins de 40 000 hommes sur un territoire immense et compartimenté –, conséquence de la priorité donnée à l'Irak, a conduit les Américains à s'appuyer sur des seigneurs de la guerre (*Warlords*) tadjiks et ouzbeks, honnis par la majorité pachtoune et échappant au contrôle du gouvernement. L'unité de commandement n'est pas assurée, les Américains conservant leurs forces sous contrôle national[14]. Depuis la frontière pakistanaise, derrière laquelle ils se sont regroupés sans être inquiétés, les talibans ont toute facilité pour lancer des raids jusqu'à proximité de Kaboul. L'armée afghane multiethnique, sous-calibrée, sous-équipée et peu motivée, est cantonnée à un rôle de force auxiliaire. La police, enfin, est largement corrompue et infiltrée par les rebelles. La « pacification » du pays est également compliquée par la question de la drogue. Officiellement prohibée, la culture du pavot est la principale ressource des agriculteurs, et l'argent de l'héroïne (exportée clandestinement vers l'Europe) sert à la fois de trésor de guerre aux talibans et de moyen efficace de corruption des élites politiques et de l'administration. Les responsables militaires de l'OTAN sont opposés à des campagnes d'éradication des champs de pavot, craignant à juste titre de se mettre à dos la population. Michèle Alliot-Marie, ministre de la Défense, essayera vainement pendant trois ans de mobiliser ses collègues pour définir un programme de lutte contre ce fléau, sous l'œil désabusé de Chirac : « Michèle, tu ne résoudras pas un problème que les Américains s'efforcent vainement de contenir depuis vingt ans en Amérique du Sud. » En 2005, la situation se dégrade sérieusement. Les attentats se multiplient et les bombardements des villages où se réfugient les talibans provoquent de nombreuses victimes civiles qui dressent le peuple afghan contre ce qu'il nomme

14. Les opérations conduites contre les talibans par les Etats-Unis au Pakistan ne sont jamais évoquées au comité militaire de l'OTAN. Comme l'avait relevé Alain Richard après le bombardement de la Serbie : « Il y a un Allié moins intégré que la France dans l'OTAN. »

l'« armée d'occupation[15] ». Chirac a vu juste. Cette guerre ne peut pas être gagnée. La France, pour s'être montrée solidaire, n'a pas à s'impliquer davantage dans une aventure coûteuse, risquée et sans issue. Son successeur n'aura pas la même analyse. Le retour, il est vrai, de la France dans l'organisation militaire de l'Alliance lui aura créé de nouveaux devoirs, mais le prix à payer sera élevé. Du moins nos armées y auront-elles acquis une expérience du combat qui sera précieuse sur les théâtres d'opérations africains où les intérêts de la France sont directement en cause.

Chirac l'Africain

Tout prédisposait l'ancien maire de Paris à poursuivre la politique de puissance de ses prédécesseurs. Son amour pour les peuples d'Afrique, ses liens personnels avec les chefs d'Etat francophones et sa conviction que la France avait des devoirs envers ses anciennes colonies auraient dû l'incliner à la continuité. Les échecs somalien et rwandais de François Mitterrand, sa volonté de privilégier le multilatéralisme et son engagement européen le poussent cependant à rompre avec les usages du passé. « Chirac l'Africain », comme le surnomment affectueusement ses homologues du continent, sera donc l'homme de la transition : de la défense du pré carré vers une politique toujours solidaire, mais élargie au-delà du cercle francophone et largement coordonnée avec les organisations internationales. Profondément marqué par le drame du Rwanda, le président est plus réticent que son prédécesseur à l'interventionnisme militaire. Quand il s'y résout, il n'a de cesse que d'internationaliser le règlement de la crise. En deux occasions, il enrôle même les troupes françaises sous la bannière européenne. Pourtant, plus que dans les opérations en coalition, dominées par la puissance américaine, c'est dans les crises africaines que se révèle sa maîtrise des conflits armés. Son expérience des hommes et du milieu, sa capacité à décider vite et clairement et sa compréhension des mécanismes de l'action militaire s'épanouissent

15. Il faudra attendre 2009 et l'impulsion du général Petraeus pour que les bombardements des villages soient interdits. J'avais créé de sérieuses tensions en 2005 avec nos partenaires de la coalition en soumettant les frappes de nos avions à des limitations rigoureuses (absence de civils dans les villages certifiée par un contrôleur aérien français). Nos aviateurs, sur place, étaient traités de couards et accusés de mettre en danger les troupes alliées au contact.

dans l'urgence. Il sait, si les circonstances l'exigent, se montrer implacable.

Sa retenue s'exprime à quatre reprises. Au Congo, en 1997, quand il refuse de prendre parti entre le président Lissouba et son opposant armé Sassou-Nguesso et se contente de faire évacuer les ressortissants français de Brazzaville. En Côte d'Ivoire, ensuite, quand il renonce à soutenir le président Bédié renversé, en 1999, par le coup d'Etat du général Gueï[16]. En Centrafrique, en 2003, quand le général Bozizé s'empare du pouvoir. En 2006, enfin, quand le président tchadien Déby est menacé par un raid lancé par les Zagawas soudanais[17]. Quand il accepte, à contrecœur, d'engager des forces françaises, il s'efforce de mutualiser au plus tôt l'intervention militaire et il fait appel aux organisations régionales ou aux Nations unies pour négocier le règlement de la crise. Ainsi, en 1996, quand le président Patassé demande l'assistance de Paris pour se défaire de militaires mutinés qui menacent son pouvoir, Chirac, après avoir autorisé quelques démonstrations de force du détachement français stationné en République centrafricaine (Eléments français d'assistance opérationnelle, 1 500 hommes), sollicite-t-il la médiation des chefs d'Etat de la région. Ces derniers ayant obtenu, en janvier 1997, un accord de réconciliation nationale qui prévoit le déploiement d'une force régionale (MISAB, 800 hommes), le président se hâte de retirer les forces françaises, ne laissant sur place qu'un contingent de 300 hommes chargé du soutien logistique du détachement africain.

Le cas de la Centrafrique est exemplaire de la difficile transition entre une politique de puissance traditionnelle et le recours raisonné

---

16. La crise est gérée en continu au Quai d'Orsay pendant quarante-huit heures. J'y participe, en contact téléphonique étroit avec le président qui se trouve à l'étranger. Le Premier ministre est hostile à toute intervention française. Avant de donner son accord, Chirac veut s'assurer que les forces de sécurité se sont ralliées au général putschiste et que le président ivoirien n'est plus en état de maintenir son autorité légitime. Il exige seulement que Bédié soit protégé et évacué par le détachement français stationné à Abidjan.

17. Le président refuse d'intervenir contre les Soudanais qui ont des liens claniques et des relations complexes avec Déby. Il accepte néanmoins une aide médicale et logistique du détachement Epervier à l'armée tchadienne, ainsi qu'une gesticulation visant à freiner l'ardeur des « rebelles ». Les Mirage français survoleront les colonnes zagawas sans les attaquer… « Ils n'ont qu'à tirer dans les pneus », me dit en riant Georgelin. Les survols, sans frappes, de nos avions retardent de quelques heures l'offensive sur N'Djamena, suffisamment pour que Déby reprenne l'avantage et refoule les Zagawas à la frontière du Soudan.

à une gestion multilatérale des crises domestiques. Ce pays, dont le poids économique et stratégique est négligeable, est profondément divisé sur des bases ethniques et religieuses depuis l'éviction de Bokassa (opération « Barracuda », 1979). Le président Patassé, nordiste et notoirement francophobe, a succédé par les urnes au général sudiste Kolingba, resté très influent dans l'armée. En l'aidant à sauver son gouvernement, Chirac entend conforter la démocratie, mais refuse de cautionner un pouvoir lunatique et corrompu. En revanche, quand, en 2006, le général Bozizé demande l'application des accords de défense bilatéraux à la suite de l'invasion de la province nord-est de Birao par des milices soudanaises, Chirac accepte d'intervenir. L'agression extérieure est indiscutable, il en va de la parole de la France. Les Soudanais sont repoussés, mais, quatre mois plus tard, reprennent l'offensive et encerclent le détachement français de Birao. Le général Georgelin, chef d'état-major des armées, propose alors au chef de l'Etat une opération aéroportée de grande envergure que ce dernier approuve sans hésiter, et les milices sont définitivement refoulées au-delà de la frontière après avoir subi des pertes sévères. L'internationalisation de la gestion des conflits est bornée par l'existence des accords de défense que la France a signés avec la plupart de ses anciennes colonies. Si Chirac refuse de prendre en considération les clauses secrètes de certains d'entre eux (prévoyant l'intervention française en cas de troubles internes), il entend que la France respecte ses engagements. Il ne se prive pas non plus d'agir unilatéralement quand la sécurité des ressortissants français est en jeu, conformément d'ailleurs aux règles du droit international. C'est sa motivation première quand il décide, à l'automne 2002, de porter un coup d'arrêt à la progression des rebelles ivoiriens qui menacent Abidjan. Par la suite, fidèle à sa ligne de conduite, il s'emploie à internationaliser le traitement de la crise, sollicitant une médiation de la CEDEAO et une large participation régionale à la force d'interposition. Il associe les Nations unies et l'Union africaine aux négociations de Marcoussis avant d'obtenir, en avril 2004, le déploiement de Casques bleus en Côte d'Ivoire. Soucieux, enfin, de ne pas se laisser enfermer dans un face-à-face exclusif avec ses homologues francophones, il établit des relations étroites avec le président Mbeki d'Afrique du Sud, qui se considère lui-même comme le protecteur naturel des Etats africains en difficulté[18]. Chirac n'a pas attendu la cohabitation pour tenter de normaliser les relations franco-africaines. S'il n'a pas d'objection de principe à la politique affichée par Jospin, « ni ingérence ni indifférence », il déplore la suppression du ministère de la Coopération qui s'accompagne d'une réduction de l'aide au développement et des effectifs de l'assistance militaire. Aussi, n'hésite-t-il pas, quand l'Union européenne se dote des moyens d'agir militairement, à pousser ses partenaires à l'engager dans les crises africaines.

La première occasion survient en juin 2003. Alors chef d'état-major des armées, j'apprends par le général Georgelin, qui m'a succédé à l'état-major particulier, que le président, sollicité par Kofi Annan, secrétaire général de l'ONU, a donné un accord de principe à une intervention pour faire cesser des massacres dans le nord-est de la République démocratique du Congo. Un conseil restreint est convoqué le lendemain. Je m'enferme pendant deux heures avec le général Puga, chef du centre d'opérations (CPCO). L'opération paraît difficile et les risques d'échec sont élevés. L'aérodrome de Bunia, notre point de destination, est sous-dimensionné et la piste endommagée. Les rebelles, qui font appel à des enfants-soldats, sont retranchés dans une zone forestière montagneuse à une cinquantaine de kilomètres. Ils sont officieusement soutenus par le Rwanda... Le matin suivant, devant le président attentif et un peu agacé de mes réticences, j'évoque les difficultés de l'intervention et pose des conditions : limitation géographique, durée maximale de deux mois, concours de l'Ouganda pour l'accueil des avions gros porteurs et participation du Royaume-Uni et de l'Afrique du Sud pour dissuader toute ingérence du Rwanda. Chirac approuve aussitôt et s'engage à appeler Blair et Mbeki. C'est alors qu'il annonce que Solana l'a contacté, souhaitant que l'opération soit coiffée par l'Union européenne. « J'y suis tout à fait favorable », conclut-il. Je suis consterné. L'UE n'a aucune expérience dans ce domaine et ses procédures ne sont pas rodées. Déjà risquée, l'opération va devenir ingérable. J'essaye vainement de plaider l'urgence. Villepin et Michèle Alliot-Marie s'enthousiasment pour le projet. Chirac conclut : « Je

18. En 2005, en visite officielle en Afrique du Sud, je suis reçu en tête à tête par le président Mbeki. Pendant plus d'une heure, nous passons en revue les crises africaines. A mon départ, Mbeki me confie qu'il n'aime pas la France, mais qu'elle est pour lui un partenaire incontournable, le seul pays qui accepte, avec l'Afrique du Sud, de s'impliquer dans les désordres du continent.

vous fais confiance, mon général, pour réussir cette mission sous la bannière européenne. »

Une course folle s'engage pour réunir toutes les conditions et associer l'Union à la planification. Les Britanniques, lourdement engagés en Irak, sont les plus difficiles à convaincre. Seule l'insistance de Chirac a raison de leurs réticences. La France fournit 80 % des effectifs qui sont complétés par des Belges, des Suédois, des Britanniques, des Africains du Sud, des Canadiens et des Brésiliens. L'état-major européen, aux ordres du général Neveux, un de mes adjoints, est installé dans des containers (fortuitement inoccupés) dans une cour du boulevard Saint-Germain, à deux pas du centre d'opérations. Neveux travaille en doubles commandes, entre Bruxelles et Paris, mais Puga et moi gardons le contrôle de la manœuvre. Grâce à la souplesse et l'inventivité sur le terrain du général Thonier, les 1 800 hommes déployés à Bunia font cesser les massacres et stabilisent la situation avant d'être relevés par l'ONU. L'Union européenne est intervenue en Afrique et s'est acquittée honorablement de sa mission. Enhardi par ce succès, Chirac, trois ans plus tard, tente de faire coup double en enrôlant l'Allemagne dans une nouvelle opération à Kinshasa. Berlin n'a jamais caché ses réserves à l'égard des interventions françaises en Afrique, qualifiées de postcoloniales, et soupçonne Paris de vouloir instrumentaliser l'Union européenne au profit de sa politique impériale. Il s'agit, cette fois, d'appuyer les forces de l'ONU en République démocratique du Congo pendant la période incertaine de l'élection présidentielle. Chirac presse donc Angela Merkel de confier à la Bundeswehr le commandement de l'opération décidée à Bruxelles. La chancelière, encore novice et malléable, finit par accepter, en dépit de l'opposition de son état-major. De juillet 2006 à janvier 2007, 2 500 hommes (dont 50 % de Français) sont mobilisés au Congo et au Gabon sous l'autorité du général français Damay. Le commandement stratégique est exercé depuis Potsdam par le général allemand Viereck. L'élection se déroule sans incident significatif, et Kofi Annan rend hommage à l'UE pour son concours efficace à la sécurisation du scrutin. La crédibilité des Européens en est renforcée, mais l'état-major allemand jure qu'on ne l'y reprendra plus. Le détachement germanique n'a aimé ni l'environnement africain ni le rythme imposé par les Français. L'européanisation de nos engagements africains ne s'arrête pas là. Chirac, en 2006, décide de transférer à l'UE la responsabilité du dispositif de formation au maintien de la paix et d'équipement des armées africaines que la France a créé, dix ans plus tôt, pour soutenir les efforts de l'Union africaine[19].

La prudence du président et son attachement au multilatéralisme ne peuvent empêcher la récurrence des crises dans l'ancien pré carré, quand les divisions internes sont exacerbées par les pratiques d'une élite corrompue. Les risques pour nos ressortissants et les pressions de ses homologues africains peuvent contraindre Chirac à s'engager unilatéralement plus qu'il ne l'aurait souhaité. Malheur alors à ceux qui s'en prendraient à nos armées ! Gbagbo en fait l'expérience en 2004. Les violences en Côte d'Ivoire ont commencé en 1999, par le coup d'Etat du général Guéï. Un an plus tard, Gbagbo est élu dans des conditions controversées et reprend à son compte la politique xénophobe d'« ivoirité » conçue par Bédié. Le 19 septembre 2002, des militaires mutins originaires du nord du pays, se jugeant victimes de discriminations, tentent de s'emparer du pouvoir. Une colonne armée prend le contrôle de Korhogo, près de la frontière du Burkina Faso, encercle la ville de Bouaké et s'engage vers Abidjan. Le 20 septembre, je suis encore pour un mois chef de l'EMP, quand le président m'appelle : « Mon général, Dominique est avec moi pour parler de la Côte d'Ivoire. Venez nous rejoindre. » Nous nous installons dans le salon vert autour d'une carte apportée par le ministre des Affaires étrangères. « Gbagbo m'a appelé pour demander l'application des accords de défense. Il prétend qu'il est attaqué par le Burkina. Qu'en est-il ? » Villepin et moi sommes formels : les militaires rebelles sont tous ivoiriens. Tout au plus peut-on imaginer qu'ils ont été en partie armés par les Burkinabés. Chirac tranche : « Pas d'accords qui tiennent ! Mais que se passera-t-il si nous laissons faire ? » Je lui expose la situation très tendue dans Abidjan où des milices proches de Gbagbo auraient assassiné le général Guéï, soupçonné de complicité avec les mutins. Les 25 000 Français vivant dans la capitale sont en danger. Si les rebelles entrent dans la ville, les combats seront sanglants et nous n'aurons ni le temps ni les moyens d'évacuer nos ressortissants. Nous n'avons d'autre choix que d'arrêter la progression des mutins. Villepin me soutient et le président décide d'engager notre bataillon pour les

---

19. Fleuron de la coopération militaire française en Afrique, le dispositif RECAMP s'appuie sur nos forces prépositionnées et des stocks d'équipements dédiés. Tous les deux ans, des manœuvres de grande ampleur associent les organisations régionales de sécurité, les armées françaises et celles de plusieurs Etats africains, francophones ou non. Son transfert à l'Union européenne se révèle peu probant, du fait du manque d'intérêt manifeste de nos partenaires.

stopper au nord de Yamoussoukro[20]. Il prend cette décision à regret. « Nous devrons rester le plus neutres possible. C'est à Gbagbo et aux chefs d'Etat de la région qu'il revient de régler cette crise. »

Ainsi débute l'opération militaire la plus longue et la plus délicate des deux mandats présidentiels. Chirac, on l'a vu, s'efforce de la mutualiser. Après l'échec de la médiation de la CEDEAO et le rejet des accords de Marcoussis (janvier 2003), il encourage vainement les efforts du Ghana (2004), puis de l'Afrique du Sud (2005). Il insère les forces françaises dans le dispositif d'interposition de la CEDEAO déployé en janvier 2003. En revanche, quand l'ONUCI est créée, un an plus tard, il exige que le détachement français (« Licorne ») ne soit pas intégré dans le détachement des Casques bleus, mais soit placé en appui de ce dernier[21]. Depuis la Bosnie, il n'a aucune confiance dans la chaîne de commandement des Nations unies. La Côte d'Ivoire est coupée en deux. La force internationale interdit aux rebelles (les « Forces nouvelles ») toute offensive vers le sud. L'armée régulière du président Gbagbo est, pour sa part, incapable de reconquérir le Nord, mais s'arme en acquérant des moyens aériens puissants (2 avions de combat Sukkhoï et 4 hélicoptères armés MI-24 servis par des mercenaires biélorusses). Quand, en 2003, des milices libériennes alliées aux Forces nouvelles sèment la terreur dans l'Ouest et s'emparent des villes de Man et Danané, Chirac m'ordonne d'engager Licorne pour les renvoyer au Liberia. Visitant, quinze jours plus tard, les villages libérés de ces prédateurs après quelques rudes combats, je suis accueilli par une foule en liesse brandissant des drapeaux français... Le dernier incident grave se produit en novembre 2004. Gbagbo, comptant sur la puissance de ses moyens aériens, a décidé de reprendre l'offensive. Informé par nos services, le Quai d'Orsay souhaite que la France reste neutre. C'est la position de notre ambassadeur à Abidjan et l'avis du général Poncet qui commande Licorne. Chirac, pour sa part, juge le projet insensé et met en garde directement Gbagbo. Je donne donc l'ordre à nos forces de respecter strictement leur mandat et d'intervenir si l'ONUCI demande leur appui, sans prendre d'autres initiatives. Par

---

20. Le 43e bataillon d'infanterie de marine est stationné à Port-Bouët, au sud d'Abidjan. Aux ordres du colonel de Kersabiec, il porte un coup d'arrêt définitif à la progression des colonnes de rebelles, le 21 septembre, au nord de Yamoussoukro.

21. Ce schéma, déjà mis en œuvre en Sierra Leone avec les Britanniques, est approuvé par Kofi Annan qui le reconduira en 2006 en République démocratique du Congo. Licorne reste sous commandement national, mais 300 Français (sur 6 000 hommes) sont incorporés dans l'ONUCI.

prudence, au cas où les aéronefs ivoiriens s'en prendraient aux populations civiles, je fais mettre en place au Togo des avions de combat susceptibles d'intervenir rapidement. L'offensive annoncée débute le 4 novembre par des frappes aériennes sur les positions des rebelles et des tentatives d'infiltration bloquées par l'ONUCI. Le samedi 6 novembre à 13 h 45, je reçois un appel de Poncet : « Les Sukkhoï ivoiriens ont attaqué à la roquette le camp français de Bouaké. Nous avons une dizaine de morts et beaucoup de blessés. Je demande ton accord pour détruire les avions dès qu'ils se poseront sur leur base de Yamoussoukro. » Ma réponse est immédiate : « Lance l'opération. Je demande le feu vert du président et je te rappelle. » Georgelin, que j'ai joint, me donne dix minutes plus tard la réponse de Chirac : « Le président est scandalisé. Il veut que Licorne détruise tous les avions et les hélicoptères ivoiriens avant demain. » En quelques secondes, je mesure l'impact d'une telle décision. « Tu lui as expliqué la fureur prévisible de Gbagbo et le bordel que ça va créer à Abidjan. – Bien sûr, mais il ne veut pas prendre le risque d'une nouvelle frappe sur nos forces et il veut que tout le monde comprenne qu'on n'attaque pas impunément une unité française chargée d'une mission de paix. » Avant même que les Sukkhoï soient détruits, des milliers de Jeunes patriotes[22] se ruent vers Port-Bouët et l'aéroport. La foule surexcitée, alimentée par un flot continu, assiège le camp militaire français. Dans le courant de la nuit, Poncet fait détruire, un à un, tous les avions ivoiriens et prend le contrôle de l'aéroport, indispensable pour l'évacuation de nos ressortissants et l'acheminement de renforts. Le lendemain et dans les jours qui suivent, les agressions contre les Français se multiplient et Licorne entreprend de les regrouper et d'organiser leur départ. Le 9 novembre, une foule ameutée par les Jeunes patriotes assiège l'hôtel Ivoire, principal point de regroupement des ressortissants, protégé par un détachement blindé. Après deux heures de face-à-face houleux, les manifestants s'en prennent aux équipages de chars, s'efforçant de les arracher de leurs véhicules. Le risque de lynchage étant évident, le colonel fait tirer en l'air pour effrayer les meneurs. Une énorme bousculade s'ensuit qui provoque la mort d'une vingtaine de personnes[23].

22. Milice comprenant 2 000 jeunes désœuvrés, créée par Gbagbo dès son arrivée au pouvoir et dirigée par Blé Goudé.

23. Quatre des victimes ont été mortellement blessées par des armes à feu. L'origine des tirs n'est pas déterminée, des gendarmes ivoiriens armés étant présents autour de l'hôtel Ivoire.

Le drame est aussitôt exploité par les services de propagande ivoiriens qui alimentent les médias internationaux en séquences filmées et en témoignages soigneusement calibrés. Pendant une semaine, l'armée française est clouée au pilori et la politique africaine du président stigmatisée. Seules les voix des 8 500 ressortissants protégés et rapatriés par Licorne peuvent tempérer les commentaires des journalistes. Chirac préside une cérémonie solennelle aux Invalides pour les neuf militaires tués à Bouaké, mais n'intervient pas dans le débat public. Il se refuse à entrer dans une polémique ouverte avec Gbagbo qu'il méprise, mais, ce faisant, il prend le risque de perdre le soutien populaire à une politique pourtant en rupture avec des pratiques souvent dénoncées. On lui reproche à tort d'avoir mis la Côte d'Ivoire à feu et à sang en ordonnant des représailles excessives. En l'absence d'éléments sur les motivations du bombardement de Bouaké, il était prudent et légitime de mettre nos forces à l'abri d'une nouvelle frappe. Ne pas réagir fortement à l'assassinat de nos soldats, eût été, par ailleurs, une marque de faiblesse préjudiciable au succès de la mission confiée par les Nations unies. J'en eus confirmation un mois plus tard, au cours d'une réunion des chefs d'état-major d'Afrique de l'Ouest. Tous, sans exception, approuvèrent la fermeté de Chirac. « La France reste un grand pays qu'on n'attaque pas et qu'on n'humilie pas sans conséquences », me dit l'un d'entre eux, pourtant peu francophile. A la mi-décembre, le président me prend à part, à l'issue d'un conseil restreint : « Je veux que vous alliez voir Gbagbo puisqu'il refuse de recevoir l'ambassadeur et le général Poncet. Vous lui direz que je me fiche de savoir si c'est lui ou un de ses subordonnés qui a donné l'ordre de bombarder Bouaké[24]. C'est son aviation qui l'a fait. Il en assume donc la responsabilité. Dites-lui que ma décision est prise. Quand cette crise sera réglée, la France dénoncera les accords de défense et retirera définitivement ses troupes de Côte d'Ivoire. » Quelques jours plus tard, accompagné de l'ambassadeur et du commandant de Licorne, je transmets le message au président ivoirien. Très tendu, Gbagbo proteste longuement de son innocence dans l'attaque du camp français. Je le

24. La question est controversée. Gbagbo n'a certainement pas donné un ordre contraire à ses intérêts. L'hypothèse d'une erreur des pilotes est douteuse car ils ont survolé à deux reprises le camp de Bouaké sur lequel flottait un drapeau français bien visible, avant de l'attaquer à la roquette. Le plus probable est un ordre donné, de sa propre initiative, par un des subordonnés de Gbagbo ayant autorité sur les pilotes. Autour du président ivoirien, la haine des Français était cultivée par un petit groupe d'extrémistes.

crois sincère. Il n'avait rien à gagner dans cette aventure. Il accuse le coup quand je lui annonce le retrait futur de nos troupes. « Le 43e BIMa fait partie de l'histoire de la Côte d'Ivoire... Je suis Français par toute ma culture et je ne peux pas rompre sans m'amputer moi-même. » Le vieux comédien est troublé, mais il me fait l'éloge de Mbeki qui vient de proposer ses services pour mettre fin à la crise. En mai 2007, quand Chirac quitte le pouvoir, Gbagbo est toujours là et son pays reste coupé en deux[25]. Les efforts du président français pour impliquer la communauté internationale n'ont été qu'en partie couronnés de succès. Les divisions profondes de la société ivoirienne et la roublardise criminelle de ses responsables politiques n'ont permis d'avancer qu'à petits pas vers une solution qui sera inévitablement récusée par les perdants. Chirac s'est refusé à l'imposer. Il a en revanche empêché l'extension d'un conflit qui aurait fait d'innombrables victimes[26] et il a protégé les dizaines de milliers de Français vivant en Côte d'Ivoire. « Il faudrait comprendre que les choses sont sans espoir et être pourtant décidé à les changer », écrivait Serge Michailof en 2015.

Une défense européenne

« L'Europe reste notre grand dessein. Le général de Gaulle en a jeté les bases. Mes prédécesseurs ont poursuivi dans cette voie. L'Europe n'est pas une contrainte, c'est notre avenir : c'est la paix, la stabilité, la prospérité. C'est la condition pour exister demain. La grandeur de la France, c'est aujourd'hui de construire l'Europe. » En octobre 1995, cette profession de foi met un terme provisoire aux exégèses sur les états d'âme supposés de l'ancien chef du RPR. En soutenant le traité de Maastricht, en 1992, il a failli rompre l'unité du camp gaulliste, mais il est encore soupçonné de tiédeur à l'égard de l'Europe. Sa tentative de rapprochement de l'OTAN, en 1996, relance les spéculations. Pourtant, deux ans plus tard, il concrétise le rêve de François Mitterrand en posant les bases d'une défense européenne et il s'emploie jusqu'à son départ à en conforter l'assise. L'échec des

25. En 2011, Gbagbo refusera de reconnaître sa défaite à l'élection présidentielle et de quitter le pouvoir. Il sera arrêté par les forces françaises et remis entre les mains du Tribunal pénal international.

26. La veille de mon adieu aux armes, en octobre 2006, il m'appelle au téléphone pour « me remercier de mon engagement continu pour éviter le développement de la guerre civile en Côte d'Ivoire »...

négociations avec les Américains lui a fait comprendre, on l'a vu, que le pouvoir ne se partageait pas au sein de l'OTAN. L'« identité européenne de sécurité et de défense », formule tirée des cerveaux inventifs du State Department pour masquer l'omnipotence du Grand Allié, devra trouver un autre champ d'application pour s'épanouir. Son prédécesseur avait parié sur le couple franco-allemand, mais c'est avec le Royaume-Uni que Chirac transforme l'essai.

Très francophile et plus européen que ses compatriotes, du moins quand il entre en fonctions, Tony Blair a été marqué par l'impuissance des Etats du Vieux Continent en ex-Yougoslavie. La crise ne s'est débloquée qu'avec l'entrée en scène des Etats-Unis, après trois années d'enlisement. Il évoque donc avec Chirac et Jospin, à l'automne 1998, la possibilité de doter l'Union européenne d'une capacité d'agir militairement de manière autonome quand les Etats-Unis ne souhaitent pas s'impliquer. Le chef de l'Etat et son Premier ministre se ruent dans la porte entrouverte et le sommet franco-britannique de Saint-Malo, le 4 décembre, accouche d'une déclaration qui provoque un grand émoi sur les deux rives de l'Atlantique. « L'Union européenne doit être en mesure de jouer tout son rôle sur la scène internationale [...]. A cette fin, l'Union doit avoir une capacité autonome d'action, appuyée sur des forces militaires crédibles, avec les moyens de les utiliser et en étant prête à le faire afin de répondre aux crises internationales. »

Signée à la fois par le plus engagé et le plus réfractaire des membres de l'Alliance qui sont aussi les deux premières puissances militaires européennes, cette déclaration ne peut qu'entraîner l'adhésion de tous les partenaires de l'Union. C'est chose faite au sommet européen de Cologne, en juin 1999, qui crée la Politique européenne de sécurité et de défense (PESD) et y intègre les moyens de l'UEO. L'Allemagne, l'Italie et les autres Européens ne manifestent qu'un intérêt poli pour ce projet censé révolutionner la nature même de l'Union. En total accord, les deux têtes de l'exécutif français y voient pour leur part l'émergence de l'Europe puissance qu'elles appellent de leurs vœux. Les obstacles à franchir sont néanmoins si sérieux qu'on se garde de triompher à l'Elysée comme à Matignon. La première offensive vient de Washington. Si Clinton reste prudent et circonspect dans ses échanges avec Chirac, sa pasionaria, Madeleine Albright, ne cache pas qu'elle considère le projet comme une menace pour l'OTAN. Elle fixe donc les conditions américaines : pas de découplage entre l'OTAN et l'UE, pas de duplication des structures de l'OTAN, pas de discrimination à l'égard des Alliés non européens (les 3 D). Cette admonestation a un effet paralysant sur les fonctionnaires du FCO et les militaires britanniques qui s'efforcent d'édulcorer le projet et de l'associer le plus étroitement possible aux structures de l'OTAN. Les négociations sur les moyens de la PESD sont longues et difficiles. Le président français doit revenir à plusieurs reprises auprès de Tony Blair pour que l'Union dispose d'une chaîne de commandement autonome en alternative au recours prévu aux capacités de l'OTAN. Il se bat aussi pour que l'état-major européen dispose d'effectifs suffisants[27].

L'engagement de Chirac ne va pas sans des moments de doute, entretenus par le réalisme critique d'Hubert Védrine. Le manque d'enthousiasme patent de nos partenaires, peu désireux de s'affranchir de la protection américaine, augure mal de leur disponibilité à agir sous la bannière européenne. En janvier 2000, Jean-David Levitte m'entraîne dans le bureau du président pour un long entretien visant à renforcer sa détermination... La crise irakienne, paradoxalement, relance l'« Europe de la défense » (expression consacrée, plus acceptable pour certains que défense européenne). Alors que les partenaires se déchirent autour du coup de force américain, le couple franco-allemand se retrouve. Chirac et Schröder, réconciliés après des débuts difficiles et bientôt inséparables, entraînent dans leur sillage les Premiers ministres belge et luxembourgeois et font approuver par le Conseil, en décembre 2003, une « stratégie européenne de sécurité et de défense » qui se démarque de la vision américaine très militarisée en proposant une approche globale des crises et des conflits. Par expérience et par tempérament, Chirac est persuadé qu'une défense européenne ne peut s'imposer qu'en prouvant son utilité. Il n'hésite donc pas à forcer la main de ses partenaires pour lancer des opérations dont la France assumera un temps l'essentiel de la charge. En mars 2003, l'Union relève l'OTAN en Macédoine (FYROM). La mission, modeste dans ses moyens et dirigée par un général français, a l'ambition de préserver ce pays divisé des turbulences de son environnement balkanique. Elle s'appuie sur la structure de commandement de l'OTAN[28]. Trois

---

27. Les Britanniques veulent limiter à 30 officiers le volume de l'état-major européen, alors que celui de l'OTAN en compte 300, sans compter les 650 du SHAPE (centre d'opérations). Après de rudes négociations, le chiffre de 100 officiers est retenu pour l'Union. Il sera porté progressivement à 200.

28. Afin d'en préserver optiquement le caractère européen, quand l'OTAN prête ses moyens de commandement à l'UE, ce n'est pas le SACEUR, le commandant américain des forces de l'Alliance, qui dirige les opérations, mais son adjoint britannique.

mois plus tard, on l'a vu, le président français saisit l'occasion d'une sollicitation des Nations unies pour engager l'Union en République démocratique du Congo. Prétextant l'urgence, il obtient que le commandement soit assumé par les Européens sans recours à l'Alliance. En décembre 2004, la relève de l'OTAN, lourdement engagée en Afghanistan, s'impose naturellement en Bosnie. Pour assurer la continuité, la force déployée par l'Union (7 000 hommes) est commandée par l'adjoint européen du SACEUR. Enfin, comme on le sait, en 2006 Chirac fait le pari de convertir l'Allemagne aux opérations européennes en Afrique. Le succès de l'opération EUFOR RD Congo renforce la crédibilité de l'Union, sans pour autant convaincre la Bundeswehr.

Le rejet par les Français du projet de traité européen, au référendum de mai 2005, est un terrible coup de semonce. Certes, les motivations des partisans du non relèvent autant de la politique intérieure que du refus d'ambitions nouvelles pour l'Union, mais la claire majorité qu'ils obtiennent témoigne d'une défiance profonde à l'égard d'un processus technocratique imposé par une élite dans laquelle ils ne se reconnaissent pas. Chirac, s'appuyant sur des sondages très favorables à la prise en charge par l'Union européenne de la protection et de la sécurité de ses citoyens, a cru pouvoir faire émerger l'ébauche d'une Europe capable d'assumer son autonomie vis-à-vis des Etats-Unis. La réaction américaine, la pusillanimité de ses partenaires et le scepticisme de ses compatriotes ont limité ses ambitions. En mai 2007, pourtant, la défense européenne est devenue une réalité, démontrée par quatre opérations militaires réussies et une douzaine de missions efficaces de formation et de contrôle. Ses faiblesses sont notoires, dues pour l'essentiel au manque de volonté politique de ses dirigeants, mais la voie est ouverte. La construction européenne est, on le sait, une entreprise incertaine, mais Jacques Chirac en a élargi le champ du possible.

Contre la guerre

L'Histoire a tranché : « *The French were right !* » Chirac a eu raison de s'opposer à une guerre dont les conséquences ont durablement ébranlé la stabilité du Moyen-Orient et du monde arabe et amplifié la vague du terrorisme islamique. En choisissant l'affrontement public avec les Etats-Unis, il a pris le risque de diviser les Alliés et de fragiliser la construction européenne, mais il a su éviter la fracture par des concessions ultérieures sans lâcher sur l'essentiel. En refusant l'inacceptable, il a réaffirmé le rôle de la France. Geste gaullienne ou tournant pacifiste ? Les accents messianistes de sa politique extérieure après 2003 ont pu faire croire à une évolution radicale de son approche des crises et des conflits. Dans les faits, son opposition à l'invasion de l'Irak n'a été guidée que par le refus de l'unilatéralisme américain et une analyse lucide fondée sur l'expérience et la connaissance intime de cette partie du monde.

Le désaccord officiel entre les Etats-Unis et la France porte sur la stratégie à adopter pour contraindre l'Irak à éliminer ses armes réelles ou supposées de destruction massive. Washington, qui a un contentieux avec Saddam Hussein, s'est convaincu de sa mauvaise foi et veut le punir. Paris, pour sa part, compte sur les inspecteurs de l'ONU pour résoudre le problème et n'envisage une intervention militaire que si le dictateur irakien entrave leur mission. En septembre 2002, Chirac parvient à imposer le retour d'une mission d'inspection au régime renforcé (résolution 1441). Cette concession américaine sauve les apparences, mais ne résout pas le désaccord fondamental entre les deux capitales. Depuis le 11 septembre 2001, les Etats-Unis pensent qu'ils ont une guerre à mener. L'Afghanistan ne leur suffit pas et l'Irak vient en tête de la liste arbitraire de ce qu'ils appellent les « forces du mal ». Or, la France et une large partie de l'Europe croient, au contraire, que la chute du mur de Berlin a inauguré une ère de paix et de concertation. Dès le début de l'année 2002, les intentions de George Bush ne laissent guère de doute. Or, le président français est ulcéré par l'unilatéralisme américain qui s'est exprimé à Dayton, à Rambouillet, dans les négociations sur l'OTAN et dans le projet de défenses antimissiles. Il récuse le concept de guerre préemptive adopté par la Maison-Blanche[29] parce qu'il remet en cause le principe même de la gestion multilatérale des conflits et le rôle du Conseil de sécurité.

A la fin du mois de mai, il reçoit son homologue américain à Paris. Au cours du repas qui suit leur entretien, Chirac aborde posément la question d'une guerre préventive en Irak. « Vous seriez à Bagdad en quinze jours. Le contrôle de la ville pourrait s'avérer difficile, mais en moins d'un mois vous occuperiez tout le territoire irakien. Alors

29. A West Point, le 1er juin, George Bush a été clair : « Nous devons porter la bataille chez l'ennemi, perturber ses plans et affronter les pires menaces avant qu'elles n'émergent. »

surviendra le chaos. Vous donnerez le pouvoir à la majorité chiite, mais les sunnites et les Kurdes ne l'accepteront pas. Le nouveau gouvernement s'appuiera sur l'Iran, ce qui sera intolérable pour l'Arabie saoudite et ses alliés. L'Irak est une construction artificielle et un Etat fragile. Tout le Moyen-Orient sera déstabilisé. » Bush l'écoute, le visage figé, un sourire narquois au coin des lèvres : « Il n'y aura pas d'alliance entre les chiites irakiens et l'Iran, entre des Arabes et des Perses. » Chirac le regarde un instant avec curiosité : « Vos experts ont encore beaucoup à apprendre. La culture religieuse prime sur les différences ethniques dans cette région et les chiites sont trop minoritaires pour ne pas être solidaires. » Bush assure qu'il n'a « pas de plan sur la table », mais le président français est sans illusions. Les préparatifs militaires sont perceptibles dès le mois de juillet et j'en rends compte à Chirac qui, contrairement à son habitude, ne fait aucun commentaire. Son mutisme nous préoccupe. A la fin du mois d'août, Jean-Marc de La Sablière, son lucide et courageux conseiller diplomatique, et moi-même décidons de lui présenter les conséquences potentielles d'une opposition de la France à l'invasion anglo-saxonne de l'Irak. Notre but n'est pas de le convaincre de participer à une aventure que nous condamnons l'un et l'autre, mais de lui donner tous les éléments nécessaires à la prise de décision : l'isolement de la France, les divisions européennes, les sanctions américaines... Le président nous écoute sans mot dire, les sourcils froncés. A la fin de notre exposé, il se lève, nous remercie et rentre dans son bureau. Un mois plus tard, le général Kelche m'annonce que l'état-major des armées a terminé la planification d'une participation éventuelle à cette opération. Il souhaite la présenter au président avant que je ne lui succède (fin octobre). Chirac accepte aussitôt : « Je ne peux pas le refuser au général Kelche. » Au PC Jupiter, le CEMA expose deux options possibles à un président attentif et muet et ne reçoit aucune directive pour la suite de la planification. Ma conviction est faite : la France ne participera pas. Dans mes nouvelles fonctions, aucune impasse n'est envisageable. Je demande donc son accord au chef de l'Etat pour envoyer une mission au Pentagone afin de savoir quelle place nous serait réservée dans la coalition si nous y participions. Il accepte aussitôt, y voyant sans doute un bon moyen pour brouiller les cartes. Le général Gaviard expose les capacités françaises à des généraux aimables et goguenards. Aucune indication sur les plans américains et notre place éventuelle ne lui est donnée. Le Pentagone est conforté dans l'idée fausse que les Français viendront au dernier moment, comme d'habitude. La colère de Donald Rumsfeld, le secrétaire à la Défense, sera à la mesure de sa déception. Pour faire bonne mesure, le 7 janvier 2003, à l'occasion des vœux des armées, Chirac les invite à « se tenir prêtes à toute éventualité ». Quinze jours plus tard, la rupture est consommée. Le président, après avoir fustigé les Européens affichant leur soutien aux Etats-Unis (« Ils ont manqué une bonne occasion de se taire... »), s'allie à Poutine et Schröder pour faire front. Très vite, néanmoins, il se singularise en faisant campagne auprès de membres du Conseil de sécurité contre le projet de résolution autorisant l'intervention américano-britannique. La tournée de Villepin en Afrique pour obtenir le vote négatif de la Guinée, du Cameroun et de l'Angola exacerbe les tensions entre Washington et Paris. Chirac a-t-il le choix ? Pas vraiment. D'une part, les Européens n'ont pas une vision commune des relations transatlantiques et leurs divisions sur l'affaire irakienne ne sont que le révélateur d'une faille importante de la construction européenne. D'autre part, la France, pour marquer son opposition à cette guerre, n'a le choix qu'entre trois options : mettre son veto, un geste spectaculaire et agressif, s'abstenir, une couardise valant un feu vert, ou rallier une majorité hostile à la résolution. En choisissant la dernière, le président ne cherche pas la confrontation, mais il l'accepte pour prix de la défense du multilatéralisme. L'opinion publique, en France, le soutient massivement. Les manifestations antiaméricaines se multiplient et certains commentateurs voient en lui un émule de Gandhi, un nouveau prophète de la non-violence et du pacifisme[30]. Ils s'illusionnent, comme le prouve sa réaction, l'année suivante, lorsque les troupes françaises sont bombardées à Bouaké.

Le 19 mars 2003 débute l'opération « Iraki Freedom », sans l'accord des Nations unies. Chirac n'a pu l'empêcher, mais l'a rendue illégitime au regard du droit international. Le prix à payer est élevé. La crise entre Paris et Washington est une des plus sérieuses de l'histoire tumultueuse des relations bilatérales. Pendant deux ans, le président français doit faire des concessions pour renouer des liens indispensables, mais il ne cède pas sur les principes et engrange les dividendes

30. Le 13 mars, des manifestants antiguerre campent sous mes fenêtres, boulevard Saint-Germain, et conspuent l'armée française, accusée de bellicisme. Quand je rapporte l'incident à Chirac, il me demande si nos militaires sont frustrés de ne pas participer à l'invasion de l'Irak aux côtés de leurs alliés. Je le rassure : il n'y a pas de hiatus entre l'armée et la nation. Il serait pourtant dommageable que la campagne médiatique tourne au pacifisme. Il en convient.

de ses prédictions confirmées par les faits. En avril 2003, Condoleezza Rice, la secrétaire d'Etat, conseille à George Bush de « pardonner à la Russie, d'oublier l'Allemagne et de punir la France ». Le *French bashing* devient le sport favori des Américains. Exclu du jeu au Moyen-Orient en dépit de sa popularité dans le monde arabe, Paris est marginalisé à l'OTAN. Au Conseil de sécurité, les Etats-Unis s'opposent au déploiement de Casques bleus en Côte d'Ivoire. Les appels au boycott des produits français se multiplient. Les sanctions effectives se limitent pourtant au domaine militaire. Les contacts bilatéraux sont suspendus, les exercices en commun annulés et les livraisons de pièces détachées sont interrompues[31]. Chirac décide alors d'accepter, discrètement, quelques demandes prioritaires de Washington. En juin 2003, je lui propose d'envoyer en Afghanistan un détachement de forces spéciales qui serait placé sous commandement américain : « Le Pentagone le souhaite. Ce serait un bon moyen pour apaiser les tensions avec les Etats-Unis. Ce serait aussi une excellente expérience pour nos forces spéciales qui sont en manque de reconnaissance par leurs homologues. » Les yeux plissés, le président me regarde sévèrement : « La première raison que vous me donnez n'est pas de votre ressort. La seconde, par contre, me semble judicieuse… » Trois mois plus tard, me croisant dans un couloir, il me prend par l'épaule avec un grand sourire : « Vous savez, mon général, que j'ai vu le président Bush. Il m'a dit d'entrée de jeu que nos gars des forces spéciales font un travail formidable sur la frontière afghane… » La France accepte que le Conseil de sécurité valide la présence de la coalition en Irak, donne son accord à la prise de contrôle de la FIAS par l'OTAN et entérine l'annulation de 80 % de la dette irakienne. De leur côté, les Américains ressentent le besoin de renouer des liens. La lutte contre le terrorisme, l'Afrique, Haïti et le Liban appellent une concertation étroite. Qui plus est, l'absence d'armes de destruction massive et l'évolution de la situation en Irak les mettent en porte-à-faux dans le concert des nations. Chirac prêche sans relâche pour le multilatéralisme, soulignant sans appuyer la justesse de ses analyses sur le Moyen-Orient. Il renoue avec ses partenaires européens et se fait le porte-parole d'un monde plus

31. Les armées françaises sont peu affectées par cette mesure, 97 % de leurs équipements étant d'origine nationale ou européenne. Seul le porte-avions pourrait en souffrir si ses catapultes américaines ne sont plus approvisionnées en pièces détachées. Rumsfeld étant intraitable, il faut attendre le dégel des relations bilatérales, en février 2005, pour que cette hypothèque soit levée. En attendant, le *Charles de Gaulle* a tenu et rempli ses missions.

équitable et respectueux de son environnement. En février 2005, il baise la main de Condy Rice sur le perron de l'Elysée. Embarrassée et souriante, la conseillère nationale de sécurité lui dit d'une voix émue : « Il est temps de tourner la page. »

Le dernier président gaullien

Ce samedi après-midi de décembre 2000, Chirac interrompt la relecture du discours de réponse aux vœux des armées que j'ai rédigé à son intention : « Le Premier ministre n'accorde pas une grande importance aux moyens de la défense. Il a tort, car la puissance militaire est un atout indispensable pour la France. Elle conditionne son rôle et sa place dans le monde et elle préserve sa liberté d'action. » Cette profession de foi ne me surprend pas, tant ce thème est récurrent dans nos échanges. Comment le protégé de Georges Pompidou, le dépositaire familial d'une longue tradition radical-socialiste, le président débonnaire jugé moins monarchique que ses prédécesseurs peut-il revendiquer l'héritage du fondateur de la Ve République ? « On peut affirmer sans grands risques qu'assurer la défense et le rayonnement de la France a constitué la grande affaire de la vie et de l'œuvre politique et militaire du général de Gaulle[32]. » Le promoteur résolu de la défense européenne, le chantre du multilatéralisme dans le règlement des crises africaines et l'avocat obstiné du rôle des Nations unies ne serait-il pas plutôt le continuateur fidèle de la politique de François Mitterrand ? Comme le soulignait Pierre Messmer en 2002 : « La question est de savoir si la stratégie et la tactique gaulliennes restent d'actualité au début du XXIe siècle, alors que la France, l'Europe et le monde ont tellement changé. Le Général, dont on connaît le pragmatisme, n'aurait pas été scandalisé par cette question. » Comme on l'a vu, la modernisation des armées et de la dissuasion nucléaire a été la première priorité de Jacques Chirac et il y a veillé pendant douze ans, même si la cohabitation l'a empêché de lui donner des bases budgétaires suffisantes. Il a géré avec rigueur et parcimonie l'engagement de nos forces, en s'impliquant à contrôler les objectifs assignés aux interventions multilatérales. Il n'a pas hésité à affronter l'hyperpuissance américaine quand elle s'égarait

32. Frédéric Fogacci (dir.), *De Gaulle et la défense de la France*, Fondation Charles de Gaulle, Paris, Nouveau Monde Editions, 2017.

en Irak. Sa main, en revanche, n'a pas tremblé quand il a fallu croiser le fer dans les Balkans ou en Afrique. Ses choix ont été guidés par le souci constant du maintien de l'influence française. Son ultime combat pour un monde plus équitable et plus équilibré n'était lui-même qu'une forme de « gaullisme wilsonien », selon l'expression de Laurent Lambert, visant à faire entendre la voix de la France dans un monde dominé par les Etats-Unis. Enfin, contrairement à ses trois prédécesseurs, Chirac a eu en commun avec l'ancien chef de la France libre une parfaite compréhension de ce que Clausewitz appelait la « grammaire de la guerre ». D'instinct et d'expérience, il « sentait » les manœuvres envisagées, pesait les avantages et les risques et fixait les limites. Ses relations avec les chefs militaires qu'il avait choisis étaient directes, fréquentes et limpides. Sa confiance se méritait, mais, une fois acquise, elle était totale, ce qui n'interdisait pas un contrôle léger mais permanent. Certains ont cru déceler, à tort, une influence excessive des responsables militaires auprès de lui pendant son second mandat[33]. Le président, qui veillait strictement à écarter les généraux des domaines extérieurs à leur champ de compétence, ne l'aurait pas permis.

L'homme qui a dit « non » à George Bush n'a pas eu à affronter les épreuves dramatiques qui ont fondé la gloire et la légende du Général, mais il a montré, en toute occasion, qu'il avait l'étoffe d'un grand chef de guerre. Le 15 mai 2007, je l'écoutais, le cœur serré, faire ses adieux à la France : « Nous sommes les héritiers d'une très grande nation, une nation admirée, respectée et qui compte en Europe et dans le monde... »

---

33. Entre octobre 2002 et octobre 2006, le général Georgelin est chef de l'état-major particulier quand j'exerce les fonctions de chef d'état-major des armées. Notre entente sans faille et la confiance que nous manifeste le président nous permettent de peser sur les décisions mettant en jeu l'intérêt de la défense ou la conduite des opérations. Jamais notre influence n'a débordé de ce cadre.

BIBLIOGRAPHIE

Ouvrages généraux

Eliot A. Cohen, *Supreme Command*, Anchor Books, 2002.

Benoît Durieux, Jean-Baptiste Jeangène Vilmer, Frédéric Ramel (dir.), *Dictionnaire de la guerre et de la paix*, PUF, 2017.

Benoît Durieux, *Relire* De la guerre *de Clausewitz*, Economica, 2005.

Raoul Girardet, *La Société militaire de 1815 à nos jours*, Perrin, 1998.

Jean-Claude Guillebaud, *Le Tourment de la guerre, pourquoi tant de violence*, L'Iconoclaste, 2016.

Jean Guitton, *La Pensée et la Guerre*, Desclée de Brouwer, 2017.

Jean-Baptiste Jeangène Vilmer, *La Guerre au nom de l'humanité*, PUF, 2012.

John Keegan, *De la guerre*, nouvelle édition (*Anatomie de la bataille*, *L'Art du commandement*, *Histoire de la guerre*), Perrin, 2016.

Andrew Roberts, *Great Commanders of the Modern World*, Quercus, 2011.

Hew Strachan, *The Direction of War*, Cambridge, 2013.

Sur Napoléon III

Eric Anceau, *Napoléon III*, Tallandier, 2012.

Collectif, *Naissance d'une nation. Napoléon III et l'Italie, 1848-1870*, catalogue de l'exposition du musée de l'Armée, 2011.

Alain Gouttman, *La Guerre de Crimée, 1853-1856. La première guerre moderne*, Perrin, 2003.

Alain Gouttman, *La Guerre du Mexique, 1862-1867. Le mirage américain de Napoléon III*, Perrin, 2008 ; coll. « Tempus », 2011.

Comte de La Tour du Pin, *L'Armée française à Metz*, Amyot, 1872.

Pierre Milza, *Napoléon III*, Perrin, 2004.

François Roth, *La Guerre de 70*, Fayard, 1990.

Sur Abraham Lincoln

James M. McPherson, *La Guerre de Sécession*, Robert Laffont, coll. « Bouquins », 1991.

Stephen B. Oates, *Lincoln*, Fayard, 1984.

René Rémond, *Histoire des Etats-Unis*, PUF, 2003.

Bernard Vincent (dir.), *Histoire des Etats-Unis*, Flammarion, coll. « Champs histoire », 2016.

Sur Georges Clemenceau

Jean Autin, *Foch*, Perrin, 1987.

Georges Clemenceau, *Grandeurs et misères d'une victoire*, présentation de Jean-Noël Jeanneney, Perrin, 2010.

Ferdinand Foch, *Mémoires pour servir à l'histoire de la guerre de 1914-1918*, Plon, 1931.

Claude Franc, *Le Haut-Commandement sur le front occidental 1914-1918*, Soteca, 2012.

John Maynard Keynes, *Les Conséquences économiques de la paix*, suivi de Jacques Bainville, *Les Conséquences politiques de la paix*, Gallimard, coll. « tel », 2002.

Pierre Miquel, *Je fais la guerre*, Tallandier, 2014.

Bénédicte Vergez-Chaignon, *Pétain*, Perrin, 2014 ; coll. « Tempus », 2018.

Michel Winock, *Clemenceau*, Perrin, 2007, nouvelle édition 2017.

Sur Winston Churchill

Antoine Capet, *Montgomery. L'artiste des batailles*, Perrin, coll. « Maîtres de guerre », 2014.

Winston Churchill, *La Crise mondiale, 1911-1915*, Payot, 1925.

Winston Churchill, *Mes jeunes années*, Tallandier, coll. « Texto », 2007.

Winston Churchill, *Réflexions et aventures*, Tallandier, coll. « Texto », 2007.

Winston Churchill, *Mémoires de guerre, 1941-1945*, Tallandier, coll. « Texto », 2 tomes, 2013.

Collectif, *Churchill/de Gaulle*, La Martinière/musée de l'Armée, 2015.

Sophie Doudet, *Churchill*, Gallimard, coll. « Folio biographies », 2013.

Carlo d'Este, *Churchill, seigneur de guerre*, Perrin, 2010.

Charles de Gaulle, *Mémoires de guerre*, tome 3 : *Le Salut, 1944-1946*, Plon, 1959.

D.D. Eisenhower, *Croisade en Europe*, Robert Laffont, 1949.

Sebastian Haffner, *Churchill, un guerrier en politique*, Alvik, 2002.

François Kersaudy, *Winston Churchill. Le pouvoir de l'imagination*, Tallandier, 2000.

Sur Joseph Staline

Alan Bullock, *Hitler et Staline*, Albin Michel/Robert Laffont, 1994.

François Kersaudy, *Staline*, Perrin, coll. « Maîtres de guerre », 2012.

Simon Sebag Montefiore, *Staline. La cour du tsar rouge*, Perrin, coll. « Tempus », 2 tomes, 2010.

Sur Ben Gourion

Michel Bar-Zohar, *Ben Gourion*, Fayard, 1986.

Jacques Benaudis, *Tsahal*, Ramsay, 1984.

Ilan Greilsammer, *La Nouvelle Histoire d'Israël*, Gallimard, 1998.

Pierre Haski, *Israël, une histoire mouvementée*, Milan, 2006.

Pierre Haski, *Ben Gourion*, Autrement, 1998.

Pierre Razoux, *Tsahal, nouvelle histoire de l'armée israélienne*, Perrin, coll. « Tempus », 2008.

Sur Adolf Hitler

Basil Liddell Hart, *Histoire de la Seconde Guerre mondiale*, Fayard, 1970.

Helmut Heiber, *Hitler parle à ses généraux*, Perrin, coll. « Tempus », 2013.

Ernst Jünger, *La Paix*, La Table Ronde, 1948.

François Kersaudy, *Hitler*, Perrin, coll. « Maîtres de guerre », 2011.

Ian Kershaw, *Hitler*, Norton Company, 1991.

Jean Lopez, Lasha Otkhmezuri, *Joukov*, Perrin, 2013 ; coll. « Tempus », 2017.

Philippe Masson, *Hitler, chef de guerre*, Perrin, 2014.

Laurence Rees, *Adolf Hitler, la séduction du diable*, Albin Michel, 2013 ; Le Livre de Poche, 2014.

Sur Lyndon B. Johnson

Gilles Férier, *Les Trois Guerres d'Indochine*, Presses universitaires de Lyon, 1994.

Robert Lacour-Gayet, *L'Amérique contemporaine*, Fayard, 1982.

H. R. McMaster, *Dereliction of Duty*, Harper Perennial, 1998.

Jacques Portes, *Lyndon Johnston, le paradoxe américain*, Payot, 2007.

John Prados, *La Guerre du Viêt Nam*, Perrin, coll. « Tempus », 2015.

Sur François Mitterrand

Alain Duhamel, *Portrait d'un artiste*, Flammarion, 1997.

Michel Forget, *Nos armées au temps de la Vᵉ République*, Economica, 2016.

Louis Gautier, « Les guerres de François Mitterrand », *Matériaux pour l'histoire de notre temps*, n° 101-102, 2011/1.
Alexandra Schwartzbrod, *Le président qui n'aimait pas la guerre. Dans les coulisses du pouvoir militaire 1981-1995*, Plon, 1995.
Pierre Servent, *Les Présidents et la guerre, 1958-2017*, Perrin, 2017.
Hubert Védrine, *Les Mondes de François Mitterrand*, Fayard, 1996 ; nouvelle édition 2016.
Michel Winock, *François Mitterrand*, Gallimard, 2015.

Sur Jacques Chirac

Laure Adler, *L'Année des adieux*, Flammarion, 1995.
Philippe Bas, *Avec Chirac*, L'Archipel, 2012.
Jacques Chirac, *Mémoires*, tome 1 : *Chaque pas doit être un but*, Nil Editions, 2009 ; tome 2 : *Le Temps présidentiel*, Nil Editions, 2011.
Gérard Claude, « Chirac l'Africain », *Politique étrangère*, 2007/4.
Peer de Jong, *Vous n'oublierez rien, colonel*, Tallandier, 2017.
Jacques Lanxade, *Quand le monde a basculé*, Nil Editions, 2001.
Christian Lequesne et Maurice Vaïsse (dir.), *La Politique étrangère de Jacques Chirac*, Riveneuve, 2013.
Laurent Lombart, « La politique extérieure du président Jacques Chirac dans un monde américano-centré », AFRI 8, 2007.
Pierre Péan, *Kosovo*, Fayard, 2013.

TABLE

Achevé d'imprimer en décembre 2018
par Normandie Roto Impression s.a.s.
61250 Lonrai
N° d'impression : 1805147

Imprimé en France